Liebe Leserin, lieber Leser,

wir freuen uns, dass Sie sich für ein Buch der Reihe Galileo Design entschieden haben.

Galileo Design ist die Reihe für professionelle Screen-, Web- und Grafik-Designer und Experten im Prepress-Bereich. Unsere Bücher zeigen, wie man es macht – strikt aufgabenbezogen und mit Beispielmaterial professioneller Designer erschließen sie die Anwendung aller relevanten Tools und Techniken. Sie vermitteln das technische Know-how, und sie sind Ideengeber und überraschen mit originellen und inspirierenden Lösungen. Wissen teilt sich nicht nur sprachlich, sondern auch visuell mit. Satz und Layout tragen dem Rechnung. Und wo immer es dienlich ist, ist ein Buch vierfarbig gestaltet. Unsere Bücher sind eine Augenschule: indem sie gefallen, setzen sie Kreativität frei. Denn Designer lesen anders.

Jedes unserer Bücher will Sie überzeugen. Damit uns das immer wieder neu gelingt, sind wir auf Ihre Rückmeldung angewiesen. Bitte teilen Sie uns Ihre Meinung zu diesem Buch mit. Ihre kritischen und freundlichen Anregungen, Ihre Wünsche und Ideen werden uns weiterhelfen.

Wir freuen uns auf den Dialog mit Ihnen.

**Ihre Ruth Wasserscheid**
Lektorat Galileo Design

Galileo Press
Gartenstr. 24
53229 Bonn

ruth.wasserscheid@galileo-press.de
www.galileodesign.de

Andreas Asanger

# Cinema 4D 7 und Bodypaint 3D

Modelling, Texturing, Animation und Rendering

Galileo Design

Die Deutsche Bibliothek - CIP-Einheitsaufnahme
Ein Titeldatensatz für diese Publikation ist bei der Deutschen Bibliothek erhältlich

**ISBN 3-89842-167-8**


1. Auflage 2001

Der Name Galileo Press geht auf den italienischen Mathematiker und Philosophen Galileo Galilei (1564–1642) zurück. Er gilt als Gründungsfigur der neuzeitlichen Wissenschaft und wurde berühmt als Verfechter des modernen, heliozentrischen Weltbilds. Legendär ist sein Ausspruch **Eppur se muove** (Und sie bewegt sich doch). Das Emblem von Galileo Press ist der Jupiter, umkreist von den vier Galileischen Monden. Galilei entdeckte die nach ihm benannten Monde 1610.

**Lektorat** Ruth Wasserscheid
**Korrektorat** Sandra Gottmann, Bonn
**Einbandgestaltung** Helmut Kraus, Düsseldorf
**Herstellung** Iris Warkus
**Satz** Andreas Asanger
**Druck und Bindung** Druckerei J. P. Himmer, Augsburg

# Orientierung

Um Ihnen beim Lesen die Orientierung zu erleichtern und ein besonderes Lesevergnügen zu ermöglichen, hat der Verlag für die Reihe Galileo Design ein spezielles Layout entwickelt. Durch visuelle Hilfen wurde der Text in Funktionseinheiten gegliedert:

Durch das farbige Registriersystem ist es Ihnen ein Leichtes, auf die einzelnen Kapitel und Teile des Buchs zuzugreifen.

In Blau gehaltene Texte beinhalten Zusatzinformationen, Denkanstöße oder besondere Hinweise

Texte mit roten Überschriften kennzeichnen Beispiele bzw. Schritt-für-Schritt-Anleitungen.

Spezielle Symbole in der Marginalspalte machen auf besonders wichtige Textstellen aufmerksam

**Achtung-Icon**
Diese Abschnitte sprechen eine Warnung aus.

**Tip-Icon**
Hier verraten unsere Autoren Tipps und Tricks zur Erleichterung Ihrer Arbeit.

**Hinweis-Icon**
Weiterführende Hinweise werden Ihnen so nahe gebracht.

**Step-Icon**
Schritt für Schritt können Sie unsere Beispiele nachvollziehen.

# Inhalt

# Vorwort

*Echt, 3D oder echt 3D?*

Woran messen Sie eine gelungene 3D-Arbeit? Daran, dass die Szene oder Animation wie ECHT wirkt, am Stil der 3D-Optik, am Arbeitsaufwand oder gar nur an der Gesamtaussage?

Es ist wirklich schwierig, jemanden zu finden, der die geleistete Arbeit kompetent beurteilt. In den meisten Fällen bemüht man sich doch, wirklich realistisch zu modellieren, zu animieren und zu rendern. Mit den neuen Techniken ist das ja alles kein Problem mehr. Für diesen Zweck also müsste man jemanden finden, der noch nie etwas von 3D oder von Bildbearbeitung gehört hat. Von dieser Person werden Sie zwar mit Sicherheit eine ehrliche Meinung hören, aber das kompetente Lob und die Anerkennung kann Ihnen nur jemand zollen, der von 3D etwas versteht.

Vielleicht sollte man sich schon beim Konzept der Szene danach richten, ob und wer Kritik üben darf. Weltraumszenen eignen sich fantastisch dafür. Wer kann Ihnen denn beweisen, dass der Plutonium-Defibrilator eines Raumschiffs in ECHT ganz anders aussieht?

Holen Sie sich Kritik, Lob und Anregungen am besten an mehreren Stellen ab. Ein Star-Treck-Fan kann Ihnen bestimmt sagen, ob Ihr Raumschiff wirklich flugfähig ist, ein 3D-Veteran gibt Ihnen Tipps und Verbesserungsvorschläge und wenn der vollkommen Unbedarfte gar nicht erst merkt, dass Ihr Rendering gar kein Foto ist … dann haben Sie's geschafft!

Der Weg ist das Ziel – ich möchte Ihnen mit diesem Buch einen Wegbegleiter an die Hand geben, damit Sie Cinema 4D so schnell und effektiv wie möglich nutzen können.

Im ersten Teil des Buches werden Sie mit der Arbeitsumgebung von Cinema 4D vertraut gemacht. Dieser Abschnitt ist insbesondere für Aufsteiger früherer Versionen von Cinema 4D interessant.

Der zweite Teil stellt die unterschiedlichen Modelling-Techniken vor und bespricht, wann welche Methode zu bevorzugen ist.

Anschließend erfahren Sie, wie Sie Ihre Modelle mit Materialien und Texturen versehen, dabei widmet sich ein eigener Teil Maxons 3D-Painting-Software »BodyPaint 3D«.

Der nächste Abschnitt zeigt den Umgang mit Kameras, Licht und Sound und verrät, wie Sie Ihre Modelle richtig in Szene setzen.

Um die Kür, die Animation, kümmert sich das fünfte Kapitel. Die verschiedenen Animationstechniken werden vorgestellt und in einem Workshop angewandt.

Der Rendering-Teil zeigt, mit welchen Einstellungen Sie optimale Ergebnisse erzielen.

Teamwork ist alles – der letzte Abschnitt schildert, welche Schnittstellen Cinema 4D für Datenaustausch und Funktionalität bietet.

Mein Ziel ist, Ihnen anhand des üblichen Arbeitsablaufes in vielen Workshops die Software Cinema 4D nahezubringen – so vollständig wie möglich. Aber nicht in übermässig komplizierten Übungen, sondern in anschaulichen Beispielen, damit der Blick für das Wesentliche nicht verloren geht. Wer die Techniken versteht, der kann sie auch anwenden – egal, ob es sich nun um ein rotierendes Logo oder um eine Charakter-Animation handelt.

Ich wünsche **mir**, dass dieses Buch eine wertvolle Hilfestellung beim Erlernen und bei der Arbeit mit Cinema 4D gibt.

Ich wünsche **Ihnen** viel Spaß beim Lesen und Freude bei Ihrer Arbeit mit Cinema 4D!

*Eventually, what prevents you from work – becomes your work...*

**Danke**

Ich habe beim Schreiben dieses Buches viele nette Menschen kennengelernt und wurde von allen Seiten großartig unterstützt.

Meiner Lektorin Ruth Wasserscheid danke ich für viel Verständnis, Motivation und die tolle Zusammenarbeit – dieser Dank gebührt auch allen anderen von Galileo Press, die zu diesem Buch beigetragen haben.

Herzlichen Dank an Harald Schneider, Dirk Beichert, Jörn Gollob und Michael Giebel von Maxon für die unbürokratische Unterstützung und stete Hilfsbereitschaft für dieses Projekt.

Claudia Runk hat dieses Buch für Sie gelesen – danke für deine Vorschläge und deine motivierenden Worte!

Markus Dunau hat dieses Buch für Sie durchgearbeitet – danke für die vielen Tipps und für deine Hilfe!

Gerhard »Scherar« Hufnagl danke ich für die Hilfe in letzter Sekunde und für seine Freundschaft.

Mein ganz besonderer Dank geht an meine Freundin Tanja und meinen Sohn Manuel – für euer Verständnis, eure Geduld und für eure Liebe.

# Grundlagen

# Über Cinema 4D

*Die 3D-Modelling- und Animations-Software Cinema 4D bietet High-End-Funktionalität und Qualität zu einem Preis, der viele Mitbewerber zusehends ins Schwitzen bringt.*

Zur Überraschung der gesamten Cinema 4D-Anwenderschaft präsentierte Maxon auf der Cebit 2001 die Version 7 ihres 3D-Paketes. Nur ein Jahr nach dem funktionsbeladenen Release 6 wollte Maxon die Anwendergemeinde unter anderem mit High-End-Features wie Radiosity, Caustics und Multipass-Rendering »erleuchten«.

Die erste Version von Cinema 4D – damals noch ausschließlich auf der Amiga-Plattform zu Hause – kam im Dezember 1993 auf den Markt. Die Firma Maxon Computer war zu dieser Zeit noch hauptsächlich mit der Herstellung von Computer-Fachzeitschriften beschäftigt. Im Jahr 1996 wurde die vierte Revision der 3D-Modelling- und Animationssoftware vorgestellt – erstmals auch für die Macintosh- und Windows-Betriebssysteme.

Cinema 4D ist in verschiedenen Ausführungen für unterschiedliche Einsatzzwecke erhältlich: GO (Version 5.x) als Einstiegsversion im Video- und Multimediabereich, ART (Version 6.3) für alle designorientierten Anwender, die auf Animationsfunktionen verzichten können, und XL (Version 7) inklusive 3er-Lizenz des Netzrenderers NET für High-End-Ansprüche.

**Was ist Cinema 4D Release 7 nun genau?**
Cinema 4D ist ein komplettes Modelling- und Animationspaket. Dies bedeutet, dass alle Arbeitsabläufe wie das Modellieren, die Animation und das Rendering innerhalb von Cinema 4D zur Verfügung stehen. Viele 3D-Programme lagern Animation, Rendering und auch Spezialfunktionen wie Partikelsysteme in externe Programme oder Erweiterungen aus. Mit Cinema 4D haben Sie die ganze Fülle von Funktionalität in einem Programmpaket – darüber hinausgehende, spezielle Anforderungen können über die Erweiterungen (Plug-Ins) oder auch durch selbst programmierte Expressions realisiert werden.

Cinema 4D ist bereits seit Jahren für seine Stabilität und Benutzerfreundlichkeit bekannt. Dabei ist das Programm zu 95% plattformunabhängig und basiert auf der internen C.O.F.F.E.E.-Programmiersprache, die auch zur Erstellung von Plug-ins und Expressions genutzt wird.

Die Bedienoberfläche von Cinema 4D ist frei konfigurierbar – ob es nun die Zusammenstellung der Paletten betrifft, die Anordnung und Größe der Werkzeugsymbole oder auch

◂ **Abbildung 1**
Der Splash-Screen von Cinema 4D

die Befehle in den Menüs, alles lässt sich den Bedürfnissen und Gewohnheiten des Anwenders anpassen.

Für das Modelling stehen neben NURBS-Objekten die so genannten HyperNURBS, Metaballs und viele Werkzeuge bereit. Durch Integration des vormals separat erhältlichen Smells Like Almonds Shader-Plugins bietet sich dem Anwender eine unglaubliche Vielfalt bei der Materialerstellung – frei Haus. Eine komfortable Zeitleiste, Point-Level-Animation, verbesserte Bones und Motion-Sequencing zeichnen Cinema 4D in Sachen Character-Animation aus.

Die Höhepunkte der Version 7 liegen eindeutig beim Licht- und Renderingsystem. Cinema 4D ist nun in der Lage, in vergleichsweise kurzer Renderzeit globale Illumination durch Radiosity zu berechnen. Außerdem werden Caustics, also sichtbare Lichtbrechungen, in transparenten Materialien berücksichtigt. Durch Multipass-Rendering steht nun auch beim Compositing einer Modifikation einzelner Bildkanäle in der Bildbearbeitung nichts mehr im Weg – ohne erneutes, zeitraubendes Rendering.

**Was ist Cinema 4D Release 7 nicht?**

Cinema 4D ist kein Programm, das man nach ein paar Tagen oder auch Wochen perfekt beherrschen kann. Dies liegt nicht nur an der Komplexität des Programmes selbst. Um realistische Bilder und Animationen zu erstellen, ist einfach ein gewisses Maß an Übung und Erfahrung nötig. Und wie es bei den meisten Dingen ist: Man lernt nie aus.

Wenn Sie bislang noch nie mit 3D-Software gearbeitet haben – fangen Sie mit kleinen Schritten an. Zerteilen Sie eine komplizierte Aufgabe so oft in Teilaufgaben, bis es Ihnen leicht fällt, anzufangen.

Cinema 4D kann unglaublich viel – ist aber auch nur ein Werkzeug und nur so kreativ, wie Sie es sind.

Beobachten Sie Ihre Umwelt, entwickeln Sie einen Blick, ein Gefühl für Gegenstände und Situationen, für Bewegungsabläufe und für Zeit. Zeichnen und schreiben Sie Ihre Ideen auf, erfinden Sie Geschichten – und verwirklichen Sie sie mit Cinema 4D! Alles, was Sie wissen müssen, um Ihre Ideen umzusetzen, erfahren Sie auf den kommenden knapp 370 Seiten.

# Oberfläche

*3D-Anwender stellen an ihre Arbeitsumgebung wesentlich mehr Ansprüche als die Benutzer der meisten anderen Grafikprogramme. Und man merkt schnell, ob sich der Softwarehersteller darüber Gedanken gemacht hat.*

Keine Sorge, ich möchte Sie in diesem Kapitel nicht mit Basisinformationen im Stil eines Handbuchs langweilen. Ein kurzer Überblick über die wesentlichen Elemente der Oberfläche hilft aber gerade den Ein- und Aufsteigern enorm beim Eingewöhnen.

Die Abbildungen auf der nächsten Seite zeigen die ersten Fenster und Paletten, die Ihnen bei der Arbeit mit Cinema 4D begegnen: das eigentliche Arbeitsfenster, die 3D-Ansicht ❶, die Befehlspaletten am oberen und linken Rand ❷, der Objekt-Manager, Struktur-Manager und Browser ❸, Koordinaten-Manager, Aktives-Werkzeug-Einstellungen und Snap-Einstellungen ❹, der Material-Manager ❺, die Zeitleiste ❻ und die dazugehörige Zeit-Manager-Palette ❼.

Paletten und Fenster schließen aneinander an; wird also ein Element vergrößert oder dessen Rand verschoben, reagieren die umliegenden Elemente ebenfalls.

Cinema 4D selbst läuft – egal unter welchem Betriebssystem – innerhalb eines Fensters ab. Wie eingangs erwähnt, ist Cinema 4D zu einem hohen Prozentsatz plattformunabhängig programmiert. Dies hat nicht nur den Vorteil, dass der Anpassungsaufwand an die unterschiedlichen Betriebssystemgegebenheiten auf ein Minimum reduziert wird, sondern gibt Ihnen auch die Möglichkeit, Ihr Cinema 4D ganz nach Ihren Bedürfnissen einzurichten. Wie Sie dabei vorgehen sollten, erfahren Sie im Kapitel »Cinema 4D einrichten« auf Seite 32.

Nicht nur die Cinema 4D-Oberfläche selbst, sondern auch jedes Fenster besitzt seine eigene Menüleiste ❽. In diesen Menüs finden Sie die für das jeweilige Fenster verfügbaren Einstellungen, sei es nun die Auswahl der Kameraperspektive im 3D-Ansichtsfenster oder auch die Erstellung eines neuen Materials im Material-Manager. Menüeinträge, die in der Breite des Fensters keinen Platz finden, sind über einen Menüpfeil am Rand der Leiste abrufbar.

Sollten Sie eines der abgebildeten Fenster vermissen, so finden Sie im Menü Fenster (Abbildung 2) alle in Cinema 4D enthaltenen Arbeitsfenster aufgelistet. Mit den angegebenen Kurzbefehlen können Sie Fenster in den Vordergrund holen oder auch frei schwebende Fenster zu- und wegschalten.

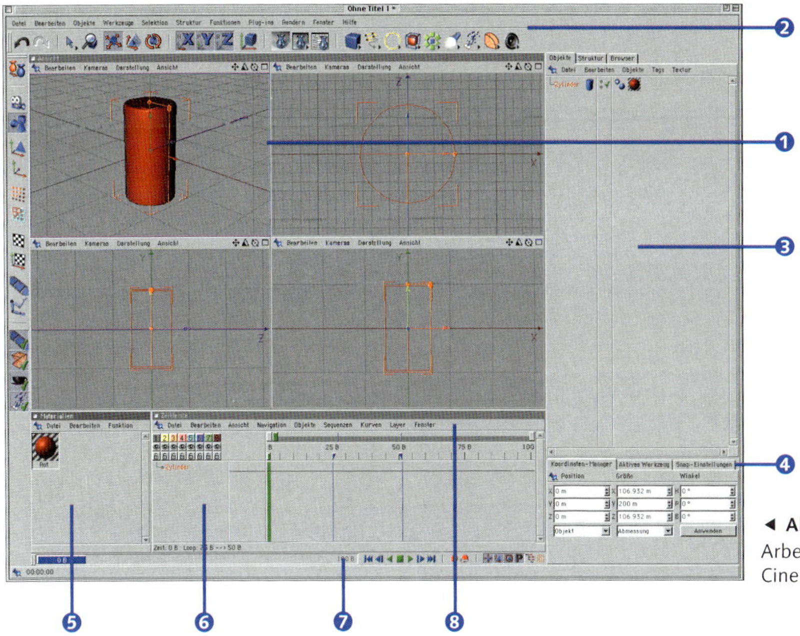


◀ **Abbildung 1**
Arbeitsumgebung von Cinema 4D

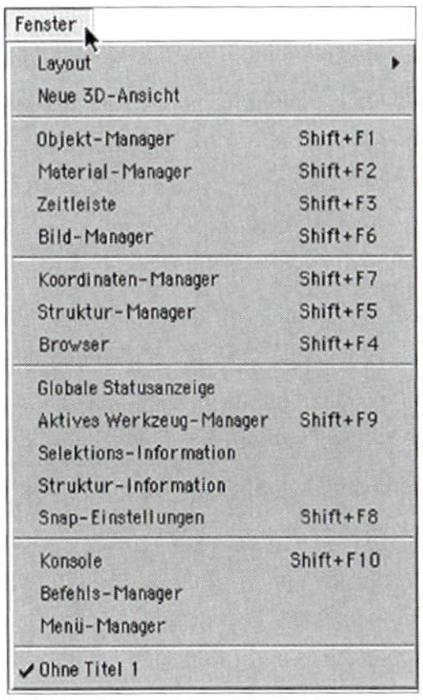


**Abbildung 2** ▲
Layouts, Paletten und Manager

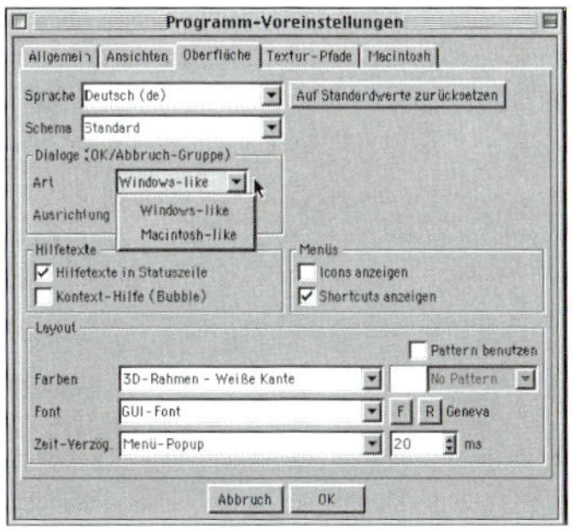


◀ **Abbildung 3**
Feinschliff bei den Oberflächeneinstellungen

## Fein-Tuning

Auch das Aussehen von Oberflächenelementen wie Menüschriften, Dialogfenstern, Reglern und sogar die Zeitverzögerung beim Öffnen von Menüs lassen sich einstellen. Unter BEARBEITEN · PROGRAMMVOREINSTELLUNGEN · OBERFLÄCHE können Sie Ihrem Spieltrieb freien Lauf lassen. Macintosh-Anwender finden in einem zusätzlichen Menü MACINTOSH (Abbildung 3) unter anderem die Option, das überflüssige Systemmenü zu verbergen.

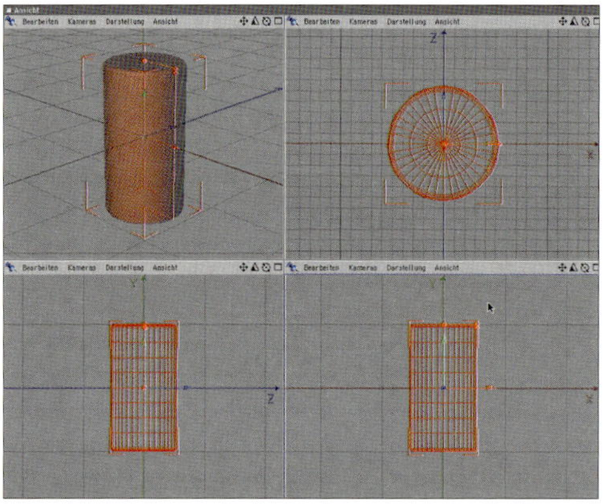

**Abbildung 4 ▶**
3D-Ansicht

**◀ Abbildung 5**
Ansichts-Bedienelemente

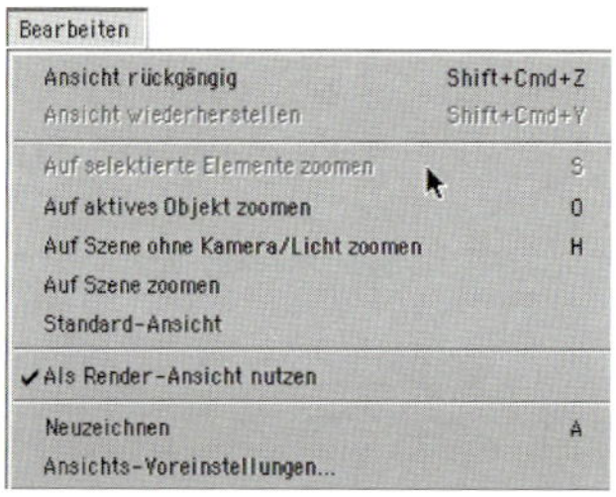


**◀ Abbildung 6**
Menü Bearbeiten

## 3D-Ansicht

Die 3D-Ansicht ist Ihr Arbeitsfenster. Hier wird modelliert, platziert, texturiert und zwischengerendert.

Eine Ansicht ist immer ein Blick durch eine Kamera – mit den Bedienelementen jedes Ansichtsfensters können Sie den Kamerablick verschieben ❶, hin- und wegzoomen ❷ und rotieren ❸ – halten Sie dabei Ihre Maustaste gedrückt. Das Fenstersymbol ❹ schaltet zwischen den einzelnen Ansichten hin und her – der perspektivischen Ansicht, der Ansicht von oben, von der Seite, von vorne und der Darstellung mit allen Ansichten.

Genauso wie Arbeitsschritte üblicherweise rückgängig gemacht werden können, lassen sich auch Veränderungen der Ansichten selbst im BEARBEITEN-Menü (Abbildung 6) zurücknehmen. Neben gezieltem Zoom auf bestimmte Szenen und Objekte bietet das Menü auch den Befehl NEUZEICHNEN zur Aktualisierung der aktiven Ansicht. Dies ist unter anderem bei eventuellen Darstellungsfehlern praktisch, wenn sich Änderung und Darstellung überschnitten haben. In den Ansichtsvorein-

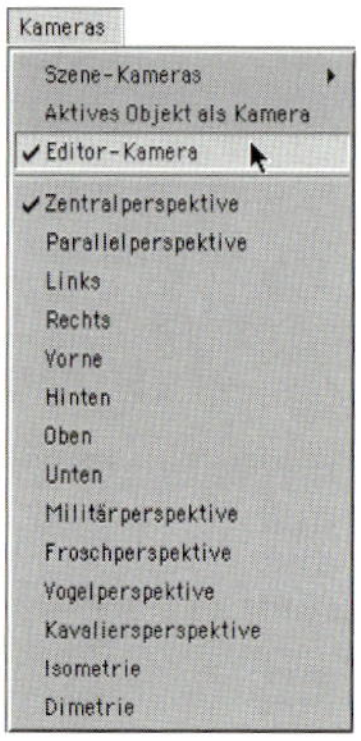


**◀ Abbildung 7**
Menü Kamera

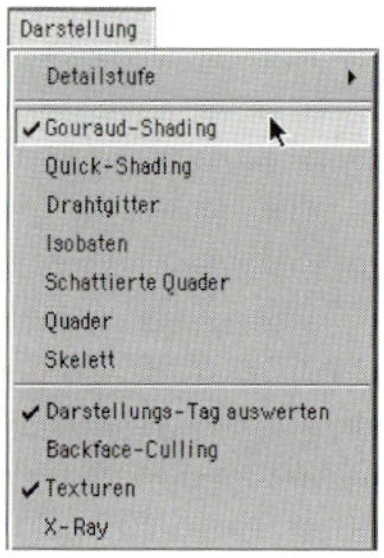


**◀ Abbildung 8**
Menü Darstellung

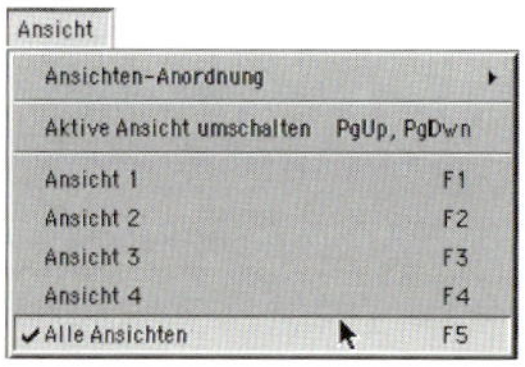


**◀ Abbildung 9**
Menü Ansicht

stellungen lassen sich die bevorzugten Ansichtseinstellungen dauerhaft festlegen.

Mit dem Anlegen eines neuen Dokumentes wird in der 3D-Ansicht die Editor-Kamera als Standardkamera verwendet. Im Kamera-Menü (Abbildung 7) lässt sich, sobald Sie weitere Kameras für das Modellieren und Animieren angelegt haben, auch auf diese Ansichten zugreifen. Cinema 4D bietet hier die am meisten verwendeten Perspektiven an.

Je nachdem, wie schnell Ihr Rechner die Darstellung auf Ihrem Bildschirm zuwege bringt, werden Sie das Darstellungs-Menü (Abbildung 8) zu schätzen lernen. In der rechten Spalte sehen Sie die verschiedenen Optionen aufgereiht. Natürlich arbeitet man am liebsten in der bestmöglichen Qualität, im Gouraud-Shading-Modus, jedoch kann dies bei schwächeren Rechnern und komplexen Modellen zu blank liegenden Nerven seitens der Anwender führen. Um dem vorzubeugen und auch oftmals den Weg in das Menü zu ersparen, ist Cinema 4D so intelligent und schaltet bei zu langer Darstellungszeit automatisch einen »Gang« zurück. Mit der Option Backface-Culling werden die aus dem jeweiligen Blickwinkel verdeckten Elemente des Körpers nicht berechnet – auch dies trägt zu einer Beschleunigung der Darstellung bei.

Im Ansicht-Menü (Abbildung 9) lassen sich die einzelnen Ansichten und deren Anordnung auswählen.

### Ansichten wechseln

Für gewöhnlich werden Sie die gerade benötigte Ansicht mit dem Mauszeiger größer ziehen. Noch schneller und bequemer ist es aber, mit den Funktionstasten [F1] – [F5] umzuschalten.

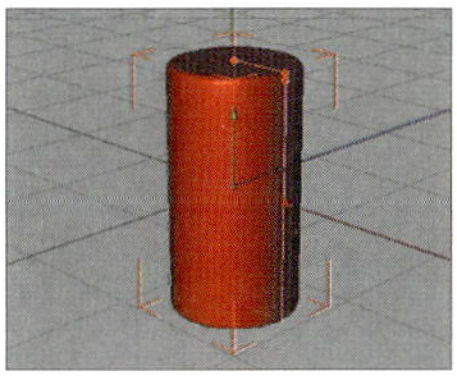

◀ **Abbildung 10**
Gouraud-Shading. Die Darstellung bei Quick-Shading ist fast identisch, es wird allerdings die Standardlichtquelle verwendet.

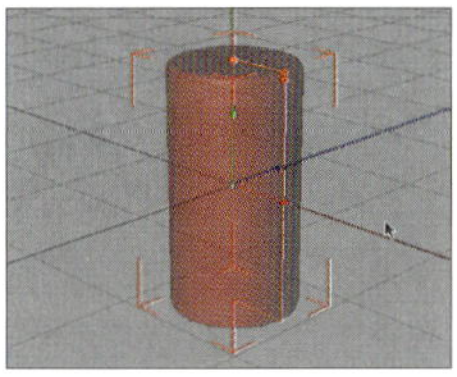

◀ **Abbildung 11**
Gouraud-Shading mit aktivem X Ray-Modus

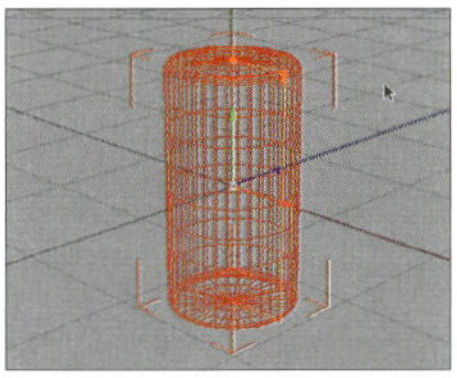

◀ **Abbildung 12**
Drahtgitter-Modus

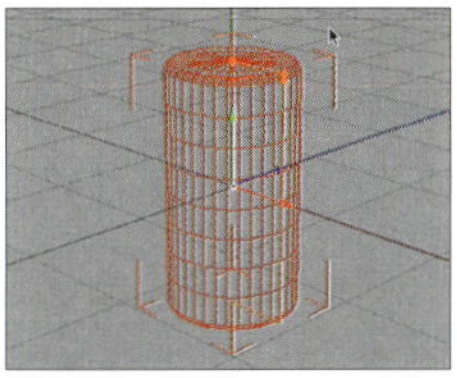

◀ **Abbildung 13**
Drahtgitter-Modus mit aktivem Backface-Culling. Die verborgen liegenden Punkte und Kanten werden nicht dargestellt.

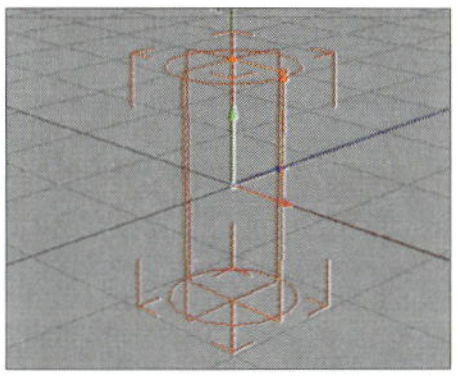

◀ **Abbildung 14**
Isobaten-Modus. Isobaten sind Linien, die beispielsweise bei der Erstellung von NURBS mit eingestellt werden. Die nötigsten Grenzen des Objektes sind erkennbar.

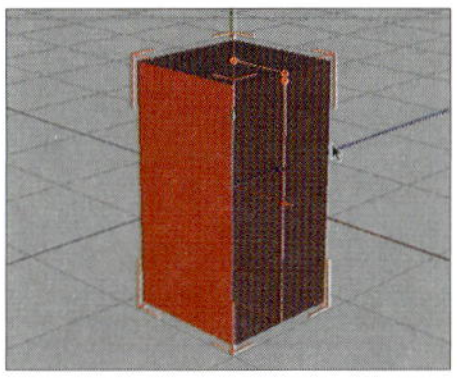

◀ **Abbildung 15**
Schattierte Quader/Quader: Sie lassen sich in 3D-Programmen schnell darstellen. Die schattierten Quader geben noch etwas mehr Aufschluss über das Objekt.

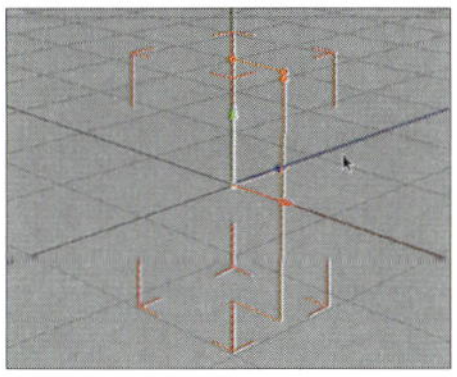

◀ **Abbildung 16**
Skelett. Schnellster Darstellungsmodus, findet Verwendung bei der Animation komplexer Objekte.

## Objekt-Manager

Im Objekt-Manager haben Sie Zugriff auf alle Objekte Ihrer Arbeit. Er teilt sich in drei Spalten auf – die linke Spalte zeigt die Hierarchie der Objekte und den Objekttyp, die mittlere Spalte kümmert sich um Anzeige und Aktivierung der Elemente, und die rechte Spalte beherbergt die Objekteigenschaften wie Texturen und Glättung, die den Objekten mit kleinen Symbolen, den so genannten TAGS, angehängt werden.

Die Hierarchie der Objekte ❶ stellt sich in einer Baumstruktur dar. Besitzt ein Objekt mindestens ein Unterobjekt, so lässt sich dieses durch Aufklappen des übergeordneten Objektes erreichen. Hierarchische Objekte entstehen beispielsweise durch Gruppierung mehrerer zusammengehöriger Objekte aus Gründen der Übersichtlichkeit, durch Manipulation von Objekten mit Deformatoren und sind Basis von allen generierten Objekten.

Um einen Objektnamen oder Objekttyp zu bearbeiten, genügt ein Doppelklick auf den Namen bzw. das Symbol. Sie können Objekte per Drag and Drop verschieben und so auch zu Unterobjekten machen. Ist dabei die [Strg]/[Ctrl]-Taste gedrückt, duplizieren Sie die Auswahl. Die zugehörigen Symbole geben Aufschluss über die Beschaffenheit bzw. den Typ des Objektes, wie etwa parametrische Objekte, Lichtquellen, Kameras etc.

Mit Hilfe des mittleren Balkens mit den »Ampelschaltern« ❷ können Sie Objekte je nach Wunsch anzeigen oder verschwinden lassen. Der obere Punkt betrifft dabei die Anzeige im Editor, der untere Punkt die Anzeige beim Rendering. Ist der Punkt standardgemäß grau ❸, so ist das Objekt immer sichtbar, es sei denn, ein übergeordnetes Ob-

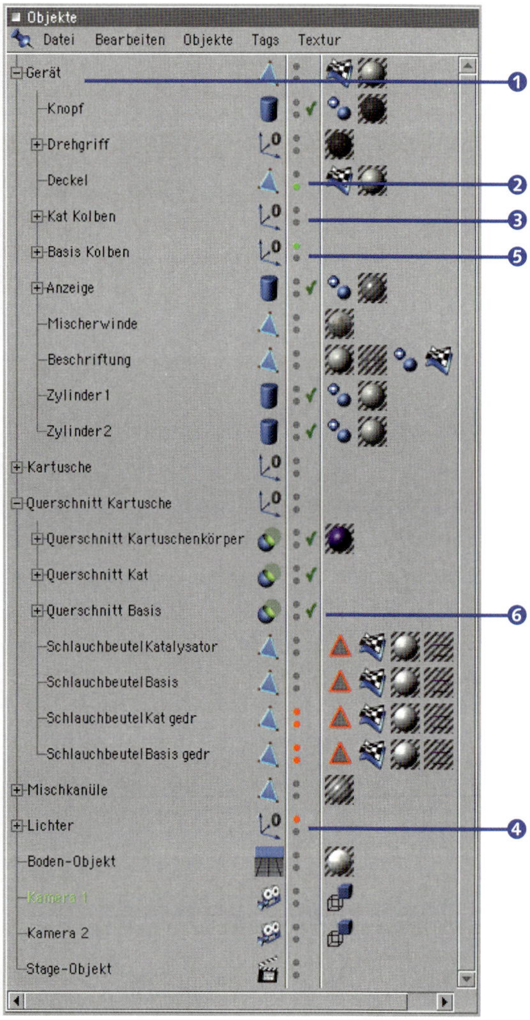


▲ **Abbildung 17**
Objekt-Manager

jekt besitzt andere Einstellungen ❹. Ein grüner Punkt ❺ bedeutet »immer sichtbar«. Das Objekt wird angezeigt, auch wenn ein Überobjekt beispielsweise unsichtbar ist. Mit dem roten Punkt ❹ blenden Sie Objekte aus.

In derselben Spalte steht Ihnen außerdem noch ein Aktivierungsschalter zur Verfügung, mit dem Sie die Generierung von Objekten

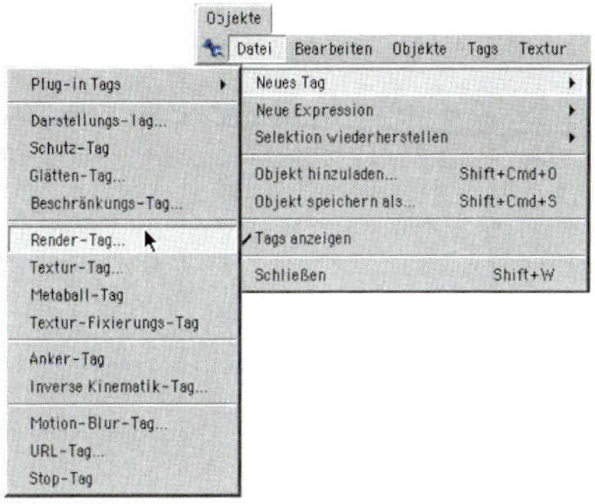


▲ **Abbildung 18**
Eigenschaften-Tags

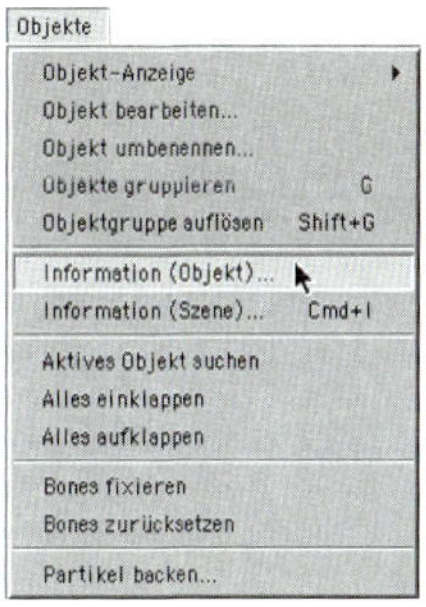


▲ **Abbildung 19**
Objektverwaltung

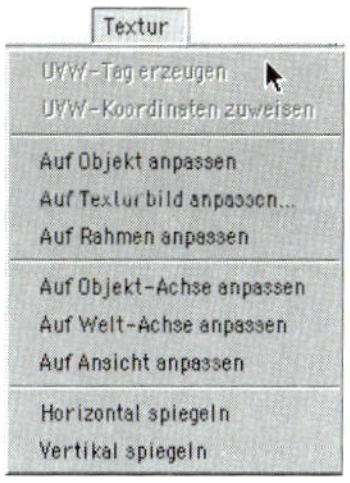


▲ **Abbildung 20**
Texturbearbeitung

abschalten können. Eine äußerst praktische Funktion, wenn Sie beispielsweise einen Pfad nachbearbeiten möchten, der durch Extrusion ein Objekt bestimmt ❻.

Alle Eigenschaften der Objekte wie Darstellung, Glättung, Texturen, Rendereinstellungen etc. sind in den Tags in der dritten Spalte des Objekt-Managers beschrieben. Diese Tags entstehen entweder durch Zuweisen von Eigenschaften per Drag and Drop (z. B. aus dem Material-Manager) oder durch das Menü Datei · Neues Tag bzw. Neue Expression (Abbildung 18).

Zur Verwaltung der Objekte ist das Objekte-Menü (Abbildung 19) hilfreich – hier können Sie Objektgruppen erstellen und auflösen, Informationen über Objekte und Szenen einholen, Bones vor der Animation festsetzen und lösen sowie Partikel backen.

Das Textur-Menü (Abbildung 20) ermöglicht, Texturen auf Objekte anzupassen und UVW-Koordinaten zu erzeugen. UVW-Koordinaten verhindern das Verzerren von Texturen bei der Bearbeitung oder Animation von Objekten.

**Arbeiten mit dem Objekt-Manager**
Mit zunehmender Zahl an Objekten wird auch der Manager unübersichtlicher. Gewöhnen Sie sich daher an, Ihre Objekte so weit wie möglich in Gruppen zusammenzufassen.

**Ampelschalter**
Beim Gruppieren werden die einzelnen Ampel-Einstellungen meist vergessen. Sollte ein Objekt beim Rendering aus unerfindlichen Gründen einmal sichtbar oder unsichtbar bleiben – prüfen Sie die Unterobjekte.

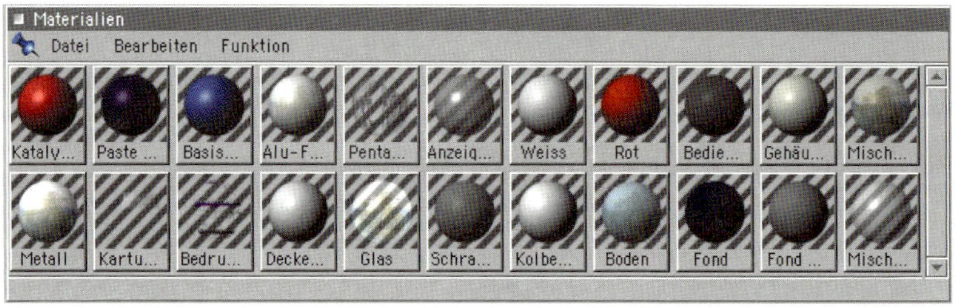


◄ **Abbildung 21**
Material-Manager

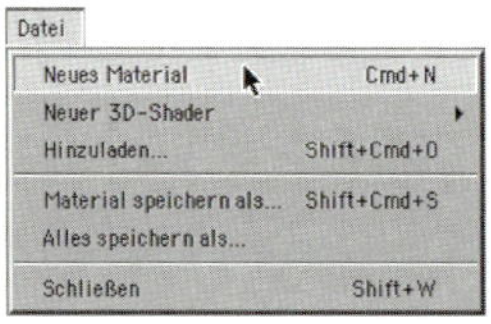


**Abbildung 22** ►
Material verwalten

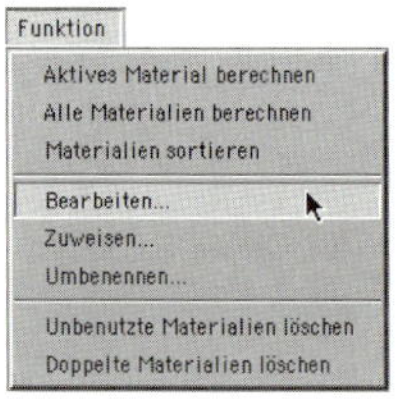


◄ **Abbildung 23**
Material verwalten

# Material-Manager

Was für den Maler die Palette ist, ist für den Cinema 4D-Anwender der Material-Manager (Abbildung 21).
Hier werden die Materialien und Shader verwaltet, die den Objekten zugewiesen werden. Die Darstellung des Materials auf einer 3D-Kugel soll die Beschaffenheit des Materials veranschaulichen.

Um den anfangs leeren Material-Manager mit Materialien zu füllen, laden Sie diese entweder aus anderen Dokumenten hinzu (DATEI · HINZULADEN), oder erstellen Sie ein gänzlich neues Material bzw. einen 3D-Shader (Abbildung 22). Mehr dazu im Kapitel »Texturing«.

◄ 142
Texturing

Das Menü FUNKTION (Abbildung 23) bietet neben den üblichen Befehlen zum Bearbeiten und Umbenennen von Materialien auch Hilfen zur Verwaltung. So können doppelte oder unbenutzte Materialien aufgespürt werden – diese entstehen oft durch hinzugeladene Materialien aus anderen Dokumenten.

Per Doppelklick auf das Materialsymbol öffnet sich der Material-Editor zur Bestimmung und Bearbeitung des Materials, durch Doppelklick auf den Materialnamen lassen sich die Materialien umbenennen. Möchten Sie die Reihenfolge der Einträge vertauschen, ziehen Sie das Material mit der Maus an die gewünschte Stelle – bei gedrückter `Strg`/`Ctrl`-Taste legen Sie ein Duplikat des Materials an.

Um nun einem Objekt ein fertiges Material zuzuweisen, ziehen Sie das Material aus dem Manager einfach auf das Objekt in der 3D-Ansicht oder in den Eintrag im Objekt-Manager. Dort sehen Sie das Material als kleines »Tag« bei den Objekteigenschaften.

Wie Sie die Materialien auf das Objekt anpassen, erfahren Sie im späteren Texturing-Teil dieses Buches (Seite 136).

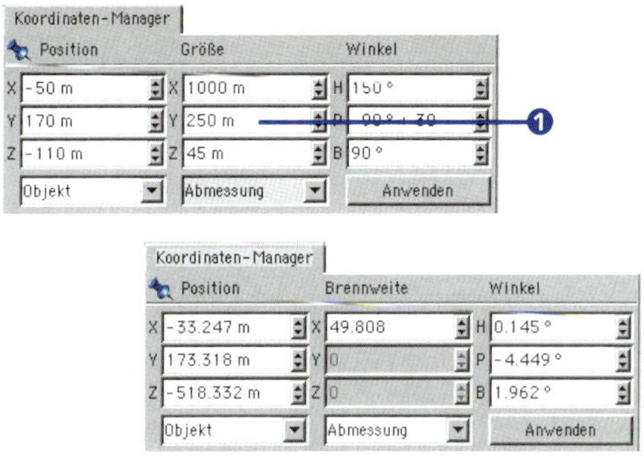


▲ **Abbildung 24**
Koordinaten-Manager für Objekte (oben) und Kameras

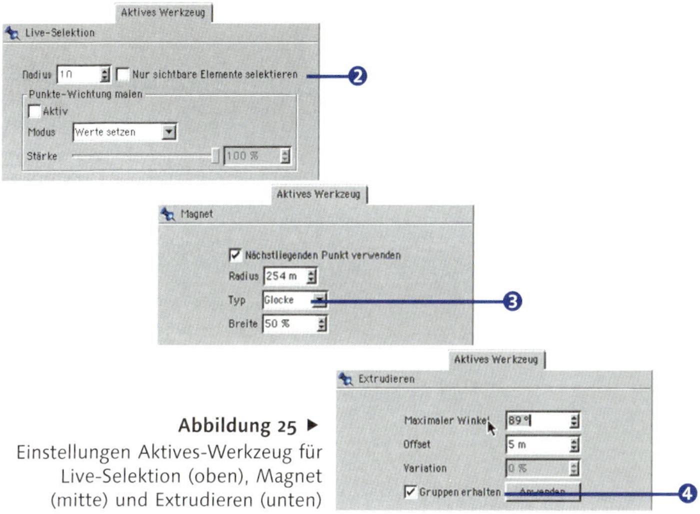


**Abbildung 25** ▶
Einstellungen Aktives-Werkzeug für Live-Selektion (oben), Magnet (mitte) und Extrudieren (unten)

## Koordinaten-Manager

Der Koordinaten-Manager zeigt die Koordinateninformation über Punkte, Polygone und Objekte. Über ihn lassen sich Objekte durch Eingabe von Werten in Position, Größe und Rotation verändern. Auch relative Angaben als Formeln (+50 m, * 2) zur verhältnismäßigen Positionsänderung und Skalierung sind erlaubt ❶.

Als Bezugssystem lässt sich bei der Eingabe das Objekt- oder das Welt-Koordinatensystem auswählen. Im rechten Aufklappmenü können die Objektgrößen ermittelt und verändert werden. Dabei gilt die Achsenlänge beim Eintrag Grösse, die Abmessungen des aktiven Objekts bei Abmessung und die Abmessung des Objekts inklusive eventueller Unterobjekte bei der Einstellung Abmessung +.

Ist eine Kamera zur Bearbeitung aktiv, so ändern sich die Einträge im Koordinaten-Manager auf die für Kameras relevanten Einstellungen.

## Aktives Werkzeug

Das Fenster Aktives Werkzeug (Abbildung 25) zeigt die für das jeweils ausgewählte Werkzeug bestimmten Einstellungsmöglichkeiten.

So können Sie beim Auswahlwerkzeug Live-Selektion sofort festlegen, ob Sie verdeckt liegende Punkte ebenfalls berücksichtigen wollen ❷, welchen Einflussradius und -typ Sie beim Magnetwerkzeug verwenden möchten ❸ oder auch ob beim Extrudieren die Gruppen erhalten bleiben sollen ❹.

Beim Wechsel des Werkzeugs bleiben die letzten Einstellungen unberührt, so dass Sie bei der erneuten Verwendung wieder Ihre bevorzugten Einstellungen wiederfinden.

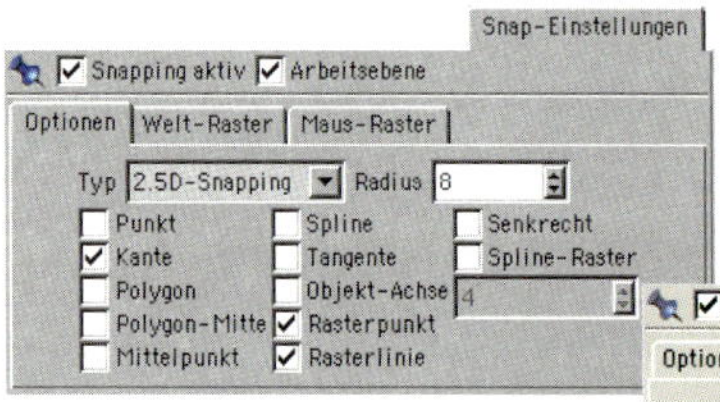


**Abbildung 26 ▶**
Snap-Einstellungen Optionen

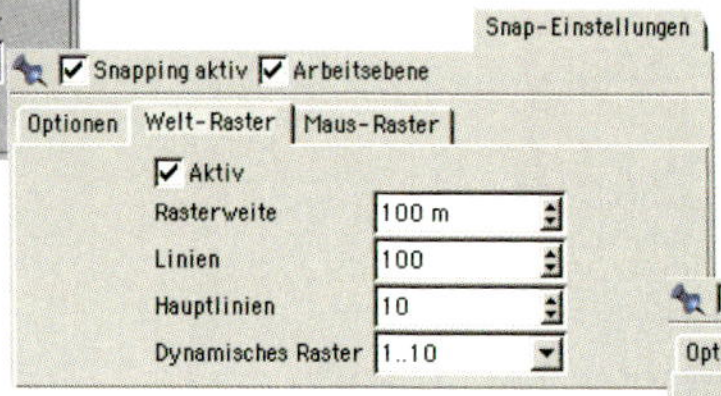


**Abbildung 27 ▶**
Snap-Einstellungen Welt-Raster

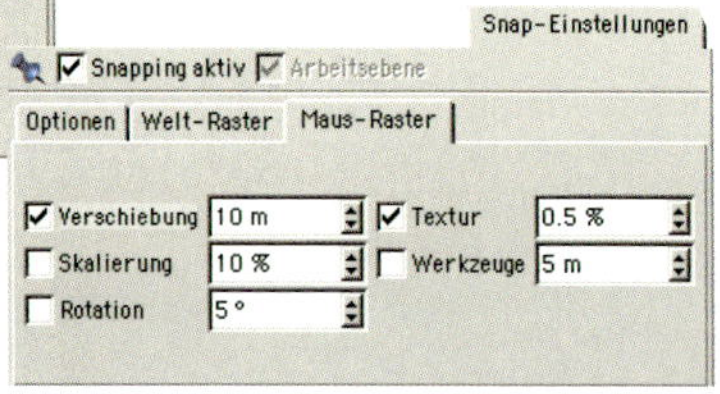


**Abbildung 28 ▶**
Snap-Einstellungen Maus-Raster

## Snap-Einstellungen

Das gezielte Verschieben und Positionieren in 3D-Programmen verlangt räumliches Gefühl und Vorstellungsvermögen.

Eine erhebliche Erleichterung bietet die Möglichkeit, Punkte, Polygone, Objekte, Achsen etc. beim Platzieren aufeinander einrasten zu lassen. Die dafür notwendigen Vorbereitungen werden in den Snap-Einstellungen getätigt.

Bei aktiviertem Snapping ist zunächst auf der Optionen-Seite der Snapping-Typ wichtig (Abbildung 26). Wollen Sie beispielsweise einen Punkt exakt auf den anderen verschieben, also auf übereinstimmende X-, Y- und Z-Koordinaten, so ist das 3D-Snapping die richtige Wahl. Beim 2,5D-Snapping darf er einen der drei Koordinatenwerte behalten – je nachdem, in welcher Ansicht er verschoben wird. Das 2D-Snapping geht noch einen Schritt weiter und lässt nur das Einrasten auf einen Koordinatennenner zu.

Mit Radius ist der Wirkungsradius der Zielpunkte gemeint. Je größer der Radius, desto toleranter wirken auch die Zielpunkte.

Sie können als Snap-Ziele alle angegebenen Optionen wahlweise aktivieren oder deaktivieren. Beschränken Sie sich aber auf die für Sie wirklich nötigen Bereiche, sonst wird das Einrasten zum Geduldsspiel.

Beim Reiter Welt-Raster (Abbildung 27) sind die Einstellungen des Rasters für Ihre Arbeitsansichten hinterlegt. Auch auf diese Standardhilfslinien lassen sich die Elemente einrasten.

Die Maus-Raster-Seite (Abbildung 28) beinhaltet unter anderem die Snap-Möglichkeiten, wenn Sie mit den üblichen Verschiebe-, Skalierungs- und Rotationswerkzeugen interaktiv arbeiten. Damit vermeiden Sie krumme Werte bei den Objekten und gewinnen mehr Übersicht über die Positionierung der Objekte im Raum.

Genug der Worte, am besten ist, Sie probieren die Snap-Möglichkeiten mit ein paar einfachen Objekten selbst aus, um sich an dieses praktische Helferlein zu gewöhnen.

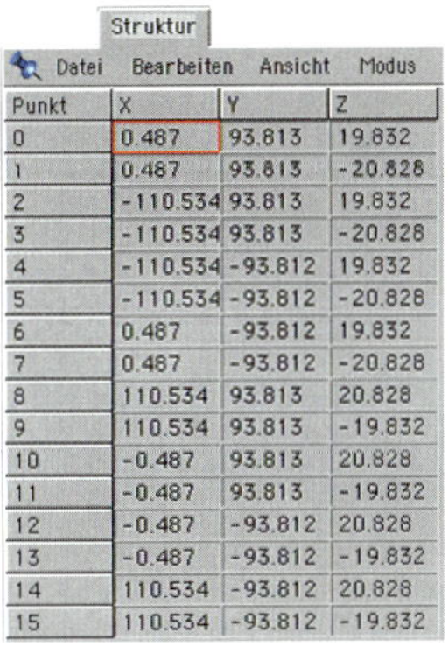

Struktur

Datei Bearbeiten Ansicht Modus

| Punkt | X | Y | Z |
|---|---|---|---|
| 0 | 0.487 | 93.813 | 19.832 |
| 1 | 0.487 | 93.813 | -20.828 |
| 2 | -110.534 | 93.813 | 19.832 |
| 3 | -110.534 | 93.813 | -20.828 |
| 4 | -110.534 | -93.812 | 19.832 |
| 5 | -110.534 | -93.812 | -20.828 |
| 6 | 0.487 | -93.812 | 19.832 |
| 7 | 0.487 | -93.812 | -20.828 |
| 8 | 110.534 | 93.813 | 20.828 |
| 9 | 110.534 | 93.813 | -19.832 |
| 10 | -0.487 | 93.813 | 20.828 |
| 11 | -0.487 | 93.813 | -19.832 |
| 12 | -0.487 | -93.812 | 20.828 |
| 13 | -0.487 | -93.812 | -19.832 |
| 14 | 110.534 | -93.812 | 20.828 |
| 15 | 110.534 | -93.812 | -19.832 |

**Abbildung 29** ▲ ▶
Struktur-Manager

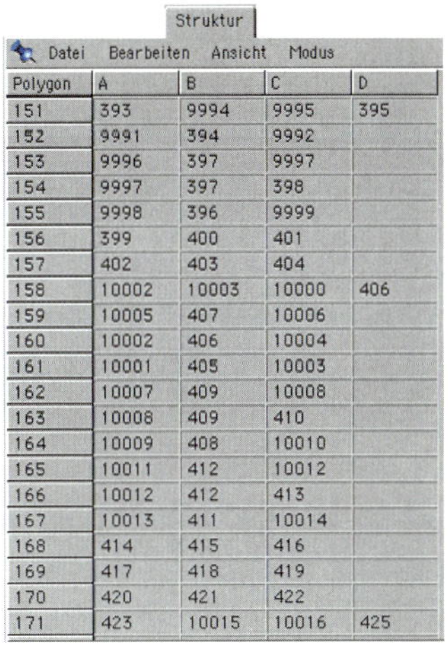

Struktur

Datei Bearbeiten Ansicht Modus

| Polygon | A | B | C | D |
|---|---|---|---|---|
| 151 | 393 | 9994 | 9995 | 395 |
| 152 | 9991 | 394 | 9992 | |
| 153 | 9996 | 397 | 9997 | |
| 154 | 9997 | 397 | 398 | |
| 155 | 9998 | 396 | 9999 | |
| 156 | 399 | 400 | 401 | |
| 157 | 402 | 403 | 404 | |
| 158 | 10002 | 10003 | 10000 | 406 |
| 159 | 10005 | 407 | 10006 | |
| 160 | 10002 | 406 | 10004 | |
| 161 | 10001 | 405 | 10003 | |
| 162 | 10007 | 409 | 10008 | |
| 163 | 10008 | 409 | 410 | |
| 164 | 10009 | 408 | 10010 | |
| 165 | 10011 | 412 | 10012 | |
| 166 | 10012 | 412 | 413 | |
| 167 | 10013 | 411 | 10014 | |
| 168 | 414 | 415 | 416 | |
| 169 | 417 | 418 | 419 | |
| 170 | 420 | 421 | 422 | |
| 171 | 423 | 10015 | 10016 | 425 |

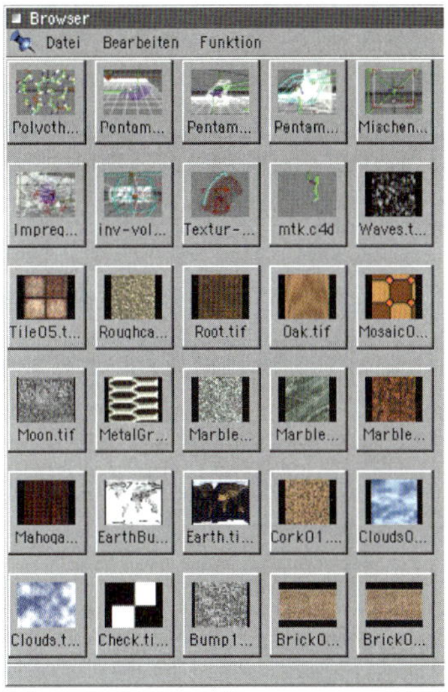


◀ **Abbildung 30**
Browser

## Struktur-Manager

Der Struktur-Manager (Abbildung 29) listet alle Punkte, Polygone, UVW-Koordinaten und Punktewerte von Vertex-Maps des aktiven Objektes in Zeilen und Spalten gegliedert auf.

Es steht also nichts im Wege, direkt in den Feldern Punktwerte manuell zu verändern oder per Drag and Drop zu vertauschen.

3D-Objekte bestehen mehr oder weniger aus einer Ansammlung von Punkten, die miteinander verbunden sind. Diese Punkte, die unser Struktur-Manager so übersichtlich darstellt, lassen sich auch als Text-(ASCII)-Datei exportieren, um sie in anderen Programmen weiterzuverwenden. Ein gemeinsames Export- und Importformat ist für diese Zwecke natürlich die bessere Lösung – ist aber leider nicht immer gegeben. Der umgekehrte Weg lässt sich natürlich auch beschreiten – beide Funktionen finden Sie im Menü des Struktur-Managers Datei · ASCII-Datei hinzuladen/ASCII-Datei exportieren.

## Browser

Mit dem Browser von Cinema 4D (Abbildung 30) legen Sie sich Kataloge mit häufig verwendeten Materialien, Bildern, Animationen, Filmen, Sounds, Szenen etc. an, auf die Sie aus jedem Dokument zugreifen können.

Um einen neuen Katalog anzulegen, verwenden Sie den Browserbefehl Datei · Neuer Katalog. Mit Datei hinzuladen können Sie dann Ihren Katalog nach Bedarf zusammenstellen und schließlich über Katalog speichern als Katalogdatei mit der Endung .cat sichern.

Benötigen Sie nun Elemente aus Ihrem Katalog in einem neuen Dokument, importieren Sie den Katalog über Katalog öffnen. Nun stehen Ihnen alle Teile des Katalogs im Browser zur Verfügung.

Freunden Sie sich mit dem Browser an, sobald Sie merken, dass Sie häufig Materialien, Objekte etc. aus anderen Dateien wieder verwenden – so sparen Sie sich eine Menge Zeit.

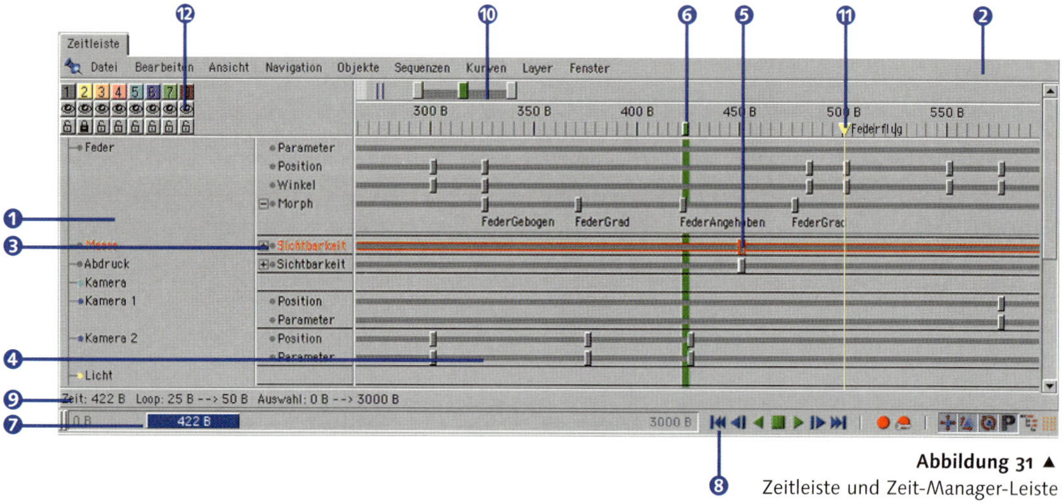

**Abbildung 31 ▲**
Zeitleiste und Zeit-Manager-Leiste

## Zeitleiste

Die Zeitleiste (Abbildung 31) ist die Schaltzentrale, wenn es um die Erstellung und Steuerung von Animationen geht.

Alle Objekte ❶, die Sie in Ihrem Objekt-Manager haben, finden Sie in der linken Spalte Ihrer Zeitleiste. Auf der Horizontalen ❷ sind die Bilder (Frames) aufgetragen – bei einer Geschwindigkeit von 25 Bildern in der Sekunde entspräche demnach jeder 25. Teilstrich einer animierten Sekunde Film.

Bei der Erstellung einer Animation wird objektorientiert vorgegangen. Jedem Objekt der Zeitleiste können Sie per Kontextmenü oder im Menü Datei · Neue Spur eine Animationsspur ❸ zuweisen, welche die Art der Animation beschreibt. Dies können geometrische Animationen wie die Änderung von Position, Größe und Winkel, Spezialeffekte wie Morphing und Texturänderung, Animationen über Plug-ins und Parameteränderungen der Objekte sein, wie sie sonst über den Objekt-Manager zu erreichen wären. Selbstverständlich kann ein Objekt auch mehrere Animationsspuren enthalten.

Um eine Animation zeitlich festzuhalten, benötigen Sie eine Sequenz ❹. Auch dies ist wieder über das Kontextmenü und über den Menübefehl Datei · Neue Sequenz möglich. Zum Verschieben von Sequenzen genügt es, sie per Drag and Drop an eine andere Stelle zu ziehen, mit gedrückter Strg/Ctrl-Taste kopieren Sie die angewählte Sequenz auf ein anderes Objekt mit gleicher Spur. Im Menü Sequenz finden Sie außerdem alle Befehle für das Trennen, Verbinden und genaue Bearbeiten von Sequenzen.

Alle Einstellungen und Parameter der Animation werden in den Keys ❺ beschrieben. Keys sind Schlüsselbilder, also die Zeitpunkte, zwischen denen Objekte Ihre Animationen durchlaufen. Sie können Keys über den Menübefehl, das Kontextmenü oder, am bequemsten, per Klick auf die Sequenz mit gedrückter Strg/Ctrl-Taste erstellen und die Parameter eingeben – das Duplizieren von Keys ist per Drag and Drop wiederum über die Strg/Ctrl-Taste möglich. Jede Spur kann beliebig viele Sequenzen und Keys aufnehmen.

#### Navigation in der Zeitleiste

Auch auf großen Monitoren wird bei längeren komplexen Animationen der Platz für die Zeitleiste sehr schnell eng. In Cinema 4D stehen Ihnen einige Mittel zur Verfügung, um trotzdem zügig arbeiten zu können.

Der grüne Zeitschieberegler ❻ befindet sich immer am aktuellen Zeitpunkt Ihrer Animation. Durch Verschieben können Sie zu einem anderen Zeitpunkt in der Animation springen, Gleiches gilt für den Schieberegler ❼ der Zeit-Manager-Leiste ❽. Informationen über den Stand des Reglers und der Auswahl zeigt Ihnen die Statusleiste ❾ an.

Der Power-Slider ❿ am oberen Rand der Zeitleiste stellt den sichtbaren relativen Ausschnitt der Animation in der Zeitleiste dar und ist ein sehr schnelles Instrument zur Navigation darin. Wenn Sie den Slider am unteren Balken anfassen und verschieben, ändern Sie damit also auch den Ausschnitt der Zeitleiste. Die grauen Enden des Balkens bewirken beim Verschieben eine Skalierung des Ausschnitts in die jeweilige Richtung – möchten Sie in beide Richtungen skalieren, halten Sie zusätzlich einfach die `Shift`-Taste gedrückt. Bei Doppelklick auf den dunklen Balken wird der Power-Slider auf die Breite des Fensters maximiert und bei erneutem Doppelklick wieder zurückgesetzt.

Zwei blaue Dreiecke im Zeitleisten-Lineal begrenzen den Vorschau-Bereich, eine Art Auswahl, die Sie verwenden können, um Animationen zu straffen oder zu verlängern. Die Befehle zum Einfügen und Löschen befinden sich im Menü SEQUENZEN.

#### Marker und Layer

Marker und Layer helfen Ihnen dabei, die Arbeit in der Zeitleiste zu optimieren. Mit Markern ⓫ können Sie sich in der Zeitleiste zur Orientierung Punkte setzen und mit Namen versehen – zum einen, um den Überblick zu behalten, und zum anderen als Hilfe beim Platzieren von Sequenzen und Keys. Marker wirken magnetisch. Einen neuen Marker legen Sie über DATEI · NEUER MARKER bzw. per Klick bei gedrückter `Strg`/`Ctrl`-Taste in das Zeitleisten-Lineal an.

Layer ⓬ vereinfachen den Umgang mit den Objekten in der Zeitleiste. Zwar ist es recht praktisch, dass automatisch alle Objekte in der Zeitleiste animationsbereit sind, wenn Sie jedoch kein Erdbeben simulieren wollen und auch keine Lichter animieren müssen, sind Boden, Ebenen, Lichtquellen und viele andere Objekte in der Zeitleiste schlichtweg überflüssig. Wählen Sie einfach die Objekte in Ihrer Zeitleiste aus, weisen sie mit Klick auf einen der Farbbuttons einem Layer zu, und schalten Sie den Layer mit dem Augesymbol auf unsichtbar oder gesperrt. Wenn Sie sich eine Farbcodierung für das Layersystem angewöhnt haben, können Sie Ihren Objekten bestimmte Layer zuweisen und sich schnell die Objekte hervorholen, die Sie bei der Animation wirklich benötigen.

## Zeit-Manager-Leiste

So wie die Tasten an Ihrem Videorekorder sehen auch die Steuerelemente der Zeit-Manager-Leiste ❽ aus. Mit ihr können Sie Ihre Animation im Editor abspielen lassen und mit den Aufnahmebuttons Keyframe-Animationen erzeugen. Die rechten Buttons erlauben das gezielte Erstellen von Spuren unter Berücksichtigung von Unterobjekten. Mehr dazu lesen Sie im Kapitel »Animation« (Seite 264).

# Befehlspaletten

*Befehlspaletten, Werkzeugleisten, Symbolleisten, Icon-Paletten – wie Sie wollen, beinhalten doch alle Begriffe im Prinzip dasselbe: schnellen Zugriff auf die nötigen Werkzeuge, Objekte und Funktionen.*

## Selektion und Lupe

Insgesamt vier Selektionswerkzeuge (Abbildung 2) können Sie für die Auswahl von Punkten, Polygonen etc. verwenden. Mit der Live-Selektion malen Sie wie mit einem Pinsel über die Elemente, die Sie auswählen möchten. Mit Rechteck-, Freihand- und Polygon-Selektion dagegen ziehen Sie Rahmen über die Objekte. Bei gedrückter [Strg]/[Ctrl]-Taste ziehen Sie von der Auswahl ab, bei gedrückter [Shift]-Taste fügen Sie zur Auswahl hinzu. Beachten Sie auch die zugehörigen Einstellungen im Fenster Aktives Werkzeug. Für schnelles Zoomen ist auch eine Lupe da.

## Verschieben/Skalieren/ Rotieren

Mit diesen drei Werkzeugen ❶ wird das aktive Objekt verschoben, skaliert oder gedreht. Die Veränderung geschieht durch Ziehen mit der Maus wahlweise stufenlos oder gemäß eventuell vorhandener Snap-Einstellungen im gleichnamigen Manager.

Für ungleichmäßige Bearbeitungsmöglichkeiten kommen die nächsten Werkzeuge ins Spiel.

## Achsen- und Koordinatensysteme

Die drei Koordinatenachsen X, Y, und Z ❷ können mit den Icons wahlweise gesperrt oder freigegeben werden. In gedrücktem Zustand ist die Achse für die Manipulation freigegeben. Möchten Sie ein Objekt also proportional manuell skalieren, sollten alle Achsen aktiviert sein.

Rechts neben den Achsensymbolen befindet sich ein Werkzeug zum Wechsel zwischen Objekt- und Weltkoordinatensystem ❸.

Soll also beispielsweise ein schräg im Raum stehendes Objekt entlang seiner eigenen Z-Achse verschoben werden, müssen Z-Achse und Objekt-Koordinatensystem ausgewählt sein. Wenn Sie dagegen ein Objekt anhand seiner Koordinatenwerte im Raum platzieren wollen, brauchen Sie das Weltkoordinatensystem.

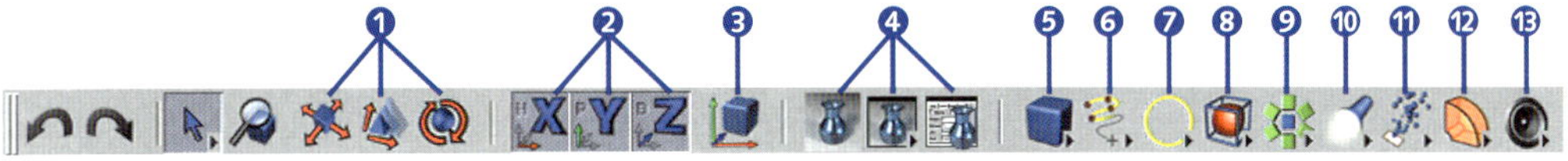

◂ **Abbildung 1**
Befehlspaletten

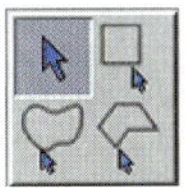

▴ **Abbildung 2**
Selektionswerkzeuge Live-, Rechteck-, Freihand- und Polygon-Selektion

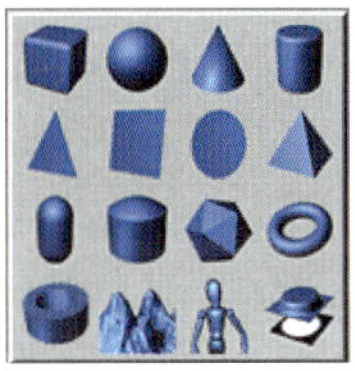

◂ **Abbildung 3**
Grundobjekte Würfel, Kugel, Kegel, Zylinder, Polygon, Ebene, Scheibe, Pyramide, Kapsel, Öltank, Platonischer Körper, Ring, Röhre, Landschaft, Figur, Relief

Da während der Arbeit in der Regel oft zwischen den Werkzeugen gewechselt wird, merkt sich Cinema 4D die jeweils zum Werkzeug aktivierten Achsen und stellt bei erneuter Werkzeuganwahl die letzte Kombination wieder her.

## Rendering

Auch für das Rendering müssen Sie sich nicht extra in ein Menü bemühen. Zur Auswahl stehen drei Rendering-Werkzeuge ❹ für das Berechnen der aktiven Ansicht, von Ausschnitten, Objekten, für separate Berechnung im Bild-Manager sowie für die Render-Voreinstellungen.

## Objekte

Rechts sehen Sie die Objekte, auf die Sie in Ihrer Standardbefehlspalette Zugriff haben.

Mit Klick auf die Objekticons, die unten rechts einen Pfeil besitzen, öffnen sich die jeweiligen Auswahlpaletten mit den zugehörigen Elementen.

Nach seiner Auswahl erscheint das Objekt in den Ansichten und als Symbol im Objekt-Manager. Um die Parameter der Objekte zu definieren, genügt ein Doppelklick auf das Icon um einen anderen Namen zu vergeben, klicken Sie doppelt auf den Objektnamen.

Alle Objekte, die Sie im Menü Objekte finden, können Sie auch über diese Befehlspalette erreichen.

Dazu gehören neben den Grundobjekten ❺ Spline-Typen ❻, Spline-Grundobjekte ❼, Generatoren ❽, Modelling-Objekte ❾, Szene-Objekte ❿, Partikelsystem-Objekte ⓫, Deformatoren ⓬ und Sound-Objekte ⓭.

**Abbildung 5** ▶
Elemente in der Objekt-Palette

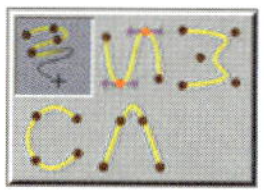

◀ **Spline-Typen**
Freies Zeichnen, Bézier-Spline, B-Spline, Kubisches Spline, Akima-Spline

◀ **Spline-Grundobjekte**
Kreis, Bogen, Rechteck, Raute, n-Eck, Stern, Zahnrad, Blume, Text, Helix, Profil, Zykloide, Formel, Zissoide, Konturen aus Pixeln

◀ **Generatoren**
HyperNURBS, Extrude-NURBS, Lathe-NURBS, Loft-NURBS, Sweep-NURBS, Bézier-NURBS

◀ **Modelling-Objekte**
Array, Boole, Instanz, Metaball, Symmetrie, Arbeitsebene

◀ **Szene-Objekte**
Kamera und Kamera mit Zielobjekt, Lichtquelle und Lichtquelle mit Zielobjekt, Sonne, Boden, Himmel, Stage-Objekt, Umgebung, Vorder-/ Hintergrund

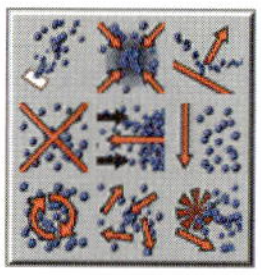

◀ **Partikelsystem-Objekte**
Emitter, Attraktor, Reflektor, Vernichter, Reibung, Gravitation, Rotation, Turbulenz, Wind

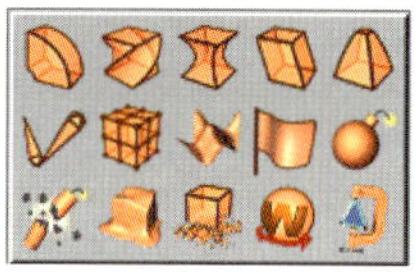

◀ **Deformatoren**
Biege-, Verdreh-, Bulge-, Scher-, Stauch-, Bone-, FFD-, Formel-, Wind-, Explosions-, ExplosionFX-, Schmelz-, Splittern-, Wickel- und Polygonreduktions-Deformator

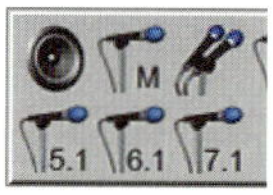


◀ **Sound-Objekte**
Lautsprecher, Mikrofon, 2 kombinierte Mikrofone, 2 separate Mikrofone, 6-, 7- und 8-Mikrofon-Objekt

▼ **Abbildung 4**
Objekt-Palette

In der rechten Spalte sehen Sie die restlichen Elemente der Objekt-Palette ausgeklappt.

Mit den Spline-Typen und Spline-Grundobjekten erstellen Sie Pfade, mit denen sich Objekte konstruieren und animieren lassen. Generatoren formen aus Spline- und Polygon-Objekten dreidimensionale Körper. Bei den Modelling-Objekten finden sich boolesche Operationen und viele Hilfsmittel, die Ihnen die Arbeit erleichtern. Alle Objekte, die Sie zur Gestaltung Ihrer Szene brauchen, wie Licht, Kameras, Boden und Himmel, gehören zu den Szene-Objekten. Die Elemente der Partikelsystem-Palette bieten Ihnen alle wichtigen Möglichkeiten zur Erstellung und Steuerung von Teilchenströmen.

Deformatoren erlauben es Ihnen, 3D-Objekte sehr präzise zu verformen, sei es nun durch Verbiegen und Drehen oder gar durch eine Explosion.

Eine echte Innovation sind die Sound-Objekte, mit denen Sie schon bei der Arbeit in Cinema 4D Klangdateien verarbeiten können.

## Bearbeitungswerkzeuge

Die Bearbeitungswerkzeuge von Cinema 4D arbeiten sehr eng mit den Auswahl-, Achsen- und Objektwerkzeugen zusammen, die auf den letzten Seiten besprochen wurden.

Sie können mit aktiviertem Verschieben-Werkzeug Punkte, Polygone, Objekte, Objektachsen und mehr bearbeiten – wichtig ist vielmehr, welcher Modus bei den Bearbeitungswerkzeugen angewählt ist. Für das Zeichnen eines Splines beispielsweise benötigen Sie sowohl den Punkte-Bearbeiten-Modus, das Verschiebe-Werkzeug und den Spline-Erstellungstypus.

Sollten Sie wenig Erfahrung im Umgang mit Cinema 4D haben, nehmen Sie sich anfangs vor, folgende Reihenfolge einzuhalten:

1. Was will ich erstellen/bearbeiten?
   Punkte (auch Splines), Polygone, Achsen, Objekte ...
2. Wie will ich sie erstellen/bearbeiten?
   Verschieben/skalieren/rotieren, sperren/entsperren ...
3. Brauche ich noch ein anderes Werkzeug?
   Spline-Erstellung, Magnet, Messer ...

Natürlich ist es Cinema 4D egal, in welcher Reihenfolge Sie vorgehen, vielleicht gibt Ihnen dieser Vorschlag aber trotzdem eine Hilfe für die ersten »Gehversuche«.

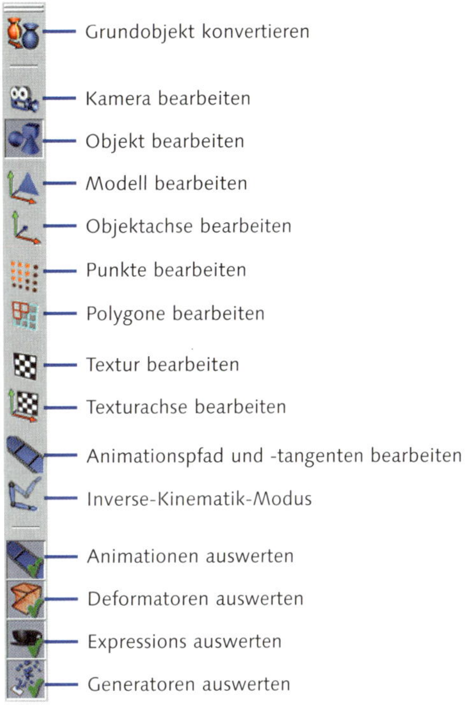


▲ **Abbildung 6**
Bearbeitungswerkzeuge

Der Befehl GRUNDOBJEKT KONVERTIEREN ist erst seit der Version 6 von Cinema 4D vorhanden und nötig. 3D-Grundobjekte sind parametrische Objekte, deren Aussehen rein mathematisch und nicht über Polygone festgehalten wird. Der Befehl konvertiert das aktive Objekt in ein polygonales Grundobjekt – eine Rückumwandlung ist nicht möglich.

Mit den folgenden zehn Befehlen wählen Sie aus, welche Objektart bzw. welchen Objektteil Sie modifizieren möchten.

KAMERA BEARBEITEN lässt Sie kameraspezifische Einstellungen wie z. B. an der Brennweite vornehmen. Arbeiten Sie hier also mit dem Verschiebe-Werkzeug, verändern Sie die Richtung der Kamera, nicht aber die Kamera selbst.

Für Letzteres kämen die beiden nächsten Werkzeuge in Frage. Mit OBJEKT BEARBEITEN/MODELL BEARBEITEN modifizieren Sie die Objekte als solche – wofür Ihnen gleich zwei Werkzeuge zur Seite stehen. Cinema 4D vermeidet auf diese Art unerwünschte Effekte durch verzerrte Übersysteme. Im Cinema 4D-Handbuch finden Sie eine recht anschauliche Abhandlung über dieses Thema – die Quintessenz aber auch in diesem Buch: Nehmen Sie während der Modelling-Phase das Modell-Werkzeug, das Objekt-Werkzeug hingegen bei der Animation.

Das Werkzeug OBJEKTACHSEN BEARBEITEN ist im Allgemeinen beim Spline-Modelling und im Besonderen bei der Animation von hoher Bedeutung. Egal ob nur ein einfacher Hebel nach unten gedrückt werden soll oder ob es sich um eine komplexere Animation mit inverser Kinematik handelt – mit diesem Werkzeug legen Sie die Dreh- und Angelpunkte der Objekte fest.

Punkte und Polygone, also die »Urmasse« jedes 3D-Objektes, seien es nun Ankerpunkte einer Spline-Kurve oder Polygone eines HyperNURBS-Objektes, lassen sich mit den Werkzeugen PUNKTE bzw. POLYGONE BEARBEITEN verändern.

Wenn Sie Objekte mit Bitmap-Texturen versehen haben, müssen diese an die Objekte angepasst werden. Dabei helfen Ihnen die Werkzeuge TEXTUR BEARBEITEN und TEXTURACHSE BEARBEITEN.

Animierte Objekte, die Positionsänderungen durchlaufen, besitzen einen so genannten Animationspfad und zugehörige -tangenten. Mit dem gleichnamigen Werkzeug können Sie diese Elemente bearbeiten. Besonders bei Keyframe-Animationen bedürfen »eckige« Bewegungskurven oftmals einer Nachbearbeitung.

Im Inverse-Kinematik-Modus folgen die ausgewählten Objekte den Vorgaben, die Sie bei der Definition der Bones und der Kinematik-Objekte angelegt haben.

Die vier letzten Symbole geben Ihnen die Möglichkeit, Animationen, Deformationen, Expressions und Generatoren zeitweilig auszuschalten, um Objekte ohne eventuell störende Einflüsse der so genannten »Drawing-Pipeline« im Editor bearbeiten zu können. Dieser Fall tritt beispielsweise dann auf, wenn Sie ein bereits animiertes Objekt modifizieren möchten.

# Cinema 4D einrichten

*Jeder Anwender hat seine eigenen Vorlieben, was die Platzierung von Paletten, die Voreinstellungen und auch die Verwendung von Kurzbefehlen betrifft. Anhand dieses Kapitels können Sie sich Cinema 4D so zusammenstellen, wie es Ihnen am besten »passt«.*

## Fenster

Die Fenster in Cinema 4D sind – wie auch alle anderen Elemente der Oberfläche – standardmäßig »eingedockt«.

Alle Bestandteile schließen aneinander an – sobald ein Fenster vergrößert oder verkleinert wird, passen sich die anderen Elemente in den übrig gebliebenen Platz ein. Wenn Sie sich bei der Arbeit oft mit dem Skalieren und Verschieben von Fenstern plagen müssen, wäre auch die Anschaffung eines größeren oder eines zweiten Monitors überlegenswert. Wer die Arbeit mit den so genannten »schwimmenden« Fenstern nicht mag, oder diese auf einen Zweitmonitor auslagern möchte, kann dies mit dem Pin-Symbol am linken oberen Rand jedes Fensters erreichen.

## Reißnägel (Pins)

Zum einen sind die Pins die »Anfasser« der Manager und Paletten, wenn es darum geht, die Fenster als Ganzes zu verschieben oder umzugruppieren. Mit Klick auf den Reißnagel und gedrückter Maustaste wird das Fenster verschiebbar, und Sie können es an den Ort Ihrer Wahl platzieren. Eine graue Einfügemarke zeigt Ihnen das horizontale bzw. vertikale Ausmaß des neu geordneten Fensters an.

Die andere Aufgabe der Pins besteht darin, ein Menü bereitzustellen, mit dem Sie gedockte Fenster ENTDOCKEN, umbenennen, aus Fenstern Tabs erzeugen, neue Befehlspaletten erstellen und den Manager schließen können (Abbildung 1).

In Abbildung 2 sehen Sie ein normal gedocktes Fenster.

Abbildung 3 zeigt das Fenster, nachdem es über den Befehl ENTDOCKEN im REISSNAGEL-Menü aus dem Fensterverbund herausgelöst wurde. Es ist wie ein normales Fenster verschiebbar und schwebt über der Arbeitsfläche – es könnte nun auf einen Zweitmonitor verschoben werden. Um es wieder einzudocken, genügt es, das Fenster mit gedrücktem Pin an die gewünschte Stelle zu ziehen.

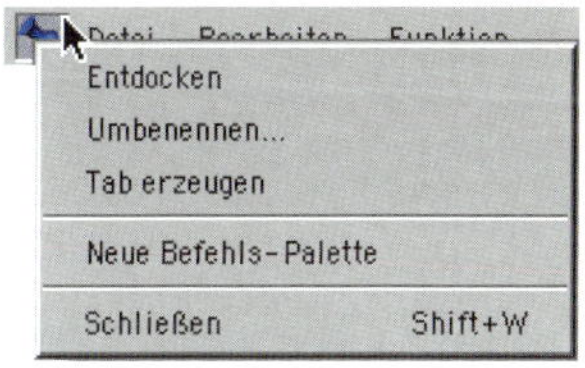


▲ **Abbildung 1**
Reißnagel-Menü

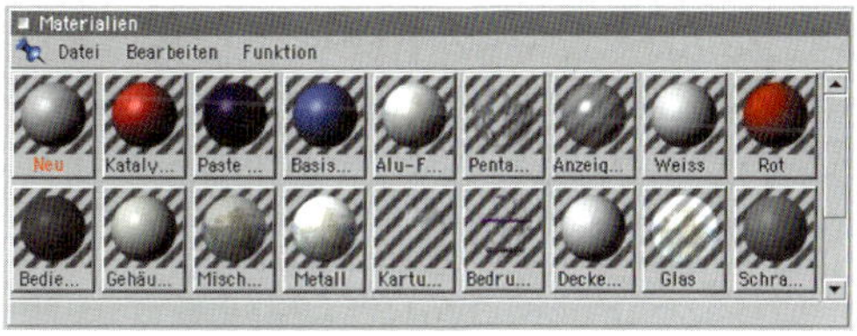


◀ **Abbildung 2**
Normaler, gedockter Manager

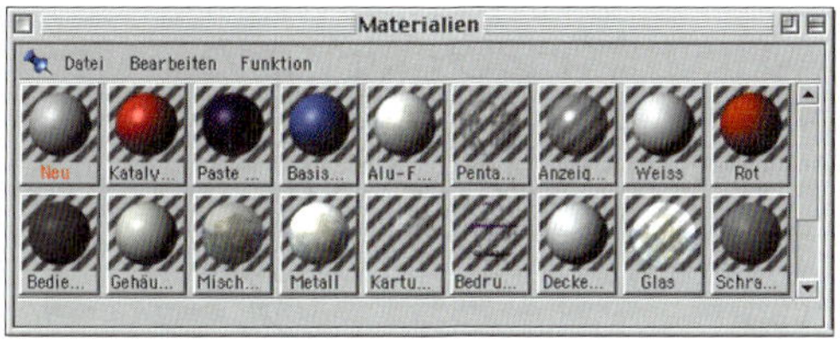


◀ **Abbildung 3**
Entdockter Manager

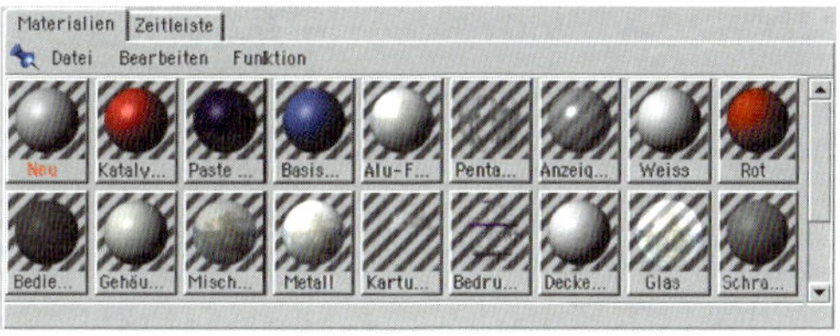


◀ **Abbildung 4**
Manager als Tab

# Tabs

Aus Platzgründen ist es sinnvoll, verwandte Manager in ein Fenster zusammenzufassen und über Tabs (Reiter) zugänglich zu machen. Dies bietet sich in erster Linie bei Managern an, auf die Sie nicht wechselseitig zugreifen müssen (Abbildung 4).

Zwei Tab-Dreiergruppen sind bereits beim ersten Programmaufruf angelegt: Objekt-, Strukturmanager und Browser sowie Koordinaten-Manager, Aktives-Werkzeug- und Snap-Einstellungen.

Mit dem Befehl TAB ERZEUGEN aus dem REISSNAGEL-Menü verwandeln Sie gedockte und entdockte Fenster in Manager mit Tab-Symbol, die Sie mit gedrücktem Pin per Drag and Drop anderen Fenstern zuordnen können. Die Reihenfolge der Tabs richtet sich nach der Position, an der Sie Ihr Fenster loslassen – möchten Sie die Reihenfolge ändern, genügt das Verschieben per Pin-Symbol.

### Einrichten der Manager

Natürlich können Sie anfangs schlecht beurteilen, welche Manager Sie im dauernden Zugriff brauchen. Nehmen Sie daher als Ausgangsbasis einfach das Standardlayout von Cinema 4D, und beobachten Sie, welche Manager und Paletten Sie vermissen bzw. oft aus den Menüs holen müssen. Ein potenzieller Kandidat wäre zum Beispiel die Zeitleiste – ich gruppiere sie gerne zusammen mit dem Material-Manager.

## Befehlspaletten und Befehls-Manager

Wie der Name schon sagt, beherbergen die Befehlspaletten die in Cinema 4D verfügbaren Befehle.

Auf Grund der enormen Anzahl von Befehlen in Cinema 4D sind im Standardlayout die anfangs wichtigsten Befehle in der horizontalen und vertikalen Befehlspalette vorbereitet. Wenn Sie die bereits bestehenden Paletten verändern möchten, wählen Sie im Menü FENSTER · LAYOUT · PALETTEN BEARBEITEN. Die Befehle der Paletten erhalten eine blaue Umrandung und können nun bearbeitet werden ❶. Per Drag and Drop ändern Sie jetzt die Reihenfolge der Befehle.

Um neue, zusätzliche Befehle an die Palette anzuhängen, öffnen Sie den Befehls-Manager über FENSTER · BEFEHLS-MANAGER, suchen den benötigten Befehl aus der Liste und ziehen das Symbol per Drag and Drop an die künftige Position des Befehls. Im Befehls-Manager finden Sie alle in Cinema 4D anwählbaren Befehle. Außerdem sind im Befehls-Manager auch die Tastaturkürzel verzeichnet, die im unteren Teil des Managers ❷ zugeteilt werden. Um Konflikte mit ähnlichen bzw. schon vorhandenen Befehlen zu vermeiden, ist es möglich, zwei Kurzbefehle zu vergeben.

Für Übersichtlichkeit sorgen die zwei Separatoren (Trennstrich und Lücke), die Sie zur sinngemäßen Abtrennung der Icons einsetzen sollten.

Selbstverständlich können Sie auch neue eigenständige Befehlspaletten erzeugen und ganz Ihren Bedürfnissen anpassen. Dazu erzeugen Sie als Erstes über FENSTER · LAYOUT · NEUE BEFEHLS-PALETTE eine leere Befehls-

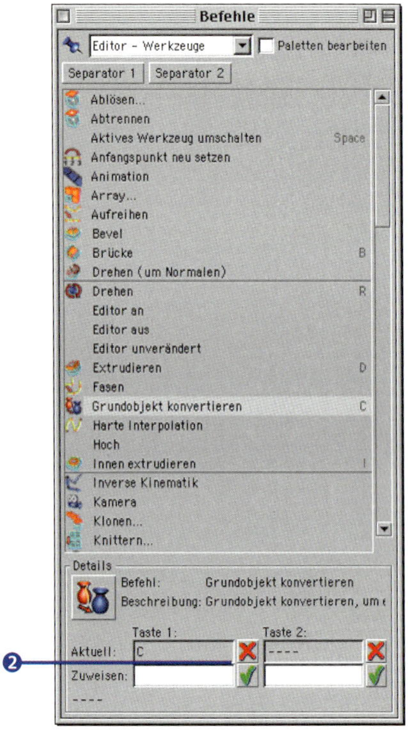


▲ **Abbildung 6**
Befehls-Manager

◀ **Abbildung 5**
Bearbeitbare Befehlspalette

▲ **Abbildung 7**
Leere Palette

▲ **Abbildung 8**
Neue Palette mit eigenen Befehlen

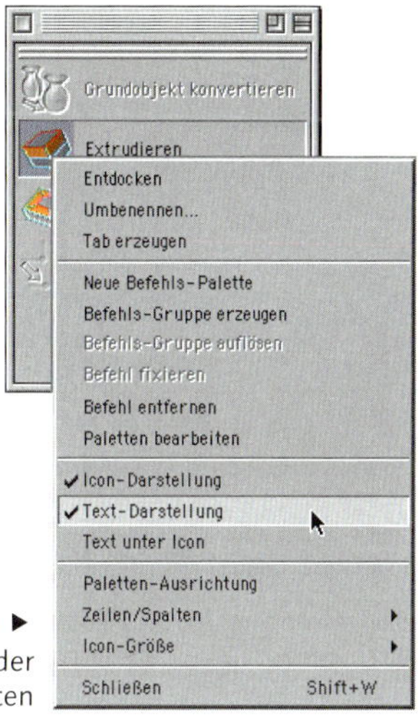


**Abbildung 9** ▶
Kontextmenü der Befehlspaletten

palette (Abbildung 7). Alternativ finden Sie diesen Befehl übrigens auch in jedem Pin-Menü und im Kontextmenü der Befehlspaletten (Abbildung 9).

Öffnen Sie den Befehls-Manager, und ziehen Sie die zukünftigen Befehle der neuen Palette in das Fenster (Abbildung 8). Sie können auch bereits vorhandene Befehle aus anderen Paletten hineinverschieben.

Jede Befehlspalette besitzt ein Kontextmenü (Abbildung 9), das über die rechte Maustaste bzw. die `Ctrl`-Taste mit Klick auf die Befehlspalette aufrufbar ist. In diesem Menü finden Sie die Feineinstellungen für die angewählte Palette. Da eine Palette prinzipiell auch nur ein gedocktes Fenster ist, haben Sie wieder die bekannten Pin-Befehle zum Docken und Umbenennen. Im zweiten Abschnitt folgen die Befehle zum Bearbeiten und Gruppieren der Befehle. Befehlsgruppen kennen Sie unter anderem aus den aufklappbaren Objektpaletten. Diese Art der Sortierung konnen Sie natürlich auch vornehmen. Zu jeder Palette steht Ihnen auch frei, nur die Icons, Icons und Texte oder auch nur Texte anzeigen zu lassen – die Kombinationsmöglichkeiten sehen Sie im dritten Teil des Kontextmenüs.

Die Ausrichtung der Palette (horizontal oder vertikal), die Anzahl der Reihen bzw. Spalten und die Icongröße sind ebenfalls einstellbar.

**Einrichten eigener Befehlspaletten**
Neue eigene Befehlspaletten haben dann Sinn, wenn Sie auf ein bestimmtes Set von Befehlen für eine längere Zeit zugreifen wollen. Ein Beispiel wäre eine Extrapalette für das Polygon-Modelling. Alle Befehle bzw. Werkzeuge, die Sie für das Arbeiten mit Polygonen benötigen (EXTRUDIEREN, INVERS EXTRUDIEREN, MESSER etc.), sind dann schnell parat, wenn sie gebraucht werden, und ebenso schnell verschwunden, wenn sie im Weg sind.

# Menü-Manager

Nicht nur die Befehlspaletten können Sie nach Belieben verändern und sich zusammenstellen, auch die Menüs von Cinema 4D lassen sich – wenn nötig – umgestalten.

Anlaufstelle für diese Anpassungen ist der Menü-Manager (Abbildung 10). Sie erreichen ihn über das Menü FENSTER.

Im Pop-up-Menü des Managers wählen Sie aus, welches Menü Sie bearbeiten möchten. Nach erfolgter Auswahl listet Ihnen der Menü-Manager alle Befehle und Separatoren des Menüs auf, die Sie mit den im unteren Teil befindlichen Buttons oder einfach per Drag and Drop konfigurieren können. Ihrer Fantasie sind im Prinzip keine Grenzen gesetzt, vom Umordnen der Reihenfolge über das Erstellen neuer Untermenüs bis zum Umbenennen der Menüs selbst stehen Ihnen alle Möglichkeiten offen.

Zum Hinzufügen von Befehlen aus anderen Menüs dient der Befehls-Manager. Wie auch schon beim Zusammenstellen der Befehlspaletten ziehen Sie die Befehle lediglich per Drag and Drop an die vorgesehene Position. Vorsichtige Naturen scheuen sicherlich diese Art, sich Cinema 4D »maßzuschneidern«.

Zum einen ist eine vollkommen überarbeitete Oberfläche für einen Kollegen mit anderer Arbeitsweise unzumutbar, zum anderen versagt im Problemfall natürlich auch jedes Handbuch und jeder Telefonsupport.

Doch auch für diese Fälle hat Maxon vorgesorgt, eigene Layouts lassen sich mit LAYOUT · LAYOUT ZURÜCKSETZEN wieder auf die »Werkeinstellungen« zurücksetzen, bewährte Layouts speichern und im Falle eines Anwenderwechsels austauschen.

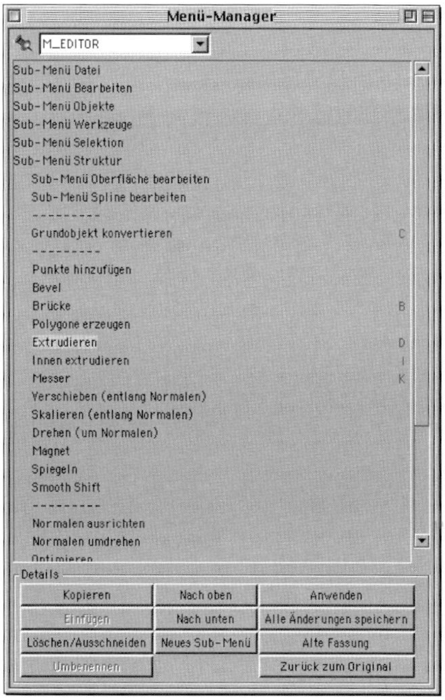


▲ **Abbildung 10**
Menü-Manager

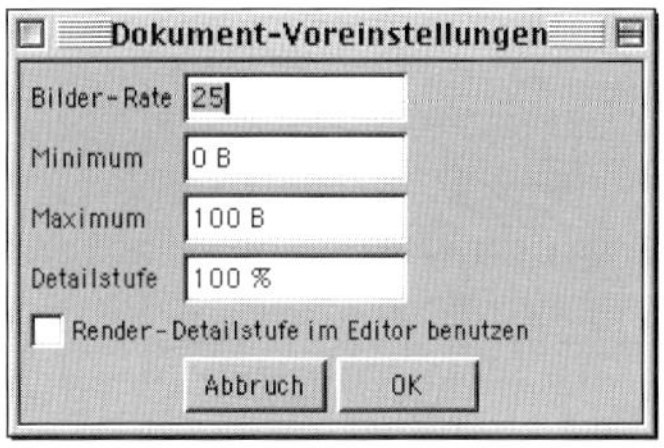


◄ **Abbildung 11**
Dokument-Voreinstellungen

## Dokument-Voreinstellungen

Die Dokument-Voreinstellungen (Abbildung 11) betreffen bis auf eine Ausnahme eigentlich eher die Zeitleiste als das Dokument selbst. Daher sind diese Voreinstellungen außer über das Programm-Datei-Menü auch im Datei-Menü der Zeitleiste erreichbar.

Mit der Bilder-Rate geben Sie an, wie viele Bilder der Zeitleiste in einer Sekunde abgespielt werden. Dies betrifft die Animation der Szene, wie sie in der Zeitleiste angegeben ist. Beim späteren Rendering können Sie ebenfalls eine Bilderrate einstellen. Achten Sie darauf, dass beide Einstellungen sich entsprechen, sonst kommt es zu unerwünschten Störungen durch übersprungene oder verdoppelte Bilder.

Die Werte bei Minimum und Maximum geben die beiden horizontalen Endzeitpunkte der Zeitleiste an. In der Regel müssen Sie sich um diese Werte nicht kümmern, da beim Erzeugen bzw. Verschieben einer Sequenz die Grenzzeitpunkte angepasst werden. Wenn Sie an komplexen, längeren Animationen arbeiten, vergewissern Sie sich hin und wieder über die Dokument-Voreinstellungen, welche Minimum- und Maximumwerte angegeben sind. Es passiert nur allzu leicht, dass man beim Verschieben von Sequenzen ein paar Bilder zu weit verschiebt – dies kann, muss aber nicht erwünscht sein.

Bei den Einstellungen zur Detailstufe geben Sie prozentual an, mit welcher Detailliertheit Objekte mit anwählbaren Detailstufen im Editor angezeigt werden. Diese Detailstufenangaben finden Sie bei den jeweiligen Objekten im Objekt-Manager (NURBS und Metaballs etc.).

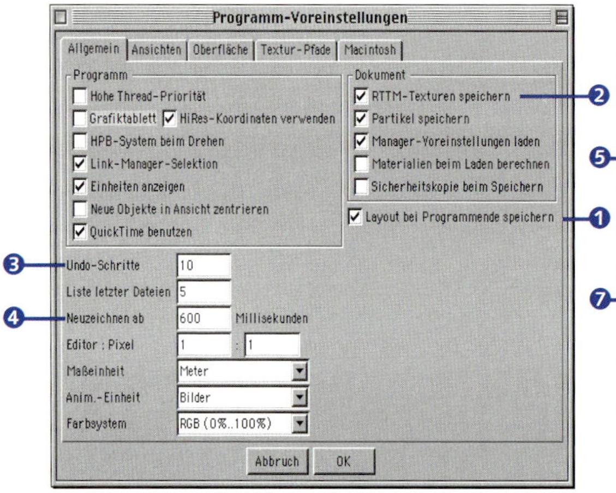


▲ **Abbildung 12**
Reiter Allgemein

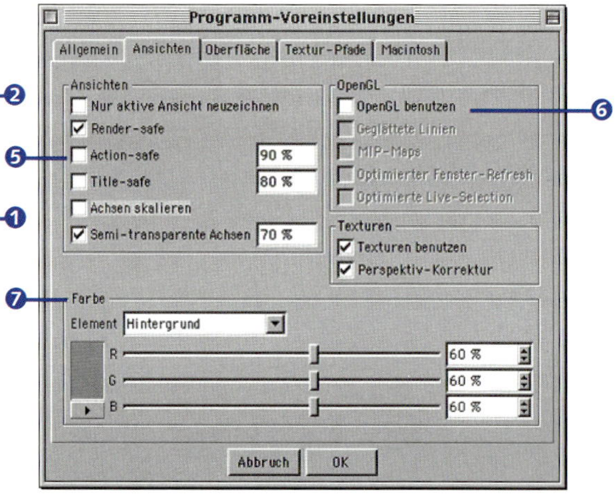


▲ **Abbildung 13**
Reiter Ansichten

# Programm-Voreinstellungen

In aller Kürze die wichtigsten Einstellungen bei den Programmpräferenzen – die meisten Optionen sind eigentlich selbsterklärend.

## Reiter Allgemein

Mit Layout bei Programmende speichern ❶ sichert Cinema 4D den letzten Stand der Paletten und Fenster mit ab. Setzen Sie bei bestimmten Layoutvorgaben aber die Möglichkeit ein, das ganze Layout unter einem Namen abzuspeichern.

RTTM bedeutet Real-Time-Texture-Mapping und bietet in Cinema 4D qualitativ hochwertige Darstellung von Texturen. Mit angewählter Option werden die für die Darstellung benötigten Texturen mit in das Dokument übernommen ❷.

Die Undo-Schritte ❸ schreibt Cinema 4D für das intelligente Rückgängigmachen in einen Puffer. Der Vorgabewert ist für die Größe dieses Puffers verantwortlich. Bedenken Sie jedoch, dass komplizierte Aktionen viel Puffer benötigen und – je nach Arbeitsspeicherausstattung – natürliche Grenzen bestehen. Wie bereits bei der 3D-Ansicht erwähnt, schaltet Cinema 4D bei zu langer Berechnungszeit der Ansicht in eine niedrigere Darstellungsstufe herunter. Im Feld Neuzeichnen ab... ❹ können Sie den Schwellwert angeben.

## Reiter Ansichten

Heißt dieser Reiter bei Ihrer Cinema-Version Fenster, so ist Version 6.0 installiert. In diesem Menü machen Sie allgemeine Vorgaben für das Ansichtenzeichnen.

Die Optionen Render-Safe, Action-Safe und Title-Safe ❺ betreffen die Rahmen, die sich als Hilfestellung im 3D-Fenster anzeigen lassen. Der Render-Safe-Rahmen ist standardmäßig aktiv – so sehen Sie schnell, ob Objekte im Randbereich abgeschnitten gerendert werden oder im sichtbaren Bildbereich stehen.

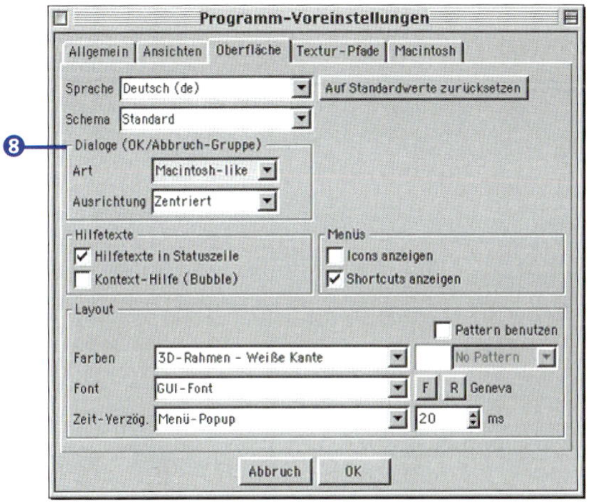


▲ **Abbildung 14**
Reiter Oberfläche

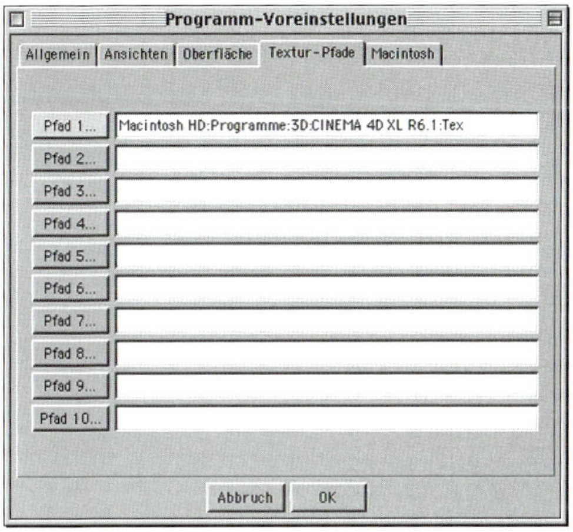


▲ **Abbildung 15**
Reiter Texturen

Cinema 4D unterstützt im Editor die OPENGL-Darstellung ❻. Sollten Sie auf OpenGL-Komponenten in Ihrem System oder Rechner zugreifen können und wollen, aktivieren Sie hier die OpenGL-Implementierung. Die programminterne Darstellungsschnelligkeit ist jedoch sehr hoch, so dass sich wohl nur in Ausnahmefällen das Umstellen wirklich lohnt.

Im FARBE-Feld ❼ lassen sich die Farben der Cinema 4D-Oberflächenelemente konfigurieren. Über das Pop-up-Menü wählen Sie das Element aus, mit den Schiebereglern stellen Sie die neue Farbe ein.

### Reiter Oberfläche

Dieser Teil betrifft das Aussehen der Cinema 4D-Oberfläche.

Hier stellen Sie unter anderem ein, welche Programmsprache, welches Oberflächenschema (seit Version 6.1 ist zum Beispiel ein Mac-Schema enthalten) und welcher Typ für spezielle Programmdialoge ❽ verwendet werden sollen.

Im Layout-Bereich befinden sich vielfältige Einstellungsmöglichkeiten für das Erscheinungsbild von Fenstern und Schriften.

### Reiter Textur-Pfade

Im Gegensatz zur Arbeitsweise vieler Layoutprogramme speichert Cinema 4D keine eigenen Pfade zu verwendeten Texturen ab.

Cinema 4D hat drei vordefinierte Pfade, die es beim Rendering absucht: das Verzeichnis, in dem sich das Dokument selbst befindet, der Ordner TEX im Verzeichnis des Dokuments und der Ordner TEX im Programmordner von Cinema 4D. Darüber hinaus ist es möglich, bis zu zehn Pfade im Texturen-Reiter anzugeben, die Cinema 4D beim Suchen berücksichtigen soll. Erst wenn alle bekannten Pfade erfolglos abgesucht wurden, erscheint eine Fehlermeldung.

Gewöhnen Sie sich lieber an, zu Ihren Dokumenten einen Ordner TEX mit Ihren Texturen anzulegen, so bleibt alles kompakt und ist auch problemlos zu handhaben.

◂ **Abbildung 16**
Tab Macintosh

Reiter Macintosh

Wie der Name schon sagt, ist dieser Tab ausschließlich den Macintosh-Besitzern vorbehalten.

Seit Mac OS 8.5 stehen Mac-Anwendern so genannte NAVIGATION SERVICES in den Öffnen-/Sichern-Dialogen zur Verfügung. Will man stattdessen die alten Standarddialogfenster, kann man die Option hier ausschalten.

In Ermangelung einer rechten Maustaste benutzen Mac-Anwender zum Aufruf des Kontextmenüs die [Ctrl]-Taste. Die Standardeinstellungen von Cinema 4D sehen dagegen die Apple-Taste als Kontextmenütaste und die [Ctrl]-Taste als Aktionstaste zum Kopieren etc. vor. Hier können Sie die Funktionalität der beiden Tasten programmintern vertauschen.

Cinema 4D läuft komplett innerhalb eines Fensters; das im Mac OS immer sichtbare Systemmenü ist somit für das Arbeiten mit Cinema 4D überflüssig. Mit der Option SYSTEMMENÜ VERBERGEN blenden Sie die Leiste aus und haben dadurch sogar ein paar Pixel an Arbeitsfläche gewonnen.

# Layouts und Templates

Wenn in den Programm-Voreinstellungen nichts anderes vermerkt ist, speichert Cinema 4D den Stand der Paletten und Fenster beim Programmende mit ab.

Cinema 4D bietet mit den Layouts eine noch bessere Möglichkeit, die Programmoberfläche dauerhaft oder auch auf Abruf den meist situationsbedingten Ansprüchen anzupassen.

So wäre es denkbar, sich eine Umgebung zum reinen Modellieren, eine weitere Umgebung für die Texturierung sowie eine Extraumgebung für die Animation zu schaffen – jede mit den notwendigen Werkzeugen und Paletten bestückt.

Anwender, die sich einen Rechner teilen, schalten beim Wechsel einfach auf das selbst erstellte und gespeicherte Layout um und fühlen sich sofort »heimisch«. Für die Arbeit mit Layouts befinden sich alle benötigten Befehle im Menü FENSTER · LAYOUT. Layoutdateien mit der Endung .L4D liegen im Prefs-Verzeichnis des Cinema 4D-Ordners.

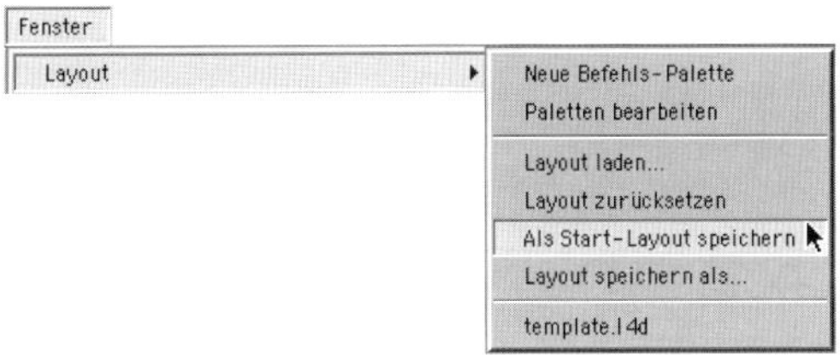


◀ **Abbildung 17**
Menü Layout

Mit dem Befehl LAYOUT LADEN... können Sie ein von Ihnen bereits erstelltes Layout aufrufen.

LAYOUT ZURÜCKSETZEN stellt das Layout wieder auf die »Werkeinstellungen« zurück. Dies ist insbesondere dann sinnvoll, wenn Sie Hilfe aus dem Handbuch oder per Telefon benötigen. Ein zuvor von Ihnen zusammengestelltes Layout sollten Sie natürlich vorher abspeichern.

Speichern Sie das Layout mit dem zugehörigen Befehl als Start-Layout, so steht Ihnen das aktuelle Layout beim Start von Cinema 4D sofort zur Verfügung. Layouts für spezielle Ansprüche sichern Sie über den Befehl LAYOUT SPEICHERN ALS... ab. Diese Layouts erscheinen im LAYOUT-Menü als Menüeinträge, auf die Sie jederzeit umschalten können.

Cinema 4D kann über bestimmte Initialisierungsdateien vom Programmstart an oder beim Erstellen einer neuen Szene auf oft benötigte Voreinstellungen von Ansichten, Bild-Raten etc. zurückgreifen. Die Dateien im Einzelnen:

- **New.c4d**
  Möchten Sie beim Erzeugen eines neuen Dokumentes immer dieselben Dokument- oder Rendereinstellungen haben, sichern Sie eine Datei dieses Namens in den Cinema 4D-Programmordner.
- **Template.c4d**
  Wenn Sie beim Programmstart immer dieselben Dokument- oder Rendereinstellungen haben wollen, sichern Sie eine Datei dieses Namens in den Cinema 4D-Programmordner.
- **Template.cat**
  Wie Sie bereits wissen, weist die Endung .CAT auf einen Katalog hin, der über den Cinema 4D-Browser geladen wird. Ein Katalog dieses Namens im Cinema 4D-Programmordner steht beim Start des Programmes sofort bereit.
- **Template.l4d**
  Diese Datei beinhaltet das Start-Layout von Cinema 4D, das über den Menübefehl bzw. bei aktivierter Option in den Voreinstellungen gesichert wird.

# Modelling

# Modelling mit Cinema 4D

*Cinema 4D beherrscht vielerlei Modelling-Techniken, welche für Ihre Arbeit die jeweils richtige ist, müssen aber Sie entscheiden …*

In schöner Regelmässigkeit wird in Mailinglisten und Foren immer wieder die Frage nach der einen besten Art zu modellieren gestellt.

*Was ist besser? Soll ich lieber mit NURBS oder mit Polygonen modellieren?*

Die Antwort auf diese Frage hängt ganz davon ab, welches Objekt zu modellieren ist. Manche Techniken drängen sich bei bestimmten Aufträgen geradezu auf, andere führen auf direktem Weg in eine Sackgasse. Manche Objekte lassen sich mit Polygonen in Minuten realisieren, wogegen man mit NURBS Stunden daran gearbeitet hätte – und oft ist es auch genau anders herum.

In Cinema 4D stehen Ihnen – spätestens seit der Version 6.0 – alle modernen und wichtigen Modelling-Techniken zur Verfügung.

Im ersten Teil dieses Kapitels möchte ich auf die Grundobjekte eingehen, die im Standardrepertoire von Cinema 4D enthalten sind. Hier erfahren Sie auch alles über die interaktiven Bearbeitungsmöglichkeiten an den Objekten.

Darauf folgen die zwei wichtigsten Modelling-Methoden in Cinema 4D, das NURBS- und das Polygon-Modelling. Zu jeder Methode finden Sie einen Basisteil, der Ihnen die Idee hinter der Technik nahe bringen soll, die Werkzeuge und Materialien, die Sie für die Techniken brauchen und schließlich einen Workshop, in dem Sie die Modelling-Technik anwenden.

Das Hauptaugenmerk dieser Workshops liegt auf der anschaulichen Beschreibung der Arbeitsweise. Deswegen sind die Beispielprojekte so gewählt, dass die Aufgabenstellung im Workshop komplett gelöst wird. Ich möchte Ihnen nicht zeigen, wie man eine Türklinke modelliert, und Sie dann mit dem Bauen des eigentlichen Hauses alleine lassen. Falls Sie doch irgendwo hängenbleiben, finden Sie die fertig modellierten Szenen jedes Workshops auf der beiliegenden CD-ROM.

Zusätzlich erfahren Sie alles über die Stärken und Schwächen der einzelnen Modelling-Methoden.

So haben Sie das nötige Hintergrundwissen, um zu entscheiden, zu welcher Aufgabenstellung sich welche Technik am besten eignet. Ihre persönlichen Vorlieben dürfen Sie selbstverständlich behalten …

▲ **Abbildung 1**
NURBS-Workshop

▲ **Abbildung 2**
HyperNURBS-Workshop

Der erste Abschnitt des Modelling-Teils befasst sich mit den Werkzeugen, die Ihnen bei der Modellierung zur Seite stehen – Boole-Operationen und Symmetrien, die zum täglich Brot der 3D-Anwender gehören, sowie arbeitserleichternde Hilfsobjekte wie Instanzen und Arbeitsebenen kommen auch nicht zu kurz.

Einen kleinen Vorgeschmack auf die Animation bieten die Deformations-Objekte im letzten Kapitel des Modelling-Teils. Von geometrischen Deformationen über Effekte wie Explosion und Schmelzen bis hin zum professionellen Animationstool der Bones können Sie bereits beim Modellieren alles auf die spätere Animation vorbereiten.

# Grundobjekte

*Grundobjekte sind in vielen Programmen auch unter der Bezeichnung »Primitives« zu finden. Seit Version 6 von Cinema 4D haben Sie schon bei der Erstellung so viele Einflussmöglichkeiten, dass dieser Name wirklich ungerecht wäre.*

## Grundobjekte = parametrische Objekte

Um ein Grundobjekt zu erstellen, suchen Sie sich entweder aus der zugehörigen Befehlspalette (Abbildung 1) oder dem Menü OBJEKTE · GRUNDOBJEKTE den gewünschten Körper aus.

Seit der Version 6 von Cinema 4D sind die Grundobjekte aus dem gleichnamigen Menü ausnahmslos parametrisch.

Parametrische Körper bestehen nicht aus Polygonen oder Spline-Kurven, sondern aus einer mathematischen Definition bzw. Formel. Bevor Sie einen parametrischen Körper mit den üblichen Werkzeugen bearbeiten können, müssen Sie ihn daher zuerst über den Befehl GRUNDOBJEKT KONVERTIEREN bzw. Taste [C] in ein Objekt aus Fleisch und Blut – respektive Polygone und Punkte – umwandeln.

## Grundobjekte bearbeiten

Mit Doppelklick auf das Symbol im Objekt-Manager öffnet sich der Dialog mit den Einstellungsmöglichkeiten zum jeweiligen Objekt. Auf der rechten Seite (Abbildung 2) sehen Sie ein paar der Dialogfenster der Grundobjekte – zu den wichtigsten Optionen hier eine kurze Erläuterung:

**Breite · Höhe · Tiefe · Radius**
Wie nicht anders zu erwarten, stellen Sie anhand dieser Werte ❶ die Ausdehnung der Körper ein. An die Art des Objektes sind Sie aber natürlich nicht gebunden – allein durch Variation der Werte lassen sich beispielsweise Kegelschnitte erreichen.

**Segmente**
Der Eintrag SEGMENTE ❷ gibt die Unterteilung der jeweiligen Komponente des Körpers an. Je mehr Unterteilungen ein Körper hat, desto feiner ist er auch aufgelöst – ergibt aber auch entsprechend viele Polygone bei der Umwandlung. Basierend auf den Unterteilungseinstellungen des Körpers werden die Polygone bei der Konvertierung zum Grundobjekt erzeugt. Empfehlenswert ist wie immer die goldene Mitte – so viele Unterteilungen wie nötig, aber so wenige wie möglich.

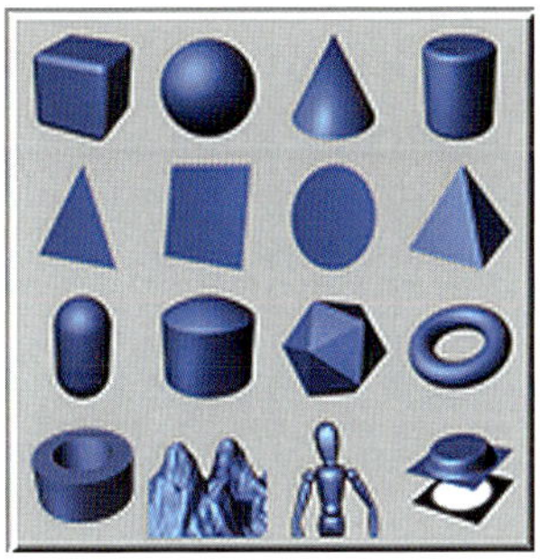

◀ **Abbildung 1**
Grundobjekte

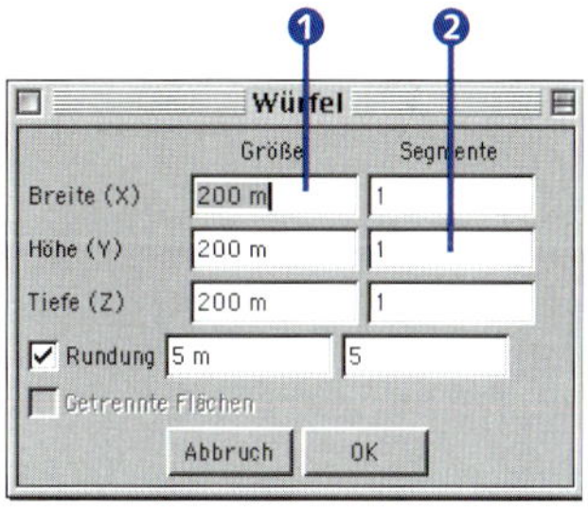


◀ **Abbildung 2**
Einstellungen für Würfelobjekte

Zur Glättung besitzen viele Grundkörper bereits einen GLÄTTEN-TAG im Objekt-Manager (Abbildung 5). Sie können Objekte wenn nötig auch nachträglich mit dem Tag ausstatten – über den Objektmanager mit DATEI · NEUES TAG · GLÄTTEN-TAG.

## Richtung

Mit RICHTUNG ❸ bestimmen Sie, entlang welcher Achse sich ein Objekt aufbaut.

Wenn Sie diese Einstellung gleich bei der Erstellung des Objektes berücksichtigen, müssen Sie später keine Rotation mehr vornehmen und mit unhandlichen Winkelwerten weiterarbeiten.

## Ausschnitt

Über das Ausschnittskontrollfeld ❹ ist es möglich, in Tortendiagramm-Manier Stücke aus Objekten herauszuschneiden. Die eingetragenen Werte geben an, welcher Teil vom Objekt übrig bleiben soll.

## Regelmäßige Unterteilung

Diese Unterteilung ❺ bezieht sich auf den festgelegten Ausschnitt des Objekts.

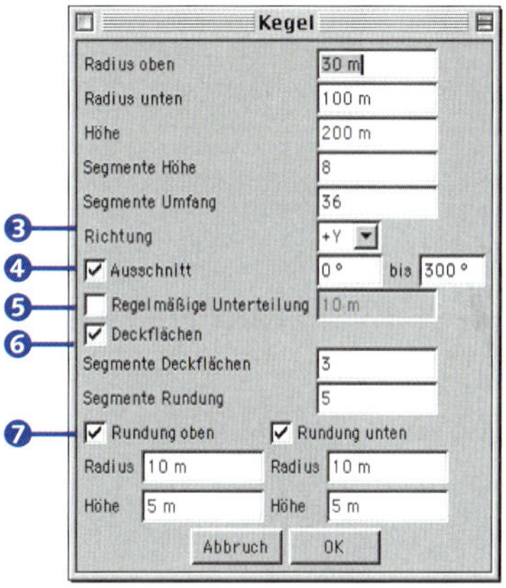


◀ **Abbildung 3**
Einstellungen für Kegelobjekte

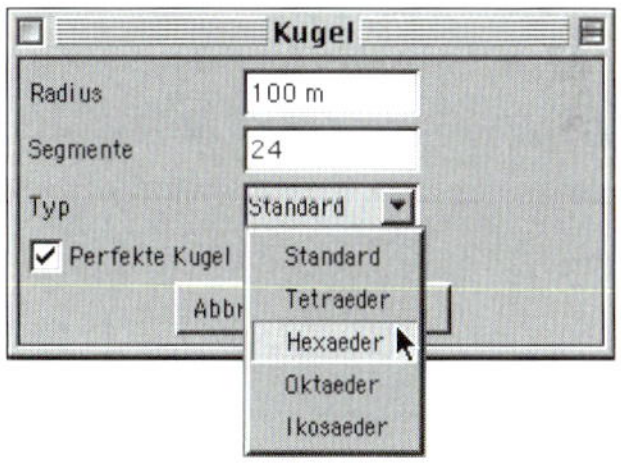


◀ **Abbildung 4**
Einstellungen für Kugelobjekte

◀ **Abbildung 5**
Glättung durch Glätten-Tag

▲ **Abbildung 6**
Würfelobjekt mit und ohne Rundung

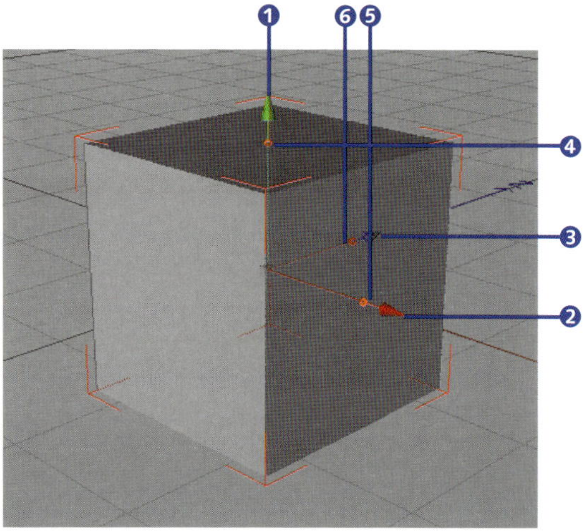


▲ **Abbildung 7**
Ein Objekt und seine Achsen

### Deckflächen

Mit den Deckflächen ❻ (Abbildung 3) werden die Enden des Objektes verschlossen. Beachten Sie, dass auch Deckflächen insbesondere für spätere Weiterbearbeitung eine brauchbare Segmentierung benötigen.

### Rundung

Die Rundungsoptionen ❼ (Abbildung 3) geben Ihnen die Möglichkeit, Rundungen an den Kanten der Grundobjekte zu definieren. Sowohl Größe (Radius) als auch die Feinheit der Rundung (Segmentierung) lassen sich gezielt festlegen.

Stellen Sie bei allen Objekten zumindest eine kleine Rundung ein. Körper mit perfekt scharfen Kanten sind unrealistisch und wirken auch so (Abbildung 6).

Sehen Sie sich die Objekte, die auf Ihrem Schreibtisch stehen oder liegen, einmal genauer an. Rundungen und Fasen entstehen nicht nur unabsichtlich durch den üblichen Herstellungsprozess, sondern auch absichtlich, damit keinerlei Verletzungsgefahr besteht. Nun sind wir bei unseren 3D-Objekten zwar keinem Verletzungsrisiko ausgesetzt, dennoch sind die Rundungen und Fasen auch hier wichtig. Auf diesen Abrundungen oder auch »Bevels« wird das Licht reflektiert, je nach Härte des Materials in spitzeren oder weicheren Lichtern.

Besitzt ein Objekt keine Reflexionen dieser Art, kann unser Auge auch keine Materialeinschätzung abgeben – und empfindet den Körper als unrealistisch.

## Interaktives Arbeiten

### Allgemein

Jedes aktive Objekt (Abbildung 7) zeigt seine Objektachsen in den Farben Grün (Y-Achse) ❶, Rot (X-Achse) ❷ und Blau (Z-Achse) ❸ an. Sie können diese Achsen jederzeit an den Spitzen anfassen und – auch ohne aktiviertes Verschiebewerkzeug – Objekte verschieben.

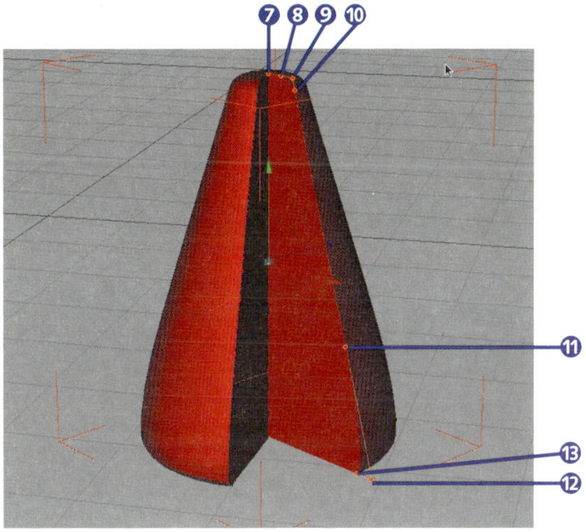


▲ **Abbildung 8**
Interaktives Arbeiten mit den Griffen

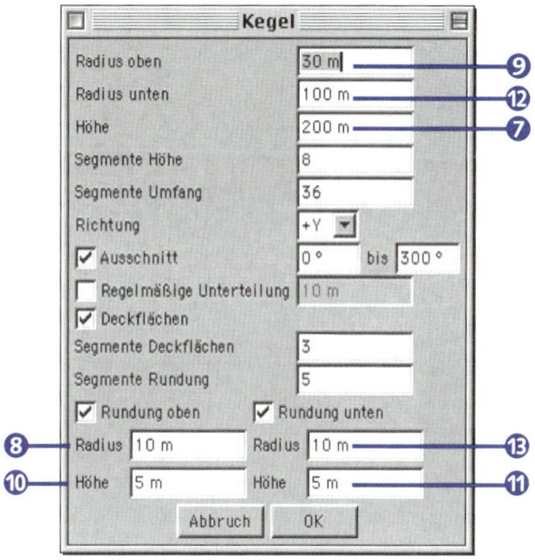


▲ **Abbildung 9**
Die zugehörigen Parameter im Einstellungsdialog

Dies funktioniert auch bei gesperrten Achsen. Bei aktiviertem Skalierungs- oder Rotationswerkzeug verändern sich die Anfasser entsprechend in Würfel (Skalierung) oder Kugeln (Rotation).

Die Veränderungen sehen Sie in Ihrer 3D-Ansicht stufenlos in Echtzeit, die aktuellen Werte können Sie dem Koordinaten-Manager entnehmen. Damit bei den Modifikationen keine allzu »krummen« Ergebnisse entstehen, ändern Sie in den Snap-Einstellungen · Maus-Raster die entsprechende Snap-Stufung auf ein geeignetes Maß.

### Parametergriffe

Parametrische Grundobjekte besitzen, solange sie noch nicht konvertiert sind, orange Griffe, an denen Sie viele Einstellungen des Objektdialoges am Körper selbst vornehmen können.

Je nachdem, um welches Objekt es sich handelt und welche Optionen aktiviert sind, variiert die Anzahl der Parametergriffe (Abbildung 7). Mit den Griffen ❹, ❺ und ❻ kann der in Abbildung 7 gezeigte Würfel in Höhe, Breite und Tiefe verändert werden.

Der rote Kegel (Abbildung 8) verfügt über wesentlich mehr Griffe, an denen Modifikationen möglich sind. Unter anderem lassen sich neben der Höhe und Breite des Kegels oben und unten auch die Rundungsradien und -höhen interaktiv bestimmen. Im Dialogfeld daneben (Abbildung 9) sehen Sie anhand der Nummerierung die mit den Griffen korrespondierenden Einträge.

Erstellen Sie einfach ein paar Grundobjekte, und testen Sie die verschiedenen Einstellungsmöglichkeiten durch. Ziehen Sie an den Parametergriffen, und beobachten Sie, wie das Objekt auf Ihre Veränderungen reagiert.

◀ **Abbildung 10**
Symbol des Null-Objektes

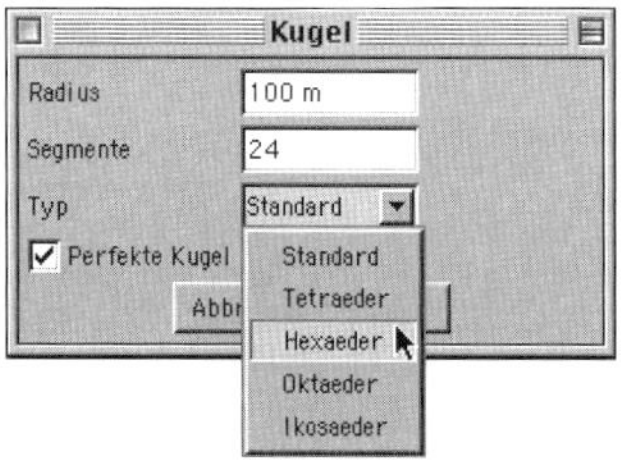


◀ **Abbildung 11**
Einstellungen für Kugelobjekte

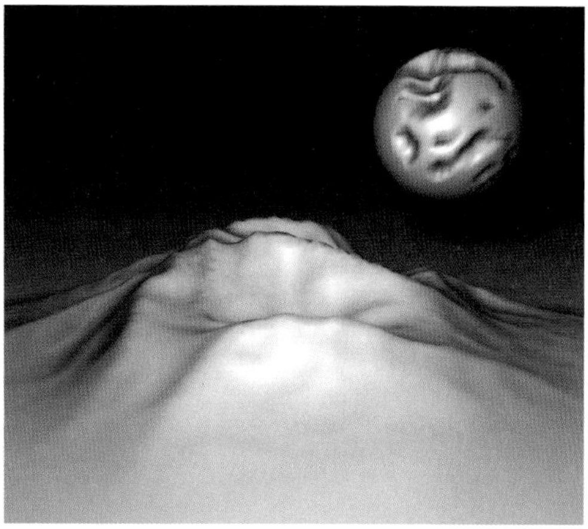

▲ **Abbildung 12**
Landschaftsobjekte

# Spezialfälle

## Null-Objekt

Das so genannte Null-Objekt (Abbildung 10) finden Sie zwar nicht in der Grundobjekt-Palette, dennoch möchte ich es an dieser Stelle erwähnen, da Sie diesem Objekt oft begegnen werden.

Ein Null-Objekt entsteht zum einen durch das direkte Erstellen im Menü OBJEKTE · NULL-OBJEKT, zum anderen beim Gruppieren von Objekten im Objekt-Manager (Taste G).

Null-Objekte besitzen nichts außer einer Objekt-Achse, und eben diese kann sich unter Umständen als echter Lebensretter erweisen. Ein Paradebeispiel ist das Problem, ein im 3D-Raum quer liegendes Objekt rotieren zu lassen. Mit dem Null-Objekt haben Sie eine eigene neue Achse für das untergeordnete Zielobjekt zur Verfügung, an der Sie die gewünschte Rotation übersichtlich vornehmen können, ohne sich mit abstrakten Winkelgesetzen herumschlagen zu müssen.

## Kugel-Objekt

Im Einstellungsdialog des Kugel-Objektes (Abbildung 11) taucht die Option PERFEKTE KUGEL auf. Wenn das Objekt nicht weiter verändert werden soll, bekommen Sie mit dieser Einstellung die schnellsten und besten Ergebnisse.

Der Kugeltypus ist dann von Belang, wenn Sie das Kugel-Objekt später modifizieren möchten. Eine Kugel ist oftmals die Ausgangsbasis beim Polygon-Modelling. Mit der Einstellung HEXAEDER stellen Sie sicher, dass bei der Konvertierung des Objektes ausschließlich Vierecke entstehen. Vierecke sind für das Polygon-Modelling wesentlich besser geeignet als Dreiecke.

▲ **Abbildung 13**
Das Figur-Objekt und andere Grundobjekte

### Landschaftsobjekte

Mit den Landschaftsobjekten (Abbildung 12) erzeugen Sie im Handumdrehen Gebirgszüge und Täler. Ebenso ist es möglich, kugelförmige Objekte entstehen zu lassen. So steht der schnellen Erzeugung von Meteoriten und Schneebällen nichts mehr im Weg.

### Figur

Das Figur-Objekt (Abbildung 13) eignet sich ideal für Ihre ersten Gehversuche mit der inversen Kinematik. Nach seiner Konvertierung steht eine sofort animierbare Figur mit bereits angelegter Hierarchie bereit.

Klappen Sie die Objekthierarchie der Reihe nach bis zu den IK-Anfassern auf, aktivieren Sie das Inverse-Kinematik-Werkzeug, und beobachten Sie, wie die Figur auf das Verschieben der IK-Anfasser reagiert.

Sehen Sie sich per Doppelklick auf die Tags im Objekt-Manager an, welche Inverse-Kinematik-Einstellungen vorliegen, welche Winkelbeschränkungen und Anker eingesetzt sind.

Dies schon einmal als kleiner Vorgeschmack auf das spätere Kapitel »Animation«, in dem die Inverse Kinematik dann ausführlich besprochen wird (Seite 264).

# NURBS-Modelling

*Splines, NURBS und Generatoren*

*Das Modelling mit **N**on-**u**niformal **R**ational **B**-**S**plines (kurz: NURBS) ist eine relativ unkomplizierte und außerdem noch sehr leistungsfähige Modelling-Methode, mit der man schnell zu ansehnlichen Ergebnissen kommt.*

Die erste Modelling-Methode in diesem Buch ist zugleich auch eine der jüngsten Entwicklungen der 3D-Programmschmieden.

Basis beim Modellieren von NURBS-Objekten sind die so genannten Splines – Kurven, die sich mathematisch durch Punkte und Tangenten definieren lassen.

Um nun aus diesen Kurven dreidimensionale Objekte zu erzeugen, werden Generatoren benötigt. Durch Extrusion, Rotation, Morphing und Pfadverschiebung entstehen mittels dieser Generatoren die entsprechenden 3D-NURBS-Objekte.

## Splines

Um in Cinema 4D ein Spline zu erzeugen, benutzen Sie entweder den passenden Befehl aus dem Objekte-Menü (Abbildung 1) oder suchen sich den entsprechenden Befehl aus der Palette Spline-Typen bzw. Spline-Grundobjekt aus (Abbildungen 2 und 3).

Ein Spline ist im Grunde genommen ein Pfad, der dazu verwendet werden kann, Objekte zu erstellen, auszurichten und zu animieren. Die Anfangs- und Endpunkte der Splines erkennt man an der Färbung der Spline-Linie – von gelb nach rot. Die Kurven können offen und geschlossen sein und besitzen außerdem eine eigene Typisierung.

### Spline-Typen

Anders als in normalen Grafikprogrammen gibt es in der 3D-Welt verschiedene Definitionen, wie sich eine Spline-Kurve aus den zugehörigen Punkten aufbaut.

Die in Cinema 4D möglichen Spline-Typen sehen Sie in den Abbildungen 4 bis 8 aufgereiht. Bézier-Splines kennen Sie aus den gängigen Vektorgrafikprogrammen, sie lassen sich über Ankerpunkte und Tangenten steuern und sind der wohl meistverwendete Spline-Typ. Die anderen Spline-Arten zeichnen sich durch ihr Kurvenverhalten bei den Punkten aus. Beim B-Spline arbeiten die Stützpunkte eher als magnetische Greifer, Akima- und kubische Splines halten sich dagegen genau an die Punktvorgabe.

Probieren Sie einfach die verschiedenen Werkzeuge der Spline-Typen-Palette (Abbildung 2) aus, und zeichnen Sie ein paar Kurven

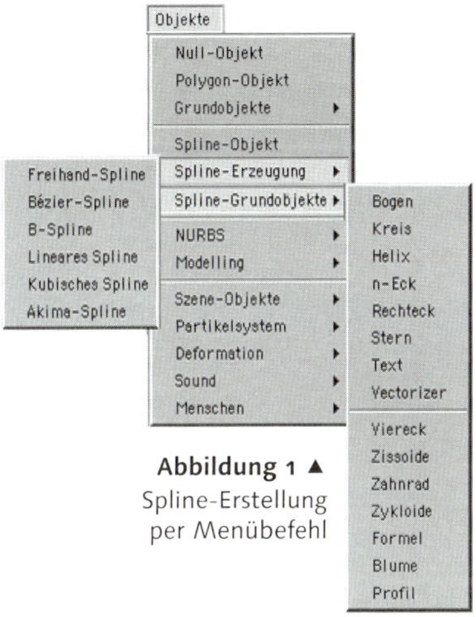


**Abbildung 1** ▲
Spline-Erstellung per Menübefehl

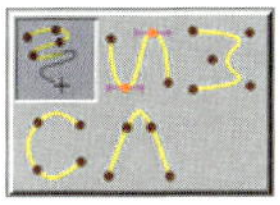

**Abbildung 2** ▲
Spline-Typen Befehlspalette

**Abbildung 3** ▲
Spline-Grundobjekte

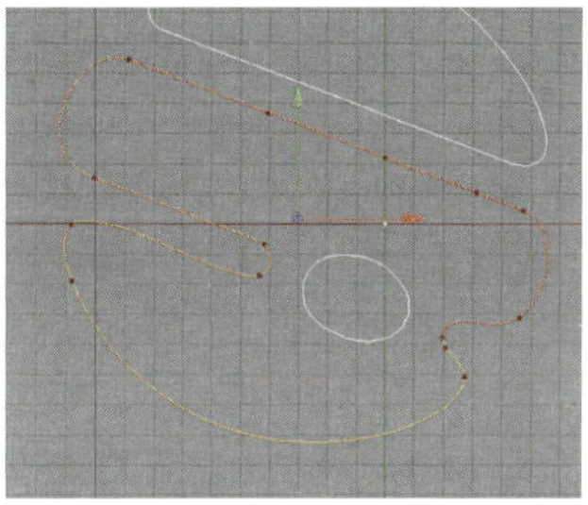

◀ **Abbildung 4**
Bézier-Spline

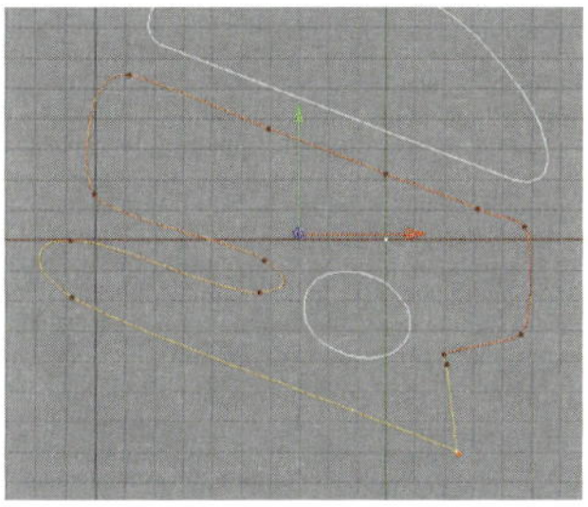

◀ **Abbildung 5**
Akima-Spline

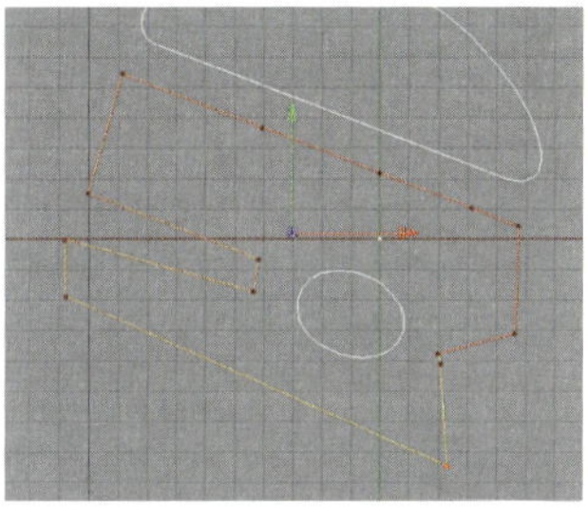

◀ **Abbildung 6**
Linear-Spline

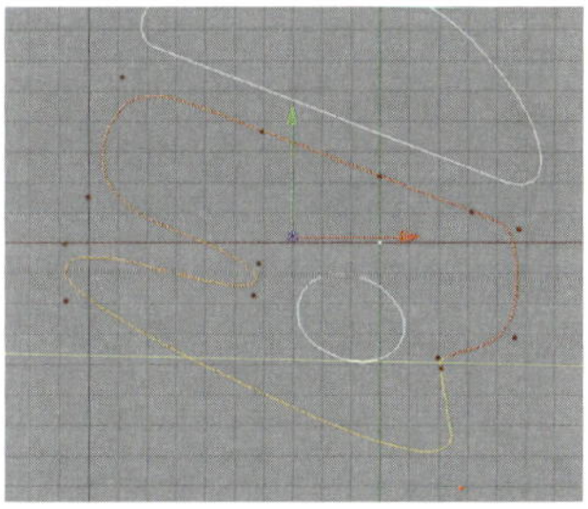

◀ **Abbildung 7**
B-Spline

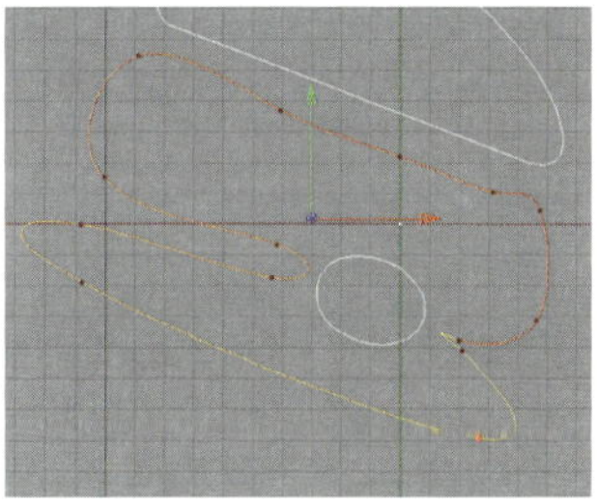

◀ **Abbildung 8**
Kubisches Spline

in die 2D-Ansichten. Sie merken dann sehr schnell, wie Ihr Zeichenweg durch die Spline-Typen umgesetzt wird.

Wofür nun die unterschiedlichen Spline-Arten? Für Konstruktion bzw. Modelling ist es natürlich anzuraten, auf die Bézier-Splines und Linear-Splines zurückzugreifen, aber auch für die anderen, etwas exotisch klingenden Typen gibt es sinnvolle Einsatzbereiche. So eignen sich B-Splines und generell Splines mit weichem Kurvenverlauf wesentlich besser für ausgewogene Kamerafahrten.

### Spline-Grundobjekte

Damit Sie Ihre Zeichenkünste nicht für jedes einfache Grundspline strapazieren müssen, liefert Cinema 4D die wichtigsten Grundformen als Spline-Grundobjekte im Menü Objekte · Spline-Grundobjekte (Abbildung 1) und in der zugehörigen Palette (Abbildung 3) mit.

Außer den Standardformen wie Kreis und Rechteck, Sonderformen wie Blume, Zahnrad, Helix, Zykloide und Zissoide steht Ihnen mit dem Formel- und Text-Spline-Objekt auch die

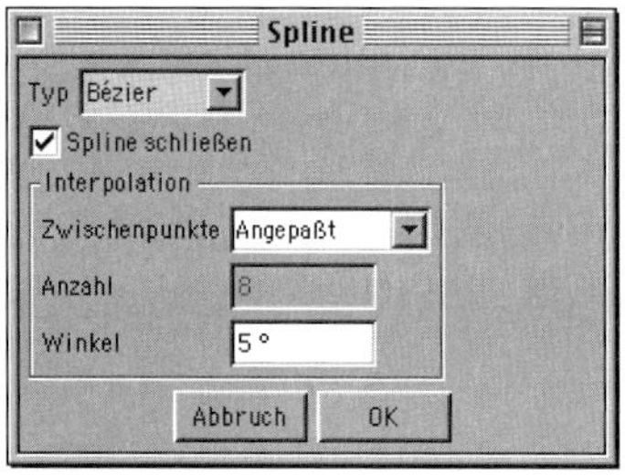


▲ **Abbildung 9**
Spline-Parameter

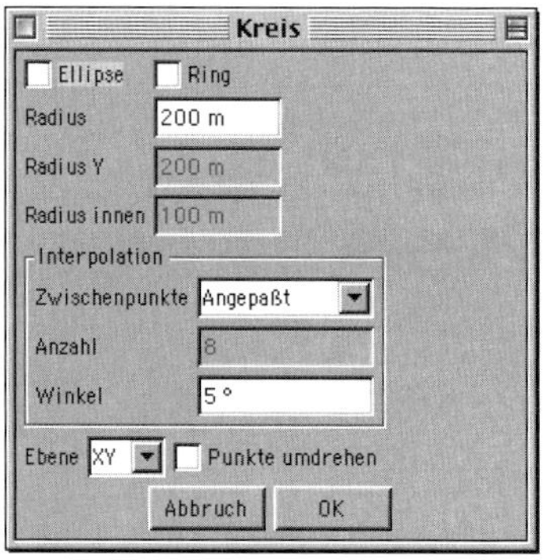


▲ **Abbildung 10**
Einstellungsdialog für Kreis-Spline

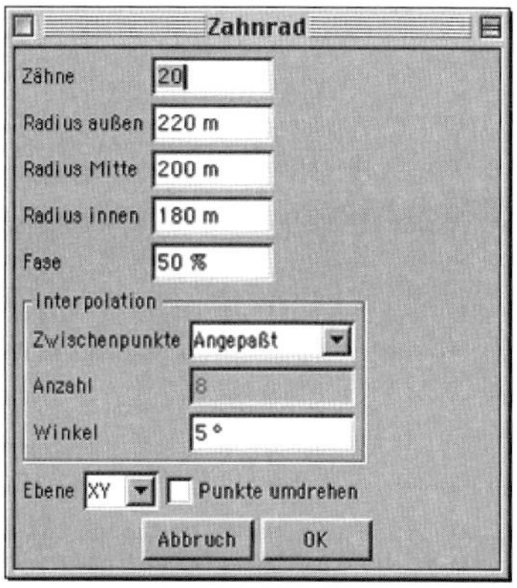


▲ **Abbildung 11**
Einstellungsdialog für Zahnrad-Spline

Möglichkeit offen, Kurven mathematisch zu definieren oder Splines aus Text generieren zu lassen. Interessant ist auch die Option, sich die Spline-Konturen aus Pixelbildern zu erzeugen.

Die über die Spline-Grundobjekte erstellten Splines sind – Sie kennen das schon von den 3D-Grundobjekten – parametrisch. Um diese Objekte an den Ankerpunkten bearbeiten zu können, müssen Sie die Spline-Objekte zuerst über den Befehl Struktur · Grundobjekt konvertieren bzw. [C] umwandeln.

**Spline-Dialog**

Jedes Spline zeigt nach Doppelklick auf sein Symbol im Objekt-Manager oder in der 3D-Ansicht seinen Einstellungsdialog an, in dem Sie – abhängig von der Art des Spline-Objektes – die Parameter für das Objekt und die Parameter für das Spline festlegen (Abbildungen 9 bis 11).

Solange Sie noch mit Spline-Grundobjekten arbeiten, können Sie auf die objektspezifischen Parameter wie Radien, Fasen, Rundung etc. Einfluss nehmen (Abbildungen 10 und 11).

Nach ihrer Konvertierung in ein normales Spline-Objekt verhalten sich die Grundobjekte wie selbst erstellte Spline-Pfade (Abbildung 9). Hier lässt sich auch erstmals der Spline-Typus wählen und der Pfad öffnen und schließen.

Allen Dialogfenstern gemeinsam ist die Interpolationsrubrik, unter der Sie Einstellungen für die Aufteilung und Anzahl der Spline-Punkte vornehmen können.

Bei den Zwischenpunkten sind die Optionen Keine, Natürlich, Gleichmässig und Angepasst wählbar. Die gleichmäßige Aufteilung bewirkt eine rechnerisch exakte Aufteilung der Räume zwischen den Punkten, bei natürlicher Interpolation passen sich die Punkte dem Kurvenverlauf an. Bei angepasster Interpolation bestimmt Cinema 4D anhand der Winkelabweichung, ob ein Punkt gesetzt wird oder nicht, dabei kann man zwar auf den Winkel, nicht aber auf die Punktanzahl Einfluss nehmen. Qualitativ ist diese Interpolationsmethode zu bevorzugen – und auch voreingestellt.

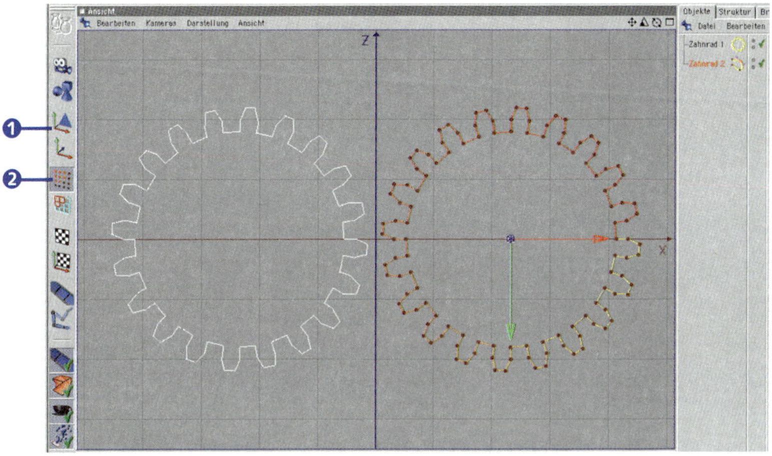


◂ **Abbildung 12**
Spline-Grundobjekt und Spline-Kurve

### Splines bearbeiten

Ein Spline ist in Cinema 4D grundsätzlich ein Objekt wie jedes andere auch.

Möchten Sie also ein ausgewähltes Spline als Ganzes verschieben, skalieren oder rotieren, aktivieren Sie das Modell-bearbeiten-Werkzeug ❶ und die gewünschte Funktion, schalten Sie die Achsen nach Bedarf frei und vollziehen Sie die Änderung. Selbstverständlich kann auch der Koordinaten-Manager zur Bearbeitung verwendet werden.

Wenn Sie dagegen die Punkte des Splines bearbeiten wollen, so benötigen Sie dazu das Punkte-bearbeiten-Werkzeug ❷.

In Abbildung 12 sehen Sie zwei Zahnrad-Splines – das linke Objekt liegt noch im parametrischen Modus vor; auch bei aktiviertem Punkte-bearbeiten-Werkzeug würden keine bearbeitbaren Punkte erscheinen. Im Objekt-Manager ist auch am Symbol zu erkennen, dass es sich noch um ein Spline-Grundobjekt handelt.

Das rechte Spline ist angewählt und liegt bereits als konvertiertes Spline-Objekt vor. Beachten Sie das Spline-Symbol im Objekt-Manager. Die Punkte des Splines sind sichtbar und lassen sich ausgewählt und einzeln bearbeiten.

Ist das aktivierte Spline ein Bézier-Spline, so zeigen ausgewählte Punkte ihre Tangentenanfasser an. Mit gedrückter `Shift`-Taste beschränken Sie die Modifikationen auf den Teil, dessen Anfasser Sie benutzen.

Für die Generierung von NURBS-Objekten ist es unerheblich, ob die Objekte als Grundobjekte oder als konvertierte Splines vorliegen.

Anders sieht die Lage aus, wenn Sie an Spline-Objekten bestimmte Funktionen durchführen und mit Spline-Werkzeugen arbeiten möchten.

Cinema 4D bietet für diese Fälle spezielle Werkzeuge an, mit denen Sie Spline-Pfade unter anderem verbinden, zertrennen und optimieren können. Und sollten Sie sich trotz aller Mühe einfach nicht mit den Spline-Werkzeugen anfreunden können, steht es Ihnen auch jederzeit frei, Objektpfade in Grafikprogrammen vorzubereiten und in Cinema 4D zu importieren. Doch dazu später mehr.

59 ▸
Spline-Import

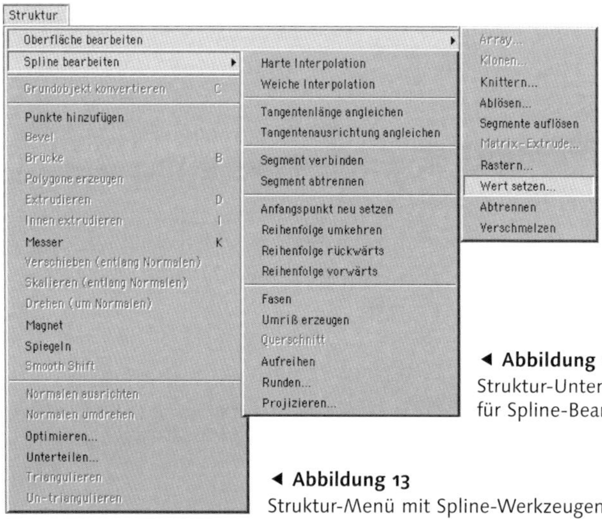


◀ **Abbildung 15**
Spline-Oberfläche bearbeiten

◀ **Abbildung 14**
Struktur-Untermenü für Spline-Bearbeitung

◀ **Abbildung 13**
Struktur-Menü mit Spline-Werkzeugen

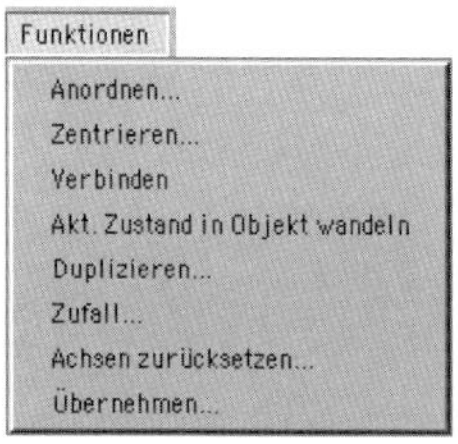


▲ **Abbildung 16**
Funktionen-Menü

## Spline-Werkzeuge

### Spline bearbeiten

Im Untermenü Spline bearbeiten (Abbildung 14) im Menü Struktur (Abbildung 13) finden Sie etliche Werkzeuge, mit denen Sie Punkte, Segmente und ganze Splines modifizieren.

Bei Bézier-Splines ist es möglich, die Interpolation und Tangentenführung selbst einzustellen. Mit den Funktionen zur harten und weichen Interpolation ändern Sie das Kurvenverhalten in den Punkten entsprechend um, die Tangentenlängen und deren Ausrichtung sind ebenso per Menübefehl anpassbar.

Des Weiteren finden Sie in diesem Menü Befehle zum Verbinden und Trennen von Spline-Segmenten (nicht Splines!) und zur Veränderung der Punktreihenfolge.

Es folgen drei interaktive Werkzeuge: Beim Fasen ziehen Sie aus einem beliebigen Punkt eine gerundete oder auch lineare Fase, mit Umriss erzeugen erstellen Sie eine Linie, die sich mit einstellbarem Abstand entlang des aktiven Splines legt, und mit Querschnitt wird aus einer Spline-Gruppe innerhalb der aktuellen Ansicht an einer beliebigen Stelle ein Querschnitt erzeugt. Wie bei Werkzeugen üblich, können Sie im Fenster Aktives Werkzeug die relevanten Parameter einstellen.

Der Befehl Aufreihen richtet alle zwischen zwei selektierten Punkten liegenden Spline-Punkte auf einer Linie aus. Mit Runden werden die Punkte der Selektion mit einstellbarer Punktanzahl und Interpolation gerundet.

Sehr vielfältig verwendbar ist die Projizieren-Funktion. Damit projizieren Sie ein Spline auf ein beliebiges Objekt und erhalten ein neues Spline, das sich aus dem Schnitt des Splines mit der Objektoberfläche aufbaut. Auf diese Weise lassen sich sehr elegant Bewegungspfade für Objekte erzeugen oder auch Flanschverbindungen vorbereiten. Die Projektion geschieht punktweise – je mehr Punkte Ihr Spline hat, desto exakter das Ergebnis.

### Oberfläche bearbeiten

Unter STRUKTUR · OBERFLÄCHE BEARBEITEN (Abbildung 15) gibt es außerdem einige Möglichkeiten, die Oberflächenstruktur (in diesem Fall die Spline-Kurve) zu bearbeiten. Mit KNITTERN geben Sie der mathematischen Kurve ein unregelmäßigeres Aussehen, mit RASTERN setzen Sie die Punkte der Auswahl auf die nächstliegenden Rasterpunkte Ihrer Snap-Einstellungen und über WERT SETZEN bestimmen Sie komfortabel Koordinatengemeinsamkeiten der selektierten Punkte.

ABLÖSEN... verwenden Sie dann, wenn Sie ein Teilstück eines Splines ohne Verlust eines Punktes abschneiden möchten, im Gegensatz zum ABTRENNEN, wo zwischen dem letzten ausgewählten und dem Nachbarpunkt eine Lücke entsteht. SEGMENTE AUFLÖSEN ist dann hilfreich, wenn Segmente als separate Unterobjekte aufgetrennt werden sollen. Der VERSCHMELZEN-Befehl bewirkt das Verschieben aller ausgewählten Spline-Punkte auf den ersten Punkt der Reihenfolge (Gelb nach Rot) – übrig bleibt der Ausgangspunkt der Selektion.

Die interaktiven Funktionen, die im STRUKTUR-Menü (Abbildung 13) liegen, sind im Prinzip selbsterklärend.

Sie können PUNKTE HINZUFÜGEN, auch mit dem MESSER, wobei beim letzteren Werkzeug mindestens zwei Punkte selektiert sein müssen. Der MAGNET zieht die Spline-Punkte – je nach Entfernung zum Punkt und den Werkzeugeinstellungen – mehr oder weniger kräftig in die gewünschte Richtung. Das SPIEGEL-Werkzeug gibt Ihnen eine Achse an die Hand, an der Sie die selektierten Punkte auf neue Punkte des Splines spiegeln.

An dieser Stelle sei nochmals erwähnt, dass sich für jedes Werkzeug im AKTIVES-WERKZEUG-Manager die Voreinstellungen befinden.

Der OPTIMIEREN-Befehl kann helfen, Objekte nach Erstellung durch eine Aktion oder auch durch Import aus anderen Programmen auf die Be- und Verarbeitung in Cinema 4D zu optimieren. Dabei wird das Spline nach überflüssigen bzw. doppelten und unbenutzten Punkten durchsucht. Verlassen Sie sich aber nicht blind auf diese Funktion. Gerade wenn es bei der Weiterverarbeitung von importierten Splines (siehe auch nächster Abschnitt) Probleme gibt, sollten Sie auch einmal den STRUKTUR-Manager zu Rate ziehen.

Durch UNTERTEILEN... werden auf das aktive Spline zwischen die ausgewählten Punkte je nach Unterteilungsschrittanzahl ein oder mehrere Punkte gesetzt.

### Funktionen-Menü

Auch das FUNKTIONEN-Menü (Abbildung 16) beherbergt einige Befehle zur Bearbeitung und Anordnung von Splines.

Über ANORDNEN richten Sie eine Gruppe von Objekten (oder auch Splines) entlang eines zu definierenden Splines aus. Es besteht allerdings keine Verknüpfung zwischen den Splines – wenn Sie das Pfad-Spline ändern, müssen Sie den Befehl nochmals ausführen.

Objektorientiertes Ausrichten ist mit dem Befehl ZENTRIEREN... möglich. Hier können Sie die Objekte zueinander platzieren.

DUPLIZIEREN Sie ein Objekt, so können Sie vorab einstellen, wie viele Objekte wie oft und mit welchen Verschiebungs- und Rotationsdaten am Ende vorliegen sollen.

Es ist komplizierter, Objekte gewollt »zufällig« im Raum zu platzieren, als man anfangs meinen möchte. Der ZUFALL-Befehl hilft dabei.

Wenn Sie Objekte animieren, ergeben sich oft brauchbare Zwischenstadien, die Sie für andere Zwecke weiterverwenden wollen.

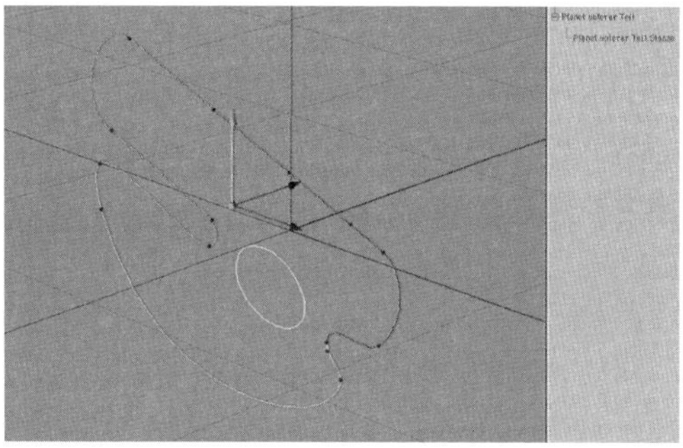

▲ **Abbildung 17**
Haupt- und Loch-Spline gruppiert

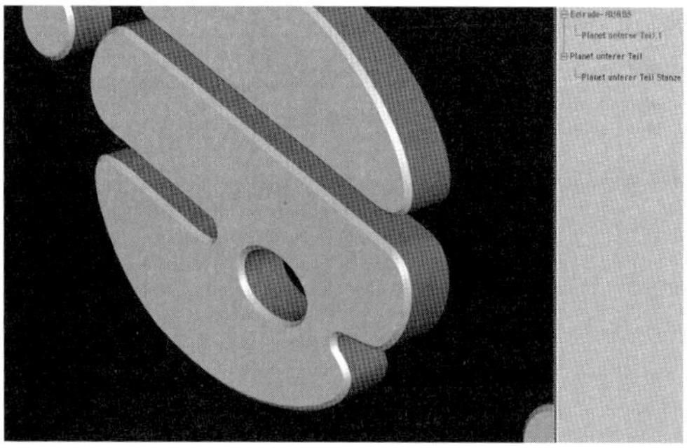

▲ **Abbildung 18**
NURBS-Objekt aus verschmolzenem Spline-Pfad

Der Befehl Aktuellen Zustand in Objekt wandeln tut genau das – egal ob Objekt oder Spline.

Verzerrte Objektachsen bringen Sie durch Achsen zurücksetzen wieder in Ordnung.

Die Übernehmen-Funktion adaptiert – je nach Wahl – Position, Größe und Richtung eines anderen Objektes. Sinnvoll ist dies in erster Linie bei gleichartigen korrespondierenden Objekten und Splines.

Sie haben sicherlich bemerkt, dass ich mir eine der Funktionen, nämlich den Verbinden-Befehl, für den Schluss aufgehoben habe. Auf diesen Befehl möchte ich noch etwas genauer eingehen. Mit Verbinden verschmelzen Sie zwei oder mehr Objekte miteinander. Dabei werden aber keine Pfade verbunden, die Objekte oder Splines ergeben auch, wenn sie sich nicht überschneiden oder berühren, ein gemeinsames Objekt.

Vielleicht haben Sie während des Lesens eine Funktion vermisst, die beim Arbeiten mit Grafikprogrammen normalerweise zum Standardrepertoire gehört – boolesche Pfadoperationen. Leider ist es bei Cinema 4D nicht so elegant möglich, Schnittmengen und Aussparungen zu bilden, wie Sie es aus Vektorgrafikprogrammen kennen. Die booleschen Funktionen in Cinema 4D beschränken sich auf die 3D-Objekte – dort aber sind sie sehr komfortabel anzuwenden. Doch nach ein paar Übungen mit dem Messer- und Segmentwerkzeug sollte auch das kein Hindernis sein.

Eine Möglichkeit, zwei Splines voneinander abzuziehen, um ein Loch zu schaffen, haben Sie aber – Spline-Unterobjekte gelten als »Loch«. Einzige Voraussetzungen: Das Loch-Spline muss innerhalb des Objekt-Splines liegen, und beide dürfen sich nicht berühren. Anwender, die mit Version 5 vertraut sind, kennen diese Funktion bereits. Es funktioniert auch mit zwei gruppierten Splines in einem Null-Objekt, das hierarchisch untere Spline wird vom oberen subtrahiert (Abbildung 17).

Um diese Spline-Operation seit Version 6 durchzuführen, müssen die Objekte aber nun über Verbinden verschmolzen sein. Es entsteht ein neues Objekt, das nun zur NURBS-Generierung verwendbar ist (Abbildung 18) – für nachträgliche Änderungen ist es ratsam, die Ursprungs-Spline-Gruppe aufzuheben.

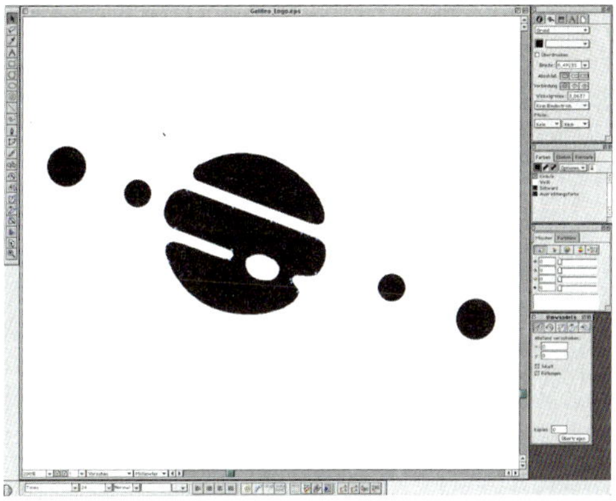

▲ **Abbildung 19**
Vektorgrafik aus einem 2D-Grafikprogramm

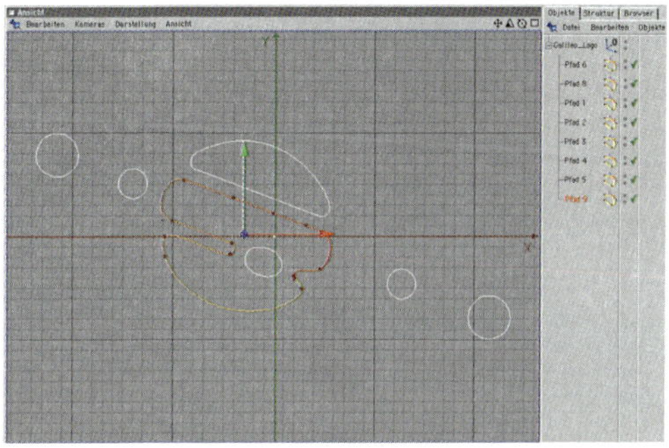

▲ **Abbildung 20**
Umsetzung in Splines nach dem Import in Cinema 4D

## Spline-Import

Die Vielzahl der Spline-Werkzeuge mag anfangs verwirrend sein. An alle essenziellen Tools gewöhnen Sie sich aber schnell, und falls Sie eine spezielle Funktion benötigen – schlagen Sie einfach noch einmal hier nach, oft findet sich eine längst vergessene Funktion wieder.

Wem die Werkzeuge in seinem Grafikprogramm für komplexere Spline-Arbeiten lieber sind, der kann selbstverständlich auch Vektordaten als Splines importieren. Dies geschieht über Datei · Hinzuladen bzw. Datei · Öffnen.

In Abbildung 19 sehen Sie das Galileo-Logo in FreeHand vorbereitet, in Abbildung 20 das importierte Ergebnis. Die Pfade liegen als einzelne Bézier-Splines innerhalb einer Gruppe, die nach der Importdatei benannt ist, vor.

Achten Sie vor dem Import der Vektorgrafik darauf, dass die Import-/Export-Voreinstellungen (Menü Datei) für Illustrator-Dateien korrekt angelegt sind. Dort können Sie neben dem Faktor auch festlegen, ob die Splines verbunden oder gruppiert sein sollen. Wichtig ist außerdem, dass ein Illustrator-EPS vorliegt. Zwar importiert Cinema 4D auch normale EPS-Dateien, dabei ist aber meist etwas Nacharbeit erforderlich.

Wer auf Daten aus 2D-Programmen zurückgreifen kann, sollte dies auch unbedingt nutzen – die Überarbeitung hält sich zumeist in Grenzen, und die Zeitersparnis ist enorm.

**Fleißaufgabe**

Auf Ihrer CD zum Buch befindet sich ein normales (kein Illustrator-) Vektor-EPS des Galileo-Logos. Importieren Sie diese Datei in Cinema 4D. Auf den nächsten Seiten erfahren Sie alles über NURBS-Objekte. Versuchen Sie danach, aus dem importierten Logo ein Extrude-NURBS zu erzeugen – wie in der Abbildung 18 angedeutet. Testen Sie den Optimieren-Befehl, prüfen Sie die Punktanzahl und -struktur im Struktur-Manager und verbinden Sie die Splines.

**Abbildung 21** ▶
NURBS-Generatoren: HyperNURBS (s/w), Extrude-, Lathe-, Loft-, Sweep- und Bézier-NURBS

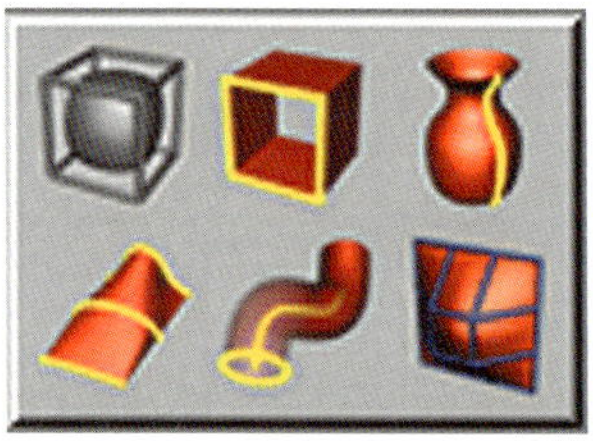

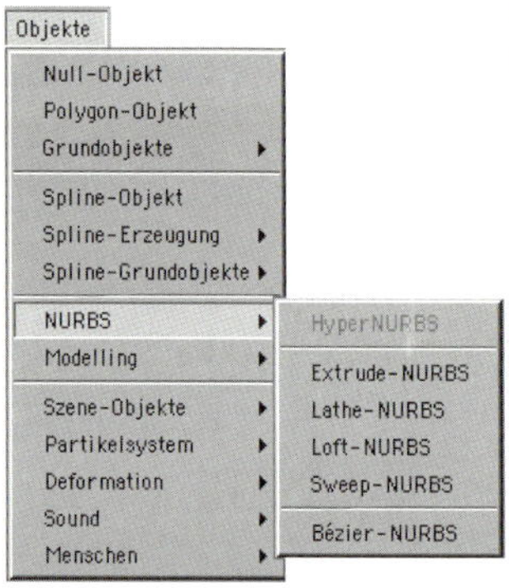


▲ **Abbildung 22**
NURBS-Generatoren-Menü

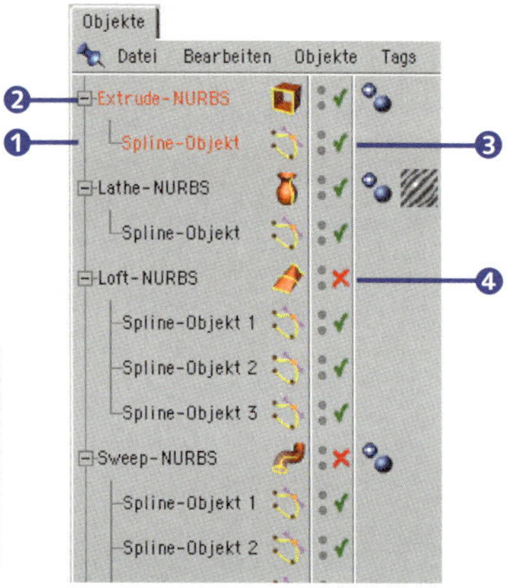


▲ **Abbildung 23**
NURBS-Objekte im Objekt-Manager

## Non-Uniform Rational B-Splines – kurz: NURBS

Um aus den Splines 3D-Objekte zu erzeugen, werden NURBS-Generatoren benötigt.

In der NURBS-Generatoren-Palette (Abbildung 21) und im Menü Objekte · NURBS (Abbildung 22) finden Sie vier NURBS-Objekte, die durch Extrusion (Extrude-NURBS), Rotation (Lathe-NURBS), Morphing (Loft-NURBS) und Pfadverschiebung (Sweep-NURBS) der Splines dreidimensionale Objekte formen.

Zwei Sonderfälle sind außerdem im Menü enthalten – das HyperNURBS-Objekt und das Bézier-NURBS-Objekt. HyperNURBS werden im späteren Kapitel »Polygon-Modelling« detailliert besprochen.

◂ 88
Polygon-Modelling

Es ist nicht weiter schwierig, aus dem Ausgangs-Spline ein NURBS-Objekt zu erstellen. Wählen Sie aus der Palette oder dem Menü den gewünschten NURBS-Generator aus, und ziehen Sie das Ausgangs-Spline auf das Generatorobjekt.

Das Spline ❶ ist nun Unterobjekt des NURBS-Generators ❷. Dabei darf das Spline – wenn keine komplexen Änderungen erforderlich sind – auch noch in seinem parametrischen Ursprung verbleiben. Wenn Sie die Spline-Pfade aber modifizieren oder verbinden möchten, ist eine Konvertierung erforderlich (Werkzeug-Palette oder C).

Für ein Lathe- und Extrude-NURBS-Objekt ist mindestens ein Spline notwendig, Loft- und Sweep-NURBS brauchen immer mindestens zwei Spline-Objekte.

Solange die NURBS-Generierung im Objekt-Manager (Abbildung 23) bzw. in der Palette aktiviert ist, sehen Sie jede Änderung der Splines und das resultierende NURBS-Objekt in Echtzeit in Ihrer 3D-Ansicht. Per Klick auf das Häkchen-Symbol ❸ im Objekt-Manager schalten Sie die NURBS-Generierung zeitweise ab ❹, um den Überblick bei der Arbeit nicht zu verlieren.

Alle Einstellungen für die NURBS-Objekte befinden sich im NURBS-Dialog, den Sie mit Doppelklick auf das NURBS-Symbol aufrufen.

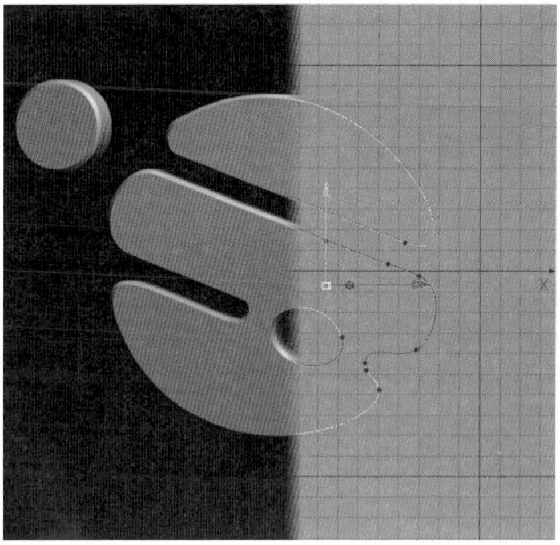

**◀ Abbildung 24**
Extrude-NURBS

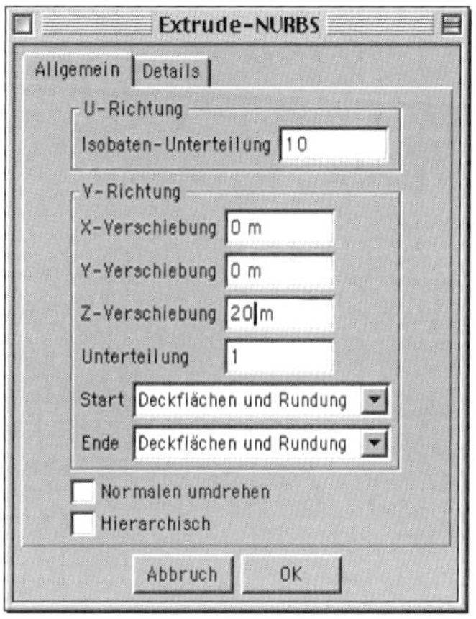


**Abbildung 25 ▶**
Dialogfenster Extrude-NURBS

**Extrude-NURBS**

Beim Extrudieren wird das Spline-Objekt in die »Tiefe« verschoben.

Dabei können X-, Y- und Z-Achse sowohl einzeln als auch (für schräge Extrusionen) gemeinsam als Verschiebeachse fungieren. Die Achsenangaben im Dialog beziehen sich auf die Objekt-Achsen des Splines. Wurde das Spline während seiner Erstellung rotiert, wirkt sich diese Drehung natürlich auch auf die Lage der Extrusions-Achsen aus.

Um, wie in Abbildung 24, Löcher in den Objekten herzustellen, genügt es, ein Loch-Spline als Unterobjekt des Haupt-Splines anzuordnen und beide vor dem Extrudieren zu verbinden.

Im Feld UNTERTEILUNG definieren Sie, in wie vielen Schritten der Versatz erfolgen soll – je mehr Unterteilungen Sie hier angeben, desto mehr Polygone entstehen später bei einer eventuellen Umwandlung.

Die ISOBATEN-UNTERTEILUNG kümmert sich bei aktiviertem Isobaten-Darstellungsmodus um entsprechend viele Isobaten-Linien bei der Anzeige in Ihrer 3D-Ansicht.

Sie können für Start und Ende der Extrusion angeben, ob Deckflächen an Kopf- und Fußseite des NURBS-Objektes entstehen und ob diese Stellen Rundungen erhalten sollen.

Die Einstellungen für Deckflächen und Rundungen geben Sie im Details-Abschnitt an, der auf Seite 66 gesondert betrachtet wird.

Sollten bei offenen Splines Unstimmigkeiten bei der Erzeugung der NURBS-Hülle auftreten, ist es möglich, die Normalen über die NORMALEN UMDREHEN-Kontrollfeld auszurichten.

Mit aktivierter HIERARCHIE-Funktion können Sie mehrere Spline-Objekte in Ihren NURBS-Generator legen, die dann alle mit den eingestellten Parametern extrudiert werden. Die einzelnen Splines sind nicht miteinander verknüpft; stellen Sie sich diesen NURBS-Generator dann einfach als Container vor, der alle seine Unterobjekte mit Extrusionen versieht.

◀ **Abbildung 26**
Lathe-NURBS

**Abbildung 27** ▶
Dialogfenster
Lathe-NURBS

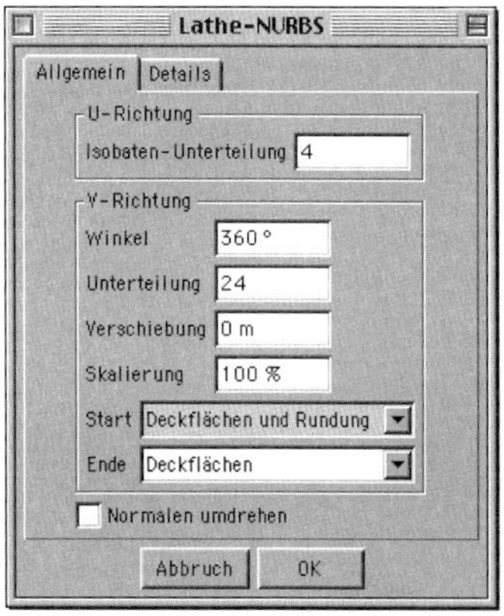


### Lathe-NURBS

Ein Lathe-Objekt rotiert das ihm untergeordnete Spline stets um die eigene Y-Achse des Spline-Objektes.

Achten Sie schon beim Zeichnen des zu drehenden Splines auf die Lage der Achsen. Da für die Rotation stets die Y-Achse verwendet wird, eignet sich die XY-Ansicht für die Konstruktion am besten.

Wichtig ist auch, dass die Punkte der Spline-Kurve an »offenen« Körpern – wie zum Beispiel dem Glas in Abbildung 26 – genügend Material zugestehen und keine ungewollten Löcher in das Objekt »fräsen«.

Im WINKEL-Feld geben Sie den Rotationswinkel an; aus Werten unter 360° resultieren angeschnittene Objekte, Werte über 360° sind bei schraubenartigen Objekten sinnvoll – in Verbindung mit einer Verschiebung des Spline-Pfades.

Diese Verschiebung können Sie im gleichnamigen Feld festlegen – so wird aus dem ursprünglichen Kreis, den das rotierende Spline beschreibt, eine Helix.

Das Feld UNTERTEILUNG kümmert sich wiederum um die Anzahl der Unterteilungsschritte des Objektes, was insbesondere bei Nahaufnahmen und bei späterer Polygonbearbeitung von Bedeutung sein kann.

Zu den Rundungs- und Deckflächeneinstellungen lesen Sie mehr auf Seite 66.

Wie bei den Extrude-NURBS ist es auch hier möglich, die Isobaten-Darstellung zu beeinflussen und die Normalen bei Bedarf umzudrehen.

### Loft-NURBS

Das Loft-Objekt erzeugt ein dreidimensionales Objekt durch Morphing zwischen Spline-Objekten.

Werfen Sie alle Splines, die beim »Lofting« berücksichtigt werden sollen, in den Loft-NURBS-Generator. Die Reihenfolge der Splines im NURBS-Objekt legt die Reihenfolge beim Morphing fest. Es ist ebenso möglich, mit parametrischen Spline-Objekten zu arbeiten, wie auch Löcher durch verbundene Spline-Gruppen einzubauen (Abbildung 28)

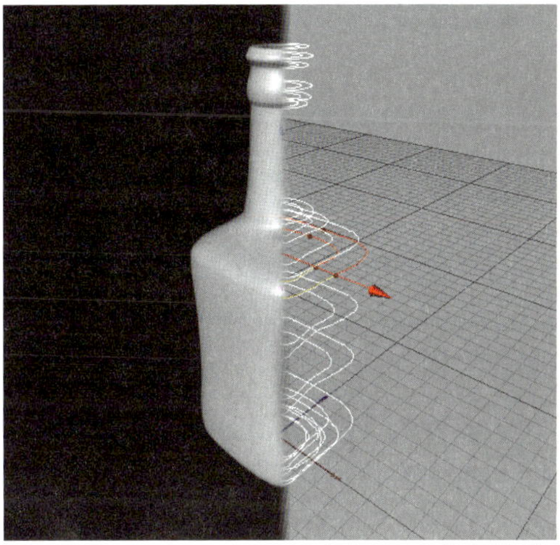

◀ **Abbildung 28**
Loft-NURBS

**Abbildung 29** ▶
Dialogfenster Loft-NURBS

oder Öffnungen im Objekt durch offene Splines zu schaffen.

Beachten Sie stets die Richtung der Achsen, schon bei der Auswahl der Splines. Bei den Spline-Grundobjekten können Sie bei der Definition schon ihre Richtung bestimmen. Später rotierte Objekte besitzen modifizierte Achsen, die bei der NURBS-Erzeugung Probleme bereiten – die Objekte enthalten dann z. B. Verdrehungen. Beim Morphen zwischen konstruierten Splines ist es ratsam, eine konstante Punktanzahl einzuhalten. Kopieren Sie dazu das Ausgangs-Spline, und erstellen Sie daraus das jeweilige Folge-Spline, bis Sie beim letzten Spline angelangt sind.

Bei den Loft-NURBS können Sie die Unterteilungen für U- und V-Richtung getrennt festlegen, ebenso, ob die Unterteilung für das gesamte Objekt oder nur für die Segmente (zwischen zwei Splines) gelten soll. Beim Beispiel der Flasche wäre die Y-Achse die V-Richtung, der Flaschenboden bzw. die Öffnung die U-Richtung. Das Kontrollfeld ORGANISCHE FORM sorgt für einen toleranteren Umgang mit den Spline-Punkten und bewirkt dadurch eine natürlichere, weniger technische Formung.

Bei LINEARE INTERPOLATION entstehen harte, gerade Verbindungen zwischen den Splines. Möchten Sie, dass Anfangs- und End-Spline miteinander abschließen, aktivieren Sie die SCHLEIFE-Option.

Was es mit dem UVW-Mapping auf sich hat, wird im Kapitel »Texturing« noch genauer beleuchtet. UV ANPASSEN kümmert sich um die segmentweise Projektion der Textur in V-Richtung – ist diese Funktion deaktiviert, gilt das komplette Objekt als Projektionsfläche.

142 ▶ Texturing

Isobaten- und Normalen-Optionen sind mit denen der anderen NURBS identisch.

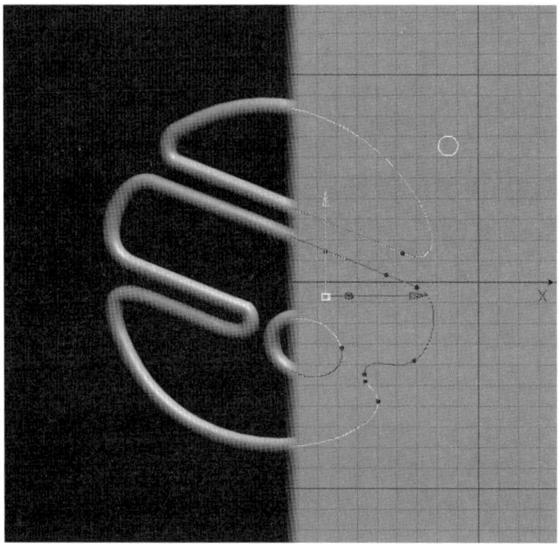

◀ **Abbildung 30**
Sweep-NURBS

**Abbildung 31** ▶
Dialogfenster
Sweep-NURBS

**Sweep-NURBS**

Das Sweep-Objekt (Abbildung 30) führt das Ausgangs- bzw. Kontur-Spline entlang eines Pfades. Zusätzlich lässt sich die Verschiebung noch durch ein zweites Pfad-Spline (Rail-Spline) steuern. Mit diesem zweiten Pfad-Spline kann das Kontur-Spline beispielsweise während der Verschiebung skaliert oder auch wie auf Schienen (Rail) geführt werden.

Die Reihenfolge im Sweep-NURBS-Objekt ist wie folgt festgelegt: Das erste Element definiert das Kontur-Spline, das zweite Element das Pfad-Spline und ein eventuelles drittes Element dann das Rail-Spline.

Für die Platzierung im Raum ist das Pfad-Spline verantwortlich, es gibt den Anfang und das Ende des Objektes vor. Das Kontur-Spline wird mit seiner Z-Achse entlang des Pfad-Splines geführt.

Die Unterteilung des Objektes ergibt sich aus den Punkten des Pfad-Splines.

Auch ohne zweites Pfad-(Rail)-Spline ergeben sich viele Modifikationsmöglichkeiten, so sind SKALIERUNG und ROTATION im Dialogfenster (Abbildung 31) einstellbar, eine WACHSTUM genannte Option bietet sich an, um die Erzeugung des NURBS-Objektes zu animieren.

PARALLELE VERSCHIEBUNG und BANKING schließen einander aus. Bei der parallelen Verschiebung bleiben die Achsen des Kontur-Splines starr, beim Banking dagegen verursacht jede Kurvenkrümmung auch gleichzeitig ein »in die Kurve legen« des Kontur-Splines.

KONSTANTE QUERSCHNITTE verhindern an kritischen Stellen (starken Krümmungen) ungewollte Quetschungen im Objekt.

Bei aktiviertem Kontrollfeld SEGMENTE BEIBEHALTEN gelten für das Wachstum die unterteilten Punkte im Pfad-Spline; ist die Option deaktiviert, läuft das Wachstum weich ab.

Für das Rail-Spline existieren zusätzliche Einstellungsmöglichkeiten, um das Verhalten des Kontur-Splines zu beeinflussen. Mit RAIL-RICHTUNG BENUTZEN richtet sich die Drehung des Kontur-Splines am Rail-Spline aus, mit RAIL-SKALIERUNG BENUTZEN passt sich die Kontur der vorgegebenen Skalierung an. Pfad- und Rail-Spline können aber auch als Schie-

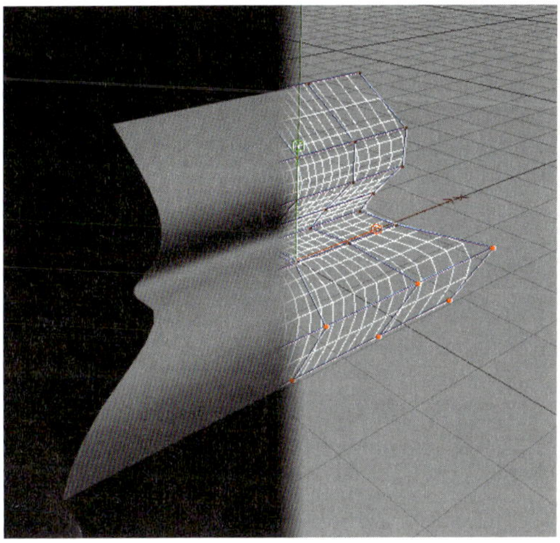

◀ **Abbildung 32**
Beziér-NURBS

**Abbildung 33** ▶
Dialogfenster
Bézier-NURBS

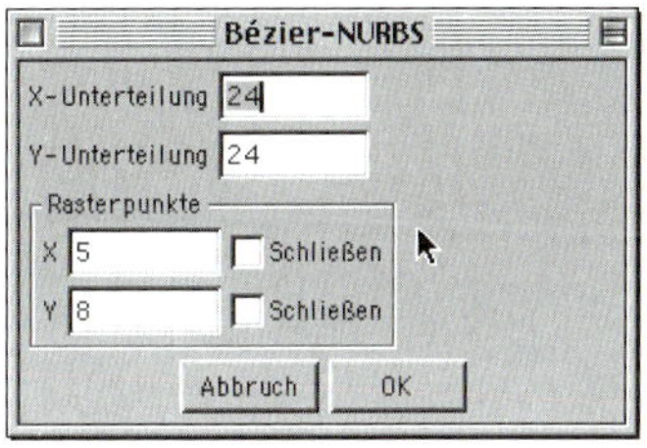


nen-Splines verwendet werden, zwischen denen sich das Kontur-Spline einpasst. Dafür muss das Feld 2 SCHIENEN aktiviert sein.

Deckflächen- und Rundungsoptionen können Sie auf der separaten Detail-Seite vornehmen, auf Seite 66 erfahren Sie mehr darüber. Beim Sweep-Spline sind zwar Deckflächen, aber keine Rundungen bei den Wachstums-zwischenstadien möglich.

**Bézier-NURBS**

Bézier-NURBS-Objekte fallen aus der Reihe. Sie stellen Ihnen eine Art Plane zur Verfügung, die sich nach Bedarf unterteilen und über ihre Ankerpunkte aufspannen, verbiegen und verdrehen lässt.

In Abbildung 32 sehen Sie ein Bézier-NURBS und erkennen sicher sofort, wofür diese NURBS-Objekte geradezu prädestiniert sind: saubere und weiche, geschwungene Flächen aller Art für die Konstruktion von Autos, Flugzeugen etc. Mit Bézier-NURBS modellieren Sie im Nu Autotüren, Stossstangen, Felgen und vieles mehr.

Bei diesem Beispiel kommen auch gleich die Einstellungen ins Spiel, die Sie per Doppelklick auf das Bézier-NURBS-Symbol erreichen (Abbildung 33).

Bézier-NURBS müssen keineswegs »plane« Objekte bleiben, mit den SCHLIESSEN-Kontrollfeld können Sie die Seiten auch verbinden und zu einer Hülle umformen. Dafür muss die zu schließende Seite mindestens einen Rasterpunkt mehr besitzen.

Die Rasterpunkte sind die Kontrollpunkte, mit denen Sie das Aussehen und die Form des Objektes bestimmen. Je mehr Rasterpunkte Sie zuteilen, desto mehr Kontrollpunkte haben Sie, es wird aber auch zugleich schwieriger, die Formung zu steuern.

Die Unterteilungen in X- und Y-Richtung bestimmen die Oberflächenfeinheit. Viele Unterteilungen geben dem Resultat zwar ein filigraneres Erscheinungsbild, die Komplexität des Objekts nimmt aber auch – insbesondere bei späterer Konvertierung – rapide zu.

◀ **Abbildung 34**
Allerlei Deckflächen und Rundungen

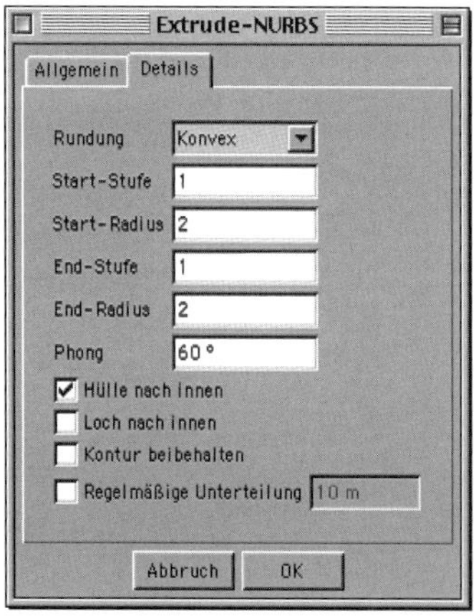


**Abbildung 35** ▶
Dialogfenster Details

### NURBS-Details

Bei den Extrude-, Lathe-, Loft- und Sweep-NURBS haben Sie im Dialogfenster auf der Allgemein-Seite definiert, ob die Objektenden Deckflächen und Rundungen erhalten sollen. Auf der Details-Seite (Abbildung 35) dieser NURBS-Objekte können Sie das Aussehen der Rundungen bestimmen.

Die linke und mittlere Reihe der Abbildung 34 zeigt die verschiedenen Rundungen: Konvex (Wölbung nach außen), Konkav (Wölbung nach innen), Linear (Fase), Halbkreis, 1 Stufe, 2 Stufen und Eingelassen.

Wichtig für diese Rundungsarten sind die Einstellungen der Radien und der Stufen (Unterteilungen) am Anfang und Ende des Objektes. So benötigt z. B. eine konvexe oder konkave Rundung Unterteilungen, um die Rundung anzubringen – sonst entsteht eine Fase. Natürlich müssen sich die Rundungsradien sinnvoll mit den Objektmaßen ergänzen – zu große Rundungen ergeben unliebsame Überschneidungen der Oberflächen. Die Rundungsglättung stellen Sie mit dem Phong ein.

Hülle nach innen und Loch nach innen sind wohl die am meisten missverstandenen Optionen in Cinema 4D. Zur Erläuterung Folgendes: Mit der Erstellung Ihrer Splines für das NURBS-Objekt haben Sie die Maße Ihres Objektes festgelegt. Da jetzt aber noch eine Rundung gewünscht ist, muss Cinema 4D wissen, ob die Rundung durch eine Wölbung nach außen (also Hülle nach innen) oder durch eine Wölbung nach innen (keine Hülle nach innen) erzielt werden soll. Gleiches gilt für die Option Loch nach innen, wenn Sie Loch-Splines verwenden. Die rechte Reihe von Abbildung 34 zeigt verschiedene Hüllen- und Locheinstellungen.

Wenn Sie nicht möchten, dass die Außenmaße Ihres Objektes dadurch verändert, also »aufgeblasen« werden, aktivieren Sie die Kontur beibehalten-Option.

Mit Regelmässige Unterteilung sorgen Sie dafür, dass bei Deckflächen und Rundungen möglichst viele Vierecke entstehen – diese erzeugen bei späterer Konvertierung und Weiterbearbeitung weniger Artefakte als Dreiecke.

**Abbildung 36** ▶
Zwar nicht genau diese, aber eine ähnliche Uhr können Sie unter www.galileo-press.de bestellen.

## NURBS-Workshop

Genug der Theorie – ein Workshop zur Modellierung mit NURBS soll verdeutlichen, wie die verschiedenen Werkzeuge und Generatoren zusammenarbeiten.

Als Beispielprojekt modellieren wir eine moderne Armbanduhr. In diesem Arbeitsbeispiel kommen neben fast allen NURBS-Objekten auch viele Spline-Werkzeuge zum Einsatz.

Natürlich sind Sie nicht daran gebunden, den Workshop Schritt für Schritt nachzubauen – modellieren Sie Ihre eigene Armbanduhr, oder erweitern Sie das Modell um eigene Ideen; je mehr Details das Modell erhält, um so realistischer wirkt es, wenn es fertig ist.

Ich versuche, so detailliert wie nötig auf die einzelnen Schritte einzugehen. Sollten Sie dennoch stecken bleiben, finden Sie auf der beiliegenden CD das komplette Modell als Cinema 4D-Dokument.

Da dieses Buch modular, aber auch Workflow-orientiert aufgebaut ist, wird das Objekt in diesem Abschnitt modelliert, in den weiteren Kapiteln folgt dann das Texturieren und die Beleuchtung.

Wenn Sie es also vor lauter Arbeitseifer nicht abwarten können, Ihr fertiges Objekt mit Texturen zu versehen, blättern Sie einfach zum Texturing-Teil weiter. Kommen Sie dann aber wieder zurück, es lohnt sich!

## *1. Grundkörper mit Lathe-Spline*

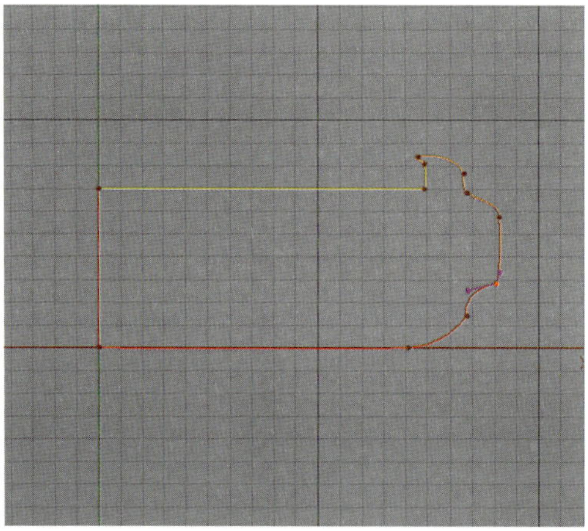

**Abbildung 37 ▶**
Profil des Uhren-Grundkörpers

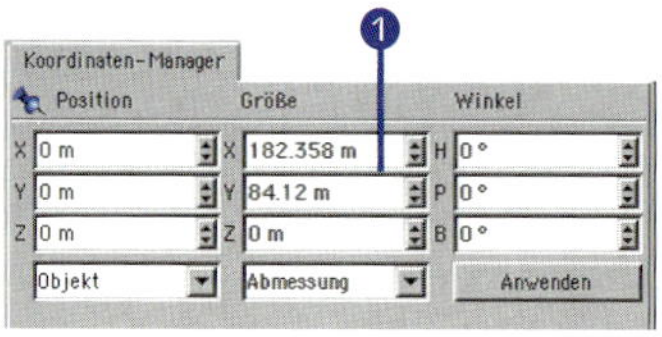


**Abbildung 38 ▶**
Grösse des Uhren-Grundkörpers

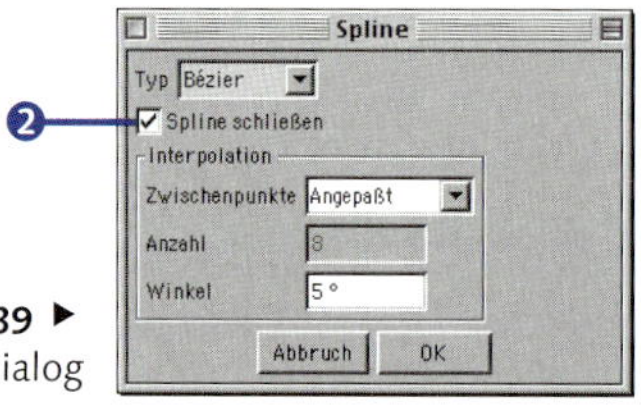


**Abbildung 39 ▶**
Spline-Dialog

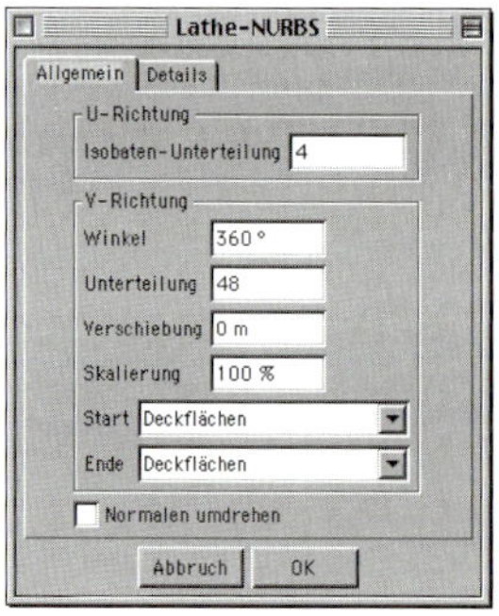


**Abbildung 40 ▶**
Lathe-NURBS-Einstellungen

*Um den Grundkörper der Uhr zu erstellen, zeichnen Sie zuerst das Profil des runden Uhrenkörpers in die XY-Ansicht. Am schnellsten erreichen Sie diese Ansicht über die Taste* [F4]. *Wählen Sie das Freihand- oder Bézier-Spline-Werkzeug, und konstruieren Sie das Profil des Uhrenkörpers, ähnlich zu Abbildung 36.*
*Für die Bearbeitung der Punkte benötigen Sie das Punkt- und das Verschiebe-Werkzeug Ihrer Werkzeugpalette. Weitere Punkte können Sie mit gedrückter Befehlstaste hinzufügen, alternativ dazu kennen Sie auch das Punkte-hinzufügen- und das Messer-Werkzeug.*

*Aktivierte Punkte zeigen Ihre Tangenten-Anfasser. Stellen Sie die Kurven nach Wunsch ein. Sollten Sie nur eine der beiden Tangenten verändern wollen, halten Sie währenddessen die* [Shift]*-Taste fest.*

*Platzieren Sie die Achsenpunkte des Profils (im Beispiel die beiden linken Punkte) mit ihren X- und Z-Koordinaten auf den Nullpunkt (zur besseren Übersicht ist die Achse in der Abbildung nicht sichtbar). Dazu steht Ihnen der Koordinaten-Manager oder auch jeder Punkt nach Doppelklick selbst zur Verfügung. Achten Sie auch darauf, dass die Tangenten an diesen Stellen keine Krümmungen aufweisen, die Uhreninnenseite soll später eine glatte Oberfläche erhalten.*

*Der Radius des Profils beträgt ca. 180 mm, die Höhe ca. 80 mm 1. Schließen Sie spätestens jetzt das Spline im Spline-Dialog 2, den Sie durch Doppelklick auf das Spline-Symbol im Objekt-Manager aufrufen.*

*Erstellen Sie ein Lathe-NURBS-Objekt und legen Sie dort Ihr Uhrenprofil hinein. In den Lathe-NURBS-Einstellungen (Abbildung 40) ist in erster Linie wichtig, daß Sie die Anzahl der Unterteilungen nicht zu niedrig ansetzen. So ähnlich wie in Abbildung 37 sollte Ihr Uhren-Grundkörper nun in der 3D-Ansicht aussehen (F1).*

*Wenn Sie noch nicht ganz zufrieden sind, schalten Sie auch einmal in die Komplettansicht F5, ziehen Sie in der XY-Ansicht an den Punkten, und beobachten Sie die Veränderungen am Objekt.*

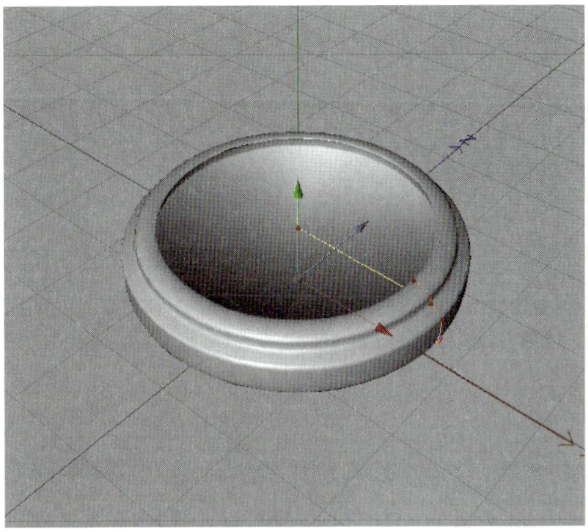

◄ **Abbildung 41**
Lathe-NURBS des Uhrenkörpers

## 2. Armbandhalterungen mit Loft-NURBS

*Die Halterungen für das Armband sollen aus Loft-NURBS entstehen.*

*Zum Generieren der Halterung dienen uns drei Spline-Rechtecke – zwei, um Ende und Form zu definieren, das dritte soll an den Uhrenkörper angeflanscht werden.*

*Wählen Sie aus den Spline-Grundkörpern ein Rechteck aus, und stellen Sie die benötigten Parameter ein – meine Parameter sehen Sie in Abbildung 42 – wichtig ist, dass Sie Rundungen einstellen und das Spline in der XY-Ebene anlegen lassen.*

*Das erste Spline kann nun schon an Ort und Stelle gebracht werden (Abbildung 43).*

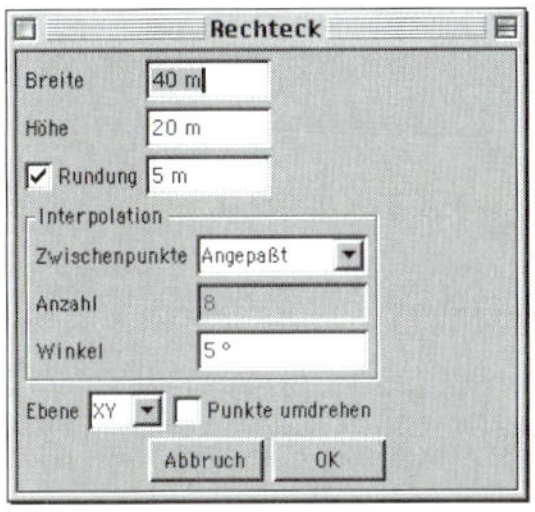


◄ **Abbildung 42**
Rechteck-Spline

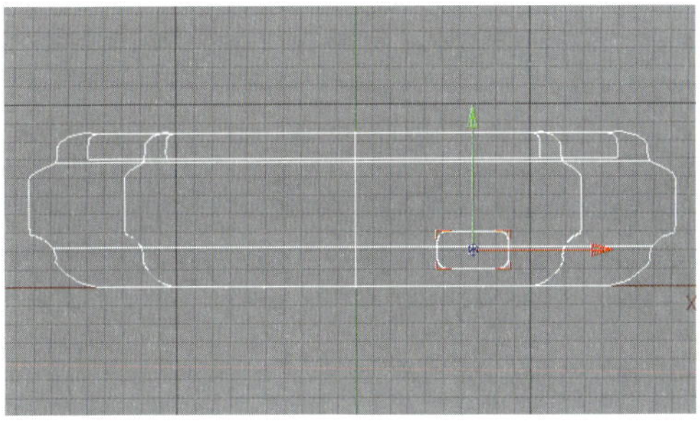

◄ **Abbildung 43**
Platzieren des Rechteck-Splines

*Zwei weitere, etwas größere Rechtecke bilden Mitte und Flansch des Loft-NURBS. Legen Sie zuerst ein Rechteck mit den Parametern aus Abbildung 44 an, und duplizieren Sie dieses dann im Objekt-Manager über die gedrückte Befehlstaste.*

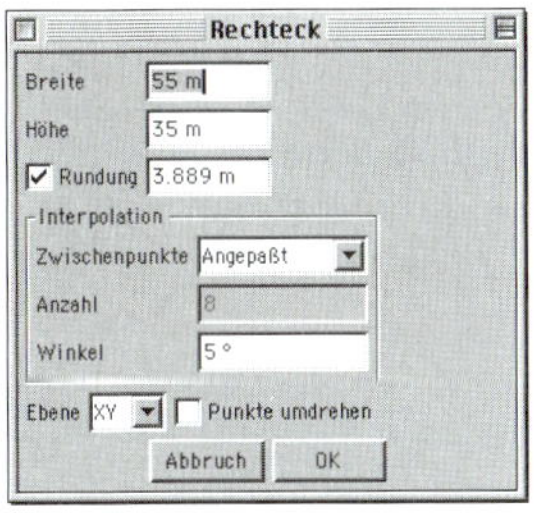


◄ **Abbildung 44**
Rechteck-Spline für Flansch

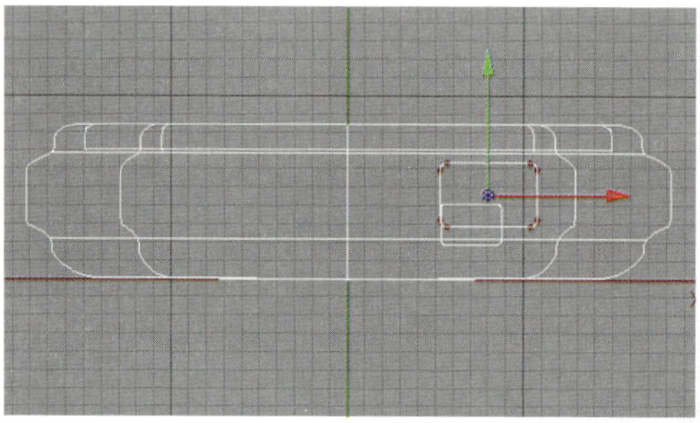

**Abbildung 44** ▸
Splines für die Halterung

*Abbildung 44 zeigt den XY-Stand der Splines für das Loft-NURBS.*

*Eines der beiden großen Splines projizieren wir nun auf die NURBS-Oberfläche des Uhrenkörpers, damit wir ein brauchbares Spline für das Anflanschen der Halterung bekommen.*

*Da das Spline beim Projizieren nicht automatisch dupliziert wird, haben Sie bereits eine Kopie von ihm angefertigt.*

*Die Projektion verwendet immer die im Spline enthaltenen Punkte, daher muss es vorher noch konvertiert werden (Befehl aus Menü oder Taste* [C]*).*

*Aktivieren Sie das Spline, und wählen Sie aus dem Menü* Struktur · Spline bearbeiten *den Befehl* Projizieren *aus. Als Projektionsart nehmen Sie die XY-Ebene.*

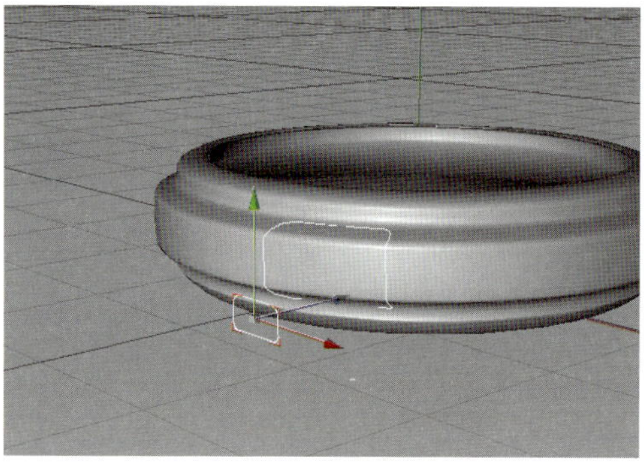

**Abbildung 45** ▸
Projektion des Flansch-Splines

*Das projizierte Spline hat sich nun an die Uhrenoberfläche geschmiegt, in Abbildung 45 ist das mittlere Spline der Übersichtlichkeit halber ausgeblendet.*

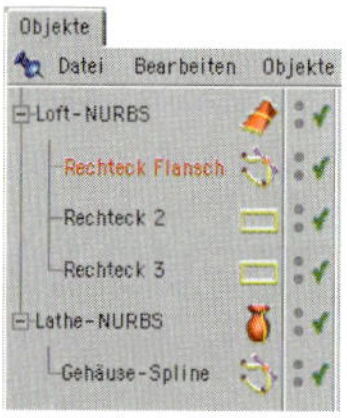


**Abbildung 46** ▸
Anordnung der Spline-Objekte

*Platzieren Sie das mittlere Spline zwischen End- und Flansch-Spline, erzeugen Sie ein Loft-NURBS-Objekt, und legen Sie die Spline-Objekte wie in Abbildung 46 gezeigt in den Generator. Bei den Optionen sollte für das End-Spline eine Rundung definiert sein (Abbildungen 47 und 48).*

▾ **Abbildung 47**
Allgemein-Seite des Loft-NURBS

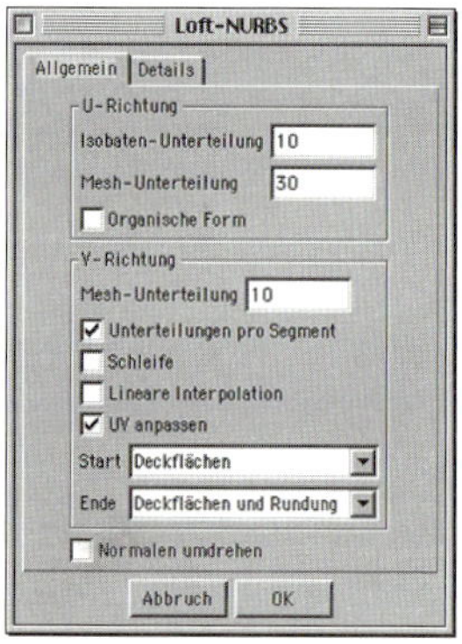


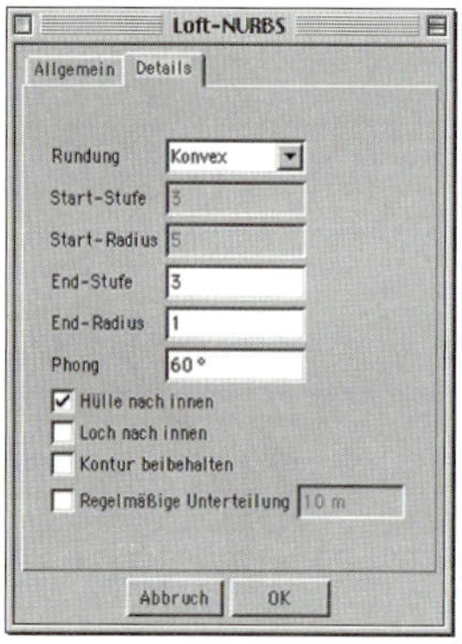


◂ **Abbildung 48**
Details-Seite des Loft-NURBS

*Das fertige Loft-NURBS der Halterung sollte bei Ihnen in etwa so wie in Abbildung 49 gezeigt aussehen.*

*Wenn Sie möchten, können Sie durch Verschieben, Skalieren, Umpositionieren der einzelnen Splines des NURBS-Objektes noch etwas Feinarbeit leisten.*

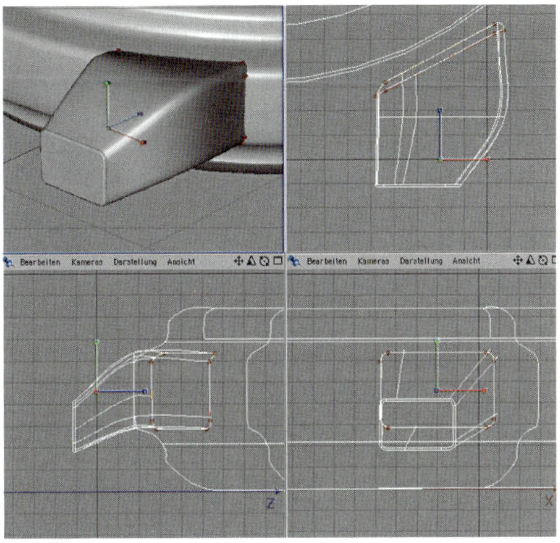

◀ **Abbildung 49**
Loft-NURBS der Halterung

## *3. Armbandhalterung mit Symmetrie-Objekt fertig stellen*

*Spezial-Objekte kommen zwar erst in einem späteren Kapitel zum Zug, ich kann Ihnen diese praktische Funktion aber jetzt unmöglich vorenthalten, dafür nimmt sie uns in diesem Beispiel viel zu viel Arbeit ab.*

*Bis jetzt ist gerade einmal der rechte untere Teil der Armbandhalterung fertig gestellt. Weil die einzelnen Halterungsarme sinnvollerweise bis auf eine bzw. zwei Spiegelungen identisch sind, können wir mit Hilfe des Symmetrie-Objektes sehr leicht die anderen Teile ergänzen.*

*Holen Sie sich dazu aus dem Spezial-Objekte-Menü ein Symmetrie-Objekt* ❶*. In dieses Symmetrie-Objekt legen Sie nun das Loft-NURBS unseres Halterungsarmes.*

*Prüfen Sie eventuell noch die Einstellungen der Spiegelachse* ❷*, dann aber sollte die Halterung für das untere Armband komplett sein (Abbildung 52).*

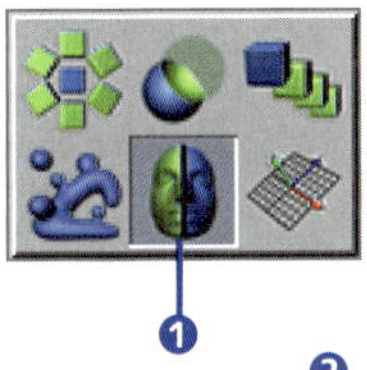


◀ **Abbildung 50**
Spezial-Objekte

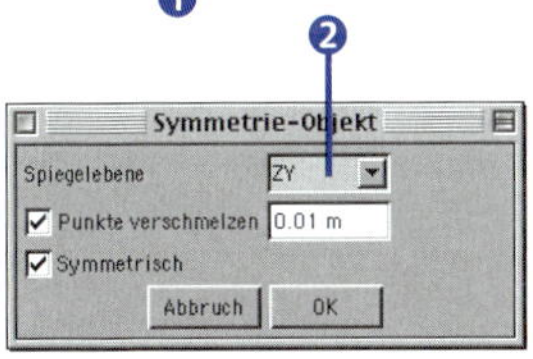


◀ **Abbildung 51**
Symmetrie-Objekt-Dialog

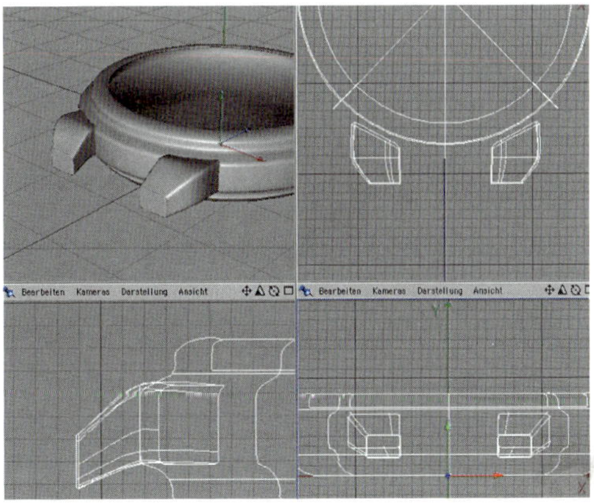

◀ **Abbildung 52**
Das Symmetrie-Objekt ergänzt den linken Flügel.

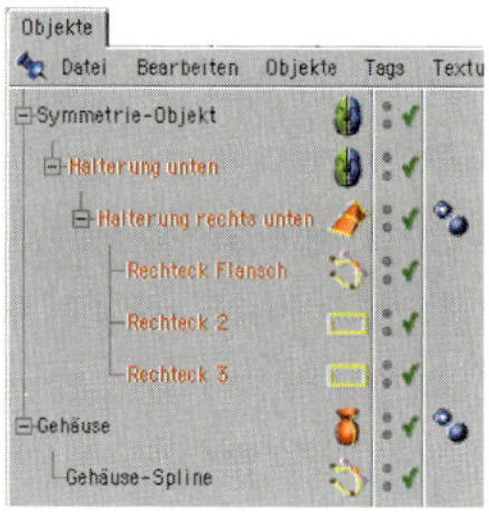


**Abbildung 53 ▶**
Anordnung der Symmetrie-Objekte

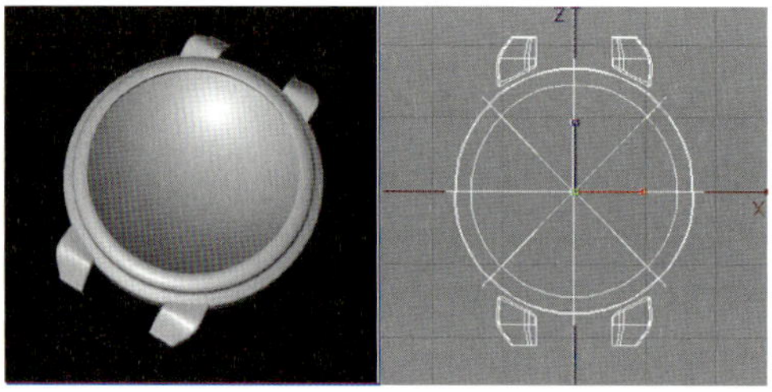

**Abbildung 54 ▶**
Die fertigen Halterungen

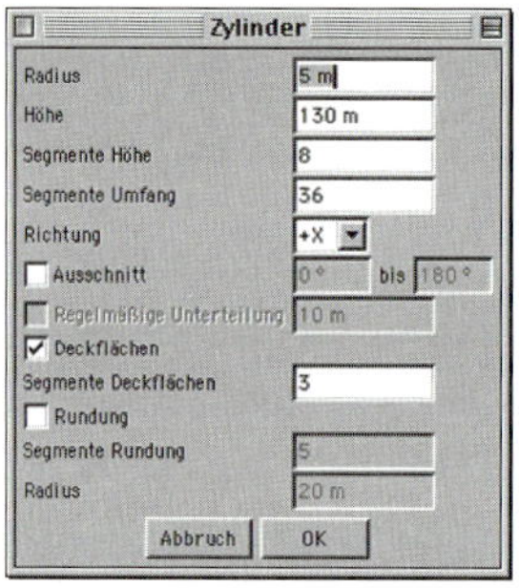


**Abbildung 55 ▶**
Zylinder-Objekt

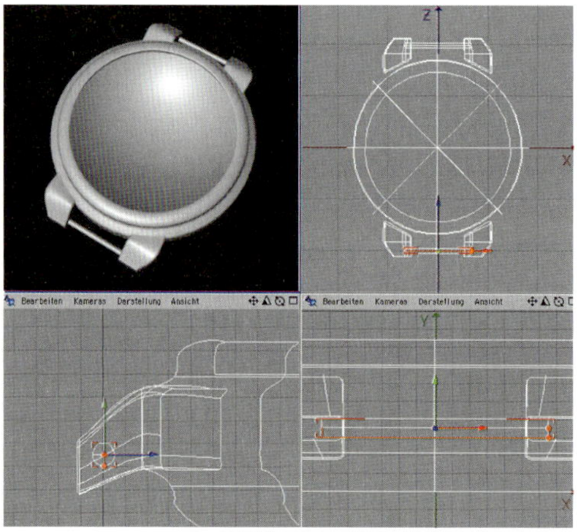

**Abbildung 56 ▶**
Stifte zur Befestigung des Armbandes

Und wenn Sie schon einmal dabei sind, verwenden Sie das Symmetrie-Objekt doch auch gleich für den oberen Teil der Halterung.

Nehmen Sie dazu erneut ein Symmetrie-Objekt aus der Palette, und legen Sie das erste Symmetrie-Objekt mit dem enthaltenen Loft-NURBS in Ihr neues Symmetrie-Objekt (Abbildung 53).

Einziger Unterschied zu vorher: Die Spiegelachse ist diesmal eine andere. Öffnen Sie also per Doppelklick auf das Symmetrie-Objekt den Einstellungsdialog, und stellen Sie die Spiegelachse korrekt ein.

Den Clou an unserer Vorgehensweise haben Sie sicherlich auch schon entdeckt. Da die drei ergänzten Halterungsarme nur gespiegelte Versionen des ursprünglichen Armes sind, werden nachträgliche Änderungen natürlich auch mit übernommen.

Für die Befestigung des Armbandes braucht das Gehäuse noch zwei Stifte, die in den Halterungen Platz finden.

Hier genügen zwei lange, dünne Zylinder (Abbildung 55), die Sie zwischen den Halterungsarmen anordnen (Abbildung 56).

## 4. Armbänder mit Sweep-NURBS

*Zur Erstellung der Armbänder bieten sich Sweep-NURBS-Objekte an. Dabei soll sich ein Kontur-Spline um die Form des Armbandes und ein Pfad-Spline um die pfadgebundene Extrusion dieses Kontur-Splines kümmern.*

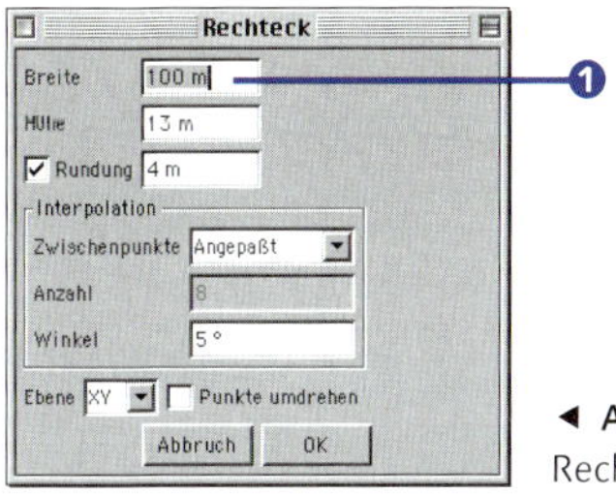


◂ **Abbildung 57**
Rechteck-Spline

*Erzeugen Sie ein Rechteck-Spline mit den angegebenen Werten* ❶*. Prüfen Sie in der XY-Ansicht nach, ob das Spline in die vorgesehene Halterung passt, ändern Sie gegebenenfalls die Breite und Höhe des Splines (Abbildung 58). Konvertieren Sie das Rechteck-Spline mit dem* GRUNDOBJEKT-KONVERTIEREN-*Befehl oder über Taste* [c] *in ein Punktobjekt.*

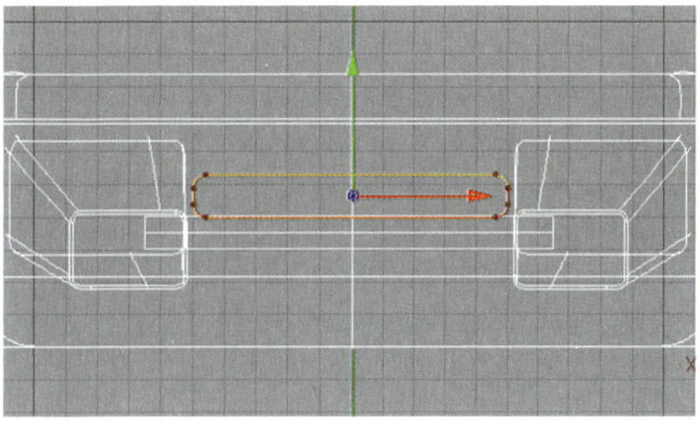

◂ **Abbildung 58**
Ausgangs-Kontur-Spline

*Da Lederarmbänder immer eine Naht aufweisen, brauchen wir am linken und rechten Rand des Kontur-Splines noch eine Einkerbung, in die wir später die Naht einbauen.*

*Modifizieren Sie das Kontur-Spline, bis es dem in Abbildung 59 nahe kommt. Fügen Sie, wenn nötig, noch ein paar Punkte hinzu. Dabei ist nicht so sehr wichtig, dass das Spline absolut symmetrisch aussieht, ein zusätzlicher Punkt oder Knick tut dem realistischen Aussehen der Uhr gut.*

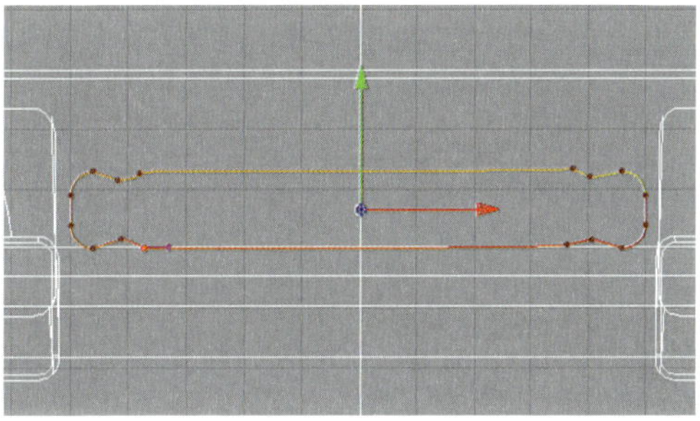

◂ **Abbildung 59**
Kontur-Spline mit Einkerbungen für die Naht

*Wechseln Sie dann in die YZ-Ansicht (*[F3]*), um den Pfad für das Sweep-NURBS zu zeichnen.*

*Orientieren Sie sich beim Pfad an Abbildung 60. Beim späteren Sweeping wird das Kontur-Spline an der Z-Achse des Pfades entlanggezogen. Sie benötigen also dort, wo das Band den Boden berührt, und bei der Schlaufe der Halterung genügend Raum, damit das Band nicht in den Boden oder das Modell hineinragt.*

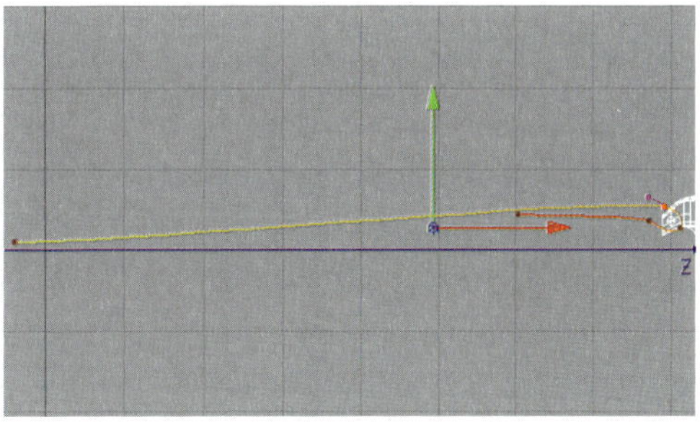

◂ **Abbildung 60**
Pfad-Spline für das Armband

*Wenn Sie mit Kontur- und Pfad-Spline soweit zufrieden sind, erstellen Sie einen Sweep-NURBS-Generator* ❶*, und legen Sie die beiden Splines hinein (Abbildung 61). Achten Sie dabei auf die Reihenfolge – zuerst kommt das Kontur-, dann das Pfad-Spline.*

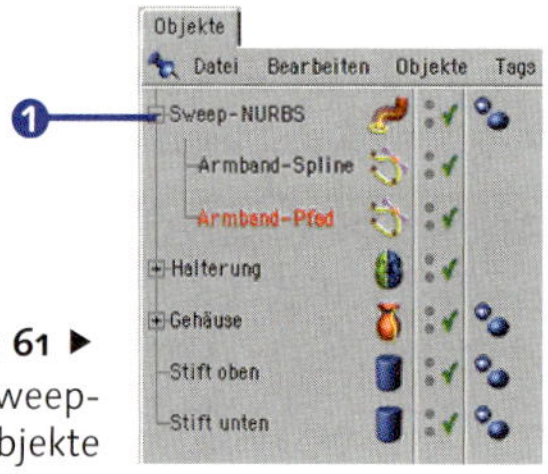


**Abbildung 61 ▸**
Anordnung der Sweep-NURBS-Objekte

*Mit Doppelklick auf das Sweep-NURBS-Symbol gelangen Sie in die Einstellungen des Objektes, stellen Sie die Parameter wie in Abbildung 62 ein. Dabei ist wichtig, dass* Banking *und* Rail*-Optionen ausgeschaltet sind.*

*Es wäre möglich, die* Konstanten Querschnitte *zu aktivieren. Hier müssten Sie aber zum einen wirklich ganz genau gearbeitet haben, zum anderen möchten wir das Material Leder simulieren, was Quetschungen und Biegungen ja durchaus hinnimmt.*

*Bei den* Deckflächen *sollte ja sowieso nur eine der beiden Enden sichtbar sein, weil die andere in die Unterseite des Lederarmbandes mündet.*

*Das andere Ende können Sie nach Wunsch einstellen, da es für diesen Workshop nicht von Belang ist.*

**Abbildung 62 ▸**
Sweep-NURBS-Einstellungen

*Überprüfen Sie den »Sitz« des Armbandes, stellen Sie fest, ob es sich wie gewünscht um den Halterungsstift herumwindet und ob andere Objekte durchdrungen werden (Abbildung 63). Bei Bedarf können Sie die Ausmaße des Kontur-Splines und die Krümmung des Pfad-Splines noch weiter an das Uhrengehäuse anpassen.*

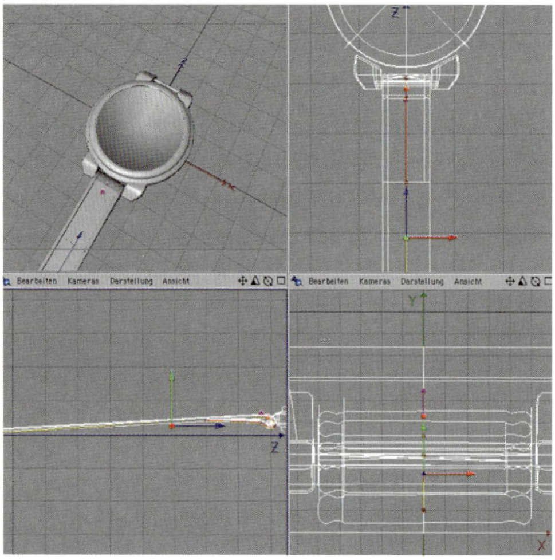

**Abbildung 63 ▸**
Sweep-NURBS des Lederarmbandes

## *5. Armbandnähte mit Sweep-NURBS*

*Es mag für manche Leser vielleicht auf den ersten Blick kleinlich erscheinen, so viel Aufwand für die Nähte des Armbands zu betreiben, aber Sie werden sehen – die Mühe lohnt sich. Auch hier kommt wieder ein Sweep-NURBS zum Einsatz, als Kontur-Spline verwenden wir einen simplen Kreis, als Pfad-Spline eine Sinuskurve (Abbildung 64).*

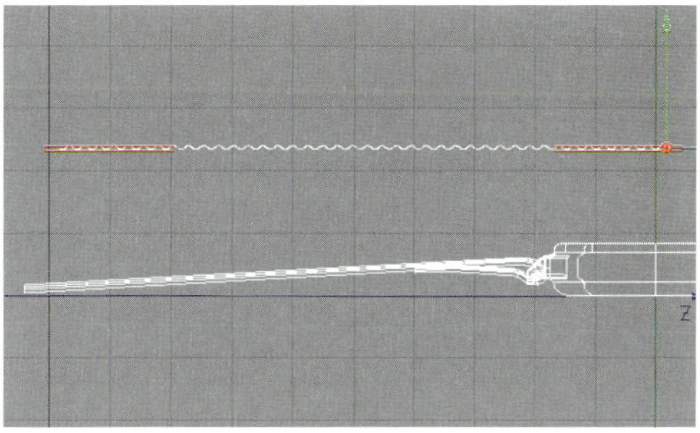

◄ **Abbildung 64**
Sinuskurve für die Nähte

*Suchen Sie sich aus den Spline-Grundobjekten das Formel-Spline aus, und nehmen Sie sich durch Doppelklick auf das Symbol im Objekt-Manager dessen Parameter vor.*

*Mit den Werten aus Abbildung 65 erhalten Sie eine Sinuskurve, die eine für unsere Naht passende Frequenz und Amplitude mitbringt. Wenn Sie sich nun fragen, wie ich ausgerechnet auf diese Angaben komme, gestehe ich offen und ehrlich, dass ich es einfach ausprobiert habe. Meine früheren Mathematiklehrer können Ihnen ein Lied davon singen.*

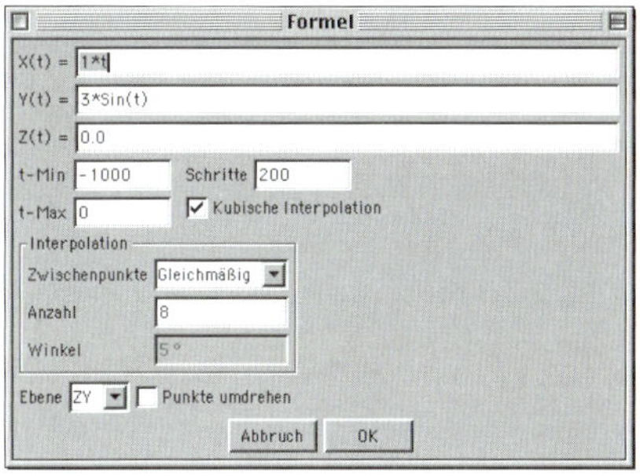


◄ **Abbildung 65**
Formel-Spline der Sinuskurve

*Zurück zum Naht-Pfad-Spline: Schieben Sie die Sinuskurve zum Armband, und testen Sie, ob Länge und Amplitude des Splines zur Länge und Dicke des Armbandes passen. Sind beide Ihrer Meinung nach gut aufeinander abgestimmt, wandeln Sie das Sinuskurven-Spline in ein Punkt-Spline um (Grundobjekt konvertieren).*

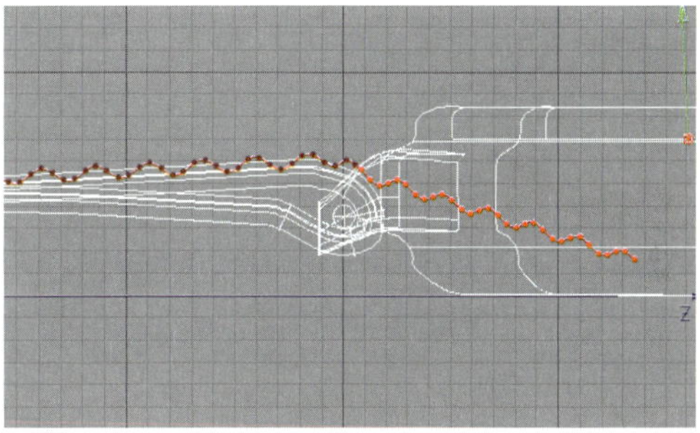

◄ **Abbildung 66**
Anpassung an der Armbandoberseite

*Mit den Funktionen zum Bearbeiten von Punkten (Abtrennen, Verbinden, Unterteilen etc.) legen Sie nun das Naht-Spline am Armband entlang (Abbildung 66 und 67). Sie können auch ein neues Stück Spline zeichnen und dieses an Ihre Sinuskurve anbinden. Achten Sie darauf, dass die Unterteilungen gleichmäßig sind – kleinere Abweichungen in der Naht sind nicht schlimm, eigentlich sogar erwünscht.*

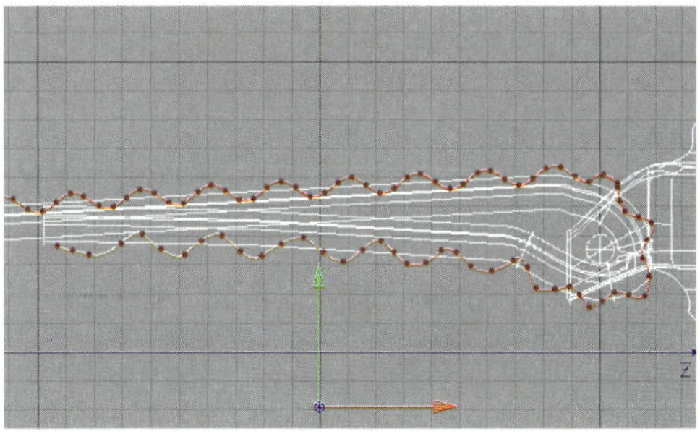

◄ **Abbildung 67**
Anpassung an der Armbandunterseite

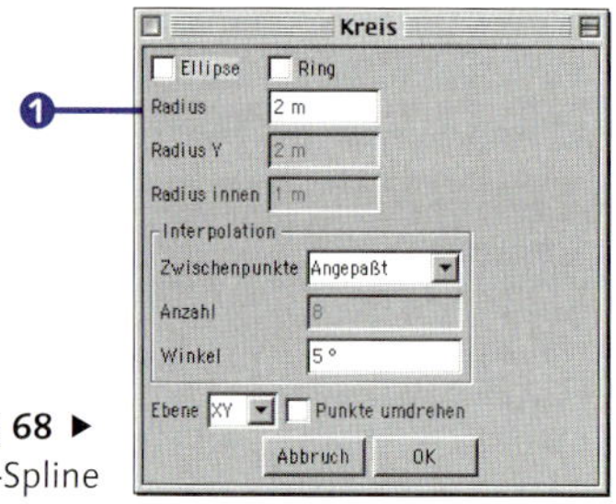


**Abbildung 68 ▸**
Kreis-Spline

*Als Kontur-Spline verwenden Sie ein Kreis-Spline-Objekt. Der Radius des Kreises* ❶ *sollte nicht zu groß sein, damit beim Sweeping keine Überschneidungen entstehen. Da sonst keine Modifikationen nötig sind, müssen Sie das Spline nicht konvertieren.*

**Abbildung 69 ▸**
Sweep-NURBS-Dialog

*Erstellen Sie ein Sweep-NURBS-Objekt, und werfen Sie die beiden Splines hinein.*
*Wie üblich, muss im NURBS-Generator zuerst das Kontur-, dann das Pfad-Spline definiert sein. Die Angaben im Sweep-NURBS-Dialog entnehmen Sie Abbildung 69.*

*Banking- und Railing-Informationen sind für unsere Naht uninteressant – es sei denn, Sie haben sich bei der Kurve arg »verkünstelt«, dann könnte* BANKING *einen Einfluss auf das NURBS-Objekt haben.*

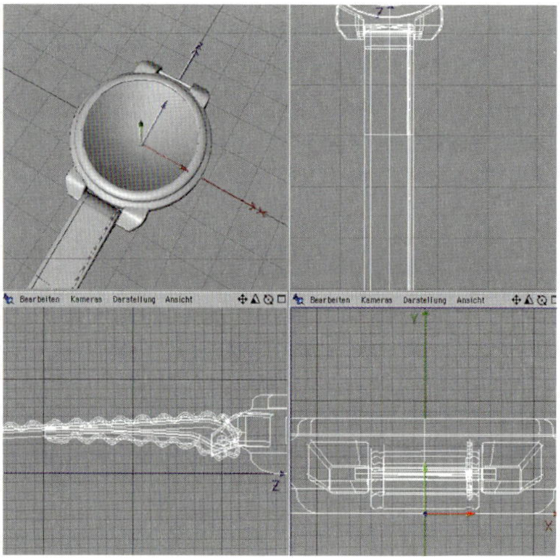

**Abbildung 70 ▸**
Lederarmband mit Nähten

*Nehmen Sie das Verschiebe-Werkzeug, und platzieren Sie die Naht so, dass sie in der Einkerbung des Lederbandes sitzt.*

*Duplizieren Sie die Naht, zum Beispiel durch gedrückte Befehlstaste und Ziehen im Objekt-Manager. Verschieben Sie diese Naht in die andere Einkerbung des Lederarmbandes.*

*Damit wäre der eine Teil des Armbandes fertig gestellt.*

*Entscheiden Sie, wie Sie den anderen Armbandteil erstellen möchten – entweder als Symmetrie-Objekt, oder Sie duplizieren das Armbandteil und drehen es um 180°.*

*Die zweite Lösung hat prinzipiell den Vorteil, dass Sie separat auf die Armbänder zugreifen können, sei es nun, um weitere Modifikationen anzubringen, oder um die zwei Teile beim späteren »inszenieren« unterschiedlich zu legen.*

*In Abbildung 71 sehen Sie den jetzigen Stand unseres Modells mit den Lederarmbändern.*

◀ **Abbildung 71**
Die fertigen Lederarmbänder

## *6. Zeitstellrad-Gehäuse mit Extrude-NURBS*

*Wenden wir uns nun wieder dem Uhrengehäuse zu. Bevor wir das Zeitstellrad unterbringen können, muss am Gehäuse noch eine Abdeckung angeflanscht werden. Setzen Sie in der YZ-Ansicht ein Kreis-Spline in adäquater Größe mittig vor das Uhrenprofil (Abbildung 72).*

*Dieses Spline bietet Ihnen eine Hilfestellung für das Zeichnen des Extrude-Splines.*

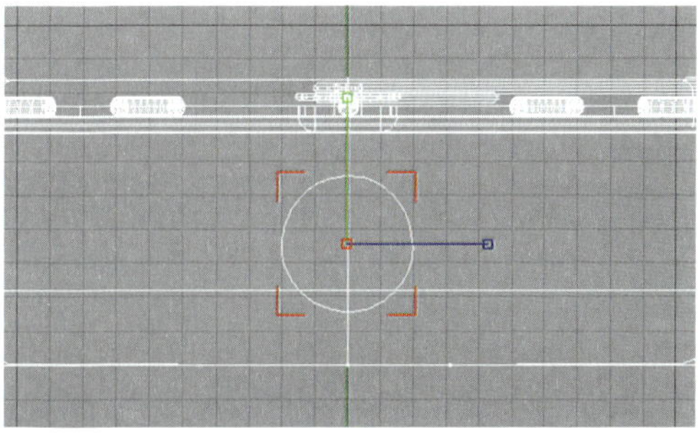

◀ **Abbildung 72**
Hilfestellung für das Zeichnen

*Erstellen Sie ein Rechteck-Spline mit passenden Ausmaßen, und konvertieren Sie es in ein Punkt-Objekt. Fügen Sie ein paar Punkte hinzu, und stellen Sie die Tangenten so ein, dass unser Hilfs-Spline mit genügend Abstand umschlossen ist (Abbildung 73).*

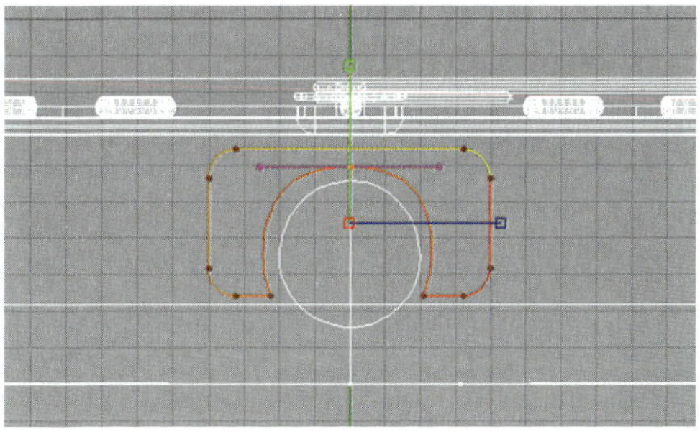

◀ **Abbildung 73**
Gehäuse-Extrude-Spline

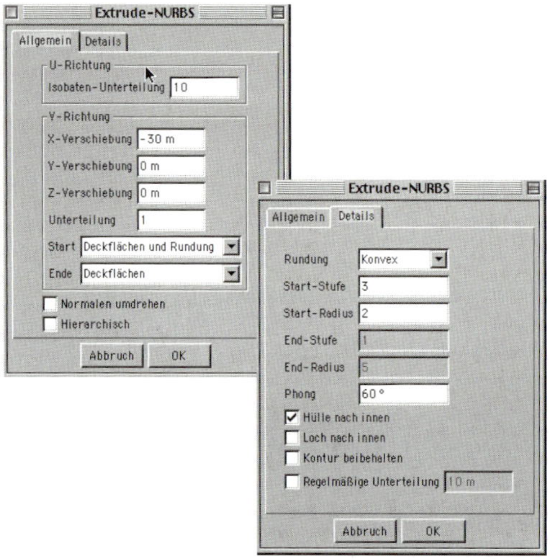


**Abbildung 74 ▶**
Extrude-NURBS-Einstellungen

Positionieren Sie das Spline nahe an das Uhrengehäuse. Da Sie das zu extrudierende Spline schon in X- und Y-Richtung ausgerichtet haben, genügt es, das Spline-Objekt mit freigegebener Z-Achse wunschgemäß zu verschieben.

Holen Sie sich ein Extrude-NURBS-Objekt aus der Palette, und legen Sie das Spline hinein. Im Einstellungsdialog des Extrude-NURBS stellen Sie die benötigten Werte ein, um die Gehäuseabdeckung an das Uhrengehäuse anzudocken (Abbildung 74). Je nach Platzierung des Extrude-Splines müssen Sie hier gegebenenfalls negative Werte für die Extrusion einstellen und am Start oder Ende die Rundung aktivieren. Lassen Sie die Rundung nicht zu großzügig ausfallen, da Sie sonst eventuell das Zeitstellrad arg verkleinern.

Zwischendurch sollten Sie auch einmal in die 3D-Ansicht wechseln und die Lage und das Aussehen der Abdeckung überprüfen (Abbildung 75). Natürlich hätten wir auch hier wieder das Spline auf das Gehäuse projizieren und daraus ein Loft-NURBS erstellen können, aber wie hätte ich Ihnen dann ein Extrude-NURBS vorgestellt?

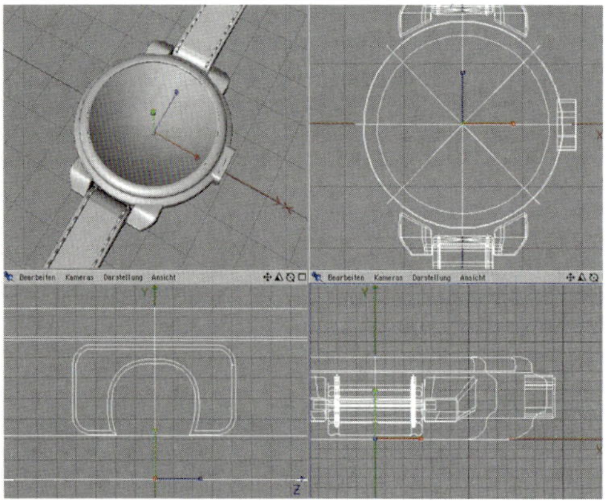

**Abbildung 75 ▶**
Lage der Abdeckung

## *7. Zeitstellrad mit Loft-NURBS*

*Nun aber zum Zeitstellrad. Als Ausgangsbasis dient uns das Spline, das wir als Orientierung für die Abdeckung verwendet haben.*

*Zur besseren Übersicht für die Erzeugung der einzelnen Loft-Splines können Sie die NURBS-Generierung mit Klick auf das Häkchen im Objekt-Manager abschalten oder auch das ganze Objekt mit den Ampelschaltern unsichtbar machen.*

*Nehmen Sie für das Stellrad noch zwei Zahnrad-Splines und zwei Kreissplines auf, und ordnen Sie sie wie in Abbildung 77 gezeigt an.*

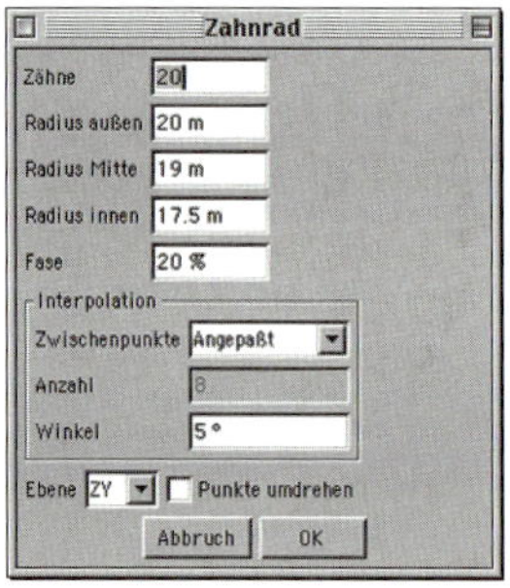


**Abbildung 76 ▶**
Zahnrad-Spline

**Abbildung 77 ▶**
Anordnung der Stellrad-Splines

*In Abbildung 78 sehen Sie die Anordnung der Splines in der 3D-Ansicht.*

*Formen Sie das Drehrad mit den zwei Zahnrad- und zwei etwas kleineren Kreis-Splines aus dem Objekt-Manager. Die zwei übrigen Splines sollen eine Verbindung zwischen Rad und Gehäuse schaffen, verkleinern Sie die beiden also auf ein vernünftiges Maß, und platzieren Sie die Kreis-Splines in die Abdeckung.*

*Konvertieren Sie die Splines nicht in Punktobjekte, sondern erzeugen Sie ein Loft-NURBS mit den parametrischen Splines, und sehen Sie sich das Resultat an.*

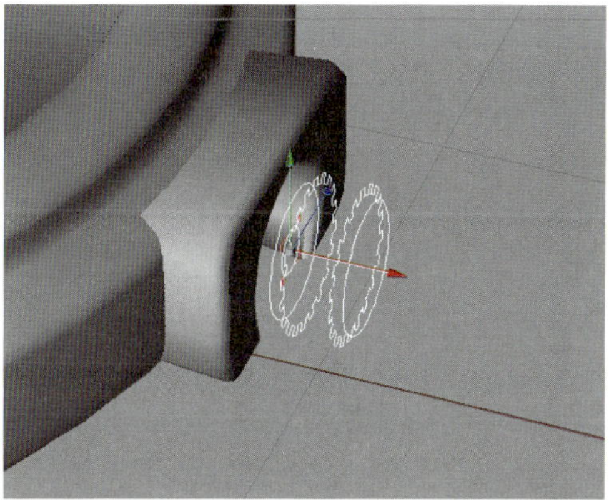

◂ **Abbildung 78**
Anordnung der Stellrad-Splines

*Normalerweise erhalten Sie ein ziemlich unförmiges Gebilde, die Zahnradformung des Drehrades sieht vermutlich eher wie ein defektes Sägeblatt aus.*

*Dies hat mit der Mesh-Unterteilung unseres Loft-NURBS-Objektes zu tun.*

*Rufen Sie die* Allgemein*-Einstellungen des NURBS-Objektes auf (Abbildung 79), und erhöhen Sie den Wert der U-Richtung auf ca. 120* ❶ *oder mehr – Sie können sich zum besseren Verständnis auch die Stadien zwischen Ihrem Ausgangswert und dem jetzigen Wert einmal zu Gemüte führen. Das Ergebnis sollte nun wesentlich besser aussehen.*

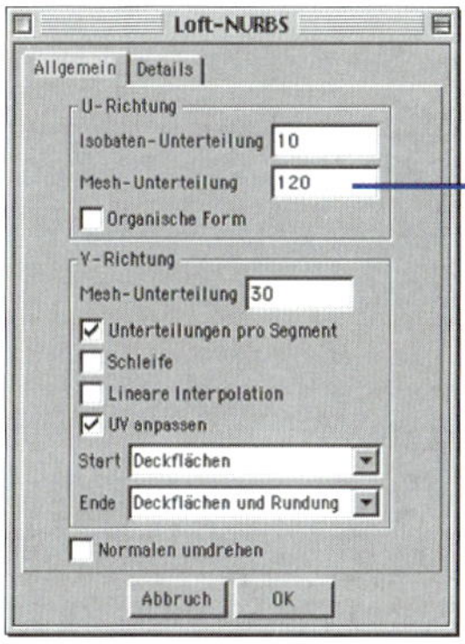


◂ **Abbildung 79**
Loft-NURBS-Dialog

*Schieben Sie das fertige Zeitstellrad soweit in Richtung Gehäuse, bis noch etwa zwei Drittel des Rades sichtbar sind. Tun Sie das am besten in der 3D-Ansicht mit festgestellter Y- und Z-Achse, dann haben Sie beste visuelle Kontrolle über das Resultat (Abbildung 80).*

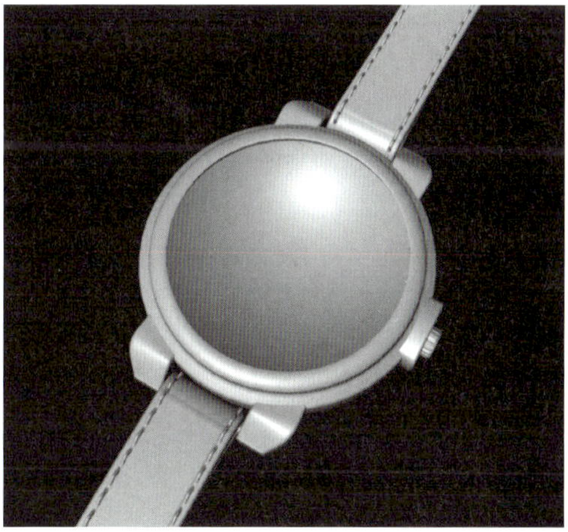

◂ **Abbildung 80**
Das fertige Gehäuse der Uhr

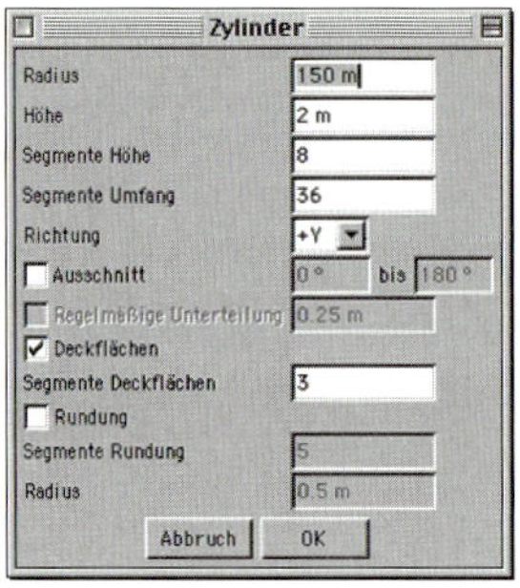


**Abbildung 81 ▶**
Zylinder-Objekt

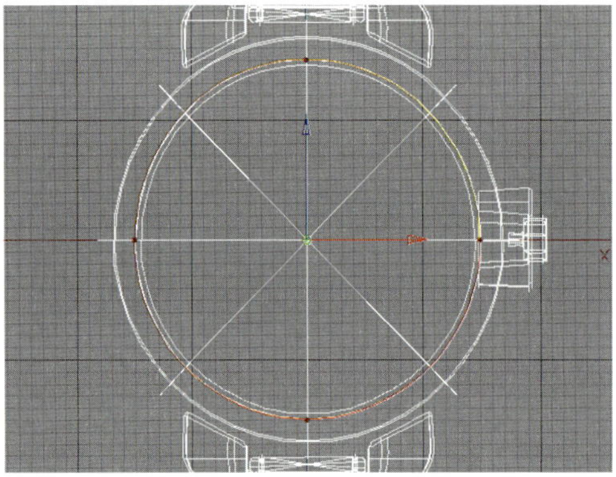

**Abbildung 82 ▶**
Positionierung des Zylinders

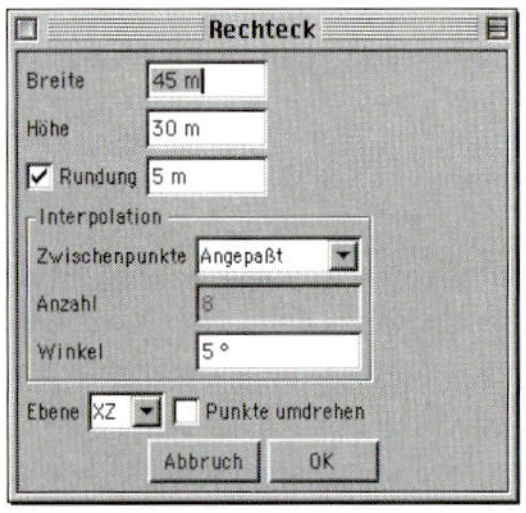


**Abbildung 83 ▶**
Rechteck-Spline als Stanze

**Abbildung 84 ▲**
Anordnung der Splines

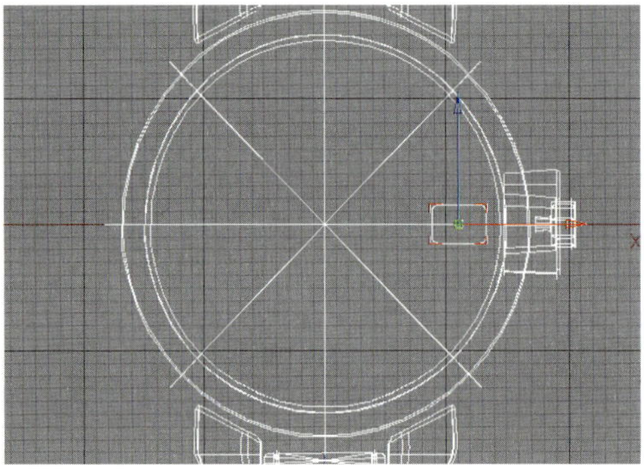

▶ **Abbildung 85**
Ziffernblatt-Spline mit Stanze

## 8. Das Innenleben der Uhr

*Was jetzt noch fehlt, ist das Innenleben der Uhr. Als Träger für die Datumsanzeige soll ein einfacher Zylinder fungieren. Nehmen Sie einen Zylinder aus den Grundobjekten, passen Sie Höhe und Radius auf die Innenfläche des Gehäuses an (Abbildung 82). Schieben Sie diesen Zylinder mittig auf die Fläche des Uhrengehäuses. Bei der späteren Texturierung erhält dieser Zylinder dann das Datum.*

*Das Zifferblatt soll genau dieselben Ausmaße erhalten, diesmal aber über ein Extrude-NURBS-Objekt, damit wir eine Aussparung für die Datumsanzeige einbauen können.*

*Ausgangsbasis ist ein Kreis-Spline, der Radius entspricht dem der Datumsanzeige (Abbildung 52). Erstellen Sie ein neues Rechteck-Spline. Für die Parameter orientieren Sie sich am besten an Abbildung 83 und adaptieren die Werte an Ihre eigene Kreation.*

*Diese Stanze für die Datumsanzeige findet ihren Platz an der 3-Uhr-Stelle unseres Zifferblattes. Machen Sie das Stanz-Spline zum Unterobjekt des Kreis-Splines, indem Sie das Stanz-Spline auf das Zifferblatt-Spline ziehen. Bevor Sie nun beide Splines über den Befehl* Funktionen · Verbinden *vereinen, prüfen Sie, ob Sie mit dem Stand der Splines zueinander zufrieden sind, und ob beide die gleiche Y-Koordinate aufweisen.*

*Heben Sie sich nach dem Verbinden der Splines die Ursprungsobjekte auf, damit Sie eventuelle Änderungen leichter anbringen können. Das fertige, verbundene Spline werfen Sie dann in einen Extrude-NURBS-Generator.*

*Stellen Sie die Parameter wie in Abbildung 86 gezeigt ein, wählen Sie auf jeden Fall keine zu große Rundung, und aktivieren Sie die Loch-nach-innen- und Kontur-beibehalten-Option. Die Datumsanzeige sieht jetzt schon ganz ansehnlich aus, Sie könnten also auf die im späteren Verlauf folgende Umrandung verzichten.*

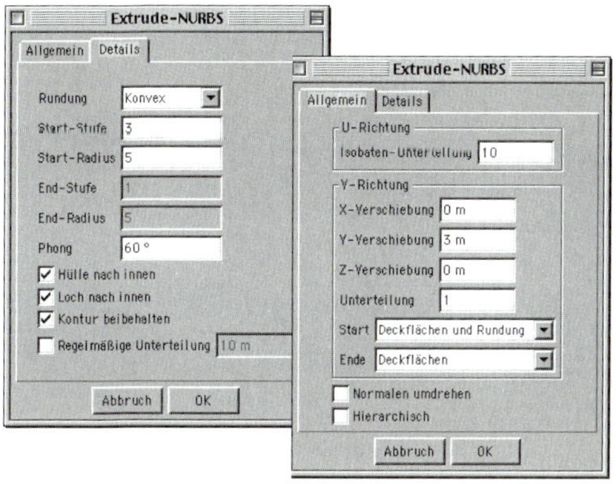


◄ **Abbildung 86**
Extrude-NURBS-Einstellungen

*Für die Ziffern des Zifferblattes verwenden wir Zylinder-Grundobjekte. Erzeugen Sie ein Zylinder-Grundobjekt, und richten Sie dessen Parameter wie in Abbildung 87 ein.*

*Die Richtung des Objektes weist nach + Z, und eine minimale Rundung sollten Sie dem Zylinder auch gönnen. Bei Länge und Radius des Zylinders gehen Sie einfach nach der Optik. Setzen Sie den Y-Wert des Zylindermittelpunkts etwas oberhalb des Zifferblattes an.*

*Nun benötigen Sie noch elf (bzw. zehn, wegen der Datumsanzeige) weitere Kopien dieses Zylinders, alle um jeweils 30° von der letzten Ziffer rotiert.*

*Dies erledigt für uns die Duplizieren-Funktion. Eine Sache dürfen wir aber vorher nicht vergessen: Die Rotation muss um den Mittelpunkt des Zifferblattes erfolgen, bislang liegt der Mittelpunkt des Zylinders aber noch im eigenen Zentrum (Abbildung 88). Um die Achse zu verschieben, aktivieren Sie das Achsen-Werkzeug, und stellen Sie im Koordinaten-Manager den X- und Z-Wert der Achse des Zylinders auf die Welt-Koordinaten 0/0.*

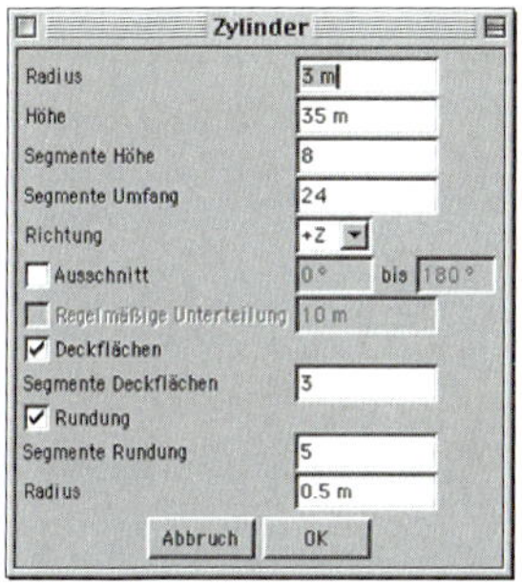


◄ **Abbildung 87**
Zylinder-Objekt

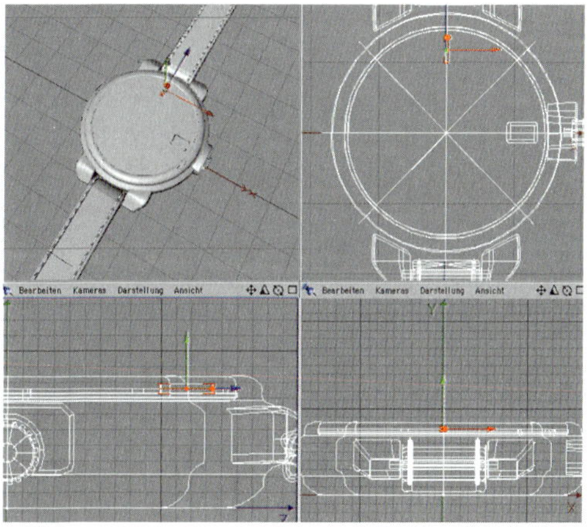

◄ **Abbildung 88**
Positionierung des Ziffern-Zylinders

*Nun ist der Zylinder bereit zum Duplizieren – wählen Sie das Modell-Werkzeug aus, und geben Sie nach Aufruf des Befehls Funktionen · Duplizieren die Werte von Abbildung 89 ein. Sie brauchen elf Kopien des Zylinders, die sich auf insgesamt 330° Rotation verteilen sollen.*

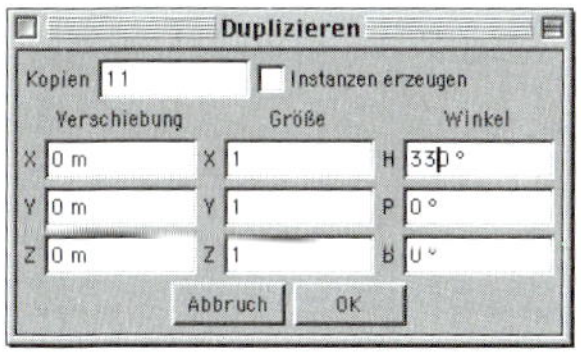


◄ **Abbildung 89**
Duplizieren-Einstellungen

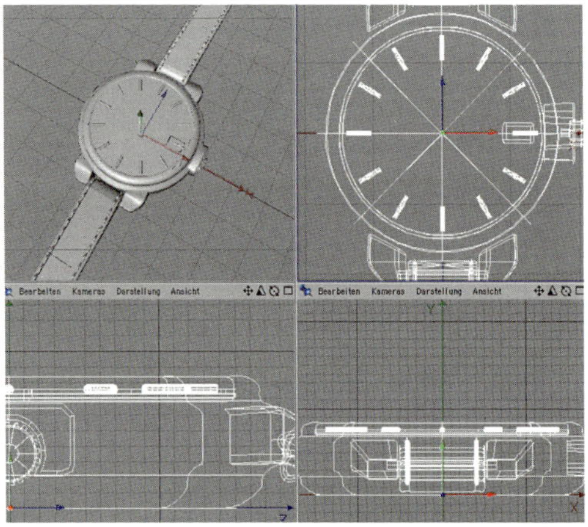

**Abbildung 90 ▶**
Die duplizierten Zylinder

*Was ist nach Anwendung des Befehls* Duplizieren *alles passiert? Wie Sie in Abbildung 90 sehen, sind alle rotierten Zylinder an Ort und Stelle.*

*Im Objekt-Manager (Abbildung 91) liegt eine Gruppe vor, in der alle unsere Zylinder enthalten sind. Allerdings nun nicht mehr als parametrische Objekte.*

*Einer der Zylinder ist überflüssig, da wir ja eine Datumsanzeige vorgesehen haben. Falls Sie meine Werte für das Duplizieren direkt übernommen haben, ist Zylinder 9 derjenige, den Sie löschen dürfen, bei negativer Gradzahl ist es Zylinder 3.*

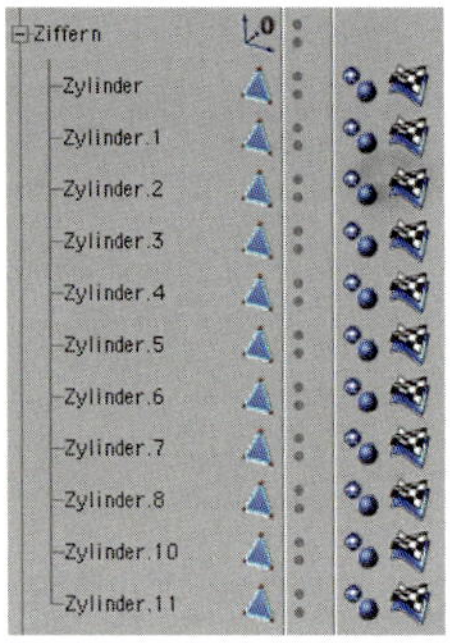


**Abbildung 91 ▶**
Anordnung der Zylinder

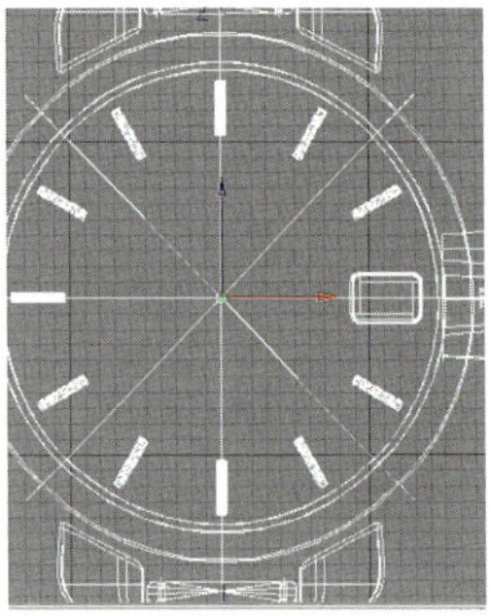

**Abbildung 92 ▶**
Umrandung der Datumsanzeige

*In meinem Beispiel verpasse ich auch der Datumsanzeige eine leichte Umrandung. Kopieren Sie dazu das Spline, das Sie sich nach der Vereinigung von Zifferblatt- und Stanz-Spline aufgehoben haben, als Pfad-Spline. Nehmen Sie dazu noch ein kleines Kreis-Spline als Kontur und werfen sie beide in ein Sweep-NURBS-Objekt.*

*Sollte die Umrandung zu dick erscheinen, verkleinern Sie einfach den Radius des Kontur-Splines (Abbildung 92).*

**Abbildung 93 ▶**
Objekt-Manager

*Spätestens jetzt, vor dem letzten Schritt, wäre eigentlich ein idealer Zeitpunkt, um im Objekt-Manager ein wenig aufzuräumen.*

## 9. Die Zeiger – Import von Vektordaten

*Das Wichtigste zum Schluss – die Zeiger. Auf der beiliegenden CD finden Sie eine Datei namens Zeiger.ai. Importieren Sie diese Datei über den Befehl* DATEI · HINZULADEN.

*Je nachdem, wie die Voreinstellungen in* DATEI · IMPORT-/EXPORT-VOREINSTELLUNGEN · ILLUSTRATOR *definiert sind, erhalten Sie zwei relativ grosse, eventuell verbundene Splines. Skalieren und rotieren Sie die Gruppe, bis der Zeiger zu Ihrer Uhr passt, und positionieren Sie das Loch des Zeigers auf den Uhrenmittelpunkt. Öffnen Sie die Gruppe im Objekt-Manager, und machen Sie das Loch-Spline zum Unterobjekt des Zeigers (Abbildung 95).*

*Nun zum unangenehmen Teil. Aktivieren Sie den Zeiger, und öffnen Sie den Struktur-Manager (Abbildungen 96 und 97). Vergleichen Sie die Anzahl der Punkte. Sie werden feststellen, dass einige Punkte zu viel bzw. doppelt vorhanden sind – diese Punkte stören beim späteren Extrudieren erheblich. Über die Koordinaten lässt sich schnell erkennen, welche Punkte doppelt vorliegen, und mit der Rückschritttaste können Sie die redundanten Punkte gleich im Struktur-Manager löschen. Sehen Sie mit Doppelklick auf die Spline-Symbole nach, ob beide Zeiger-Splines geschlossen sind, und verbinden Sie beide anschließend.*

*Ein Extrude-NURBS-Objekt sorgt dafür, dass aus unserem importierten Spline ein brauchbarer Uhrzeiger wird.*

*Entnehmen Sie die Parameter den nebenstehenden Dialogfenstern. Probieren Sie dabei auch einmal die* LINEARE RUNDUNG *aus. Lassen Sie zwischen dem fertigen Zeiger und dem Zifferblatt etwas Platz übrig, da wir ja noch den Stundenzeiger vor uns haben.*

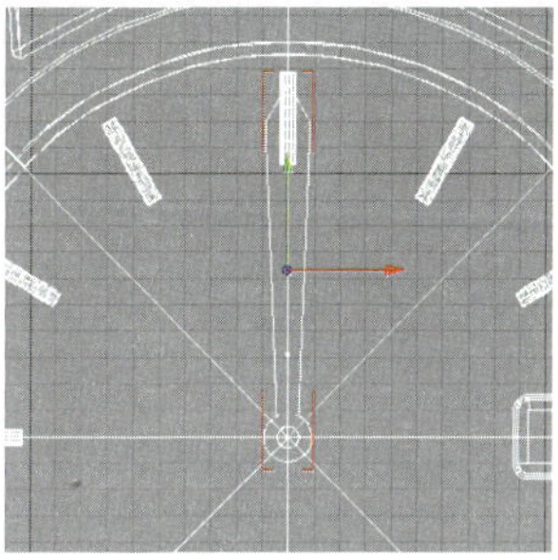

◀ **Abbildung 94**
Minutenzeiger

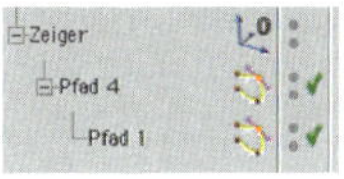


◀ **Abbildung 95**
Zeiger-Spline mit Loch-Spline

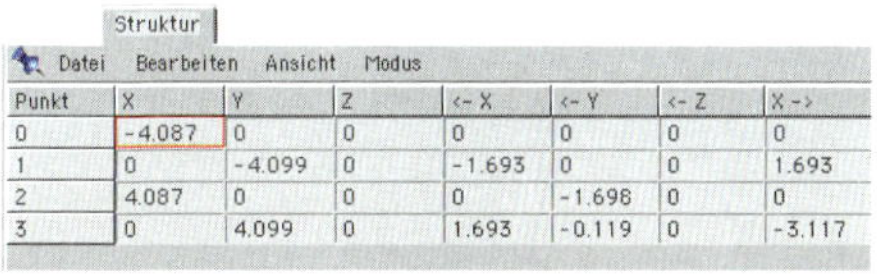


| Punkt | X | Y | Z | <- X | <- Y | <- Z | X -> |
|---|---|---|---|---|---|---|---|
| 0 | -4.087 | 0 | 0 | 0 | 0 | 0 | 0 |
| 1 | 0 | -4.099 | 0 | -1.693 | 0 | 0 | 1.693 |
| 2 | 4.087 | 0 | 0 | 0 | -1.698 | 0 | 0 |
| 3 | 0 | 4.099 | 0 | 1.693 | -0.119 | 0 | -3.117 |

◀ **Abbildung 96**
Struktur-Manager
Loch-Spline

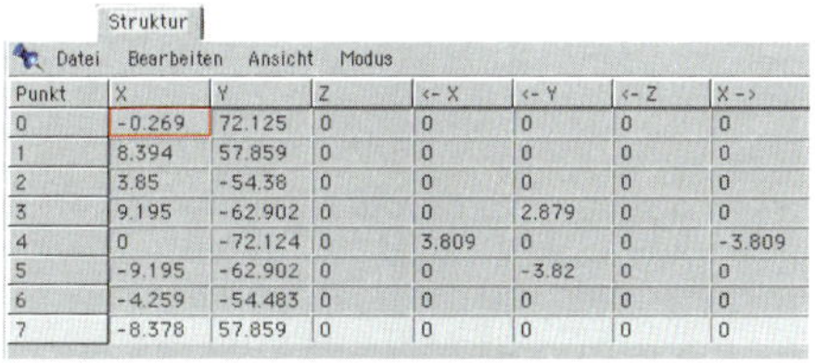


| Punkt | X | Y | Z | <- X | <- Y | <- Z | X -> |
|---|---|---|---|---|---|---|---|
| 0 | -0.269 | 72.125 | 0 | 0 | 0 | 0 | 0 |
| 1 | 8.394 | 57.859 | 0 | 0 | 0 | 0 | 0 |
| 2 | 3.85 | -54.38 | 0 | 0 | 0 | 0 | 0 |
| 3 | 9.195 | -62.902 | 0 | 0 | 2.879 | 0 | 0 |
| 4 | 0 | -72.124 | 0 | 3.809 | 0 | 0 | -3.809 |
| 5 | -9.195 | -62.902 | 0 | 0 | -3.82 | 0 | 0 |
| 6 | -4.259 | -54.483 | 0 | 0 | 0 | 0 | 0 |
| 7 | -8.378 | 57.859 | 0 | 0 | 0 | 0 | 0 |

◀ **Abbildung 97**
Struktur-Manager
Zeiger-Spline

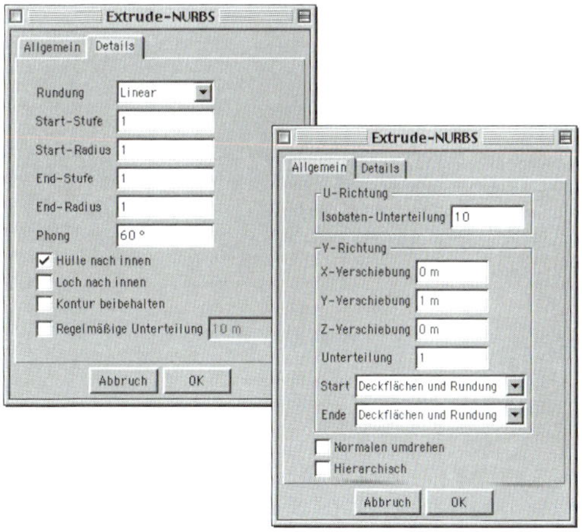


◀ **Abbildung 98**
Extrude-NURBS-Einstellungen

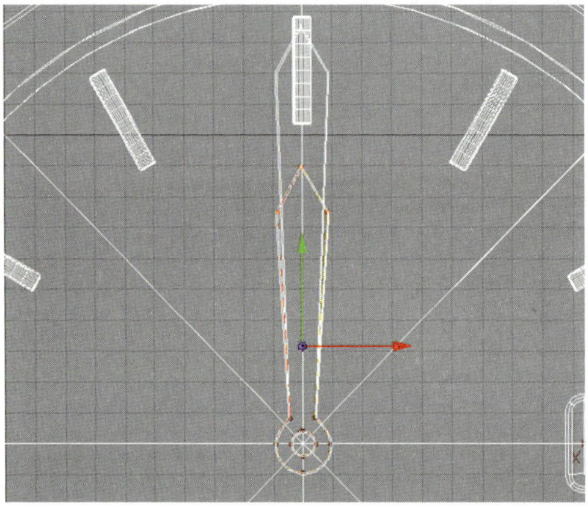

**Abbildung 99** ▶ Modellieren des Stundenzeigers

*Für den Stundenzeiger verwenden wir eine Kopie des Minutenzeigers. Öffnen Sie das neue Extrude-NURBS, und wählen Sie das verbundene Spline aus. Im Punkte-bearbeiten-Modus und mit aktiviertem Auswahl-Werkzeug rahmen Sie die drei Punkte der Zeigerspitze ein.*

*Wechseln Sie in das Verschiebe-Werkzeug, und schieben Sie die drei Punkte in Y-Richtung zur Mitte der Uhr (Abbildung 99). Wenn Sie möchten, können Sie den Stundenzeiger noch weiter modifizieren, bis er Ihren Vorstellungen entspricht.*

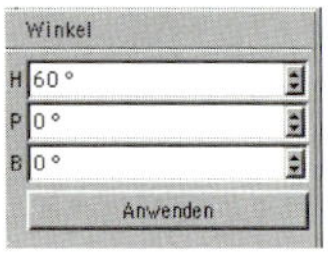


**Abbildung 100** ▶ Rotations-Einstellung

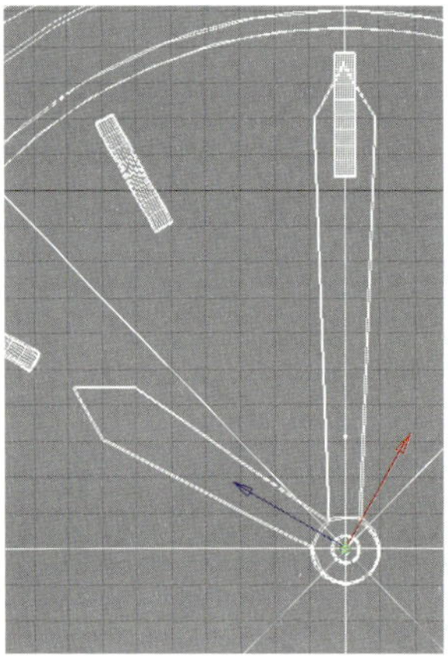

**Abbildung 101** ▶ Rotierter Stundenzeiger

*Stellen Sie eine beliebige Zeit ein, indem Sie die Rotation im Koordinaten-Manager verändern (Abbildung 100), vorzugsweise natürlich so, dass von beiden Zeigern etwas zu sehen ist (Abbildung 101).*

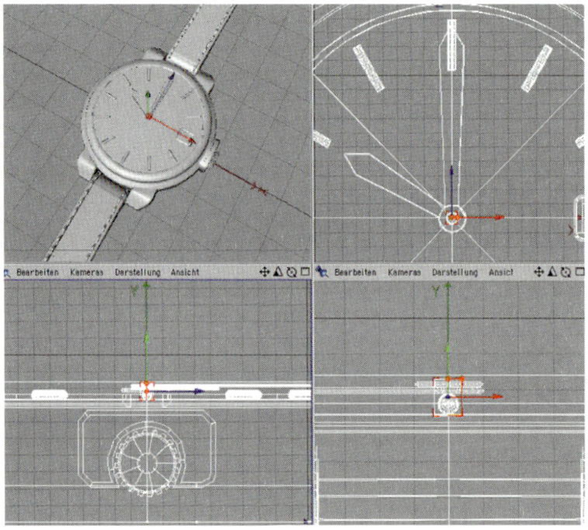

**Abbildung 102** ▶ Zylinderstift als Zeigerhalterung

*Beide Zeiger befinden sich momentan noch auf gleicher Höhe. Platzieren Sie den Stundenzeiger mit Hilfe der Seitenansichten im Modell-bearbeiten-Modus und mit aktivem Verschiebe-Werkzeug zwischen Zifferblatt und Minutenzeiger.*

*Als Stift zur Befestigung der Zeiger am Uhrengehäuse erstellen Sie einen kurzen dünnen Zylinder, den Sie in das Zeigerloch einpassen (Abbildung 102).*

Ein bisschen Kür muss auch sein – unsere Uhr bekommt noch einen Markennamen verpasst. Holen Sie sich aus der Spline-Palette das Text-Spline, und öffnen Sie dessen Spline-Dialog (Abbildung 103). Schreiben Sie in das Textfeld einen beliebigen Namen, und wählen Sie nach Klick auf einen der oberen Buttons eine moderne Type-1- oder TrueType-Schrift aus. Als Zeilenhöhe dürfte 25 m ein ausreichender Wert sein, als Ebene geben Sie XZ an, dann liegt unser Markenname auch schon richtig im Raum.

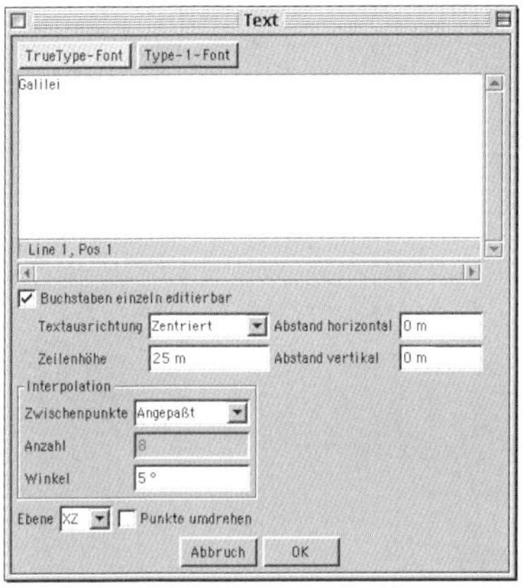


◀ **Abbildung 103**
Text-Spline-Dialog

Schieben Sie den Namen wie in Abbildung 104 unterhalb des Mittelpunktes der Uhr, in Y-Richtung sollte er auf der gleichen Höhe wie unsere Ziffernstriche stehen.

Mit einem Extrude-NURBS und leichten Rundungen verleihen Sie dem Namen dann noch ein dreidimensionales Aussehen.

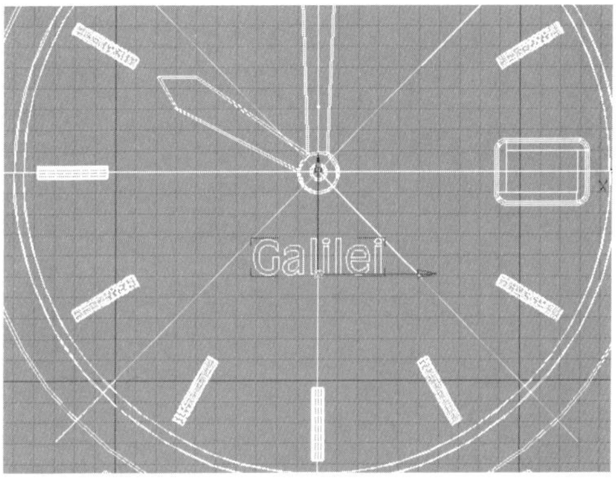


◀ **Abbildung 104**
Positionierung des Logos

Die schützende Glasscheibe bauen wir beim späteren Texturing-Teil ein, schließlich soll diese ja durchsichtig werden. Jetzt würde sie nur stören.

Für unsere Zwecke ist die Uhr soweit fertig gestellt. Schalten Sie bei den Render-Voreinstellungen im Menü Rendern · Render-Voreinstellungen das Antialiasing auf Kante oder höher, und rendern Sie durch Klick auf den gleichnamigen Befehl die aktive 3D-Ansicht (Abbildung 105).

Unsere Armbanduhr ist nun komplett, was aber nicht heißt, dass Sie das Modell nicht noch weiter verbessern können. So fehlen beispielsweise noch der Sekundenzeiger, die Schnalle und die Löcher am Armband, auch eine Schlaufe für das überstehende Armbandstück wäre äußerst praktisch.

◀ **Abbildung 105**
Die fertige Uhr

**Abbildung 106** ▶
Hohe Genauigkeit beim Modellieren mit NURBS

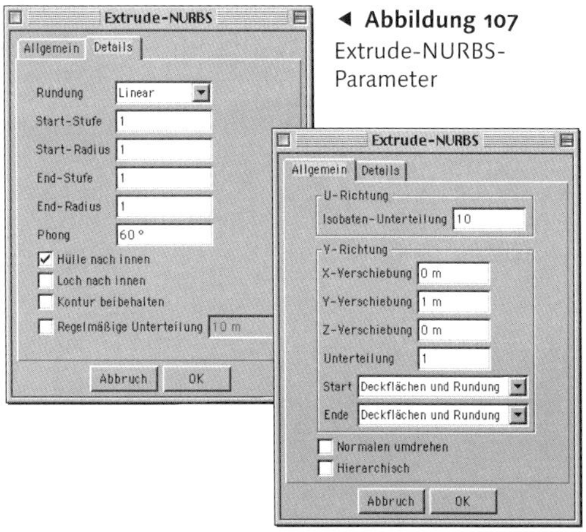


◀ **Abbildung 107**
Extrude-NURBS-Parameter

## Wann modelliere ich mit NURBS?

NURBS haben sich zum Standard-Modelling-Werkzeug gemausert – so gut wie alle 3D-Programme beherrschen diese Technik. Sie ist relativ einfach zu erlernen, bietet einen konstruktionsorientierten Ansatz und ist vielseitig verwendbar.

Die aus technischer Sicht größten Stärken liegen bei den NURBS in ihrer Skalierbarkeit, da sie weitgehend auflösungsunabhängig definiert werden. Die Spline-Kurven ermöglichen eine hohe Genauigkeit beim Modellieren, weshalb Splines sich besonders für technische Dinge (Autos, Maschinen, Werkzeug etc.) wie auch unsere Uhr eignen.

NURBS-Objekte sind aber auch hervorragend als Ausgangsbasis bzw. Rohmodell für das polygonale Modelling verwendbar.

Aus den bereits erwähnten Stärken resultieren aber auch ein paar Schwächen – ein Universal-Modelling-Tool gibt es eben nicht. Die hohe Genauigkeit und die oftmals perfekte glatte Oberfläche ist bei organischen Objekten eher nicht erwünscht. Wer beim Modellieren auf maximale Detailliertheit (menschlicher Körper, Tiere) angewiesen ist, der greift besser zum Polygon-Modelling.

Dies heißt nicht etwa, dass solche Objekte mit NURBS unmöglich sind, aber eine gewichtige Rolle spielt auch immer der Zeitfaktor.

Wie bereits erwähnt, bietet sich auch eine Kombinationslösung an: Das Rohmodelling geschieht mit NURBS, für die Detailarbeiten und den organischen »Look« wird das Modell dann in Polygone umgewandelt und weiterbearbeitet.

Auch für die spätere Animation buchen die NURBS-Objekte ein paar Extrapunkte für sich. Die Einstellungen, die Sie in jedem NURBS-Dialog vornehmen können (Abbildung 107), sind in Cinema 4D Punkt für Punkt animierbar.

So ist es ein Leichtes, Extrusionen oder auch Loft-Morphing über wenige Keyframes und Parameter in eine effektvolle Animation umzusetzen. Dies als kleiner Vorausblick auf das Animations-Kapitel ab Seite 264.

# Polygon-Modelling

## *Polygone, Subdivision und HyperNURBS*

*Das Modellieren mit Polygonen, der »Urmasse« von dreidimensionalen Objekten, ist die älteste Technik zur Formung von 3D-Objekten. Doch sagt das Alter nichts über die Mächtigkeit dieser Methode aus, die nach ständigen Verbesserungen und Verfeinerungen (Stichwort »Subdivision Surfaces«) wieder in aller Munde ist.*

Polygon-Modelling ist an sich nichts Außergewöhnliches. Jedes Grundobjekt und jedes NURBS-Objekt, das über den Befehl Grundobjekt konvertieren in ein Objekt aus Punkten und Polygonen verwandelt wird, können Sie mit den entsprechenden Werkzeugen weiterbearbeiten.

Die Punkte und Polygone des Objektes lassen sich mit Verschiebe-, Skalierungs-, Messer- und vielen anderen Werkzeugen modifizieren. Ein grundlegendes Problem besteht allerdings stets dabei: Objekte brauchen, da sie nicht wie beispielsweise NURBS aus Kurven entstehen, ausreichende Unterteilungen, damit sie nicht kantig aussehen.

Zur Beseitigung dieses Problemes gibt es verschiedene Lösungsansätze. Manche Programme besitzen eine spezielle Unterteilungsfunktion, die ein Objekt per Mausklick von einer niedrig aufgelösten in eine hochaufgelöste Variante umstellt. Cinema 4D wartet seit Version 6 für diese Zwecke mit den so genannten HyperNURBS auf – einem Generator, der die Unterteilung eines ihm untergeordneten Objektes je nach Einstellung grob oder fein vornimmt.

Mit dieser Technologie hat sich Cinema 4D in die Riege der professionellen Polygon-Modelling-Programme eingeordnet. Und das zu einer Zeit, in der sich das Polygon-Modelling durch Techniken von Animationsfirmen wie Pixars »Subdivision Surfaces« in einer Art Renaissance befindet.

Zwar klingen die »Unterteilungen«, die Sie in Cinema 4D definieren, nicht ganz so aufregend wie die »Subdivisions« – vertrauen Sie aber ruhig Ihrem Wörterbuch – nicht nur das Wort, auch das Prinzip, das dahinter steckt, ist das gleiche.

Die Grundidee beim Polygon-Modelling ist, aus einem einfachen Grundobjekt (das zumeist ein Würfel oder eine Kugel ist) durch gezielte Polygonmanipulation ein niedrig aufgelöstes Objekt zu schaffen, das durch Unterteilung (hier: »HyperNURBS«) in ein hochaufgelöstes Objekt transferiert wird. Dort, wo man Details benötigt, können die Unterteilungen bzw. die Polygonanzahl höher ausfallen, an den anderen Stellen belässt man es bei einer groben Struktur, die später durch die HyperNURBS-interne Unterteilung geglättet und optimiert wird.

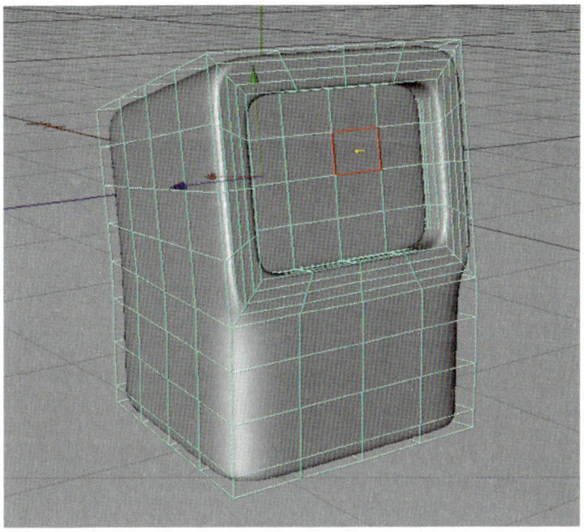

**Abbildung 1** ▶
Auch tragbare All-in-One-Computer besitzen Polygone.

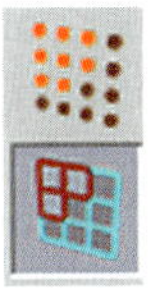

◀ **Abbildung 2**
Punkt- und Polygon-Bearbeiten-Werkzeug

Im Gegensatz zum NURBS-Modelling, bei dem Sie die Objekte mit Kurven zeichnen und konstruieren, verlangt das polygonale Modelling vom 3D-Designer schon etwas mehr schöpferische Kraft und auch etwas abstraktes Denken.

Übung macht den Meister – ganz besonders beim Polygon-Modelling. Den Einsteigern unter Ihnen möchte ich auch nicht verschweigen, dass Ihre Frustrationstoleranz bei den ersten Versuchen gefragt sein dürfte. Nach ein paar Übungsobjekten überwiegt aber schnell der Spaß am Modellieren.

Noch ein Tipp aus persönlicher Erfahrung: Nehmen Sie sich anfangs keine zu komplexen Objekte vor. Ein Charakterkopf als erstes Projekt mag zwar ein faszinierendes Vorhaben sein, ebenso frustrierend fallen aber auch die Ergebnisse aus. Lernen Sie erst die Werkzeuge kennen – wann sie anzuwenden sind und ganz besonders: was sie bewirken.

Sie sollten sich auch manchmal ein Herz fassen können und ein Objekt, bei dem Sie feststecken, ruhen lassen und einen Neuaufbau wagen.

## Polygone

Polygone sind durch Punkte und lineare Kanten beschriebene zweidimensionale Flächen. Sie bestehen grundsätzlich aus drei oder vier Punkten bzw. Kanten und sind einseitig (Abbildung 1).

Diese Tatsache kommt insbesondere dann zum Tragen, wenn Sie Modifikationen an den Polygonen durchführen. Die Polygonoberseite eines Objektes liegt normalerweise immer außen am Objekt. Ein gelber Pfeil zeigt stets die Richtung der Normalen des angewählten Polygons an. Es kann nun vorkommen, dass durch Operationen am Objekt die Normalen nach außen gedreht werden – was zu vermeiden ist, da sonst Löcher im Objekt entstehen.

Wie bereits an anderer Stelle erwähnt, sind Vierpunkt-Polygone den Dreipunkt-Polygonen vorzuziehen. Dreipunkt-Polygone haben den Nachteil, dass sie eine höhere Datenmenge (zur Darstellung eines Vierecks sind zwei Dreiecke erforderlich) hervorrufen, zum anderen treten öfter Löcher im Objekt auf, und schließlich sind sie beim Modellieren schlechter zu handhaben als ihre vierseitigen Vertreter.

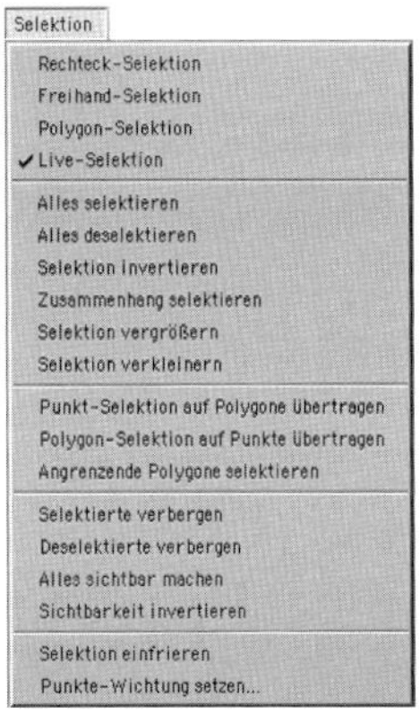


◀ **Abbildung 3**
Selektions-Menü

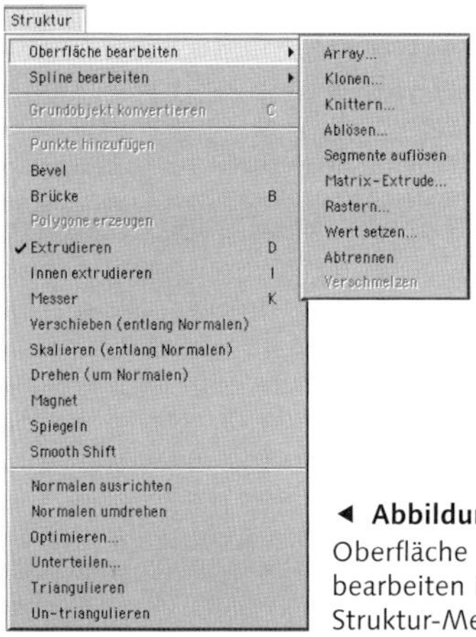


◀ **Abbildung 4**
Oberfläche bearbeiten im Struktur-Menü

Um Polygone und deren Punkte zu bearbeiten, müssen Sie in den POLYGON- bzw. PUNKTE-BEARBEITEN-MODUS (Abbildung 2) umschalten.

Mit den gewohnten Selektionswerkzeugen sprechen Sie dann ausschließlich die Punkte oder Polygone der Objekte an. Im Menü SELEKTION (Abbildung 3) finden Sie neben den üblichen Auswahlverfahren und Umkehrungen auch einige sehr interessante Optionen für den Umgang mit Ihren Auswahlen. Selektionen lassen sich im Zusammenhang VERGRÖSSERN und VERKLEINERN, eine Punktauswahl lässt sich in eine Polygonauswahl umwandeln und umgekehrt.

Einige der Werkzeuge, mit denen Sie arbeiten können, kennen Sie schon, dazu kommen aber noch weitere, die extra für das Polygon-Modelling gedacht sind.

## Punkt- und Polygon-Werkzeuge

Die wichtigsten Werkzeuge zur speziellen Bearbeitung von Punkten und Polygonen befinden sich im Menü STRUKTUR (Abbildung 4).

### Oberfläche bearbeiten

Im Menü OBERFLÄCHE BEARBEITEN liegen die beiden Funktionen zur Erstellung von ARRAYS (Abbildung 5) und von KLONEN (Abbildung 6). Beiden Funktionen gemeinsam ist die Tatsache, dass die selektierten Punkte oder Polygone dupliziert und mit einstellbarem Versatz, Skalierung, Rotation und zugehörigen Variationswerten platziert werden. Beim Array haben Sie zusätzlich die Möglichkeit, die Aufstellung der Klone genau zu steuern. Im Unterschied zur Funktion DUPLIZIEREN, die Sie aus dem Menü FUNKTIONEN kennen, entstehen keine neuen Objekte, die duplizierten Punkte oder Flächen gehören zum Ursprungsobjekt. Als Anwendungsbeispiele eignen sich alle Objekte mit sich wiederholenden Elemen-

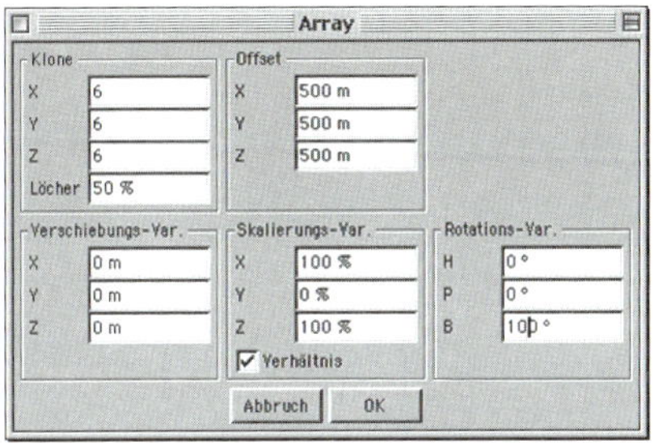


**Abbildung 5** ▲
Array-Funktion

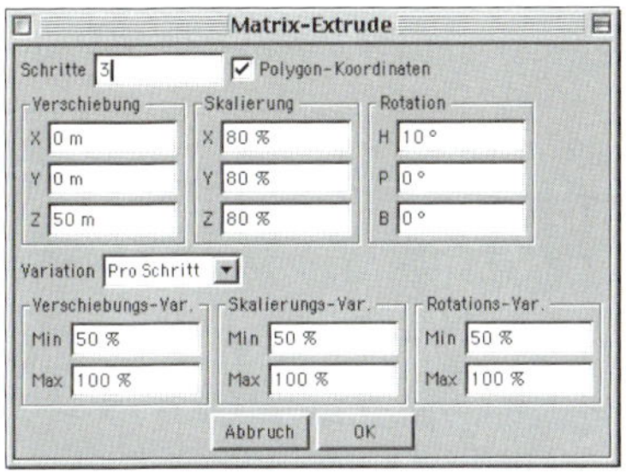


◂ **Abbildung 7**
Matrix-Extrude-Funktion

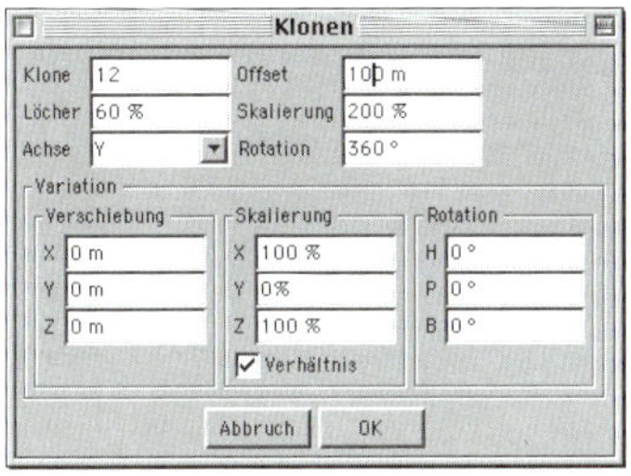


**Abbildung 6** ▸
Klonen-Funktion

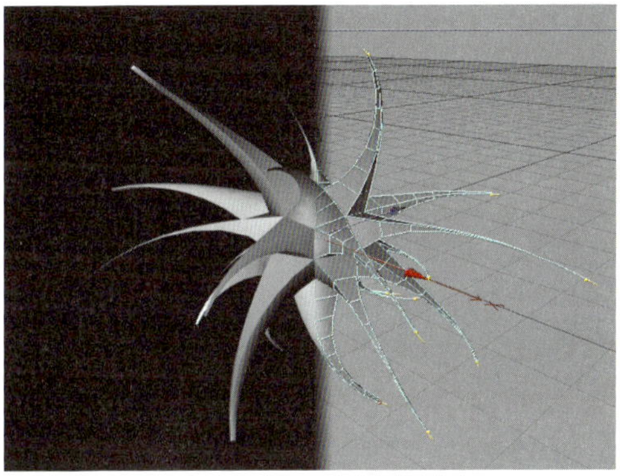

◂ **Abbildung 8**
Matrix-Extrude Loft-NURBS

ten und Geometrien, wie beispielsweise Wiesen, Teppiche, Felder, Fell etc., bei denen Sie nicht darauf angewiesen sind, auf die einzelnen Objekte großen Einfluss zu nehmen. Nach erfolgter Anwendung des Befehls haben Sie nur noch die Option, den Befehl rückgängig zu machen. Ein neuer Aufruf des Dialogfensters ist also nicht möglich.

Der Knittern-Befehl sorgt auch bei Punkten und Polygon-Objektoberflächen für eine unruhigere Struktur.

Ablösen..., Abtrennen und Segmente Auflösen sind auch schon von den Splines bekannt. Mit dem ersten Befehl lösen Sie Polygone aus dem Verbund heraus, mit dem zweiten entstehen daraus eigene neue Objekte, und mit dem dritten wandeln Sie die Segmente des Objektes in separate Objekte um.

Matrix-Extrude ist wiederum ein sehr mächtiger Befehl (Abbildung 7). Er ist eine Art Mischung aus den Array- und Klonen-Befehlen mit der zusätzlichen Feinheit, dass die ausgewählten Flächen nicht direkt geklont, sondern in Klonschritten extrudiert werden (Abbildung 8).

Auf dieser Seite finden Sie die drei komplexesten Befehlsdialoge im Vergleich. Lassen Sie sich von der Vielzahl der Einstellungsmöglichkeiten nicht abschrecken, sondern sehen Sie die vielen Optionen eher als Spielwiese zum Ausprobieren an. Es gibt etliche Übereinstimmungen, was Variations- und Modifikationsparameter angeht. Sie sollten sich also nach den ersten Anwendungen relativ schnell zurechtfinden.

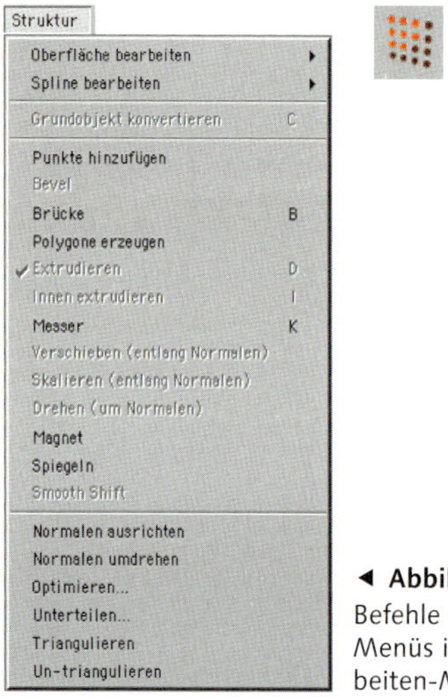


◂ **Abbildung 9**
Befehle des Struktur-Menüs im Punkte-bearbeiten-Modus

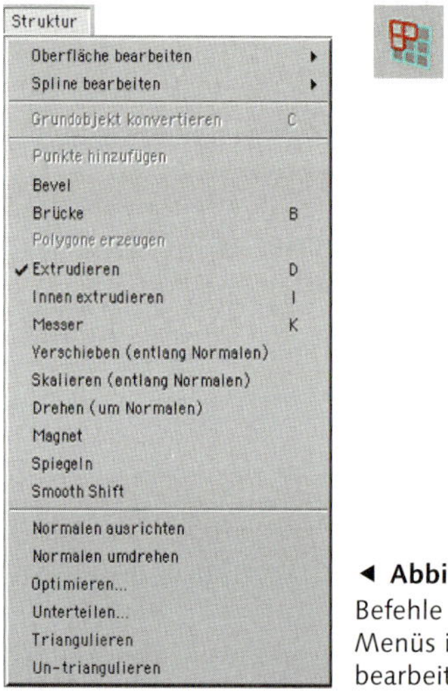


◂ **Abbildung 10**
Befehle des Struktur-Menüs im Polygon-bearbeiten-Modus

Die Befehle RASTERN... und WERT SETZEN... (Abbildung 4) funktionieren selbstverständlich auch bei Polygonen. Die Rasterung bezieht sich auf die SNAP-EINSTELLUNGEN, auf welche die ausgewählten Objekte gesetzt werden. Mit WERT SETZEN erhalten die selektierten Elemente den im Parameterdialog veranschlagten Wert. VERSCHMELZEN können Sie nur Punkte, aber keine Polygone. Die ausgewählten Punkte des Objektes verschmelzen mit demjenigen Punkt, der von der Selektion im Struktur-Manager an unterster Stelle steht.

Soweit die Oberflächenbefehle für Punkte und Polygone. Diese Funktionen lassen sich nicht interaktiv, sondern nur durch Aufruf des Befehls und Eintrag der gewünschten Parameter vornehmen. Im Struktur-Menü selbst befinden sich weitere Werkzeuge zur Bearbeitung von Punkten und Polygonen – die Mehrzahl erlaubt, die Veränderungen interaktiv anzubringen. Oben sehen Sie die Befehle, die im Punkt- (Abbildung 9) und Polygon-bearbeiten-Modus (Abbildung 10) verfügbar sind.

### Punkte hinzufügen

Dieses Werkzeug arbeitet mit polygonalen Objekten so, wie Sie es von den Splines her gewohnt sind. Im Punkte-bearbeiten-Modus können Sie den Flächen und Kanten (bei gedrückter `Shift`-Taste) des Objektes weitere Punkte hinzufügen.

Bedenken Sie bei der Arbeit mit diesem Werkzeug, dass für jeden neuen Punkt auch neue Unterteilungen entstehen – und in diesem speziellen Fall die weniger beliebten Dreiecke. Oftmals sind das Messer und die Extrusions-Werkzeuge beim Polygon-Modelling besser geeignet.

### Bevel

Das Bevel-Werkzeug kümmert sich bei den Polygonen um die Abkantung. Dabei zieht das Werkzeug die Polygone etwas nach außen und extrudiert sie anschließend nach innen.

Es ist möglich, bestimmte Werte über die Werkzeug-Einstellungen vorzugeben, und natürlich auch, das Bevelling interaktiv mit der

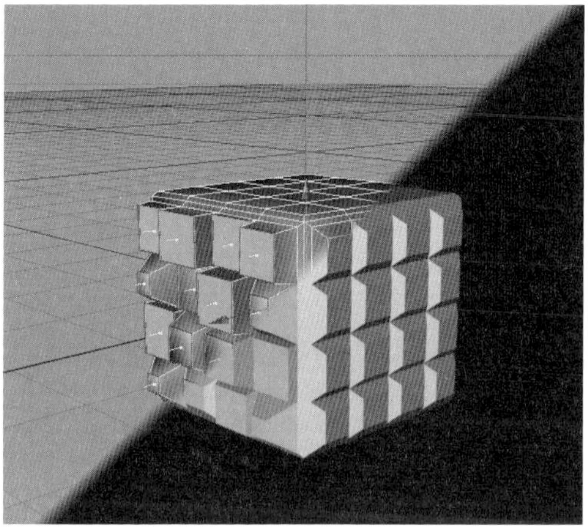

▲ **Abbildung 11**
Anwendung des Bevel-Werkzeugs

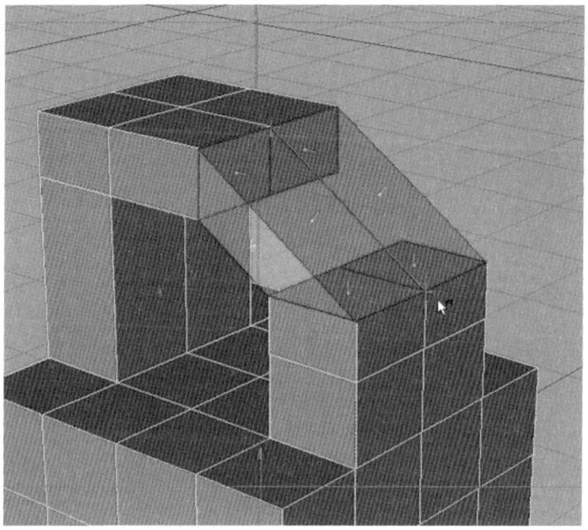

▲ **Abbildung 12**
Anwendung des Brücken-Werkzeugs

Maus zu steuern. Dabei halten Sie zur Kontrolle der Extrusion die Maustaste gedrückt, für das Bevelling dazu noch die [Shift]-Taste.

Über die WERKZEUG-EINSTELLUNGEN legen Sie unter anderem fest, welche BEVELLING-HÖHEN und welcher Versatz (OFFSET) der inneren Extrusion einzuhalten sind. Auch hier haben Sie mit zwei Variations-Feldern wieder die Option, unregelmäßige Operationen durchzuführen.

Wenn GRUPPEN ERHALTEN aktiviert ist, werden zusammenhängende Polygone als Ganzes gebevelt, ansonsten gilt das Bevelling für jedes Polygon einzeln.

In Abbildung 11 sehen Sie einen Würfel, der drei verschiedene Bevellings erfahren hat. Zuerst ein Bevelling aller Polygonflächen mit aktiviertem GRUPPEN ERHALTEN; so entstanden die abgekanteten Würfelseiten. Auf der linken und rechten Seite blieben die Gruppen nicht erhalten, dabei waren auf der linken Seite alle Variationen erlaubt, rechts dagegen blieb diese Funktion deaktiviert.

**Brücke**

Brücken können Sie zwischen verschiedenen Punkten und zwischen Polygonen schlagen.

Brücken zwischen Punkten ergeben Polygone, aus Brücken zwischen Polygonen resultiert eine Verbindung aus neuen Polygonen.

Bei aktiviertem Brücken-Werkzeug sehen Sie neben Ihrem Mauszeiger ein Brückensymbol. Nun müssen Sie nur noch zwei adäquate Endpunkte der gegenüberliegenden Polygonflächen mit Ihrer Werkzeuglinie verbinden, und Cinema 4D erzeugt für Sie die gewünschte Brücke. Abbildung 12 zeigt die rot markierten Polygone und die weiße Brücken-Werkzeuglinie. Halb transparent erkennen Sie die Brücke, die aus den selektierten Polygonen gebildet wird.

Bei Brücken zwischen einer unterschiedlichen Anzahl von Polygonen erzeugt Cinema 4D an den kritischen Stellen Dreiecke.

Diesem Werkzeug ist für den schnellen Wechsel standardmäßig die Taste [B] zugeordnet.

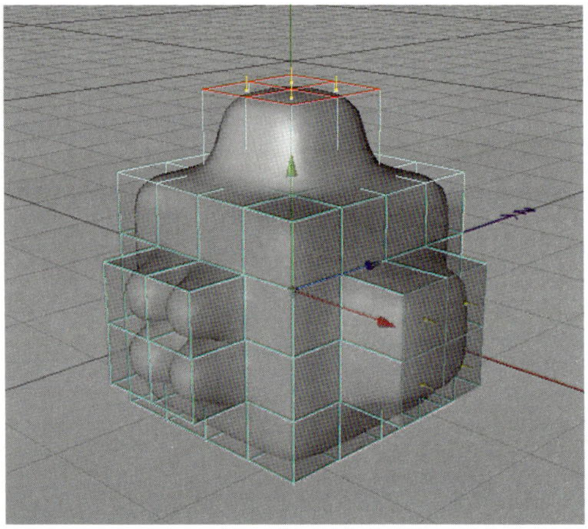

**Abbildung 13** ▶
Anwendung des Extrudieren-Werkzeugs

### Polygone erzeugen

Ausgehend von einer Reihe von Punkten, die Sie zuvor erstellt haben, können Sie mit diesem Werkzeug Polygonflächen herstellen.

Ähnlich wie auch schon beim Brücke-Werkzeug ziehen Sie eine Werkzeuglinie der Reihe nach über die Punkte, die zu einem Polygon zusammengeschlossen werden sollen.

Da Cinema 4D keine Polygone mit mehr als vier Punkten verarbeiten kann, unterteilt das Programm gegebenenfalls die Fläche in mehrere Polygone. In den Aktives-Werkzeug-Einstellungen können Sie beeinflussen, dass dabei bevorzugt Vierecke entstehen.

### Extrudieren

Dies ist das erste der »Butter-und-Brot«-Werkzeuge beim Polygon-Modelling.

Beim Extrudieren werden die ausgewählten Polygone dupliziert und entlang der Flächen-Normalen in die gewünschte Richtung verschoben. Dies kann interaktiv mit der Maus erfolgen, für exakte Kontrolle des Versatzes stehen Ihnen die Aktives-Werkzeug-Einstellungen zur Verfügung. Dabei spielen auch wieder die Gruppen erhalten-Option und ebenfalls auf Wunsch regulierbare Variationen eine gewichtige Rolle.

Etwas gewöhnungsbedürftig, aber logisch ist die Tatsache, dass anders als beispielsweise beim Verschiebe- oder Skalierungs-Werkzeug die Operation mit dem Loslassen der Maustaste endet. Was bedeutet, dass beim erneuten Ziehen mit der Maus bereits das neue Polygon für die Extrusion verwendet wird.

Drei Extrusionen hat der Würfel in Abbildung 13 mitgemacht. Auf der rechten Seite die mittleren vier Polygone mit eingeschalteter Gruppen-erhalten-Option, links ohne. Zur besseren Verständlichkeit des linken Ergebnisses liegt der Würfel in einem HyperNURBS-Generator.

Ganz besonders möchte ich Ihnen die Taste [D] ans Herz legen, die zum schnellen Aufruf dieses Werkzeuges dient.

Ein paar dieser Kürzel sollten Sie sich gleich bei Ihren ersten Schritten in Cinema 4D merken. Beim Polygon-Modelling extrudieren Sie sehr oft, und es fördert den Arbeitsfluss, wenn Sie dafür kein Menü aufsuchen müssen.

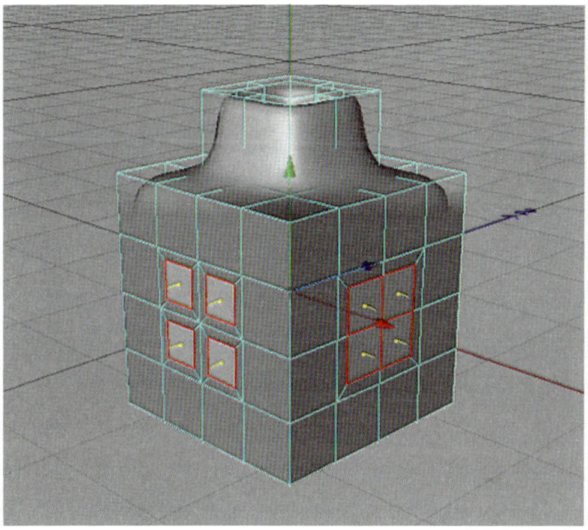

◂ **Abbildung 14**
Anwendung des Innen-Extrudieren-Werkzeugs

**Innen Extrudieren**

Dies ist das zweite der »Butter-und-Brot«-Werkzeuge beim Polygon-Modelling.

Eigentlich ist der Name etwas widersprüchlich, denn Sie können mit dem Innen-Extrudieren-Werkzeug auch nach außen extrudieren. Als Eselsbrücke ist er aber gut, um sich zu merken, wie die Extrusion vor sich geht.

Anders als beim normalen Extrudieren werden die selektierten Polygone beim nach innen Extrudieren senkrecht zur Flächen-Normalen verschoben.

In Abbildung 14 sehen Sie wieder unseren Würfel mit den selektierten vier mittleren Polygonen, diesmal aber fand eine innere Extrusion statt. Links ohne, rechts mit aktivierter Gruppen-erhalten-Option.

Das obere Drittel befindet sich wieder im HyperNURBS-Objekt. Die Extrusion vom vorhergehenden Beispiel habe ich beibehalten und eine innere Extrusion zur Schaffung des Lochdurchmessers angehängt. Eine darauf folgende weitere normale Extrusion verschob die Spitze der Ausbuchtung nach unten. Dieser Wechsel zwischen den beiden Extrudieren-Werkzeugen kommt im Modelling-Alltag sehr häufig vor.

Daher sollten Sie sich auch die Taste [I] gut merken, die zum Innen-Extrudieren-Werkzeug führt.

Für maximale Kontrolle beim inneren Extrudieren dient der Aktives-Werkzeug-Manager. Neben dem maximalen Winkel, bei dem die Gruppen-erhalten-Option beibehalten wird, können Sie den Versatz (Offset) und die Variation des Ergebnisses regeln.

**Messer**

Auch das Messer ist ein sehr häufig benutztes Polygon-Werkzeug (Taste [K]).

Mit ihm schneiden Sie, oder, besser gesagt, unterteilen Sie die Flächenobjekte manuell. Die besten Resultate erhalten Sie, wenn Sie parallel einer Polygonreihe schneiden. Bei ungenauen, unsauberen Schnitten entstehen Dreiecke, die Sie ja tunlichst vermeiden sollen.

In den Werkzeug-Einstellungen liegt als Hilfestellung die Winkeleinschränkung, die bei gedrückter [Shift]-Taste Verwendung findet.

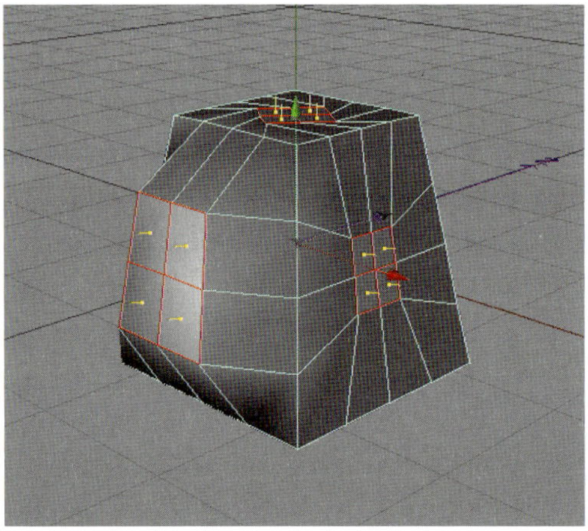

**Abbildung 15 ▶** Anwendung der Werkzeuge Verschieben/Skalieren/Rotieren- (an Normalen)

### Verschieben (entlang Normalen)

Mit diesem speziellen Verschiebe-Werkzeug lassen sich die Polygone entlang der Flächen-Normalen verschieben.

Die Flächen-Normale erkennen Sie, wie auch in Abbildung 15, immer am gelben Pfeil, der die Richtung der Normalen anzeigt.

Das Werkzeug arbeitet so wie das normale Verschiebe-Werkzeug auch, nur eben mit dem Unterschied, dass die Modifikation sich an den Normalen der selektierten Polygone orientiert – womit es sich für gekrümmte und schräge Flächen anbietet.

Die vier Polygone der linken Seite des Würfels wurden mit dem Werkzeug verschoben.

### Skalieren (entlang Normalen)

Möchten Sie gekrümmte Flächen entlang der Normalen skalieren, so ist dieses Werkzeug das richtige.

Haben Sie lediglich, wie in Abbildung 15 rechts, eine homogene schräge Fläche, so kommen Sie mit dem einfachen Skalierungs-Werkzeug zum selben Ergebnis. Interessant wird das Werkzeug SKALIEREN (ENTLANG NORMALEN) dann, wenn Polygone mit verschiedener Normalen-Ausrichtung zu bearbeiten sind.

### Rotieren (entlang Normalen)

Beim Rotieren-Werkzeug gilt das gleiche Prinzip: als Rotations-Achse dienen die Normalen der einzelnen Polygon-Flächen. Sind diese Flächen-Normalen zueinander parallel, könnten Sie auch das einfache Rotieren-Werkzeug verwenden.

Im Cinema 4D-Handbuch sind diese drei Werkzeuge noch unter anderen Namen (NORMALEN VERSCHIEBEN/SKALIEREN/ROTIEREN) aufgeführt. Die Bezeichnungen, die sich im Programm und auch in diesem Buch befinden, sind jedoch treffender, da Sie ja eigentlich nicht die Normalen selbst, sondern die Flächen verändern.

Wie gewohnt können Sie, statt interaktiv zu modifizieren, die Parameter im Aktives-Werkzeug-Manager eintragen.

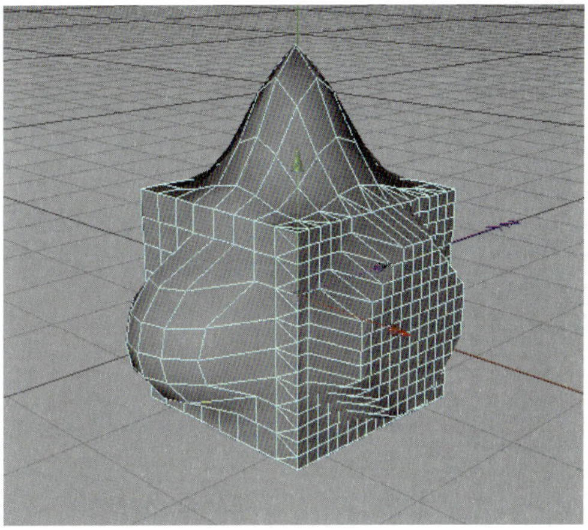

▲ **Abbildung 16**
Magnet-Werkzeug

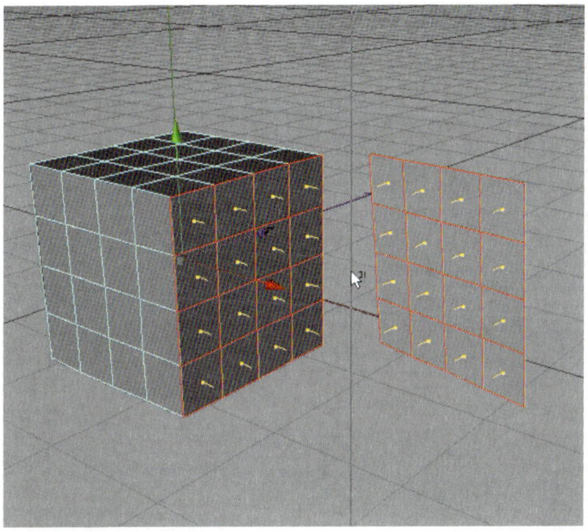

▲ **Abbildung 17**
Spiegel-Werkzeug

### Magnet

Der Magnet wirkt auf Punkte und Polygone. Mit ihm ziehen Sie mit einstellbarer Kraft und Formung Punkte und Flächen aus dem Ursprungsobjekt heraus.

Die Parameter für den Magneten legen Sie im Aktives-Werkzeug-Fenster fest.

Sie werden schnell merken, dass der Magnet eines der ungenauesten Werkzeuge in Cinema 4D ist – was aber nicht unbedingt ein Nachteil sein muss.

Um eine Verformung nur dann stattfinden zu lassen, wenn ein expliziter Punkt aktiviert ist, schalten Sie die Option NÄCHSTLIEGENDEN PUNKT VERWENDEN aus.

Mit RADIUS und BREITE definieren Sie den Einflussbereich im Ganzen bzw. dessen Abnahme.

Hinter dem Magnettyp verbirgt sich letztendlich die Form, die aus dem Objekt herausgezogen wird, in Abbildung 16 beispielsweise die Formen Kugel (links), Glocke (oben) und Konstant (rechts).

### Spiegeln

Was Sie mit dem Spiegel-Werkzeug anfangen können, muss ich Ihnen nicht extra erklären.

Werfen Sie einmal einen Blick auf die Optionen, die Ihnen im Aktives-Werkzeug-Manager zur Verfügung stehen.

Hier definieren Sie neben Koordinatensystem und Spiegelebene auch, was mit den Punkten passieren soll, die durch die Spiegelung doppelt vorhanden sind.

Auch das Spiegeln kann interaktiv mit der Maus geschehen. Wichtig ist dabei, dass Sie sich, bevor Sie in die Arbeitsfläche klicken, zum horizontalen bzw. vertikalen Rand hin orientieren. Daran richtet sich nämlich die Spiegelachse aus, die Sie mit gedrückter Maustaste an die vorgesehene Stelle platzieren können (Abbildung 17).

Sollten Sie aus Versehen eine falsche Spiegel-Achse erhalten, drücken Sie die [ESC]-Taste, dann wird Ihr Spiegel-Werkzeug sofort zurückgesetzt, und Sie müssen keine versehentliche Spiegelung rückgängig machen.

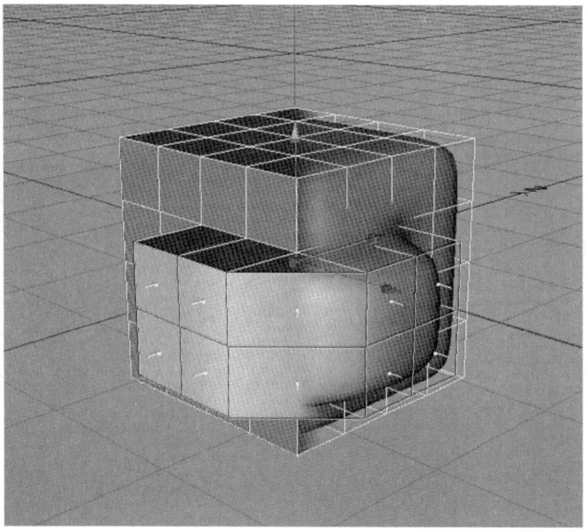

◀ **Abbildung 18**
Smooth-Shift-Werkzeug

### Smooth Shift

Das Smooth-Shift-Werkzeug ist dazu da, um zusammenliegende Flächen zusammenhängend zu extrudieren.

Wie beim Extrudieren-Werkzeug erfolgt die Extrusion entlang der Flächen-Normalen, aber unter Berücksichtigung der Normalen der angrenzenden Polygone – die Extrusion ist weicher (smooth). Flächen, die bei normaler Extrusion aber auseinander gerissen würden, füllt Smooth Shift mit neuen Polygonen.

Der Würfel in Abbildung 18 zeigt acht mit SMOOTH SHIFT extrudierte Polygone. Die Kante, an der sich jeweils zwei Polygone berührten, wurde durch zwei Vierecke (vorne) und zwei Dreiecke (oben und unten) ersetzt.

Es ist nicht immer vermeidbar, dass bei Anwendung dieses Werkzeuges dreieckige Polygone entstehen. Achten Sie aber darauf, dass sich die Menge der Dreiecke in Grenzen hält.

Als Optionen für das aktive Werkzeug lassen sich der Versatz (OFFSET) der Extrusion und der MAXIMALE WINKEL einstellen, bis zu dem keine neuen Polygone eingefügt werden.

### Normalen ausrichten

Polygone besitzen nur eine Seite, auch wenn durch die normale Bildschirmdarstellung ein anderer Eindruck entsteht.

Diese Oberseite wird durch die Richtung der Flächen-Normalen bestimmt. Wenn Sie feststellen, dass beispielsweise aus Punkten erzeugte Polygone fehlerhaft erscheinen, richten Sie die Normalen aus. Falsch ausgerichtete Normalen dreht Cinema 4D dann um.

### Normalen umdrehen

Dieser Befehl dreht die Flächen-Normalen der selektierten Polygone in die entgegengesetzte Richtung. Dies geschieht aber nicht durch Spiegelung oder Rotation der Polygone, sondern schlicht durch Änderung der Punktreihenfolge.

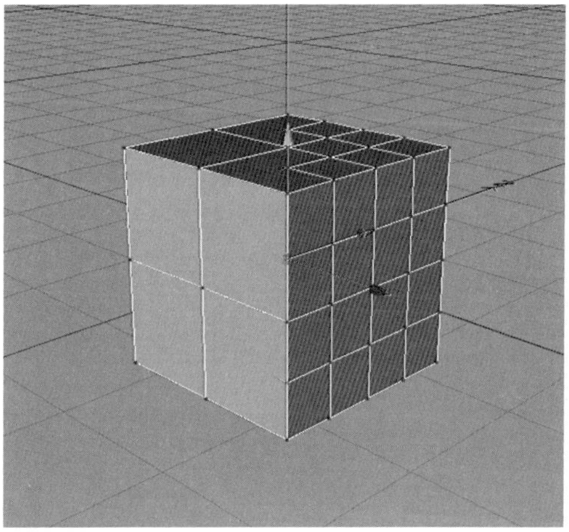

**Abbildung 19 ▶**
Einfache bzw. zweifache Unterteilung des Würfels

### Optimieren

Über OPTIMIEREN untersucht Cinema 4D die aktive Selektion nach doppelten oder überflüssigen Punkten oder Flächen. In vielen Fällen lässt sich dadurch der Speicherbedarf der Objekte optimieren, und eventuelle Störfaktoren werden ausgeschaltet.

Redundante Punkte und Flächen können beispielsweise nach dem Konvertieren zu Punkt-Objekten, nach Import von Objekten aus anderen Programmen, nach dem Verbinden von Objekten und auch nach teilweisem Löschen von Objekten zur Vorbereitung als Symmetrie-Objekt entstehen.

Bevor Sie den Befehl auf die Selektion anwenden, müssen Sie in einem Dialogfenster definieren, welche Elemente optimiert werden dürfen und welche Toleranzen dafür gelten sollten.

Je höher Sie die Toleranz setzen, desto unvorsichtiger springt Cinema 4D mit nahe aneinander liegenden Punkten um – gewollt harte Abkantungen (Bevels) könnten dadurch unerwünschte Rundungen erhalten.

### Unterteilen

Sowohl Splines als auch Polygone lassen sich unterteilen.

Mit dem Unterteilen-Befehl bereiten Sie Ihre Objekte auf das Polygon-Modelling vor. Ausgehend von einem Rohobjekt (meistens ein Würfel oder eine Kugel) werden durch sich wiederholende Unterteilungen Punkte und Flächen geschaffen, die sich verändern und wieder unterteilen lassen. So entstehen nur an den nötigen Stellen hohe Auflösungen durch hohe Polygonzahl – an den übrigen Stellen sparen Sie Polygone und kostbaren Speicherplatz.

Die linke Seite des Würfels in Abbildung 19 ist einmal, die rechte Seite zweimal unterteilt. Sie sehen, dass Sie schon bei wenigen Unterteilungen auf eine stattliche Anzahl an Polygonen kommen.

Die Option HyperNURBS-Unterteilung sorgt dafür, dass die Teilung nach den programminternen idealen HyperNURBS-Vorgaben geschicht, mit entsprechender Rundung und Konvertierung in möglichst viele Viereckspolygone.

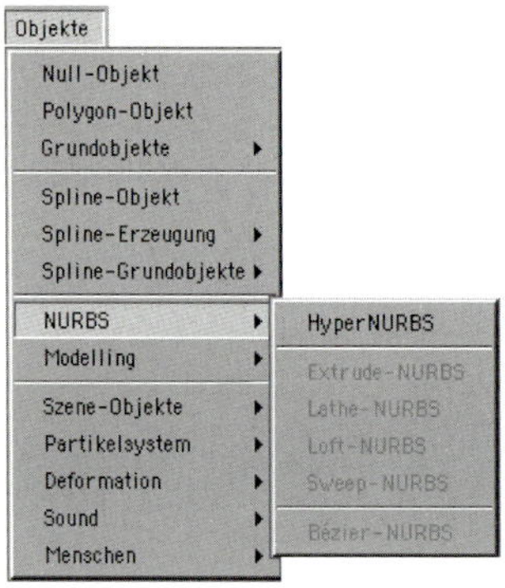


**Abbildung 20 ▶**
HyperNURBS im Objekt-Menü

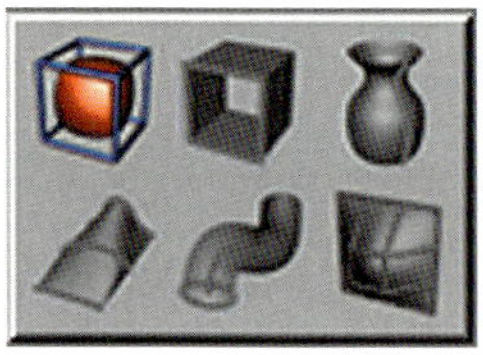

**Abbildung 21 ▶**
HyperNURBS in der Generatoren-Palette

### Triangulieren

Dieser Befehl wandelt die Vierecke einer Selektion bzw. eines Objektes in Dreiecke um.

Wie schon mehrfach erwähnt, sind Vierecke in Cinema 4D (und nicht nur dort) wesentlich besser zu verarbeiten, benötigen weniger Speicher und erzielen das bessere Ergebnis.

### Un-Triangulieren

Möchten Sie vorhandene Dreiecken in Vierecke umwandeln, so ist dieser Befehl einen Versuch wert.

Er funktioniert aber nur, wenn die Dreieckspolygone nebeneinander plan sind.

Probieren Sie das UN-TRIANGULIEREN bei importierten Objekten aus, die viele Dreiecke besitzen. Auch wenn Sie Polygone durch das Messer-Werkzeug oder mit dem Punkte-hinzufügen-Werkzeug zerteilt haben, können Sie mit UN-TRIANGULIEREN manche Flächen optimieren.

## HyperNURBS – Subdivision Surfaces

Cinema 4D bietet seit der Version 6 die so genannten HyperNURBS-Objekte. Mit ihnen ist es erstmals möglich, polygonale Objekte durch einen speziellen Unterteilungsalgorithmus zu runden und organische Objekte zu formen.

Jedes Programm, das professionelles Polygon-Modelling unterstützt, verwendet eigene Verfahrensweisen und Bezeichnungen für die Arbeitsmethodik. Letztendlich basieren aber alle mehr oder weniger auf derselben Idee: »Subdivision Surfaces«.

Hintergrund dieser Methode ist, ein durch Polygone grob strukturiertes Objekt durch sich wiederholende Unterteilungen in ein weiches, hochaufgelöstes Objekt zu transferieren.

Ganz nach Wunsch und natürlich Rechnerausstattung des Anwenders kann die Anzahl der Unterteilungsschritte höher oder niedriger ausfallen.

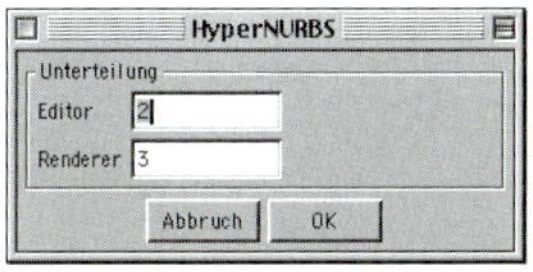


**Abbildung 22 ▶**
HyperNURBS Dialogfenster

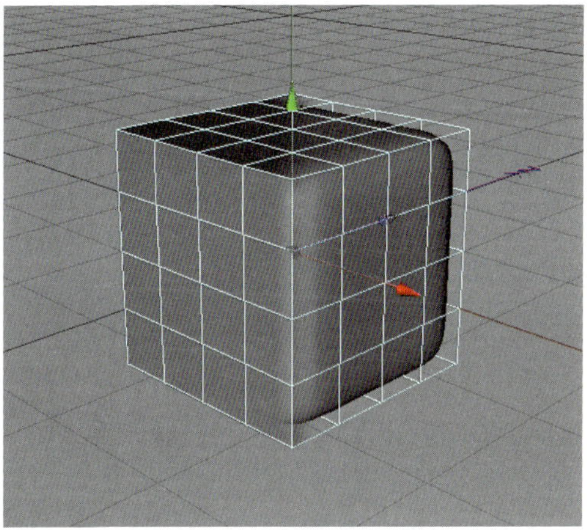

**Abbildung 23 ▶**
Unterteilter Würfel im HyperNURBS-Käfig

Maxon hat sich für die Implementierung dieser Idee ein spezielles Generatoren-Objekt und einen wohlklingenden Namen ausgedacht: HyperNURBS.

Das HyperNURBS-Objekt lässt sich aus dem Menü Objekte · NURBS · HyperNURBS (Abbildung 20) oder aus der Generatoren-Palette (Abbildung 21) hervorholen.

Lassen Sie sich nicht durch den Namen und den Menüpunkt verwirren – uns geht es rein um die Modelling-Technik, die dahinter steckt, um Polygon-Modelling.

Um ein Objekt durch HyperNURBS zu unterteilen, ziehen Sie im Objekt-Manager das zu unterteilende Objekt auf den Hyper-NURBS-Generator. Damit ist das Polygon-Objekt Unterobjekt des Generators. Natürlich ist es auch möglich, parametrische Grundobjekte oder NURBS-Objekte per HyperNURBS runden zu lassen, allerdings ist das Modellieren auf Grund fehlender Polygone nicht zu bewerkstelligen.

Wenn Sie ein Objekt in den HyperNURBS-Generator gelegt haben, sehen Sie das gerundete Ergebnis sofort in Ihren Ansichten.

Nach Doppelklick auf das HyperNURBS-Symbol im Objekt-Manager öffnet sich der Dialog für die Unterteilungs-Einstellungen (Abbildung 22). Hier können Sie auch festlegen, ob die Rundungsdarstellung in Ihrem Editor dem des Renderergebnisses entsprechen soll. Für das Arbeiten im Editor genügt oft eine gröbere Variante, und auch der Rechner wird etwas entlastet.

Ein einfaches Polygon-Objekt, also beispielsweise ein konvertierter Würfel, ergibt als gerundetes unterteiltes Ergebnis zunächst einmal eine etwas unmotivierte Kugel. Das liegt daran, dass sich Ihre Unterteilungsparameter im HyperNURBS-Dialog nicht auf die Unterteilungen des Objektes selbst, sondern auf die Renderunterteilungen beziehen.

Für das Modellieren brauchen Sie also eigene echte Objektunterteilungen. Dies erreichen Sie mit dem Unterteilen-Befehl, den Sie bereits kennen gelernt haben. Im Menü Struktur · Unterteilen rufen Sie den Dialog auf, und geben Sie die Anzahl der benötigten Unterteilungen an. Abbildung 23 zeigt einen Würfel mit zweifacher Unterteilung.

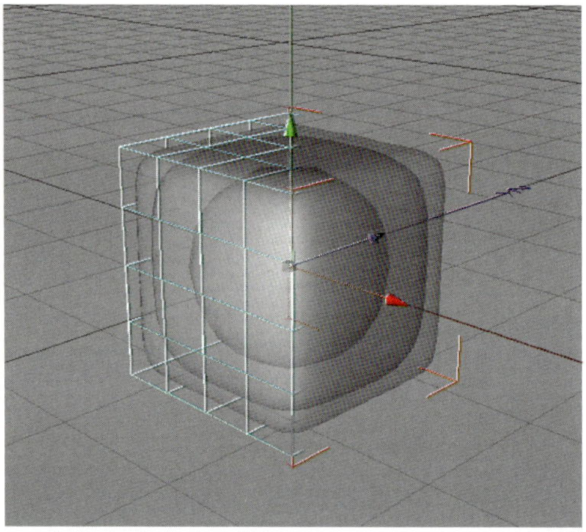

▲ **Abbildung 24**
Smooth-Shift-Werkzeug

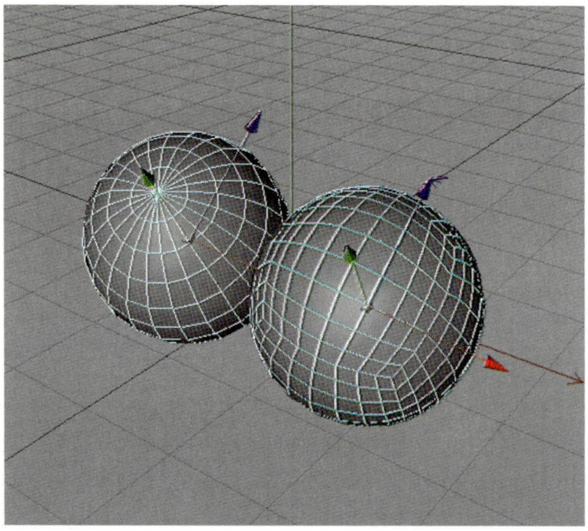

▲ **Abbildung 25**
Kugeltypen

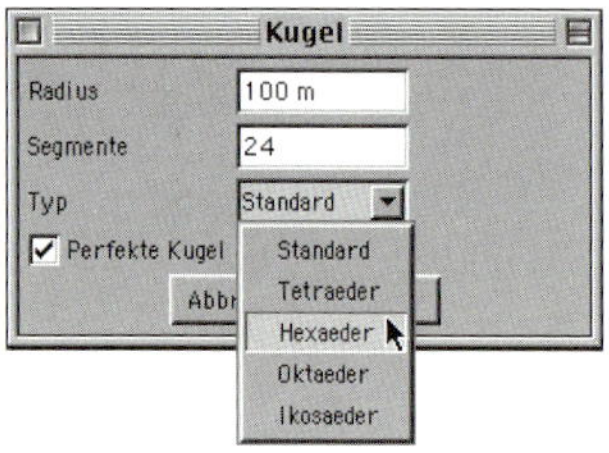


**Abbildung 26** ▶
Einstellungen für Hexaeder-Kugel

Ratsam für die Anzahl der Unterteilungen ist: so viele Unterteilungen wie nötig, aber so wenige wie möglich. Für das Modellieren haben Sie Werkzeuge, mit denen Sie dort, wo Details untergebracht werden sollen, weitere Polygone erzeugen können.

Wie sich die Anzahl der manuellen Unterteilungen auf einen HyperNURBS-Würfel auswirkt, sehen Sie in Abbildung 24. Ein einfacher Würfel liegt in einem HyperNURBS-Objekt – die Renderunterteilung im HyperNURBS-Dialog ist konstant. Ohne manuelle Unterteilung entsteht eine Kugel (innen), da zur weiteren Interpolation keine Polygone verfügbar sind. Mit einer Unterteilung ergibt sich der innere Würfel, die Kanten sind sehr rund und der Größenunterschied vom Ausgangswürfel ist immer noch beträchtlich. Nach einer weiteren Unterteilung nimmt der Würfel schon mehr Gestalt an, durch die höhere Anzahl an Polygonen sind auch mehr Details möglich.

Ein weiteres Ausgangsobjekt für das polygonale Modellieren ist die Kugel. Cinema 4D bietet im Grundobjekte-Dialog der Kugel bereits an, die Kugel im hexaedralen Typus (Abbildung 26) aufzubauen, was Ihnen bei der Konvertierung des Grundobjektes ausschließlich Vierecke beschert und für die Weiterbearbeitung von großem Vorteil ist.

Die zwei Kugeln in Abbildung 25 zeigen den Unterschied: Beim Standardtypus laufen die Polygone an den Polen in einem Punkt zusammen – es entstehen Dreiecke. Die vordere Kugel dagegen mit Hexaeder-Typus löst sich in Vierecke auf.

**Abbildung 27** ▶
Ein mit HyperNURBS modellierter Hai

## HyperNURBS-Workshop

Polygon-Modelling ist – meiner ganz unmaßgeblichen Meinung nach – die Modelling-Methode, die am meisten Spaß machen kann.

Ein Grund liegt wohl darin, dass der Fokus hier nicht so auf der Konstruktion eines Objektes liegt, sondern auf Kreativität und Gefühl für Form. Und es ist faszinierend, was aus einem einfachen Grundobjekt (Würfel) nur durch Unterteilung und Bearbeitung von Polygonen und Punkten entstehen kann.

Auf der anderen Seite gehört natürlich einiges an Abstraktionsvermögen dazu, einen Würfel gedanklich in einen Hai umzusetzen – daran gewöhnt man sich aber schnell.

Bevor Sie loslegen, möchte ich Ihnen noch ein paar Dinge mit auf den Weg geben:

1. Nehmen Sie sich Zeit beim Modellieren.
2. Allgemein: Haben Sie Geduld mit sich und den Mut, wenn Sie in eine Sackgasse geraten, noch einmal von vorne anzufangen.
3. Speichern Sie Ihre Arbeit jedes Mal, wenn Sie einen entscheidenden Schritt vollendet haben, unter einem anderen Namen ab. So können Sie unbedarft weiterarbeiten.

Den Hai, den wir in diesem Workshop modellieren, finden Sie natürlich auf der beiliegenden CD-ROM.

Die Texturierung des Hais nehmen wir uns später in Maxons neuem Texturing-Programm BodyPaint 3D vor.

## 1. Würfel-Grundobjekt als Ausgangsbasis

*Erstellen Sie zuerst traditionell ein einfaches Würfel-Grundobjekt (Abbildung 28) als Einstieg.*

*Trotzdem: Beim Polygon-Modelling können Sie jedes beliebige Objekt als Basis verwenden. So wäre auch denkbar, sich das Rohmodell mit NURBS vorzubereiten und die Details dann mit Polygonen auszuarbeiten.*

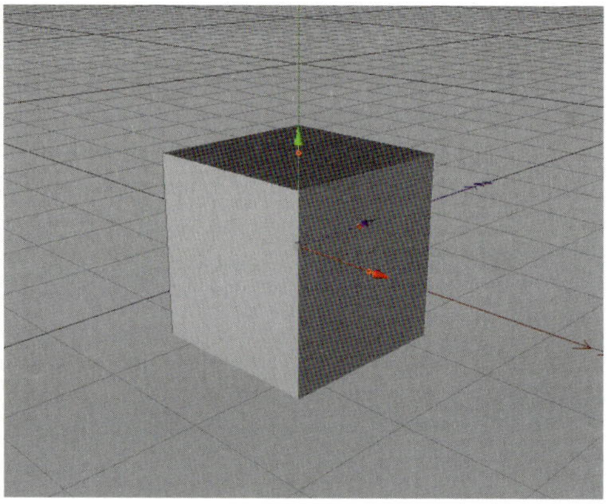

**Abbildung 28 ▶**
Ein Würfel als Ausgangsobjekt

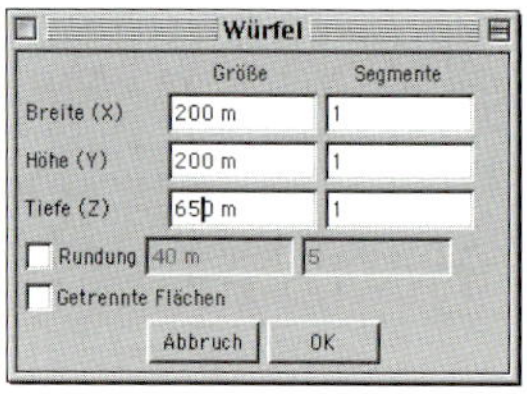


**Abbildung 29 ▶**
Ein Würfel als Ausgangsobjekt

*Öffnen Sie den Einstellungsdialog des Würfels per Doppelklick im Objekt-Manager, und übertragen Sie die angegebenen Werte. Segmente benötigen wir in diesem Fall nicht, die Unterteilung nehmen wir selbst vor.*

*Den resultierenden Quader wandeln Sie dann über den GRUNDOBJEKT-KONVERTIEREN-Befehl oder Taste* [C] *in ein Polygon-Objekt um.*

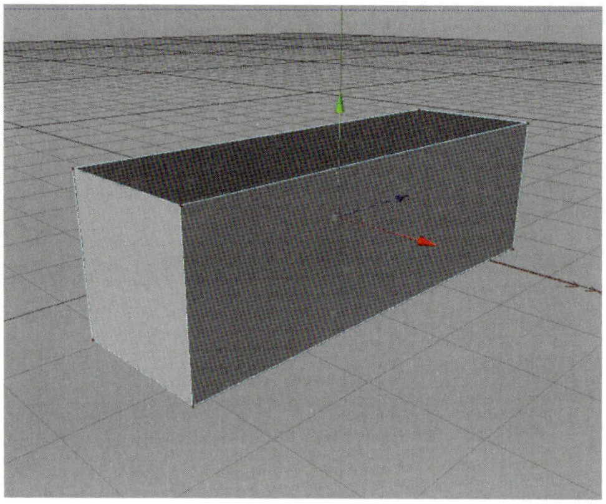

**Abbildung 30 ▶**
Der konvertierte Quader

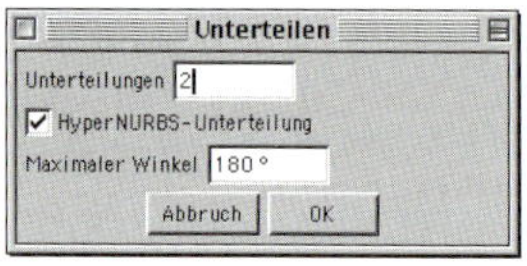


**Abbildung 31 ▶**
Unterteilen-Dialog

**▼ Abbildung 32**
HyperNURBS-Generator

*Nun zur Unterteilung: Rufen Sie über STRUKTUR · UNTERTEILUNG den Unterteilungs-Befehl auf, und unterteilen Sie das Objekt zweifach mit HYPERNURBS-EINSTELLUNG (Abbildung 31).*

*Das nun zigarrenförmige Würfelobjekt legen Sie als Unterobjekt in einen HyperNURBS-Generator (Abbildung 32).*

*Je nachdem, wie die Rundungs-Einstellungen im HyperNURBS-Objekt definiert sind, sieht das ehemalige Würfelobjekt nun glatt oder noch etwas kantig aus (Abbildung 33).*

*Allzu viele Polygone sind bis dato noch nicht vorhanden; das Objekt wirkt übersichtlich, und die Bildschirmdarstellung sollte auch schnell erfolgen. Wir arbeiten also so lange wie möglich am grob unterteilten Objekt.*

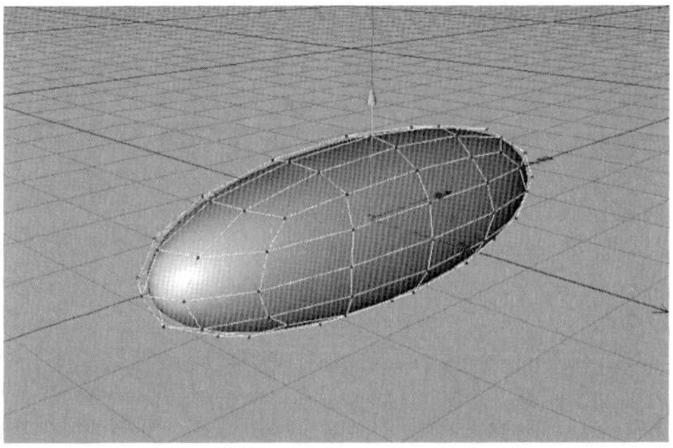

◀ **Abbildung 33**
HyperNURBS-Würfel

*Mit dem Verschiebe-Werkzeug bringen wir das Objekt nun etwas in Form (Abbildung 34). Aktivieren Sie den Punkte-bearbeiten-Modus, selektieren Sie in der XY-Ansicht mit der Polygon-Selektion den hinteren Teil, und ziehen Sie die Punktreihen nach und nach etwas nach hinten (Taste* E*). Dabei muss die Option* NUR SICHTBARE ELEMENTE SELEKTIEREN *in den* AKTIVES-WERKZEUG*-Einstellungen deaktiviert sein.*

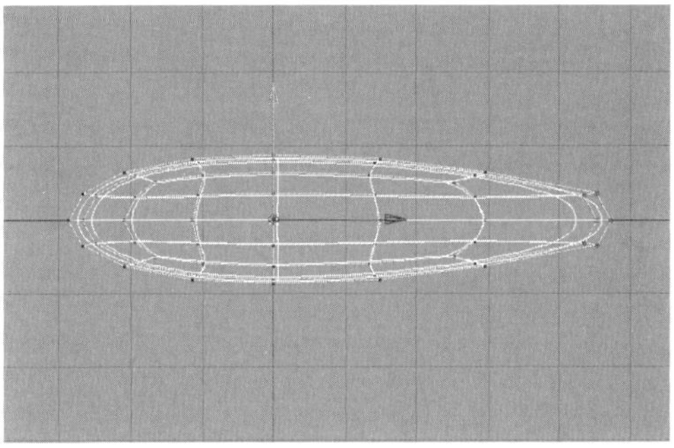

◀ **Abbildung 34**
Formung durch Ziehen der Punkte

*Um für das Wechseln zwischen Selektions- und Verschiebe-Werkzeug nicht immer in die Menüleiste zu müssen, drücken Sie zum Umstellen einfach auf die Leertaste. Zum Rückwechseln genügt der erneute Druck der Leertaste.*

*Das Messer-Werkzeug (Taste* K*) hilft uns dabei, ein paar weitere Unterteilungen zu schaffen, um den Körper besser formen zu können. Halten Sie dabei die* Shift*-Taste gedrückt, damit gerade Schnitte entstehen (Abbildung 35).*

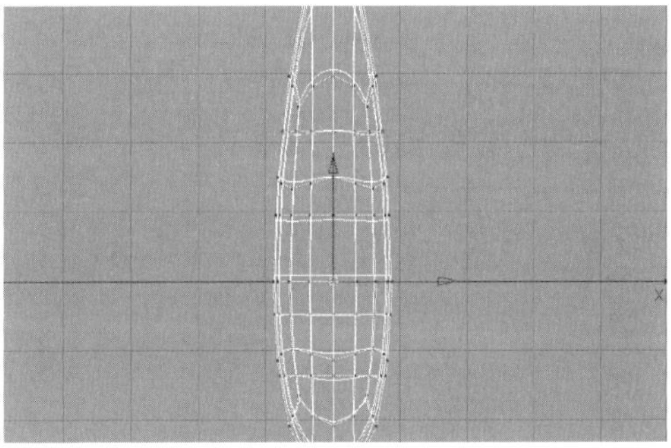

◀ **Abbildung 35**
Zusätzliche Punkte durch Schnitte mit dem Messer

*Die neu entstandenen Punkte können nun ausgewählt, verschoben und auch mit dem Skalieren-Werkzeug (Taste* T*) näher zusammengerückt werden. Formen Sie auf diese Weise in der XZ-Ansicht den Körper des Hais aus (Abbildung 36).*

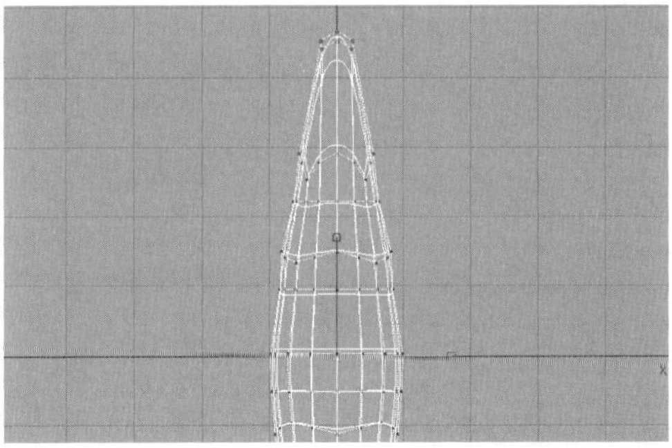

◀ **Abbildung 36**
Formung durch Verschieben und Skalieren

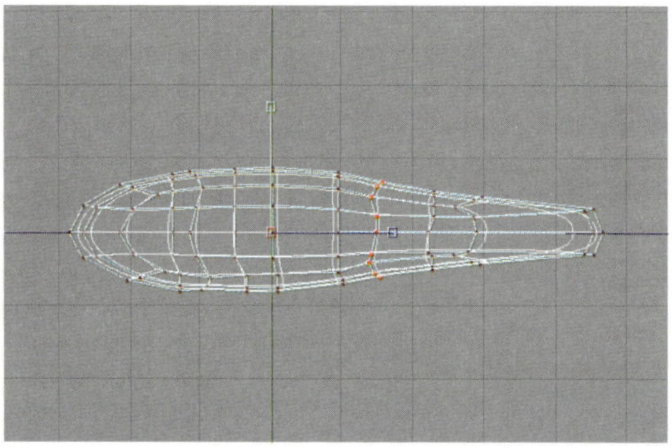

**Abbildung 37 ▸**
Formung in der YZ-Ansicht

*Danach ist die YZ-Ansicht des Hais an der Reihe. In dieser Ansicht sollte der Haikörper nur wenig Symmetrie besitzen. Verschieben Sie die Punkte an der Bauchseite getrost nach oben (Abbildung 37).*

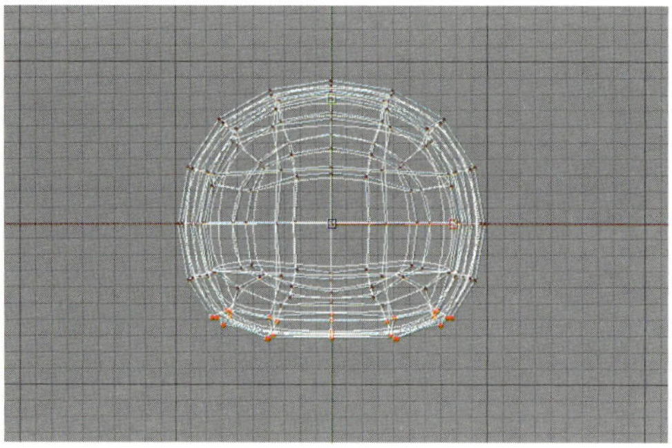

**Abbildung 38 ▸**
Waschbrettbauch durch Punkte verschieben

*In der Frontalansicht (YZ) glätten Sie den Bauch des Hais (Abbildung 38). Skalieren Sie die Punkte in Z-Richtung. Gegebenenfalls sollten Sie die unteren Punkte der Rundung auch etwas nach oben versetzen.*

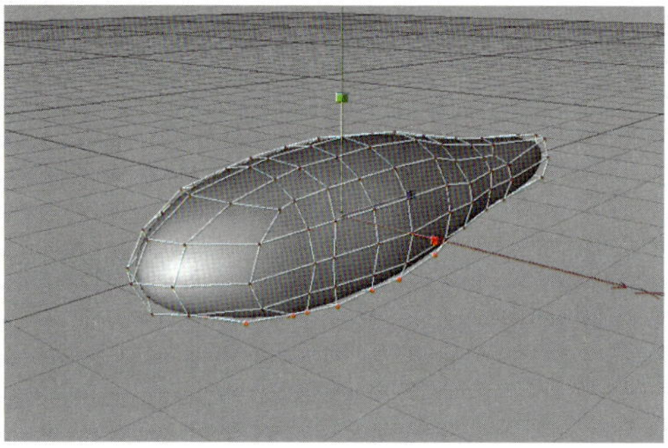

**Abbildung 39 ▸**
3D-Ansicht des Körpers

*Langsam sollte der Körper des Hais Form annehmen (Abbildung 39). Die 3D-Ansicht ist eine gute Kontrollmöglichkeit, wie sich die Änderungen auf den Körper als Ganzes auswirken.*

*Wenn Sie soweit zufrieden sind, beginnen wir mit dem Ausarbeiten des Kopfes und der Flossen.*

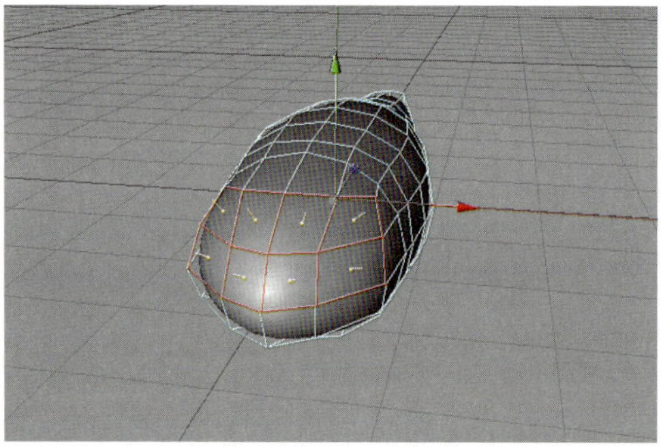

**Abbildung 40 ▸**
Polygone der Kopfpartie

## 2. Formung von Kopf und Flossen

*Nachdem wir bislang nur im Punkte-bearbeiten-Modus gearbeitet haben, brauchen wir nun den Polygon-bearbeiten-Modus. Aktivieren Sie die Live-Selektion, aktivieren Sie NUR SICHTBARE ELEMENTE SELEKTIEREN, und wählen Sie die Polygone wie in Abbildung 40 gezeigt aus.*

*Um die Symmetrie des Kopfes zu gewährleisten, schalten Sie lediglich Y- und Z-Achse des Werkzeuges frei. In der YZ-Ansicht lässt sich die Kopfformung dann gut vornehmen (Abbildung 41).*

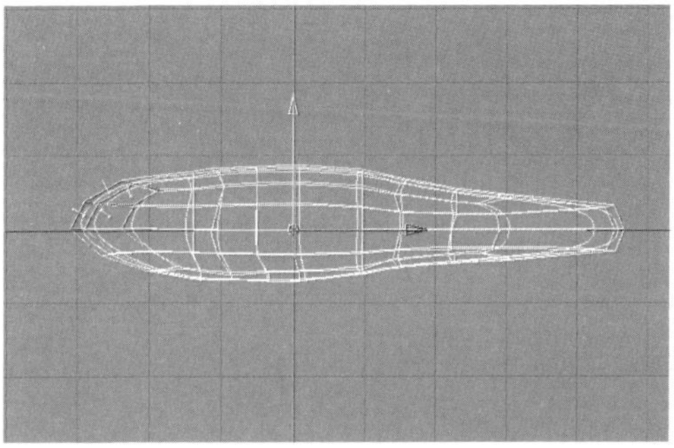

◀ **Abbildung 41**
Formung der Kopfpartie

*Kümmern wir uns jetzt um die Schwanzflosse. Die Einstellungen für das Selektions-Werkzeug können weiter bestehen bleiben. Wählen Sie die hinteren Polygone aus, und aktivieren Sie das Extrudieren-Werkzeug (Taste* D*). Nach einem kurzen Extrusionsschritt wechseln Sie zum Skalieren-Werkzeug, sperren die Y- und Z-Achse und skalieren die Schwanzflosse wie in Abbildung 42 gezeigt zurück.*

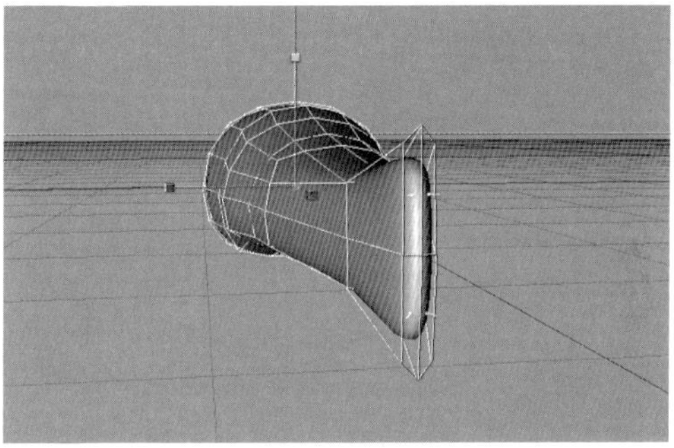

◀ **Abbildung 42**
Rückskalieren der Flosse

*Je nach Länge des Haikörpers sollte die Schwanzflosse noch etwas verkleinert werden. Am besten lässt sich dies mit dem Punkte-bearbeiten-Modus in der YZ-Ansicht steuern (Abbildung 43). In diesem Fall brauchen Sie wieder die deaktivierte Option* Nur sichtbare Elemente selektieren.

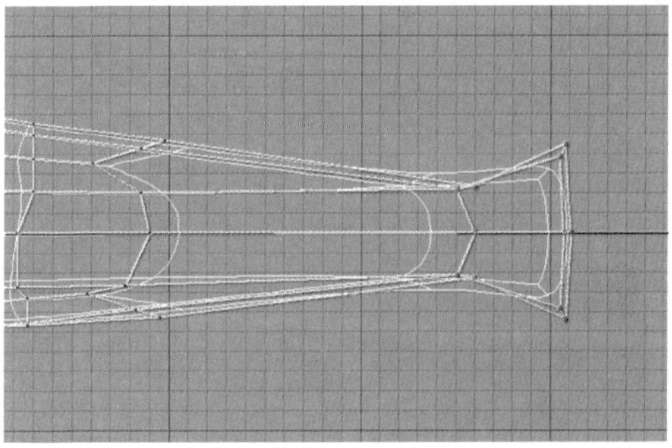

◀ **Abbildung 43**
Verkleinern der Flosse

*Zum Ausarbeiten der Schwanzflosse müssen nun wieder Polygone herhalten. Selektieren Sie die oberen zwei Polygone mit der Live-Selektion (Abbildung 44), und aktivieren Sie das Extrudieren-Werkzeug (Taste* D*).*

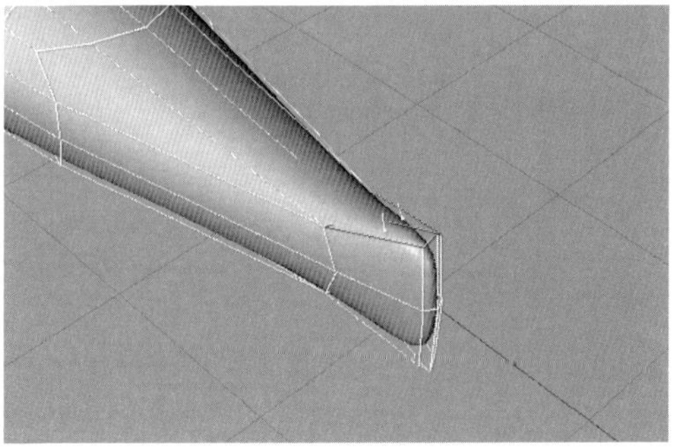

◀ **Abbildung 44**
Polygone für die Flossenextrusion

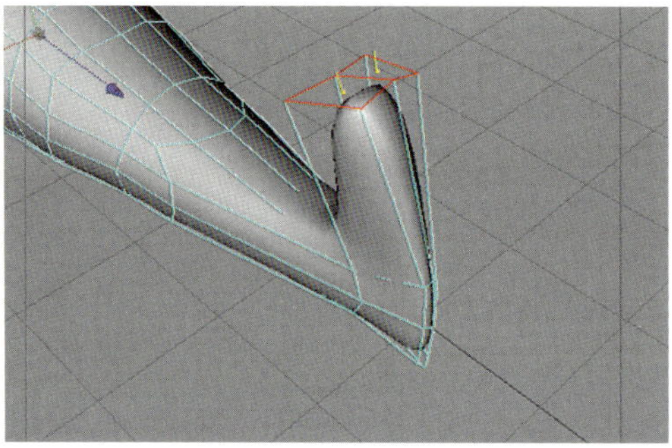

**Abbildung 45** ▶
Extrusion der Flossenoberseite

*Extrudieren Sie die beiden Polygone ein ganzes Stück aus dem Schwanzstück heraus.*

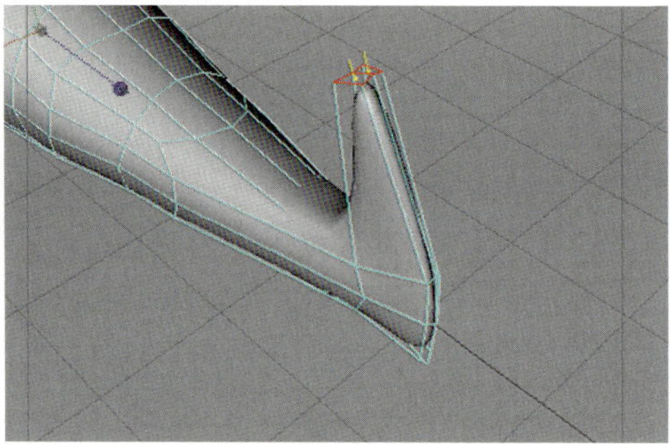

**Abbildung 46** ▶
Skalierung der Flossenspitze

*Da wir uns am Ende des Haikörpers befinden und wir auch eigentlich keinen Hammerhai modellieren wollen, müssen die Polygone nun zu einer Spitze geformt werden.*

*Mit dem in allen Achsen freigeschalteten Skalieren-Werkzeug verkleinern Sie die Polygone auf ein passendes Maß.*

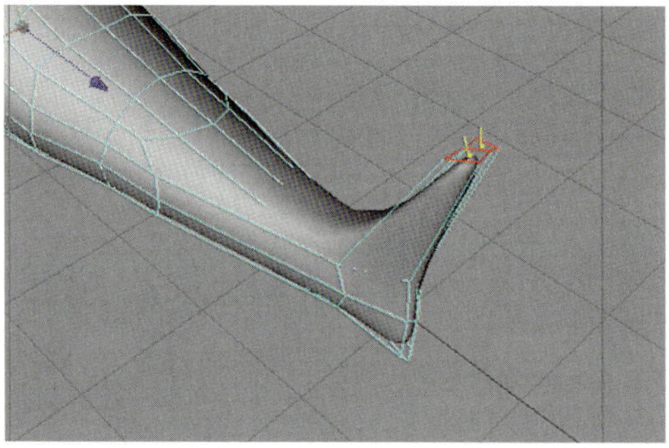

**Abbildung 47** ▶
Verschieben der fertigen Flossenspitze

*Verschieben Sie die fertige Spitze mit dem Verschieben-Werkzeug (Taste* E*) und freigeschalteter Z-Achse nach hinten.*

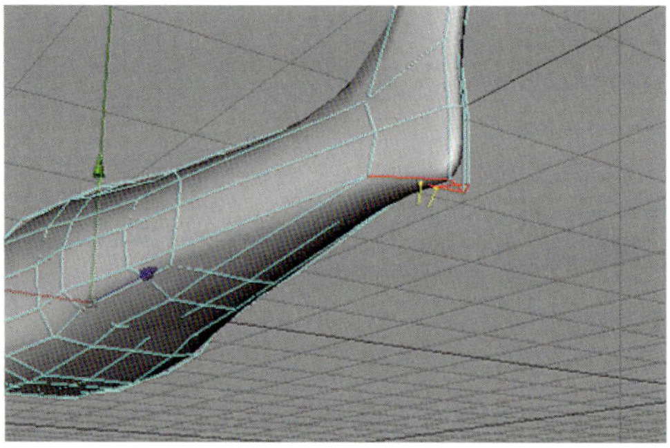

**Abbildung 48** ▶
Selektion der unteren Flossenspitze

*Das gleiche Verfahren wenden Sie anschließend bei der unteren Flossenspitze an. Drehen Sie sich den Hai in der 3D-Ansicht so zurecht, bis Sie alles gut erreichen. Die Kameraausrichtung können Sie bei Bedarf jederzeit zurücksetzen.*

*Wenn Sie möchten, kann der untere Teil der Schwanzflosse etwas länger ausfallen als der obere.*

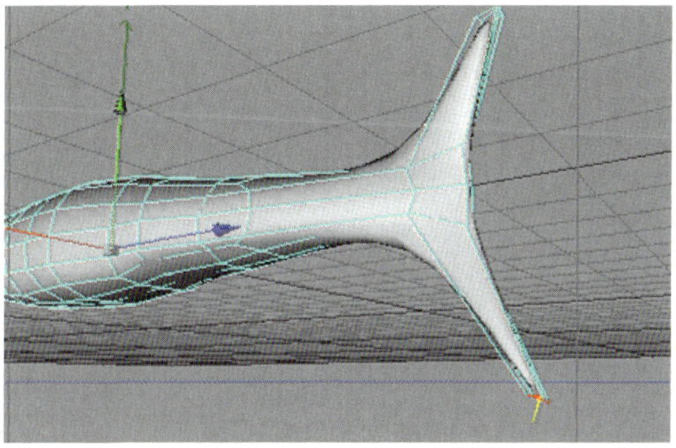

◂ **Abbildung 49**
Untere Flossenspitze

*Zum Abschluss der Schwanzflosse nun noch etwas Fleißarbeit. Damit die Flosse natürlicher aussieht, wählen Sie mit der Polygon-Selektion die Punkte an der inneren Flossenrückseite aus, und skalieren Sie die Punkte entlang der X-Achse, bis eine richtige »Schneide« entsteht.*

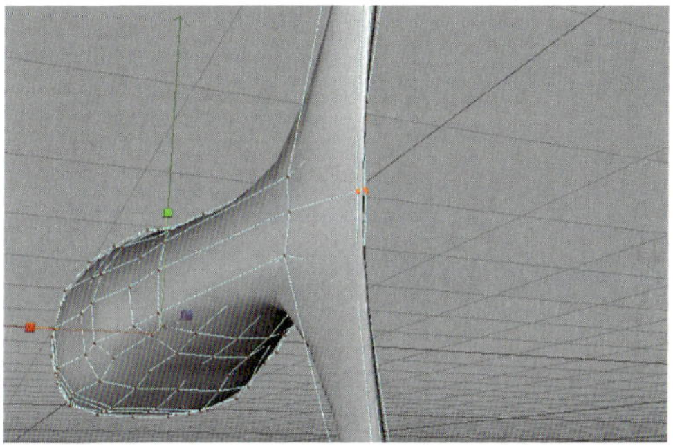

◂ **Abbildung 50**
Flossenrückseite

*Sehen Sie sich Ihr Werk zwischendurch einmal an. In den Render-Einstellungen sollte mindestens ein Antialiasing der Kante aktiviert sein.*

*Wenn nicht sowieso schon geschehen, wäre jetzt ein guter Zeitpunkt, Ihr Werk abzuspeichern.*

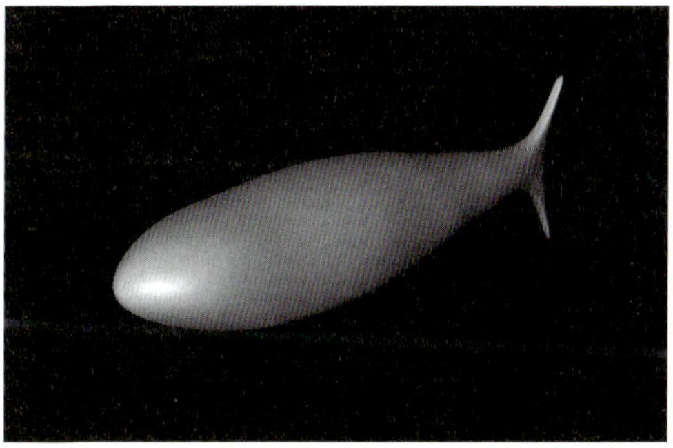

◂ **Abbildung 51**
Fertige Schwanzflosse

*Auch die große Rückenflosse soll durch Extrudieren von zwei Polygonen modelliert werden. Wählen Sie dazu im Punkte-bearbeiten-Modus die zwei Polygone kurz unterhalb der Mitte des Hais aus.*

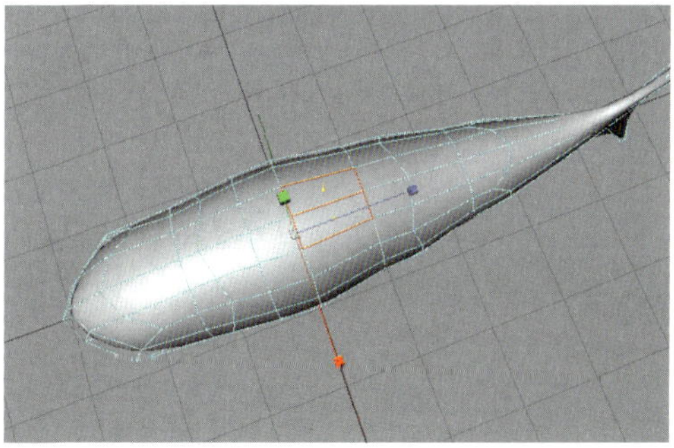

◂ **Abbildung 52**
Polygone für die Rückenflosse

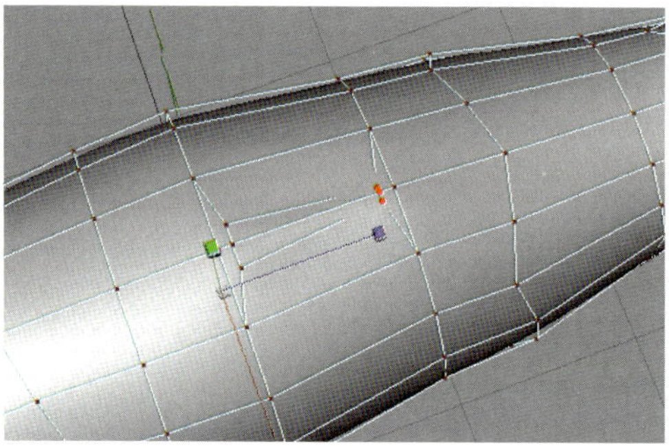

**Abbildung 53** ▶ Vorbereitung für die Extrusion

*Mit dem Innen-extrudieren-Werkzeug (Taste* I*) verkleinern Sie die beiden Polygone ein wenig nach innen.*

*Wechseln Sie in den Punkte-bearbeiten-Modus, schalten Sie* NUR SICHTBARE ELEMENTE SELEKTIEREN *an. Fahren Sie mit der Live-Selektion über die hinteren Punkte des Polygons, und skalieren Sie die Punkte in X-Richtung.*

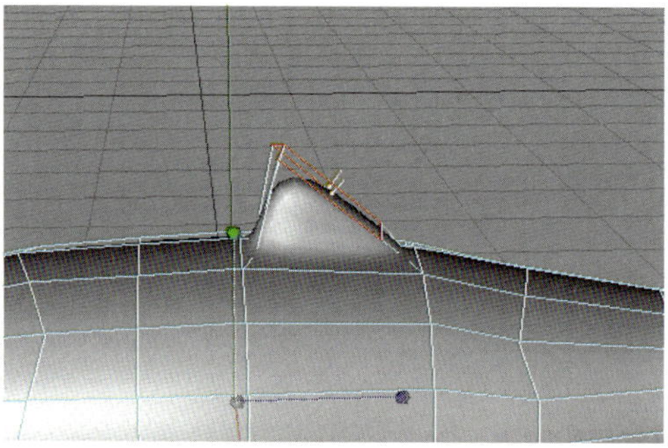

**Abbildung 54** ▶ Extrusion und Rotation

SMOOTH SHIFT *sorgt für weiches Extrudieren des Schwanzflossenansatzes. Ziehen Sie mit dem Smooth-Shift-Werkzeug die Polygone etwas nach oben, rotieren Sie danach die Polygone entlang der X-Achse.*

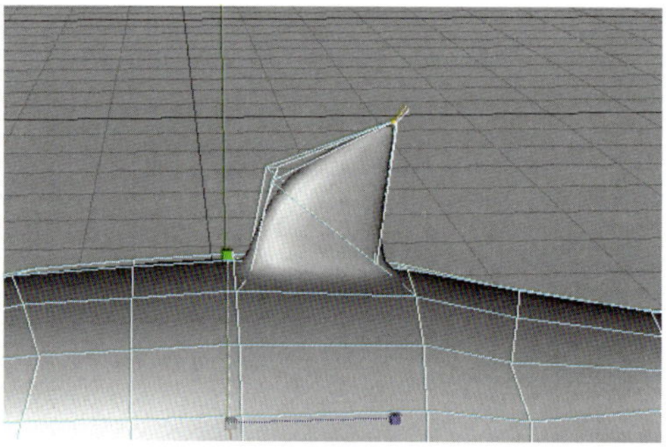

**Abbildung 55** ▶ Skalierung der Spitze der Rückenflosse

*Mit einer weiteren Extrusion wird die Spitze der Rückenflosse geschaffen. Die Spitze gestalten Sie durch Skalierung der Polygone entlang aller Achsen auf das Minimum.*

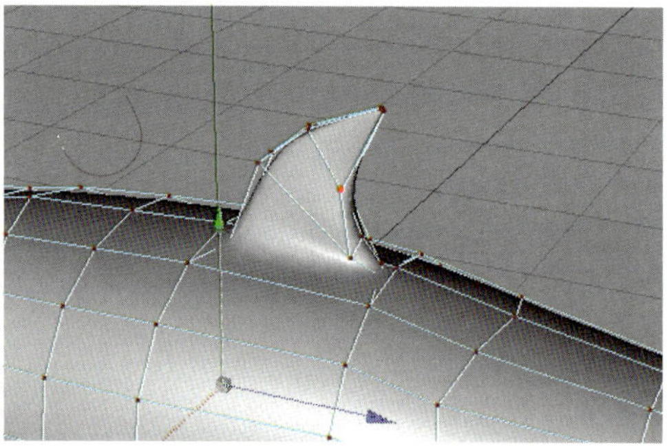

**Abbildung 56** ▶ Ausgestaltung der Rückenflosse

*Damit die Rückenflosse organischer und natürlicher wirkt, können Sie mit dem Messer-Werkzeug (Taste* K*) durch einen Schnitt parallel zur ersten Extrusion ein paar weitere Punkte hinzufügen. Schieben Sie diese Punkte ein wenig nach vorne, und arbeiten Sie die Flosse aus, bis Ihnen das Resultat gefällt.*

*Eine zweite, kleinere Rückenflosse (Abbildung 57) können Sie auf die gleiche Weise erstellen. Denken Sie daran: Je mehr Details Sie am Hai anbringen, desto realistischer wirkt er später.*

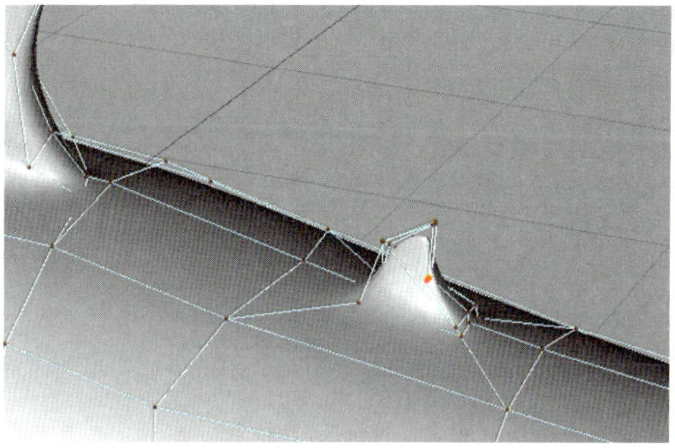

◀ **Abbildung 57**
Zweite Rückenflosse

*Auch auf ihrer Unterseite besitzen Haie einen kleinen Flossenansatz (Abbildung 58). Mittlerweile sind Sie ja in der Flossenmodellierung geübt, halten Sie sich also nicht zurück.*

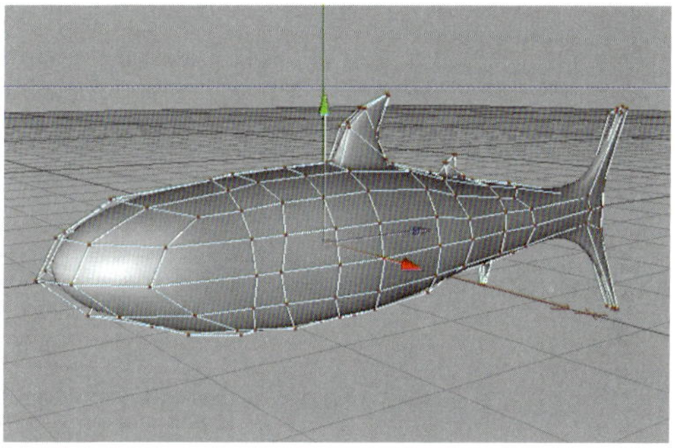

◀ **Abbildung 58**
Unterer Flossenansatz

*Wer genau modelliert und auch beim Verschieben und Skalieren die richtigen Achsen freigeschaltet bzw. gesperrt hat, kann nun vor der Modellierung der seitlichen Flossen ein Symmetrie-Objekt erzeugen. Bis zum jetzigen Zeitpunkt war dies nicht angebracht, da wir in erster Linie auf der Z-Achse (der Symmetrielinie) gearbeitet haben.*

*Falls Sie nun ein Symmetrie-Objekt nutzen möchten, schneiden Sie die Punkte der einen Hälfte ab, führen Sie eine Optimierung (Struktur · Optimierung) durch, und werfen Sie das komplette HyperNURBS-Objekt in einen Symmetrie-Generator.*

*Ich verzichte in diesem Workshop auf das Symmetrie-Objekt, da wir im weiteren Verlauf wieder viel an der Z-Achse arbeiten werden.*

*In Abbildung 59 sehen Sie die ausgewählten Polygone für die Seitenflossen.*

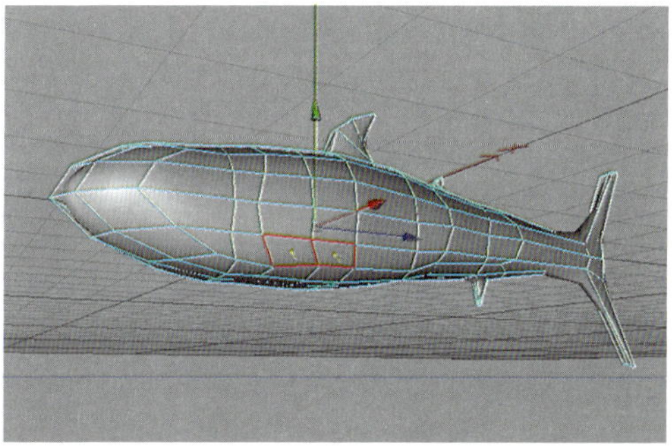

◀ **Abbildung 59**
Polygone für die Seitenflossen

*Nach einer Extrusion, einer kleinen Drehung und einer Skalierung um etwa ein Drittel entlang der Normalen über Struktur · Skalieren (entlang Normalen) haben Sie schon das erste Stück der Seitenflossen fertig (Abbildung 60).*

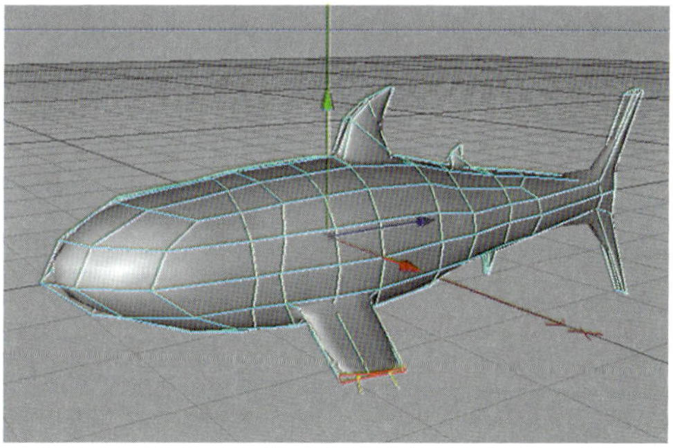

◀ **Abbildung 60**
Ansatz der Seitenflosse

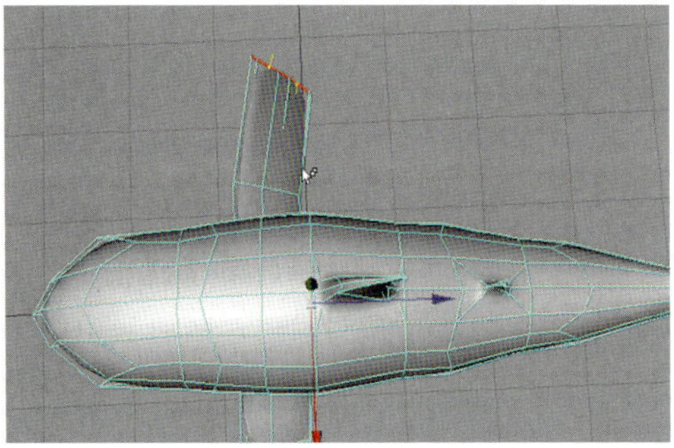

**Abbildung 61 ▶**
Erneute Extrusion der Seitenflosse

*Extrudieren Sie das Flossenstück ein weiteres Mal, führen Sie eine kleine Drehung und wieder eine Skalierung entlang der Normalen durch.*

*Den gleichen Schritt wiederholen Sie ein letztes Mal. Berücksichtigen Sie bei der letzten Skalierung, dass die Flosse hier endet. Sperren Sie die Y-Achse, damit das Ende nicht zu scharf und zu spitz ausläuft.*

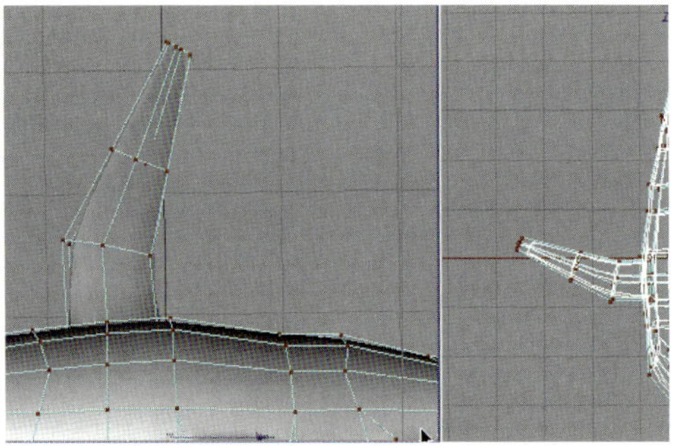

**Abbildung 62 ▶**
Korrektur der Seitenflosse

*Korrigieren Sie die Seitenflossen in mehreren Ansichten. Ich habe in diesem Beispiel die extrudierten Punkte noch näher zum Körper und die Flossenspitze ein Stück nach hinten geschoben.*

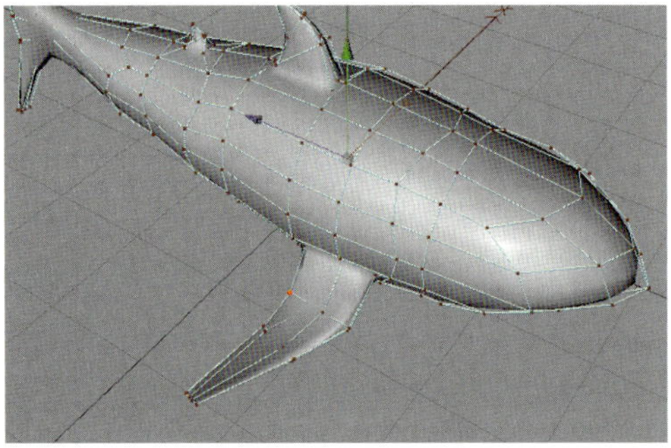

**Abbildung 63 ▶**
Optimierung der Seitenflosse

*Die hinteren Punkte der Flosse vertragen auch noch ein bisschen Optimierung. Flossen gleichen in der Seitenansicht Flügeln, daher sollte die hintere Seite relativ flach sein. Markieren Sie die relevanten Punkte, und führen Sie eine Skalierung in Y-Richtung durch.*

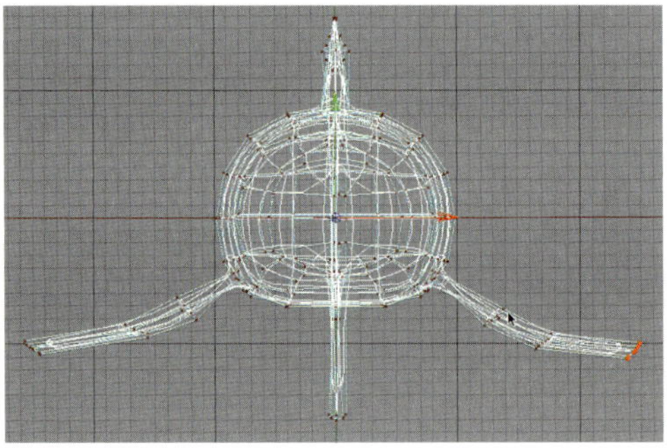

**Abbildung 64 ▶**
Stellung der Seitenflossen

*Nun müssen wir die Flossen nur noch besser in Stellung bringen, damit der Hai nicht so drapiert aussieht. Die Enden der Seitenflossen dürfen ein wenig nach oben geschoben werden, dann sind die Flossen soweit fertig.*

## *3. Kopf und Maul des Hais*

*Dem Kopf des Hais haben wir bislang noch gar keine Beachtung geschenkt. Unternehmen wir zuerst etwas gegen die runde Form des Kopfes. Wählen Sie die vorderen beiden Polygone oben am Kopf aus (Abbildung 65), und verschieben Sie die Kopfpolygone in Z-Richtung nach vorne.*

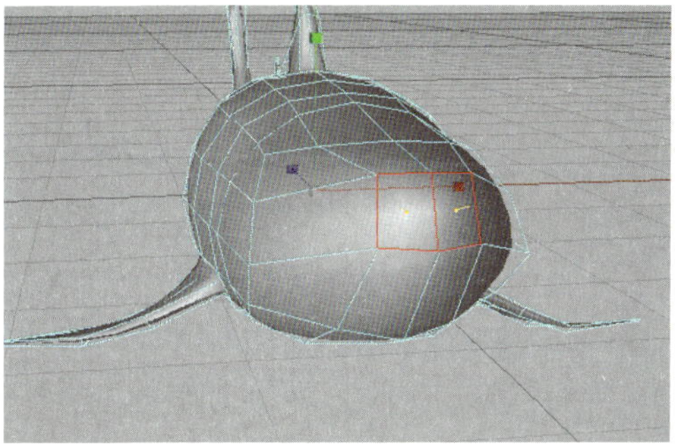

◀ **Abbildung 65**
Formung der Stirnseite

*Ein Blick auf die untere Seite des Kopfes bietet uns nicht allzu viele Polygone an, aus denen wir das Maul des Hais bilden können.*

*Selektieren Sie die Polygone wie in Abbildung 66 gezeigt. Achten Sie darauf, dass* NUR SICHTBARE ELEMENTE SELEKTIEREN *aktiviert ist.*

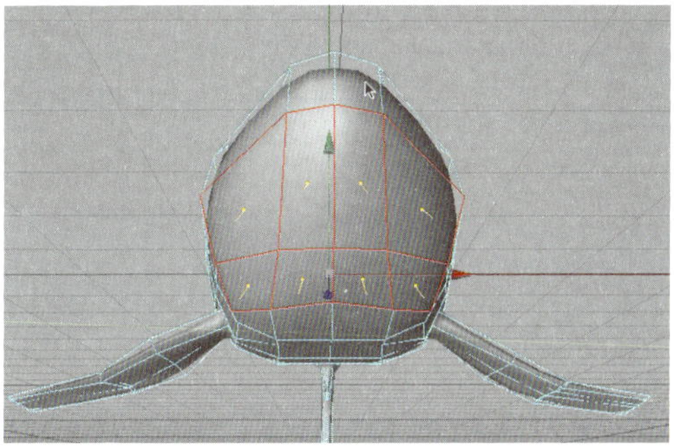

◀ **Abbildung 66**
Selektion der Polygone für das spätere Maul

*Über* INNEN EXTRUDIEREN *(Taste* I*) bekommen Sie für unsere Zwecke wesentlich besser geeignete Polygonausmaße (Abbildung 67).*

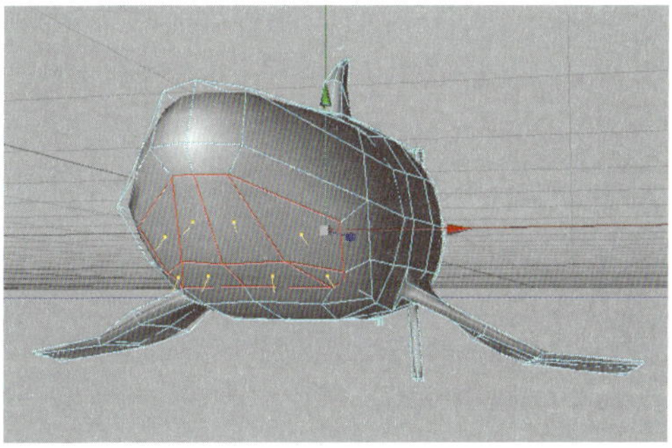

◀ **Abbildung 67**
Innen extrudieren

*Für das eigentliche Maul genügen uns die oberen der markierten Polygone (Abbildung 68). Die innere Extrusion der unteren Polygone hat das »Kinn« des Hais abgeflacht.*

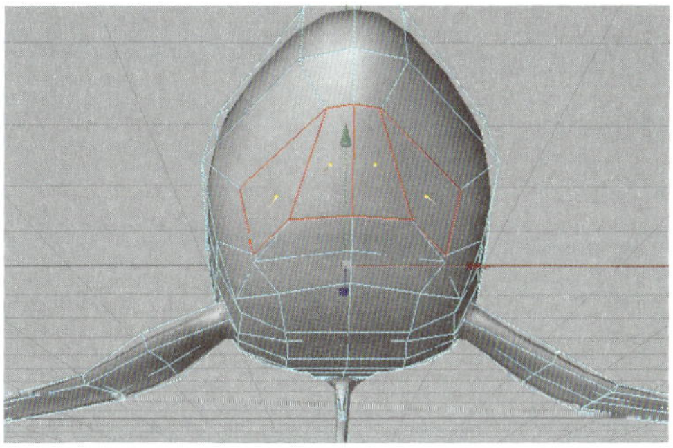

◀ **Abbildung 68**
Polygone für die Extrusion des Mauls

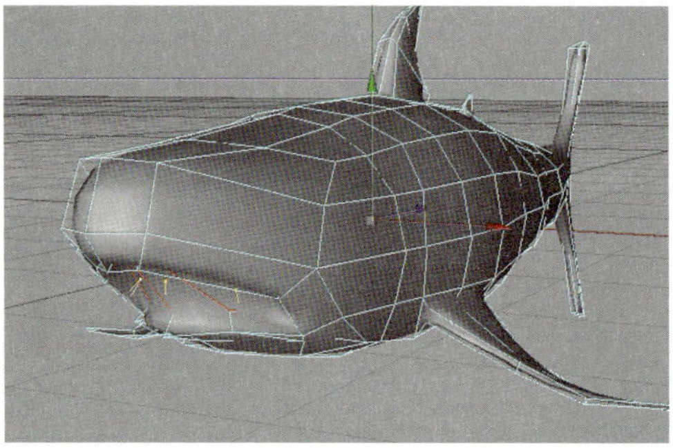

**Abbildung 69 ▶** Extrusion des Haimauls

*Jetzt kann das Maul des Hais extrudiert werden. In einem ersten Schritt setzen Sie die Öffnung des Mauls. Mit einer kleinen inneren Extrusion schaffen Sie dann den Ansatz für den Schlund (Abbildung 69).*

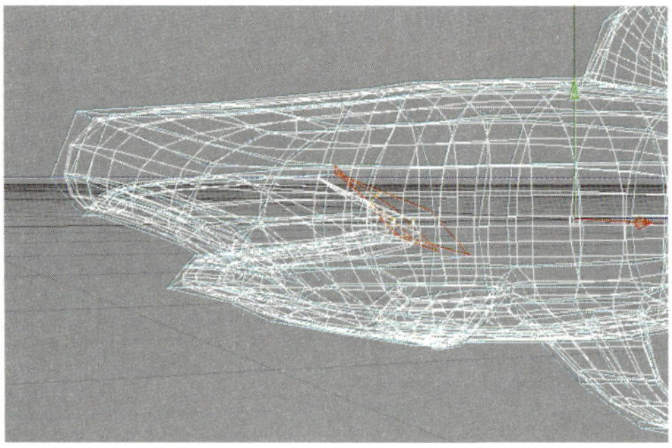

**Abbildung 70 ▶** Der Schlund des Hais

*Zur besseren Übersichtlichkeit hier die Seitenansicht im Isobaten-Modus. In einem letzten Schritt extrudieren oder verschieben Sie die Polygone ein weiteres Mal nach hinten. Orientieren Sie sich dabei an Abbildung 70.*

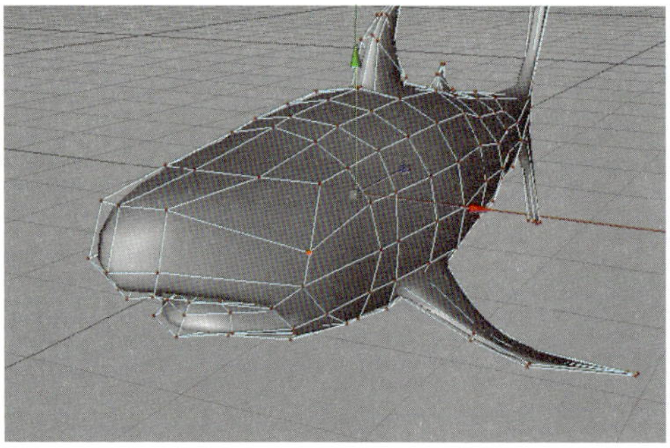

**Abbildung 71 ▶** Vorbereitung der Punkte für die Augen

*Bevor das Maul weiter ausmodelliert wird – dafür brauchen wir mehr Polygone –, kümmern wir uns um die Augen des Hais.*

*Vergleichen Sie die Kopfpartie Ihres Hais einmal mit der in Abbildung 69. Wenn die Punkte im Augenbereich ähnlich angeordnet sind, müssen Sie die Polygone noch für die Augenextrusion vorbereiten. In meinem speziellen Fall habe ich den untersten Punkt ein Stück nach unten geschoben (Abbildung 71).*

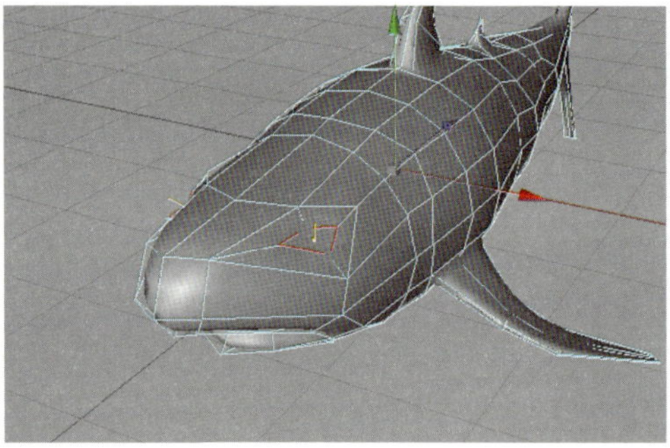

**Abbildung 72 ▶** Verkleinern der Augenpolygone

*Mit dem Innen-Extrudieren-Werkzeug (Taste* I *) verkleinern Sie die Augen-Polygone passend (Abbildung 72). Anschließend nehmen Sie das normale Extrudieren-Werkzeug (Taste* D *) und schaffen eine Art Augenhöhle.*

*Als Letztes folgt eine Extrusion nach oben, damit ist das Auge fertig gestellt (Abbildung 68).*

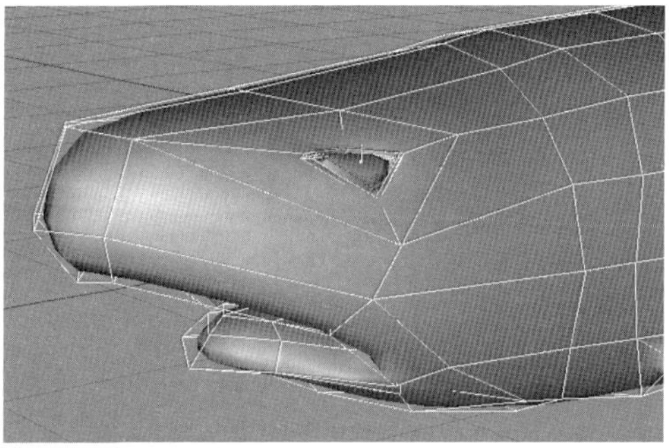

◀ **Abbildung 73**
Fertiges Auge

*Halten wir einen kurzen Moment an und betrachten das bisher Geschaffene. Was nun noch vor uns liegt, ist die richtige Detailarbeit. Dafür werden aber noch mehr Polygone benötigt. Es wäre nun theoretisch möglich, über das Messer und diverse andere Werkzeuge neue Polygonreihen einzuziehen. Da wir aber bislang sehr sparsam mit den Polygonen umgegangen sind, lassen wir die Unterteilung von Cinema 4D vornehmen.*

◀ **Abbildung 74**
Zwischenstand vor Unterteilung

*Wie sparsam Sie mit Polygonen hantiert haben, können Sie mit einem Blick auf das Menü FENSTER · STRUKTUR-INFORMATION (Abbildung 75) herausfinden. Mein Hai besteht demnach aus exakt 362 vierseitigen Polygonen.*

*Dreiseitige Polygone sind nicht vorhanden, das ist auch gut so. Die Messerschnitte erfolgten immer parallel zu bereits vorhandenen Polygonreihen, daher bestand auch keine allzu große Gefahr.*

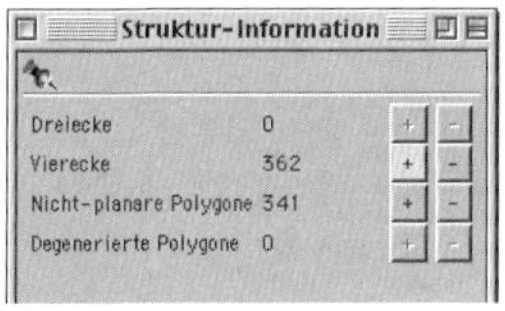


◀ **Abbildung 75**
Struktur-Information

*Vor dem UNTERTEILEN-Schritt (Abbildung 76) vergewissern Sie sich am besten noch durch BEARBEITEN · ALLES DESELEKTIEREN, dass die Unterteilung auf das gesamte Objekt angewendet wird.*

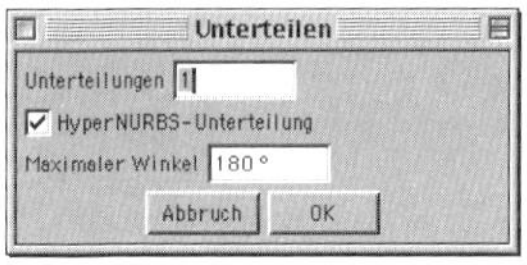


◀ **Abbildung 76**
Unterteilen

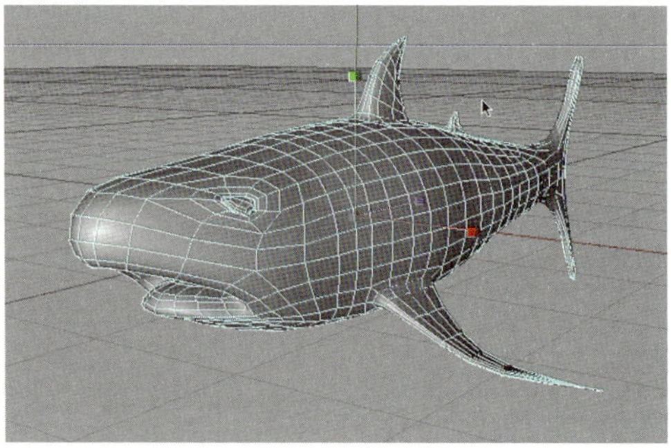

**Abbildung 77** ▶
Zustand nach Unterteilung

*So wie in Abbildung 77 sollte der Hai nun aussehen. Das Drahtgitter ist noch einigermaßen übersichtlich geblieben, und uns stehen mehr Polygone für die Feinarbeit zur Verfügung.*

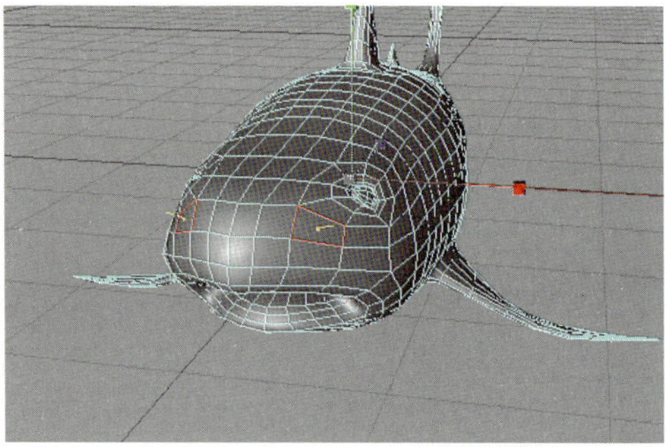

**Abbildung 78** ▶
Polygone für die Nasenlöcher

*Verpassen wir dem Hai ein paar Nasenlöcher. Selektieren Sie die Polygone in der für unseren Zweck richtigen Höhe (Abbildung 78). Führen Sie einen INNEN-EXTRUDIEREN-Schritt und eine Extrusion ins Innere des Haikopfes durch.*

### 4. Extrusion der Haifischzähne

*Auch nach der Konsultation mehrerer Haibücher habe ich beim besten Willen keine wasserdichte Logik bei der Anordnung des Haigebisses feststellen können. In Abbildung 79 sehen Sie einen Vorschlag für die vorderste Zahnreihe des Ungetümes. Wichtig ist nur, dass die Anordnung nicht zu eintönig ausfällt, es dürfen auch Lücken vorkommen. Hätten Sie gewusst, dass Haien bis ans Lebensende bei Verschleiß oder Ausfall neue Zähne nachwachsen?*

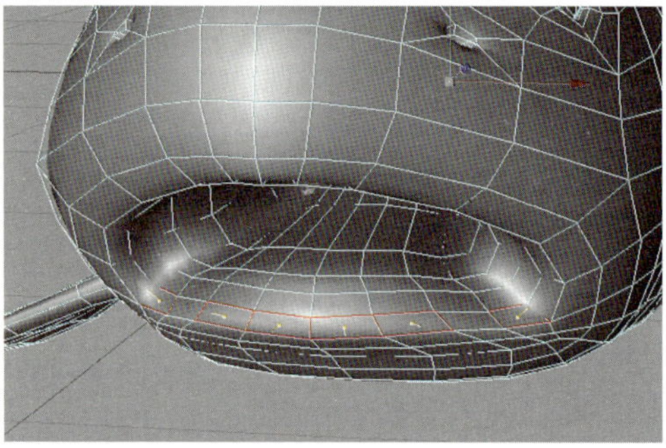

**Abbildung 79** ▶
Vorschlag für die vordere Zahnreihe

*Nehmen Sie sich immer ca. drei bis vier Polygone für die Zahnerstellung vor. Mit INNEN EXTRUDIEREN, ENTLANG NORMALEN SKALIEREN und einer Extrusion nach oben bauen Sie den Unterkiefer des Hais. Verkleinern Sie jedes Zahnpolygon schließlich auf ein spitzes Minimum (Abbildung 80).*

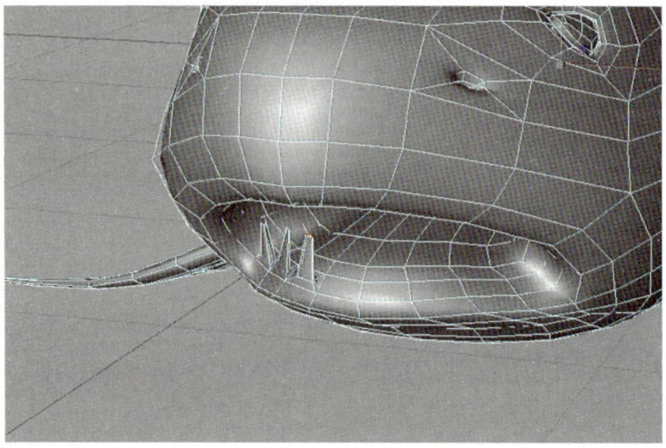

**Abbildung 80** ▶
Drei extrudierte Zähne

*Zur Selektion der Oberkieferzahn-Polygone (Abbildung 81) drehen Sie sich den Hai wieder so zurecht, dass Sie gut mit dem Selektions-Werkzeug zu Rande kommen.*

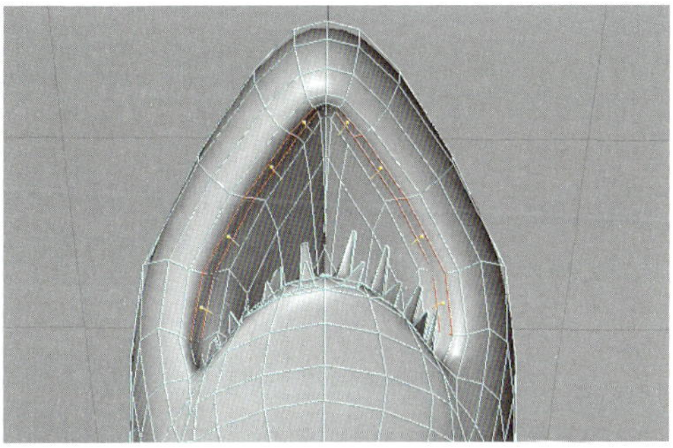

◀ **Abbildung 81**
Selektion der Oberkieferpolygone

*Nach getaner Arbeit wird das Haimaul dem in Abbildung 82 ähneln. Die Zähne müssen nicht symmetrisch oder geordnet im Maul stehen, lassen Sie manche Beißer ruhig ein bisschen gefährlich nach vorne stehen.*

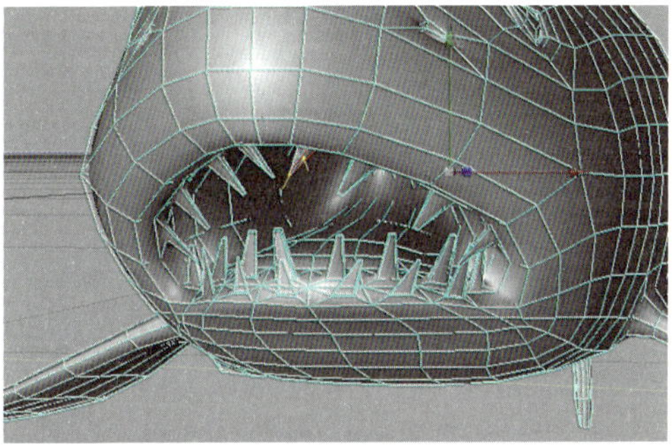

◀ **Abbildung 82**
Das komplette Haigebiss

*Nachdem die Maulpartie nun fertig ist, betrachten wir den Hai zwischendurch einmal im Ganzen (Abbildung 83). Der Körper wirkt noch sehr glatt und eigentlich eher walähnlich, zudem braucht unser Hai noch Kiemen.*

◀ **Abbildung 83**
Ausgangs-Kontur-Spline

## 5. Extrusion der Kiemen

*Beginnen wir mit den Kiemen. Bevor Sie die Polygone für die Extrusionen markieren können, sollten Sie die Punkte etwas vorbereiten, damit die Kiemen nicht zu geradlinig ausfallen. Verschieben Sie dazu die oberen und unteren Punkte der späteren Polygone in Z-Richtung nach hinten. In Abbildung 84 ist die erste Kiemenreihe selektiert.*

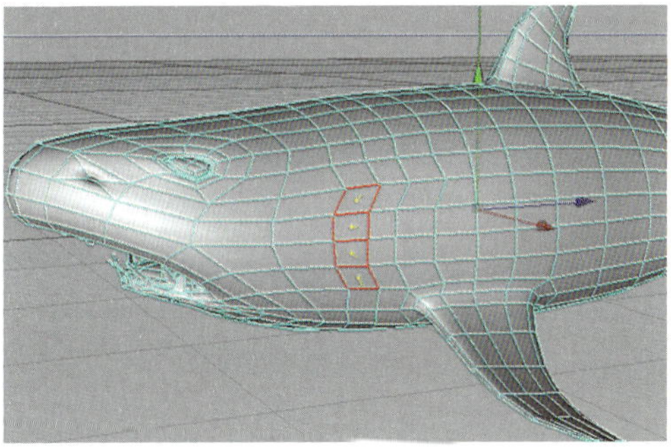

◀ **Abbildung 84**
Vordere Kiemenreihe

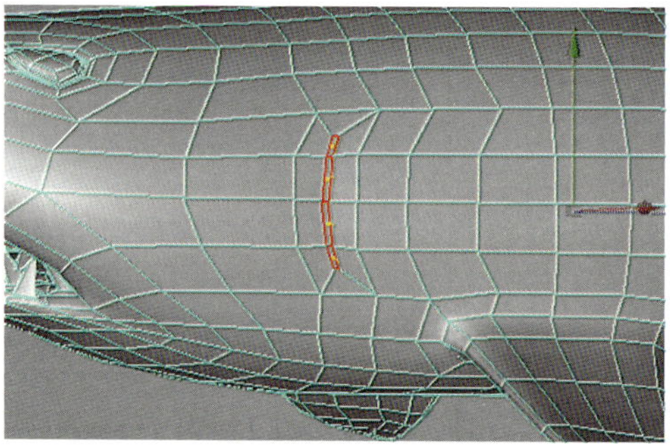

**Abbildung 85** ▶
Innen extrudieren der Polygone

*Mit einem Innen-extrudieren-Schritt (Taste [I]) verkleinern Sie dann die Polygone. Seien Sie nicht zu zaghaft, Sie sehen gleich, welche Auswirkungen schon diese schmale Polygonreihe auf die Kiemengröße hat. Eventuell sollten Sie zusätzlich eine Skalierung in Z-Richtung anbringen.*

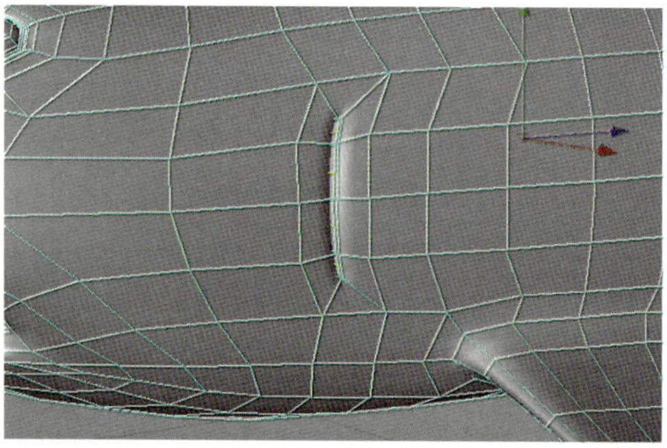

**Abbildung 86** ▶
Extrusion der vordersten Kiemen

*Extrudieren Sie die Polygone dann nach innen (Abbildung 86). Diese Extrusionen sollten einzeln vorgenommen werden, dann kann in Größe und Stärke variiert werden.*

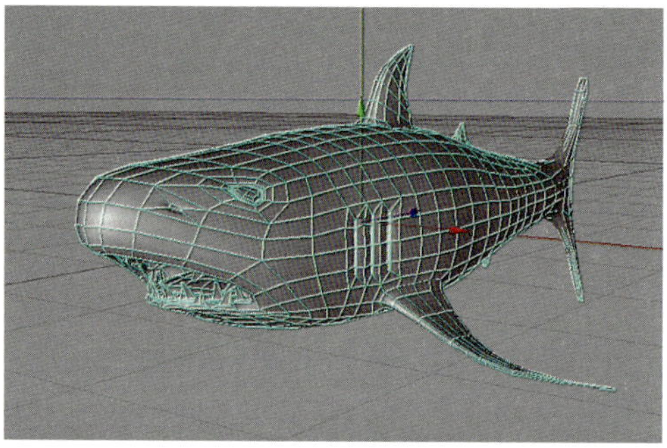

**Abbildung 87** ▶
Fertig extrudierte Kiemen

*Nach Extrusion der Kiemen auf beiden Seiten – die auch einen guten Störer in der sonst so glatten Oberfläche abgeben – sind wir mit der eigentlichen Modellierung fertig (Abbildung 87).*

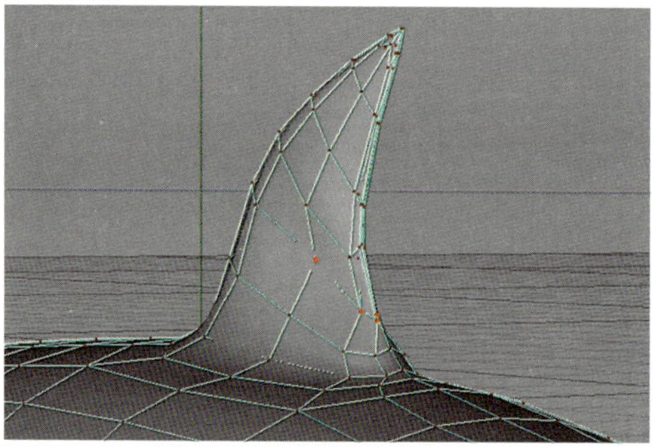

**Abbildung 88** ▶
Optimierung der Rückenflosse

### 6. Optimierung

*Damit die Rückenflosse nicht allzu glatt und perfekt erscheint, fügen Sie noch ein paar weitere Schritte mit dem Messer (Taste [K]) hinzu, und schieben und skalieren Sie die hinteren Punkte, bis ein paar Kanten und Falten entstehen (Abbildung 88). Verfahren Sie mit den restlichen Flossen genauso.*

*Selektieren Sie auf beiden Seiten des Hais die Punktreihen wie in Abbildung 82 gezeigt – die Kiemenpunkte sparen Sie dabei aus. Mit einer Skalierung in X-Richtung geben Sie dem Körper eine kräftigere, natürlichere Form.*

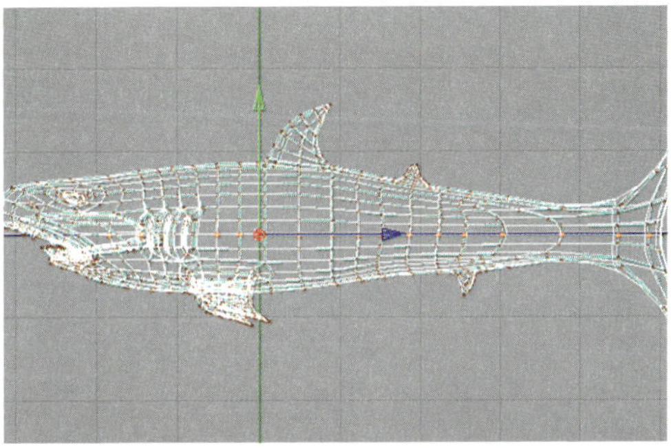

◂ **Abbildung 89**
Punktreihen zur Skalierung

*Das Einzige, was jetzt noch stört, ist die arg runde Nasenpartie des Hais (Abbildung 90). Hier müssen wir uns wiederum auf die Punktebene bemühen.*

◂ **Abbildung 90**
Fertiger Körper des Hais

*Wählen Sie mit dem Selektions-Werkzeug und deaktiviertem NUR SICHTBARE ELEMENTE SELEKTIEREN die in Frage kommenden Punkte aus. Dabei können Sie sich an Abbildung 91 orientieren. Verschieben Sie die Punkte nach unten. Der Unterkiefer muss gut in die Form des Oberkiefers passen – die Schnauze darf oben nicht zu spitz zusammenlaufen.*

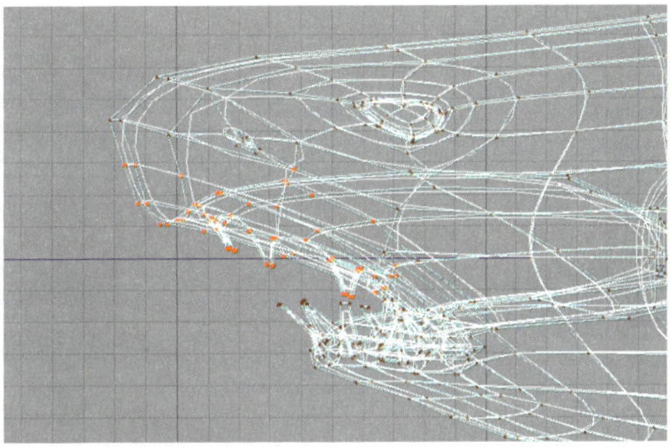

◂ **Abbildung 91**
Optimierung der Schnauze

*Am Schluss ist noch die Nase an der Reihe. Nehmen Sie die Punkte an der Nasenspitze, und ziehen Sie die Nase etwas nach vorne und nach oben. Vergleichen Sie Ihr Ergebnis mit Abbildung 92, ein bisschen Feintuning lässt sich jederzeit noch anbringen.*

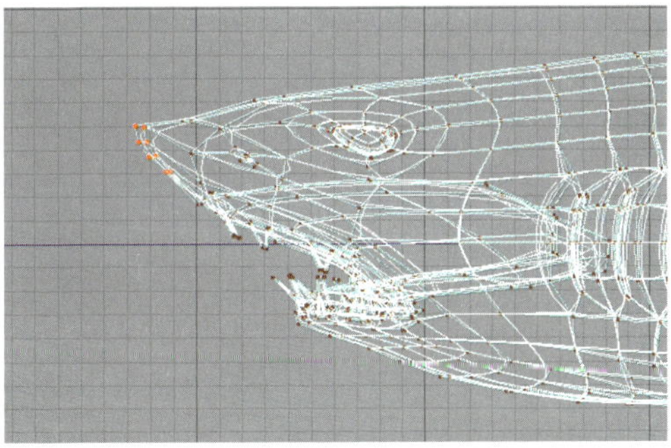

◂ **Abbildung 92**
Optimierung der Nasenspitze

## *7. Etwas mehr Haltung*

*Um dem Hai eine elegantere Körperhaltung zu verleihen, verwenden wir eines der Deformations-Objekte und biegen seine Heckpartie etwas nach rechts. Holen Sie sich ein Biege-Objekt* ❶ *aus der Deformatoren-Palette. Eine Deformation kann erst dann stattfinden, wenn das Biege-Objekt einem Zielobjekt untergeordnet wird.*

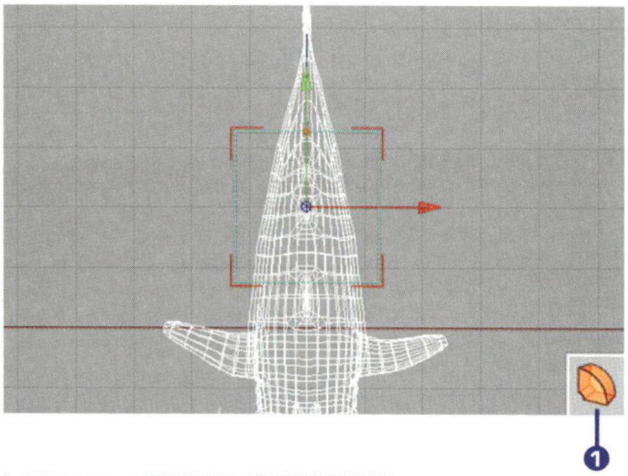


**Abbildung 93 ▶**
Biege-Objekt

*Passen wir aber vorher das Biege-Objekt an das Zielobjekt an. Übernehmen Sie für den Deformator die Koordinatenwerte aus Abbildung 94, achten Sie auf die Rotation des Objektes. Platzieren Sie das Biege-Objekt in Z-Richtung, bis der orange Anfasser ungefähr an der Schwanzflosse sitzt. Werfen Sie nun das Biege-Objekt in Ihren HyperNURBS-Generator (Abbildung 95).*

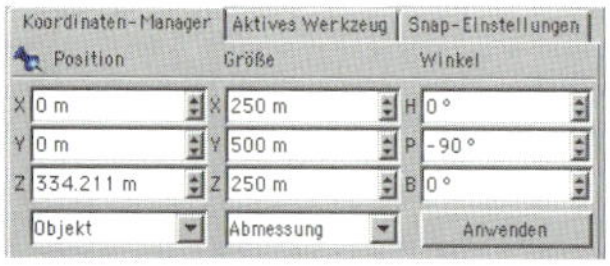


**Abbildung 94 ▶**
Positionierung des Biege-Objekts

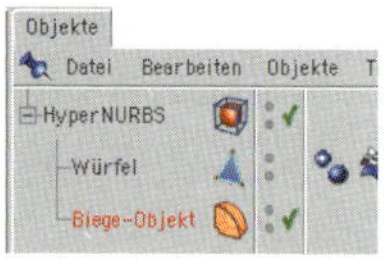


**Abbildung 95 ▶**
Das Biege-Objekt als Unterobjekt

*Nun ist alles bereit zur Deformation. Sie können die Biegung interaktiv mit dem orangen Anfasser vornehmen (Abbildung 96) oder alternativ per Eingabe im Biege-Objekt-Dialog.*
*In jedem Fall sollten Sie die Option* Y-Länge beibehalten *aktivieren, damit die Länge des Hais beim Verbiegen erhalten bleibt – was ja durchaus erwünscht ist.*

*Ich darf Ihnen an dieser Stelle bereits verraten, dass die Deformatoren selbstverständlich animierbar sind, eine einfache Flossenbewegung könnten Sie also nun schon problemlos erzeugen.*

*Abbildung 97 zeigt das Endergebnis unseres Polygon-Modelling-Workshops.*

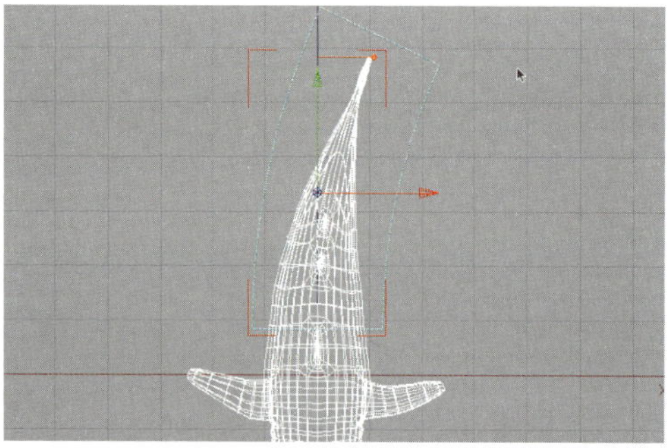

**Abbildung 96 ▶**
Biegen des Haikörpers

**Abbildung 97 ▶**
Der fertige Hai

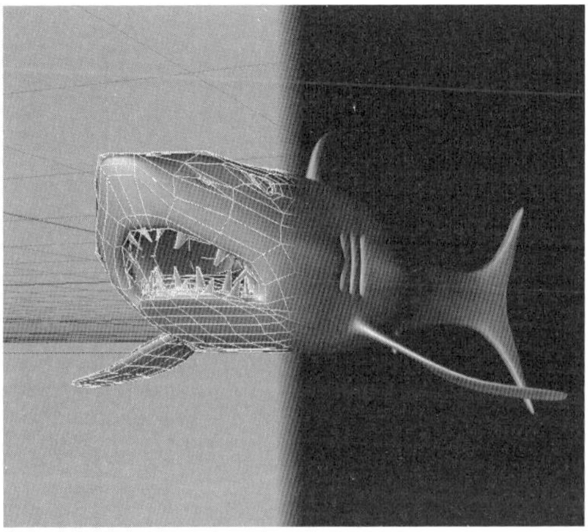

◄ **Abbildung 98**
Modelling detaillierter organischer Formen mit HyperNURBS

## Wann modelliere ich mit HyperNURBS?

Wenn Sie den Workshop durchgearbeitet haben, kennen Sie die Vor- und Nachteile bzw. die Anwendungsbereiche des Polygon-Modellings eigentlich schon.

Die Grundidee, sich vom groben Modell immer weiter in Richtung höher aufgelöstes Feinmodell zu bewegen, bringt viele Annehmlichkeiten mit sich. Die Datenmenge belastet nicht, die Objekte bleiben übersichtlich und leicht zu bearbeiten.

Schwieriger gestaltet sich das Modelling mit HyperNURBS, wenn Objekte von höchster Genauigkeit hergestellt werden müssen. Die Kurven entstehen ausschließlich durch variable Interpolation zwischen den Polygonpunkten – echte Pfade wie bei den NURBS-Objekten sind hier nicht möglich.

Einen weiteren Punkt darf man auch nicht vergessen: Polygon-Modelling verlangt Übung und anfangs auch viel Geduld, belohnt aber jeden Schritt mit immer besseren, realistischeren Ergebnissen.

HyperNURBS eignen sich hervorragend für organische Objekte mit detaillierten Oberflächen wie Menschen, Tiere, Pflanzen und Bäume sowie für einfache Objekte, die nicht nach maschineller Fertigung aussehen müssen.

Damit kein falscher Eindruck entsteht: Es gibt nichts, was Sie mit Polygonen nicht modellieren könnten – nur ermöglichen andere Methoden in manchen Fällen einen geringeren Zeitaufwand.

# Modelling-Objekte

## *Boole, Metaballs, Instanzen, Symmetrien …*

*Hinter dem relativ oberflächlichen Begriff der »Modelling-Objekte« verbergen sich neben kleinen Helferlein, die das Arbeiten mit Cinema 4D wesentlich erleichtern, auch so essenzielle Modelling-Tools wie Metaballs und boolesche Operationen.*

Modelling-Objekte unterstützen Sie beim Modellieren, besonders dann, wenn es sich um unnötig zeitraubende Tätigkeiten wie den Umgang mit vielen Duplikaten oder das Erstellen von symmetrischen Formen handelt. Die Gruppe dieser Objekt-Palette (Abbildung 1 und 2) wirkt auf den ersten Blick nicht sonderlich homogen – dies mag besonders Anwendern, die bereits Erfahrungen in anderen 3D-Programmen gesammelt haben, so erscheinen.

Array-, Instanz- und Symmetrie-Objekte sorgen durch Duplizieren, Anordnen oder auch Spiegeln von Objekten dafür, dass Sie beim Umgang mit sich wiederholenden Objekten oder Geometrien keine Doppelarbeit leisten müssen. Ihnen ist gemeinsam, dass sie die Objekte nicht verändern, sondern Duplikate bzw. Spiegelungen der Ausgangsobjekte erstellen und verwalten.

Boolesche Operationen und Animationen erledigt das Boole-Objekt. Noch in Version 5 gehörte die boolesche Operation zu den relativ unbeweglichen Werkzeugen, nach deren Anwendung ein definitives, verändertes Objekt vorlag. Seit Version 6 sind die Ausgangsobjekte auch nachträglich manipulier- und austauschbar, was das Arbeiten wesentlich flexibler und die Animation überschaubarer macht.

Eigentlich gehören die Metaballs an eine andere Stelle, vertreten sie doch in anderen Programmen eine eigenständige Modelling-Architektur. Nachdem die Metabälle lange Zeit auf der Wunschliste vieler Cinema 4D-Anwender zu finden waren, haben Sie nun aber mit der zeitgleichen Einführung der HyperNURBS etwas an Relevanz verloren. Metaballs spielen ihre Stärken besonders bei der Animation von Flüssigkeiten aus.

Am ehesten aus der Reihe fällt das Arbeitsebenen-Objekt, das Ihnen eine frei definierbare Hilfsebene bereitstellt.

Dies als kleiner Überblick zu den verschiedenen Modelling-Objekten. Was Sie im Einzelnen beim Umgang berücksichtigen sollten, erfahren Sie auf den folgenden Seiten.

Modelling-Objekte: Array, Boole, Instanz, Metaball, Symmetrie, Arbeitsebene

▼ **Abbildung 1**

Modelling-Objekte-Menü

▼ **Abbildung 2**

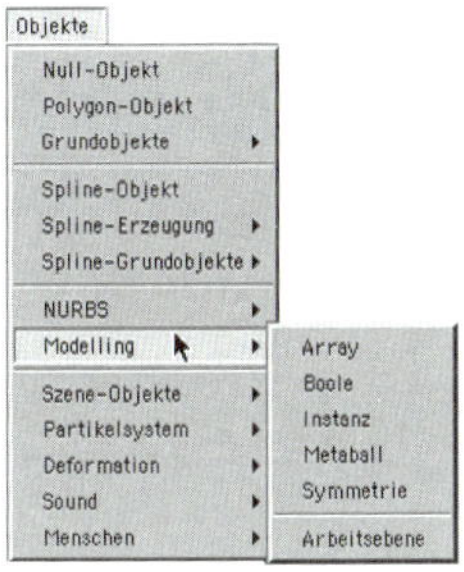


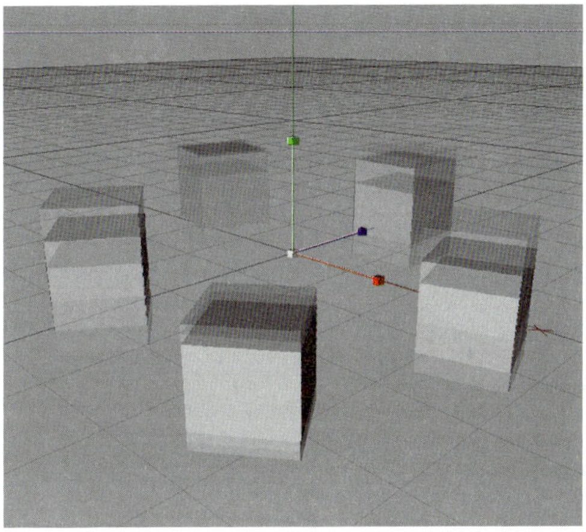

▲ **Abbildung 3**
Array

**Abbildung 4** ▶
Array- und Ausgangsobjekt

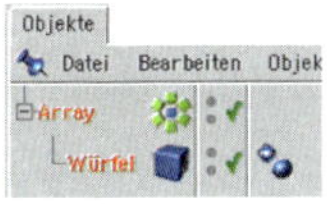


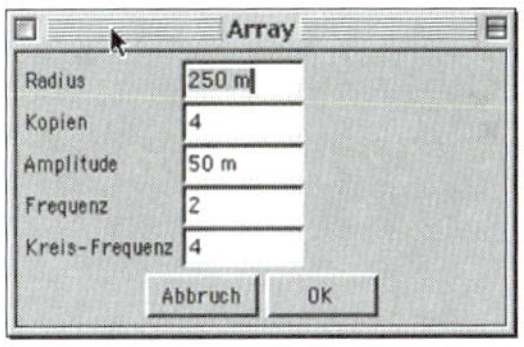


◀ **Abbildung 5**
Array-Einstellungen

## Array

Das Array-Objekt erzeugt aus dem ihm untergeordneten Objekt (Abbildung 4) Duplikate, die von oben betrachtet kreisförmig und von der Seite betrachtet wellenförmig angeordnet werden.

Der Clou an der Sache: Die Y-Position der einzelnen Array-Elemente – also die Welle – ist animiert. Abbildung 3 zeigt ein Array in Aktion mit den Dialogeinstellungen aus Abbildung 5.

Wie oft in der Sekunde jedes Objekt einen Wellendurchlauf vollführen soll, geben Sie im FREQUENZ Feld an. Die AMPLITUDE definiert den kompletten Ausschlag (Y-Richtung) der Array-Elemente.

Wie viele Wellenspitzen sich im Umlauf des Kreises befinden, lässt sich im Feld KREIS-FREQUENZ angeben.

Als Achsenmittelpunkt verwendet das Array-Objekt den Ursprungspunkt des untergeordneten Ausgangsobjektes.

Die gesamten Animationseinstellungen (Frequenz und Amplitude) erfolgen über den Einstellungsdialog, die Animation läuft also zeitleistenunabhängig. Variationen und Feineinstellungen können aber sehr einfach über die Parameter-Spur der Zeitleiste vorgenommen werden.

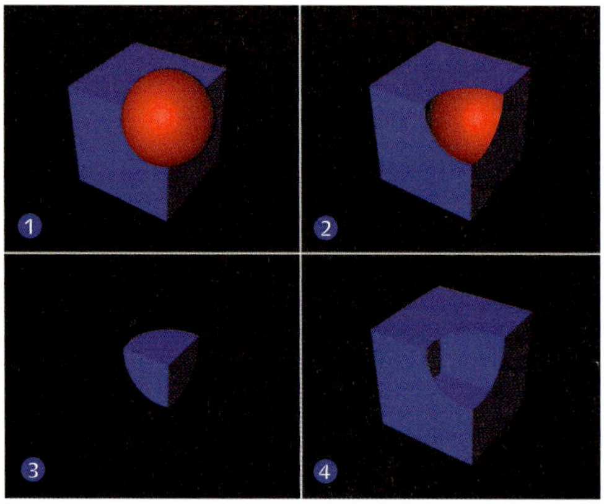


**Abbildung 7 ▲**
Boolesche Operationen

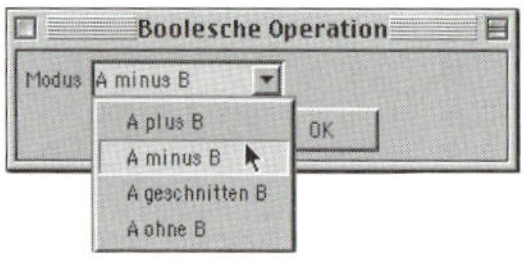


**Abbildung 6 ▶**
Boole-Optionen

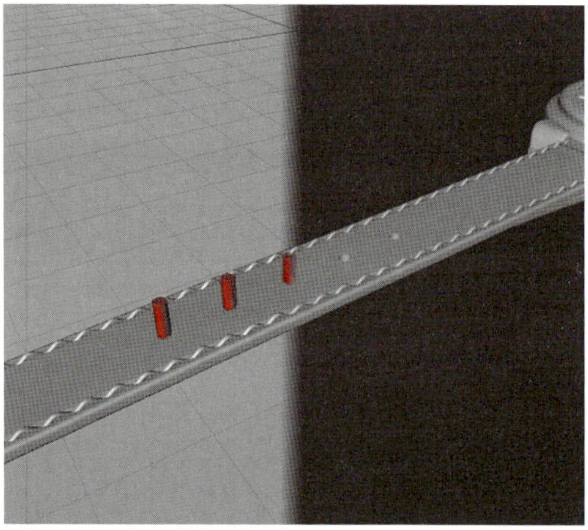

**▲ Abbildung 8**
Löcher im Armband durch boolesche Operation

## Boole

Die boolesche Operation ist mit Sicherheit das bekannteste Element der Palette.

Zwei Körper, die sich im Boole-Objekt befinden, werden gemäß den Einstellungen des Boole-Objektes (Abbildung 6) miteinander verrechnet. Aus den Objekten kann wahlweise eine Vereinigung (A plus B) ❶, eine Subtraktion (A minus B) ❷, eine Schnittmenge (A geschnitten B) ❸ oder ein einfacher Schnitt (A ohne B) ❹ entstehen. In Abbildung 7 sind die vier Möglichkeiten gegenübergestellt, dabei ist der blaue Würfel Objekt A, die rote Kugel Objekt B.

Es fällt auf, dass die Schnittflächen der Körper ihre zugewiesene Farbe behalten. Wie eingangs erwähnt, lassen sich die Objekte auch weiterhin einzeln in Echtzeit bearbeiten, austauschen und natürlich animieren. Dabei greift Cinema 4D zur Verrechnung der Objekte auf deren Oberflächen zurück. Die Oberflächenanteile, die vom Kugel-Objekt stammen, behalten also ihr rotes Material. Sollten Sie also Objekten vor der booleschen Operation schon Materialien zugewiesen haben, wundern Sie sich nicht, dass Sie das Material neu bzw. dem Boole-Objekt zuweisen müssen.

Auch mehrere Boole-Objekte dürfen selbstverständlich ineinander verschachtelt sein; und wollen Sie, wie in Abbildung 8, mehrere Objekte (rote Zylinder) von einem Ausgangsobjekt (Armband) abziehen, so gruppieren Sie die Zylinder einfach.

Es besteht also eigentlich kein Grund, die Boole-Objekte durch Verbinden aufzulösen – dies funktioniert übrigens auch nur dann, wenn die Unterobjekte zu Polygon-Objekten konvertiert wurden. Für eine Weiterbearbeitung eignen sich diese Resultate auch nicht, da bei der Verrechnung viel unsaubere Objektgeometrie (Dreiecke) entsteht.

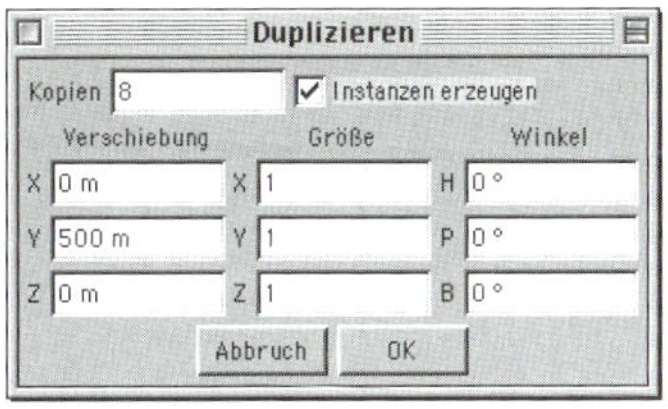


**Abbildung 9** ▶
Instanzen beim Duplizieren erstellen

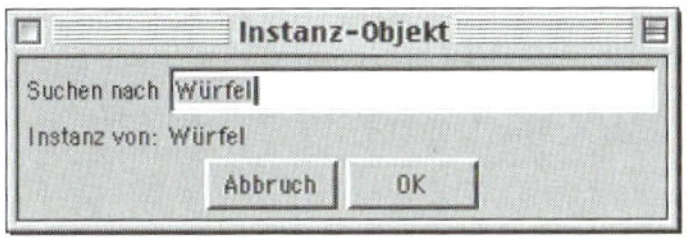


**Abbildung 10** ▶
Instanz-Option

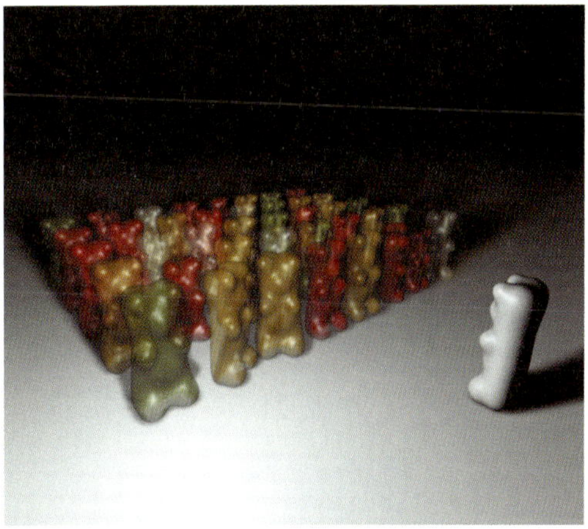

▲ **Abbildung 11**
Der Original-Bär (rechts) und seine Instanzen

# Instanz

Eine Instanz ist ein Abbild eines ihm zugeordneten Objektes.

Das Erstellen einer Instanz geschieht entweder über das Modelling-Objekt Instanz aus der zugehörigen Palette oder dem Menübefehl oder auch bei Verwendung der Duplizieren-Funktion (Menü FUNKTIONEN · DUPLIZIEREN, Abbildung 9).

Im Instanzdialog (Abbildung 10) ist lediglich vermerkt, welches Objekt als Bezugsobjekt dienen soll. Ein Instanz-Objekt besitzt im Prinzip keine eigene Geometrie; ändern Sie also das Mutterobjekt ab, so wird diese Modifikation automatisch auf alle Abbilder (Instanzen) übertragen, die das gleiche Mutterobjekt als Bezugsobjekt haben. Möchten Sie später jedoch statt Instanzen lieber gänzlich eigenständige Objekte modifizieren, wandeln Sie die Instanzen einfach über den Befehl GRUNDOBJEKT KONVERTIEREN (Taste C) um.

Trotzdem beinhalten die Instanzen genug Eigenleben, um sie individuell zu gestalten. Positions-, Größen- und Rotationsänderungen am Mutterobjekt berühren die Instanzen nicht.

Alle anderen Eigenschaften wie Aussehen (Modellierung), Material etc. überschreiben, sobald sie definiert sind, auf das Instanz-Objekt bezogene Eigenschaften. Sehen wir uns als Beispiel die Abbildung 11 an. Mutterobjekt ist der weiße Bär rechts. Die anderen 64 Bären sind allesamt Instanzen des Mutterobjektes. Sie besitzen unterschiedliche Positionen, Rotationen und Größen sowie verschiedene Materialeigenschaften. Änderte man nun das (bislang nicht vorhandene) Material des Bären in ein Rot, Gelb oder Grün, so übernähmen alle Instanzen diese Modifikation, auch wenn ihnen ein separates Material zugeordnet ist. Skalieren Sie dagegen das Mutterobjekt, bleiben die Instanzen davon unberührt.

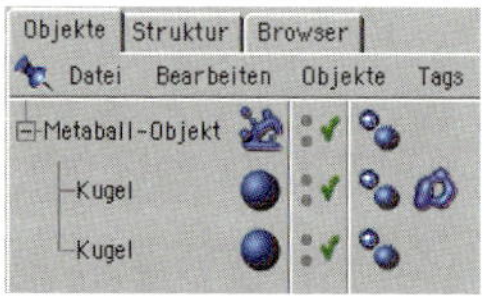


**Abbildung 12 ▶**
Metaball-Objekt

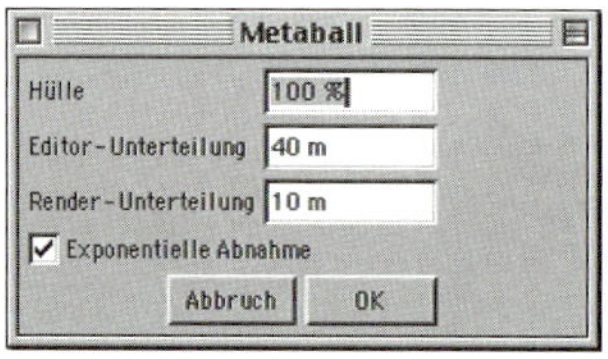


**Abbildung 13 ▶**
Metaball-Optionen

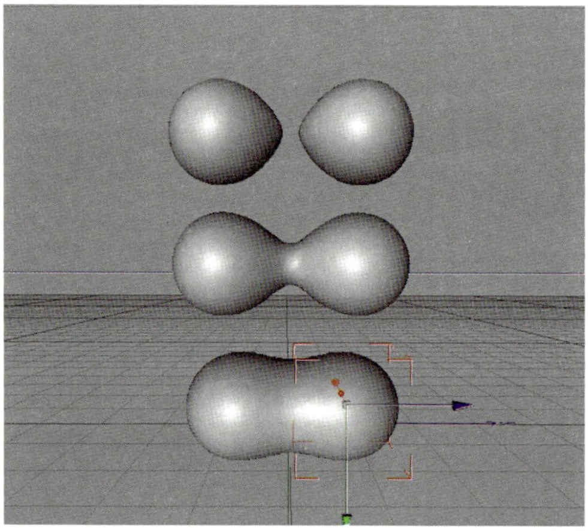

**▲ Abbildung 14**
Metaball-Objekte mit positivem Einfluss

# Metaballs

Die Grundidee der Metaballs reicht bis an den Anfang der Achtzigerjahre zurück, als man versuchte, chemisch-physikalische Zusammenhänge mit Hilfe von sich gegenseitig anziehenden, verschmelzenden oder abstoßenden Grundkörpern zu visualisieren.

Das Metaball-Objekt in Cinema 4D stellt eine Art Hülle zur Verfügung, die sich je nach Einstellung mehr oder weniger genau über dessen Unterobjekte zieht. Dabei können Sie parametrische Objekte, Splines und Polygonobjekte als Unterobjekte (Abbildung 12) verwenden. Einzelne Punkte, wie sie beispielsweise beim Würfel-Grundobjekt, bei Splines und Polygon-Objekten vorkommen, interpretiert das Metaball-Objekt als Kugeln.

Mit einem Doppelklick auf das Metaball-Symbol im Objekt-Manager lassen sich die zugehörigen Optionen (Abbildung 13) einstellen. Der Hülle-Wert gibt an, mit welcher Genauigkeit die Hülle über die einzelnen Metaball-Objekte gestülpt wird. Die Render- und Editor-Unterteilungen kümmern sich um die Darstellung bzw. Glättung der Objekte. Da dies massiven Einfluss auf die Performance Ihres Rechners ausübt, versuchen Sie, die Editor-Unterteilung nicht zu gering anzusetzen. Natürlich sollten beide Werte auch nicht allzu weit auseinander liegen, sonst differieren Arbeitsobjekt und Ergebnis zu sehr. Die Exponentielle-Abnahme-Option bezieht sich auf die Hülle, die dadurch zwischen den Punkten etwas enger anliegt und ein organischeres Aussehen annimmt.

### Positive und negative Einflüsse

Alle Elemente, die sich als Unterobjekte im Metaball-Objekt befinden, üben gegenseitig standardmäßig positiven Einfluss aus. Dies bedeutet, dass Objekte, die nahe zusammenliegen, optisch miteinander verschmelzen (Abbildung 14). Probieren Sie die vielen Mög-

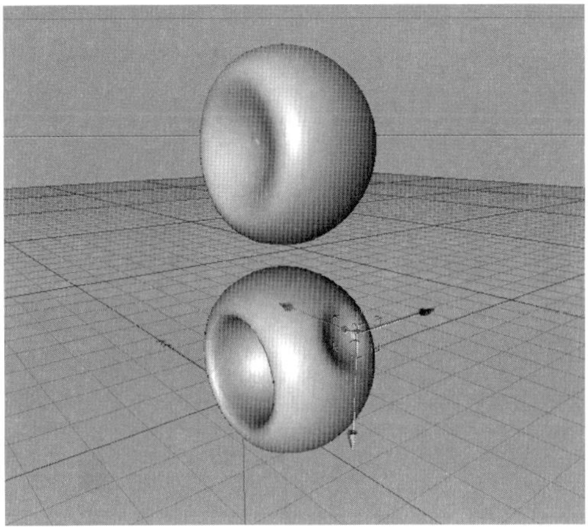

▲ **Abbildung 15**
Metaball-Objekt mit negativem Einfluss

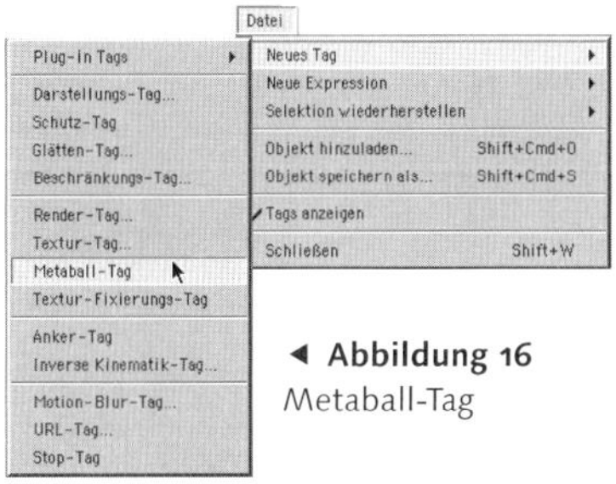


◄ **Abbildung 16**
Metaball-Tag

◄ **Abbildung 17**
Metaball-Tag-Optionen

lichkeiten, die sich allein durch das Verschieben der Einzelelemente ergeben, einmal aus.

Die nächste Steuermöglichkeit der Metaball-Objekte liegt im Variieren der Größe der Elemente. Je größer das Unterobjekt ist, desto mehr bestimmt es auch das spätere Aussehen des gesamten Metaball-Objekts.

Neben einer positiven Anziehung von Metaball-Elementen kann auch eine negative Anziehung – also eine Abstoßung – der Elemente vorliegen. Abbildung 15 zeigt zwei Metaball-Objekte, die mit negativen Unterelementen versehen sind. Cinema 4D stellt im Editor nur die Objekte mit positivem Einfluss dar. Die obere Kugel verformt sich auf Grund einer anderen gleichgroßen Kugel mit negativem Einfluss. Bei der unteren Kugel sitzt links eine negative Kugel innerhalb des Radius der großen Kugel sowie eine kleine Kugel rechts mit relativ geringem Einfluss – eine kleine Deformation entsteht.

### Metaball-Tags

Um den Objekten einen negativen Einfluss zu verleihen und um die Einzelelemente noch genauer kontrollieren zu können, benötigen Sie ein Metaball-Tag.

Metaball-Tags erstellen Sie über den Objekt-Manager im Menü Datei · Neues Tag · Metaball-Tag (Abbildung 16). Diese Tags weisen Sie den Unterobjekten zu und stellen die gewünschten Parameter ein (Abbildung 17).

Außer einem Feld zur Aktivierung von Negativem Einfluss befinden sich im Tag-Einstellungsdialog zwei Felder zur Festlegung der Stärke und des Radius, mit denen das Objekt auf die Hülle wirken soll.

Wie alle anderen Tags lassen sich auch die Metaball-Tags mit gedrückter Befehlstaste auf andere Objekte kopieren.

### Meta-Splines

Eine Besonderheit bieten die Meta-Splines, also Splines, die sich als Unterobjekte im Metaball-Objekt befinden. In Abbildung 18

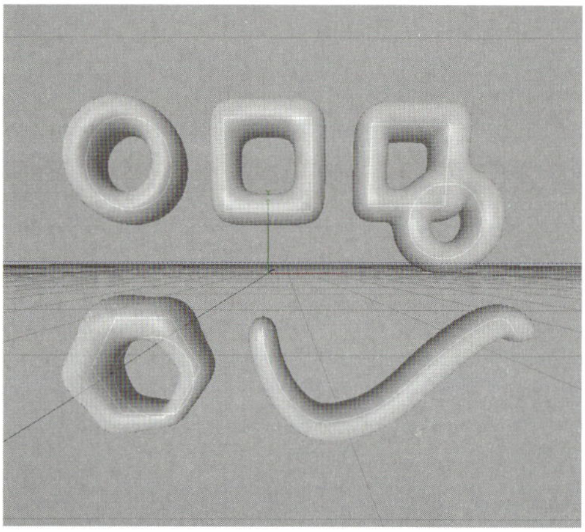

▲ **Abbildung 18**
Verschiedene Meta-Splines

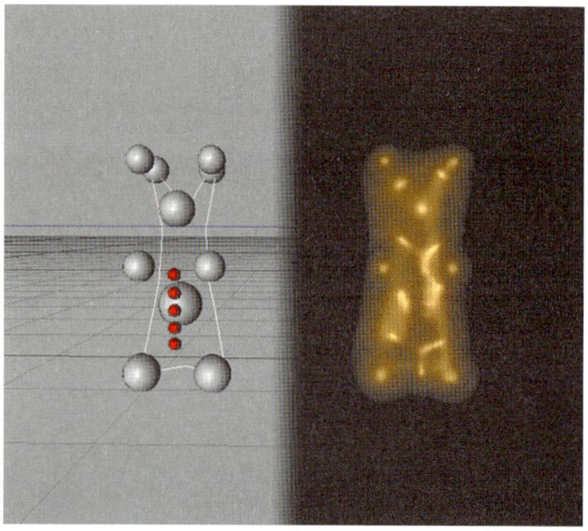

▲ **Abbildung 19**
Ein aus Metabällen modellierter Gummibär

sind ein paar Vertreter der Splines aufgereiht, die weißen Linien zeigen die ursprünglichen Splines. Das Objekt links unten besteht aus zwei Splines: einem n-Eck-Spline und einer ihm untergeordneten Kopie, die zur Steuerung der Hüllendichte bzw. -verteilung dient.

### Mit Metaballs modellieren

Natürlich ist es möglich, die Metabälle auch zum Modellieren herzunehmen. Als potenzielle Modelle eignen sich in erster Linie klebrige oder gar flüssige Objekte, ballonartige Gebilde und allgemein Körper ohne echte Kanten, die ein rundes, blasenförmiges Aussehen haben dürfen. Die Anzahl der Unterobjekte steigt sehr schnell in Dimensionen, die dann nur noch sehr schwer zu verwalten und zu kontrollieren sind.

◂ **298**
Partikelsysteme

Ein Beispielmodell, für dessen Erstellung sich Metaballs wirklich anbieten, zeigt Ihnen Abbildung 19. In der linken Hälfte sind die Metaball-Unterobjekte sichtbar, aus denen sich der Gummibär zusammensetzt.

Der Rückenteil besteht aus einem geschlossenen, ausgearbeiteten Spline; Gesicht, Bauch und Extremitäten aus entsprechend platzierten Metaball-Kugeln. Rot (und im Editor normalerweise nicht zu sehen) sind die Kugeln mit negativem Einfluss zur Formung des Bauches eingefärbt.

Wie Sie merken, war die Modellierung des Bäres nicht allzu kompliziert und zeitaufwändig. Problematisch war hier eher, den Verbrauch der Modellvorlagen in den Griff zu bekommen. Auf der beiliegenden CD finden Sie die Cinema 4D-Datei des Bären.

### Mit Metaballs animieren

Hier liegen die Stärken der Metabälle. Die Animation von Flüssigkeiten lässt sich mit den Metaballs in Verbindung mit den Partikelsystemen sehr überzeugend lösen. Mehr erfahren Sie darüber im Kapitel »Partikelsysteme«.

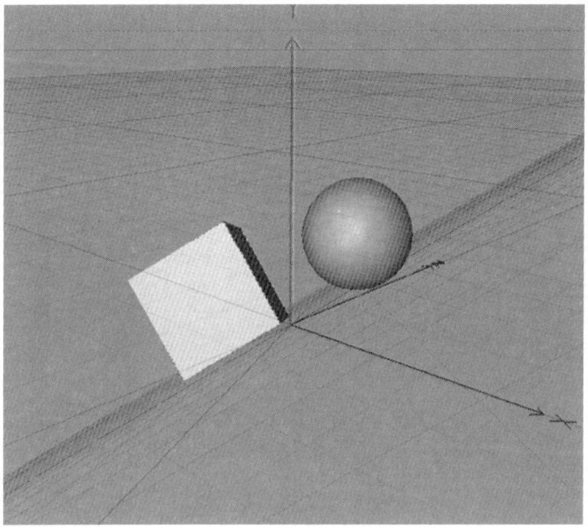

▲ **Abbildung 20**
Arbeitsebene mit platzierten Objekten

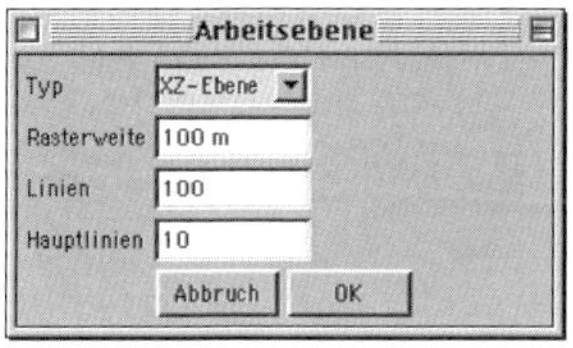


◀ **Abbildung 21**
Arbeitsebenen-Dialog

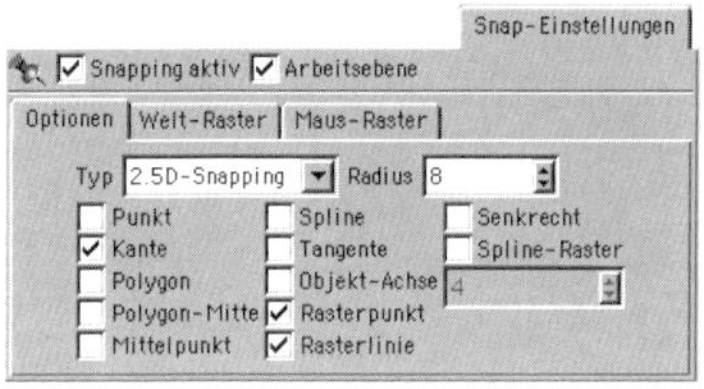


◀ **Abbildung 22**
Snap-Einstellungen zur Arbeitsebene

## Arbeitsebene

Was in 2D-Programmen die Hilfslinie ist, stellt in Cinema 4D die Arbeitsebene dar – nur eben dreidimensional.

Sie ist ein ideales Hilfsmittel, wenn Objekte schräg im Raum zu positionieren sind. Der Vorteil der Arbeitsebene liegt auf der Hand: Als normales Objekt kann sie verschoben, skaliert, gedreht und bei Bedarf ein- bzw. ausgeblendet werden.

Sobald eine Arbeitsebene vorhanden und nicht ausgeschaltet ist, überdeckt sie das Weltraster. Zum Vergleich sind in Abbildung 20 die Arbeitsebene mit bereits platzierten Objekten und im Hintergrund die Weltrasterebene zu erkennen.

Die Optionen für die Arbeitsebene (Abbildung 21) sind wie üblich per Doppelklick auf das Symbol im Objekt-Manager abrufbar. Neben der Ebenenausrichtung können Sie auch Rasterweite und die Anzahl der Linien festlegen. Diese Parameter berücksichtigt Cinema 4D dann bei aktiviertem Snapping. Bei den Snap-Einstellungen (Abbildung 22) können Sie das Snapping dann für die Arbeitsebene geltend machen.

Selbstverständlich ist es auch denkbar, mehrere Arbeitsebenen zu benutzen. Aktiv ist immer die im Objekt-Manager oberste sichtbare Arbeitsebene.

# Deformations-Objekte

*Biegen, FFDs, Explosionen, Bones, Polygonreduktion…*

*Deformatoren machen ihrem Namen alle Ehre: Sie verformen Objekte auf verschiedenste Art und Weise. Neben rein geometrischen Verformungen sind in dieser Palette aber auch Spezialeffekte und die für die Animation wichtigen Bones enthalten.*

Die Elemente der Deformations-Objekt-Palette unterscheiden sich von den bisher behandelten Objekten in vielerlei Hinsicht.

Deformatoren generieren oder verrechnen keine ihnen zugewiesenen Objekte, Deformatoren werden den Objekten zugeteilt, die sie verformen sollen.

Die Palette der Deformations-Objekte ist seit Version 6 Bestandteil von Cinema 4D. Zwar gab es auch in früheren Versionen schon Bones und FFD-Objekte, ebenso wie die über die Zeitleiste zugänglichen Splitter-, Schmelz- und Explosions-Objekte, aber Maxon hat an vielen Stellen aufgeräumt und zusammengebracht, was zusammengehört – alle Objekte, die sich der Verformung widmen, sind in der Deformatoren-Palette untergebracht.

Ein großer Vorteil, der sich mit dieser Umstellung ergeben hat, ist die wesentlich eingängigere Erstellung und Manipulation von Spezialeffekten wie den Explosionen. Deren Erzeugung und Steuerung kann nun konsequent mit den Deformations-Objekten im Objekt-Manager und der Parameter-Spur in der Zeitleiste erfolgen – was die Handhabung wesentlich erleichtert.

Womit wir schon beim Haupteinsatzzweck der Deformatoren angelangt wären – der Animation. Sicher können die Verformungsarten auch beim Modelling gute Dienste leisten, die einfache Animierbarkeit über die Zeitleiste ermutigt aber doch ungemein zum Probieren und Experimentieren.

Die Deformatoren sind über die gleichnamige Palette (Abbildung 1) oder über das Menü Objekte · Deformation (Abbildung 2) zu erreichen. Damit die Verformung stattfinden kann, muss das Deformations-Objekt Unterobjekt des zu verformenden Objektes sein – werfen Sie also einfach den Deformator auf das Ausgangsobjekt (Abbildung 3) oder alternativ: Gruppieren Sie beide Objekte miteinander.

Selbstverständlich können auch mehrere Deformations-Objekte auf ein Ausgangsobjekt angewandt werden; dabei entscheidet die Reihenfolge der Deformatoren im Objekt-Manager über die Abarbeitung (von oben nach unten) der Verformung.

Wie Sie es auch schon von den NURBS- und Modelling-Objekten gewohnt sind, verändern die Verformungsobjekte die Ur-

**Deformations-Objekte**
Biege-, Verdreh-, Bulge-, Scher-, Stauch-, Bone-, FFD-, Formel-, Wind-, Explosions-, ExplosionFX-, Schmelz-, Splittern-, Wickel- und Polygonreduktions-Deformation

▼ **Abbildung 1**

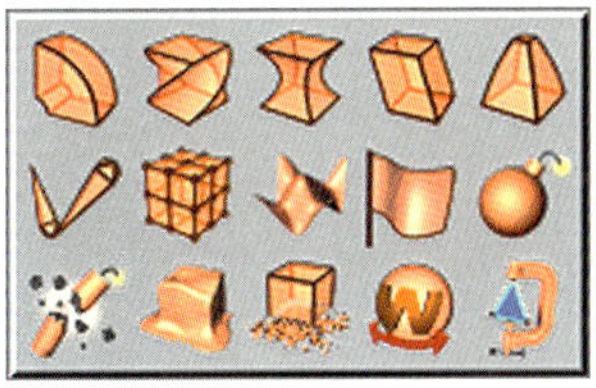

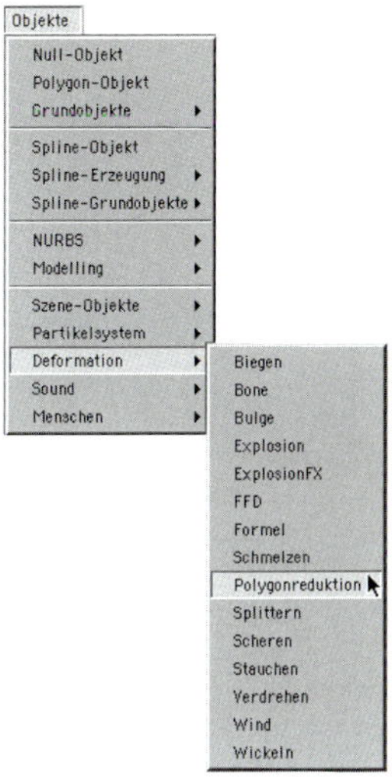


◀ **Abbildung 2**
Deformations-Objekte-Menü

Deformations-Objekt im Objekt-Manager

**Abbildung 3** ▼

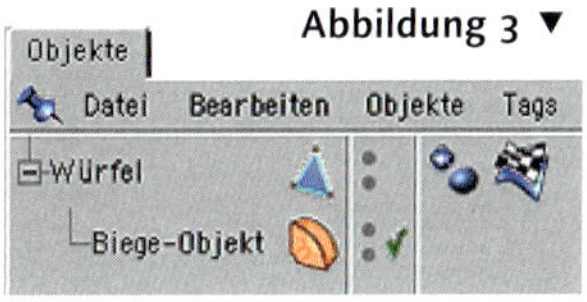


sprungskörper nicht wirklich, durch Ausschalten über die Aktivierungsleiste im Objekt-Manager oder durch Herauslegen oder Löschen des Deformers erhält das Ausgangsobjekt wieder seinen Anfangszustand.

Wenn Sie das verformte Objekt als Einzelobjekt für eine eventuelle Weiterbearbeitung verwenden möchten, können Sie über den Befehl Funktionen · Aktuellen Zustand in Objekt verwandeln ein neues Objekt aus dem verfremdeten Zustand erstellen. Der Befehl Grundobjekt konvertieren bewirkt in diesem Fall nur die Umwandlung des Ausgangsobjektes in einen Polygonkörper.

Damit die Verformung ohne Überraschungen stattfinden kann, sollten Sie die Objekte zuvor etwas vorbereiten. Bei den Ursprungsobjekten gehört dazu eine ausreichende Unterteilung, die Sie bei den parametrischen Objekten in den Feldern Segmente definieren. Eine Verbiegung sieht nur dann wunschgemäß aus, wenn genügend Teile vorhanden sind, auf die sich die Verbiegung aufteilen kann, eine Explosion in »tausend Teile« benötigt natürlich auch (fast) ebenso viele Bestandteile. Auch bei den Deformatoren können Sie ein wenig Vorarbeit leisten. Überprüfen Sie zunächst, ob die Richtung der Verformung stimmt und ob der Deformationskäfig in Größe und Position zum Ausgangsobjekt passt. Der Befehl Funktionen · Übernehmen kann Ihnen viel Arbeit ersparen, wenn das zu deformierende Objekt bereits verschoben wurde.

Auf den folgenden Seiten erfahren Sie mehr über die einzelnen Deformations-Objekte. Dabei habe ich die Elemente willkürlich in geometrische (Biegen, Stauchen, Verdrehen etc.) und Effektdeformatoren (Explosion, Wind, Schmelzen etc.) zusammengefasst, die Ausnahmefälle wie FFDs, Bones, ExplosionFX und die Polygonreduktion werden separat beleuchtet.

▲ **Abbildung 4**
Biege-, Verdreh-, Bulge-, Scher- und Stauchdeformatoren in Aktion

Biege-Deformator Einstellungsdialog
▼ **Abbildung 5**

## Geometrische Deformatoren

Einen der geometrischen Deformatoren haben Sie im Polygon-Workshop bereits kennen gelernt, das Biege-Objekt.

Der Einflussbereich der Deformatoren ist durch den blauen Käfig gekennzeichnet. Ein oranger Greifpunkt gibt Ihnen die Möglichkeit, die Deformation interaktiv vorzunehmen.

In Abbildung 4 sind alle fünf Deformations-Objekte aufgereiht. Zur besseren Verständlichkeit ist die Editor-Darstellung mit den Deformationskäfigen darüber geblendet.

Durch Doppelklick auf das Deformatorensymbol im Objekt-Manager haben Sie Zugriff auf alle Einstellungsmöglichkeiten der Deformation (Abbildung 5). Dabei stimmen die Optionen der verschiedenen Objekte größtenteils überein.

◂ 264
Animation

Über die Größeangabe definieren Sie den Käfig (blaue Box) und gleichzeitig den Einflussbereich des Deformations-Objektes.

Über den Modus geben Sie anschließend an, ob sich die Deformation streng an die Ausmaße der Box halten soll (Innerhalb Box), was in den meisten Fällen zu harten Abrissen führt, ob das Objekt außerhalb der Box undeformiert weitergeführt wird (Begrenzt), oder ob sich das komplette Objekt deformiert (Unbegrenzt).

Die weiteren Parameter kümmern sich um die Verformung selbst und sind von der Art des Objektes abhängig.

Sowohl die Parameter der Box als auch der Verformung lassen sich über die Parameter-Spur in der Zeitleiste oder interaktiv über die orangen Anfasser und den Aufnahmeknopf animieren, doch dazu mehr im Kapitel »Animation« des Buches.

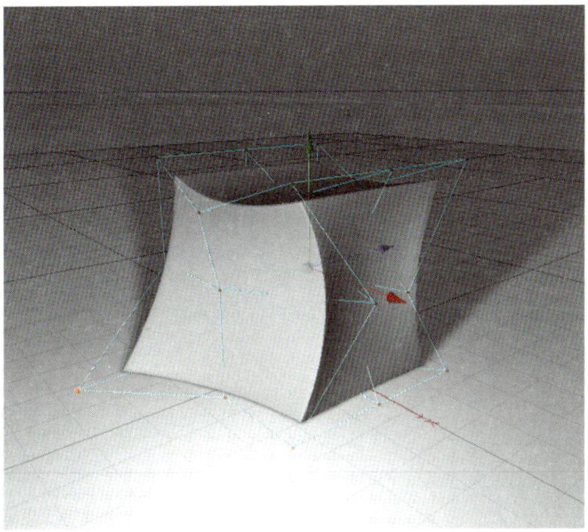

▲ **Abbildung 6**
FFD-Deformator

▲ **Abbildung 7**
Wickel-Deformator

## FFD

Das Frei-Form-Deformations-Objekt ist wohl das am meisten verwendete Deformations-Objekt, da es punktgenau die feinsten und subtilsten Deformationsmöglichkeiten bietet (Abbildung 6).

Die Anzahl der Punkte ist im Einstellungsdialog des FFD-Objektes festzulegen. Ändern Sie die Punktzahl des FFD-Käfigs nachträglich, erhalten Sie einen neuen, unverformten Käfig. Entscheiden Sie also am besten vorher, wie viele Punkte Sie benötigen – allzu viele sollten es nicht sein, da mit steigender Anzahl der Punkte auch die Komplexität des Objektes zunimmt, Sie kennen das vom Polygon-Modelling.

FFDs dienen bei der Animation in der Regel als Target-Objekte, zwischen denen ein Morphing stattfindet – einen Workshop zur FFD-Animation finden Sie im Kapitel »Animation«.

## Wickeln

Einer der Sonderfälle, die nicht genau zuzuordnen sind, ist das Wickeln-Objekt.

Mit ihm wickeln Sie das Überobjekt wahlweise zylinder- oder kugelförmig auf einen in den Ausmaßen und im Radius definierbaren Körper (Abbildung 7).

Speziell bei dieser Verformung ist es wichtig, dass Deformations- und Ausgangsobjekt aufeinander abgestimmt sind. Hier hilft meist Ausprobieren weiter. Wäre der Text aus Abbildung 7 länger, müsste man also beispielsweise den Zylinderradius anpassen.

Länge und Breite geben an, ob die Wicklung des Ausgangsobjekts komplett oder nur zum Teil um das Deformations-Objekt geschieht.

Über Verschiebung kann eine spiralförmige Wicklung und über Z Skalieren und Spannung eine Biegung erreicht werden.

264 ▶
Animation

▲ **Abbildung 8**
Explosions-, Splitter-, (v.),
Formel-, Wind- und Schmelzen-Deformator (h.)

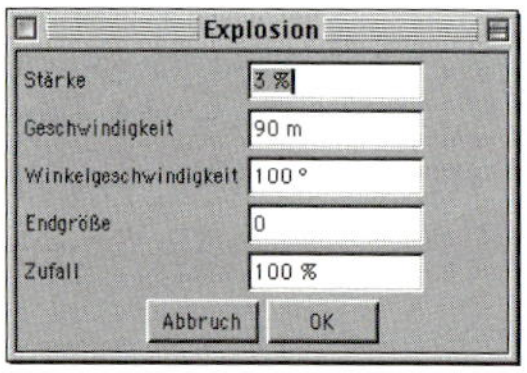


▲

**Abbildung 9 + 10**
Explosions- (oben) und Wind-Deformatoren-Dialog (unten)

▼

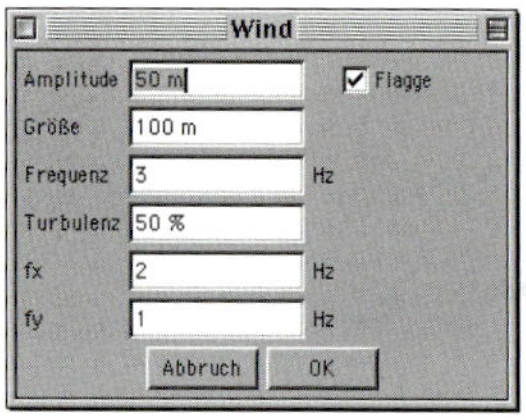


# Effektdeformatoren

Zu den Effektdeformatoren gehören die Deformations-Objekte, die Ihnen erlauben, Objekte explodieren, zersplittern, schmelzen, im Wind flattern und per Formel verformen zu lassen.

In Abbildung 8 sind die fünf Effekte zusammengestellt. Alle Deformatoren können exakt per Dialogfenster (Beispiele Abbildung 9 und 10) und auch – mit etwas beschränkteren Optionen – mittels orangen Anfassern kontrolliert werden.

Beim Explosions- und Splitter-Objekt lässt sich bestimmen, ob und wie stark die Explosion bzw. Splitterung ausfällt und welche Geschwindigkeiten und Größen die Polygone bei der »Verformung« durchlaufen.

Die zeitliche Gestaltung geschieht über die Parameter-Spur der Zeitleiste. Mit Keyframes legen Sie dort fest, welche Werte zu welchem Zeitpunkt gelten sollen. Eine Implosion unterscheidet sich von einer Explosion also nur durch zeitlich vertauschte Keyframes bzw. Werte.

Wer die Deformation anhand einer Formel definieren möchte – was sich beispielsweise für Wellenbewegungen anbietet – kann dies über das Formel-Objekt tun. Die Verformungsfunktionen lassen sich im Dialogfenster (Abbildung 10) als Komplettfunktion oder für alle Achsenrichtungen separat eingeben.

Wellen, die vom Wind stammen, erzeugt das Wind-Objekt. Geschwindigkeit (FREQUENZ) und TURBULENZEN können Sie genau einstellen. Ist die FLAGGE-Option aktiviert, stehen die Punkte in Y-Richtung still, ein Fahneneffekt entsteht.

Bei Anwendung des Schmelzen-Objektes sollten Sie darauf achten, dass der Deformator unter dem Objekt sitzt und die Endgröße nicht zu klein ist.

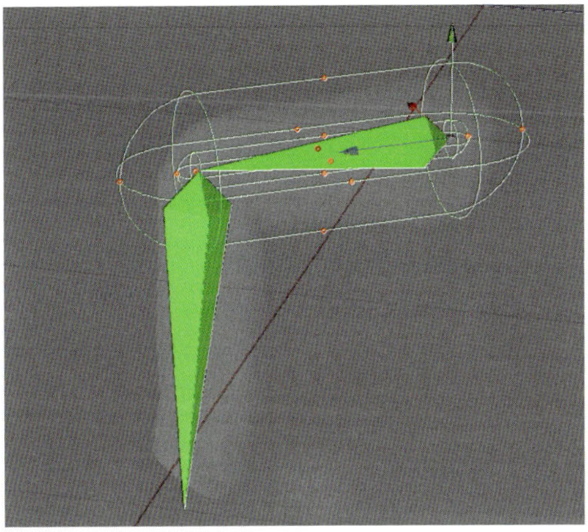

▲ **Abbildung 11**
Bein mit Bones

▼ **Abbildung 12**
Bone-Objekt
Einstellungsdialog

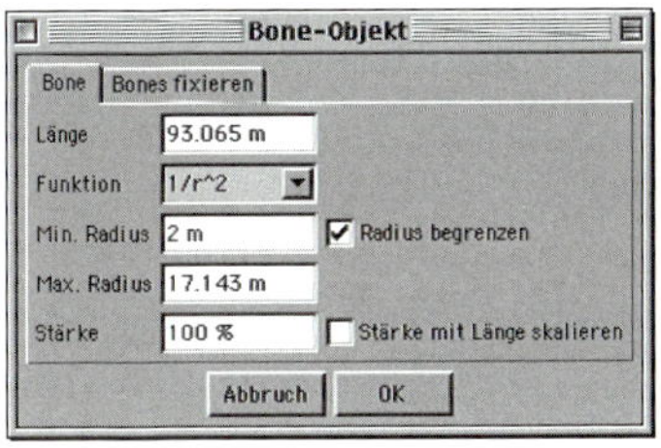


Für alle Effektdeformatoren gilt: Geizen Sie nicht mit den Unterteilungen (Segmenten) der Ausgangsobjekte, sonst wirken die Resultate (und natürlich auch die animierten Zwischenstadien) kantig und unnatürlich. Die Zufallswerte, die sich in den meisten Fällen ebenfalls vergeben lassen, unterstützen auch die Glaubhaftigkeit der Effekte.

## Bones

Eigentlich gehören Bones komplett in das Animations-Kapitel. Da ein Bone-Objekt aber meistens eine Deformation mit sich bringt und auch in Cinema 4D zu den Deformations-Objekten zählt, möchte ich es an dieser Stelle zumindest kurz anreißen.

Bones kümmern sich bei der Animation um mehrere Dinge. Zum einen liefern Bones ein selbst konstruier- und definierbares Knochengerüst (Abbildung 11), das einmal erstellt und einem Objekt zugewiesen wird – bei der späteren Animation können Sie sich zur Kontrolle dann auf die Bones konzentrieren. Zum anderen ist mit Bones genau regulierbar, welche Deformation an welchen Stellen des Überobjektes stattfinden darf. Zu diesem Zweck besitzen Bones Abnahmefunktionen und Wirkungsradien, die sich entweder im zugehörigen Einstellungsdialog (Abbildung 12) oder auch interaktiv anhand der gewohnten orangen Anfasser anpassen lassen.

Um die Wirkungen von Bones noch exakter steuern zu können, haben Sie die Möglichkeit, die Verformung mit Selektionen oder auch mit Vertex-Maps einzuschränken.

Die meisten der ausführlicheren Parameter und Eigenschaften werden im Objekt-Manager per Tags (Anker, Inverse Kinematik) zugeteilt.

Dies als kleiner Vorausblick auf die Animation mit Bones. Wer nun neugierig geworden ist, dem lege ich das Bones-Kapitel im Animationsteil wärmstens ans Herz.

264 ▸
Animation

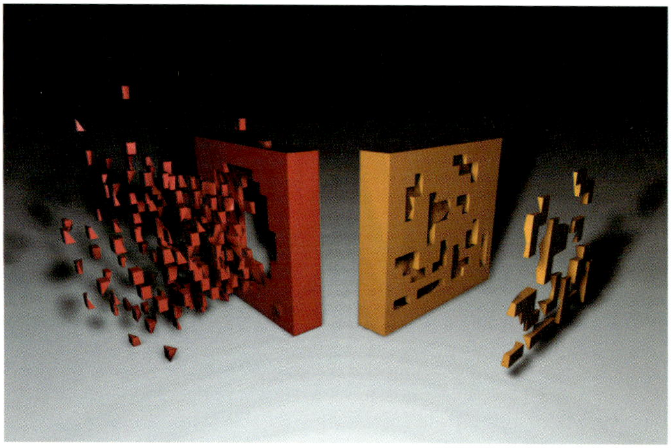

◀ **Abbildung 13**
ExplosionFX-Deformation mit polygonaler (links) und selektionsweiser (rechts) Fragmentur

## ExplosionFX

Ein wesentlich ausgefeilterer Explosions-Deformator ist mit der Version 7 von Cinema 4D hinzugekommen.

Im Gegensatz zum einfachen Explosions-Objekt besitzen die herausgesprengten Teilchen Volumen und lassen sich in Form (Fragment), Explosionsart, Gravitation, Rotation etc. sehr genau definieren. Abbildung 13 zeigt zwei Explosionen des ExplosionFX-Deformators.

Die Animation der Sprengung erfolgt wie gewohnt mit der Zeitleiste über die Parameter-Spur.

Außer über den umfangreichen ExplosionFX-Einstellungsdialog, den Sie per Doppelklick auf das ExplosionFX-Objekt aufrufen, können Sie einige Parameter auch interaktiv über Parameter-Greifer bestimmen. Mit dem roten Radius (Abbildung 14) legen Sie die Reichweite der Explosion fest. Alle Objektteile innerhalb dieses Radius werden von der Sprengkraft erfasst. Der blaue Radius markiert die Reichweite der Gravitation, die auf die Teilchen wirkt. Der grüne Radius schließlich zeigt den aktuellen Stand der Druckwelle. Mit der Definition ihrer Grenzen bestimmen Sie den zeitlichen Rahmen der Explosion.

Experimentierfreudige Anwender werden am Einstellungsdialog des ExplosionFX-Deformations-Objektes (Abbildung 15) Gefallen finden. Im oberen Teil finden Sie die Reiter mit den jeweils zugehörigen Optionen, im unteren Teil haben Sie die Möglichkeit, den Ablauf der Explosion mittels Vorschau zu beurteilen. Mit dem Schieberegler steuern Sie dabei die Druckwelle.

Der Reiter Explosion (Abbildung 15) hält alle die Explosion selbst betreffenden Parameter bereit. Darunter fallen die Kraft (Stärke) der Explosion, die Explosionsrichtungen, die Explosionsdauer, die Druckwellengeschwindigkeit und die Reichweite. Dabei ist zu beachten, dass sich die Parameter sowohl innerhalb eines Options-Feldes als auch übergreifend auf andere Felder beeinflussen. Ist also beispielsweise die Stärke der Explosion

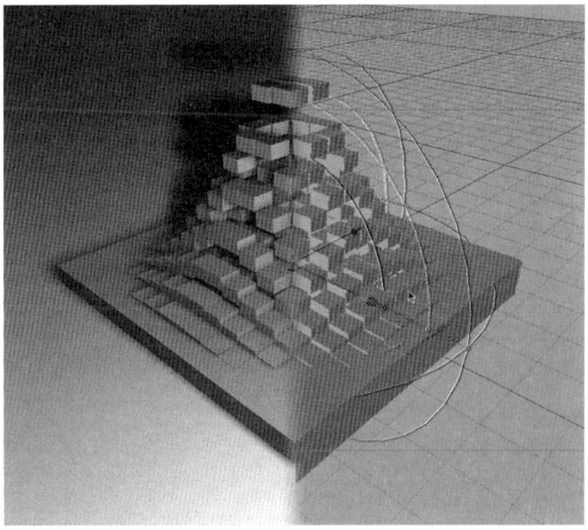

▲ **Abbildung 14**
Interaktives Bearbeiten der Explosion

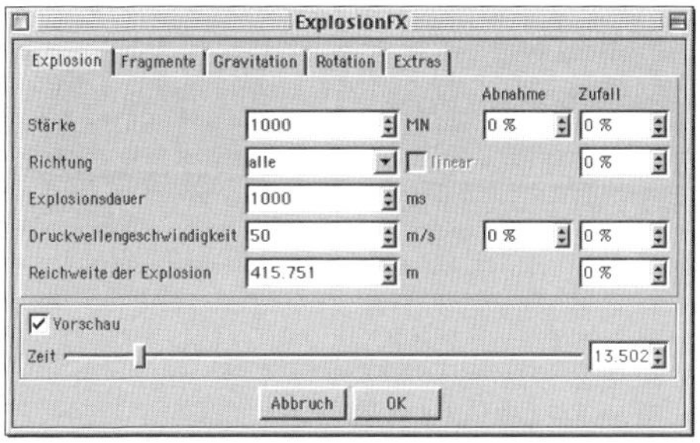


◀ **Abbildung 15**
Explosions-Einstellungen

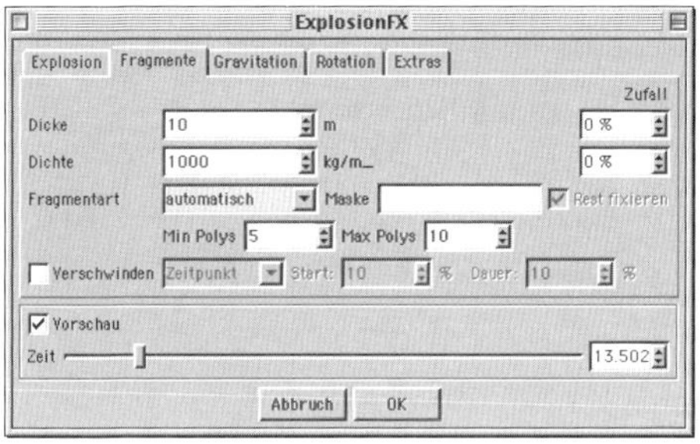


◀ **Abbildung 16**
Fragment-Einstellungen

im Vergleich zu den Fragment-Dichten und -Grössen gering, verläuft die Sprengung relativ träge. Damit die Explosion etwas natürlicher wirkt, lassen sich zusätzlich Abnahme- und Zufallswerte bestimmen.

Das faszinierendste am neuen ExplosionFX-Objekt ist aber eigentlich, dass Sie nun selbst entscheiden dürfen, welche und wie viele Teilchen herausgesprengt werden. Dafür benötigt das zu sprengende Objekt aber natürlich noch Polygone bzw. Selektionen, die Sie nach Belieben gestalten und aufteilen können. Ist das Objekt dann wunschgemäß vorbereitet, legen Sie im Reiter Fragmente (Abbildung 16) die Eigenschaften der Teilchen fest. Anhand des Dicke-Wertes erhalten die Polygone und Selektionen durch Extrusion Volumen, ein entscheidender Faktor für das realistische Aussehen der Explosion. Die Dichte ist zusammen mit dem Volumen maßgebend für das Gewicht eines Fragments. Stimmen Sie beide Parameter mit der Explosionskraft (Stärke) im Explosions-Feld (Abbildung 15) ab, damit die Fragmente auch physikalisch korrekt gesprengt werden. In der Zeile Fragmentart suchen Sie aus, welche Bestandteile des Objektes von der Explosion betroffen sind. Bei der polygonalen Fragmentierung entstehen die Teilchen ausschließlich aus den Polygonen des Körpers (Abbildung 13 links). Die selektionsweise Fragmentierung hält sich an die Selektionen, die dem Objekt beiliegen (Abbildung 13 rechts). Eine Kombination beider Auswahlarten ist selbstverständlich auch möglich. Wer die Fragmentbildung etwas mehr dem Zufall überlassen möchte, kann durch automatisch einen minimalen und maximalen Wert vorgeben, zwischen denen die Polygone dann selbsttätig gebildet werden. Bei aktivierter Option Rest fixieren bleiben alle übrigen

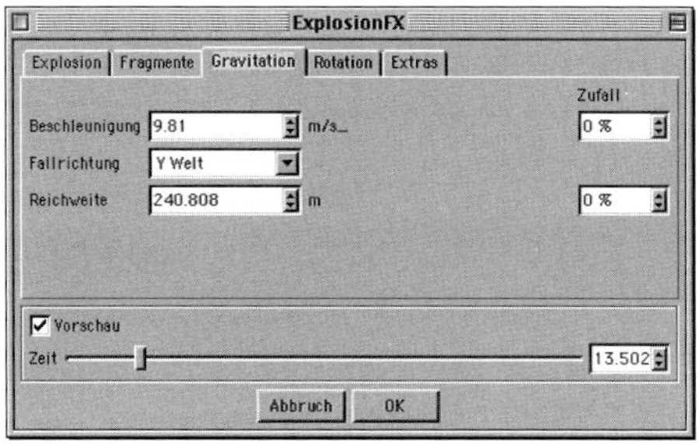


▲ **Abbildung 17**
Gravitations-Einstellungen

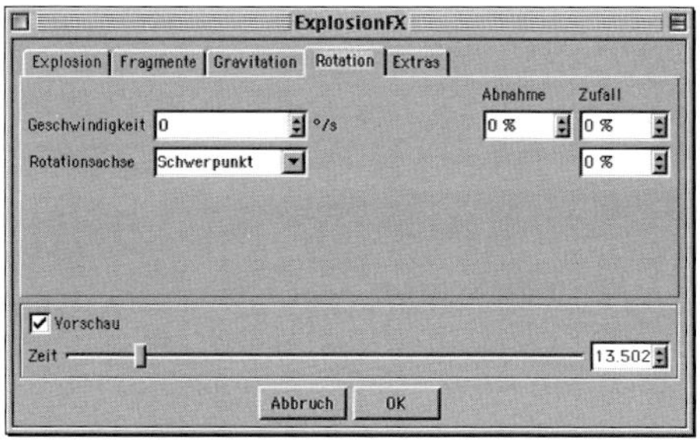


▲ **Abbildung 18**
Rotations-Einstellungen

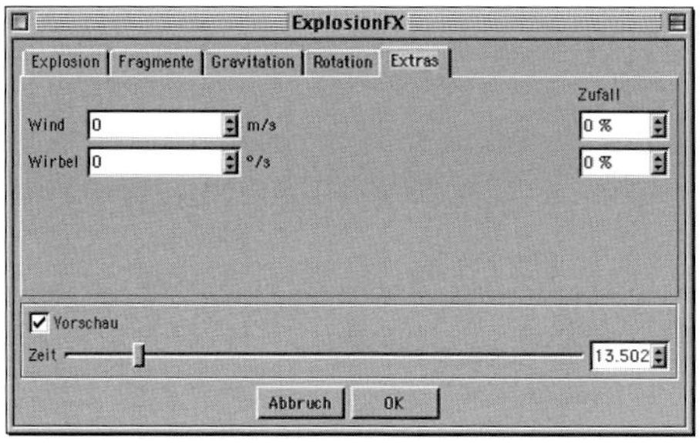


◀ **Abbildung 19**
Extra-Einstellungen

Bestandteile an Ort und Stelle, unabhängig davon, ob sie im Einflussbereich der Explosion liegen oder nicht. Selektionen, die bei der Explosion nicht berücksichtigt werden sollen, tragen Sie in die Maske ein. Durch Verschwinden bewirken Sie eine Skalierung der Fragmente bis zur Unsichtbarkeit. Auch hier können Sie Anfang und Ende der Grenzen vorgeben.

Im Feld Gravitation (Abbildung 17) definieren Sie Fallbeschleunigung, Fallrichtung und Reichweite der Gravitationskraft. Die standardmäßig eingetragenen 9,81 m/s$^2$ entsprechen der Fallbeschleunigung g der Erdanziehungskraft. Wer die Gravitationsbedingungen von Mars (g = 3,73 m/s$^2$) oder Mond (g = 1,62 m/s$^2$) schaffen möchte, ändert die Parameter entsprechend um. Die Reichweite der Gravitationskraft kann auch interaktiv mit dem blauen Radius modifiziert werden.

Damit die Explosion möglichst glaubwürdig aussieht, sollten die Fragmente während des Flugs rotieren. Das Feld Rotation (Abbildung 18) birgt Einstellungsmöglichkeiten für die Geschwindigkeit und Achse der Rotation. Hier kommt es dem Realismus sehr zugute, wenn Sie mit den Zufallswerten arbeiten.

Zu guter Letzt bietet das Extra-Feld (Abbildung 19) an, zusätzlich Wind und Wirbel in den Explosionsvorgang zu integrieren.

Wie Sie merken, haben Sie eine große Auswahl an Möglichkeiten, die Explosion an Ihre Bedürfnisse anzupassen. Im Vordergrund sollte aber stets der Grad an Realismus und nicht die Anzahl der ausgefüllten bzw. modifizierten Felder stehen.

◂ **Abbildung 20**
Polygonreduktions-Objekt im Objekt-Manager

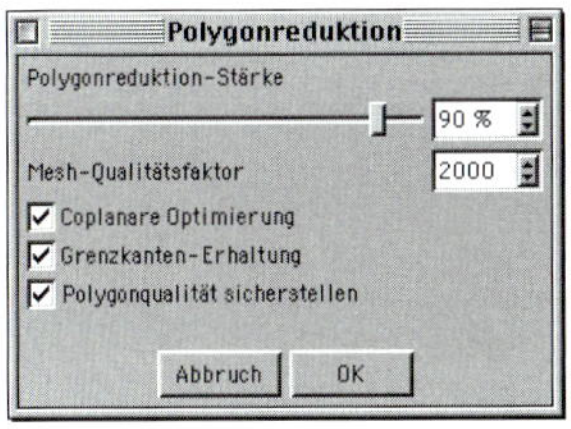


◂ **Abbildung 21**
Polygonreduktions-Einstellungen

## Polygonreduktion

Ein Objekt aus vielen Polygonen besticht zwar häufig durch seine komplexe und filigrane Gestalt, belastet aber häufig auch den Rechner unnötig durch hohe Dateigrößen und langsame Darstellungsgeschwindigkeit. Das Polygonreduktions-Objekt in Cinema 4D 7 bietet eine bequeme Lösung, um unnötigen Datenballast loszuwerden.

Es gibt viele Einsatzgebiete, wo es wichtig wird, die Polygonanzahl zugunsten höherer Geschwindigkeit zu verringern. Aufwändige 3D-Spiele, mit VRML oder Shockwave 3D erstellte Webinhalte laufen umso flüssiger, je weniger Polygone sie verarbeiten müssen. Auch das Arbeiten an Ihrem Rechner können Sie auf diese Weise beschleunigen. Beispielsweise haben Sie ein 3D-Modell aus einem anderen Programm importiert oder eine Szene gebaut, in der sich viele Objekte mit hoher Polygonzahl befinden:

Um ein Objekt durch Polygonreduktion zu entschlacken, legen Sie das Polygonreduktions-Objekt in das zu reduzierende Polygon-Objekt – bei HyperNURBS-Objekten, wie in Abbildung 20 gezeigt, auf eine Ebene mit dem Polygon-Objekt. Nach Doppelklick auf das Reduktions-Objekt im Objekt-Manager öffnet sich der Einstellungsdialog (Abbildung 21), wo Sie den Grad der Reduktion festlegen.

Das Polygon-Netz (Mesh) wird bei der Polygonreduktion in dreiseitige Polygone umgewandelt, anschließend auf Überlappungen untersucht und optimiert. Die Polygonanzahl steigt also zunächst einmal an, da jedes vierseitige Polygon in zwei dreiseitige Polygone aufgeht. Dieser Schritt lässt dann aber eine bessere Reduzierung zu. Die Genauigkeit der Optimierungsüberprüfung geben Sie mit dem MESH-QUALITÄTSFAKTOR an – je höher der Wert, desto genauer verläuft die Prüfung. COPLANARE OPTIMIERUNG beschleunigt die Optimierung von Objekten mit vielen gleichgerichteten Polygonen. Die Optionen POLYGONQUALITÄT SICHERSTELLEN und GRENZKANTEN ERHALTEN wirken sich zusätzlich auf die Qualität des Polygon-Netzes aus. Denn eines muss

358 ▸
Shockwave 3D

▲ **Abbildung 22**
Original-Hai ohne Reduktion, 1760 vierseitige Polygone, entsprechend 3520 dreiseitige Polygone

▲ **Abbildung 23**
Hai mit 10%iger Polygonreduktion, 3168 Polygone

klar sein: den Idealfall, dass keine qualitativen Verluste bei der Reduktion hinzunehmen sind, gibt es selten. Oft sind diese Verluste aber nicht auffällig oder werden zugunsten besserer Performance gerne in Kauf genommen.

Nehmen wir uns als Beispiel für die Polygonreduktion unseren Hai aus dem Polygon-Modelling-Workshop vor. In Abbildung 22 sehen Sie den Original-Hai, der im Ausgangszustand exakt 3520 dreiseitige Polygone enthält.

Mit 10%iger Reduktion (Abbildung 23) sieht der Hai durchaus akzeptabel aus, lediglich die Frontpartie und die Flossen sind etwas in Mitleidenschaft gezogen worden.

Die 30%ige Reduktion (Abbildung 24) wirkt sich stark auf das Haifischgebiss aus. Allzu filigrane Polygon-Komplexe verschwinden zusehends. Die Augenpartie ist noch komplett vorhanden.

Nach Reduktion um 50% (Abbildung 25) sind nur noch Teile des ursprünglichen Gebisses erhalten geblieben. Augen und Nasenlöcher verschwimmen langsam. Trotzdem ist diese Version mit adäquater Textur immer noch für viele Anwendungszwecke absolut brauchbar.

Die Beispiele mit 70- und 90%iger Reduzierung (Abbildungen 26 und 27) sollen zeigen, welche Objektbeschaffenheiten sich für die Reduktion gut eignen – die Flossenpartien und der Haifischkörper kommen auch mit sehr wenigen Polygonen aus.

Ein Patentrezept gibt es freilich nicht. Manche Objekte lassen eine starke Reduzierung, andere wiederum nur eine geringe Reduzierung zu. Wenn bereits vor der Modellierung des 3D-Objektes feststeht, dass die Dateigröße möglichst gering bleiben soll, berücksichtigen Sie dies einfach beim Modellieren. Sparen Sie in diesem Fall mit den Unterteilungsschritten und bei allzu häufigen Messer-Schnitten und Extrusionen.

Wie jedes andere Deformations-Objekt kann auch die Polygonreduktion durch simples Herausnehmen des Deformators aus der

▲ **Abbildung 24**
Hai mit 30%iger Polygonreduktion, 2464 Polygone

▲ **Abbildung 25**
Hai mit 50%iger Polygonreduktion, 1760 Polygone

▲ **Abbildung 26**
Hai mit 70%iger Polygonreduktion, 1056 Polygone

▲ **Abbildung 27**
Hai mit 90%iger Polygonreduktion, 352 Polygone

Objekt-Hierarchie zurückgenommen werden. Wenn Sie Polygon-Objekt und Deformator in ein einzelnes Polygon-Objekt umwandeln möchten, verwenden Sie den Befehl AKTUELLEN ZUSTAND IN OBJEKT WANDELN aus dem FUNKTIONEN-Menü.

# Texturing

# Texturing mit Cinema 4D

*Auch das mit größter Mühe perfekt modellierte 3D-Objekt wirkt flach und unrealistisch, wenn bei der Texturierung nicht die gleiche Akribie angewandt wird.*

◂ 362
Smells Like
Almonds 2.5

MANCHE SAGEN, DAS TEXTURIEREN VON OBJEKTEN sei eine Kunst, andere halten es gar für eine Wissenschaft. Sie müssen aber weder Künstler noch Wissenschaftler sein, um Ihre Objekte mit Cinema 4D ansprechend mit Materialien und Texturen ausstatten zu können.

Bei der Texturierung kommt es nicht so sehr auf den geschickten Umgang mit den Werkzeugen von Cinema 4D an. Vielmehr zählt hier das Auge und das Gefühl des 3D-Designers für Farben, Oberflächen, Struktur und deren Eigenheiten.

Gerade diese Eigenheiten spielen bei der Texturierung eine große Rolle, denn kein Material ist wirklich glatt und flach.

Materialien besitzen Poren, Fasern, Maserungen, Adern, Webstrukturen, Narben, Unebenheiten, Flecken, Nähte, Säume, Nieten etc. – Sie wissen, was ich meine. Auch Härte und Gewicht wird durch die richtige Materialbestimmung – beispielsweise durch spitze Glanzlichter bei Metallen oder durch breite, weiche Glanzlichter bei elastischen Materialien wie Gummi – ausgedrückt.

Im ersten Teil dieses Texturing-Kapitels erfahren Sie alles Wichtige über Material-Manager und Material-Editor, und wie Sie eigene Materialien mit den verschiedenen Materialkanälen und Shadern definieren. Mit dem Update auf Version 7 bekommt Cinema 4D's Material-Editor die 2D- und 3D-Shader von Smells Like Almonds 2.5 zur Seite gestellt. Dieses Shader-Plugin hat sich als De-facto-Standard eingebürgert und ist nun Bestandteil des Cinema 4D-Pakets. Mehr über Smells Like Almonds erfahren Sie im Kapitel Teamwork.

Allein mit dem Erstellen der Texturen ist es natürlich noch nicht getan. Das zweite Kapitel zeigt Ihnen, wie Sie die Texturen auf Ihre Objekte bringen.

Dieses so genannte Textur-Mapping wird anhand von Texturgeometrie, -kachelung und -projektion genau beleuchtet. Damit die Texturen auch möglichst exakt auf die Objekte angepasst werden können, stehen Ihnen in Cinema 4D ein paar spezielle Werkzeuge zur Verfügung. Es ist auch kein Problem, mehrere Texturschichten aufzubringen oder die Texturen auf Selektionen zu beschränken – hier lesen Sie, wie es funktioniert.

Manchmal kann das Texturieren und Mappen von Objekten mit den Standardfunktio-

nen von Cinema 4D recht mühsam sein. Besonders beim Texturing von komplexen Körpern wächst der Wunsch nach einer Möglichkeit, das Objekt gleich in 3D bemalen und mit Texturen versehen zu können.

Im Dezember 2000 hat Maxon der 3D-Anwenderschaft mit BODYPAINT 3D eine Software vorgestellt, die sich genau um diese Aufgabe kümmern soll – um das Bemalen, Texturieren und Mappen in 3D. BODYPAINT 3D arbeitet nahtlos mit Cinema 4D zusammen, weswegen dieses Buch dem Programm auch ein eigenes Kapitel widmet.

Mit dem letzten Kapitel des Texturing-Teils können Sie sich dann an die schrittweise Texturierung von unserer Armbanduhr und unserem Hai machen.

Dabei verwenden Sie für unsere NURBS-Armbanduhr die in Cinema 4D verfügbaren Mittel, die Texturierung des Polygon-Hais verbinden wir mit dem Einstieg in die faszinierenden Möglichkeiten von BODYPAINT 3D.

# Materialien

*Materialien sind viel mehr als nur farbige matte oder glänzende Icons im Material-Manager. Mit den Materialien wird den Objekten erst der Charakter verliehen, der es zum Objekt macht.*

Bevor ein Objekt überhaupt eine Textur erhalten kann, müssen zuerst die benötigten Materialien definiert werden.

Dies geschieht über den Material-Manager und den Material-Editor. Egal, ob Sie einem Objekt lediglich eine Farbe zuweisen, ein Texturbild auf einen Körper bringen oder eine animierte Sequenz auf einem Objekt ablaufen lassen möchten – der Material-Manager ist die erste Anlaufstelle.

## Material-Manager

Der Material-Manager (Abbildung 1) erledigt viele Aufgaben, von der Erstellung und Verwaltung der Materialien bis hin zum gezielten Export.

An erster Stelle steht natürlich im Material-Manager-Menü Datei der Befehl Neues Material (Befehl + N).

Nach Betätigung dieses Befehls finden Sie ein neues Symbol im Material-Manager, das ein neu erstelltes Material repräsentiert. Das Materialbild zeigt eine Vorschau des Materials auf einer Kugel vor gestreiftem Hintergrund. So haben Sie immer einen optischen Eindruck von der Art des Materials. Eigenschaften wie Glanzlichter, Spiegelung, Transparenz, Alpha usw. werden ebenfalls mit berücksichtigt. Der Material-Manager in Abbildung 1 ist mit einigen Beispielen gefüllt.

Ein Doppelklick auf das Materialbild öffnet den zum Material gehörigen Material-Editor – hier befinden sich alle Kanäle zur Definition des Materials. Wenn Sie auf den Namen des Materials doppelklicken, können Sie das Material umbenennen.

Durch Aktivieren und Ziehen der Materialsymbole ändern Sie die Reihenfolge der Materialien. Mit gleichzeitig gedrückter Befehlstaste duplizieren Sie das aktive Material.

Es bestehen zwei Möglichkeiten, einem Objekt ein Material aus dem Manager zuzuweisen. Das Material kann entweder direkt auf das Objekt in der Ansicht oder auf das Objekt-Symbol im Objekt-Manager gezogen werden.

Ein zweiter Befehl für die Erstellung eines – etwas anderen – neuen Materials ist Datei · Neuer 3D-Shader (Abbildung 2). Im Gegensatz zu den Standardmaterialien, die nur eine

▲ **Abbildung 1**
Material-Manager

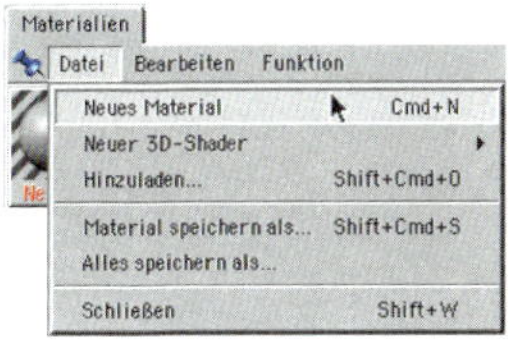


**Abbildung 2** ▶
Material-Manager
Datei-Menü

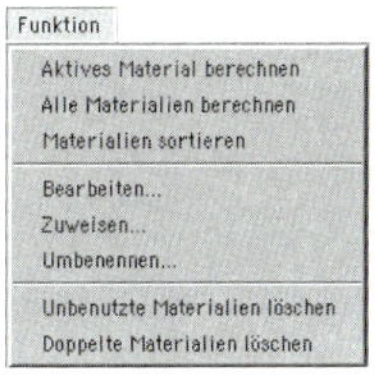


◀ **Abbildung 3**
Material-Manager
Funktion-Menü

zweidimensionale Texturierung mit Farben, Texturen und 2D-Shadern erlauben, beziehen sich 3D-Shader auf das 3D-Objekt in allen Dimensionen. Ein paar Seiten weiter lesen Sie mehr über die 2D- und 3D-Shader.

Über HINZULADEN... können Sie Materialien aus anderen Szenen importieren. Etwas Vorsicht ist allerdings geboten: Zwischen den Materialien und den enthaltenen Texturen besteht keine echte Verknüpfung. Cinema 4D sucht beim Rendering im Verzeichnis der Szene, im Text-Verzeichnis und in den bekannten Pfaden nach den benötigten Texturen. Spätestens beim Rendering oder der Weitergabe von Daten muss also das Texturenverzeichnis der Szene aktualisiert sein.

Mit den Befehlen MATERIAL SPEICHERN ALS... und ALLES SPEICHERN ALS... exportieren Sie einzelne Materialien oder ganze Materialbibliotheken aus dem Material-Manager.

Die Größe der Vorschau-Materialsymbole ist über das BEARBEITEN-Menü in drei Stufen einstellbar.

Im Menü FUNKTIONEN (Abbildung 3) befinden sich weitere Befehle, die für korrekte Darstellung und interne Organisation sorgen.

Sollten Sie einmal bemerken, dass die Anzeige der Materialbilder des Managers nicht korrekt arbeitet (die Materialvorschau erscheint pixelig), wenden Sie den Befehl AKTIVES MATERIAL BERECHNEN oder ALLE MATERIALIEN berechnen an. Ein Dokument enthält immer auch alle Vorschaubilder des Material-Managers in komprimierter Form. Auf Grund der Komprimierung und Entkomprimierung kann es manchmal zu solchen Unsauberkeiten kommen, die aber keinerlei Einfluss auf die Objekte oder das Renderergebnis haben.

Die Anordnung der Materialsymbole in alphabetischer Reihenfolge bewirkt der Befehl MATERIAL SORTIEREN. In der Regel werden Sie die Sortierung der Materialien aber selbst und per Drag and Drop vornehmen.

Als wirklich praktisch erweist sich UNBENUTZTE MATERIALIEN LÖSCHEN speziell nach dem Hinzuladen von Materialien aus anderen Szenen. Zum einen gewinnt dadurch der Material-Manager an Übersichtlichkeit, zum anderen minimiert sich auch die Dateigröße, da keine überflüssigen Materialvorschauen in das Dokument einfließen.

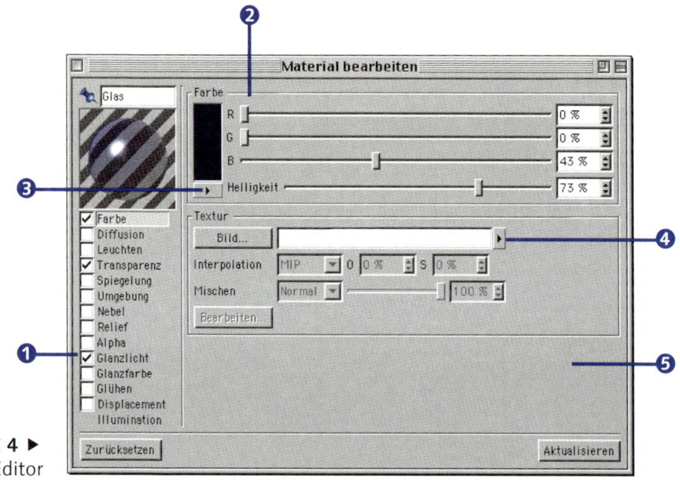


**Abbildung 4 ▸**
Material-Editor

## Material-Editor

Ein Doppelklick auf ein Materialsymbol führt Sie in den Material-Editor des aufgerufenen Materials (Abbildung 4).

Alle Parameter, die für das Material gelten sollen, können hier festgelegt werden. Zur Definition stehen insgesamt 13 Materialkanäle in der linken Spalte zur Verfügung ❶, die Sie über die Häkchen zu- und wegschalten können. Außerdem steht seit Cinema 4D 7 ein Illuminations-Kanal zur Verfügung, der sich um die Radiosity-, Caustics- und Shading-Parameter kümmert. Nach Klick auf den Materialnamen zeigt der rechte Teil des Editors alle Einstellungsoptionen für den jeweiligen Kanal an.

Lassen Sie sich von den vielen Feldern, Reglern und Buttons nicht verwirren, die Struktur des Editors ist eigentlich ganz logisch. Die meisten der 14 Kanäle teilen sich in drei Bereiche auf: Farbe, Textur und Mischen.

Jedem Kanal, der eine Farbeinstellung anbietet, kann im FARBE-Bereich ❷ über die Schieberegler oder über eine Farbtabelle, die sich über den Pfeilbutton ❸ erreichen lässt, eine Eigenfarbe zugeteilt werden.

Besitzt ein Kanal einen TEXTUR-Bereich, so lässt sich dort ein Bitmap-Bild, ein 2D-Shader oder sogar ein animierter QuickTime- bzw. AVI-Film einbinden. Egal ob Bild, Shader oder Film, die Einbindung des Elementes geschieht über den BILD-Button. Die 2D-SHADER liegen im Pfeil-Menü ❹ rechts von der Bildzeile. Der BLUR-OFFSET-Regler zeichnet das importierte Element bei Bedarf weich, die BLUR-STÄRKE regelt die Interpolation. Mit der INTERPOLATION ist die Art gemeint, wie Cinema 4D mit den interpolierten Punkteinflussbereichen der ausgewählten Texturbilder umgeht.

Generell sind mit MIP- und SAT-Mapping die besten Ergebnisse zu erreichen, in Einzelfällen können sich auch runde (KREIS) oder quadratische (QUADRAT) Einflussbereiche am besten für das Bild oder den Film eignen.

Das MISCHEN-Feld ❺ schließlich reguliert das Mischungsverhalten der beiden Felder FARBE und TEXTUR zueinander.

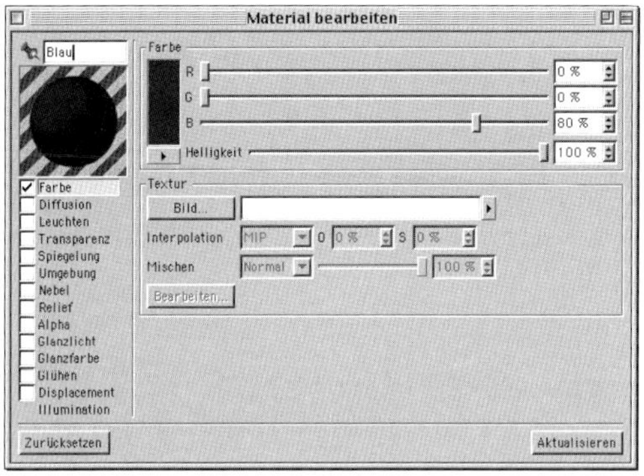


▲ **Abbildung 5**
Material-Editor – Farbe-Seite

Dieses Feld ist in der Cinema 4D Version 6 neu hinzugekommen. Noch in der Vorgängerversion wurde das Mischungsverhältnis von Farbe und Textur im Prinzip über die Helligkeitsregler bestimmt. Der MISCHEN-Regler stellt eine erhebliche Verbesserung dar – die Mischung läuft nun über ein separates Feld, und es ist kein Experimentieren und Abgleichen mehr nötig.

Eine große Arbeitserleichterung bringt der nicht modale Material-Editor – das Fenster muss also nicht geschlossen werden, um die Änderung zu vollziehen, dies erledigt der AKTUALISIEREN-Button. Das Vorschaufenster gibt zwar Aufschluss über das Aussehen des Materials, am besten jedoch klappt die Abstimmung am 3D-Objekt selbst. Nun ist es möglich, die Materialeinstellungen am Objekt auszuprobieren, ohne ständig den Editor öffnen und schließen zu müssen.

Mit den 14 verschiedenen Kanälen steht wirklich sehr viel Spielraum für die Materialbestimmung bereit.

Gehen Sie bei der Bestimmung der Parameter aber nicht einfach die Liste der Kanäle der Reihe nach durch. Stellen Sie sich vor, Sie müssten jemandem am Telefon das Material beschreiben. Welche Informationen sind wichtig, damit der Gesprächspartner sich das Material vorstellen kann? Diese Parameter stellen Sie ein – nicht mehr, aber auch nicht weniger.

### Farbe

Der FARBE-Kanal (Abbildung 5) dient zur Festlegung der Materialfarbe.

Mit den drei Schiebereglern stellen Sie die Farbe wunschgemäß im RGB-Modus ein. Wenn Sie lieber mit anderen Farbmodi oder einer Farbpalette arbeiten, klicken Sie auf den Pfeilbutton unter dem Farbfeld. Dort finden Sie eine Auswahl an Modi. Mit Doppelklick auf das Farbfeld öffnen Sie den Systemfarbdialog.

Über das TEXTUR-Feld können Sie ein Bild oder einen Film als Textur hinzuladen. Das Mischungsverhältnis regelt der Stärkeregler im MISCHEN-Feld.

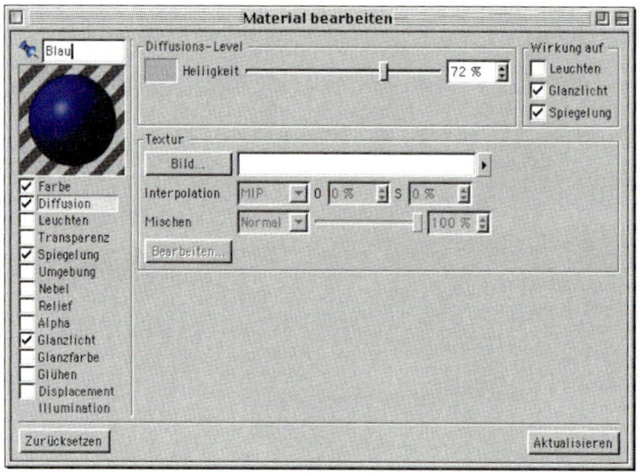


▲ **Abbildung 6**
Material-Editor – Diffusion-Seite

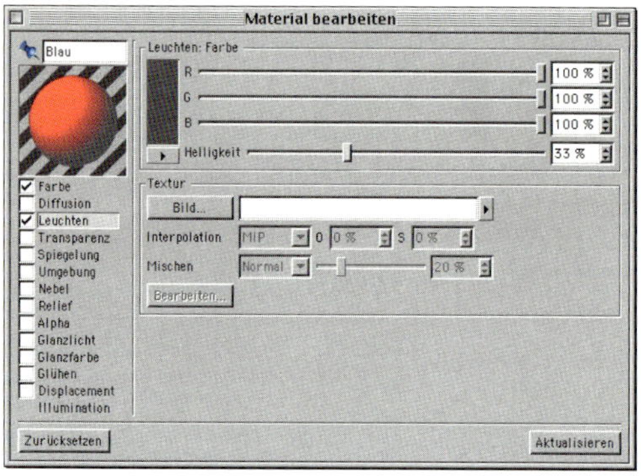


▲ **Abbildung 7**
Material-Editor – Leuchten-Seite

### Diffusion

Da kein Material, auch nicht Glas oder Edelmetall, wirklich glatt ist, sondern immer minimale Unsauberkeiten auf der Oberfläche hat, ist der DIFFUSIONS-Kanal (Abbildung 6) eine gute Möglichkeit, eine allgemeine Diffusion zu erreichen, ohne allzu großen Aufwand zu betreiben.

Im Wirkungsfeld lässt sich die Diffusionswirkung auf die Leuchten-, Glanzlicht- und Spiegelungskanäle einschränken oder erweitern.

Als Diffusionstexturen bieten sich Strukturbilder an, welche die Perfektion der Oberfläche etwas durchbrechen. Ein 2D-Shader wie NOISE kann auch gute Dienste leisten.

Diffusion trägt viel zum realistischen Aussehen des Bildes bei.

### Leuchten

Mit dem LEUCHTEN-Kanal (Abbildung 7) simulieren Sie ein Leuchten von Materialien.

◂ 235
Image-based
Lighting

Fernseher, Monitore, Handy-Displays und Neonreklamen wären ein paar Anwendungsbeispiele.

Die Einstellungen im LEUCHTEN-Kanal arbeiten stark mit den Parametern im FARBE-Kanal zusammen – hier muss auf jeden Fall ein Abgleich stattfinden. Eine Textur im FARBE-Kanal bringt auf Ihren Bildschirm ein »phosphoreszierendes« Bild. Noch besser eignet sich natürlich ein Film, dann ist der Eindruck eines Monitors perfekt.

Apropos Bildschirm: Passen Sie in solch einem Fall das »Bild« dem Bildschirm an. Eine alte Flimmerkiste bringt Ihnen beim besten Willen kein scharfes 100-Hz-Bild auf den Schirm. Versehen Sie den Film in diesem Fall mit Störungen, Knacksern etc., wie sie beispielsweise über die QuickTime Pro-Filter zu bewerkstelligen sind.

Seit Version 7 und der Radiosity-Unterstützung können Sie mit dem LEUCHTEN-Kanal die Beleuchtungstechnik des Image-based Lighting anwenden.

### Transparenz

In diesem Kanal (Abbildung 8) bestimmen Sie über den Helligkeitsregler die Transparenz des Materials.

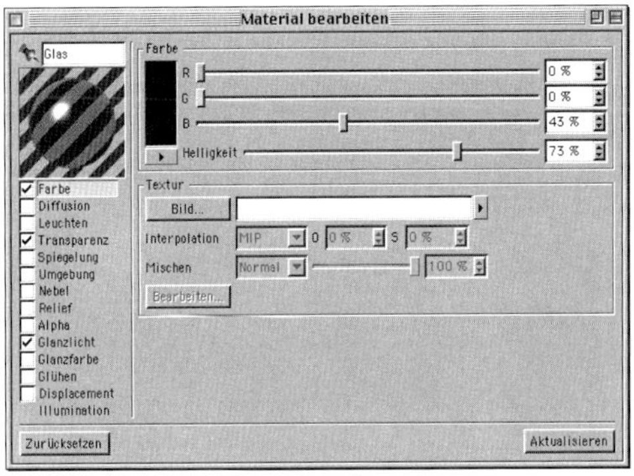


▲ **Abbildung 8**
Material-Editor – Transparenz-Seite

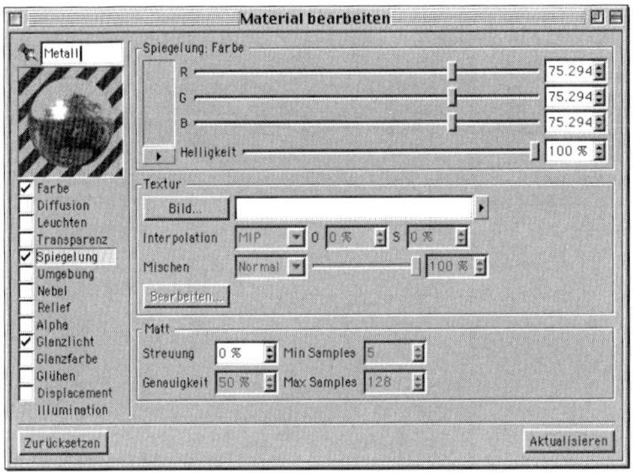


▲ **Abbildung 9**
Material-Editor – Spiegelung-Seite

Eine andere Möglichkeit zur Variation der Durchsichtigkeit liegt im TEXTUR-Feld. Durch Texturbilder im TRANSPARENZ-Kanal schaffen Sie beispielsweise geschliffene Verzierungen in Gläsern oder Ähnliches.

Der TRANSPARENZ-Kanal nimmt direkten Einfluss auf die Farbe im FARBE-Kanal.

Materialien wie Glas, Flüssigkeiten oder Edelsteine brechen Licht anders als Luft. Im BRECHUNG-Feld lässt sich eine individuelle Brechung einstellen – eine Auswahl von Indizes finden Sie im Cinema 4D-Handbuch. FRESNEL bewirkt, dass der Winkel von Betrachter, Licht und Oberfläche in die Berechnung der Transparenz und Spiegelung mit einfließt.

Zwei wichtige Punkte beim Texturieren und Rendern von durchsichtigen Gegenständen sind BRECHUNG und STRAHLTIEFE. Nehmen wir als Beispiel ein Weinglas. Das Glas selbst besitzt einen Brechungsindex von ca. 1,44 – für den Wein als Flüssigkeit zählt der Index von Wasser. Wie Sie vielleicht noch aus dem Physikunterricht wissen, ändert sich der Winkel beim Ein- bzw. Austritt in und aus jeder Oberfläche – der Index hebt den Realismus an.

Die Strahltiefe betrifft das Rendern in Cinema 4D. Wie viele Oberflächen durchstößt der Strahl? Insgesamt sechs – Ein- und Austritt aus dem Glas, Ein- und Austritt aus dem Wein und letztlich Ein- und Austritt aus dem hinteren Teil des Glases. Ist in den RENDER-VOREINSTELLUNGEN · OPTIONEN eine Strahltiefe niedriger als die Standardeinstellung von sechs angegeben, gibt es beim Rendern Probleme.

Über das in Cinema 4D 7 neu hinzugekommene MATT-Feld verleihen Sie dem Material einen Milchglas-Effekt – eine weiche Transparenz entsteht.

### Spiegelung

Im SPIEGELUNGS-Kanal (Abbildung 9) legen Sie fest, wie sehr ein Objekt seine Umgebung widerspiegelt. Die Betonung liegt auf Umgebung, denn wo keine Umgebung ist, kann auch nichts gespiegelt erscheinen. Wie Sie dieses Problem umgehen, erfahren Sie beim UMGEBUNGS-Kanal.

Bleiben wir aber zunächst noch bei der Spiegelungsseite. Hier ist es in den meisten Fällen angebracht, im TEXTUR-Feld die Spiegel-

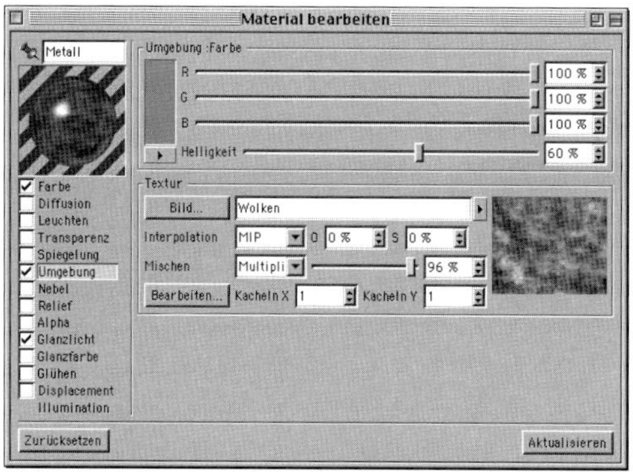


▲ **Abbildung 10**
Material-Editor – Umgebung-Seite

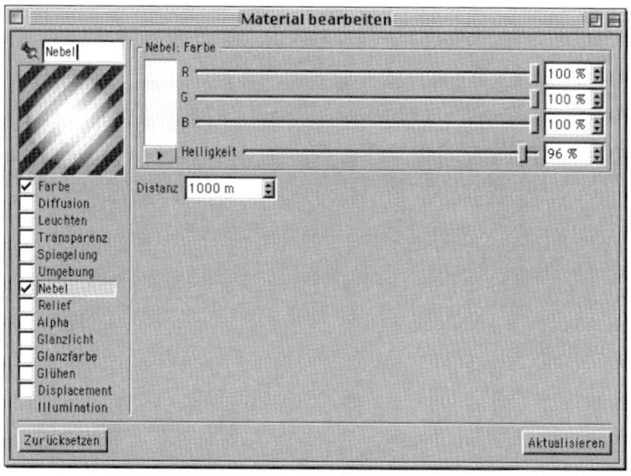


▲ **Abbildung 11**
Material-Editor – Nebel-Seite

fähigkeit durch eine Textur einzuschränken. Ein Holztisch mag zwar spiegelnd sauber sein, seine Adern und Fasern lassen die Spiegelung aber variieren.

In den Rendereinstellungen Render-Voreinstellungen · Optionen sollten Sie bei vielen sich spiegelnden Objekten die Spiegelungs- und Schattentiefen überprüfen.

Auch im Spiegelungs-Kanal steht Ihnen jetzt ein Matt-Feld zur Verfügung, mit dem Sie weiche Spiegelungen (Reflektionen) erstellen können.

## Umgebung

Wie bereits beim Spiegelungs-Kanal erwähnt, hilft Ihnen der Umgebungs-Kanal (Abbildung 10) dabei, dass Metalle und Gläser eine Umgebung wiedergeben.

Der Aufwand, nur für die Spiegelung eine Umgebung für die eigentliche Szenerie zu modellieren, steht in keinem Verhältnis zum Ergebnis.

Stattdessen laden Sie einfach eine Umgebung in das Textur-Feld. Für kleinere Objekte genügt ein Wolken-2D-Shader oder ein importierter Farbverlauf. Bei Nahaufnahmen können Sie natürlich anfangen zu zaubern. Experimentieren Sie mit den Kacheleinstellungen, falls Ihnen die Spiegelung zu langweilig erscheint.

## Nebel

Mit dem Nebel-Kanal (Abbildung 11) lassen sich Umgebungen schaffen, die den Lichtstrahl auf die Distanz hin abschwächen.

Über die Schieberegler weisen Sie dem Nebel eine Farbe zu. Die Distanzeinstellung gibt an, nach welcher Strecke der Nebel vollkommen opak ist. An dieser Stelle ist dann nur noch die Eigenfarbe des Nebels maßgebend.

Ein Nebel-Kanal wird in Cinema 4D so ähnlich wie ein Transparenz-Kanal behandelt. Da auch Nebel das Licht bricht, berücksichtigt der Nebel die Brechungseinstellungen im Transparenz-Kanal. Weil die Brechung nur bei geschlossenen Objekten korrekt berechnet wird, sollten Sie bei Nebelobjekten volumetrische Körper verwenden.

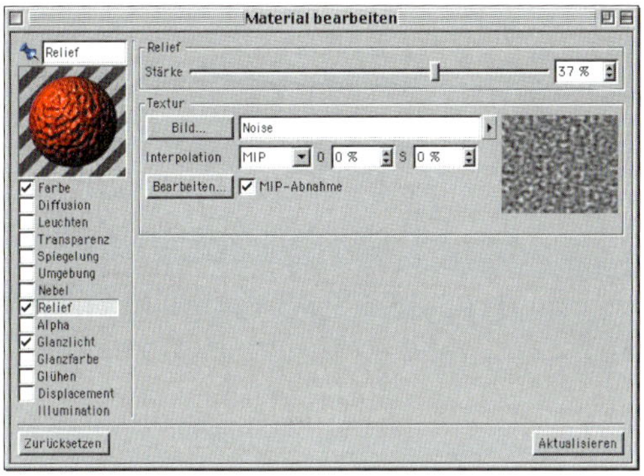


▲ **Abbildung 12**
Material-Editor – Relief-Seite

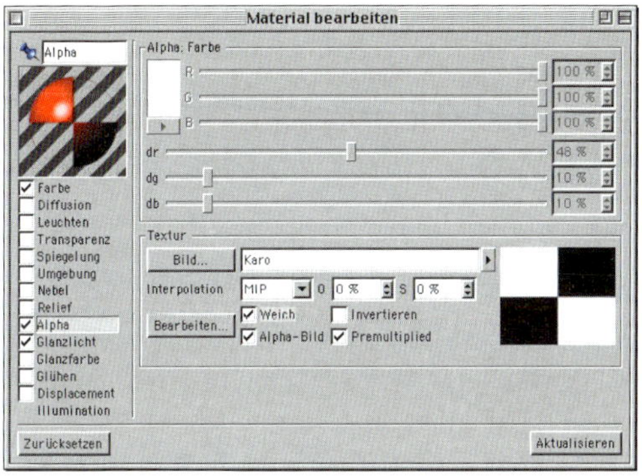


▲ **Abbildung 13**
Material-Editor – Alpha-Seite

## Relief

Der Relief-Kanal (Abbildung 12) ist sicher einer der bedeutendsten Materialkanäle.

Der Kanal simuliert ein Relief auf Grund der Grauwertangaben einer Textur. Diese Textur, auch Bump-Map genannt, laden Sie in das Textur-Feld ein. Dabei ist es egal, ob Sie ein Farb- oder Graustufenbild verwenden, Farbbilder rechnet Cinema 4D auf die relevanten Grauwerte um.

Anhand der Grauwertinformation setzt Cinema 4D dann die Höhenwerte für das Relief. 100 % Schwarz gilt dabei als tiefster, 100 % Weiß als höchster Punkt.

Mit dem Stärke-Regler stellen Sie ein, wie rau oder weich die Texturinformationen von der Reliefstruktur verwertet werden, Angaben über ± 100 % sind ebenfalls möglich.

Das Relief entsteht durch Änderung der Normalenvektoren der Oberfläche – die Objektgeometrie ist nach wie vor glatt.

Eine Bump-Map sollte bei der Simulation echter Materialien eigentlich immer zum Einsatz kommen, wenn keine extremen Nahaufnahmen vorgesehen sind. Die Oberflächen wirken glaubwürdiger, und Sie sparen sich eine Menge Arbeit beim Ausmodellieren.

## Alpha

In Version 5 hieß der Alpha-Kanal (Abbildung 13) noch Genlocking, der Verwendungszweck ist aber derselbe: Die Materialtextur wird über ein Alphabild ausgestanzt. An diesen Stellen ist entweder das darunter liegende oder eben gar kein Material sichtbar – über weiches Mapping sind auch sanfte Übergänge realisierbar.

Mit der Alpha-Funktion stellen Sie ein, welche Farbe des Bildes wegfallen soll. Durch die Delta-Regler (dr, dg, db) können Sie die Toleranz beim Freistellen festlegen.

Wer ganz genau arbeiten möchte, erstellt sich in einem Bildbearbeitungsprogramm wie z. B. Photoshop eine Maske bzw. ein Schwarzweißabbild der auszustanzenden Stellen.

Haben Sie viele dieser Alphamaterialien auf einem Objekt zusammengestellt, sollte, wie auch schon beim Transparenz-Kanal, die Strahltiefe in den Render-Einstellungen angepasst werden.

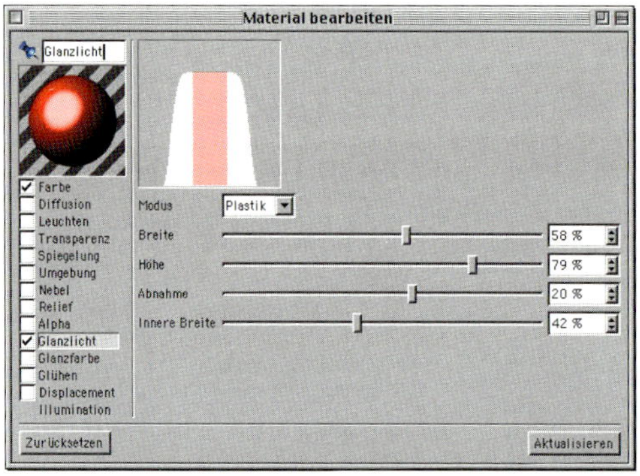


▲ **Abbildung 14**
Material-Editor – Glanzlicht-Seite

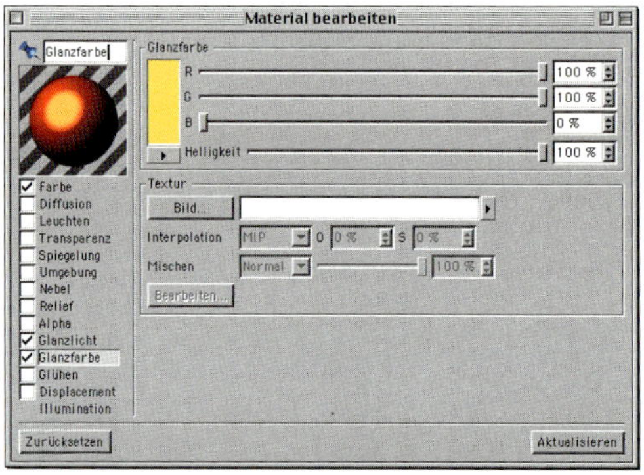


▲ **Abbildung 15**
Material-Editor – Glanzfarbe-Seite

## Glanzlicht

Glanzlichter (Abbildung 14) sagen viel über die Oberflächenbeschaffenheit und Härte eines Materials aus.

Mit der Version 7 von Cinema 4D haben auch die Glanzlichter eine Überarbeitung erfahren. Mit den Schiebereglern lassen sich nicht nur die Breite und Höhe des Glanzlichtes festlegen, auch die Abnahme an den seitlichen Rändern und die innere Breite des Lichts kann nach Wunsch austariert werden.

Zusätzlich bieten Ihnen Plastik-, Metall- und Farbig-Modus die Möglichkeit, die Farbe des Glanzlichtes unterschiedlich zu berechnen. Im Plastik-Modus ist die Glanzlichtfarbe unabhängig vom Material weiß (diese Farbe können Sie im nächsten Kanal definieren). Der Metall-Modus dagegen zieht auch die Materialfarbe zur Berechnung heran – was Metalloberflächen sehr zugute kommt. Der Farbig-Modus beeinflusst das Diffusions-Glanzlicht.

Weiche, stumpfe Materialien mit rauen Oberflächen sollten ein breites und relativ flaches Glanzlicht bekommen. Harte, glatte Materialien mit glänzend lackierten oder polierten Oberflächen brauchen stattdessen schmale hohe Glanzlichter.

## Glanzfarbe

Mit dem Glanzfarben-Kanal (Abbildung 15) verleihen Sie dem Glanzlicht zusätzlich zu den Angaben aus dem Farbe-Kanal eine eigene Glanzfarbe.

Anders als beim Glanzlicht selbst können Sie hier mit einer Glanzfarben-Textur die punktuelle Stärke des Glanzlichtes beeinflussen.

Glanzfarben erzielen auf bestimmten Oberflächen interessante Materialeffekte, die Objekte erhalten eine gewisse Eigendynamik – unabhängig von der Lichtquellenfarbe. Eine gelbe Lichtquelle auf einer roten Kugel (Abbildung 14) mit weißem Glanzlicht färbt das Glanzlicht automatisch gelblich. Dafür brauchen Sie die Glanzfarbe also nicht.

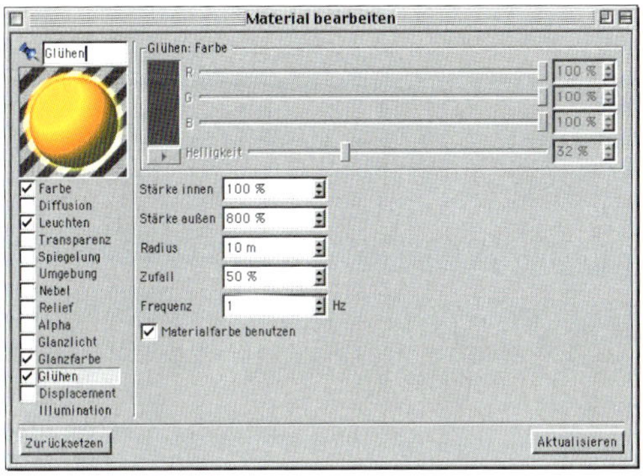


▲ **Abbildung 16**
Material-Editor – Glühen-Seite

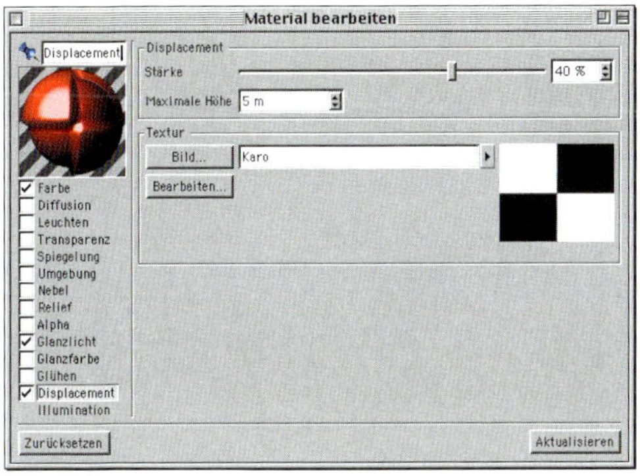


▲ **Abbildung 17**
Material-Editor – Displacement-Seite

### Glühen

Der GLÜHEN-Kanal (Abbildung 16) bringt Ihre Objekte innen und außen zum Glühen. Ebenso wie beim LEUCHTEN-Kanal geht aber kein leuchtendes Licht vom glühenden Objekt aus.

Für das Glühen können Sie wahlweise eine eigene Farbe definieren oder alternativ die MATERIALFARBE benutzen. Schreiben Sie eine eigene Farbe vor, so mischen sich Objekt- und Glühfarbe.

Die STÄRKE des Glüheffekts nach INNEN und AUSSEN sowie der GLÜHRADIUS lassen sich getrennt festlegen.

Zwar besitzt der GLÜHEN-Kanal kein TEXTUR-Feld, in dem das Glühen per Film oder Shader animierbar wäre, dafür gibt es aber mit den ZUFALL- und FREQUENZ-Feldern die Möglichkeit, die Größe des Glühens (ZUFALL) und die Häufigkeit der Änderung des Glühens (FREQUENZ) zu animieren.

### Displacement

Beim Displacement wird, ähnlich wie beim Relief, per Displacement-Map eine Oberflächenänderung anhand von Graustufeninformationen vollzogen.

Im Unterschied zum Relief erfolgt diese Oberflächenänderung aber geometrisch – eine Deformation ist also tatsächlich vorhanden.

Diese Deformation funktioniert nur bei Objekten, die genügend Unterteilungen besitzen. Parametrische Objekte müssen zuerst in Polygon-Objekte umgewandelt (Taste C) und ausreichend unterteilt werden.

Wie auch beim RELIEF-Kanal ist die Angabe einer Displacement-Map zwingend erforderlich, da sonst keine Grauwertinformationen vorliegen.

Über einen STÄRKE-Regler und das Eingabefeld für die MAXIMALE HÖHE können Sie die Anwendung des Displacements noch etwas austarieren.

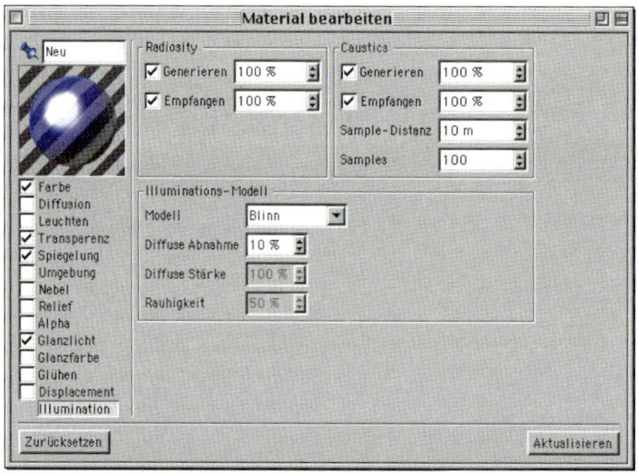


▲ **Abbildung 18**
Material-Editor – Illuminations-Seite

### Illumination

◄ 232 Radiosity

◄ 236 Caustics

Die Kernfeatures der Version 7 von Cinema 4D sind mit Sicherheit das Radiosity- und Caustics-Rendering. Die neue Illuminations-Seite im Material-Editor (Abbildung 18) bereitet die Materialien dafür vor und stellt zusätzlich noch zwei neue Illuminations- bzw. Shading-Modelle zur Verfügung.

So wie Sie für jede Lichtquelle und jedes Objekt einzeln festlegen können, ob es Licht bzw. Schatten generiert oder empfängt, ist es auch für jedes Material möglich, die Radiosity- bzw. Caustics-Optionen an oder auszuschalten. Die Glas-Modelle in Abbildung 19 zeigen an- bzw. ausgeschaltete Caustics-Berechnung.

In den beiden oberen Feldern geben Sie für das Material an, wie stark die Radiosity- bzw. Caustic-Effekte erzeugt bzw. empfangen werden sollen. Dabei können Sie die Werte auch weit über die standardmäßig eingestellen 100% ansetzen – je nachdem, welchen Effekt Sie erzielen wollen.

Cinema 4D verwendet Photonen für die Berechnung von Radiosity und Caustics. Für die Caustics können Sie einstellen, welche Sample-Distanz und Sample-Anzahl Sie den Photonen zugestehen, um die Effekte zu berechnen. Je mehr Photonen sich in einem Sample befinden, desto schärfer wird das Bild, allerdings kann dies bei zu geringen Werten dazu führen, dass die Photonen selbst sichtbar werden. Mit steigender Sample-Distanz nimmt die Schärfe ab, das Ergebnis ist weicher.

Beachten Sie bei Radiosity und Caustics auch stets die Parameter in den Licht- und Render-Voreinstellungen. Experimentieren Sie mit den Werten – unpassende Einstellungen resultieren eher in übertrieben hohen Renderzeiten als in qualitativ befriedigenden Ergebnissen.

Illuminations-Modelle oder auch Shading-Modelle befassen sich mit der Art, wie auftreffendes Licht das Aussehen des Materials beeinflusst. Bislang wurden Sie in Cinema 4D mit dieser Thematik noch nicht konfrontiert, da vor der Version 7 ausschließlich das Phong-Shading unterstützt wurde. Nun stehen Ihnen insgesamt drei Modelle – Phong-, Blinn- und Oren-Nayar-Shading zur Verfü-

▲ **Abbildung 19**
Illuminations-Modelle Phong (gelb), Blinn (braun) und Oren-Nayar (blau) sowie aktivierte (links vorne) und deaktivierte (rechts vorne) Caustics-Berechnung

gung. Je nach Art des Materials können Sie nun auch durch verschiedene Illuminations-Modelle Material-Eigenschaften differenzieren. Die drei bunten Würfel (Abbildung 19) unterscheiden sich vom Material her lediglich in Farbe und Illuminations-Modell.

Das Phong-Shading eignet sich gut zur Simulation von glatten und glänzenden Oberflächen. Dabei spielen die Oberflächen-Normale, die Position des Betrachters und die Richtung der Reflektion eine Rolle. Das gelbe Objekt in Abbildung 19 wurde mit Phong-Shading gerendert – das Material erhält einen Plastik-Look.

Auch das Blinn-Shading bietet sich zur Simulation von glatten und glänzenden Materialien wie Plastik und Metall an. Blinn-Shading bezieht sich mehr auf die physikalischen Eigenschaften eines Materials. Nach dem Blinn-Modell besteht jede Oberfläche aus kleinsten Facetten, die je nach Materialfarbe und Beschaffenheit unterschiedliche Färbungen und Schattierungen aufweisen. Der braune Würfel in der Mitte des Bildes besitzt das Blinn-Modell und zeigt ein eher metallisches Aussehen.

Einen ähnlichen Ansatz verfolgt das Oren-Nayar-Modell. Dabei kommt allerdings der raue, stumpfe Character eines Materials ausgeprägter zum Ausdruck. Typische Einsatzgebiete für das Oren-Nayar-Shading sind Textilien, Sand und natürliche Oberflächen. Das Material des blauen Würfels ist mit dem Oren-Nayar-Shading belegt und zeigt die weichste, geschmeidigste Oberfläche der drei Wurfel-Modelle.

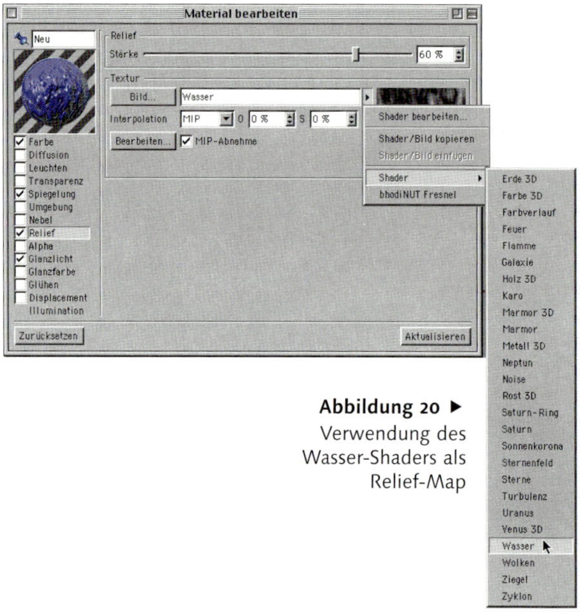


**Abbildung 20** ▶
Verwendung des Wasser-Shaders als Relief-Map

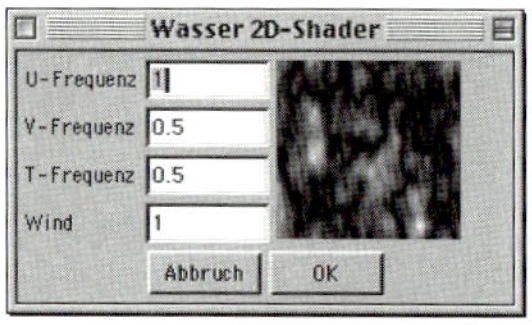


**Abbildung 21** ▲
Einstellungsdialog Wasser-Shader

## 2D-Shader

Die zweidimensionalen Shader finden als Texturen in den Material-Kanälen Verwendung.

Dort können sie, ähnlich wie Bitmap-Bilder oder Filme, zum Beispiel als Relief-Map wie in Abbildung 20 eine Wasseroberfläche simulieren. Die Integration in die Kanäle geschieht durch den Pfeilbutton im Textur-Feld.

2D-Shader sind mathematisch beschriebene Texturen, daher sind sie auflösungsunabhängig und individuell einstellbar (Abbildung 21). Außerdem können diese speziellen Texturen auch animiert sein – mit einem Bruchteil des Speicherbedarfs von QT- oder AVI-Filmen.

Zusätzlich zu den in Cinema 4D eingebauten 2D-Shadern, die im Untermenü SHADER des Pfeilbutton-Menüs liegen, können programmierfreudige Anwender den Material-Editor durch Erweiterungen ausbauen.

Cinema 4D stellt für solche Erweiterungen die C.O.F.F.E.E.-Schnittstelle bereit, mit der auch Expressions und Plug-ins arbeiten. Shader und Plug-ins befinden sich im Ordner Plugins im Cinema 4D-Verzeichnis.

Wichtig bei der Anwendung dieser Shader ist die Kombination der Material-Kanäle. In vielen Fällen sollten Sie die Shader in mehrere Material-Kanälen einbauen. Eine im FARBE-Kanal animierte Flamme wirkt durch erneute Anwendung der Textur im TRANSPARENZ- und ALPHA-Kanal um einiges realistischer.

Einen wesentlichen Nachteil haben die 2D-Shader gegenüber ihren dreidimensionalen Geschwistern: Sie sind, wie normale Bitmap-Texturen auch, nur Oberflächen-Shader. Die mathematische Beschreibung durchzieht nicht das Volumeninnere (Würfel in Abbildung 22).

### Farbverlauf, Karo, Sterne, Sternenfeld, Ziegel

Diese 2D-Shader erzeugen Textur-Muster mit angegebenem Inhalt. Beim FARBVERLAUF las-

◀ **Abbildung 22**
2D-Shader Saturn, Saturn-Ring, Uranus, Neptun, Feuer, Marmor und Wasser

sen sich die ineinander laufenden Farben, die axiale oder radiale Ausrichtung sowie der Winkel des Verlaufs angeben. Mit KARO- und ZIEGEL-Shader erstellen Sie beliebige Schachbrett- und Ziegel- oder Fliesen-Muster, die Form und Anzahl der Kacheln passen Sie einfach durch Variation der Frequenzen in Größe und Aussehen an. Außer in Farbe und Anzahl kann bei den Sternen des Sterne-2D-Shaders auch Zackenzahl und -radius definiert werden. STERNENFELD bietet zwar keinen Options-Dialog, dafür aber eine einfache Möglichkeit, einen Sternenhimmel zu texturieren.

#### Flamme, Feuer, Sonnenkorona

Für animierte Flammen und Feuerwände und Koronas eignen sich die gleichnamigen 2D-Shader hervorragend. Abbildung 22 zeigt links einen Würfel mit angewandtem FEUER-Shader. Der Shader liegt nicht nur im FARBEN-, sondern auch im TRANSPARENZ- und ALPHA-Kanal. Die Frequenzen und Turbulenzen sind natürlich einstellbar.

#### Galaxie, Neptun, Saturn, Saturn-Ring, Uranus

Ohne die vielen Shader über einen Kamm scheren zu wollen, bieten sie doch alle in etwa dieselbe Funktionalität: Sie simulieren die zyklische Struktur von Planeten und deren Wolken. In Abbildung 22 sehen Sie Saturn, Saturn-Ring, Uranus und Neptun.

#### Marmor, Noise, Turbulenz

Aussehen und Struktur der Shader wird durch Farben, Frequenzen und Turbulenzen bestimmt. Der NOISE-Shader wird für strukturierte Oberflächen oft im RELIEF-Kanal eingesetzt.

#### Wasser, Wolken, Zyklon

Mit dem Wasser-Shader im RELIEF-Kanal (Abbildung 22 rechts) sind animierte Wasseroberflächen ein Leichtes – Wellenfrequenz und Wind stellen Sie im Dialog ein. Neben ihrer normalen Funktion zur Texturierung eines Wolkenhimmels eignet sich der Wolken-Shader auch gut zur Simulation einer Umgebung im UMGEBUNGS-Kanal an.

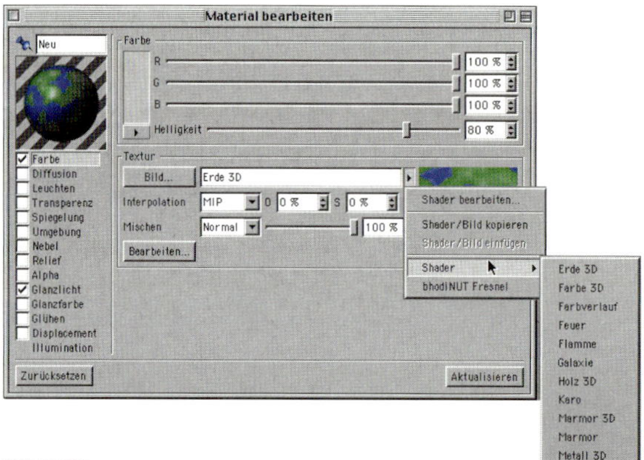


◀ **Abbildung 24**
Verwendung eines 3D-Shaders im Material-Editor

Einstellungsdialog Erde-Shader
**Abbildung 25** ▼

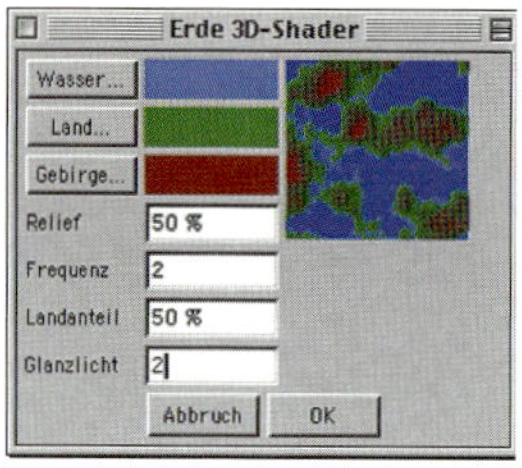


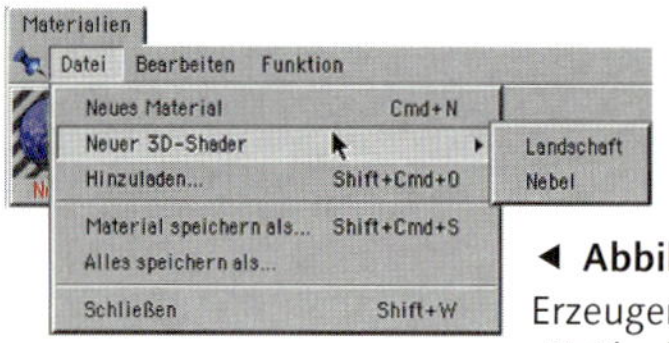


◀ **Abbildung 23**
Erzeugen eines 3D-Shaders

## 3D-Shader

Die in Cinema 4D eingebauten 3D-Shader erstellen Sie über den Befehl DATEI · NEUER 3D-SHADER im Material-Manager (Abbildung 23) und auch im TEXTUR-Feld des Material-Editors (Abbildung 24).

3D-Shader sind mathematisch beschriebene Materialien, wie auch 2D-Shader sind sie auflösungsunabhängig und individuell einstellbar (Abbildung 25).

Neben den in Cinema 4D integrierten 3D-Shadern können auch Shader von Drittanbietern und selbst oder von anderen Cinema 4D-Anwendern mit C.O.F.F.E.E. programmierte Shader mit in das Programm aufgenommen werden. Seit Version 7 sind im Lieferumfang von Cinema 4D die 2D- und 3D-Shader der Kollektion Smells Like Almonds 2.5 der Firma bhodiNUT enthalten.

◀ 362
Smells Like Almonds 2.5

Der große Vorteil von 3D-Shadern gegenüber ihren zweidimensionalen Vertretern besteht in der Volumendurchdringung von Körpern. Die Beschreibung des Materials betrifft also nicht nur die Oberfläche, sondern auch das Körperinnere. Am besten vergleichen Sie den Marmorwürfel aus Abbildung 20 der vorhergenden Seite mit dem Würfel in Abbildung 26. Die mit dem Boole-Werkzeug herausgeschnittene Kugelfläche wirkt beim 2D-Shader verzerrt und passt nicht zur umliegenden Marmorstruktur. Wenn Sie dagegen die Schnittfläche des 3D-Marmors betrachten, setzt sich die Struktur fort, das Material ist also auch für das Körperinnere definiert.

Um interessante Materialeigenschaften wie Maserungen, Rostflecken etc. auch ein wenig an das Objekt anpassen zu können, verändern Sie einfach die Texturachse durch Verschieben, Skalieren oder Rotieren.

◂ **Abbildung 26**
3D-Shader Erde, Farbe, Marmor, Holz, Rost und Metall

### Erde

Der Erde-3D-Shader (Abbildung 26 oben) versorgt ein Objekt mit definierbaren Land- und Wasseranteilen. Außer den Farben für Land, Wasser und Gebirge kann die Strukturfeinheit (FREQUENZ) und die Höhe des RELIEFS festgelegt werden (Abbildung 25).

### Farbe

Der Farbe-Shader durchläuft zyklisch den RGB-Farbraum mit den angegebenen Wiederholraten (FREQUENZ). Mit ihm können Sie beispielsweise interessante Animationseffekte durch Morphen zwischen zwei oder mehreren dieser 3D-Shader erzielen.

### Holz, Marmor

Einige Strukturvorgaben sind im Shader schon vorhanden, die Farben, Frequenzen und Turbulenzen sind selbstverständlich auf die eigenen Bedürfnisse anpassbar. Für Nahaufnahmen eignen sich auf Grund der geringen Farbanzahl Bitmap-Texturen besser.

### Landschaft

Der Landschafts-Shader modelliert eine 3D-Landschaft mittels der eingegebenen Farben und der dafür veranschlagten Höhenangaben.

### Metall, Rost

Über diese Shader können Sie metallische Oberflächen mit und ohne Rost simulieren. Das Alter und die Roststärke des Metalls lassen sich mit den Farb-, Relief- und Reflektionsoptionen gut justieren.

### Nebel

Wenn Sie die Leistung Ihres Rechners testen möchten, probieren Sie diesen animierten, volumetrischen Nebel aus. Von STRAHLDICHTE über NEBELFARBE bis hin zu den TURBULENZEN ist alles im Dialog-Fenster vorhanden.

### Venus

Mit diesem Planeten-Shader können Sie die animierten Wolkenstrukturen eines der Venusähnlichen Planeten nachahmen.

# Textur-Mapping

*Sind einmal die Materialien erstellt, geht es an das Aufbringen (Mapping) der Texturen auf die Objekte. Textur-Geometrien, Kachelungen, unterschiedliche Projektionsarten und Werkzeuge helfen Ihnen dabei.*

Ich will Ihnen nicht verschweigen, dass nun der schwierige Teil des Texturings bevorsteht. Einem Objekt in Cinema 4D eine Textur zuzuweisen, ist nicht weiter problematisch. Greifen Sie das Materialsymbol im Material-Manager, und ziehen Sie es auf das Zielobjekt – entweder im Editor oder im Objekt-Manager.

Daraufhin öffnet sich der Textur-Geometrie-Dialog (Abbildung 24), in dem Sie bestimmen, wie die Textur auf das Objekt aufgebracht werden soll. Solange Sie mit einfachen Objekten zu tun haben, die der Form von Quadern, Zylindern, Kugeln oder Flächen nahe kommen, kommen Sie mit den Mapping-Methoden in Cinema 4D gut zurecht. Leider ist aber doch meist das Gegenteil der Fall, die Objekte sind komplex, besitzen viele Unterschneidungen und Extremitäten.

In solchen Fällen ist Erfindergeist gefragt, es schadet auch nie, sich bereits beim Modelling ein paar Gedanken über das spätere Texturieren des Objektes zu machen.

Beim Texturing gibt es keinen Königsweg oder ein Standardkochrezept – was aber nur bedeutet, dass viele Wege zum Ziel führen.

Trotzdem ein paar Tipps, wie Sie an ein kompliziertes Objekt herangehen sollten:

Wenn irgendwie möglich, versuchen Sie, auf 2D- oder 3D-Shader zurückzugreifen. Zwar sind Bitmaptexturen in rauen Mengen erhältlich, das Mapping gerät aber schnell zur Geduldsprobe.

Nehmen Sie sich nicht grundsätzlich vor, ein Objekt als Ganzes zu texturieren. Das kann klappen, muss aber nicht. Bauen Sie das Objekt einmal gedanklich aus lauter Grundobjekten zusammen. Mit den Selektionstexturen steht Ihnen völlig frei, die Texturen selektionsweise auf das Objekt zu bringen.

Die Objekte in Cinema 4D können beliebig viele Texturschichten aufnehmen. Denken Sie an die Möglichkeit, mit Textur-Layern unterschiedlich detaillierte Schichten aufzutragen. So können Sie zum Beispiel als unterste Schicht die »Rohtextur« mit Farbe, Bump-, und Spiegelungs-Maps etc. anlegen und darüber liegende Details als frei positionierbare Detailschichten realisieren – mit optimaler Kontrolle. Stellen Sie sich dazu einen alten Baumstumpf vor. Die Rinde ist dabei unsere unterste Rohtextur ohne allzu viele Details,

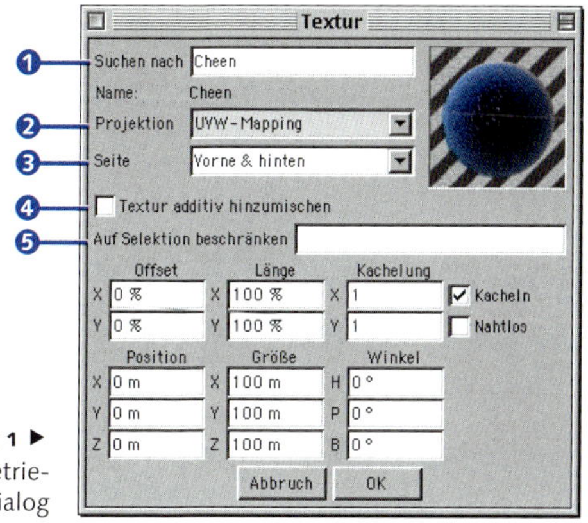


**Abbildung 1 ▶**
Textur-Geometrie-Dialog

der Moos- und Pilzbewuchs entsteht aus mehreren Textur-Schichten, die nach Wunsch mit differierenden Geometrien platziert werden.

Vermeiden Sie sich auffällig wiederholende Muster bei Kachelungen. Nichts wirkt unrealistischer als ein Parkettboden mit zigfacher Wiederholung der Holzstruktur. Wenn Sie frühzeitig wissen, dass eine Nahaufnahme mit viel sichtbarer Oberfläche geplant ist, setzen Sie von Anfang an eine größere Bitmap-Textur ein.

Wenn Sie häufig mit sehr detaillierten, komplexen Objekten zu tun haben, wäre die Anschaffung eines 3D-Mal- und Texturing-Paketes wie Bodypaint 3D eine Überlegung wert. Außerdem ist so eine Software äußerst hilfreich für alle, die mit den üblichen Mapping-Methoden und Einschränkungen auf Kriegsfuß stehen.

Soweit ein paar grundlegende Tipps vor dem Texturing. Gehen wir jetzt noch einmal zurück zum Textur-Geometrie-Dialog (Abbildung 1), der uns als Erstes ins Auge springt, wenn wir einem Objekt ein Material zuordnen.

## Textur-Geometrie

Nach dem Zuweisen eines Materials erscheint der Textur-Geometrie-Dialog, der auch als Tag im Objekt-Manager hinterlegt ist.

Das Material in diesem Tag kann also jederzeit umgestellt werden – unter Beibehaltung der Mapping-Einstellungen, was sich oft als sehr praktisch erweist. Tippen Sie dazu einfach den Namen des neuen Materials in die oberste Zeile ❶.

Unter Projektion ❷ und Seite ❸ geben Sie die Art des Textur-Mappings an und welche Seiten die Textur erhalten sollen. Hat ein Objekt mehrere Texturen, können Sie über Textur additiv hinzumischen ❹ eine Mischung der Texturen veranlassen.

Eingefrorene Selektionen eines Objekts besitzen referenzierbare Namen. Möchten Sie eine Textur auf eine solche Selektion beschränken, schreiben Sie den Namen in diese Zeile ❺.

Die weiteren Felder kümmern sich um die Lage und Kachelung der Textur. Sowohl Position, Größe und Winkel als auch die Häufigkeit der Kachelung kann eingestellt bzw. errechnet werden.

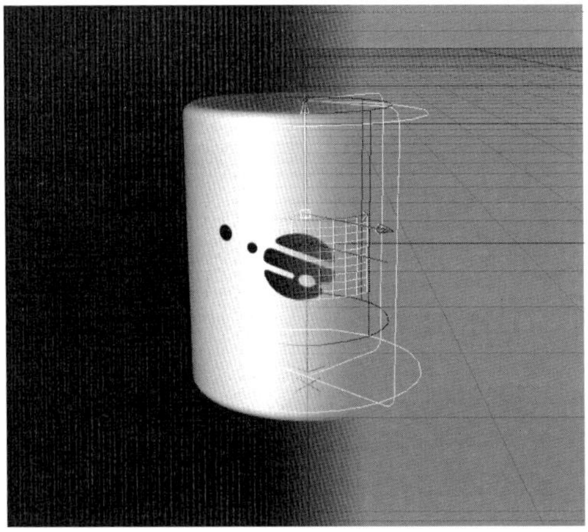

▲ **Abbildung 2**
Textur-Positionierung

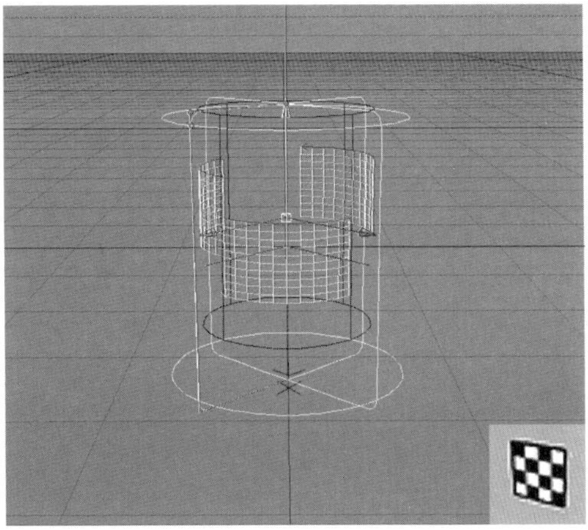

▲ **Abbildung 3**
Anwendung des Textur-bearbeiten-Werkzeugs

## Textur-Bearbeitung

Der Textur-Geometrie-Dialog setzt fest, wie das Material auf der Objektoberfläche liegen soll.

Dafür können entweder die Werte in die Felder des Dialogs geschrieben oder stattdessen zwei Werkzeuge zur Bearbeitung von Textur und Texturachse verwendet werden.

An einem einfachen Beispiel möchte ich kurz beschreiben, was die Felder und Werkzeuge eigentlich bewirken.

Abbildung 2 zeigt einen Zylinder mit platziertem Galileo-Logo. Das Logo liegt als Bitmap im Material-Farb-Kanal und wurde mit Zylinder-Mapping auf das Objekt gepasst. Im Seiten-Feld ist die Option Vorne ausgewählt, die Kacheln-Option ist deaktiviert. Wie Sie sehen, liegt das Logo auf der uns zugewandten Seite, mit blauen Linien ist im Drahtgittermodus die Textur in Größe und Form gekennzeichnet. Durch das Zylinder-Mapping passt sie sich dem Zylinder-Objekt an.

### Textur bearbeiten

Mit aktiviertem Textur-bearbeiten-Werkzeug (Abbildung 3 unten) oder auch mit den Offset- und Länge-Einstellungen im Textur-Geometrie-Dialog kann die Textur nun auf diesem Mapping-Zylinder verschoben, skaliert und gedreht werden. Die Textur verschiebt sich also nicht entlang der üblichen Koordinatensystemachsen, sondern entlang der Achsen im System des Mapping-Zylinders.

In Abbildung 3 sind in blauen Linien drei verschiedene Platzierungen der Textur auf dem Mapping-Zylinder zu sehen. Die schwarzen Isobaten deuten den virtuellen Zylinder an.

### Texturachse bearbeiten

Es ist aber auch möglich, den Mapping-Zylinder selbst zu bearbeiten.

Ist das Textur-Achsen-Werkzeug angewählt (Abbildung 4 unten) oder verändern Sie die Angaben Position, Grösse und Winkel im Textur-Geometrie-Dialog, so kann der Textur-

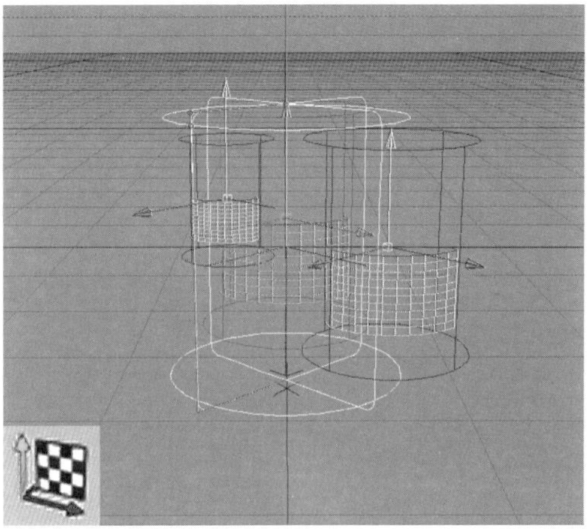

▲ **Abbildung 4**
Anwendung des Textur-Achsen-Werkzeugs

▲ **Abbildung 5**
Einfache (links) und nahtlose Kachelung (rechts)

Zylinder selbst verschoben, skaliert oder gedreht werden.

Zwei verschobene und skalierte Zylinder sehen Sie in Abbildung 4. Deutlich zu erkennen ist auch, dass die Relation von Textur zu Zylinder immer gleich bleibt – was für eine Achsenmodifikation ja nichts Außergewöhnliches ist.

### Kachelung

Die Option KACHELUNG im TEXTUR-GEOMETRIE-Dialog füllt die Texturfläche gemäß den Angaben zur Kachelhäufigkeit mit Kopien der Textur auf.

Bei üblicherweise gekachelten Oberflächenstrukturen wie Hauswänden, Fliesen und Putzoberflächen bietet sich diese Möglichkeit an – vorausgesetzt, die Texturränder fügen sich unauffällig aneinander und zeigen kein Wiederholungsmuster.

Der linke Zylinder in Abbildung 5 wurde bei eingeschalteter Kachelung mit Galileo-Logos bedeckt. Natürlich eignet sich diese Textur nicht zum Kacheln, aber es ist gut zu sehen, wie die Teile aneinander gesetzt sind. Mit den Kachelungseinstellungen lässt sich angeben, wie groß bzw. wie oft die Textur in X- und Y-Richtung aufgebracht werden soll.

Um problematische Texturränder trotzdem verwenden zu können, gibt es die NAHTLOS-Funktion. Dabei wird jedes zweite Texturteil gespiegelt angestückt. Der rechte Zylinder in Abbildung 5 ist mit nahtloser Kachelung texturiert. Die Nahtlos-Option dämpft zwar in den meisten Fällen die Probleme an den Rändern, dafür ist bei aufwändigeren Mustern ein Wiederholungseffekt (Schmetterlingsmuster) sichtbar.

Versuchen Sie, die Kachelungsoption nur bei Texturen anzuwenden, die sich für eine Kachelung eignen, also Bilder ohne besondere Merkmale wie Astlöcher, Schrauben etc. Zur Herstellung von nahtlosen Texturen bieten viele 2D-Bildbearbeitungsprogramme bessere Funktionen an.

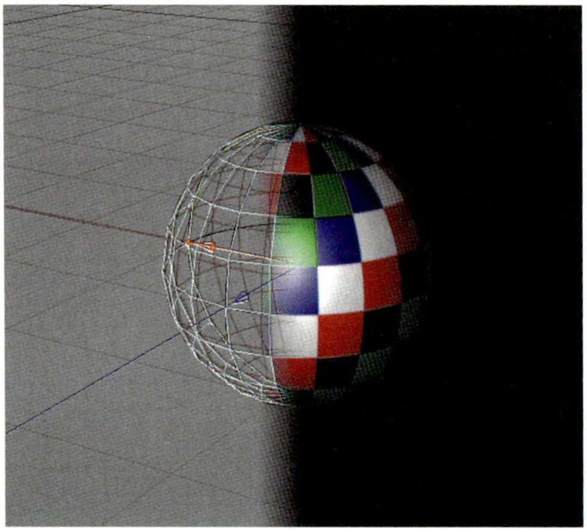

▲ **Abbildung 6**
Kugel-Mapping

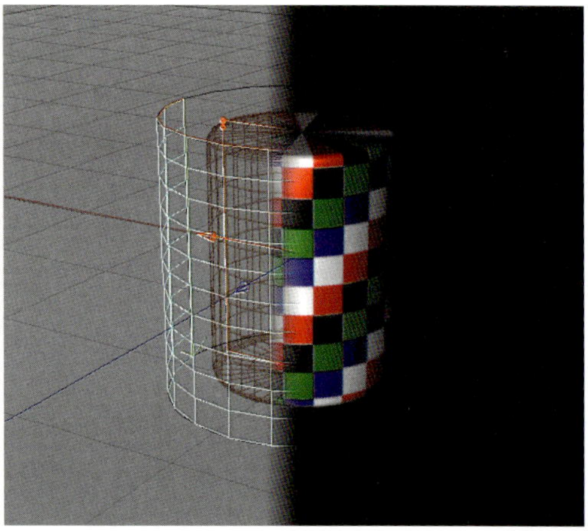

▲ **Abbildung 7**
Zylinder-Mapping

## Textur-Projektion

Im Feld PROJEKTION müssen Sie stets angeben, wie die Textur auf das Objekt aufgetragen werden soll.

Cinema 4D kennt acht Projektionsarten. Die Art der Projektion können Sie dem Objekt entsprechen oder auch absichtlich differieren lassen – um spezielle Effekte zu erzielen.

Überraschungseier bieten mehr als nur drei Wünsche auf einmal, sie geben auch einen guten Einblick in die Problematik der Projektionen. Angenommen, Sie möchten ein Ei auf Grund unerwarteten Inhalts wieder einpacken, so müssen Sie die Textur (Alufolie) wieder an das Objekt (Ei) anpassen. Im echten Leben geschieht das durch (relativ) geduldiges Übereinanderlegen und Falten der Textur (Folie), in Cinema 4D durch Verzerrung.

### Kugel-Mapping

Mit dem Kugel-Mapping legen Sie die Textur radial auf das Zielobjekt. Das blaue Gitter in Abbildung 6 zeigt eine Gitterkugel als Textur-Projektion. Die bunte, quadratische Bitmap-Textur wird an allen Stellen des Gitters verzerrt, besonders an den Polen der Kugel, hier laufen die Farbfelder spitz zusammen.

### Zylinder-Mapping

Wie in Abbildung 7 zu sehen, bringt das Zylinder-Mapping die Textur (blaue Linien) zylinderförmig am Zielobjekt an.

Die Form der Farbfelder rings um den Zylinder ist konstant, an den Deckflächen dagegen laufen die Felder wiederum spitz zusammen.

Um dieses Problem zu umgehen, sollten Sie die Deckflächen separat texturieren. Dies kann zum Beispiel über die Selektionstexturen geschehen, die ein paar Seiten weiter behandelt werden. Für diese flachen, getrennten Objekte wäre das Flächenmapping von Vorteil.

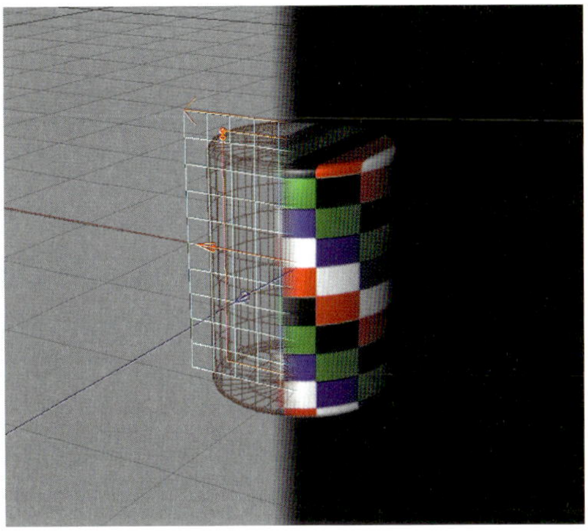

▲ **Abbildung 8**
Flächen-Mapping

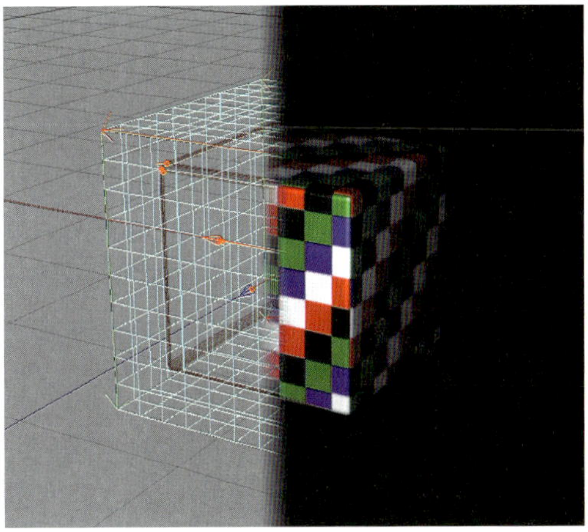

▲ **Abbildung 9**
Quader-Mapping

### Flächen-Mapping

Natürlich ist das Flächen-Mapping (Abbildung 8) in erster Linie für flache Objekte prädestiniert.

Das blaue Gitter zeigt Größe und Ausrichtung der Textur – die Textur kann in jedem beliebigen Winkel auf das Objekt projiziert werden.

Das Flächen-Mapping kümmert sich nicht weiter um die Form des Zielobjektes, durch die Krümmung des Zylinders ziehen sich die Farbfelder an den Rändern rechts und links in die Länge.

An den Deckflächen ist schön zu erkennen, dass die Textur das komplette Objekt und nicht lediglich die aus der Projektionsrichtung sichtbaren Stellen erfasst.

Auch für die Deckflächen ist die Projektionsrichtung falsch, eine Projektion von oben wäre hier geeigneter gewesen.

### Quader-Mapping

Nicht nur von einer, sondern gleich von allen sechs Seiten bekommt ein Zielobjekt (meistens ein quaderförmiges Objekt) beim Quader-Mapping die Textur projiziert.

Abbildung 9 zeigt, dass der ganze Würfel mit einem Drahtgittermuster überzogen ist. Die im Material definierte Textur wird also sechs Mal auf das Objekt geworfen.

Keine der Seiten beeinflusst die anderen Seiten des Objektes, somit haben Sie also sechs gleiche, aber unabhängige Texturkopien um das Objekt platziert.

In der obigen Abbildung wurde die Textur etwas vergrößert – dabei ist leicht zu erkennen, dass die überschüssige Textur an den Kanten nicht weiterläuft, sondern wegfällt.

Da das Quader-Mapping ein Objekt zwar von allen Seiten umschließt, die Projektion aber flach ausfällt, müssen Sie bei gerundeten Objekten stets mit Verzerrungen rechnen.

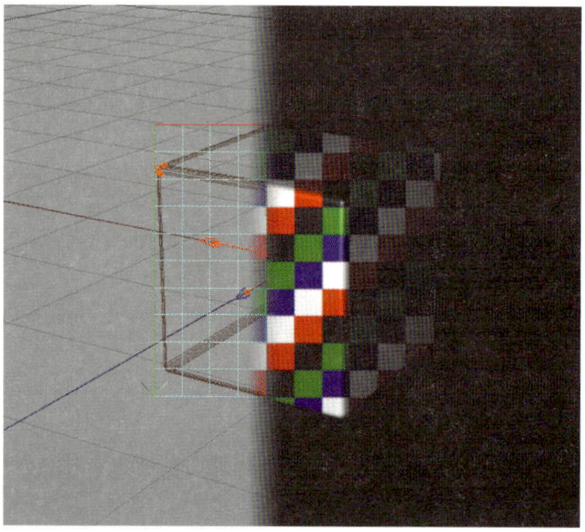

▲ **Abbildung 10**
Frontal-Mapping

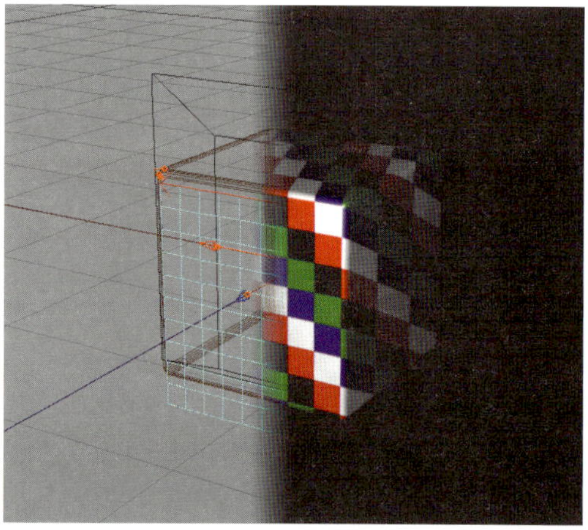

▲ **Abbildung 11**
Spat-Mapping

## Frontal-Mapping

Diese Projektionsart entspricht dem Begriff »Projektion« am besten. Das Frontal-Mapping wirft die Textur aus der Sicht der Kamera auf das Objekt (Abbildung 10).

Für die eigentliche Texturierung von Objekten ist diese Mapping-Methode eigentlich weniger gedacht.

Dafür können Sie mit dem Frontal-Mapping sehr raffinierte Effekte gestalten. Die Textur sitzt nämlich nicht wie festgenagelt auf dem Objekt, sondern wird – wie im Kino – ständig auf den Bereich des Objektes projiziert. Das macht die Objekt-Textur zwar einerseits sehr instabil, ist aber für den gewünschten Effekt Voraussetzung. Auch wenn Sie das Ziel-Objekt animieren oder verformen, der Eindruck der Projektion bleibt.

So ist es zum Beispiel möglich, mit identischen Objekt- und Hintergrundtexturen Objekte zu schaffen, die sich nur durch bewegte Glanzlicht- und Schatteneffekte bemerkbar machen.

## Spat-Mapping

Der Würfel in Abbildung 11 wurde mit Spat-Mapping texturiert.

Wie deutlich zu erkennen, ist die Frontseite des Würfels identisch zum Flächen-Mapping, die Texturen der oberen und rechten Seite des Würfels dagegen verlaufen schräg.

Spat-Mapping ist eine Möglichkeit, etwas gegen die Monotonie und Gleichmäßigkeit außerhalb der Flächengrenzen beim Flächen-Mapping zu tun.

Wählen Sie beim Spat-Mapping Texturen aus, denen Verzerrungen nichts ausmachen. Einfache Strukturen sind allen Texturen mit erkennbaren Motiven oder Bildelementen unbedingt vorzuziehen.

▲ **Abbildung 12**
Oberfläche ohne UVW-Mapping

▲ **Abbildung 13**
Oberfläche mit UVW-Mapping

## UVW-Mapping

Das UVW-Mapping geht in Sachen Verwendungszweck und Erstellung im Vergleich zu den sonstigen Mapping-Methoden in eine andere Richtung.

Der große Vorteil vom UVW-Mapping ist, dass die Objekte nach getaner Texturierungsarbeit eine Textur mit zugewiesenen Koordinaten auf der Objektoberfläche besitzen, die alle Deformationen durch Manipulation und Animation mitmachen. Somit ist der Arbeitsablauf etwas unterschiedlich – zuerst wird das Objekt mit der Textur vorbereitet, dann kann die Weitergestaltung bzw. Animation beginnen.

Seit Version 6.1 muss ich diese Vorteile des UVW-Mappings aber ein wenig relativieren, sind mit der Einführung des Textur-Fixierungs-Tags doch nun auch andere Mapping-Arten in der Lage, ihre Texturen auf der Oberfläche zu erhalten.

Abbildung 12 und 13 zeigen beide eine Fläche, auf die unsere bunte Textur mit Flächen-Mapping aufgebracht wurde. Mit dem Befehl GRUNDOBJEKT KONVERTIEREN entstanden aus beiden Objekten Polygon-Flächen. Im Anschluss daran bekam die Fläche in Abbildung 13 UVW-Mapping als neue Mapping-Methode zugewiesen.

Die Auswirkungen, die das Magnet-Werkzeug auf die Oberflächen der Objekte bzw. deren Texturen hat, zeigen die Abbildungen deutlich. Während die Textur in Abbildung 12 nur an den Extremstellen mit dem Objekt mitgeht, macht die Textur in Abbildung 13 alle Verzerrungen der Oberfläche mit – die Textur wirkt wie festgeklebt.

Das UVW-Netz ist sozusagen ein eigenes Koordinatensystem, das sich ausschließlich um das Verhalten der Textur bei Deformation und Animation kümmert, die w-Koordinate sorgt bei 3D-Shadern um die Tiefentextur.

Jedes Grund- und NURBS-Objekt in Cinema 4D besitzt standardmäßig bereits UVW-Koordinaten. Zwar sehen Sie hier keinen UVW-Koordinaten-Tag im Objekt-Manager

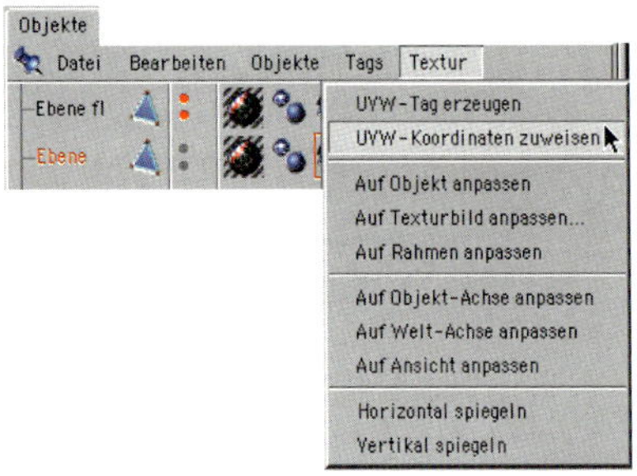

◂ **Abbildung 14**
Erzeugen von UVW-Koordinaten

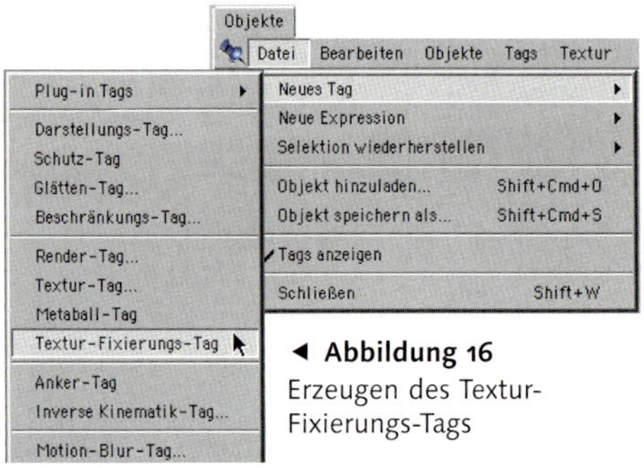

◂ **Abbildung 16**
Erzeugen des Textur-Fixierungs-Tags

◂ **Abbildung 15**
UVW-Tag

◂ **Abbildung 17**
Textur-Fixierungs-Tag

hinter dem Objekt-Symbol (Abbildung 15), dennoch lässt sich das UVW-Mapping anwenden, und die Textur reagiert auf die Deformation.

Um auf einem Objekt die Textur mit UVW-Koordinaten festzusetzen, werden Punkte benötigt, woran sich das UVW-Netz orientieren kann. Wandeln Sie also das Objekt zuerst in ein Polygon-Objekt um (Taste C).

Über den Objekt-Manager-Befehl TEXTUR · UVW-TAG ERZEUGEN (Abbildung 14) teilen Sie einem Objekt neue UVW-Koordinaten zu. Dies könnte zum Beispiel bei importierten Objekten vonnöten sein. Im Objekt-Manager sehen Sie das zugehörige UVW-Tag (Abbildung 15). Als letzten Schritt müssen Sie nur noch sicherstellen, dass als Mapping-Methode UVW angegeben ist.

Das TEXTUR-Menü im Objekt-Manager bietet aber noch mehr. Über den Befehl UVW-KOORDINATEN ZUWEISEN haben Sie die Möglichkeit, auf Selektionen eines Objektes unterschiedliche Projektionsarten anzuwenden. Mit dem Befehl fixieren Sie die Textur auf den selektierten Bereich.

Für die allgemeine Anpassung und Bearbeitung von Texturen finden sich auch einige Funktionen in TEXTUR-Menü (Abbildung 14).

So können Sie die Textur auf das Ziel-Objekt, bei Flächenprojektion in richtiger Proportion auf das Texturbild oder einen gezogenen Rahmen, auf Objekt- bzw. Welt-Achse und auch auf die Ansicht anpassen lassen. Ebenso stehen Befehle für das horizontale und vertikale Spiegeln zur Verfügung.

Wie bereits angesprochen, existiert seit Version 6.1 ein neues Tag, das Textur-Fixierungs-Tag (Abbildung 17), das per Menü-Befehl im Objekt-Manager DATEI · NEUES TAG · TEXTUR-FIXIERUNGS-TAG (Abbildung 16) jedem Objekt (also auch parametrischen Grundobjekten) zugewiesen werden kann. Der Vorteil gegenüber der UVW-Fixierung ist der niedrigere Speicherbedarf und die bessere Zusammenarbeit mit HyperNURBS-Objekten – schließlich sind hier Verzerrungen an der Tagesordnung.

Das Textur-Fixierungs-Tag merkt sich bei Polygonobjekten ohne umständliche UVW-Koordinaten die Texturierung des Objekts und speichert auch eventuelle Deformations-

▲ **Abbildung 18**
Shrink-Wrapping

▲ **Abbildung 19**
Seitenprojektion vorne & hinten

Objekte und Morphings mit ab. Bestimmte Texturfixierungen können auf diese Weise aufgenommen und zurückgesetzt werden – per Doppelklick auf das Tag sind diese Funktionen abrufbar.

Das Tag ist allerdings abhängig von den Punkten des Objektes. Ändert sich die Punktmenge eines Objektes nachträglich, ist auch der Eintrag im Tag nicht mehr aktuell, deswegen sollte die Texturfixierung immer erst dann stattfinden, wenn das Modelling abgeschlossen ist. Im Tag festgehaltene Texturen werden auch beim Spiegeln im Symmetrie-Objekt berücksichtigt.

### Shrink-Wrapping

Abbildung 18 zeigt eine Kugel, auf der die Farbfelder-Textur mit Shrink-Wrapping aufgebracht ist, links der Nord-, rechts der Südpol.

Diese Projektionsart ähnelt eher einem Stülpen als einer Wicklung. Alle Eckpunkte der Textur laufen im Südpol zusammen. Die Nähte, die beim Texturieren von kugelförmigen Objekten mit nicht prozeduralen Texturen entstehen, kann Shrink-Wrapping vermeiden und »an den Südpol verlagern«.

### Seite

»Vorne« ist im 3D-Sinn immer dort, wo die Flächen-Normale hinzeigt. Das Feld Seite im Textur-Geometrie-Dialog gibt an, welche Seiten von der Textur bedeckt sein sollen.

In Abbildung 19 sehen Sie Vorder- und Rückansicht eines Würfels mit »Vorne & Hinten«-Projektion. Das Logo zieht sich durch das Objekt und schlägt sich spiegelverkehrt auf der Rückseite nieder. Bei Strukturtexturen ist das prinzipiell egal, wenn Sie aber Beschriftungen bzw. Etiketten und dergleichen anbringen wollen, sollten Sie die Seiteeinstellungen auf vorne bzw. hinten reduzieren.

Bei Problemen suchen Sie anhand der Objektachsen nach dem Vorne des Objektes – nicht immer ist dort, wo Ihre Editorkamera steht, auch das Vorne, das Ihr Objekt in Cinema 4D als Vorne versteht.

Textur-Layering
▼ **Abbildung 20**

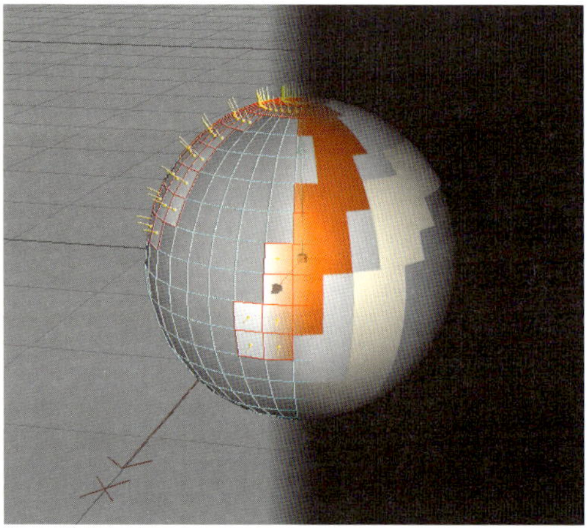

**Abbildung 21** ▶
Selektions-Texturen

# Textur-Layering und Selektions-Texturen

Einen noch größeren Handlungsspielraum beim Texturieren erhalten Sie durch die Textur-Layering-Funktionalität von Cinema 4D.

Sie können auf ein Objekt beliebig viele Textur-Schichten aufbringen. Ziehen Sie dazu einfach das zusätzliche Material auf das Objekt-Symbol im Objekt-Manager. Wenn Sie das Material auf ein bestehendes Textur-Geometrie-Tag werfen, setzen Sie das neue Material in die vorhandene Textur-Geometrie ein.

Auf dem Objekt in Abbildung 20 liegen insgesamt drei Textur-Schichten. Bei der Schichtung der Texturen benutzt Cinema 4D die Leserichtung, die Textur-Geometrien werden nacheinander von links nach rechts aufgetragen. Somit ist das äußerste rechte Material immer die oberste Textur-Ebene.

Damit das Material der unteren Ebenen (Layers) auch sichtbar ist, sollten Sie die darüber liegenden Schichten auf die erwünschten Bereiche des Objektes einschränken.

Die einfachste Möglichkeit besteht darin, eine eventuelle Kachelung auszuschalten und die Textur mit den Werkzeugen zu verkleinern und entsprechend zu platzieren.

Als Nächstes bietet sich der Alpha-Kanal an. Mit ihm können Sie anhand einer Maske den Inhalt der Textur auf das Nötigste reduzieren – die maskierten Bereiche lassen die darunter liegenden Materialien durch.

Auch für additives Mischen von Texturen gibt es eine Lösung bzw. eine Option im Textur-Geometrie-Dialog. Mit Textur additiv hinzumischen addieren Sie alle oben liegenden (im Objekt-Manager rechts stehenden) additiven Texturen zu der unten liegenden (linken) Textur im Objekt-Manager hinzu. Beachten Sie, dass eine Mischung über den Transparenz-Kanal nicht funktioniert – unter einer transparenten Textur liegende Materialien werden nicht berücksichtigt.

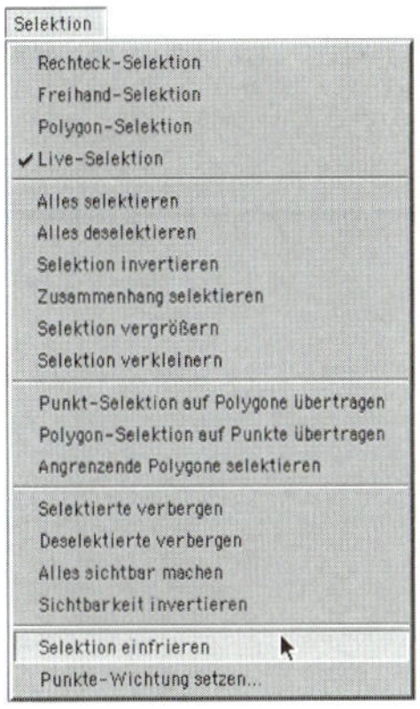


◀ **Abbildung 22**
Selektion einfrieren

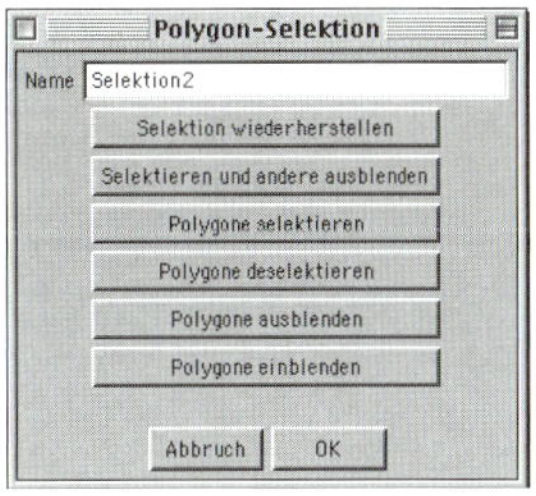


**Abbildung 23** ▲
Polygon-Auswahl-Dialog

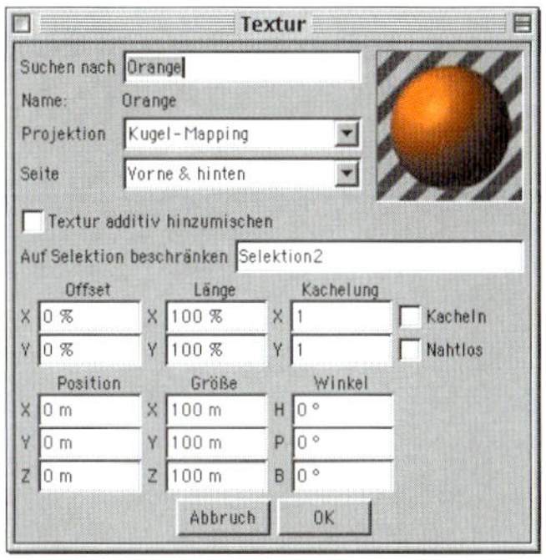


◀ **Abbildung 24**
Textur auf Selektion beschränken

◀ **Abbildung 25**
Selektionstexturen

Eine weitere Möglichkeit, die Ausdehnung von Texturen zu kontrollieren, ist die Texturierung von Selektionen. Diese Technik ist beispielsweise für Zylinderdeckflächen, Einrahmungen und Tischkanten etc. sehr empfehlenswert.

Auf der Kugel in Abbildung 21 befinden sich insgesamt drei verschiedene Texturen, allesamt reine Farb- bzw. Transparenz-Materialien, also ohne skalierbare Bildinformation.

Das orange Material ist auf die momentan aktive Selektion beschränkt, das gelblich-transparente Material liegt auf einer anderen Selektion.

Um, wie in diesem Beispiel, eine POLYGON-SELEKTION abspeichern und referenzieren zu können, muss sie »eingefroren« werden. Neben vielen anderen praktischen Befehlen zur Auswahlbearbeitung finden Sie auch den Befehl SELEKTION EINFRIEREN im SELEKTIONS-MENÜ (Abbildung 22).

Nach dem Erstellen einer Auswahl und dem Aufruf des Einfrieren-Befehls hat sich ein neues Symbol für eine Polygon-Auswahl in Form eines roten Dreiecks im Objekt-Manager dazugesellt. Per Doppelklick auf dieses rote Dreieck öffnen Sie den Selektions-Dialog der Polygon-Auswahl (Abbildung 23). Nun lässt sich der Auswahl ein eindeutiger Name zuteilen. Über die angebotenen Buttons ist es im weiteren Verlauf ein Leichtes, die Auswahl wieder aufzurufen und zu verändern. Den vergebenen Namen tragen Sie auch im TEXTUR-GEOMETRIE-Dialog unter AUF SELEKTION BESCHRÄNKEN ein (Abbildung 24). In Abbildung 25 sind die verwendeten Selektionen und Materialien der Kugel aus Abbildung 21 zu sehen – die Anzahl der Selektionen unterliegt selbstverständlich keinem Limit.

NURBS-Objekte eignen sich besonders gut für eine selektive Texturierung, sie bringen von Haus aus ein paar »unsichtbare«, also auch ohne Auswahl-Dialog ansprechbare Selektionen mit: die Deckflächen und Rundungen. Die Deckflächen sind über die Namen C1 und C2 (Anfang bzw. Ende), die Rundungen über die Namen R1 und R2 (Anfang bzw. Ende) referenzierbar. Bei NURBS-Objekten genügt es, diese Kürzel in den Textur-Geometrie-Dialog einzu tragen.

# BodyPaint 3D

*Komplexe Modelle sind auch meist ebenso kompliziert zu texturieren. Oftmals wünscht man sich, man könnte direkt auf das 3D-Objekt malen und mappen. Auch dafür hat sich Maxon etwas einfallen lassen: BodyPaint 3D.*

Was Ihnen innerhalb von Cinema 4D an Werkzeugen und Möglichkeiten zur Texturierung geboten wird, kennen Sie nun bereits. Wer viel Aufwand in die Modellierung seiner Objekte steckt, möchte natürlich auch bei der Texturierung keine Kompromisse eingehen.

BodyPaint 3D ist ein 3D-Mal- und Texturing-Programm, das die Erstellung und das Mapping der Textur mit einem Höchstmaß an Kontrolle in die Hände des 3D-Designers gibt. Eine kostenlose Demoversion der neuen Software finden Sie auf der beiliegenden CD-ROM.

BodyPaint 3D ist eine eigenständige Software, auf Grund der großen Anzahl an Import- und Export-Formaten können auch die Besitzer anderer 3D-Programme zum Texturieren ihrer Objekte auf BodyPaint zurückgreifen.

Für Cinema 4D-Anwender ist BodyPaint 3D aber gerade deswegen interessant, weil es sich absolut nahtlos in das vorhandene Cinema 4D integrieren lässt – und wer sich mit der Oberfläche von Cinema 4D zurechtfindet, hat auch keine allzu großen Einstiegsschwierigkeiten bei BodyPaint. Auf Grund dieses starken Zusammenspiels der beiden Programme und der schnellen Erkenntnis, dass dieses Team eine gewichtige Rolle im 3D-Markt spielen wird, habe ich mich dazu entschlossen, auch BodyPaint 3D einen gebührenden Platz im Buch zuzugestehen – nicht im Anhang unter »ferner liefen«, sondern im Texturing-Kapitel, wo es hingehört.

Sehen Sie dieses Kapitel und den später folgenden Workshop aber bitte nicht als Komplettpaket zum Erlernen von BodyPaint 3D – dafür ist dieses Programm einfach zu mächtig – sondern als Crashkurs für die ersten Schritte und als Appetitanreger auf mehr Texturing-Freiheiten.

Da dieses Buch von Cinema 4D handelt, interessiert uns natürlich am meisten die Zusammenarbeit und die Integration in Cinema 4D. Die Demoversion auf der CD basiert auf einer ebensolchen integrierten Variante – bei der Installation des Originalprogramms können Sie zwischen der Komplett- und Stand-alone-Version wählen.

BodyPaint 3D besitzt als Unterbau die gleiche Programmbasis wie Cinema 4D. Statt einer Vielzahl von Modelling- und Animationstools bringt BodyPaint 3D alles mit, was sich das

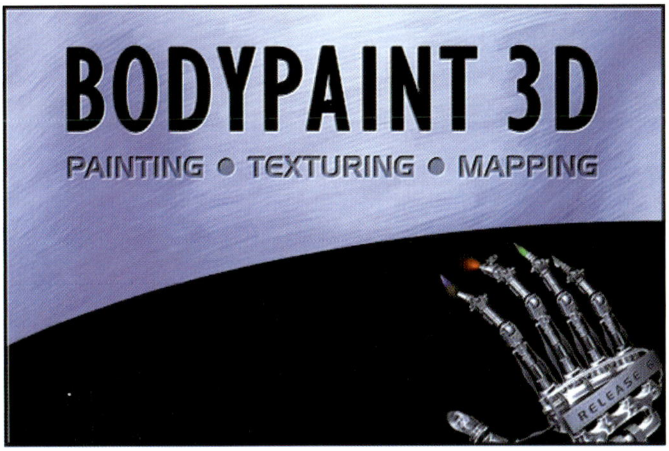


◄ **Abbildung 1**
Der Splash-Screen von BodyPaint 3D

Grafikerherz an Bildbearbeitungs- und Mal-Werkzeugen wünscht. Und wie man es sich vorstellt, darf auch munter auf den dreidimensionalen Objekten gemalt und gemappt werden.

Beim üblichen Arbeitsablauf müssen Sie nicht groß umdenken. Nach dem Erzeugen und Zuweisen eines (noch) leeren Materials klinkt sich BodyPaint 3D ein. Die Texturen der einzelnen Materialkanäle lassen sich über den Ebenen-Manager festlegen und bearbeiten. Hier kommen auch die 2D-Bildbearbeitungswurzeln zur Geltung. BodyPaint arbeitet mit Ebenen, Ebenenmasken, Alpha-Kanälen, Bitmap-Filtern, Zauberstab- und Radiergummi-Werkzeugen, kurz allem, was man aus den Standardbildbearbeitungen wie Photoshop kennt. Darüber hinaus können neben vielen Bildformaten auch native Photoshop-Dokumente unter Beibehaltung aller Ebenen und Ebenenmasken importiert und auch wieder exportiert werden.

Für dieses zweidimensionale Arbeiten gibt es in BodyPaint die so genannte Texturansicht. Damit das Mapping der Textur auch kontrolliert abläuft, ist in BodyPaint 3D das UVW-Mapping die vorherrschende Mapping-Art. Die UV-Hülle des Objektes, die BodyPaint 3D nach einstellbaren Vorgaben abwickelt, kann nach Belieben bearbeitet und für die Texturierung optimiert werden. In der Texturansicht lässt sich das UV-Mesh (Gitter) des Objektes darstellen und mit höchster Genauigkeit bemalen und mit Texturen versehen.

Mal- bzw. Pinsel-Werkzeuge hat BodyPaint 3D mehr als genug. Wer aus Hunderten von vorinstallierten Pinselspitzen und Zeichenarten nicht den richtigen findet, kreiert sich einfach seine eigenen Pinsel – mit einer Unmenge von Optionen zur Pinselerstellung können Sie Ihrer Kreativität freien Lauf lassen.

Das Arbeiten mit den Werkzeugen ist natürlich sowohl in der Textur- als auch in der 3D-Ansicht möglich. Der Clou an der Sache: Das Malen und Mappen geschieht in Echtzeit und sogar bei »geraytracetem« Bild ohne allzu große Qualitätsverluste, dank Maxons Raybrush-Technologie.

Ich hoffe, ich habe Sie ein wenig neugierig auf diese neue Software gemacht, auf den nächsten Seiten werfen wir einen Blick auf die Bestandteile von BodyPaint 3D.

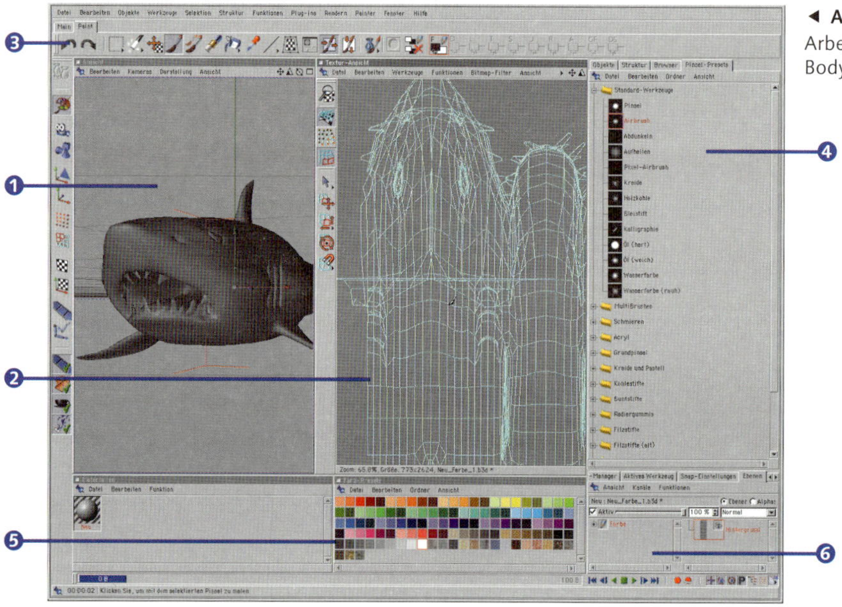


◀ **Abbildung 2**
Arbeitsumgebung BodyPaint 3D

## Programmoberfläche

Der erste Eindruck täuscht nicht, die Oberfläche von BodyPaint 3D (Abbildung 1) ist notwendigerweise (zur nahtlosen Verknüpfung) und sinnvoll (zur schnellen Einarbeitung) stark an Cinema 4D orientiert.

Das Hauptaugenmerk muss sich die 3D-Ansicht ❶ in BodyPaint 3D mit der Texturansicht ❷ teilen, die an ihrer Seite ebenfalls eine senkrechte Leiste mit den Bearbeitungsmodi aufweist. Die Änderungen in beiden Fenstern laufen jeweils parallel ab.

Nach Klick auf den PAINT-Schriftzug der nun zweigeteilten WERKZEUG-Palette ❸ offenbaren sich die Haupttools von BodyPaint 3D. Pinsel-, Radiergummi-, Pipetten-, Ebenen-, Brush- und viele andere Werkzeuge befinden sich hier.

Zu den bekannten Managern gehören neben Objekt-, Struktur-Manager und Browser auch Material-, Koordinaten- und Aktives-Werkzeug-Manager nebst Snap-Einstellungen. Alle befinden sich an ihren angestammten Plätzen, wobei Sie als Cinema 4D-Anwender wissen, dass die Gestaltung und Anordnung der Oberfläche ganz Ihrer Arbeitsweise und Ihrem Geschmack obliegt.

Neu hingegen sind die lange Pinselliste der PINSEL-PRESETS ❹ und die FARB-PRESETS ❺, zwei Hauptakteure bei der Mal- und Zeichenarbeit.

Außerdem ist die EBENEN-Palette ❻ hinzugekommen, eine Schaltzentrale für Kanäle, Texturen und deren Ebenen, die nicht nur im Aussehen, sondern auch in ihrer Funktionalität und Arbeitsweise sehr an Photoshop erinnert.

### Fenster und Werkzeuge

Zur Verwaltung der neuen Paletten und Fenster liegen im Menü FENSTER · PAINTER alle für BodyPaint's Painting-Funktionsumfang verant-

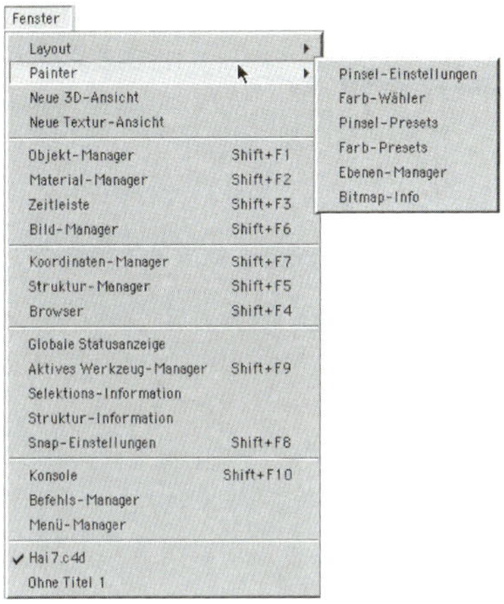


**◄ Abbildung 3**
BodyPaint 3D Fenster und Paletten

**Abbildung 4 ▼**
3D-Malmodus

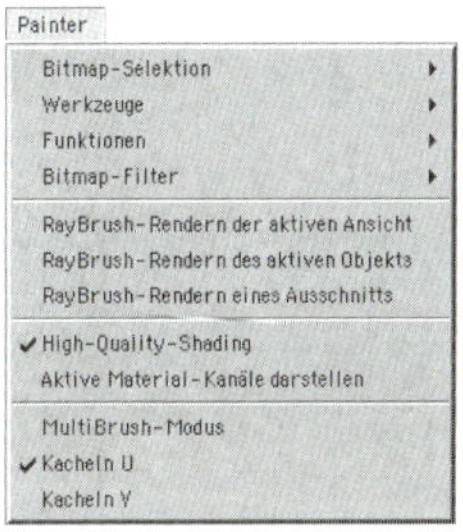


**◄ Abbildung 5**
Painter-Werkzeuge und -Befehle

**Abbildung 6 ▼**
Paint-Werkzeug-Palette

wortlichen Fenster und Manager bereit (Abbildung 3).

Dort erscheinen zwei Einträge, die nicht im Standardlayout enthalten sind: der Farb-Wähler, der automatisch aufspringt, wenn Farben und Muster zu definieren sind, und die Bitmap-Info, mit der Sie die relevanten Daten der Texturen im schnellen Zugriff haben.

Das Überwechseln von Cinema zu BodyPaint sollte problemlos klappen, dafür sorgt auch ein neues Icon unter den Bearbeitungsmodi, der 3D-Malmodus (Abbildung 4), mit dem Sie Cinema zu verstehen geben, dass nun Arbeit in BodyPaint ansteht.

Die Menüleiste von BodyPaint 3D wurde um den Painter-Eintrag erweitert (Abbildung 5). Alle Basis-Werkzeuge und -Befehle für Selektionen, Bildbearbeitung, Malen und Rendern sind neben ihren Vertretern in den Befehls-Paletten und Ansichten auch hier nochmals zusammengestellt.

Dank der recht einleuchtenden Symbolik der Paint-Werkzeug-Palette (Abbildung 6) sollte sich der erste Schreck über die Werkzeugvielfalt bald wieder legen. Für die Selektionen stehen die bekannten Live- und Rahmen-Tools sowie der Zauberstab zur Verfügung. Als Mal- und Bearbeitungs-Werkzeuge bietet BodyPaint Pinsel, Stempel-(Clone)-Pinsel, Farbeimer, Pipette, Linien-, Text- und Polygon-Zeichner sowie zwei Werkzeuge zum Verschieben und Transformieren von Bitmaps und Ebenen an.

Des Weiteren haben Sie Zugriff auf die Pinsel-Einstellungen und die Option, das Zeichnen an U- (oben/unten) bzw. V-Kanten (links/rechts) übergreifend zu ermöglichen.

Der RayBrush-Render- und ein Maskierungs-Befehl unterstützen Sie beim exakten Auftragen von Farbe und Textur. Damit Sie ohne Umwege steuern können, in welchen Kanälen Sie zeichnen, stehen Multibrush-Modus und Materialkanäle auf Abruf bereit.

**Abbildung 7 ▶**
Texturansicht

**◀ Abbildung 8**
Bitmap-Filter

**▼ Abbildung 9**
Ebenen-Manager

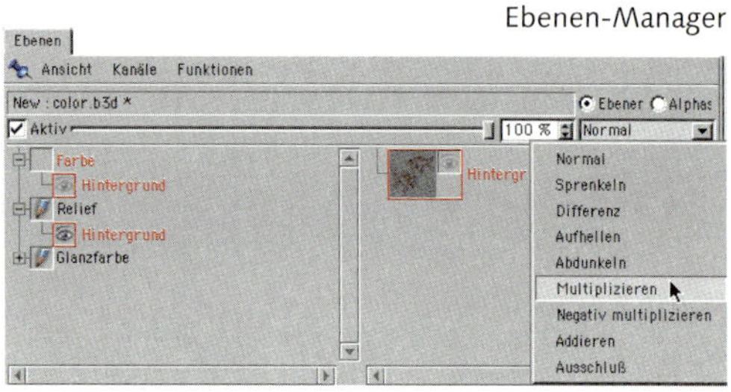

## Texturansicht

Die Texturansicht (Abbildung 7) ist fast eine in sich geschlossene 2D-Bildbearbeitung.

»Fast« deswegen, weil in der Texturansicht viele Befehle und selbstredend die Pinsel-Werkzeuge der Haupt-Werkzeug-Palette zum Einsatz kommen.

Trotzdem besitzt die Texturansicht eine eigene Befehlspalette, die sich der Darstellung und Bearbeitung des UV-Meshs (blaues Gitter) widmet, der zweidimensionalen Repräsentanz der 3D-Objekthülle. Die UV-Polygone und -Punkte lassen sich verschieben, zertrennen, skalieren, rotieren und verzerren – in erster Linie, um optimales Malen und Texturieren zu gewährleisten, an der Objekt-Geometrie selbst ändert sich dadurch nichts.

Innerhalb der Texturansicht können mittels der Menübefehle Texturen geladen, gespeichert und exportiert, UV-Gitter bearbeitet und angepasst sowie etliche Bitmap-Filter (Abbildung 8) angewendet werden.

## Ebenen-Manager

Im Ebenen-Manager (Abbildung 9) steckt mehr, als es den Anschein hat.

Eng verbandelt mit der Texturansicht kümmert er sich um die Verwaltung und Bearbeitung der Texturen und deren Ebenen, sowie um die Materialkanäle. Ein Doppelklick auf die Ebene bzw. das Verschieben der Ebene in die Texturansicht ruft die Ebene dahin.

Jeder Materialkanal kann beliebig viele Ebenen und Ebenenmasken beinhalten, zum Duplizieren, Löschen und Manipulieren stehen Menübefehle und die übliche Managerfunktionalität (gedrückte Befehlstaste) bereit. Die Kopiermodi der Ebenen lehnen sich an das Photoshop-Vorbild an, auch Sichtbarkeit, Deckkraft, Selektions-Alpha-Kanäle und das gezielte Verschmelzen von Ebenen sind für 2D-Bildbearbeiter keine Fremdwörter.

Ebenen und Ebenenmasken importierter Photoshop-Dateien bleiben im Ebenen-Manager erhalten und sogar exportierbar.

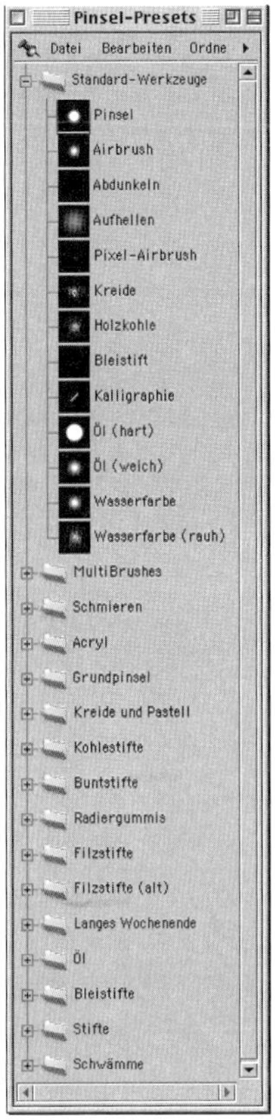


**Abbildung 10**
Pinsel-Presets

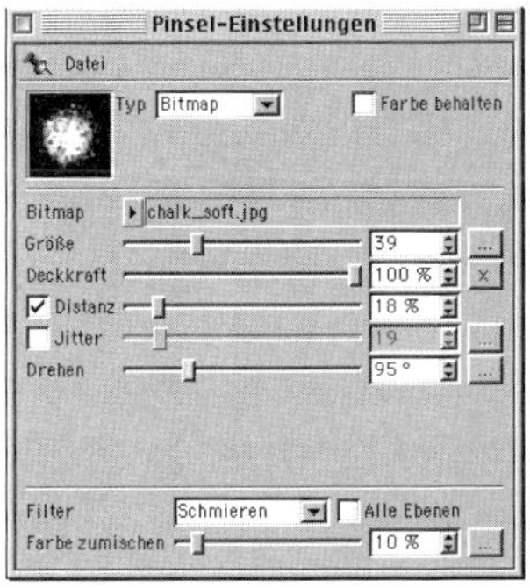


**Abbildung 11**
Pinsel-Einstellungen

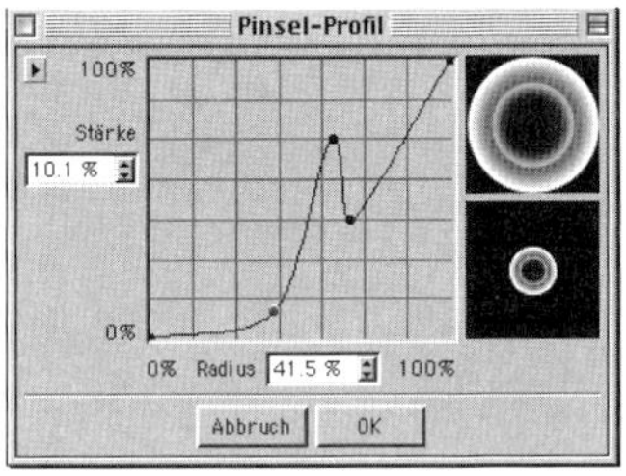


**Abbildung 12**
Pinsel-Profil

## Pinsel-Werkzeuge

In der Pinsel-Preset-Palette (Abbildung 10) bietet BodyPaint 3D eine Fülle von Pinselspitzen und Zeichentechniken vom Airbrush über Acryl-Stifte, Kreide- und Kohletechniken, Filzstifte und Radiergummis bis zu Schmieren und Schwämmen an.

Über die Menü-Befehle der Palette können Pinsel und ganze Pinsel-Sets erstellt, importiert und exportiert werden.

Wer seine eigenen Pinsel erzeugen möchte, kann in den Pinsel-Einstellungen (Abbildung 11) zwischen generierten und Bitmap-Pinselspitzen wählen und diese unter anderem in Form, Profil, Größe, Deckkraft, Härte und Malabstand individualisieren. Abbildung 12 zeigt den Pinsel-Profil-Dialog mit einer generierten und mit Kurven beschriebenen Pinselspitze.

So vielfältig die Möglichkeiten mit den normalen Pinseln auch sein mögen, der eigentliche Höhepunkt bei den Pinseln gilt den Multibrushes. Multibrushes ermöglichen das Malen in mehreren Materialkanälen gleichzeitig. Einmal definiert, gelingt die Simulation von Materialeigenschaften wie Kratzer, Rost, Schrammen, Schweißnähte etc. per einfachem Pinselstrich. In den Pinsel-Presets befinden sich bereits einige Multibrushes, Ihrer Kreativität ist aber auch hier keine Grenze gesetzt.

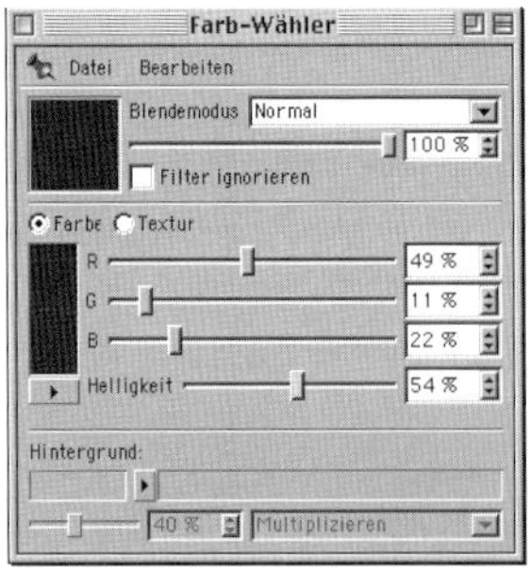


◂ **Abbildung 13**
Farb-Wähler Farbe

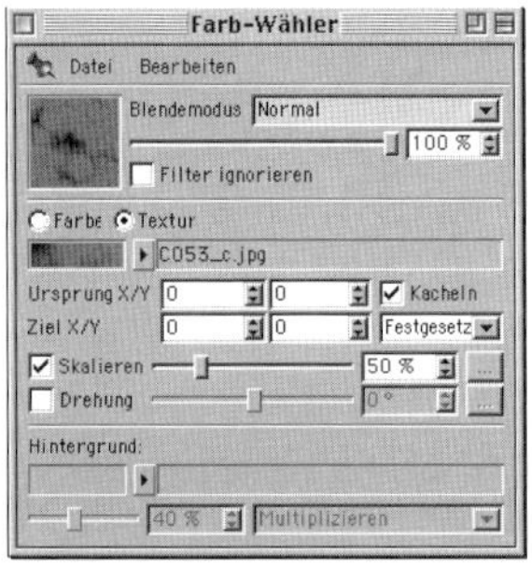


◂ **Abbildung 14**
Farb-Wähler Muster

### Farb-Wähler

Farben und Farbmuster werden im Farb-Wähler (Abbildungen 13 und 14) definiert.

Nach der Bestimmung von Farbe oder Muster über die zugehörigen Schieberegler bzw. den Auswahldialog geht es an die Feineinstellung über die Farb- und Musteroptionen. Per Blendemodus (was dem Kopiermodus von Ebenen entspricht) und Deckkraft legen Sie die Stärke und Verrechnung des Farbauftrags fest.

Insbesondere bei den Farbmustern (Abbildung 14) bieten sich die ausgefeiltesten Einstellungsmöglichkeiten – vom Ursprung der Farbaufnahme über Skalierung und Drehung bis hin zu den Effektoreneinstellungen, welche die Parameter für Zeichentablett-Eingaben regeln.

### Farb-Presets

Die Farben und Farbmuster verwaltet die Farb-Presets-Palette. Auf Grund der im Laufe der Zeit ziemlich drastisch ansteigenden Anzahl der Farb-Presets ist es ratsam, relativ bald mit den gebotenen Organisationsmöglichkeiten im Datei-Menü Ordnung zu schaffen.

Die Handhabung der Palette entspricht den Cinema 4D-Gepflogenheiten.

Farb-Presets und Pinsel-Presets sind die beim Painting im Wechsel meistbenutzten Paletten – allzu weit sollten sie also nicht voneinander entfernt sein, sonst werden die Wege mit der Maus arg weit und mühsam.

### Arbeitsablauf

Zu guter Letzt noch eine Zusammenfassung des Arbeitsablaufs mit BodyPaint 3D.

Die bei der Vorarbeit wichtigsten zwei Dinge sind ein neues leeres Material und eine nach dem Zuweisen dieses Materials vernünftig gewählte Textur-Geometrie. Schließlich ist die Mapping-Art Grundlage für Ihr späteres UV-Mesh. Für Objekte, die von allen Seiten bemalt werden sollen, wählen Sie das Kugel- oder UVW-Mapping, für eher flache Gebilde nehmen Sie das Flächen-Mapping. Mit diesen Mapping-Arten sollten Sie in der Regel auskommen.

Um nun mit dem eigentlichen Texturieren loslegen zu können, braucht das Material mindestens einen aktiven Material-Kanal. Diese Arbeit erledigt der Ebenen-Manager. Der

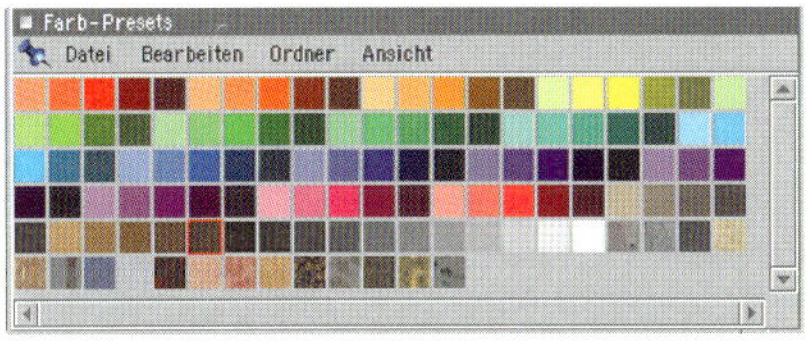

◀ **Abbildung 15**
Farb-Presets

neue Material-Kanal liegt mitsamt seiner Hintergrundebene und einer bereits angelegten Textur im Ebenen-Manager. Zum Aufruf dieser Textur in die Texturansicht klicken Sie das Icon im Ebenen-Manager doppelt an oder ziehen Sie es in die Texturansicht.

In der Texturansicht lassen Sie sich dann das UV-Mesh anzeigen – bei Bedarf (zum Beispiel bei umfangreich modifizierten Polygon-Objekten) kann auch das alte UV-Mesh verworfen und über das Objekt-Manager-Menü TEXTUR · UVW-TAG erzeugen ein komplett neues UV-Gitter angelegt werden.

Bei komplexen und unübersichtlichen Objekten hat es Sinn, sich das UV-Mesh an die eigenen Bedürfnisse anzupassen – schließlich brauchen Sie für Ihre Mal- und Bearbeitungskünste auch etwas Spielraum.

Von diesem Moment an können Sie Ihrer Mal- und Texturbegeisterung freien Lauf lassen.

Die Texturen, die Sie bei der Arbeit in BodyPaint 3D schaffen, sind nicht Bestandteil Ihres Cinema 4D-Dokumentes – auch wenn dieser Eindruck durch die nahtlos ineinander greifende Architektur entstehen mag.

BodyPaint 3D ist eine integrierte Mal- und Mapping-Software, die Ihnen die Arbeit beim Texturieren und Mappen wesentlich erleichtert. Die Endresultate Ihrer Mal- und Zeichenarbeit sind aber externe Textur-Bilder, wie sie auch aus Photoshop vorliegen.

Die großen Unterschiede bestehen zum einen in der bestechenden und auf 3D-Bedürfnisse zugeschnittenen Funktions- und Werkzeugvielfalt mit optimaler visueller Kontrolle, zum anderen in der Mapping-Umgebung, in der Sie eine echte Abwicklung des Objektes vor sich haben, die sich exakt bearbeiten und texturieren lässt.

Damit Sie BodyPaint 3D selbst »am Objekt« ausprobieren können, nehmen wir die Texturierung des Hais aus dem Polygon-Modelling-Workshop in BodyPaint 3D vor.

# Texturing-Workshops

## *Texturing mit und ohne BodyPaint 3D*

*Anhand der beiden folgenden Texturing-Workshops lernen Sie die Möglichkeiten und Einschränkungen von Cinema 4D in Bezug auf seine Texturing-Fähigkeiten kennen.*

So wie auch die Armbanduhr und der Hai auf verschiedene Arten modelliert wurden, sollen die beiden Objekte nun auf unterschiedliche Weisen ihre Texturen bekommen – die Uhr mit der in Cinema 4D serienmäßigen Ausstattung, der Raubfisch mit dem Texturing-Zusatz BodyPaint 3D.

Was schon bei den Modelling-Workshops anklang, setzt sich hier fort: Beide Objekte lassen sich mit den von Cinema 4D Standardwerkzeugen texturieren – bei komplexeren Objekten wie unserem Hai könnte aber der Zeitfaktor eine entscheidende Rolle spielen und den Ausschlag zu Gunsten der 3D-Painting- und Mapping-Software geben.

Nehmen Sie sich trotzdem grundsätzlich bei jeder Texturierung Zeit für die Vorbereitung der Textur-Elemente, und überlegen Sie sich vorab, welche Materialien Sie benötigen. In den meisten Fällen (speziell wenn Sie kein BodyPaint-Besitzer sind) brauchen Sie ein zusätzliches 2D-Bildbearbeitungsprogramm wie Adobe Photoshop, Paint Shop Pro oder den GraphicConverter.

Bereiten Sie hier vorab die Texturen und Bestandteile vor – Farb-, Relief-, Alpha-Kanäle etc. –, damit Sie die Dateien bestenfalls nur noch importieren und zuordnen müssen.

Es ist nämlich äußerst lästig, ständig zwischen den 2D- und 3D-Programmen hin- und her zu wechseln, um mal hier eine Relieftextur und mal da eine Alpha-Kanal-Maske nachzuliefern.

Versuchen Sie beim Definieren eines Materials mindestens drei Kanäle zu verwenden – dies ist keine goldene Regel, sondern lediglich eine Art Richtschnur.

Auf der beiliegenden CD-ROM befinden sich die Armbanduhr- und Haifisch-Datei fertig zum Texturieren im Cinema 4D-Format. Wenn Sie gleich in dieses Kapitel gesprungen sind oder mit einer Demoversion arbeiten, nehmen Sie einfach diese Dateien für den Workshop.

**Abbildung 1** ▶
Endergebnis des Texturing-Workshops

# Texturing in Cinema 4D

Die im NURBS-Modelling-Kapitel modellierte Armbanduhr soll in diesem Workshop mit Hilfe der in Cinema 4D zur Verfügung stehenden Mittel texturiert werden.

Ein bisschen Modellierungsarbeit steht uns aber auch noch bevor, der Uhr fehlt noch eine schützende Glasplatte und ein geeigneter Untergrund – eine schwebende Uhr sieht doch etwas unglaubwürdig aus.

Es erübrigt sich eigentlich zu sagen, dass Sie die Uhr selbstverständlich ganz nach Ihrem persönlichen Geschmack gestalten können.

Die Uhr bekommt in meinem Beispiel ein metallisch spiegelndes Gehäuse, ein weißes Zifferblatt mit metallisch silbernen Ziffern sowie ein rotbraunes Lederarmband.

Wie gewohnt übernehmen Sie die Parameter einfach den Abbildungen im Workshop. Variieren Sie die Einstellungen aber ruhig und testen Sie aus, welche Auswirkungen bestimmte Kanal-Optionen auf das Aussehen des Materials haben. Die verwendeten Texturen und zugehörigen Reliefdateien finden Sie ebenfalls auf der CD-ROM zum Buch.

## *1. Ledermaterial mit Texturen*

*Grundlage für das Leder der Armbänder sind zwei Texturen für den Farb-, Diffusions- und Relief-Kanal. Für die Erstellung der Texturen habe ich Photoshop verwendet – die rotbraune Farbtextur entstammt dem Wolken-Filter, die Graustufen-Relieftextur basiert auf Wolken-Filter, Konturen-finden-Filter, Tonwertkorrekturen, Löschen einiger Farbauswahlen, einigen Skalierungen und Transformationen.*

*Dies nur als Information für Interessierte – Sie können die Textur-Dateien natürlich von der CD-ROM nehmen.*

*Erzeugen Sie im Material-Manager ein neues Material, das Sie z. B. »Leder« nennen.*

*Der Farb-Kanal (Abbildung 3) bekommt die Textur-Datei LederFarbe.tif zugeteilt.*

*In den Diffusions-Kanal laden Sie die Relief-Datei LederRelief.tif und übernehmen angegebenen Parameter – wichtig ist besonders die Wirkung auf Glanzlicht und Spiegelung.*

*Durch die Einstellung im Spiegelungs-Kanal darf das Material auch etwas reflektieren. Die Furchen und Adern in der Lederhaut übernimmt die Relieftextur LederRelief.tif im Relief-Kanal.*

*Etwas Glanzlicht sollte auch nicht fehlen – stellen Sie im Kanal ein spitzes plastisches Glanzlicht ein.*

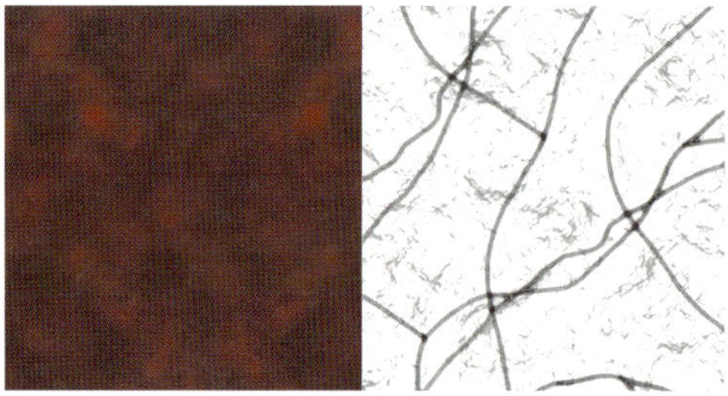

**Abbildung 2 ▶** Farbe- und Relieftextur des Leders

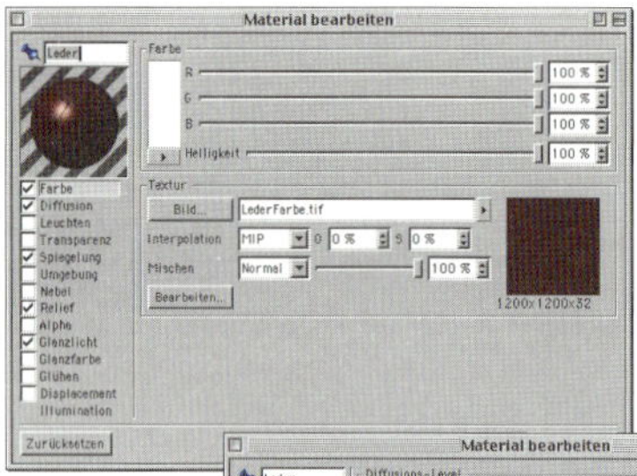


**Abbildung 3 ▶** Farb-Kanal

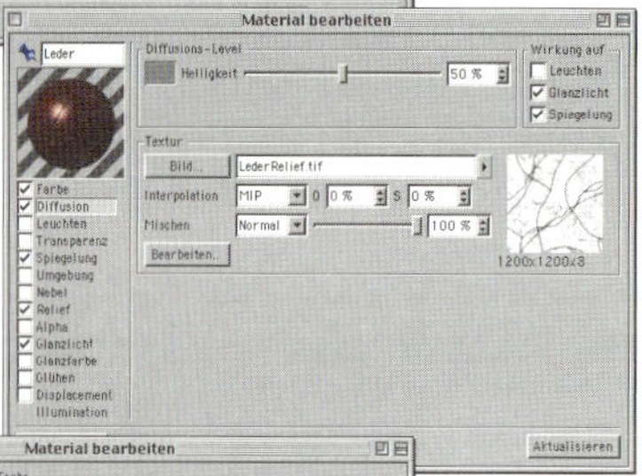


**Abbildung 4 ▶** Diffusions-Kanal

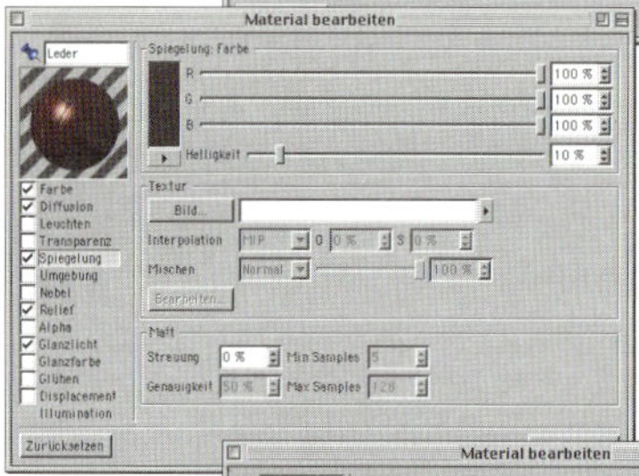


**Abbildung 5 ▶** Spiegelungs-Kanal

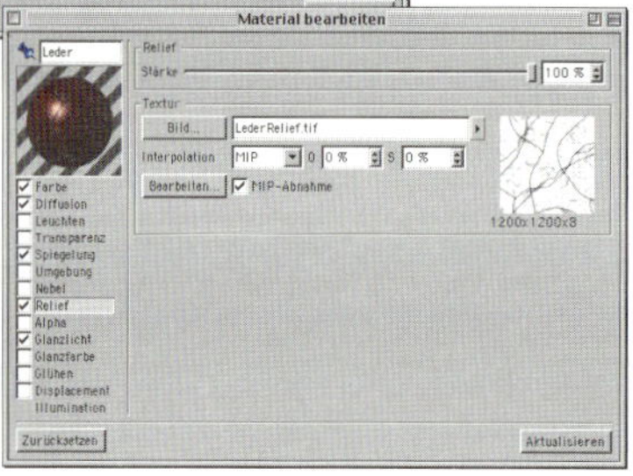


**Abbildung 6 ▶** Relief-Kanal

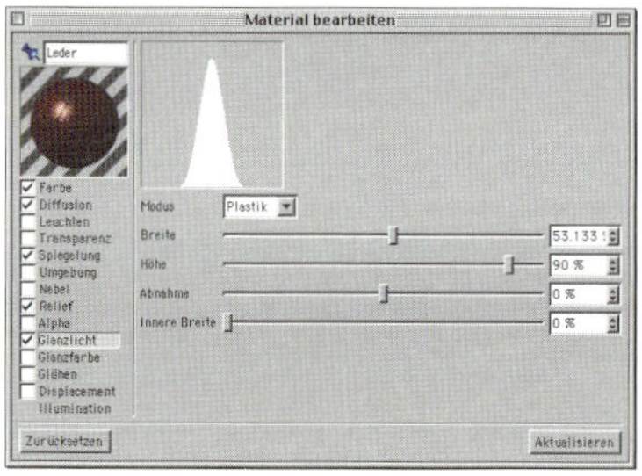


**◀ Abbildung 7** Glanzlicht-Kanal

## 2. Material für die Metallelemente

*Das Metall für unser Uhrengehäuse soll im Stil von Chrom so gut wie keine Eigenfarbe haben, dafür stark spiegeln. Wir brauchen also ein neues Material namens »Metall« oder ähnlich.*

*Die drei RGB-Grundfarben-Regler stellen Sie im FARB-Kanal auf 0, die Helligkeit auf 100%. Eine Diffusionswirkung soll sich auf das Glanzlicht beschränken, aktivieren Sie dafür den DIFFUSIONS-Kanal und suchen Sie sich eine passende Diffusions-Helligkeit aus.*

*Das Metall soll stark spiegeln – normal genügt eine Spiegelungsstärke von ca. 70–80%, sie kann aber, wie hier, auch höher ausfallen. In Ermangelung einer modellierten Umgebung verwenden wir im UMGEBUNGS-Kanal den 2D-Wolken-Shader mit Schwarzweißfärbung als Textur.*

*Für unser Chrommaterial ist das Metallglanzlicht zu stumpf. Verwenden Sie besser ein spitzes Plastikglanzlicht.*

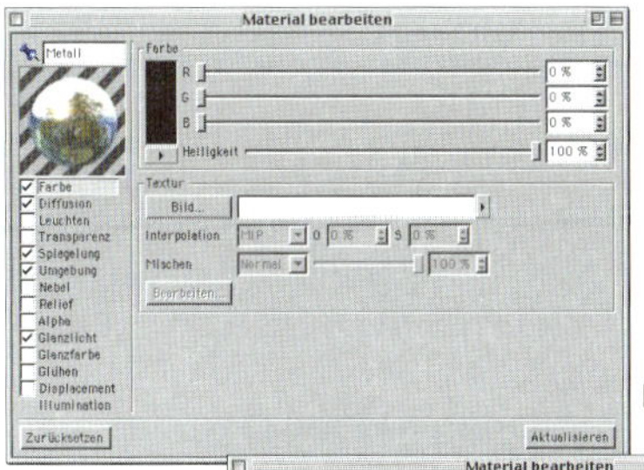

◀ **Abbildung 8**
Farb-Kanal

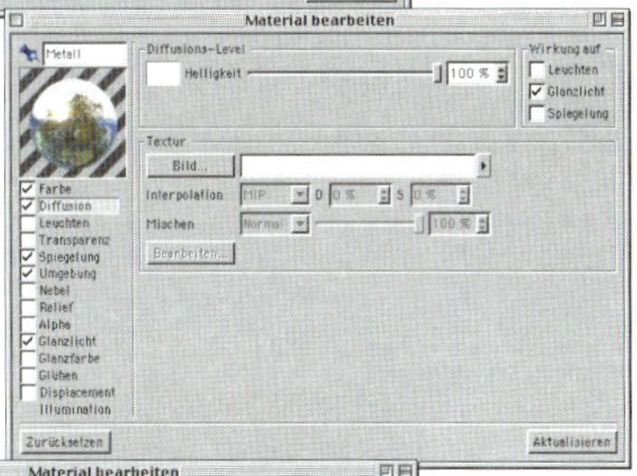

◀ **Abbildung 9**
Diffusions-Kanal

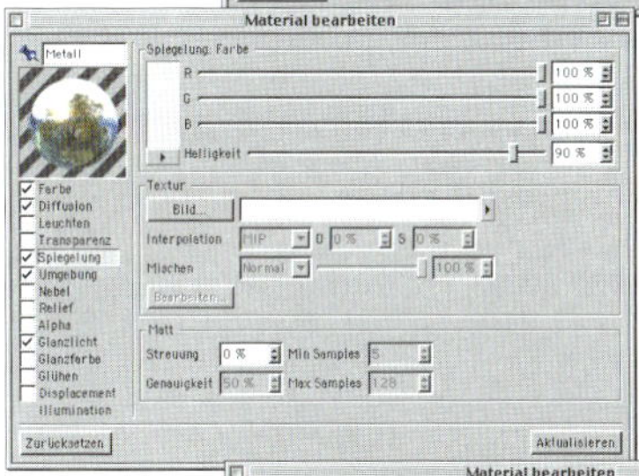

◀ **Abbildung 10**
Spiegelungs-Kanal

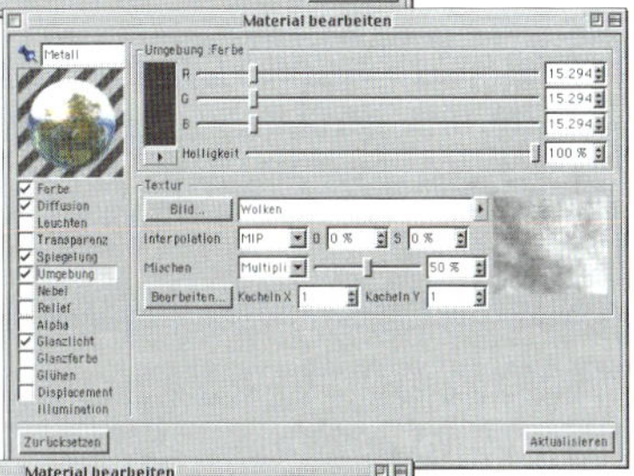

◀ **Abbildung 11**
Umgebungs-Kanal

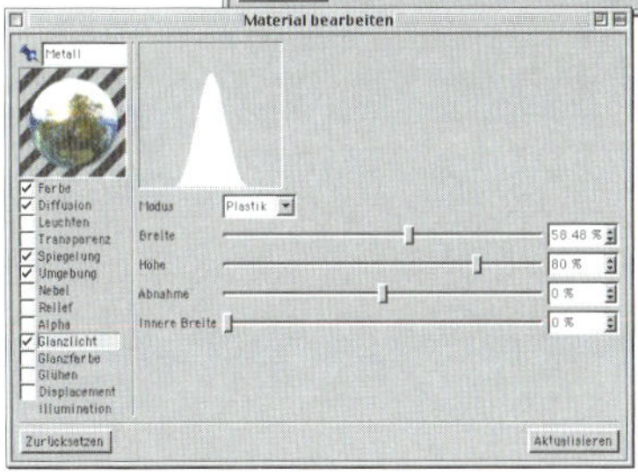

◀ **Abbildung 12**
Glanzlicht-Kanal

## 2. Material für die Datumsanzeige

*Die Datumsanzeige bekommt auch ihr eigenes Material, z. B. »Datum« genannt. Laden Sie die Datei Datum.tif in den FARB-Kanal (Abbildung 13), mehr ist eigentlich nicht zu tun.*

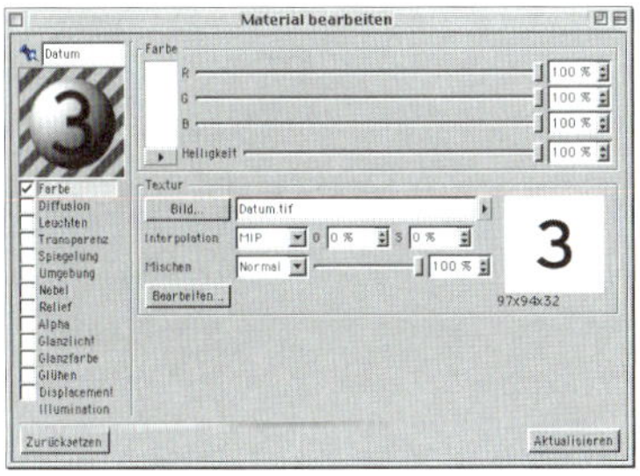

**Abbildung 13** ▶
Farb-Kanal

## 4. Material für das Zifferblatt

*Das Zifferblatt wird in diesem Beispiel ein weißes, stumpfes Material erhalten. Sie können natürlich auch gerne eine andere Farbe oder eine Textur verwenden. Jedenfalls benötigen wir wieder ein neues Material »Zifferblatt«.*

*Die Farbe des Zifferblattes steht im* Farb-*Kanal auf reinem Weiß (Abbildung 14). Damit das Weiß nicht zu künstlich erscheint, wird für das folgende Glanzlicht auch gleich eine Diffusion definiert.*

*Das Glanzlicht drückt die Stumpfheit des Materials aus. Wählen Sie ein etwas breiteres, aber sehr flaches Glanzlicht.*

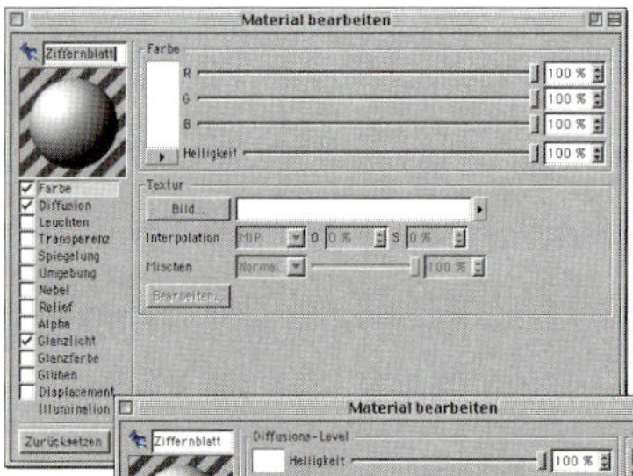


**Abbildung 14 ▶**
Farb-Kanal

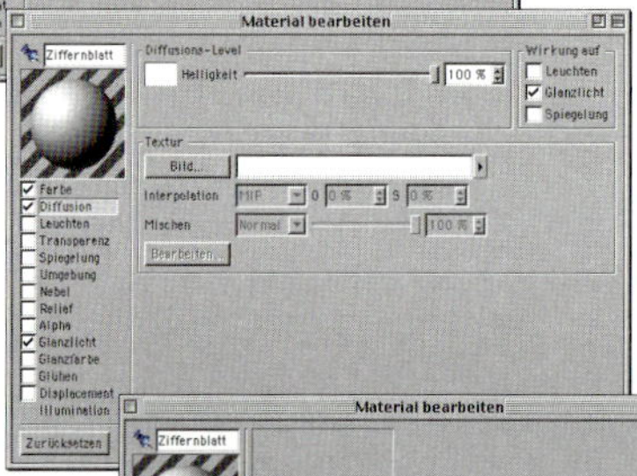


**Abbildung 15 ▶**
Diffusions-Kanal

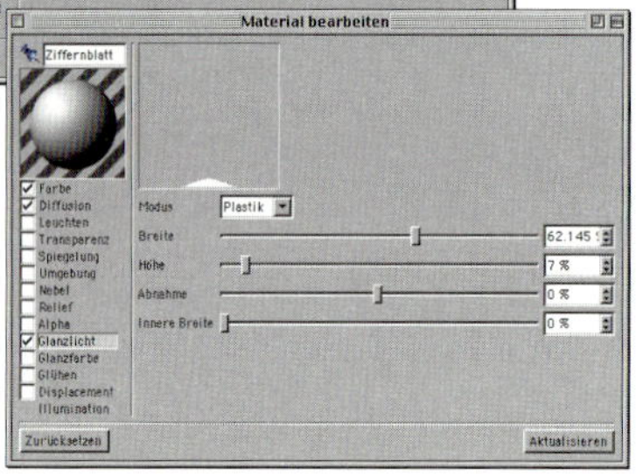


**Abbildung 16 ▶**
Glanzlicht-Kanal

## 5. Material für die Armbanduhr-Naht

*Wenn wir uns schon solche Mühe mit der Ledernaht gegeben haben, soll es auch ein eigenes stumpf-schwarzes Material erhalten.*

*Nehmen Sie als Farbe ein dunkles Grau oder Schwarz (Abbildung 17). Um auch für Nahaufnahmen gerüstet zu sein, simulieren Sie die Fadenoberfläche mit einer 2D-Noisetextur im* Relief-*Kanal. Ein schwaches, stumpfes Glanzlicht noch, und das Material für die Naht ist fertig.*

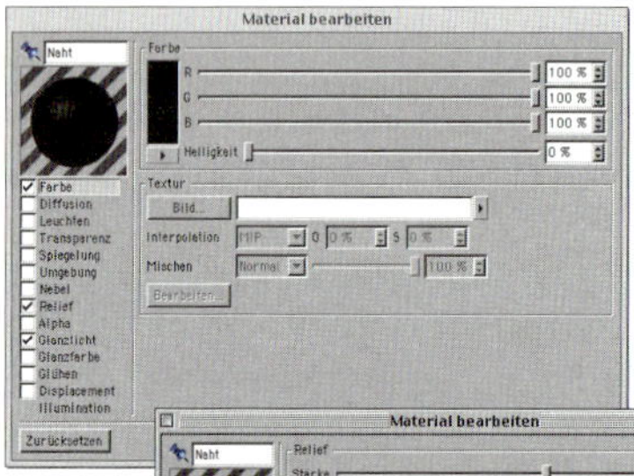


**Abbildung 17 ▶**
Farb-Kanal

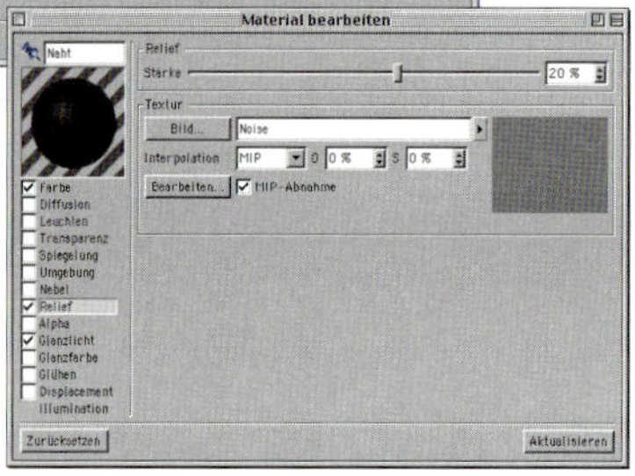


**Abbildung 18 ▶**
Relief-Kanal

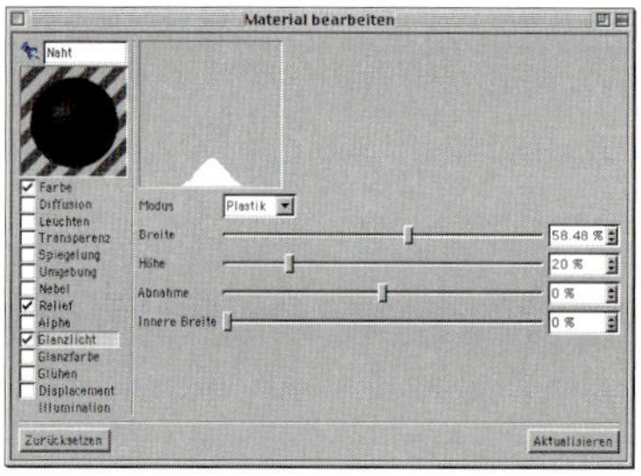


**Abbildung 19 ▶**
Glanzlicht-Kanal

## *5. Material für die Glasabdeckung*

*Für die Abdeckung der Uhr, die sinnvollerweise aus einem transparenten Glasmaterial besteht, legen Sie ein weiteres Material an.*

*Stellen Sie den* Farb*-Kanal (Abbildung 20) des Glases wie gezeigt ein, testen Sie auch später einmal den Einfluss der Farbe des Glases. Die Transparenz fällt sehr hoch aus. Das Material Glas besitzt einen Brechungsindex von ca. 1,45, und mit der Option* Fresnel *stellen Sie sicher, dass die Spiegelung auch auf unterschiedliche Kamerapositionen reagiert. Eine Spiegelung von ca. 90% ist adäquat.*

*Das mittelhohe spitze Glanzlicht wird nur aus bestimmten Beleuchtungs- und Kamerapositionen zu sehen sein.*

*Im Allgemeinen sollten Sie immer abwägen, was denn beim End-Rendering im Vordergrund stehen soll – die Form des Gehäuses, das Design des Zifferblattes oder gar die aktuelle Uhrzeit? Besonders beim Material Glas und der Verbindung Metall/Glas ergeben sich tolle Möglichkeiten, mit Licht, Spiegelung und Brechung zu experimentieren.*

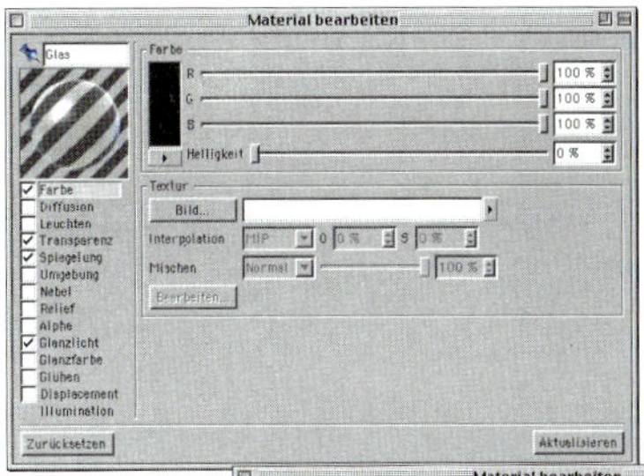


◀ **Abbildung 20**
Farb-Kanal

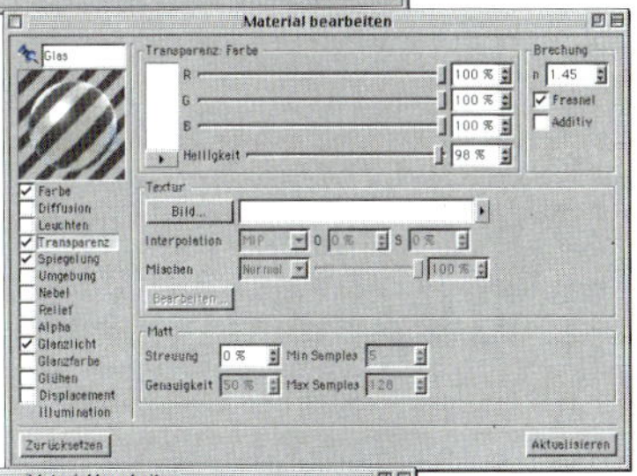


◀ **Abbildung 21**
Transparenz-Kanal

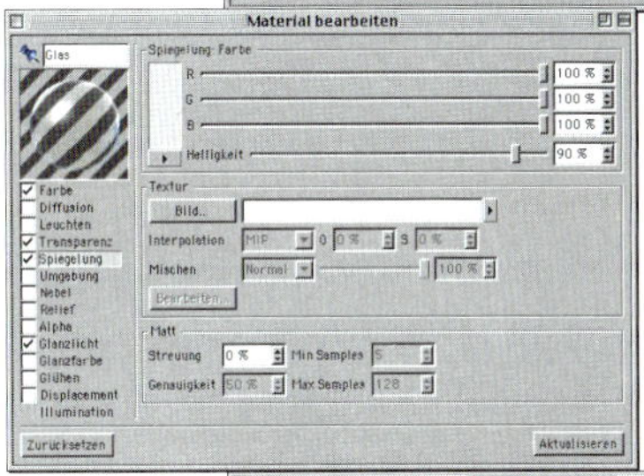


◀ **Abbildung 22**
Spiegelungs-Kanal

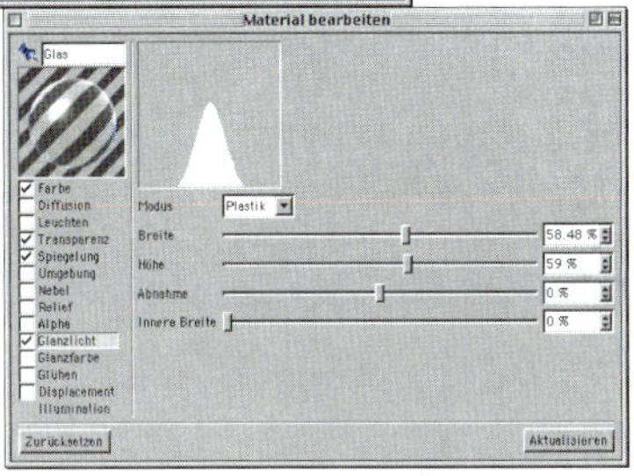


◀ **Abbildung 23**
Glanzlicht-Kanal

## *6. Material für den Untergrund*

*Zu guter Letzt brauchen wir ein Material für den Untergrund der Uhr.*

*Nehmen Sie, was Sie für richtig halten – bei der Erstellung dieses Workshops habe ich mit Marmor- und Holzstrukturen gearbeitet, war aber nie sonderlich zufrieden. Der Grund: Die Uhr soll im Mittelpunkt stehen und nicht der noch so raffinierte Holzuntergrund.*

*Schließlich habe ich mich auf einen milchigweißen Kunststoff- oder Glasuntergrund festgelegt. So kommt die Uhr gut zur Geltung.*

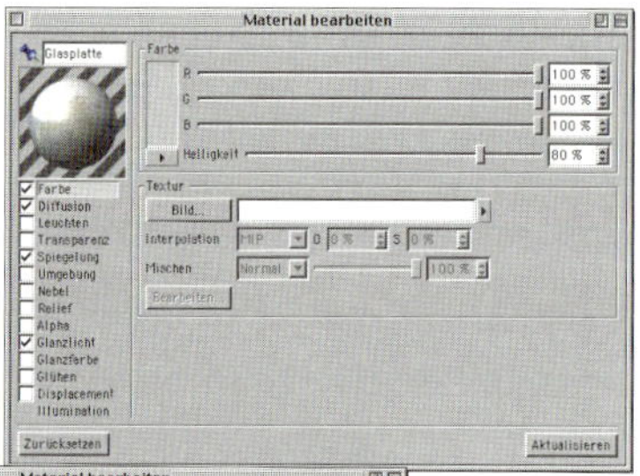


**Abbildung 24 ▸**
Farb-Kanal

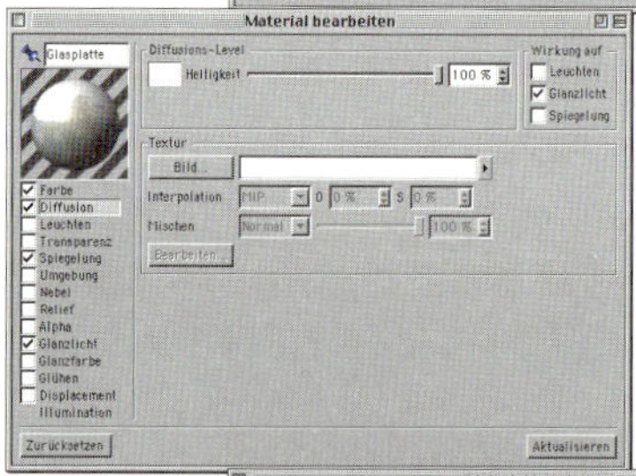


**Abbildung 25 ▸**
Diffusions-Kanal

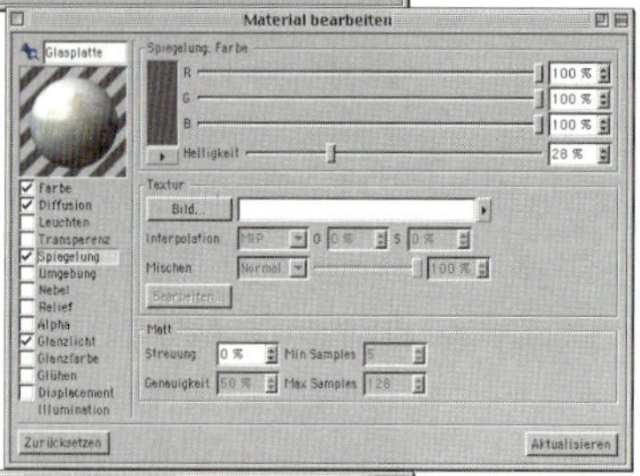


**Abbildung 26 ▸**
Spiegelungs-Kanal

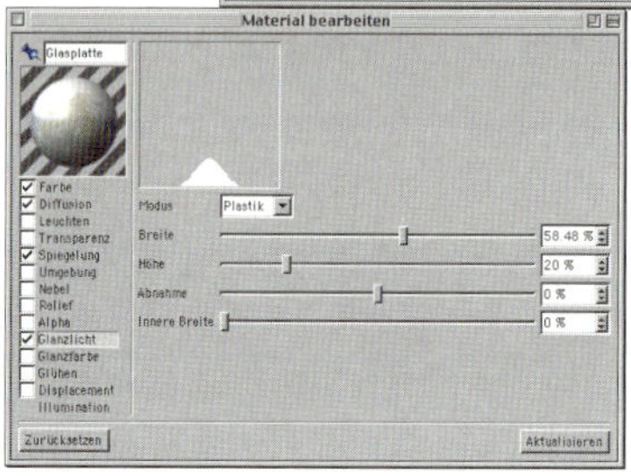


**Abbildung 27 ▸**
Glanzlicht-Kanal

*Als Farbe im* Farb*-Kanal (Abbildung 24) genügt ein 80-prozentiges Weiß. Die Diffusion soll sich in erster Linie auf das Glanzlicht auswirken. Da die Spiegelung nicht sonderlich hoch ausfällt, würde die Diffusion die Spiegelung weitgehend ausschalten. Ein niedriges, etwas spitzes Glanzlicht rundet das Untergrundmaterial ab.*

**Abbildung 28 ▸**
Die komplette Materialpalette

*Die Materialien in Ihrem Material-Manager sind nun komplett. Überprüfen Sie nochmals die Namen der Einträge – unsere Materialauswahl ist zwar übersichtlich, aber was Sie sich schon einmal angewöhnen …*

## *7. Mapping des Lederarmbandes*

*Als Erstes bekommt das Armband seine Textur. Ziehen Sie dazu das Ledermaterial aus dem Material-Manager entweder auf das Armband im Editor oder auf den Eintrag im Objekt-Manager.*

*Daraufhin öffnet sich der Textur-Geometrie-Dialog (Abbildung 29), in dem Sie einstellen, wie das Material auf das Armband gemappt werden soll.*

*Das Fläche-Mapping ist für das Armband gut geeignet, die Option Vorne & Hinten entspricht auch in etwa der Lederbeschaffenheit. In meinem Fall musste die Textur an der Z-Achse (-90°) rotiert werden, damit die Projektion der Textur auch von oben auf das Band geschieht. Die weiteren Werte für die Offet-Position und -Länge entstanden durch Positionierung und Skalierung der Textur.*

*Für diese Operationen können Sie den Textur-Geometrie-Dialog verwenden oder interaktiv mit den Textur- und Texturachse-bearbeiten-Modi mappen (Abbildung 30).*

*Je nach Skalierung können Sie die Kachelung aktivieren, in unserem Beispiel und für unseren Bildbereich benötigen wir sie aber nicht.*

*Das Textur-Geometrie-Icon kopieren Sie einfach mit gedrückter Befehlstaste im Objekt-Manager auf den anderen Armbandteil.*

*Öffnen Sie den Textur-Geometrie-Dialog (Abbildung 31) des zweiten Armbandteils, und verändern Sie die Werte ein wenig. Schließlich sollen beide Armbänder unterschiedliche Lederstrukturen aufweisen.*

*Wer lieber interaktiv arbeitet, nimmt einfach den Textur-bearbeiten-Modus und verschiebt die Textur nach Wunsch.*

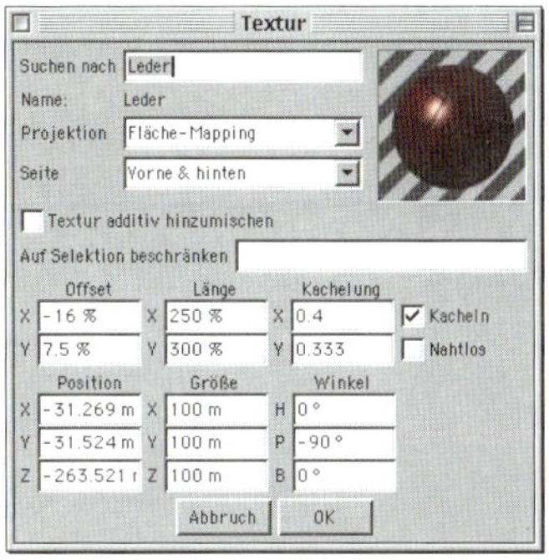


◄ **Abbildung 29**
Textur-Geometrie-Dialog

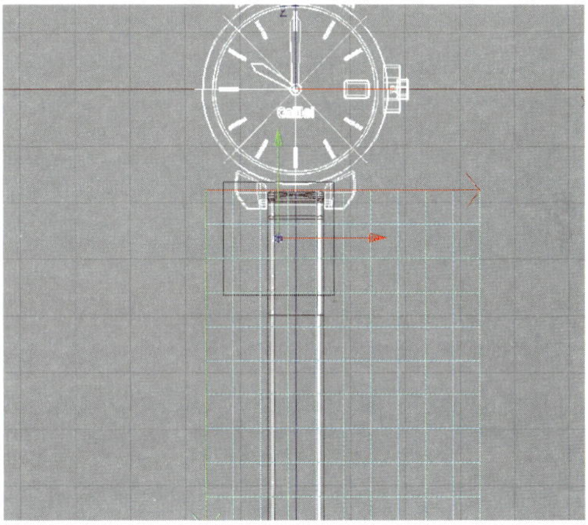

◄ **Abbildung 30**
Platzierung der Armbandtextur

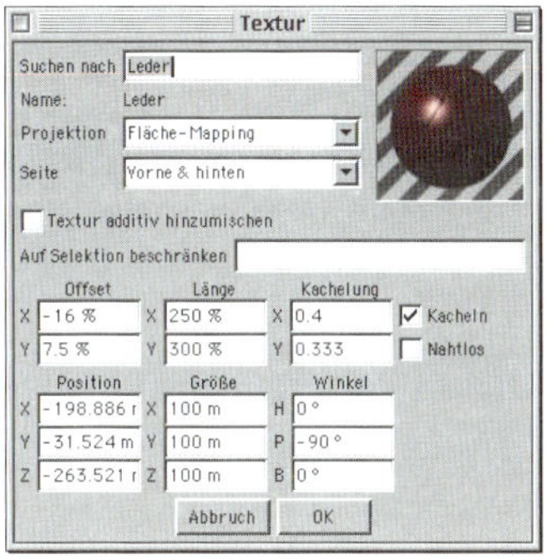


◄ **Abbildung 31**
Platzierung der Armbandtextur

## 8. Mapping des Metallmaterials

*Das Mapping der Metallteile ist weniger aufwändig, das Material ist ausschließlich mit den Mitteln des Material-Editors und einer prozeduralen Textur (Wolken-Shader) ausgestattet.*

*Ziehen Sie das Material auf das Uhrengehäuse im Editor oder Objekt-Manager (Abbildung 32). Als Mapping-Art behalten Sie UVW-Mapping bei, alle parametrischen und NURBS-Objekte enthalten schließlich UVW-Koordinaten. Kopieren Sie das Textur-Tag im Objekt-Manager mit gedrückter Befehlstaste auf alle Metallteile der Uhr (Abbildung 33).*

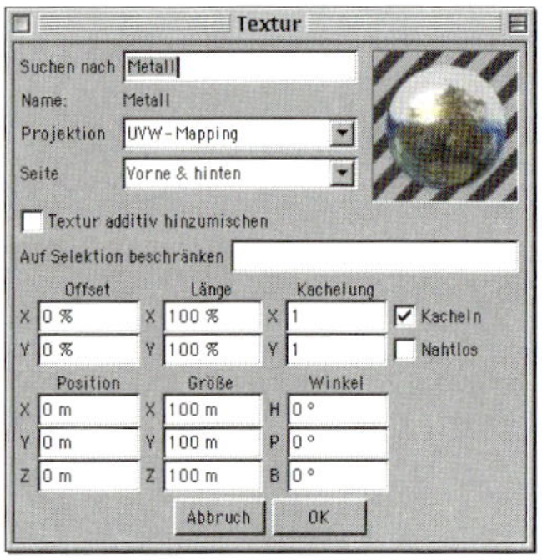


**Abbildung 32 ▶** Textur-Geometrie-Dialog Metallteile

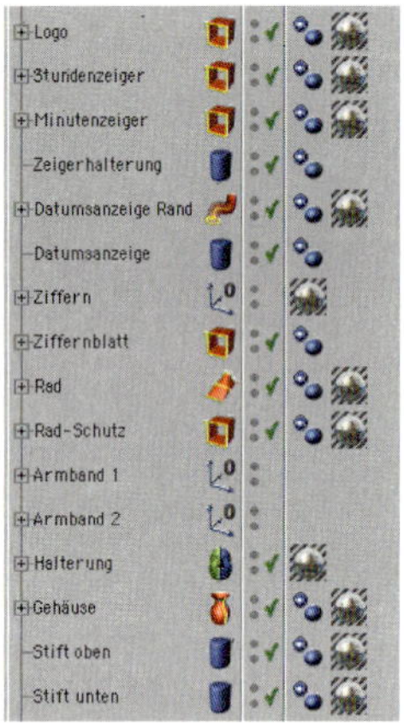


**Abbildung 33 ▶** Übertragen der Textur-Tags im Objekt-Manager

## 9. Mapping der Datumsanzeige

*Die Datumsanzeige verträgt ein Flächen-Mapping, eine Kachelung wäre natürlich unsinnig.*

*Werfen Sie das Material auf den Anzeigezylinder im Objekt-Manager. Skalieren und platzieren Sie mit den Textur-Werkzeugen oder den in Abbildung 34 angegebenen Parametern das Datum in den vorgesehenen Ausschnitt.*

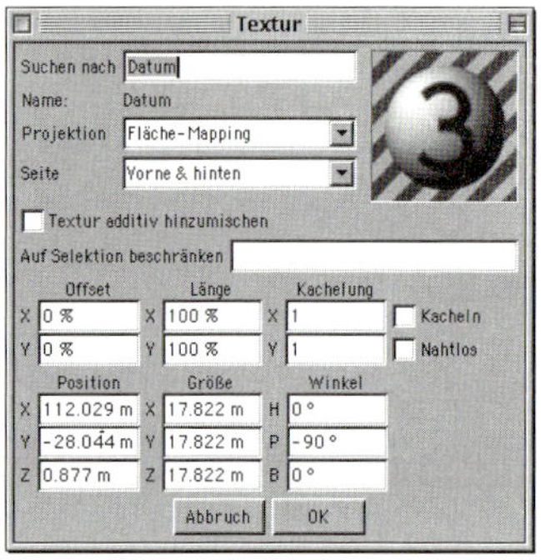


**Abbildung 34 ▶** Textur-Geomerie-Dialog Datumsanzeige

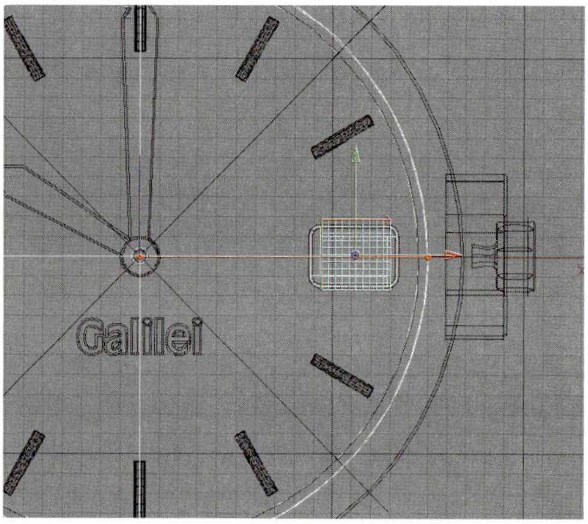


**Abbildung 35 ▶** Platzierung der Datumsanzeigetextur

### *10. Mapping des Zifferblattmaterials*

*Das Zifferblatt macht Ihnen gar keine Mühe, werfen Sie das vorgesehene Material schlicht auf den Eintrag im Objekt-Manager, und bestätigen Sie den TEXTUR-GEOMETRIE-Dialog.*

### *11. Mapping der Armbandnaht*

*Genauso bringen Sie das Nahtmaterial auf. Weil wir vier NURBS-Nähte in den Armbändern verteilt haben, kopieren Sie das Nahttextur-Tag mit gedrückter Befehlstaste auf die anderen drei Nähte (Abbildung 38).*

### *12. Erstellen und Mapping der Glasabdeckung*

*Für die Glasabdeckung duplizieren Sie einfach den Zylinder der Datumsanzeige und verschieben ihn bündig mit der Kante nach oben (Abbildung 40).*

*Weisen Sie der Glasabdeckung das Glasmaterial mit Zylinder-Mapping zu.*

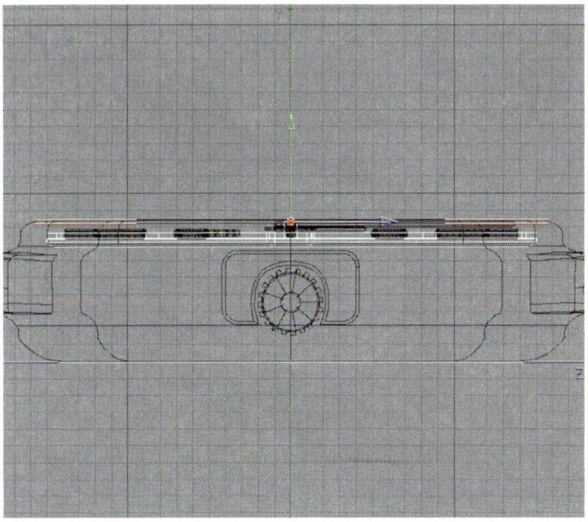

◀ **Abbildung 40**
Platzierung der Glasabdeckung

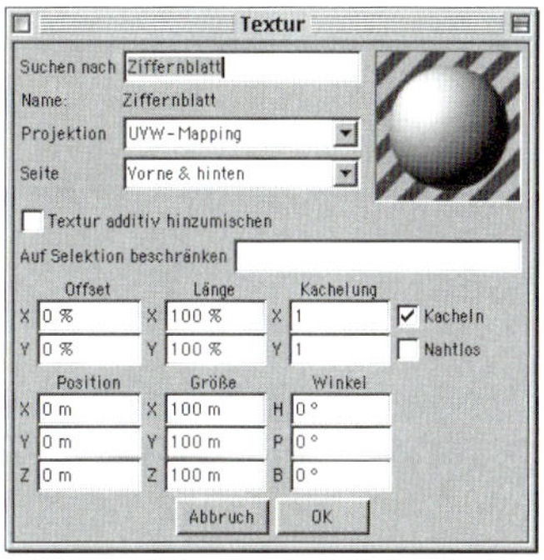


◀ **Abbildung 36**
Textur-Geometrie-Dialog Zifferblatt

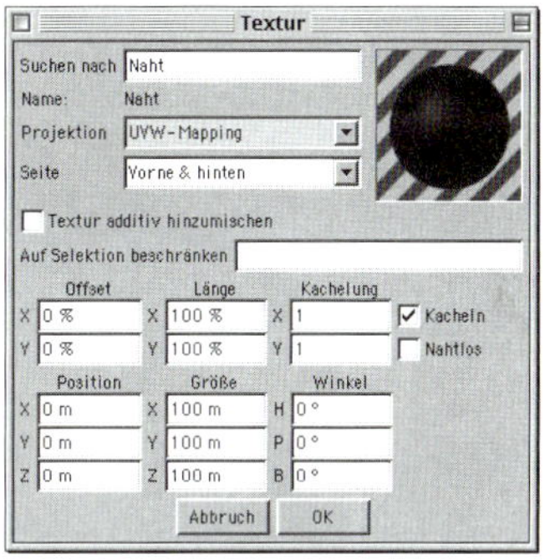


◀ **Abbildung 37**
Textur-Geometrie-Dialog Naht

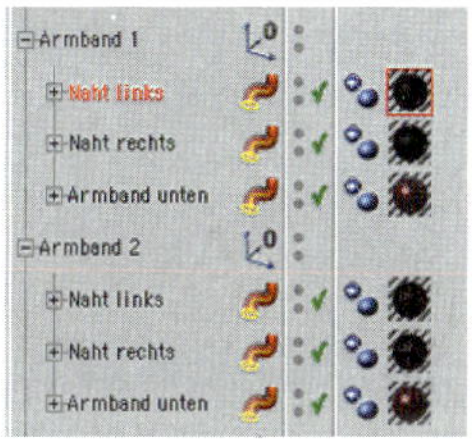


◀ **Abbildung 38**
Kopieren des Nahttextur-Tags

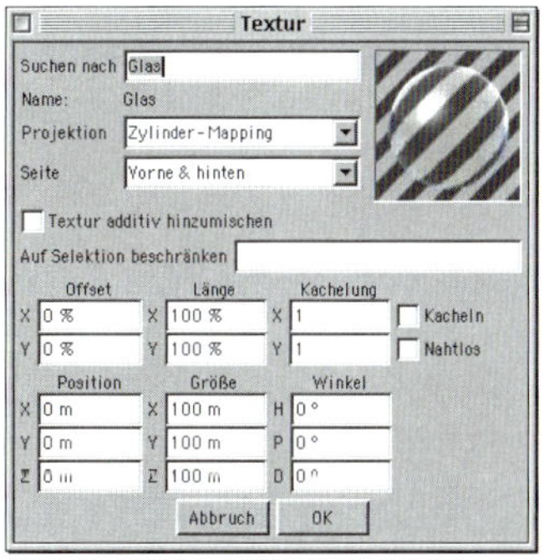


◀ **Abbildung 39**
Textur-Geometrie-Dialog Glasabdeckung

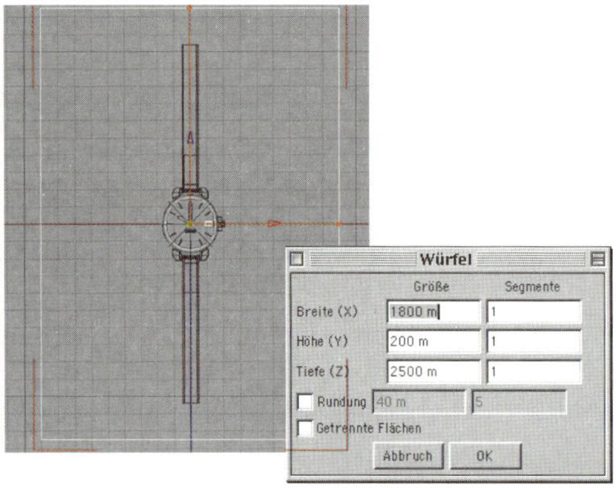


**Abbildung 41** ▶
Quader als Untergrund

## *13. Erstellen und Mapping des Untergrundes*

*Als Untergrund für unsere Uhr erzeugen Sie einen parametrischen Quader, und platzieren Sie ihn wie in Abbildung 41 gezeigt unter die Uhr. Weisen Sie dem Quader entweder das Kunststoffmaterial oder eine Eigenschöpfung zu.*

**Abbildung 42** ▶
Erstes Renderergebnis

## *14. Standard-Rendering*

*Das Ergebnis Ihres Standard-Renderings mit Antialiasing von Kante und Farbe wird vermutlich in etwa der Abbildung 42 gleichen. Nur mit Standardlichtquelle und ohne Schattenwurf sieht die Uhr noch ein wenig langweilig aus.*

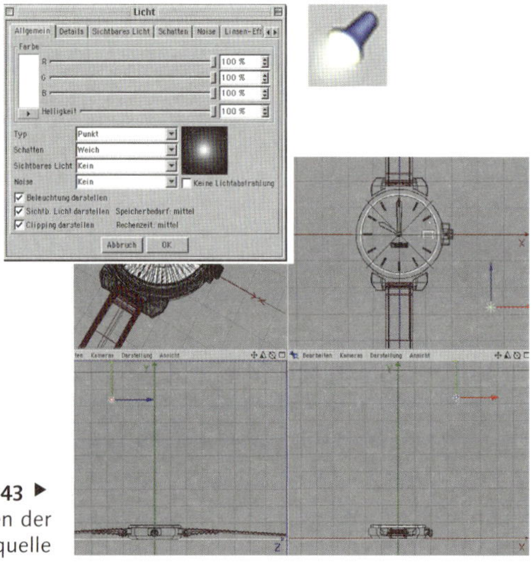

**Abbildung 43** ▶
Platzieren der Lichtquelle

## *15. Einbauen einer Lichtquelle*

*Um das Rendering-Ergebnis zu verbessern, holen Sie aus der* Szene-Objekt*-Palette eine Lichtquelle, und stellen Sie die gezeigten Parameter ein. Positionieren Sie die Lichtquelle der Abbildung 43 entsprechend. Das Renderergebnis sollte jetzt wesentlich realistischer aussehen.*

**Abbildung 44** ▼
Die fertig texturierte Uhr

**Abbildung 45** ▶
Ergebnis des BodyPaint-Workshops

## Texturing in BodyPaint 3D

Der Raubfisch aus dem Polygon-Modelling-Kapitel ist ein gutes Übungsmodell, um die Texturing-Fähigkeiten von BodyPaint 3D auszuprobieren.

Die wichtigsten Schritte in diesem Workshop sind zweifelsohne die Vorbereitungsschritte für das UV-Gitter. Ist erst einmal die Hülle des Objektes vernünftig abgewickelt, sollte das Painting und Texturing eigentlich nur noch eine Frage der Kreativität und des persönlichen Geschmacks sein. Daher liegt der Schwerpunkt des Workshops nicht auf hundert verschiedenen Pinselstrichen, sondern auf Arbeitsabläufen und Werkzeugen.

Beginnen Sie jede Texturing-Phase mit Geduld und Überlegung. Bauen Sie eine Textur von der Basis her auf. Fangen Sie mit der Rohtextur an, und arbeiten Sie sich langsam zu den Details der Textur vor.

Photoshop-Anwender sind es gewohnt, mit Ebenen zu arbeiten – übernehmen Sie diese Gewohnheit auch für BodyPaint 3D. Ebenen eröffnen hohe Flexibilität und lassen sich schnell überarbeiten oder verwerfen, ohne dass andere Ebenen in Mitleidenschaft gezogen werden. Dadurch entsteht auch eine größere Experimentierbereitschaft, was nie von Nachteil ist.

Den noch »nackten« Hai finden Sie als Cinema 4D-Datei wie immer auf der CD-ROM zum Buch.

## *1. Vorbereitung der UV-Abwicklung*

*Bevor Sie mit dem Bemalen des Hais beginnen können, ist noch einiges an Vorarbeit nötig.*

**Abbildung 46 ▸**
Öffnen des Hais in BodyPaint 3D

*Öffnen Sie die Cinema 4D-Datei des Hais in der integrierten oder Stand-Alone-Version von BodyPaint 3D. Das Biege-Objekt im Objekt-Manager stört uns beim Texturieren nur – schalten Sie es auf inaktiv und unsichtbar (Abbildung 46).*

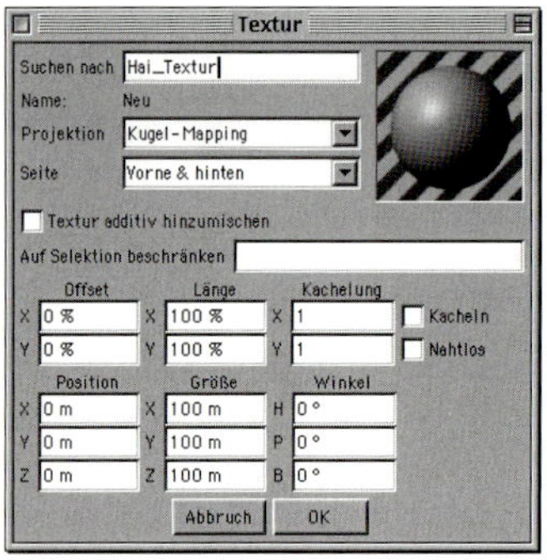


**Abbildung 47 ▸**
Textur-Geometrie-Dialog Haitextur

*Erstellen Sie ein neues Material »Haitextur« oder ähnlich, ohne besondere Einstellungen in den Material-Kanälen, und werfen Sie es auf den Raubfisch. Wie gehabt öffnet sich der* Textur-Geometrie*-Dialog (Abbildung 47) und fragt nach den Geometrie- und Mapping-Parametern. Unser Hai soll von allen Seiten behandelt werden, daher verwenden Sie das Kugel-Mapping. Die Kachelungsoption betrifft uns nicht, da wir die Textur auf das UV-Gitter unseres Hais anpassen.*

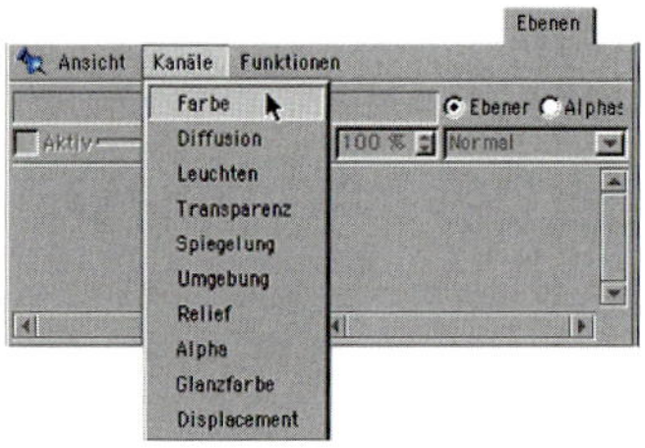


**Abbildung 48 ▸**
Textur-Geometrie-Dialog Haitextur

*Aktivieren Sie das Material im Material-Manager, und holen Sie den Ebenen-Manager hervor. Hier bekommt unser Material den ersten Kanal zugewiesen, den* Farbe*-Kanal (Abbildung 48).*

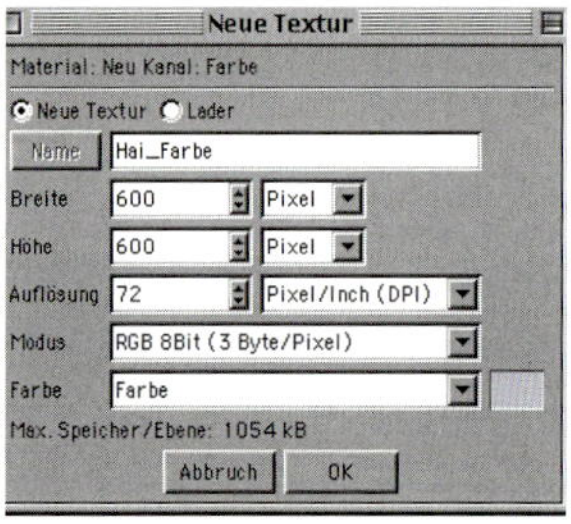


**Abbildung 49 ▸**
Textur-Geometrie-Dialog Haitextur

*Es öffnet sich das Dialogfenster für eine neue Textur (Abbildung 49). Benennen Sie die Textur beispielsweise »Hai_Farbe«. Übernehmen Sie die Angaben der Abbildung, als Hintergrund-Farbe suchen Sie sich nach Klick in den Farb-Chip ein helles Graublau aus.*

*Im Ebenen-Manager hat sich nun einiges getan. In der linken Hälfte sehen Sie den von uns benannten FARB-Kanal, das Suffix .B3D ist das native BodyPaint-3D-Dateiformat, in dem BodyPaint unsere Texturen standardmäßig sichert – andere Formate sind selbstverständlich auch möglich. In der rechten Hälfte listet der Ebenen-Manager alle Ebenen des Kanals auf – momentan nur die Hintergrundebene.*

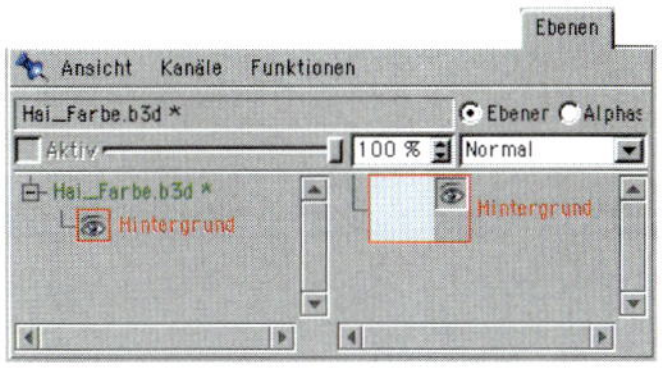


◀ **Abbildung 50**
Ebenen-Manager

*Nach Doppelklick auf die Hintergrundebene oder durch Ziehen der Ebene in die Texturansicht ist die Kanaltextur in die Texturansicht geladen und bearbeitbar (Abbildung 51).*

◀ **Abbildung 51**
Farbtextur in der Texturansicht

*Nun können Sie sich bereits das UV-Mesh des Hais anzeigen lassen, ein Klick auf das UV-Tag im Objekt-Manager sollte genügen, ansonsten wählen Sie den Befehl WERKZEUGE · UV-MESH ANZEIGEN oder den zugehörigen Palettenbefehl der Texturansicht-Palette. Wie Sie in Abbildung 52 erkennen, ist das UV-Mesh praktisch unbrauchbar, es basiert noch auf der »geschundenen« Polygonstruktur des Haifisch-Würfels.*

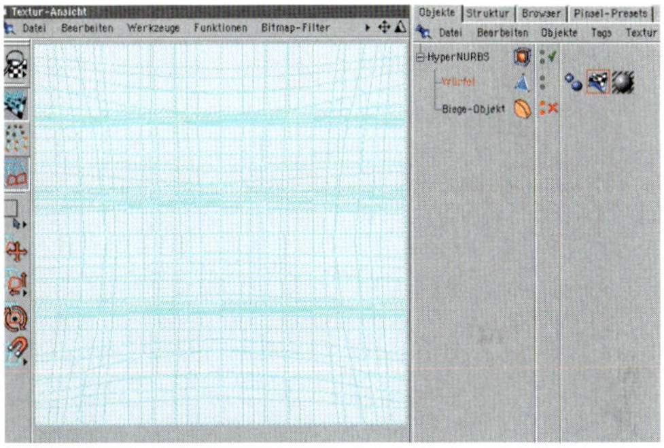


◀ **Abbildung 52**
Das alte UV-Mesh des Hais

*Löschen Sie das Textur-Tag aus dem Objekt-Manager, und erzeugen Sie ein neues Tag über TEXTUR · UVW-TAG ERZEUGEN.*

*In Abbildung 53 ist in Rot (also ausgewählt) das neue UV-Mesh kenntlich gemacht. Es zeigt schon wesentlich mehr Ähnlichkeit mit unserem Hai.*

*Zurzeit ragt das Mesh aber noch über die Textur hinaus. Passen wir also beide aneinander an.*

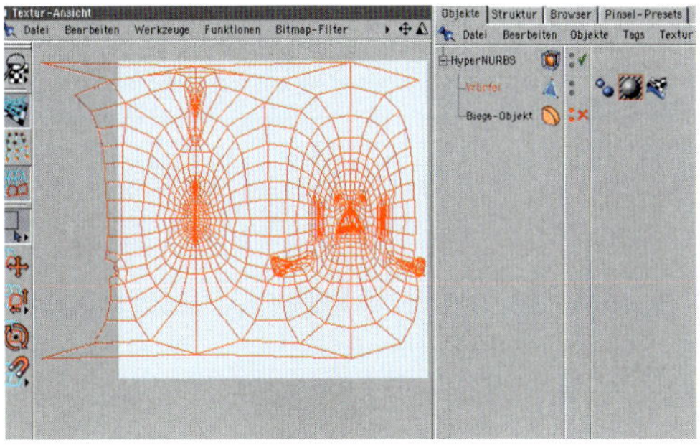


◀ **Abbildung 53**
Das neue UV-Mesh des Hais

**Abbildung 54 ▶**
Werkzeuge für UV-Mesh

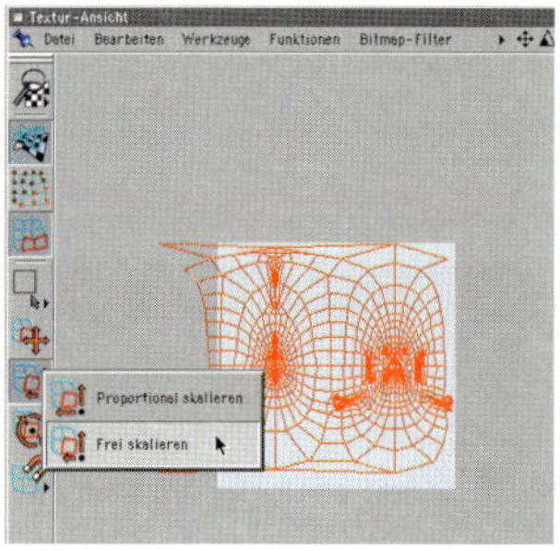


*Das UV-Gitter hat, da es dem Kugel-Mapping entspringt, noch relativ viele eng zusammenliegende Liniensegmente. Damit unsere Pinsel später auch Platz und Toleranz zum Bemalen finden, entzerren wir dieses Gitter etwas. Die Texturansicht bietet eine Reihe von Werkzeugen an (Abbildung 54), die uns dabei helfen.*

**Abbildung 55 ▶**
Skalieren des UV-Mesh

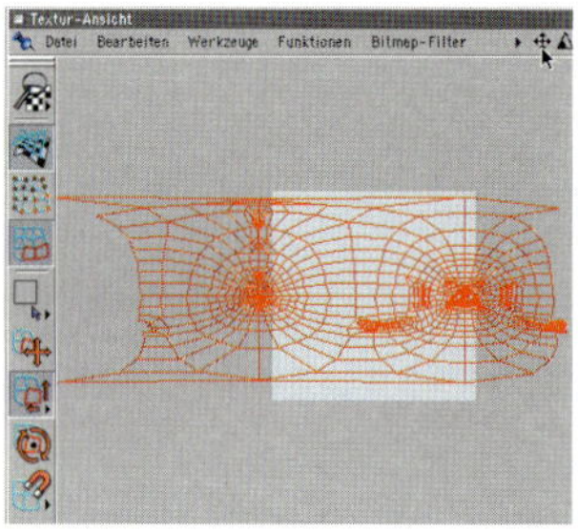


*Aktivieren Sie das Frei-Skalieren-Werkzeug der Palette, und skalieren Sie das UV-Gitter in etwa so wie in Abbildung 55 gezeigt.*

**Abbildung 56 ▶**
Arbeitsfläche an UV-Mesh anpassen

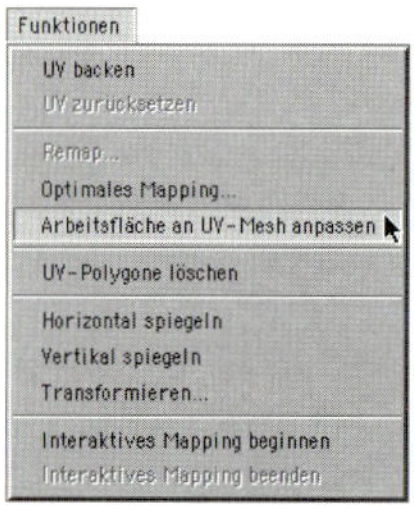


*Für unsere Zwecke soll diese manuelle Entzerrung erst einmal genügen. Wer vollkommene Kontrolle über das Mapping der Textur haben möchte und dabei mehr Wert auf optimale Bemalbarkeit im 3D-Editor legt als auf zusammengehörige Segmente in der Texturansicht, dem sei der Befehl* FUNKTIONEN · OPTIMALES MAPPING *ans Herz gelegt. Mit diesem Befehl entzerrt und verteilt BodyPaint 3D das UV-Mesh auf die zur Verfügung stehende Texturgröße. In diesem Workshop lassen wir es bei der manuellen Entzerrung bewenden.*

**Abbildung 57 ▶**
Anpassen der Arbeitsfläche

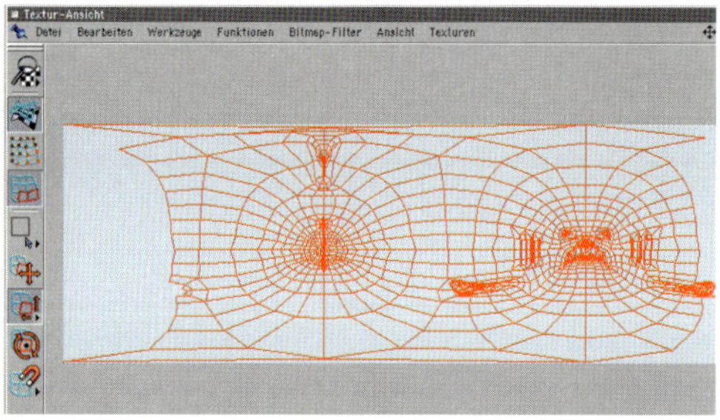


*Das Gitter ist nun wesentlich größer als die ursprünglich definierte Textur. Über den Befehl* FUNKTIONEN · ARBEITSFLÄCHE AN UV-MESH ANPASSEN *(Abbildung 56) vergrößern Sie die Textur auf das Mindestmaß, so dass alle UV-Polygone eingeschlossen sind (Abbildung 57).*

*Einen letzten Schritt möchte ich Ihnen noch zumuten, bevor wir mit der Texturierung der Kanäle fortfahren.*

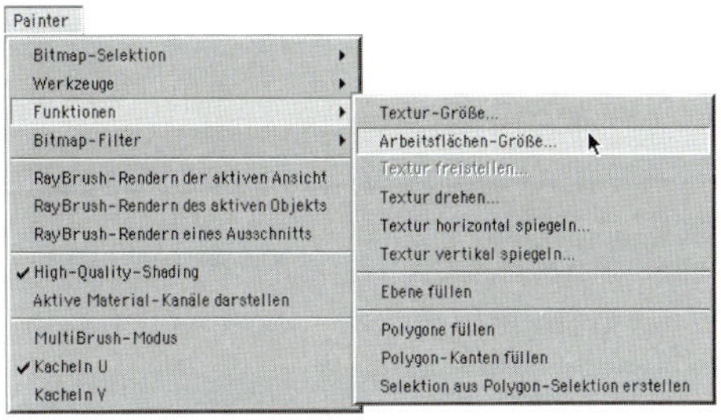


◀ **Abbildung 58**
Arbeitsflächen-Grösse-Befehl

*Um die Textur nicht vollkommen an die Polygonkanten stoßen zu lassen, fügen wir mit dem Befehl (im Hauptmenü, nicht in der Texturansicht) PAINTER · FUNKTIONEN · ARBEITSFLÄCHEN-GRÖSSE ein wenig »Fleisch« um das UV-Gitter hinzu.*

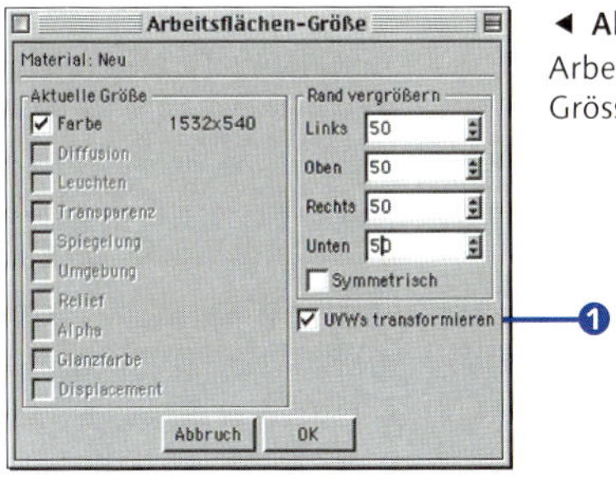


◀ **Abbildung 59**
Arbeitsflächen-Grösse-Dialog

*Stellen Sie im ARBEITSFLÄCHEN-GRÖSSE-Dialog einen zusätzlichen Rand von ca. 50 (Pixeln) ein, und aktivieren Sie die Option UVWS TRANSFORMIEREN* ❶. *Dadurch bleibt das Mesh in der Größe bestehen, lediglich die Textur wird vergrößert.*

*Abbildung 60 zeigt die nun endlich fertige Arbeitsfläche.*

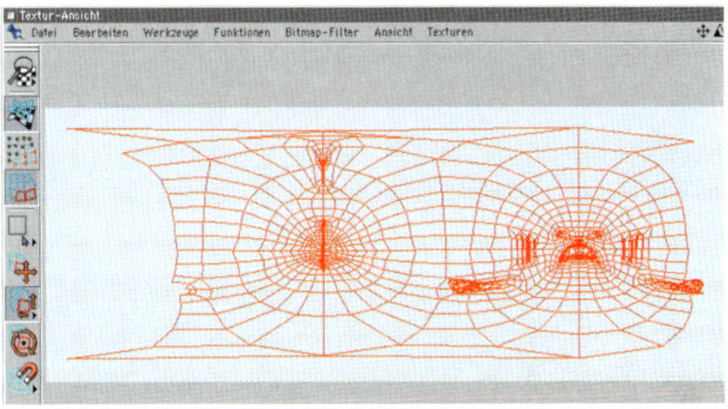


◀ **Abbildung 60**
Die fertige Arbeitsfläche

*Bleiben wir noch kurz beim Textur-Kanal. Damit Sie ohne Hemmungen drauflosmalen können, erstellen wir gleich jetzt eine Ebene für unsere Füll- und Malaktionen. Fügen Sie über den Befehl FUNKTIONEN · NEUE EBENE im Ebenen-Manager eine neue Ebene hinzu (Abbildung 61).*

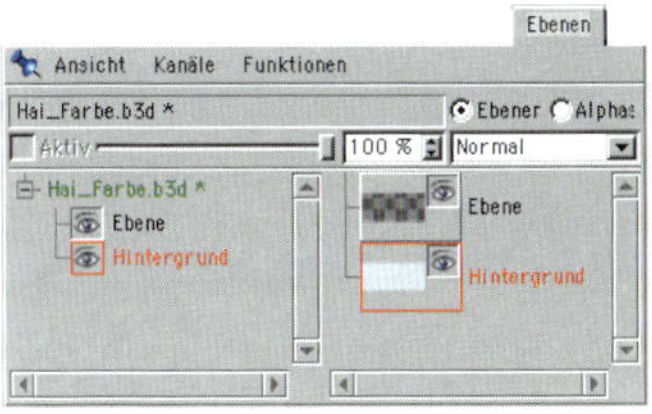


◀ **Abbildung 61**
Neue Ebene im Ebenen-Manager

## 2. Basisschicht des Hairückens mit Füllung einer Selektion

**Abbildung 62 ▶**
Aktives-Werkzeug-Einstellungen für Selektion

*Um Ihnen zu beweisen, dass die Bitmap-Selektions-Werkzeuge der Paint-Palette auch im 3D-Editor funktionieren, selektieren wir die Basisfarbschicht des Hairückens in der Sicht von oben.*

*Wählen Sie das Freihand-Selektion-Werkzeug aus der Paint-Palette, und stellen Sie eine weiche Auswahlkante ein (Abbildung 62).*
*Der Optionsdialog weist auf die Tastaturbefehle für Hinzufügen bzw. Abziehen von der aktiven Auswahl hin – es sind die gleichen, die Sie beim Selektieren von Polygonen auch verwenden würden.*

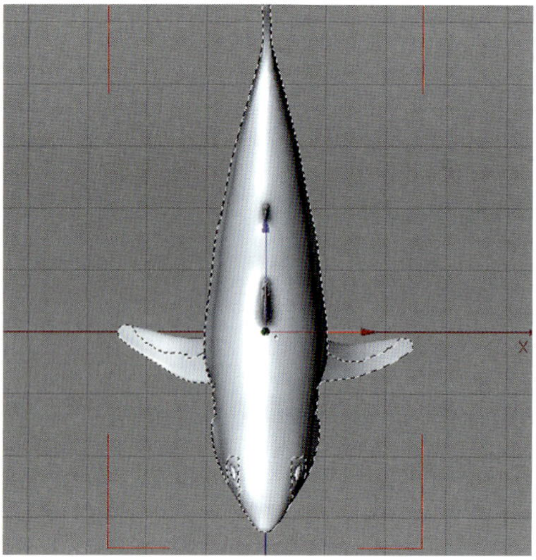

**Abbildung 63 ▶**
Selektion in der 3D-Ansicht

*Fahren Sie mit dem Werkzeug entlang des Haikörpers, schließen Sie die vordere Hälfte der Flossen mit ein, und umfahren Sie die Augenpartie (Abbildung 63).*

*Wechseln Sie wieder in die Texturansicht. Hier sollte sich die Auswahl als langgezogene Selektion bemerkbar machen.*

*Mit dem Farbeimer aus der Paint-Palette und einer adäquaten Farbe aus dem Farb-Preset – nehmen Sie beispielsweise ein Mittelgrau – füllen Sie die Auswahl (Abbildung 64).*

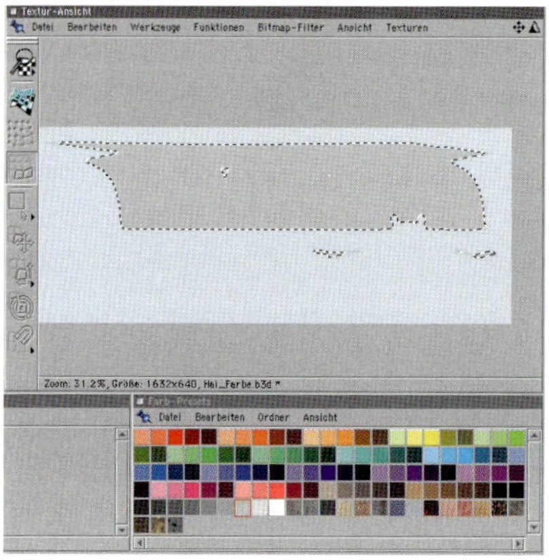


**Abbildung 64 ▶**
Füllen der Selektion

*Soweit zum* Farb*-Kanal. Bevor es an die Pinsel-Werkzeuge geht, legen wir noch die anderen Material-Kanäle an.*

## *3. Relief-, Diffusions- und Glanzlicht-Kanäle*

*Die Haut eines Haifisches ist nicht glatt, sondern eher rau genoppt. Um diese Rauheit soll sich der* RELIEF*-Kanal kümmern.*

*Weisen Sie unserem Material über den Ebenen-Manager einen* RELIEF*-Kanal zu (Abbildung 65). Den aufspringenden Dialog dürfen Sie getrost bestätigen, als Textur-Größe übernimmt BodyPaint automatisch die Ausmaße der Farb-Kanaltextur, als Name bietet sich »Hai_Relief« an.*

*Normalerweise hätten Sie die Rauheit auch über den Material-Editor und einen 2D-Shader (Noise) schaffen können – weil wir aber noch mehr mit dem* RELIEF*-Kanal anstellen wollen, brauchen wir eine Textur. Holen Sie sich den* RELIEF*-Kanal in die Texturansicht (Doppelklick in die Ebene). Mit einem Bitmap-Filter aus dem gleichnamigen Menü rauen wir die Oberfläche auf. Wählen Sie den Störungsfilter* RAUSCHEN... *(Abbildung 66), und übernehmen Sie die Parameter aus der Abbildung 66.*

*Für den* DIFFUSIONS*-Kanal erzeugen Sie ebenfalls eine neue Textur »Hai_Diffusion«. Die Größenangaben der Texturen brauchen Sie wie gehabt nicht zu verändern, suchen Sie dafür als* DIFFUSIONS*-Farbe nach Klick auf den Farb-Chip ein helles Blau aus.*

*Werfen wir noch einmal einen prüfenden Blick in den Ebenen-Manager (Abbildung 68) – alle Kanäle sind mit ihren Namen auf der linken Seite aufgelistet, rechts die zugehörigen Ebenen. Im Fall des* DIFFUSIONS *Kanals besitzt die Hintergrundebene einen hellblauen Farbton.*

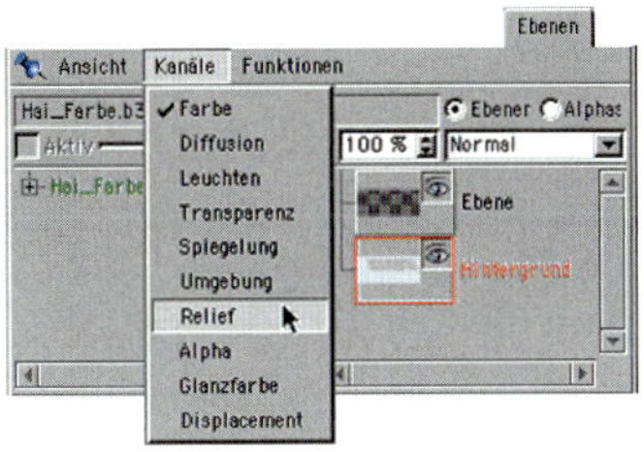


**◂ Abbildung 65**
Neuer Relief-Kanal

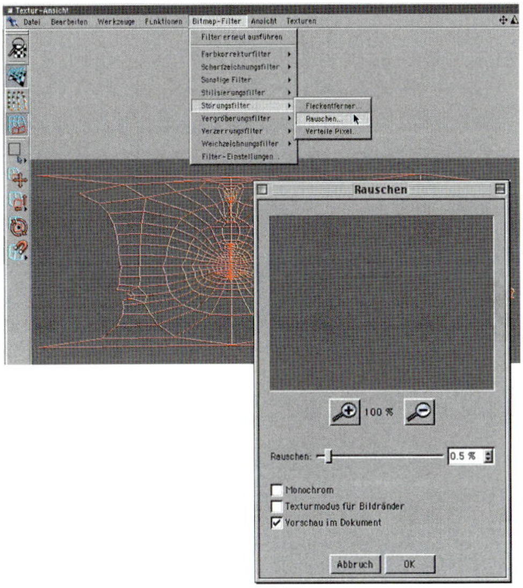


**◂ Abbildung 66**
Anwenden des Rausch-Filters auf die Relieftextur

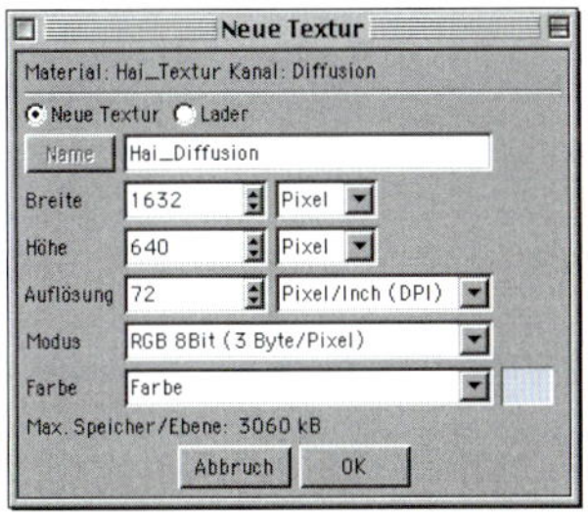


**◂ Abbildung 67**
Textur für Diffusions-Kanal

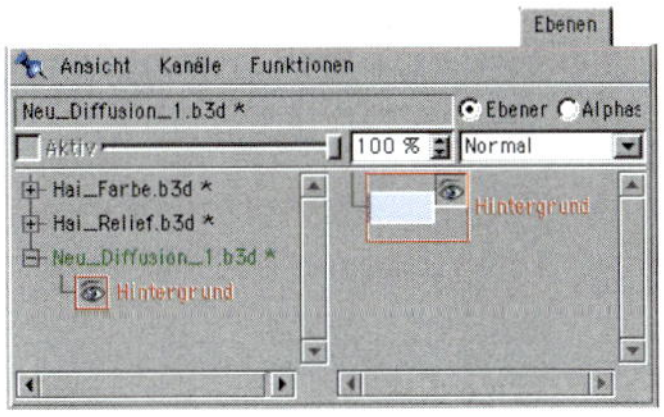


**◂ Abbildung 68**
Ebenen-Manager

**Abbildung 69** ▶
Glanzlicht-Kanal

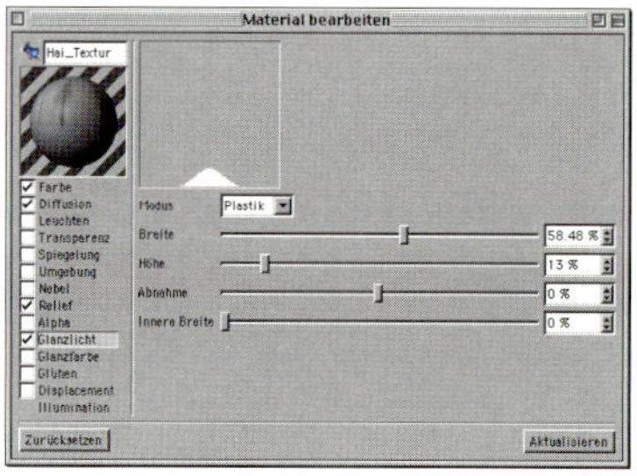


*Zuletzt noch zum* Glanzlicht*-Kanal. Vielleicht ist Ihnen aufgefallen, dass der* Glanzlicht*-Kanal weder im Ebenen-Manager noch in den Kanal-Icons der Paint-Palette auftaucht. Dies liegt ganz einfach daran, dass dem* Glanzlicht*-Kanal keine Textur zugeordnet werden kann. Deshalb regeln wir unser Glanzlicht über den Material-Editor. Stellen Sie im* Glanzlicht*-Kanal des Editors ein breites, flaches Glanzlicht ein.*

**Abbildung 70** ▶
Pinsel-Einstellungsdialog

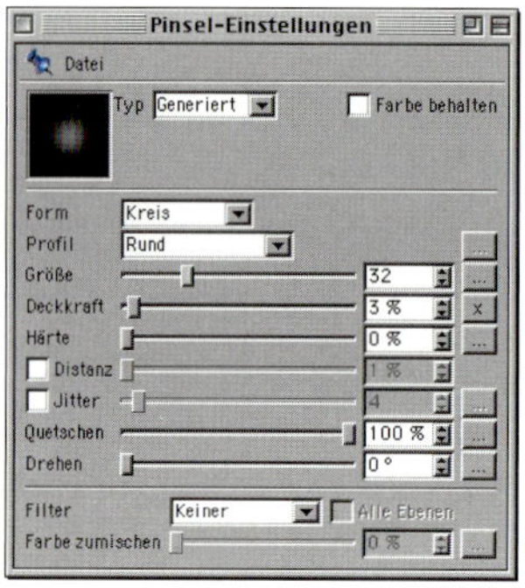


## 4. Painting der Schwarzfärbung mit einem Ein-Kanal-Pinsel

*Jetzt ist endlich der Moment gekommen, bei dem Sie Ihre Malkünste beweisen können.*

*Zum Malen legen wir im Pinsel-Presets-Manager über den Befehl* Datei · Neu... *einen neuen Pinsel an. Bei den Einstellungen für den Pinsel lassen Sie die Option* Farbe behalten *deaktiviert, da wir den Pinsel mit verschiedenen Farben nutzen werden. Die Parameter zu Form, Größe, Deckkraft und Härte entnehmen Sie Abbildung 70.*

**Abbildung 71** ▼
Material-Kanal-Palette

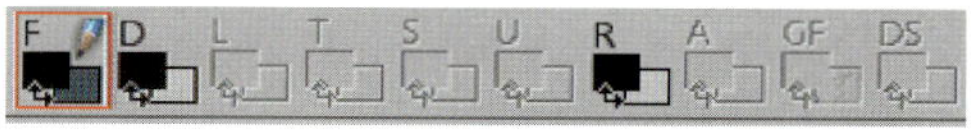


*In den Material-Kanälen (Abbildung 71) der Paint-Palette sehen Sie, dass jeder Kanal, den wir angelegt haben, mit Vorder- und Hintergrundfarbe eingetragen ist (mit Ausnahme des Glanzlicht-Kanals – warum, wissen Sie bereits ...). Klicken Sie den Vordergrund-Chip des* Farb*-Kanals doppelt an, und wählen Sie aus dem aufgesprungenen Farb-Wähler 72 ein dunkles Grau aus.*

**Abbildung 72** ▶
Speichern des Pinsels im Farb-Wähler

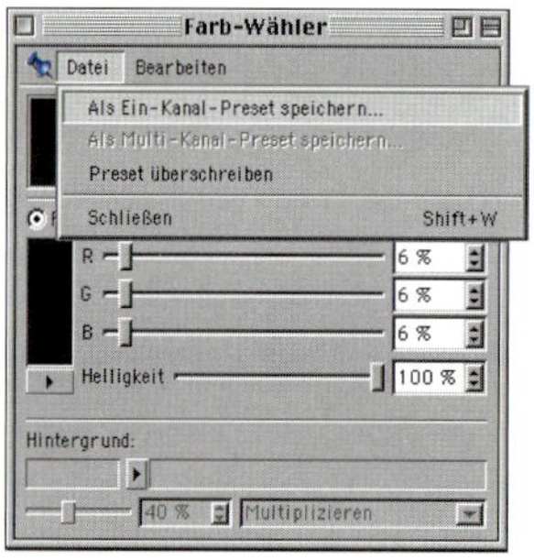


*Wenn Sie möchten, können Sie die Farbe über den Befehl* Datei · Als Ein-Kanal-Preset abspeichern *in Ihre Presets-Palette aufnehmen.*

*Malen Sie die Schwarzfärbung am Kopf am besten gleich in der 3D-Ansicht, so haben Sie die zuverlässigste Kontrolle über das Ergebnis.*

*Die Spitze der Nase sollte das tiefste Schwarz bekommen, ziehen Sie den Pinsel über die Nasenlöcher nach den Seiten und über den Nasenrücken. Als Orientierung verwenden Sie beispielsweise Abbildung 73, aber lassen Sie doch Ihrer Fantasie freien Lauf!*

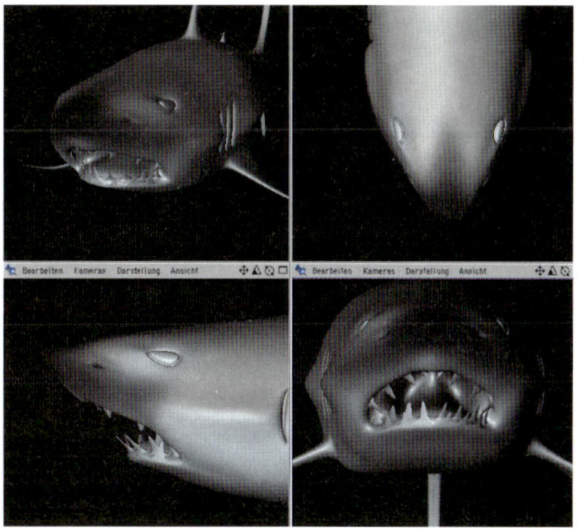

◄ **Abbildung 73**
Auftragen der Schwarzfärbung am Kopf

*Setzen Sie die Zeichnung an den Seiten fort, und streichen Sie mit dem Pinsel mehrmals über die Kiemen und über die Seitenflossen – gegebenenfalls können Sie die Deckkraft des Pinsels etwas herabsetzen (Abbildung 74).*

*Versehen Sie den Hai mit Schwarzfärbungen, bis Sie mit dem Ergebnis zufrieden sind. Bitte nehmen Sie dies nur als Anhaltspunkt – gestalten Sie Ihren Hai weiter, wählen Sie andere Farben, andere Pinselformen – all das können Sie bereits.*

◄ **Abbildung 74**
Auftragen der Schwarzfärbung an der Seite

*Für das Maul brauchen wir eine andere Farbe. Nehmen Sie eines der zahnfarbenen Presets oder eine eigene Farbkreation. Tragen Sie diese Farbe in der Texturansicht auf, und überprüfen Sie das Ergebnis in der 3D-Ansicht. Halten Sie sich ungefähr an den in Abbildung 75 gezeigten roten Bereich.*

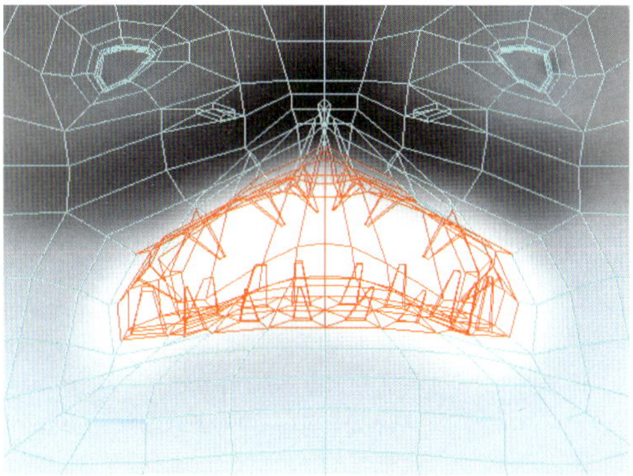

◄ **Abbildung 75**
Auftragen der Weißfärbung der Schnauze

Abbildung 76 ▶
Selektion der Augen-UVs

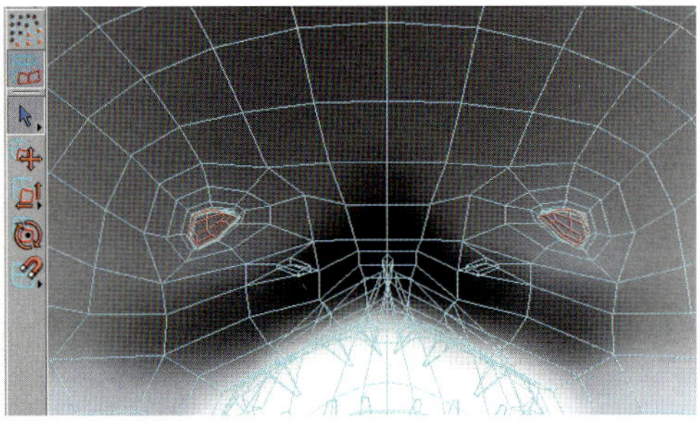

Abbildung 77 ▶
Platzieren und Skalieren der Augen-UVs

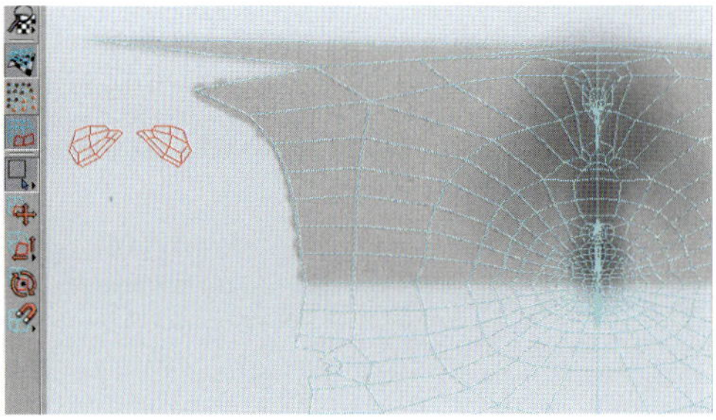

Abbildung 78 ▶
Painting der Augen

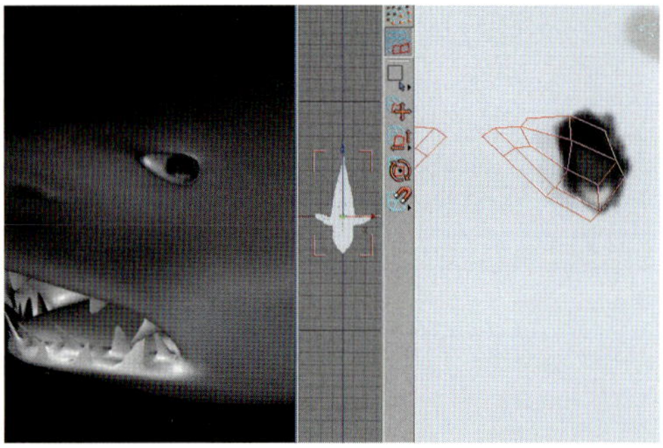

Abbildung 79 ▶
Zwischen-Rendering

## 5. Verschieben der Augen-UVs und Painting

*Beim Painting der Augen stoßen wir zum ersten Mal auf Probleme mit der UV-Verzerrung. Der Pinsel scheint überaus breit und flach eingestellt zu sein – dies ist aber nur eine Folge der Verzerrung. Um die Augen dennoch vernünftig zu bemalen, schneiden wir sie aus dem UV-Gitter aus, damit wir sie an anderer Stelle optimieren und bemalen können.*

*Selektieren Sie mit der Live-Selektion der Texturansicht die inneren UV-Polygone der Augen, Abbildung 76 gibt Ihnen einen Anhaltspunkt.*

*Mit dem Verschiebe-Werkzeug rücken Sie die Augen an eine freie Stelle auf der Textur – in meinem Fall links vom UV-Mesh (Abbildung 77). Anschließend skalieren Sie die Augen-UVs mit dem Frei-Skalieren-Werkzeug in V-Richtung (vertikal), bis die Polygone annähernd gleichförmig aussehen.*

*Mit einem kleinen Pinsel sollte sich das Bemalen der Augen nun gut bewerkstelligen lassen. Verwenden Sie ein Schwarz als Hauptfarbe, ein dunkles Grau für das Innere der Pupille und ein Hellgrau als eine Art Grauschleier (Abbildung 78). Wenn Sie beim Malen im 3D-Editor merken, dass Sie versehentlich andere Bereiche treffen, setzen Sie das Malen der Details in der Texturansicht fort.*

*Das Zwischen-Rendering in Abbildung 79 verbessern wir noch durch ein paar Detailarbeiten – mit einem Multibrush.*

## *6. Detailarbeiten mit dem Multibrush*

*Multibrush-Pinsel machen es möglich, in mehreren Material-Kanälen gleichzeitig zu malen. Definieren wir uns also einen Multibrush-Pinsel, um in die Haut des Raubfisches Falten und Unebenheiten zu »malen«.*

*Erstellen Sie einen neuen Pinsel, und nennen Sie ihn zum Beispiel »Hai_Runzel«. Wählen Sie eine minimale Pinselgröße, eine mittelhohe Deckkraft und eine geringe Härte. Dies ist die für den Multibrush vorgesehene Pinselform. Aktivieren Sie diesmal die Farbe-behalten-Option, damit beim späteren Abspeichern des Multibrush-Pinsels alle Farben und Einstellungen dauerhaft erhalten bleiben.*

*Der Farbauftrag im Farbe-Kanal soll lediglich ein graues Unterstreichen sein – mit Klick auf den Vordergrund-Chip im Farb-Kanal-Icon (Abbildung 82) der Paint-Palette stellen Sie im Farb-Wähler die Farbe ein.*

*Damit in mehreren Kanälen gearbeitet werden kann, benötigen Sie den Multibrush-Modus. Diesen aktivieren Sie mit Klick auf den Button, ein grünes Häkchen bestätigt Ihnen die Aktivität.*

*Im Farb-Wähler des Relief-Kanals nehmen Sie als Vordergrundfarbe ein dunkles Grau. Auch das Relief-Kanal-Icon der Paint-Palette zeigt einen blauen Stift als Signal, dass auch dieser Kanal mit dem Pinsel zu bearbeiten ist.*

*Für die optimale Beurteilung des Malergebnisses zeichnen Sie im gerenderten Bild, was Sie durch den Befehl Raybrush-Rendern der aktiven Ansicht erreichen (Abbildung 84).*

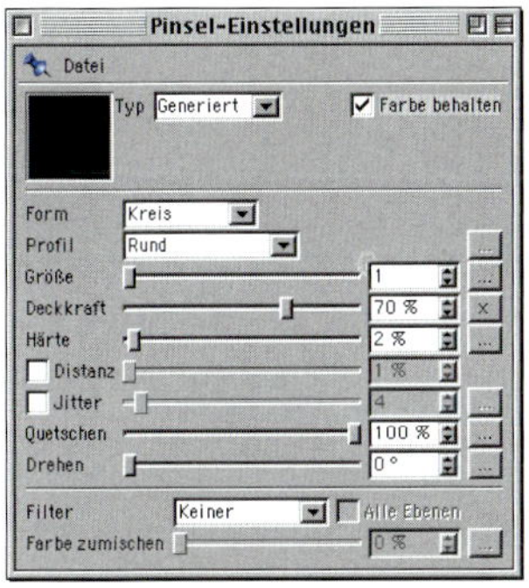


**◀ Abbildung 80**
Pinsel-Einstellungs-Dialog

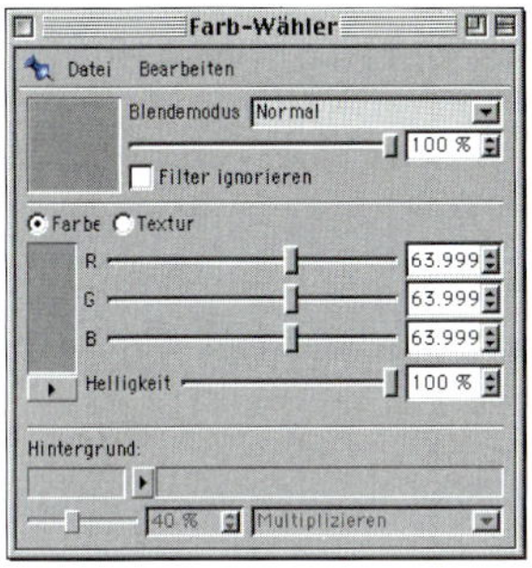


**◀ Abbildung 81**
Farb-Wähler

**◀ Abbildung 82**
Multibrush-Modus und Farb-Kanal-Icon

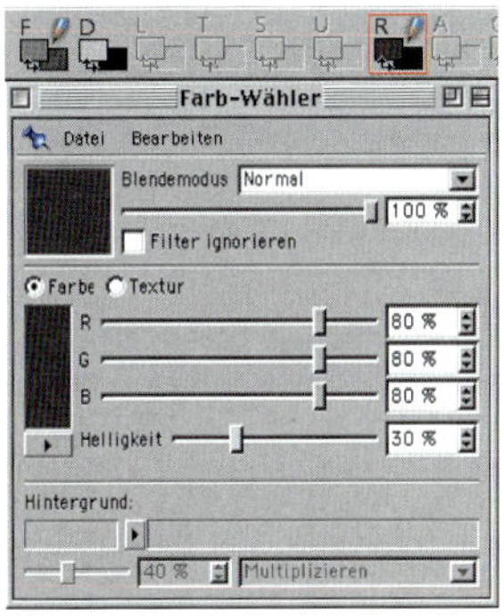


**◀ Abbildung 83**
Farb-Wähler des Relief-Kanals

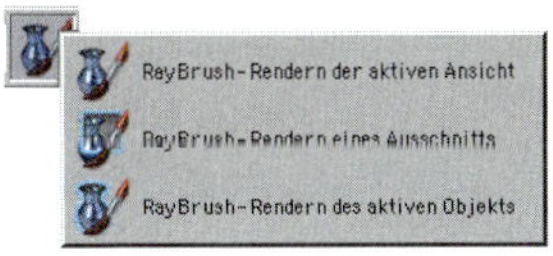


**◀ Abbildung 84**
Raybrush-Rendern der aktiven Ansicht

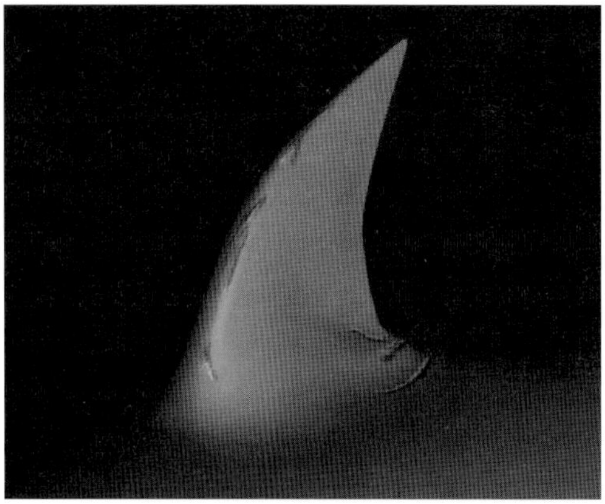

**Abbildung 85 ▸** Finishing der Rückenflosse

*Zeichnen Sie mit dem Multibrush-Pinsel Runzeln und Unebenheiten – vielleicht sogar Bisse – in die Hautoberfläche.*

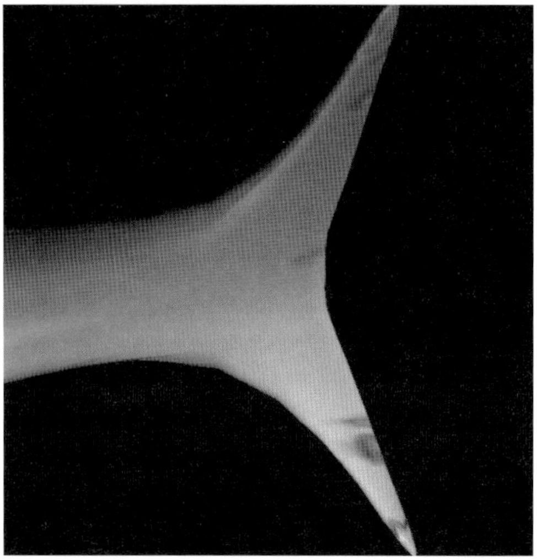

**Abbildung 86 ▸** Finishing der Schwanzflosse

*Auch mit dem Multibrush-Pinsel sind Sie natürlich nicht vor UV-Verzerrungen gefeit.*

*Die Schwanzflosse stellt sich als sehr widerwilliges Paint-Objekt heraus. Wenn Sie besonderen Wert darauf legen, hier Details anzubringen, schneiden Sie die UV-Polygone der Schwanzflosse aus, und optimieren und texturieren Sie die Flosse außerhalb des UV-Meshes.*

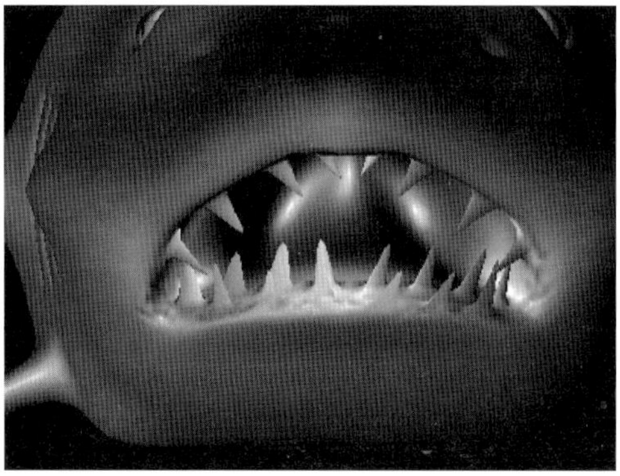

**Abbildung 87 ▸** Finishing des Mauls

*Die Maulwinkel und Zahnübergänge vertragen ebenfalls Runzeln und Falzen.*

*Wenn Sie mit dem Multibrush-Pinsel zufrieden waren, speichern Sie ihn doch zusammen mit den Presets ab.*

*Mit dem Befehl* Datei · Als Multi-Kanal-Preset speichern *nehmen Sie Ihren Multibrush mit in die Preset-Palette auf.*

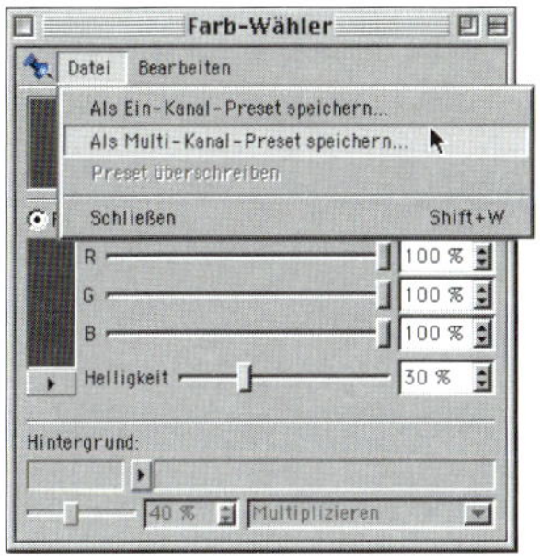


◀ **Abbildung 88**
Speichern des Multibrush-Pinsels

*Abbildung 89 zeigt die komplette Textur des* Farb-*Kanals.*

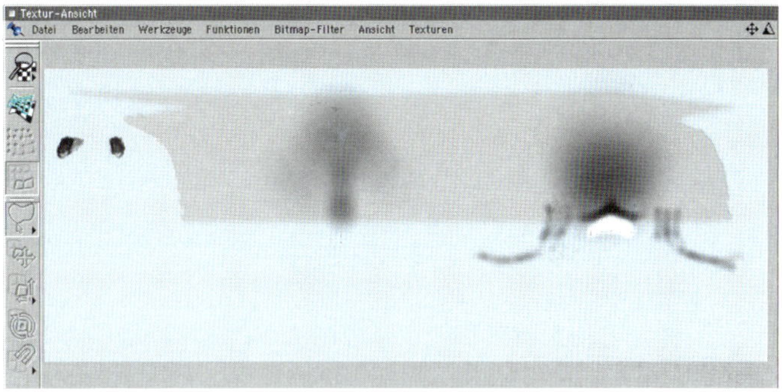


▲ **Abbildung 89**
Fertige Farbtextur

*Für diesen Workshop soll die Texturierung damit abgeschlossen sein – lassen Sie sich aber nicht aufhalten, wenn Sie noch mehr Details und Verfeinerungen anbringen möchten. Das nötige Werkzeug halten Sie bereits »in Händen«.*

▲ **Abbildung 90**
Fertig texturierter Hai

# Szenen, Licht und Sound

# Szenen, Licht und Sound

*Die essenziellen Zutaten, wenn es darum geht, Objekte richtig in Szene zu setzen, sind Kamera und Licht. Die neuen Radiosity- und Caustics-Technologien in Cinema 4D heben die Rendering-Qualität auf ein noch höheres Niveau – wollen aber erst erlernt werden.*

JEDER, DER SCHON EINMAL MIT 3D-SOFTWARE gearbeitet hat, weiß, dass dieses Programm-Genre schwer mit anderen vergleichbar ist.

Beim Modellieren und Texturieren lassen sich noch einige Parallelen zu Grafikprogrammen ziehen – der größte Unterschied liegt dabei eigentlich in der dritten Dimension.

Die Themen Szenen, Licht und Sound sowie Animation und Rendering besitzen aber nur in der 3D-Welt eine derart hohe Bedeutung. Nur in einem 3D-Programm haben Sie die Chance, Ihre Objekte von allen Seiten zu betrachten, in Szene zu setzen, auf verschiedenste Art zu beleuchten und professionell zu animieren – mit hochqualitativen, auch fotorealistischen Ergebnissen.

Diese für uns 3D-Anwender selbstverständlichen Features geben uns eine unglaubliche Fülle von Möglichkeiten an die Hand, der Lernaufwand steigt aber immens an. Wer nicht unbedingt von Berufs wegen Fotograf oder Regisseur ist, hat neben dem reinen Kennenlernen der Programmfunktionen auch ein gerüttelt Maß an Kameraführungs- und Beleuchtungs-Experimenten vor sich. Wer sich in dieses Thema weiter vertiefen möchte, besorgt sich am besten Fachliteratur. Übrigens muss bei brauchbarer Literatur nicht unbedingt das Kürzel »3D« erwähnt sein. Mit Cinema 4D dürfen Sie selbst in die Rolle des Fotografen, Regisseurs oder Animators schlüpfen – warum also nicht auch deren Buchfundus durchstöbern?

Dieses Kapitel soll sich mit dem Inszenieren von Objekten befassen.

Ob Fotograf, Regisseur oder 3D-Designer – alle brauchen für die Arbeit und das Staging eine Kamera. Der erste Teil dieses Kapitels behandelt die Funktionen und Einstellungsmöglichkeiten der Kameras in Cinema 4D.

Wie Sie Objekte modellieren und mit Texturen versehen, wissen Sie bereits. Wie spezielle Umgebungsobjekte Atmosphäre mit Himmel, Nebel oder auch – siehe in unserem Workshop – Unterwasserszenen schaffen können, zeigt der zweite Teil.

Alles, was Sie über Licht und Schatten wissen müssen, erfahren Sie im dritten Teil des Szenen-Kapitels. Mit der Version 7 von Cinema 4D hat Maxon seine Anwender »erleuchtet«. Gemeint war damit die Implementierung von Radiosity und Caustics – zwei qualitativ

hochwertige, aber leider auch rechenintensive Features, mit denen Cinema 4D lang gehegte Anwenderwünsche erfüllt. Wie Sie mit den neuen Techniken umgehen und was Sie beim Ausleuchten einer Szene grundsätzlich beachten sollten, finden Sie hier.

Seit Version 6 beherrscht Cinema 4D das so genannte Sound-Rendering. Mit dieser praktischen Funktion können Sounddateien zur einfacheren Synchronisierung importiert oder sogar für die Erstellung eines räumlichen Surround-Sounds mittels diverser Lautsprecher- und Mikrofonobjekte positioniert und animiert werden – alles Weitere dazu finden Sie im Sound-Abschnitt.

Zwei Workshops geben Ihnen dann wieder die Gelegenheit, Cinema 4D-Funktionen eingehend auszuprobieren.

Dabei dient uns die Armbanduhr für interessante Beleuchtungsexperimente, und dank eines Unterwasserszenen-Workshops darf der Raubfisch in diesem Kapitel nun endlich ins begehrte Nass.

# Kamera

*Virtuelle Kameras in Cinema 4D arbeiten mit Perspektiven, Objektiven und Objektivdurchmessern, Brennweiten, Tiefenunschärfe etc. – kurz: genauso wie im richtigen Leben. Eigentlich sogar besser, denn eine Verschlusskappe werden Sie hier nie vergessen ...*

VIELLEICHT HABEN SIE ES GAR NICHT BEWUSST getan, aber seit Sie mit Cinema 4D arbeiten, gehen Sie auch mit einer Kamera um. Diese Kamera, die so genannte Editor-Kamera, ist für den Inhalt Ihrer 3D-Editor-Ansicht zuständig. Neben dieser standardmäßig implementierten Kamera können Sie beliebig viele weitere Kameras (Abbildung 1) einbauen.

## Kameraobjekte

### Editor-Kamera

Die Editor-Kamera ist eines der wenigen Objekte in Cinema 4D, mit denen Sie arbeiten, ohne ein Symbol im Objekt-Manager dafür zu haben.

Um Position, Ausrichtung und Brennweite dieser speziellen Kamera interaktiv zu verändern, verwendeten Sie bereits die Bedienelemente am rechten oberen Rand jedes Ansichtsfensters ❶.

Die Projektion bzw. Perspektive der Editor-Kamera lassen sich über das Menü KAMERAS in jedem Ansichtsfenster individuell bestimmen (Abbildung 2).

Diese Einstellungen können Sie für jede Kamera – also genauso für die Editor-Kamera – auch über den Koordinaten-Manager vornehmen. An die Positions- und Winkeleinstellungen der Editor-Kamera gelangen Sie über den KAMERA-BEARBEITEN-Modus ❷. Der Koordinaten-Manager ändert daraufhin seine Einträge in die für Kameras gebräuchlichen Eingabefelder ab.

Für eine Vielzahl von Projekten werden Sie sicherlich mit der Editor-Kamera auskommen. Schließlich können Sie sich von jeder Kamera über den Befehl FENSTER · NEUE 3D-ANSICHT beliebig viele Ansichten öffnen und darstellen lassen.

Das Arbeiten mit mehreren Kameras bietet aber entscheidende Vorteile, wenn es zum Beispiel um die Verwaltung, genaue Ausrichtung, den Funktionsumfang und um Animation geht.

### Eigene Kameras

Ein Kameraobjekt erzeugen Sie über die Palette der SZENEOBJEKTE (Abbildung 1) oder über den Menübefehl OBJEKT · SZENEOBJEKTE · KAMERA bzw. ZIEL-KAMERA.

◄ **Abbildung 1**
Szeneobjekte

❶

❷

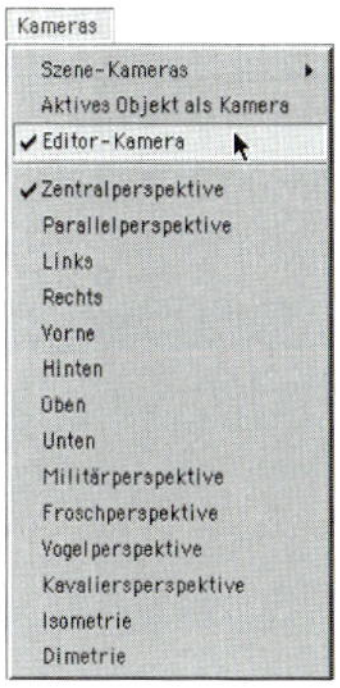


◄ **Abbildung 2**
Kameras und Perspektiven

▼ **Abbildung 3**
Kamera-Parameter im Koordinaten-Manager

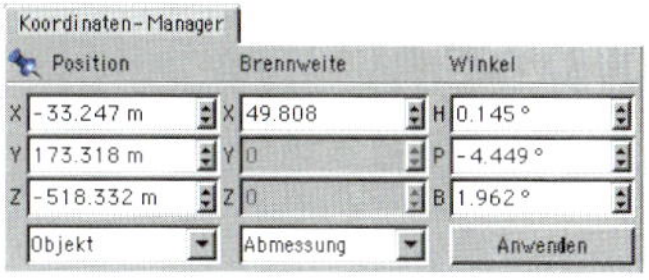


Damit befindet sich ein neues Kamerasymbol im Objekt-Manager. Als Positions-, Winkel- und Brennweiteneinstellungen übernimmt die neue Kamera die aktuellen Parameter Ihrer Editor-Kamera oder einer eventuell gerade aktiven selbst erstellten Kamera.

An Ihrer Ansicht bzw. Editor-Kamera ändert sich daraufhin aber noch nichts. Die Kamera steht zwar bereit, ist jedoch nicht aktiv.

Im Vergleich zur Vorgängerversion von Cinema 4D hat Maxon das Handling mit Kameras wesentlich verbessert. Erstes Merkmal sind die Bedienelemente am oberen Fensterrand, die einen Wechsel des Werkzeugs ersparen, das zweite wichtige Merkmal ist die Aktivierung und der Wechsel zwischen den Kameraobjekten.

Den komfortablen Wechsel von Kamera zu Kamera erledigt das Menü KAMERAS im Ansichtsfenster (Abbildung 2). Hier ist die EDITOR-KAMERA als Standardelement integriert, im Untermenü SZENE-KAMERAS liegen automatisch alle selbst erstellten Kameras für das schnelle Umschalten parat. Eine momentan aktive Kamera ist im Objekt-Manager am gelb gefärbten Namen erkennbar. Den Kamerawechsel während einer Animation hat Maxon ebenfalls sehr vereinfacht. Das Ein- und Ausblenden über Sichtbarkeitsspuren gehört der Vergangenheit an, nun kümmert sich das Stage-Objekt (mehr dazu in einem späteren Kapitel) um den Schnitt.

238 ►
Stage-Objekt

Im unteren Abschnitt des Menüs sind alle in Cinema 4D verfügbaren Projektionsarten aufgelistet, also die unterschiedlichen Perspektiven, die in der Konstruktions- und 3D-Welt üblich sind.

Die einer normalen Kamera entsprechende – und damit die im 3D-Bereich gängige – Perspektive ist die schon als Standard eingestellte Zentralperspektive. Zusätzlich sind die unter Konstrukteuren und Architekten bekannten isometrischen und dimetrischen Perspektiven, etc. anwählbar.

Im Kamera-bearbeiten-Modus können Sie im Koordinaten-Manager auf die nötigsten Parameter Ihrer Kameras zugreifen (Abbildung 3). Da der Mensch aber eher visuell orientiert ist, ziehen Sie bestimmt eine interaktive Anpassung der Kameras vor, und weil wir uns in der wunderbaren 3D-Welt befinden, sind wir an keinerlei ganzzahlige Werte gebunden.

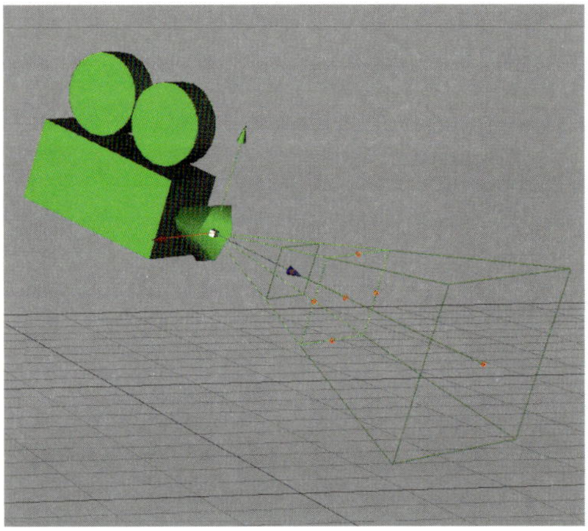

▲ **Abbildung 4**
Kameraobjekt im Editor

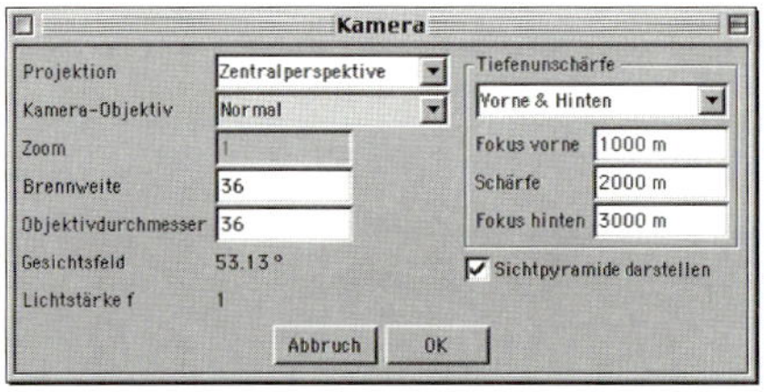


▲ **Abbildung 5**
Kameraeinstellungs-Dialog

Eine Kamera ist nicht nur ein Objekt im Objekt-Manager, auch in den Ansichten ist sie als dreidimensionales Objekt sichtbar (Abbildung 4). Die grünen Linien und orangen Punkte, die aus dem Objektiv der Kamera herausragen, sind die interaktiven Anfasser. Auf der Z-Achse der Kamera liegt die Linie mit dem Greifpunkt für die Ausrichtung der Kamera. Das darum befindliche hellgrüne Viereck beschreibt die Brennpunktebene der Kamera, die mit weiteren vier Anfassern kontrolliert werden kann. Ein Ziehen an den Greifern verändert die Brennweite, mit gedrückter `Shift`-Taste verschieben Sie den Brennpunkt der Kamera.

In Cinema 4D sind alle Objekte, egal wie weit sie sich von der Kamera entfernt befinden, absolut scharf. Dieses Verhalten entspricht natürlich nicht dem einer normalen Kamera; daher gibt es die Möglichkeit, eine entfernungsbedingte Unschärfe zu definieren. Bei einer eingestellten Tiefenunschärfe sind ein bis zwei weitere dunkelgrüne Ebenen zu sehen. Mit den Anfasserpunkten in der Ebenenmitte können Sie die Unschärfegrenzen der Aufnahme regeln.

Diese und noch mehr Parameter liegen gebündelt im Kamera-Dialog (Abbildung 5), den Sie per Doppelklick auf das Kamerasymbol im Objekt-Manager erreichen.

Von der PERSPEKTIVE über das OBJEKTIV und die BRENNWEITE bis hin zur TIEFENUNSCHÄRFE sind alle Eingaben möglich. Als kleine Orientierungshilfe sind im KAMERA-OBJEKTIV-Feld einige Standardobjektive, die sich in der Welt der Fotografie eingebürgert haben, mit eingebracht. Parallel dazu passen sich die Werte von BRENNWEITE, GESICHTSFELD und LICHTSTÄRKE an.

Im Feld TIEFENUNSCHÄRFE legen Sie fest, ob und mit welchen Grenzwerten eine von fotografischer Linse herrührende Unschärfe angewandt werden soll. Dabei können Sie wählen, welche Bereiche von einer Unschärfe betroffen sind – VORNE, HINTEN oder VORNE UND HINTEN.

▲ **Abbildung 6**
Tiefenunschärfe

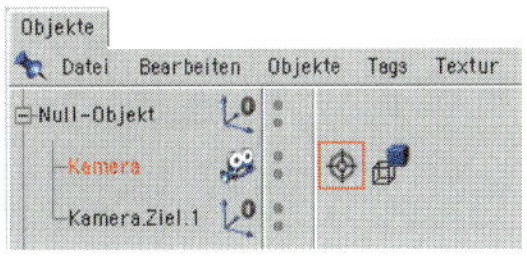


▲ **Abbildung 7**
Kamera mit Ziel-Objekt

Die im Handbuch verwendeten Begriffe UNSCHÄRFE VORNE und UNSCHÄRFE HINTEN erscheinen etwas weniger verwirrend als die im Kamera-Dialog gebrauchten Felder FOKUS VORNE und FOKUS HINTEN.

Die Angaben in den Fokusfeldern halten also fest, bei welcher Entfernung von der Kamera die Tiefenunschärfe den maximalen Wert einnimmt. Wenn Sie ein Objekt wie beispielsweise den hinteren Hai in Abbildung 6 gezielt unscharf stellen möchten, brauchen Sie lediglich die Distanz zwischen Kamera und Hai als Grenzwert in das FOKUS-HINTEN-Feld schreiben. Das gleiche Prinzip, nur in umgekehrter Richtung, kommt beim FOKUS-VORNE-Feld zum Zug.

In das SCHÄRFE-Feld tragen Sie ein, welche Objekte scharf abgebildet werden sollen – in Abbildung 6 wäre dies demnach die Entfernung von Kamera zum vorderen Hai. Zwischen den Fokus- und Schärfewerten nimmt die Schärfe bzw. Unschärfe zu bzw. ab, ermitteln Sie deshalb vor der eigentlichen Kameradefinition zumindest die ungefähre Distanz der Objekte zur Kamera.

Der Effekt der Tiefenunschärfe trägt sehr zum realistischen Eindruck Ihrer Szene bei.

### Ziel-Kameras

Ziel-Kameras sind nichts weiter als Kameras, denen über eine Zielexpression ein Objekt als Zielobjekt zugewiesen wurde.

Als Hilfestellung liegt zusammen mit der Ziel-Kamera bereits ein Null-Objekt als Ziel in der Gruppierung (Abbildung 7). Wenn Sie dieses Null-Objekt verschieben, richtet sich die Kamera automatisch danach aus.

Eine Zielexpression können Sie auch über den Objekt-Manager-Befehl DATEI · NEUE EXPRESSION · AUSRICHTEN-EXPRESSION erstellen. Nach Doppelklick auf das Expression-Symbol lässt sich das bevorzugte Ziel mit dem Objektnamen angeben.

Somit ist es also problemlos möglich, jedes beliebige Objekt auf jedes andere frei wählbare Objekt per Expression auszurichten.

▲ **Abbildung 8**
Over-Shoulder-Shot (OSS)

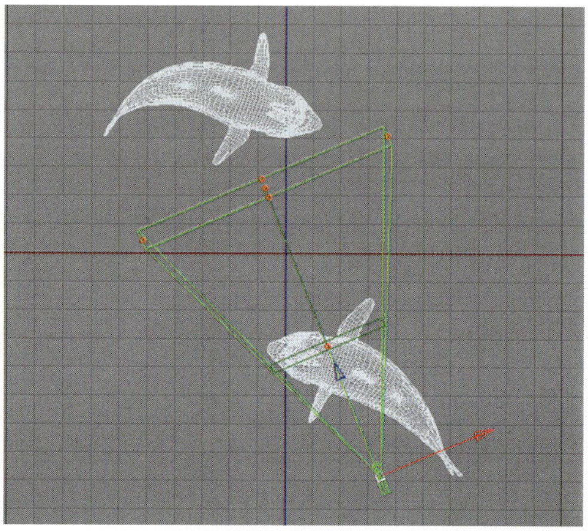

▲ **Abbildung 9**
Kamerapositionierung für OSS

## Szenen bauen

Positionierung und Einrichtung der Kamera hängt von vielerlei Faktoren ab. Zum einen sollten Sie sich zeitig überlegen, ob Sie die Szene eher für eine detaillierte Nahaufnahme oder ein übersichtliches Weitwinkelbild oder gar für beides verwenden wollen. Dementsprechend brauchen Sie natürlich auch geeignete Texturen.

Es ist freilich möglich, an ein Objekt heran oder von einem Objekt weg zu zoomen, die Folge sind aber meist übertriebene perspektivische Verzerrungen.

Sobald mehr Objekte in die Szene aufgenommen werden, stellt sich die Frage nach der Platzierung der Objekte zueinander. Zwei Körper, oder Character, die einander einfach gegenüberstehen, wirken statisch und ziemlich langweilig. Als Gegenmaßnahme bietet sich zum Beispiel der klassische Over-the-Shoulder-Shot (OSS) an (Abbildung 8). Wie der Name schon verrät, blickt die Kamera einem der Objekte praktisch über die »Schulter«. Abbildung 9 zeigt die Anordnung von Objekten und Kamera aus Abbildung 8 von oben. Die Kamera ist kurz hinter dem Körper des vorderen Hais platziert, auf Distanz des Haikopfes liegt die vordere Tiefenunschärfe-Ebene, der hintere Hai hingegen wird scharf abgebildet.

Je mehr Kameras Sie verwenden, desto mehr Blickwinkel und Positionen stehen zur Auswahl. Damit kommt Ihnen aber auch ein bisschen mehr Verantwortung dem Betrachter gegenüber zu. Gemeint ist die Aktionsachse oder Aktionsrichtung, die eine unsichtbare Verknüpfung zwischen den Objekten darstellt. In der Haiszene beispielsweise verläuft die Aktionsrichtung entlang der Kamerarichtung. Sie verdeutlicht besonders die Gefahr der Verwirrung – sehen doch beide Objekte ziemlich identisch aus. Stünde die Kamera nun auf der Seite des hinteren Hais, könnte der Betrachter nicht mehr nachvollzie-

▲ **Abbildung 10**
Bedrohliche Situation durch Kamerapositionierung

▲ **Abbildung 11**
Friedliche Situation durch Kamerapositionierung

hen, welcher Hai von beiden der heranschwimmende und welcher der beobachtende Charakter ist. Noch ein anderes Beispiel: Stellen Sie sich eine rasante Verfolgungsjagd vor, in der das flüchtende Auto zuerst von rechts nach links, dann aber von links nach rechts fährt.

Durch die Positionierung der Kamera kann viel Emotion und Spannung beim Betrachter geweckt werden. Vergleichen Sie dazu die beiden Abbildungen 10 und 11.

Sie haben Recht, allein auf Grund des aufgerissenen Mauls sieht der linke Hai nicht sonderlich vertrauenswürdig aus, aber auch die Kameraperspektive mit Blick von unten tut ihr Übriges, um die Situation ziemlich bedrohlich aussehen zu lassen.

Rechts sehen Sie den gleichen Hai, nur aus einer anderen Kameraposition. Der Hai macht einen relativ ruhigen Eindruck, als ob ihn so schnell nichts aus der Ruhe bringen könnte. Für einen Artikel über das friedliche Leben dieser Meeresbewohner böte sich wohl eher der rechte Raubfisch an.

Wichtig ist auch die Ausgewogenheit Ihrer Szene. Platzieren Sie die Objekte nicht einfach symmetrisch oder zufällig vor die Kamera, das Endergebnis sieht entsprechend langweilig oder nur seltsam aus. Ihr Auge sollte beim Arrangieren der Objekte ein entscheidendes Mitspracherecht haben, nicht die Werte im Koordinaten-Manager.

Kommt Animation ins Spiel, so läuft diese in den seltensten Fällen nur bei den Objekten ab. Kamerabewegungen und -fahrten können erklären, vertiefen, einbinden, Stimmungen erzeugen. Dabei muss nicht einmal die Kameraposition verändert werden, eine vertikale oder horizontale Bewegung, ein Zoom oder die Veränderung der Tiefenschärfe lassen sich mühelos interaktiv verwirklichen. Auch hier bestehen viele Betrachtergewohnheiten: Eine Bewegung von links nach rechts oder ein Heranzoomen wirkt einnehmend und vertiefend, eine Bewegung von rechts nach links oder ein Wegzoomen kann gewollt beunruhigen und eine bedrohliche Situation einläuten.

# Umgebungsobjekte

*Boden, Himmel, Umgebung, Vorder- und Hintergrund – all das sind Umgebungsobjekte in Cinema 4D. Mit ihnen fällt es leichter, eine Umwelt in die Szenerie einzubringen, ohne extreme Objekte modellieren zu müssen.*

Einen Teil der Szeneobjekte möchte ich unter dem Namen »Umgebungsobjekte« zusammenfassen. Auch wenn das Objekt »Umgebung« ein Teil der Umgebungsobjekte ist, denke ich, der Name passt für diese Objekt-Gruppe. Der Verwendungszweck dieser Spezialobjekte entspricht nicht immer dem, was man aus den Namen schließen könnte.

Umgebungsobjekte besitzen allesamt die Gemeinsamkeit, dass ihre Ausdehnung praktisch unendlich ist. Wenn Sie also eine Ebene oder einen Himmel erstellen möchten, brauchen Sie sich nicht mehr um die Größe des Objektes zu kümmern, lediglich eine Texturierung und eventuell eine Positionierung des Objektes stehen noch an.

Bei vielen der Umgebungsobjekte spielt die Kachelung im Textur-Geometrie-Dialog eine große Rolle – schließlich handelt es sich um unbegrenzt ausgedehnte Objekte. Eine extrem große Textur hinterläßt vermutlich eher einen unerträglich langsamen Rechner als einen bleibenden positiven Eindruck beim Rendering. Auf der anderen Seite ist durch eine so häufige Kachelung die Gefahr der sichtbaren Wiederholung sehr groß.

Um diesen Effekt zu unterbinden, gibt es verschiedene Möglichkeiten. Zum einen sind Sie nicht auf nur ein Boden- oder Himmel-Objekt festgelegt, mit mehreren, ein wenig versetzt und gedreht übereinander liegenden Böden verringern Sie die Wahrscheinlichkeit bzw. Häufigkeit der sich wiederholenden Muster. Zum anderen hilft Ihnen auch die Tiefenunschärfe weiter, denn es ist nur realistisch, wenn ab einer gewissen Entfernung die Texturen am Horizont ineinander verschwimmen.

Keines der Umgebungsobjekte enthält eine im wörtlichen Sinne »greifbare« Geometrie, einen echten Einstellungsdialog finden Sie ausschließlich bei der Umgebung.

Demzufolge lassen sich Umgebungsobjekte auch nicht in Polygon-Objekte umwandeln, um zum Beispiel aus einem Boden eine Hügellandschaft zu formen. Ein unendlich gestrecktes Objekt ergäbe eine unendliche Anzahl von Polygonen mit unendlich vielen Punkten – also schlicht unmöglich.

Diese eingeschränkte Antastbarkeit limitiert Sie aber keineswegs. Im Gegenteil, in Verbindung mit dem Stage-Objekt kann zwischen

◄ **Abbildung 1**
Umgebungsobjekte

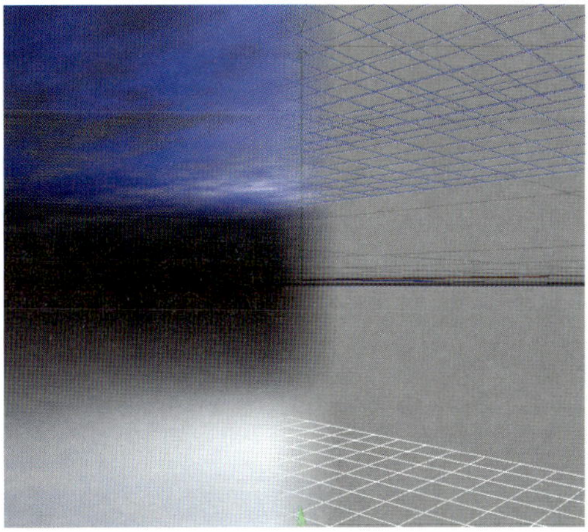

**Abbildung 2** ►
Boden-Objekt

verschiedenen Umgebungsobjekten problemlos gewechselt werden, sei es nun vom Wolkenhimmel zum Sternenhimmel oder vom fast undurchdringbaren Nebel zum leichten Morgendunst.

Die Umgebungsobjekte befinden sich alle innerhalb der SZENE-OBJEKT-PALETTE (Abbildung 1). Alternativ können Sie auch über das Menü OBJEKTE · SZENEOBJEKTE abgerufen werden.

Die Darstellung der Umgebungsobjekte im Objekt-Manager ist auf das Wesentliche reduziert. Vom Boden-Objekt sehen Sie eine Fläche von ca. 2000 x 2000 Metern, das Himmel-Objekt gibt sich durch seine Achse zu erkennen, und das Umgebungsobjekt macht sich nur durch seinen Eintrag im Objekt-Manager bemerkbar.

## Boden

Das Boden-Objekt entspricht einer in XZ-Richtung unendlich ausgedehnten Ebene.

In Abbildung 2 sehen Sie, dass Sie mit dem Objekt nicht unbedingt auf die Erstellung von ebenen Flächen festgelegt sind. Boden-Objekte eignen sich hervorragend zur Simulation von Wolkenhimmeln.

Die untere Ebene, also in diesem Fall der wirkliche Boden, ist eine einfache, etwas spiegelnde Textur (weiße Gitterlinien), der Himmel besteht aus zwei versetzten Boden-Objekten (blaue Gitterlinien).

Auf der obersten Bodenebene liegt ein zweidimensionaler Wolken-Shader mit hohem Blau- und wenig Wolkenanteil. Die darunter liegende Bodenschicht besitzt einen ausgeglichenen Wolkenanteil und zusätzlich – damit die oberste Schicht überhaupt sichtbar ist – im Alpha-Kanal den gleichen 2D-Wolken-Shader.

Die Schichten wirken also nicht nur unterschiedlich entfernt – sie sind es auch. Und das Schönste zum Schluss: Die Wolkenschichten sind selbstverständlich animierbar.

▲ **Abbildung 3**
Himmel-Objekt

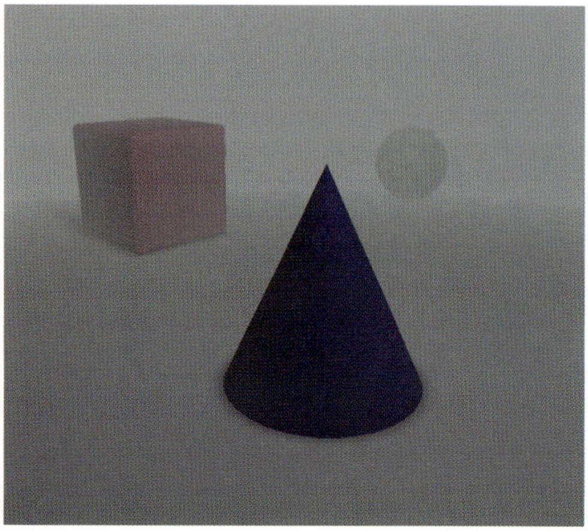

▲ **Abbildung 4**
Umgebung-Objekt Nebel

## Himmel

Im Unterschied zum Boden ist das Himmel-Objekt keine Ebene, sondern eine unendlich ausgedehnte Kugel. Sie erkennen die Kugelform im rechten Teil von Abbildung 3, die als Kacheln angeordneten Karos des 2D-Shaders verzerren sich zu den Seiten hin.

Als Projektionsarten eignen sich je nachdem, wo Sie mit Verzerrungen leben können, Kugel- und Quader-Mapping oder genauso Shrink-Wrapping, wenn Sie mit der Kamera viel in den Zenit schwenken.

Besonders beim Himmel-Objekt gilt das Kachelmuster-Problem, oft ist eine gemischte Verwendung mit Boden-Objekten ratsam. Anders als beim Boden-Objekt ist jeweils nur ein Himmel-Objekt gültig – Objekte, die in alle Richtungen unendlich ausgedehnt sind, lassen sich schließlich nicht verschieben. Mit dem Stage-Objekt können Sie zwischen Himmel-Objekten wählen und umschalten.

## Umgebung

Mit einer Umgebung tauchen Sie eine Szene in eine farbig beleuchtete Umwelt (Abbildung 4). Die Umgebung ist das einzige Umgebungs-Objekt, das Ihnen neben der Zusammenarbeit mit dem Stage-Objekt Einstellungsmöglichkeiten bietet.

In Ihrem Dialog (Abbildung 5) definieren Sie für die diffuse Umwelt der Szene die Farbe und Helligkeit des Umgebungslichtes.

Im zweiten Teil des Dialogs können Sie eine in Nebel getauchte Umgebung anlegen. Hier stellen Sie die Farbe und Helligkeit des Umgebungsnebels ein. Außerdem legen Sie über das Distanz-Feld fest, nach welcher Strecke der Nebel absolut opak ist und keinen Lichtstrahl mehr durchlässt.

Wie die beiden ersten Umgebungsobjekte Boden und Himmel ist auch die Umgebung unendlich ausgedehnt. Dies bedeutet zudem, dass wiederum nur jeweils eine Umgebung aktiv sein kann. Ein aktiver Nebel, dessen Dis-

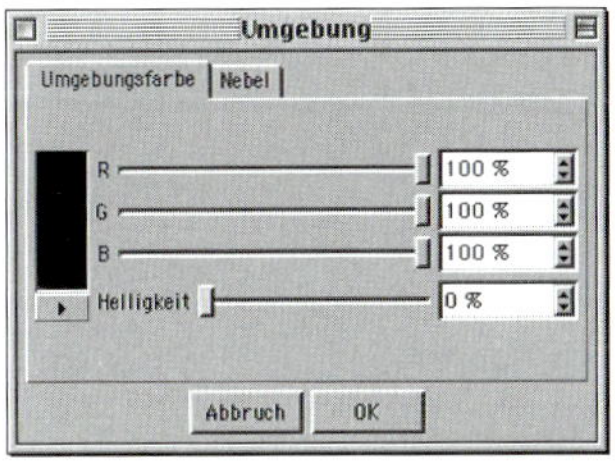


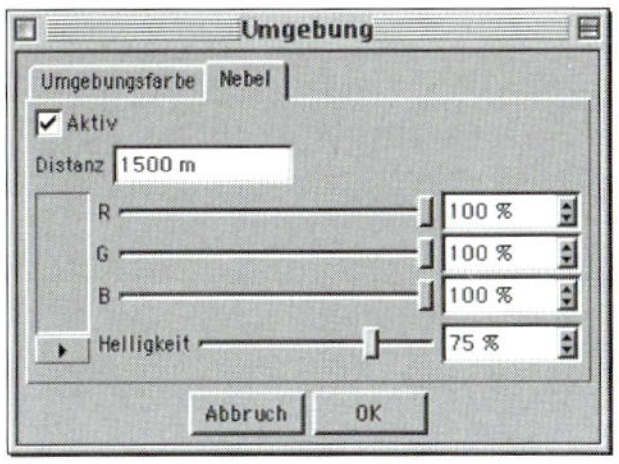


**Abbildung 5** ▲ ▶
Umgebung-Objekt Einstellungs-dialoge

▲ **Abbildung 6**
Vorder- und Hintergrundobjekt

tanz selbstredend spätestens bei der unendlichen Entfernung komplett undurchsichtig ist, verdrängt bzw. überdeckt Boden- und Himmel-Objekte.

Umgebungen eignen sich gut, um eine Szene mit einem ambienten Licht auszustatten, sei es nun beim morgendlichen Dunst, in einer verrauchten Kneipe oder eine stimmungsvolle Abenddämmerung.

Sie können Umgebungsobjekten auch 3D-Shader zuweisen, um beispielsweise animierte Umgebungseffekte zu erzeugen. Dazu ziehen Sie einfach den gewünschten 3D-Shader auf das Umgebungs-Objekt im Objekt-Manager.

Damit unser Hai in seine gewohnte »nasse« Umgebung zurückkehren kann, erstellen wir im Szene-Workshop mit Hilfe der Umgebung eine ihm genehme Unterwasserszene.

## Vorder- und Hintergrund

Vorder- und Hintergrundobjekte sind Ebenen, mit denen Cinema 4D für Sie Textur-Bilder in den absoluten Vordergrund bzw. Hintergrund stellt.

Häufigste Verwendung finden diese Objekte für den Einbau dreidimensionaler Objekte in ein 2D-Hintergrundbild, für die Einblendung von 2D-Elementen im Vordergrund (wie das TV-Logo in Abbildung 6).

Auch zum Modellieren lassen sich die Objekte hervorragend benützen. Ein im Hintergrund liegender eingescannter Bauplan oder eine Konstruktionsskizze helfen beim maßstabsgetreuen, proportional exakten Modelling. Nur Frontal-Mapping lässt sich als Mapping-Methode verwenden. Die anderen Projektionsarten sind zwar verfügbar, es funktioniert aber nur die frontale Projektion.

Damit ein Vordergrundobjekt dahinter liegende Objekte freigibt, benötigt die Textur einen Alpha-Kanal.

# Lichtquellen

*Mit Licht, Material und Schatten spielen zwei der Kernfeatures der Revision 7 von Cinema 4D – Radiosity und Caustics. Das neue Lichtsystem bietet alles, was das Anwenderherz lang begehrte.*

Als Cinema 4D-Anwender haben Sie gegenüber einem Fotografen ein paar entscheidende Vorteile.

Mal ganz abgesehen von den Anschaffungskosten eines Studios und der nötigen Ausrüstung sowie dem schweißtreibenden Umgang mit dem gesamten Equipment – nur Sie allein sind in der Lage, sich bei Ihrer Arbeit den Naturgesetzen zu widersetzen.

Wenn Sie zum Beispiel möchten, dass von fünf Lichtquellen nur zwei einen Schatten erzeugen – kein Problem. Von den Möglichkeiten, Lichtquellen und deren Schatten zu bearbeiten, mit Farbabnahme und Clippings zu versehen, mit volumetrischem Licht zu spielen und per Tastendruck mit Linseneffekten und vielem mehr zu experimentierern, kann jeder Fotograf nur träumen.

Trotz aufwändiger Modellierungs- und Texturierungsarbeit war es bislang noch nicht unbedingt nötig, eine Lichtquelle einzusetzen, für die Beleuchtung sorgte das automatische Standardlicht von Cinema 4D. Solange noch keine echte Lichtquelle erstellt ist oder keine der Lichtquellen Licht abgibt, setzt Cinema 4D dieses Standardlicht ein.

Sobald es aber an diffiziles Texturieren und natürlich an das Einrichten einer Szene geht, ist mit den herkömmlichen Rendererergebnissen von Standardlichtquellen nicht mehr viel anzufangen. Zum einen produziert das Eigenlicht von Cinema 4D keine Objekt-Schatten, zum anderen kommt kaum eine Szene ohne Radiosity-Lichteigenschaften mit nur einer einzigen Lichtquelle aus. Um Form und Beschaffenheit eines Objektes richtig in Szene zu setzen, brauchen Sie mindestens zwei, besser noch drei oder mehr Lichter.

In der Szene-Objekt-Palette (Abbildung 1) sowie im Menü Objekte · Szeneobjekte bietet Cinema 4D seine Lichtquellen an. Neben der normalen Lichtquelle und einer Ziellichtquelle gibt es auch ein Sonne-Objekt, das die Eigenschaften tageszeitbedingter Lichteinstrahlung simuliert.

Nach Anwahl der gewünschten Lichtquelle befindet sich ein neues Licht-Objekt im Objekt-Manager – eine weiße Punkt-Lichtquelle, die im Koordinaten-Ursprung positioniert ist.

Wenn Sie den Lichtquellendialog zum ersten Mal per Doppelklick öffnen, werden Sie sich vermutlich wegen der unzähligen Ein-

◀ **Abbildung 1**
Lichtquellen

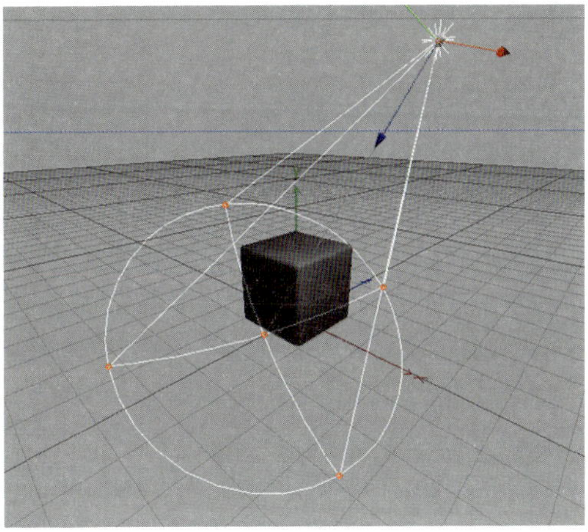

**Abbildung 2** ▶
Lichtquelle im Editor

gabefelder und Parameter erschrecken. Darum gleich an dieser Stelle ein hoffentlich beruhigender Hinweis: Die Kunst des Ausleuchtens einer Szene besteht nicht darin, so viele komplizierte Einstellungen wie möglich vorzunehmen, sondern aus den vorhandenen Mitteln die besten Optionen herauszufischen und so zu komponieren, dass die Szene mit Leben und Stimmung erfüllt ist.

Sie müssen also diesen Lichtquellen-Dialog nicht auswendig lernen – ich habe auch überhaupt nicht vor, Ihnen die einzelnen Funktionen bis in das letzte Detail auszuformulieren. Diese Mühe hat sich Maxon schon mit Cinema 4Ds gutem Handbuch gemacht.

Dieses Kapitel soll Ihnen einen Überblick über die enormen Mittel und Möglichkeiten verschaffen, die Ihnen mit Cinema 4D geboten sind. Sollten Sie danach eine bestimmte Funktion suchen, wissen Sie, wo Sie fündig werden.

## Allgemein

Eine Lichtquelle im 3D-Editor präsentiert sich stets mit ein paar Anfassern für die wichtigsten Lichteinstellungen wie Winkel und Richtung.

Je nach Typ und definierten Lichteigenschaften variieren die Anzahl der Greifpunkte und -ebenen.

Abbildung 2 zeigt eine runde Spot-Lichtquelle, die auf einen Würfel gerichtet ist. Bereits im Gouraud-Shading-Modus des Ansichtsfensters können Sie beurteilen, welche Seiten des Würfels das Licht trifft und welche Seiten im Schatten liegen. Die Darstellung im 3D-Fenster berücksichtigt auch das Verschieben oder Rotieren der Objekte in Echtzeit, die Färbung des Lichtes ist ebenfalls schon beim Gourand-Shading bemerkbar.

Mit den orangen Anfassern lassen sich einige der Lichtparameter interaktiv steuern, in diesem Fall die inneren und äußeren Winkel zur Lichtkegelbegrenzung. Zur Positionierung und Ausrichtung der Licht-Objekte dienen die gewohnten Verschiebungs-, Skalierungs- und Rotationsfunktionen.

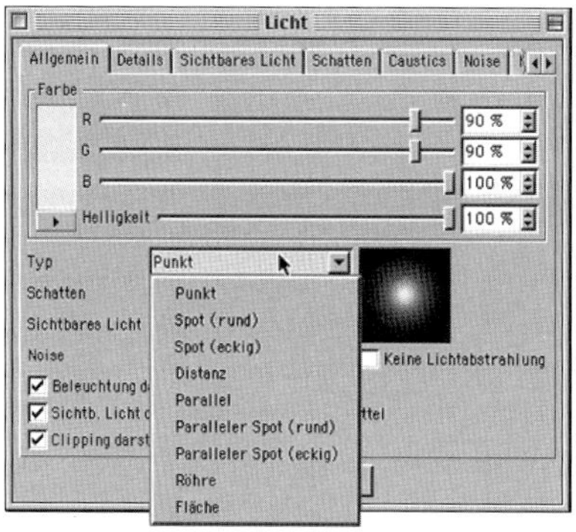


▲ **Abbildung 3**
Allgemein-Seite

**Abbildung 4** ▶
Punktlicht

Auf der ALLGEMEIN-Seite des Lichtquellen-Dialogs (Abbildung 3) befinden sich die Grobeinstellungen für das gewählte Licht-Objekt.

Viele der anderen Karteireiter des Dialogs beziehen sich mit ihren Optionen auf diese Hauptparameter.

Im oberen Bereich stellen Sie mit den Reglern die LICHTFARBE ein. Wie Sie bestimmt wissen, ist kein echtes Licht reinweiß. Passen Sie also gleich hier die Lichtfarbe an das lichtwerfende Objekt an – Glühbirnen vertragen einen leichten Gelbton, Neonröhren driften meistens in einen bläulichen oder rötlichen Ton ab.

Mit den Kontrollfeldern im unteren Bereich wählen Sie den TYP und den SCHATTENWURF aus. Zudem lässt sich die Sichtbarkeit regulieren und über NOISE Lichtunregelmäßigkeiten hinzufügen.

Wenn Sie die Lichtquelle nicht zur Beleuchtung nutzen möchten, sondern beispielsweise mit einem Partikelsystem als Sprühnebel oder Rauch, schalten Sie die LICHTABSTRAHLUNG ab. Dies entspricht nicht nur dem normalen Verhalten dieser Effekte, sondern schont auch die Prozessorbeanspruchung – sprich Rechenzeit – und somit Ihre Nerven. Drei weitere Optionen erlauben es Ihnen, die Darstellung der Lichtquelle im Editor zu beeinflussen. Je nach Bedarf können die Umrisse von Beleuchtung, sichtbarem Licht und Clipping aktiviert oder deaktiviert werden.

Cinema 4Ds Lichtdialog stellt Ihnen insgesamt neun verschiedene Lichttypen zur Wahl. Die Lichtquellen der Abbildungen 4, 5, 7 und 8 werfen der Anschaulichkeit halber sichtbares Licht.

Eine Punkt-Lichtquelle (Abbildung 4) funktioniert im Prinzip so wie eine Glühbirne ohne Fassung. Das Licht wird vom Mittelpunkt in alle Richtungen gleichmäßig ausgestrahlt.

Zwei Spotlichter (Abbildung 5) mit wahlweise rundem oder eckigem Lichtkegel sind gut geeignet, um bestimmte Bildbereiche auszuleuchten oder hervorzuheben, ohne andere Bereiche zu beeinflussen.

Distanz- und Parallellicht (Abbildung 6) geben ihr Licht mittels einer unendlichen Fläche ab, dabei besitzt das parallele Licht einen Ursprung. Mit beiden beleuchten Sie große Flächen bzw. Ebenen. Wenn Sie Sonnenlicht

▲ **Abbildung 5**
Spotlichter

▲ **Abbildung 6**
Distanz- und Parallellicht

▲ **Abbildung 7**
Parallele Spotlichter

▲ **Abbildung 8**
Lichtröhre

simulieren wollen, achten Sie darauf, dass die Schatten entweder hart oder zumindest nicht allzu weich eingestellt sind.

Parallele Spots (Abbildung 7) weisen im Unterschied zu normalen Spots einen gleichförmigen Lichtwurf auf, was sich auch gut zur exakten Kontrolle der Ausdehnung der Lichtränder im Editor anbietet.

Lichtröhren (Abbildung 8) orientieren sich an einer Linie, von der das Licht in alle Richtungen strahlt. Wofür Sie diese Objekte verwenden können, muss ich Ihnen nicht sagen.

▲ **Abbildung 9**
Raum mit blauen Wänden ohne Flächen-Lichter

▲ **Abbildung 10**
Raum mit blauen Wänden und Flächen-Lichtern

Die Flächen-Lichter spielen für die realistische Ausleuchtung von Szenen eine ganz besondere Rolle.

Grundsätzlich sind diese Lichtquellen flächenförmige Objekte, die Licht in alle Richtungen ausstrahlen. Flächen-Lichter sind eine gute Möglichkeit, globale Illumination ohne Radiosity zu simulieren. Zwar ist es seit Version 7 auch in Cinema 4D möglich, mit Radiosity zu rendern, mit Flächen-Lichtern halten Sie aber unter Umständen die Renderzeiten besser im Zaum.

◀ 232 Radiosity

◀ 332 Rendering

Cinema 4D bietet mit den Flächen-Lichtern nämlich eine sehr elegante, gut steuerbare Lösung an. Der Raum in Abbildung 9) ist mit blauen Wänden und weißem Boden ausgestattet. Trotz Lichteinfall ist die blaue Wandfarbe nur andeutungsweise zu erkennen. Die Szene wirkt relativ unrealistisch. In Abbildung 10 wurde vor die blauen Wände ein schwaches Flächen-Licht gesetzt. Nicht nur der Raum wirkt indirekt beleuchtet, auch die Wandfarbe hinterlässt auf dem Würfel ihre Spuren. Und die Renderzeit der Szene ist im Vergleich zur echten Radiosity-Berechnung sehr genügsam.

Noch mehr zum Thema Globale Illumination und Radiosity erfahren Sie ein paar Seiten weiter und natürlich im späteren Rendering-Kapitel.

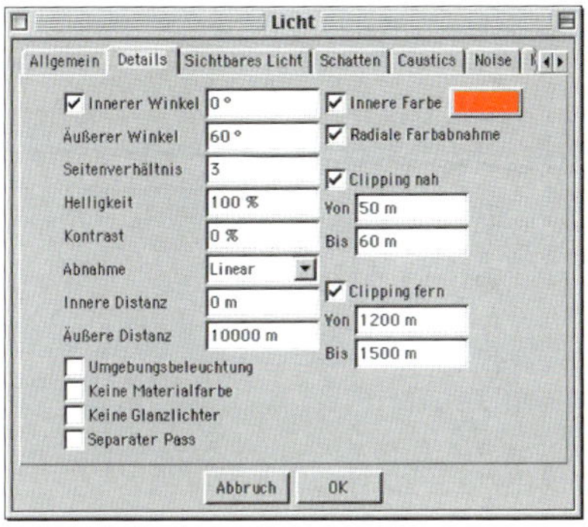


▲ **Abbildung 11**
Details-Seite

▲ **Abbildung 12**
Lichtquelle mit nebenstehenden Detaileinstellungen

# Lichteigenschaften

Alle Feineinstellungen, die Lichtquelle und Lichtkegel selbst betreffen, sind in der Details-Seite des Licht-Dialoges festgehalten (Abbildung 11).

Der Äussere Winkel/Radius beschreibt, wie groß der Lichtkegel ausfällt. Diesen Parameter stellen Sie in den meisten Fällen über die Anfasser des Licht-Objektes ein. Um die Weichheit des Randes zu regulieren, verwenden Sie den Inneren Winkel/Radius, der angibt, welcher Bereich die volle Lichtkraft aufweist.

Dieser innere Farbbereich kann unabhängig von der eigentlichen Lichtfarbe eine eigene Farbe besitzen (Abbildung 12). Über den Farbchip suchen Sie sich die passende Farbe aus und geben über die Radiale Farbabnahme noch an, ob sich die Überblendung radial oder linear auswirken soll.

Im Seitenverhältnis können Sie den Lichtkegel unproportional skalieren. Der Helligkeit-Parameter kümmert sich um die Verwendung der Helligkeit in der Allgemein-Seite. Negative Werte ziehen von der Szene den entsprechenden Anteil ab.

Der Kontrast-Wert bestimmt Weichheit bzw. Härte des Verlaufs von Licht zu Dunkel.

Während Sie über die inneren und äußeren Winkel die Abnahme in X- und Y-Richtung beeinflussen, regeln Sie bei der inneren und äußeren Distanz die Lichtkegeleigenschaften der Z-Richtung, also der eigentlichen Lichtrichtung. Im Abnahme-Feld definieren Sie die Art der Abnahmekurve.

Mit nahem bzw. fernem Clipping sparen Sie innen bzw. außerhalb der Lichtquelle einen beliebigen Bereich aus, der den Werten gemäß weich oder hart überblendet wird.

Bei aktivierter Umgebungsbeleuchtung beleuchten Sie alle Flächen eines Objektes mit gleicher Intensität. Für den Fall, dass Sie beim Ausleuchten keine Veränderung der Materialfarbe oder Glanzlichter wünschen, stehen ebenfalls zwei Optionen bereit.

Separater Pass aktiviert diese Lichtquelle als »selektiert« beim Multi-Pass-Rendering.

342 ▶
Multi-Pass-Rendering

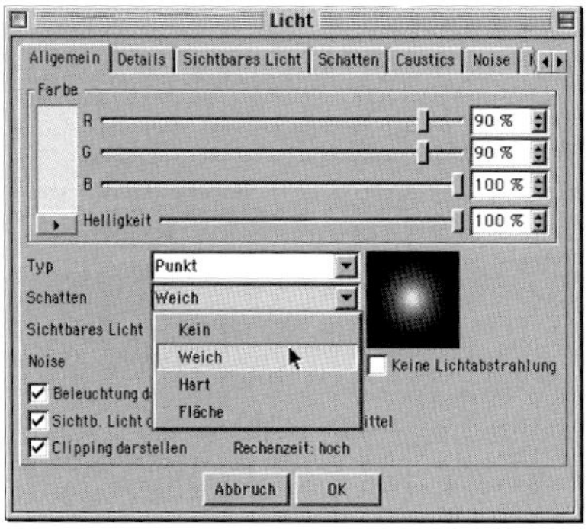


▲ **Abbildung 13**
Schatten-Definition auf der Allgemein-Seite

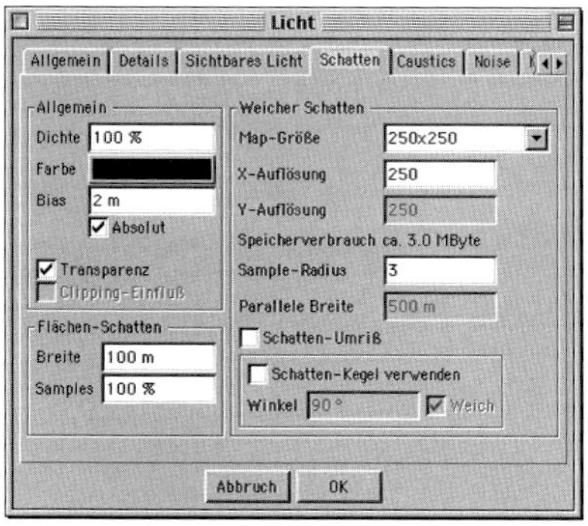


▲ **Abbildung 14**
Schatten-Seite

# Schatteneigenschaften

Bei der Definition der Schatten korrespondieren wieder die Angaben auf der ALLGEMEIN-Seite (Abbildung 13) mit den Feindefinitionen auf der SCHATTEN-Seite (Abbildung 14) des Licht-Dialogs.

Auf der ALLGEMEIN-Seite wählen Sie die zu werfende Schattenart. Alle Objekte, die vom Licht der Lichtquelle getroffen werden, werfen entsprechend KEINEN, WEICHEN, HARTEN oder einen FLÄCHEN-Schatten.

In Abbildung 15 sehen Sie drei Würfel mit (von links nach rechts) weichem, hartem und Flächen-Schatten.

Weiche Schatten kommen sehr nahe an die in der Realität durch Punkt- und Spot-Lichtquellen erzeugten Schatten heran. Der Übergang zwischen Schatten und normalem Umfeld wird mittels einer so genannten Shadow-Map ermittelt und stufenlos gezeichnet. Die weichen Schatten bestechen durch gute Rechenzeiten und Ergebnisse und haben sich in Cinema 4D als Standard durchgesetzt.

Harte Schatten zeugen in der Regel von parallelen Lichtquellen, auf Grund der hohen Entfernung darf auch die Sonne als parallele Lichtquelle gelten. Nachteilig wirkt sich die scharfe Kante aus, die den Schatten immer etwas künstlich aussehen läßt. Für Szenen in der Natur eignet sich also trotzdem der weiche Schatten besser – schließlich können Sie die Weichheit der Shadow-Map über die Feineinstellungen anpassen.

Cinema 4Ds Flächen-Schatten beseitigen die einzige echte Ungenauigkeit, die bei weichen Schatten entsteht. Flächen-Schatten berücksichtigen die Tatsache, dass Schatten zum Objekt hin schärfer und härter, vom Objekt entfernt aber immer weicher verlaufen. Die Kanten weicher Schatten verlaufen dagegen konstant. Zur Berechnung dieser Flächen-Schatten simuliert Cinema 4D mehrere überlagerte Lichtquellen. Den Preis für die hohe Qualität – es werden ja mehrere Lichtquellen nachgeahmt und berechnet – bezahlen Sie durch lange Renderzeiten. Im Normalfall kommen Sie mit weichen Schatten und den richtigen Schatteneinstellungen aus.

Die Schatten-Seite des Licht-Dialogs teilt sich in vier Bereiche auf, in denen Sie die Feinjustierungen vornehmen können.

◀ **Abbildung 15**
Schattenarten

### Allgemein

In diesem Feld kontrollieren Sie das allgemeine Aussehen des Schattens.

Der Dichte-Wert betrifft die Opazität des Schattens – 100 % Dichte heißt also absolut lichtundurchlässig.

Nach Klick auf den FARB-Chip können Sie die Schattenfarbe definieren. Je nach Umgebung und Objekt ist dies auch notwendig – ein schwarzer Schatten in den Abbildungen 10 und 12 hätte eher seltsam ausgesehen.

Mit BIAS korrigieren Sie einen eventuellen Abstandsfehler zwischen Objekt und Schatten. Dabei spielt die Größe des Objektes eine Rolle. In Version 5.x war übrigens auch die Entfernung der Lichtquelle mit entscheidend. Maxon rät zum Wert von 1 oder 2 Metern, bei extrem großen Objekten sollte der Bias heraufgesetzt werden.

Das Kontrollfeld zur Berücksichtigung von TRANSPARENTEN SCHATTEN bei transparenten Objekten ist standardmäßig aktiv, auf Wunsch können Sie auch die Clippingeinstellungen der Details-Seite in Anspruch nehmen.

Die Parameter im ALLGEMEIN-Feld sind in dem meisten Fällen ausreichend.

### Flächen-Schatten

Hier lässt sich der rechenintensive Flächen-Schatten modifizieren.

Je größer der Breite-Wert, desto weicher der Schattenverlauf und höher die Rechenzeit.

Über den SAMPLE-WERT stellen Sie die Qualität des Flächen-Schattens ein – je höher die Sample-Rate, desto höher wieder die Prozessorbeanspruchung.

### Weicher Schatten

Der weiche Schatten bietet Ihnen am meisten Manipulationsmöglichkeiten.

Die Größe der Shadow-Map entscheidet mit über die Weichheit des Schattens. Zwar sinken mit niedrigerer Map-Auflösung die Härte und der Speicherbedarf, genauso aber auch die Qualität. Als Gegenmaßnahme setzen Sie den Sample-Radius und damit die Berechnungsgenauigkeit herauf.

Anhand dreier weiterer Optionen ist es möglich festzulegen, welche PARALLELE BREITE die Projektionsfläche bei parallelen Lichtquellen hat, ob der Schatten nur als UMRISS gezeichnet und ob statt der kompletten Berechnung nur ein Schatten-Kegel verwendet wird.

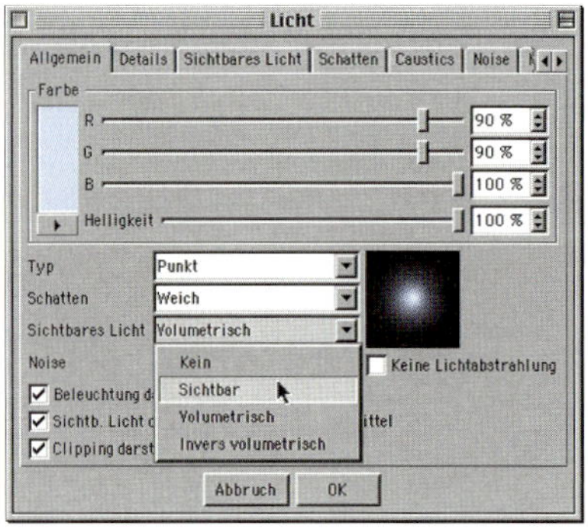


▲ **Abbildung 16**
Sichtbarkeitsdefiniton auf der Allgemein-Seite

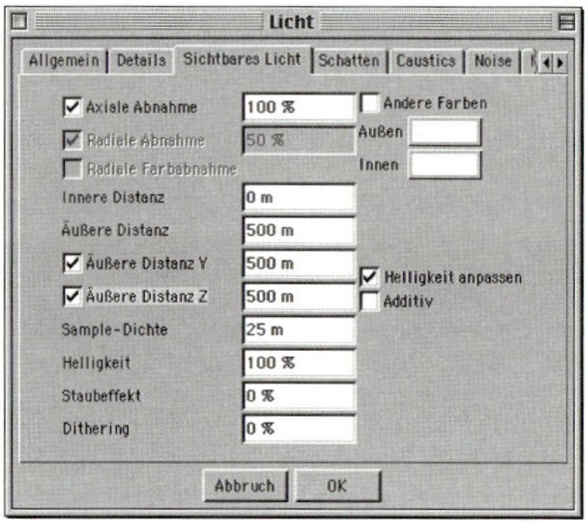


▲ **Abbildung 17**
Sichtbarkeits-Seite

## Sichtbares Licht

Wer sichtbares Licht richtig einsetzt, kann mit diesem Mittel nicht nur aufsehenerregende Effekte erzielen, sondern die Betrachter regelrecht in seinen Bann ziehen.

Sichtbares Licht unterscheidet sich von normalem Licht grundsätzlich dadurch, dass der komplett definierte Weg des Lichts wie eine Art Schein oder Nebel zu sehen ist.

Die Aktivierung des sichtbaren Lichts geschieht wie üblich über die ALLGEMEIN-Seite des Licht-Dialogs (Abbildung 16).

Dort können Sie zwischen drei Arten von sichtbarem Licht wählen.

Einfaches sichtbares Licht beschreibt den gesamten Lichtkegel bzw. -radius inklusive aller eingestellten Detail-Parameter. Dabei durchdringt es aber alle Objekte, die sich im Lichtkegel befinden. Das muss nicht unbedingt von Nachteil sein, diese Funktionalität ist für atmosphärische Effekte sogar notwendig. Mit normalem sichtbarem Licht können Sie Lichter in geschlossene Objekte hineinsetzen, was die volumetrischen Lichter mit schlichter Dunkelheit quittieren würden. Ein weiterer Vorteil des Lichts ist die im Vergleich geringe Prozessorbeanspruchung. Damit wir uns nicht falsch verstehen: Jedes sichtbare Licht ist äußerst rechenintensiv, aber im Vergleich zur volumetrischen Variante ist das einfache sichtbare Licht noch genügsam. Was es auch für einen anderen Verwendungszweck prädestiniert: Mit sichtbaren Lichtquellen können Sie in Zusammenarbeit mit Partikelsystemen Rauch, Nebelschwaden und viele andere Spezialeffekte kreieren. Und im Gegensatz zu volumetrischem Licht erleben Sie das Ergebnis des Renderings sogar noch.

Genug gelästert über das VOLUMETRISCHE LICHT (Abbildung 18). Nachdem Sie dessen negative Seite schon kennen, nun zur positiven Seite: Mit ihm lassen sich atemberaubende Lichteffekte generieren. Anders als normales sichtbares Licht durchdringt es die Objekte nicht, die Lichtstrahlen erkennen an der Shadow-Map die Umrisse des Objekts und enden dort, wo der Körper anfängt. Durch diesen zusätzlichen Rechenaufwand steigt freilich auch die Renderzeit an. Kurz: Wenn Sie die Performance Ihres Rechners wirklich testen möchten, tun Sie es mit volumetrischem Licht.

▲ **Abbildung 18**
Volumetrisches Licht

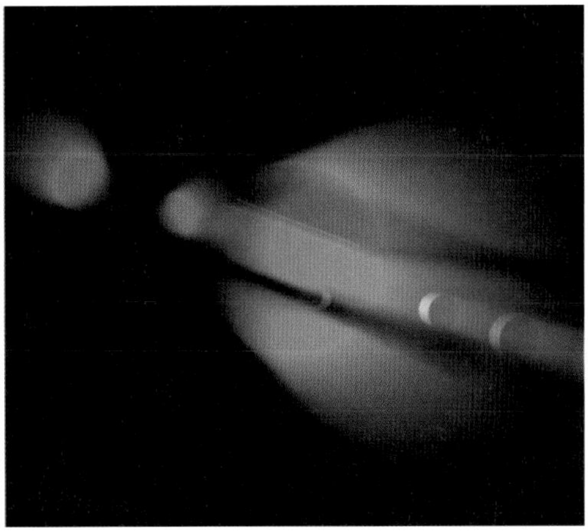

▲ **Abbildung 19**
Invers volumetrisches Licht

Invers volumetrisches Licht dreht den Spieß um, nicht die Lichtquelle wirft das eigentliche Licht, sondern der Objektbereich, der vom Licht angestrahlt wird.

Für die Feineinstellung besitzt auch das sichtbare Licht einen Extrabereich (Abbildung 17). So können Sie explizit für das sichtbare Licht Axiale und Radiale Abnahmen festlegen.

Unabhängig von der eigentlichen Lichtfarbe darf sichtbares Licht eine Eigenfarbe haben, die Sie über das Kontrollfeld Andere Farbe zuschalten und für den inneren und äußeren Bereich getrennt auswählen.

Zur Kontrolle der Dichte des Lichtkegels ist es zudem möglich, allgemeine äußere und innere Distanzen sowie bei Punkt-Lichtquellen Distanzen für die Y- und Z-Achse separat anzugeben.

Nächste wichtige Station ist die Sample-Dichte. Wie Sie wissen, drückt ein Sample-Wert immer die Genauigkeit aus, mit der eine Berechnung stattfinden soll, seien es nun Lichtstrahlen, Schatten oder das volumetrische Licht. Die Sample-Dichte für das volumetrische Licht legt also fest, wie exakt die Map für die Berechnung herangezogen wird – je feiner die Details, desto kleiner die Sample-Dichte. Ziehen Sie eine Verkleinerung der Sample-Dichte dann in Betracht, wenn der volumetrische Lichtschein Artefakte aufweist. Auch hier gilt wieder: Je exakter das Sampling, desto höher die Rechenzeit.

Mit den Feldern Helligkeit und Staubeffekt erreichen Sie den Effekt, der vorher schon zur Sprache kam: Rauch und Qualm über die Partikelsysteme. Mit niedriger Helligkeit und einem Staubanteil entziehen Sie Licht und lassen den Lichtschein dunkel und staubig wirken – ideal als Partikel für einen Rauchemitter.

Wer mit Web- und Screen-Design zu tun hat, kennt das Problem von stufigen, harten Übergängen in Verläufen. Über Dithering erhält das sichtbare Licht eine Überarbeitung, die diesen unerwünschten Artefakt verhindert.

**Abbildung 20 ▶**
Noise-Definition auf der Allgemein-Seite

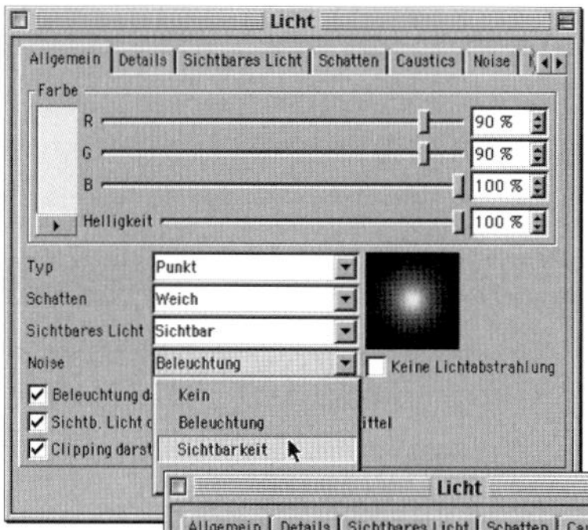


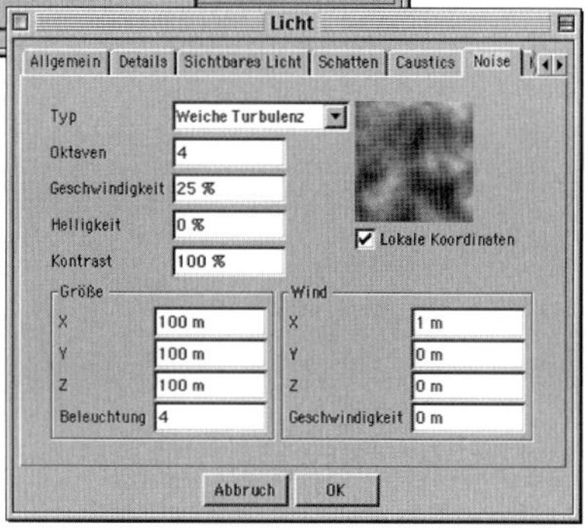

**▲ Abbildung 22**
Sichtbares Licht mit Noise

**◀ Abbildung 21**
Noise-Seite

# Noise

Animierte Unregelmäßigkeiten, wie sie mit dem NOISE-Effekt möglich sind, erhöhen die Glaubwürdigkeit der Szene. Denken Sie nur einmal an den Lichtstrahl eines Autoscheinwerfers in Nebelschwaden.

Diese Noise-Störungen aktivieren Sie über das Noise-Feld auf der ALLGEMEIN-Seite (Abbildung 20). Noise können Sie wahlweise auf die beleuchtete Fläche (BELEUCHTUNG), auf das sichtbare Licht (SICHTBARKEIT) oder BEIDES anwenden.

Auf der NOISE-Seite (Abbildung 21) finden Sie die aufgeschlüsselten Parameter für den Noise-Effekt. Dankenswerterweise besitzt dieser Dialog-Teil eine animierte Vorschau zur besseren Beurteilung der Modifikationen. So ahnen Sie schnell voraus, inwieweit sich Ihre Veränderungen auf das Licht auswirken (Abbildung 22). Maxon hat auch hier nicht mit den Manipulationsmöglichkeiten geknausert.

Bei der Art der Störung wählen Sie zwischen einfachem NOISE, was eine Art Wolkenstruktur mit sich bringt, sowie WEICHEN, HARTEN und WELLENFÖRMIGEN TURBULENZEN.

Probieren Sie die unterschiedlichen Werte-Felder einmal durch, und beobachten Sie, wie sich das Vorschaubild verändert. Neben der Körnung (OKTAVEN) der Turbulenzen und der Noise-GESCHWINDIGKEIT lassen sich HELLIGKEIT, KONSTRAST, GRÖSSE, INTENSITÄT und die Eigenschaften des Windes regulieren. Durch die Verwendung von lokalen Koordinaten verknüpfen Sie die Störungen mit der Lichtquelle – was im Regelfall nicht erwünscht ist, da Licht nie Nebelschwaden beeinflusst.

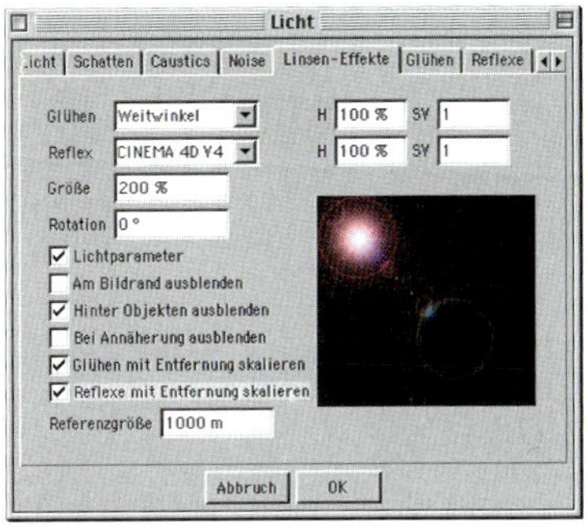


▲ **Abbildung 23**
Linsen-Effekte-Seite

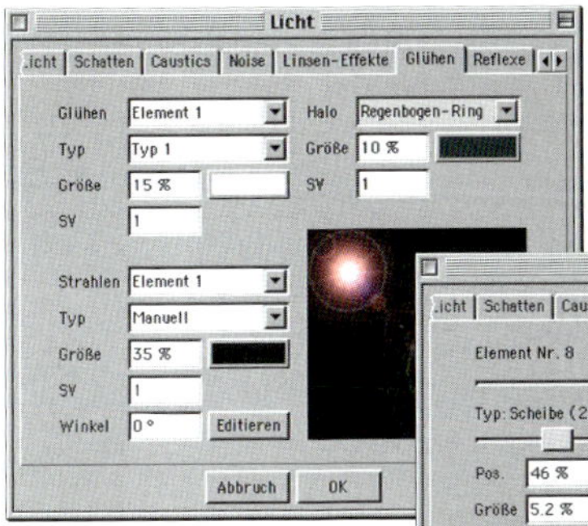


▲ **Abbildung 24**
Glühen-Seite

**Abbildung 25** ▼
Reflexe-Seite

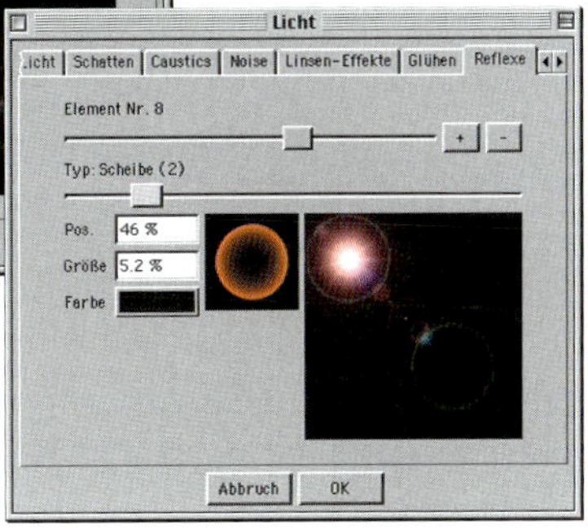


## Linseneffekte/Glühen/Reflexe

Linseneffekte sind Abbildungsfehler, die durch kleinste Verarbeitungsfehler und resultierende Spiegelungen in den Linsen der Kameras entstehen.

Es erübrigt sich zu sagen, dass dieses Problem nur die echten fotografischen Kamerasysteme betrifft.

Um diese beeindruckenden Effekte nachzuahmen und der Szene einen fotografisch echten Ausdruck zu verleihen, bietet Ihnen Cinema 4D einen wahren Linseneffekt-Baukasten mit beliebigen Kombinationsmöglichkeiten.

Die Linsen-Effekte-Seite (Abbildung 23) beherbergt die Grobeinstellungen für den Lichteffekt. Für die Feindefinition kommen die Seiten Glühen (Abbildung 24) und Reflexe (Abbildung 25) zur Anwendung.

Bereits vorgefertigte zusammengestellte Sets an Glüh- und Reflexkombinationen finden Sie in den gleichnamigen Feldern des Linsen-Effekt-Dialogs.

Wenn Sie dort nicht fündig werden, stellen Sie sich einfach Ihre eigenen Sets zusammen.

Die Linseneffekt-Dialoge sind eine wahre Spielwiese zum Experimentieren – in der Regel wird die Wahl zur Qual.

Ich lasse Sie an dieser Stelle mit den Parametern allein, weil ich denke, dass sich hier der Spieltrieb durchsetzen sollte. Ein paar Vorschläge möchte ich dennoch anbringen:

Versuchen Sie, den Linseneffekt realistisch aussehen zu lassen. Eine Szene mit Linseneffekt, der hundert verschiedene Farben und Formen der Reihe nach annimmt, spricht zwar für Ihren Arbeitseifer, stellt aber in Frage, ob Sie jemals einen echten Linseneffekt gesehen haben.

Egal, ob Sie den Linseneffekt innerhalb einer Lichtquelle produzieren oder ihn als Beiwerk in die Szene stellen – er ist Resultat eines entgegenkommenden Lichtes. Unterstützen Sie den Effekt durch gleichgerichtete Beleuchtung umliegender Objekte.

Und zu guter Letzt: Übertreiben Sie es nicht mit den Linseneffekten. Jeder zu oft angewandte Effekt wirkt irgendwann langweilig.

▲ **Abbildung 26**
Gerenderte Szene ohne Radiosity

▲ **Abbildung 27**
Gerenderte Szene mit Radiosity

## Globale Illumination / Radiosity

Als Globale Illumination (kurz: GI) bezeichnet man die indirekte Beleuchtung einer Szene durch die Lichtreflektion von Körpern. Licht, das beispielsweise nur von einem Fenster oder einer einzelnen Lampe in die Szene eingebracht wird, reflektiert jedes im Raum vorhandene Objekt – je nach Beschaffenheit des Objektes mit höheren oder niedrigeren Lichtwerten, Diffusionen und Farben.

Radiosity ist das Verfahren zur Berechnung dieser globalen Illumination, welches Cinema 4D seit der Revision 7 beherrscht.

Mit Radiosity erschließt sich allen Anwendern eine wesentlich bessere Bildqualität, natürlich auch auf Kosten von wertvoller Renderzeit. Schließlich muss neben dem eigentlichen Raytracing auch die Lichtreflexion der im Raum befindlichen Objekte berücksichtigt werden. Die meisten Anwender verlegten sich deswegen auf die Simulation von Radiosity – zum Beispiel durch geschickte Verteilung von schwachen Punktlichtern oder Verwendung von Flächenlichtern. Diese Beleuchtungstechnik ist durch Radiosity keineswegs überflüssig geworden, gerade in den Punkten Renderzeit und Feintuning sticht die Radiosity-Simulation den »echten« Renderer aus – trotz extrem hoher Rendergeschwindigkeit.

Die Abbildungen 26 und 27 zeigen sehr deutlich den Vorteil von Radiosity. Die farbigen Wände sind nur mit eingeschalteter Radiosity sichtbar, auch die Färbung der Schatten des Würfels wird merklich beeinflusst – die Szene wirkt wesentlich realistischer.

Wie Sie sicherlich schon geahnt haben, erfolgt die perfekte Radiosity-Berechnung keineswegs auf Knopfdruck. Eine Fülle von Einstellungsoptionen sorgt zwar für hohe individuelle Einflussnahme, aber auch für eine gewisse Einarbeitungszeit. Nehmen Sie sich etwas Zeit, das Gefühl dafür zu bekommen, wie bestimmte Parameter-Änderungen auf das

▲ **Abbildung 28**
Rendering-Prepass mit Shading-Punkten

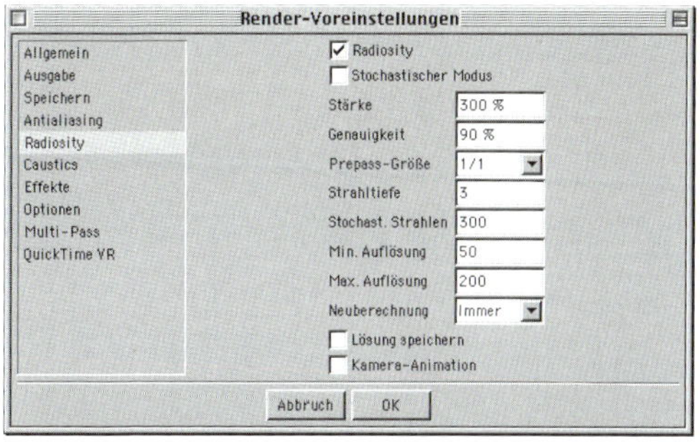


◀ **Abbildung 29**
Radiosity unter den Render-Voreinstellungen

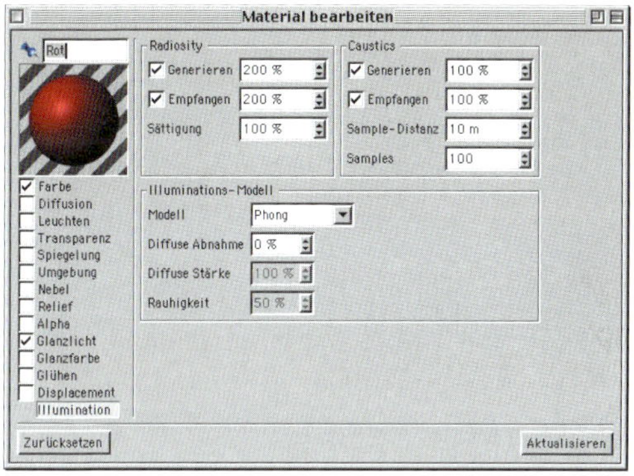


**Abbildung 30** ▶
Radiosity im Material-Editor

spätere Aussehen der Szene wirken. Für Ihre Experimente liegen alle Abbildungen dieser Seiten als Szenen auf der CD bei.

Wie funktioniert nun die Berechnung von Radiosity? Cinema 4D setzt dafür Photonen ein, welche die Kamera in die Szene »schießt«. Wände, Böden und Gegenstände einer Szene lenken die Photonen ab bzw. reflektieren sie – je nach eingestellter Strahltiefe – mehrmals in Form von Sammelstrahlen kreisförmig weiter. Die Farb- und Helligkeitsinformationen für die Shading-Punkte erlangt Cinema 4D durch die Auswertung der weitergesandten Strahlen. Mit jedem Aufprall verlieren die Photonen an Energie, an Intensität. Beim Prepass-Rendering, das vor jedem Radiosity-Renderdurchgang stattfindet, ist die Verteilung der Photonen bzw. Shading-Punkte sehr schön abzulesen (Abbildung 28). Cinema 4D erkennt dabei problematische Stellen (Würfel) automatisch und erhöht dort die Dichte der Shading-Punkte. Diese minimalen und maximalen Auflösungen sind in den Render-Einstellungen (Abbildung 29) eingetragen. Noch ausführlicher gehen wir im Rendering-Teil auf diesen Einstellungsdialog ein. Ich will Sie hier nicht mit Parametern erschlagen, das hebe ich mir für später auf.

332 ▶
Rendering

Neben den erwähnten globalen Radiosity-Einstellungen für das Rendering lassen sich die Radiosity-Eigenschaften für jedes Material einzeln bestimmen. Dafür besitzt der Material-Editor (Abbildung 30) den neuen Kanal ILLUMINATION, den Sie schon von den Shading- bzw. Illuminations-Modellen her kennen. Hier legen Sie für jedes Material fest, ob

◀ **Abbildung 31**
Render-Tag

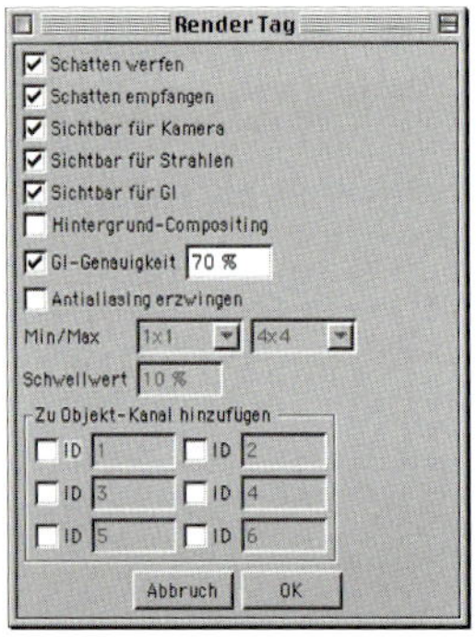

**Abbildung 32** ▲
Render-Tag Einstellungsdialog

▲ **Abbildung 33**
Radiosity-Effekt ohne echte Lichtquelle

und wie stark die Radiosity-Strahlen generiert und empfangen werden sollen. Je nach eingestelltem Wert strahlt das Material dann mehr oder weniger stark in die Szene. So zeichnet sich die rote und blaue Wandfarbe auf dem hellen Boden ab (Abbildung 27).

Damit Sie Ihre Radiosity-Einstellungen auch für jedes Objekt separat definieren können, hat Maxon das Render-Tag im Menü Datei (Abbildung 31) des Objekt-Managers überarbeitet. Vorteile ergeben sich daraus in erster Linie für die Renderzeit, denn so lassen sich auf elegante Weise unrelevante Objekte von der Radiosity-Berechnung (Sichtbar für GI) ausnehmen. Hier haben Sie auch die Möglichkeit, die in den globalen Radiosity-Einstellungen festgelegte GI-Genauigkeit objektorientiert zu erhöhen (Abbildung 32).

Radiosity in Cinema 4D kann aber noch mehr. So können Sie beispielsweise eine Szene ohne eine einzige Lichtquelle ausleuchten (Abbildung 33). Dahinter stecken zum einen die Radiosity-Parameter im Illuminations-Kanal des Material-Editors, zum anderen die neue Funktionalität des dort ebenfalls ansässigen Leuchten-Kanals. Im Unterschied zu den Vorgängerversionen trägt der Leuchten-Kanal nun bei aktiviertem Radiosity-Rendering zur Beleuchtung der Szene bei. Die bunten Wände in Abbildung 33 generieren und empfangen Radiosity mit 200%. Das weiße Boden-Material sendet mittels Leuchten-Kanal ein 15%iges Leuchten in die Szene. Wie Sie sehen, genügt schon diese Art der Ausleuchtung, um der Szene einen interessanten Charakter zu verleihen.

Für das Spiel mit den Radiosity-Parametern empfehle ich Ihnen, nicht zu viele Einstellungen auf einmal zu verändern, sondern die Modifikationen schrittweise durch bereichsweises Rendering zu prüfen. Die Parameter der Dialoge arbeiten in hohem Maße zusammen, so dass Sie eine fast perfekt ausgeleuchtete Szene durch allzu eifriges Nachbessern unter Umständen plötzlich gar nicht mehr wiedererkennen.

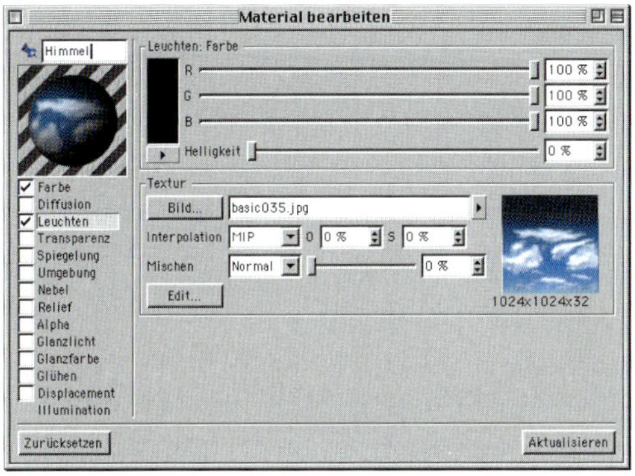


▲ **Abbildung 34**
Material mit Wolken-Bild im Leuchten-Kanal

▲ **Abbildung 35**
Image-based Lighting

Die Berechnung von Radiosity ist in den Render-Voreinstellungen standardmäßig deaktiviert, was für Sie ein Hinweis sein soll, dass Sie auch ohne Radiosity zu ansprechenden Ergebnissen kommen können. Radiosity ist auch kein Garant für ein atemberaubendes Resultat, sondern vielmehr das bekannte Tüpfelchen auf dem i. Erwarten Sie auch lieber nicht, dass Ihre vormals mit vielen Lichtquellen gut ausgeleuchtete Szene durch die simple Aktivierung von Radiosity viel besser aussieht. In der Regel wirken diese Szenen aufgrund der hohen Anzahl der Lichter überstrahlt. Hier sollten Sie dann, wenn Sie auf Radiosity nicht verzichten möchten, die einzelnen Lichter auf Notwendigkeit prüfen und gegebenenfalls deaktivieren.

Mit Radiosity können Sie die Qualität Ihrer Renderings auf ein fantastisches Niveau heben, nur sollten Sie vorher ein wenig mit der neuen Technologie experimentieren und Erfahrungen sammeln – keine Angst, das Tüfteln und Probieren macht großen Spaß ...

## Image-based Lighting

Hinter diesem spannend klingenden Begriff verbirgt sich eine Beleuchtungstechnik, die erstmals seit der neuen Funktionalität des LEUCHTEN-Kanals möglich ist.

Bei der »bild-basierten Beleuchtung« sorgt ein Bild der Szenen-Umgebung für die Ausleuchtung der in der Szene befindlichen Objekte.

Dabei wird das Umgebungs-Bild (in unserem Beispiel ein Wolken-Himmel) in den LEUCHTEN-KANAL des Material-Managers (Abbildung 34) geladen. Je nach Eignung der Beleuchtungs-Textur sollten Sie das Leuchten stärker oder schwächer definieren. Als Trägerobjekte beim Image-based Lighting eignen sich Boden- und Himmelobjekte sehr gut.

Sind Radiosity-Eigenschaften definiert und aktiviert sowie die Licht-Automatik ausgeschaltet, steht dem Rendering nichts mehr im Wege – auch Abbildung 35 kommt ohne eine einzige echte Lichtquelle aus.

▲ **Abbildung 36**
Würfel mit Caustic-Effekten

▲ **Abbildung 37**
Transparente Materialien mit verschiedenen Caustics

## Caustics

Caustics sind Lichtmuster, die durch Interferenzen bei gebrochenen oder reflektierten Lichtstrahlen beim Ein- und Austritt aus transparenten oder spiegelnden Materialien entstehen. Typische Beispiele sind die Lichtbrechung bei Glasmaterialien (Abbildung 36 und 37) oder auch die bewegten Lichtmuster in jedem Schwimmbecken.

Seit Version 7 ist Cinema 4D in der Lage, diese Oberflächen-Lichtspiele zu berechnen. Doch damit nicht genug, auch Volumen-Caustics, die den Weg der Caustics in volumetrischem Licht sichtbar machen, sind möglich (Abbildung 38). Die Berechnung geschieht wiederum über Photonen, im Unterschied zur Radiosity aber nicht von der Kamera, sondern von der Lichtquelle aus.

Damit Sie Caustic-Effekte rendern können, ist es natürlich zwingend erforderlich, die Caustics in den Render-Voreinstellungen zu aktivieren (Abbildung 39). Auf die weiteren Parameter gehe ich wiederum im Rendering-Teil genauer ein.

Im ILLUMINATIONS-Kanal des transparenten Materials (Abbildung 40) bestimmen Sie, wie stark das Material Caustic-Effekte generiert bzw. empfängt. Zusätzlich geben Sie hier die SAMPLE-DISTANZ, also die Größe des Bereichs, der zur Berechnung der Caustic jeweils herangezogen werden soll, und die SAMPLE- bzw. PHOTONEN-Anzahl für den Bereich an. Ist die Sample-Distanz zu klein, kann Cinema 4D keine benachbarten Photonen interpolieren und rendert die Photonen einzeln, was zu einem Sprenkel-Effekt führt. Bei zu großer Distanz steigt die Rechenzeit merklich an, das Ergebnis wird zusehends unscharf.

Da die Lichtquelle für die Aussendung der Caustic-Photonen zuständig ist, befinden sich hier die zugehörigen Einstellungen (Abbildung 41). An die Oberflächen- und Volumen-Caustics vergeben Sie eine Anfangs-ENERGIE,

▲ **Abbildung 38**
Volumetrische Caustics

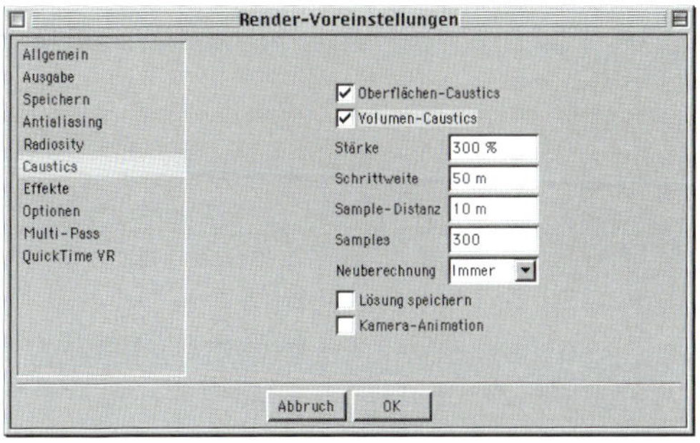


◀ **Abbildung 39**
Caustics unter den Render-Voreinstellungen

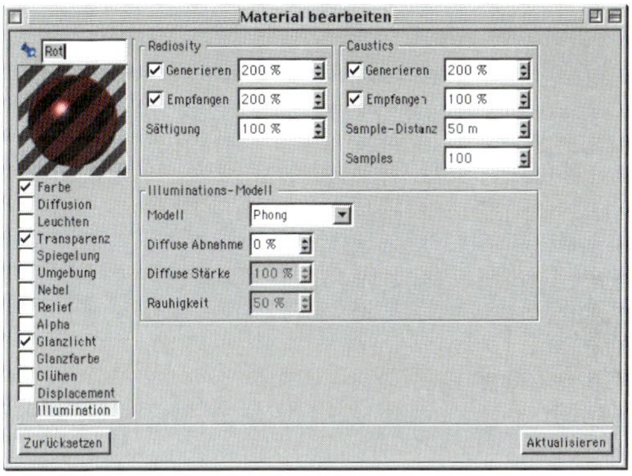


◀ **Abbildung 40**
Caustics im Material-Editor

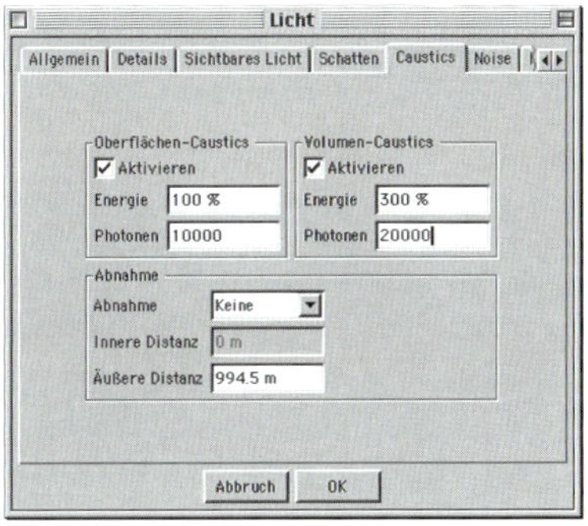


◀ **Abbildung 41**
Caustics im Licht-Einstellungsdialog

die, ähnlich den Radiosity-Photonen, bei jeder Reflektion an Stärke verliert. Mit der PHOTONEN-Anzahl regeln Sie die Auflösung des Caustic-Effektes. Ein Zuviel an Photonen erhöht die Renderzeit wesentlich, ohne ein besseres Ergebnis zustande zu bringen, ein Zuwenig an Photonen unterbindet die Möglichkeit der Interpolation – die einzelnen Photonen werden sichtbar. Im ABNAHME-Feld steuern Sie die räumliche Ausdehnung der Caustics.

Auch die Caustic-Effekte verlangen nach Experimentierlust, sie verleihen Ihren Renderings ein bedeutendes Maß an Realismus. Variieren Sie in den unterschiedlichen Materialien mit den Caustic-Einstellungen (Abbildung 37). Wichtigste Anlaufstellen bei unbefriedigenden Ergebnissen sind die Sample-Distanz und die Photonen-Anzahl. Behalten Sie im Auge, wo Caustic-Effekte in Ihrer Szene zu erwarten sind. Steht die Lichtquelle zu hoch, überdeckt möglicherweise Ihr Objekt die interessantesten Effekte. Das Übertreiben oder Untertreiben der Parameter hilft zum einen bei der Analyse des Caustic-Effekts und erzielt oftmals aufsehenerregende Renderings, wenn auch vielleicht nicht allzu realitätsnah.

▲ **Abbildung 42**
Ausgangszustand

▲ **Abbildung 43**
Simple Beleuchtung der Armbanduhr

## Szenen ausleuchten

In Abbildung 42 sehen Sie unsere Haifischszene ohne ambientes Standardlicht.

Schon gut, eigentlich sehen Sie rein gar nichts. Aber diesen Ausgangszustand sollten Sie im Kopf haben, bevor Sie an das Ausleuchten einer jeden Szene gehen.

Zuerst stellt sich die Frage, welche Art von Lichtquelle in Frage kommt. Die flexibelsten Lichter sind eindeutig die Spot-Lichtquellen, dank ihres eingeschränkten Wirkungskreises behindern oder verfälschen sie selten andere Bereiche. Das Punktlicht dagegen ist etwas unhandlicher, aber für Standardzwecke absolut brauchbar – für gewisse Einsatzgebiete, die dem Punktnaturell entsprechen (Glühbirne etc.) ist es sogar das einzig Wahre. Alle anderen Lichtquellen haben genauso ihre speziellen Aufgabengebiete – richten Sie sich hier am besten nach der realen Lichtquelle.

Die eigentliche Arbeit ist nicht das Aussuchen und Aufstellen, sondern das Ausrichten. Bauen Sie jede Lichtquelle einzeln auf, und stellen Sie sie ein. Sind bereits mehrere Lichter in der Szene enthalten, schalten Sie die anderen aus. Testen Sie die Lichter durch hochwertiges Rendering, und denken Sie gleichzeitig an die Produktion von Schatten – gefällt Ihnen der vom Licht erzeugte Schatten nicht, überlegen Sie, ob nicht eine andere Lichtquelle für den Schatten sorgen soll.

Eine raffinierte Möglichkeit, um die Wirkung von Lichtern beurteilen zu können, ist die Einfärbung der Lichtquelle mit gut erkennbaren, eventuell sogar knalligen und falschen Farben. Am Schluss ändern Sie die Farben logischerweise, aber Sie erkennen vorher genau, wo sich Lichter treffen und welche Lichter für welche Objektstellen zuständig sind.

Beim Texturing-Workshop der Armbanduhr haben Sie bereits eine Szene mit rudimentären Mitteln ausgeleuchtet. Für die Armbanduhr genügte auf Grund des flachen Objekts und des kontrastreichen Hintergrundes ein gut platziertes Punktlicht (Abbildung 43).

▲ **Abbildung 44**
Haupt- oder Key-Licht

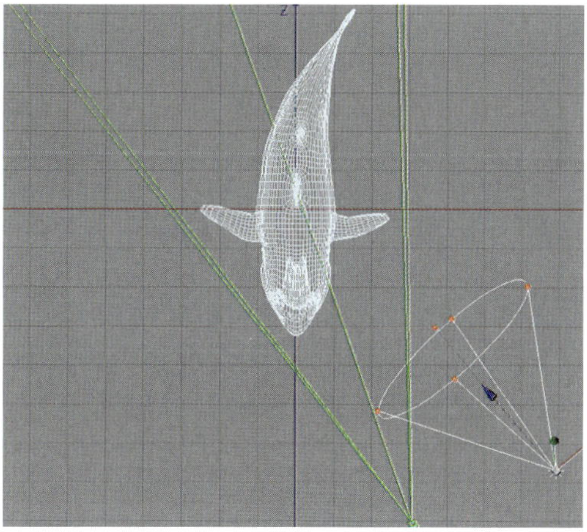

▲ **Abbildung 45**
Position Haupt- oder Key-Licht

In den meisten anderen Fällen reicht diese simple Ausleuchtung nicht aus. Schließlich soll die Szene bzw. das Objekt nicht nur von der Dunkelheit befreit, sondern mit Stimmung, Form und Charakter versehen werden.

Wonach kann man sich also bei der Ausleuchtung richten? Gibt es ein Standardrezept? Eine für alle Fälle gültige Ausleuchtungs-Richtlinie gibt es leider (oder zum Glück?) nicht – aber dafür ein ziemlich gebräuchliches und flexibles Prinzip.

Die so genannte Drei-Punkt-Beleuchtung kann als grundsätzliche Richtschnur Verwendung finden. Dieses Prinzip beruht auf drei Lichtquellen, einem Haupt- oder Key-Licht, einem Füll-Licht und einem Back-Licht. Ich persönlich finde die Bezeichnung »Drei-Punkt-Beleuchtung« ein wenig unpassend, da sie assoziiert, man bräuchte oder sollte nur drei Lichter platzieren.

Klammern Sie sich also besser nicht an den Begriff, sondern an das Prinzip, mit drei verschiedenen Licht-Einsatzzwecken bestimmte Ziele bei der Ausleuchtung zu erreichen. Sie dürfen nämlich beliebig viele Füll- oder Back-Lichter einbauen.

Im Folgenden gehe ich auf jeden der drei Licht-Einsatztypen ein, wie sie eingestellt und positioniert werden – und was Sie damit erzielen können.

### Haupt-, Führungs- oder Key-Licht

Das Key-Licht ist generell das hellste Licht einer Szene, es beleuchtet zumeist das Ganze oder einen Großteil des Objektes (Abbildung 44).

Diesem Licht kommt die meiste Bedeutung zu, da Sie über diese Lichtquelle die Hauptaussage der Szene treffen. Mit ihm arbeiten Sie die wichtigen Details aus dem Objekt heraus, entscheiden Sie also nach dem Objekt, wo Sie das Key-Licht platzieren.

In Abbildung 45 steht das Key-Licht rechts von der Kamera, zwar sieht der Hai freilich auf beiden Seiten gleich aus, die Schwanzflosse biegt sich aber leicht auf die rechte Seite.

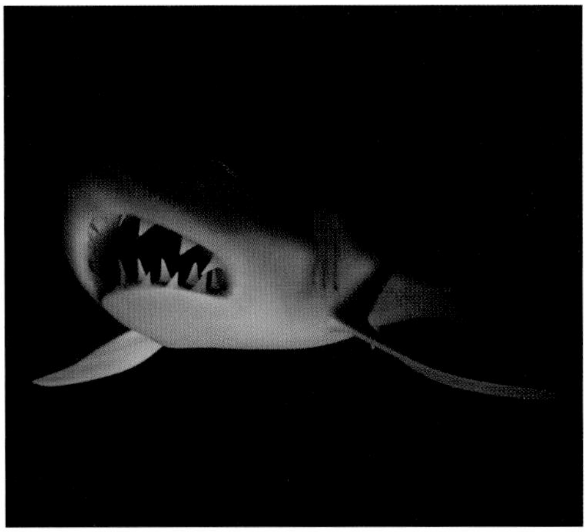

▲ **Abbildung 46**
Beleuchtung von unten

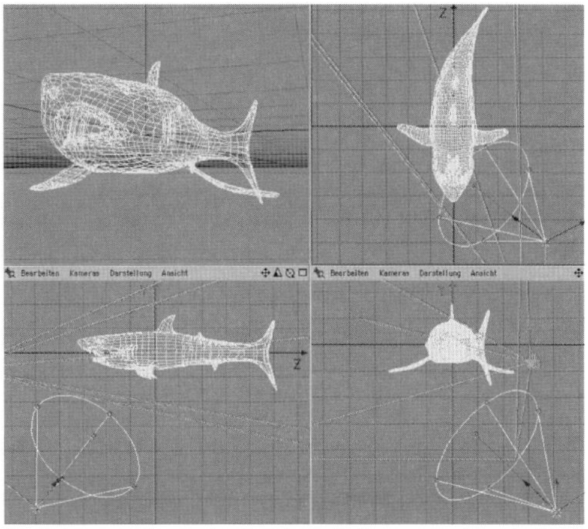

▲ **Abbildung 47**
Position des Spotlichtes von unten

Auf diese Weise kommt schon durch das Key-Licht viel zur Geltung.

Prinzipiell sollten Sie aufpassen, dass der Winkel zwischen Kamera und Key-Licht sich im Bereich von 15°–45° bewegt. Sonst wirkt das Objekt flach, die Glanzlichter liegen dann außerdem zu weit vorne.

An den vom Licht getroffenen Stellen des Hais erkennen Sie, dass sich die Position des Key-Lichtes schräg oberhalb der Kamera befindet.

Auch für diese Position gibt es generell keine Vorschriften, im Gegenteil, durch die geschickte Wahl von Position und Winkel geben Sie der Szene einen charakterlichen Anstrich. Dabei sollten Sie darauf achten, welche Schatten das Objekt durch seine Extremitäten auf sich selbst wirft – oder ob sogar ungewollt dunkle Stellen durch nicht ausreichende Beleuchtung entstehen.

Ein Paradebeispiel für die Schaffung eines besonderen Effekts ist die Beleuchtung von unten (Abbildung 46).

Durch diese normalerweise unnatürliche Beleuchtung erreichen Sie auch beim harmlosesten Charakter unheimliche Züge. Die Zähne des Hais kommen durch die Beleuchtung in Abbildung 46 besonders zur Geltung.

In Abbildung 47 ersehen Sie aus der 3D-Ansicht die Positionierung des Spotlichtes.

Für die Haifischszene bleibe ich aber beim ersten Key-Licht von schräg oben.

Key-Lichter werfen meist (fast) weißes Licht und den stärksten dunkelsten Schatten.

Der Betrachter nimmt das Key-Licht als erstes und wichtigstes Licht zur Kenntnis, daher ist auch der Schatten des Key-Lichtes der überzeugendste und bestimmendste.

▲ **Abbildung 48**
Szene um Füll-Licht ergänzt

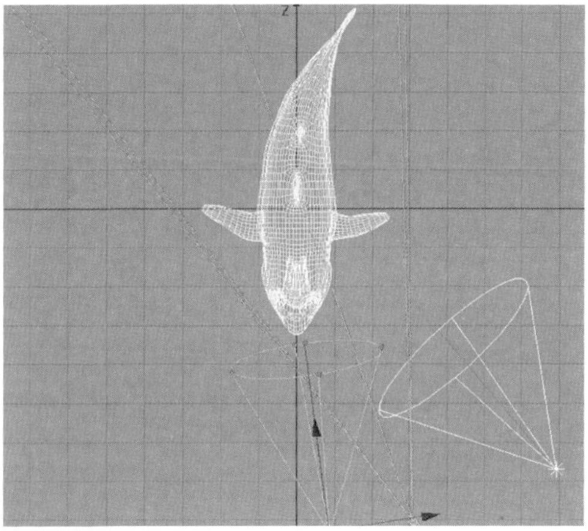

▲ **Abbildung 49**
Position des Füll-Lichtes

### Füll-Licht

Mit dem Füll-Licht setzen Sie ein Gegengewicht zum Haupt- bzw. Key-Licht. Es dient zur Ergänzung und Erweiterung der vom Key-Licht geschaffenen Beleuchtung.

Im Prinzip simuliert das Füll-Licht eine Art indirekte Beleuchtung, wie man sie vom Radiosity-Effekt kennt.

Das Füll-Licht ist stets dunkler als das Key-Licht, in vielen Fällen auch mit einem Farbton versehen.

Je nachdem, wie das Verhältnis der Helligkeiten von Key- und Füll-Licht ausfällt, ist das Ergebnis kontrastreicher oder -ärmer. Dieses Verhältnis ist eine bekannte Größe, im Fachjargon spricht man auch von High-Key- und Low-Key-Bildern. Bei High-Key-Bildern ist der Unterschied von Key- und Füll-Licht gering, die Szene ist sehr hell. Low-Key-Bilder dagegen besitzen einen ausgeprägten Unterschied von Key- zu Füll-Licht und tauchen die Szene in ein eher düsteres Ambiente. Ein gutes Füll-Licht konkurriert nicht mit dem Hauptlicht, ist also daher merklich dunkler, reichte aber dennoch aus, um das Objekt einigermaßen auszuleuchten.

Das Füll-Licht in Abbildung 48 ist leicht bläulich gefärbt, es liegt gegenüber dem Key-Licht (Abbildung 49) und leicht unterhalb der Kamera, näher als das Key-Licht. Die Helligkeit beträgt 70 %, das Key-/Füll-Licht-Verhältnis ist also ungefähr 1,5 : 1.

Es ist durchaus möglich, mit mehreren Füll-Lichtern zu arbeiten. Daher mein Einwand gegen den Begriff »Drei-Punkt-Beleuchtung«. Vorsicht ist in diesem Fall aber mit dem Schatten geboten, der Schatten des Key-Lichtes sollte nicht vom Füll-Licht verwaschen werden.

Ob Sie dem Füll-Licht einen Schatten zuordnen, bleibt Ihnen überlassen. Er sollte aber recht hell sein oder zumindest nicht störend wirken.

▲ **Abbildung 50**
Szene um Back-Licht ergänzt

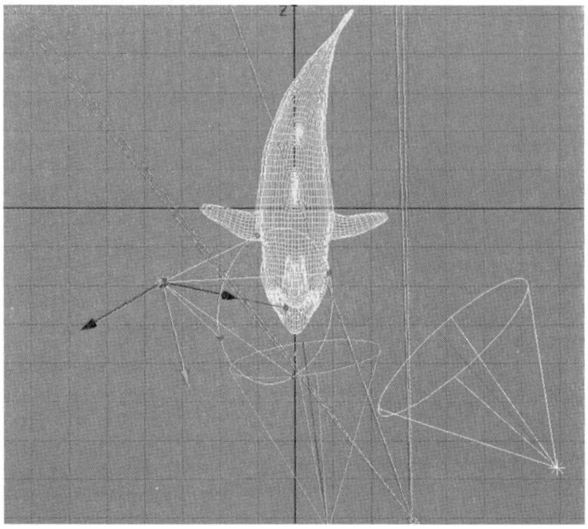

▲ **Abbildung 51**
Position des Back-Lichts

### Back-Licht

Das Back-Licht soll das Profil, den Umriss des Objektes nachzeichnen und das Objekt sichtbar vom Hintergrund trennen.

Back-Lichter sind meist farbig, wobei sich die Farbe nach den Objekt- und Hintergrundfarben richtet. Mit einem dunkelblauen Licht können Sie sehr dunkle Objekt- und Hintergrundelemente kaum erkennbar trennen.

Die Position des Back-Lichtes ist (wie auch der Name besagt) von oben gesehen hinter dem Objekt. Die Beleuchtung erfolgt von oben, in Ausnahmefällen – wo das Back-Licht oder auch mehrere Back-Lichter für interessante Hervorhebungen sorgen – kann das Back-Licht auch in der Höhe variieren.

Nach den beiden ersten Lichtern hat der Hai schon gar nicht schlecht ausgesehen, eine Problemzone ist dennoch vorhanden: Die Nasenspitze ist sehr schwer vom Hintergrund zu unterscheiden.

Um dem abzuhelfen, sitzt schräg über dem Hai ein sehr hellblaues Back-Licht, mit dem auf der Nasenspitze die Form nachgezogen wird (Abbildung 50). Die Position sehen Sie in Abbildung 51 genauer.

Back-Lichter sind nicht immer notwendig. Unterscheiden sich Objekt und Hintergrund stark und sind alle Details gut zu erkennen, können Sie darauf verzichten.

Trotzdem schaffen Sie mit Back-Lichtern das »Tüpfelchen auf dem i«: Es ist dafür gedacht, um schöne Details herauszuarbeiten, die sonst übersehen oder mit Schatten zugedeckt würden. Back-Lichter werfen in der Regel keinen Schatten.

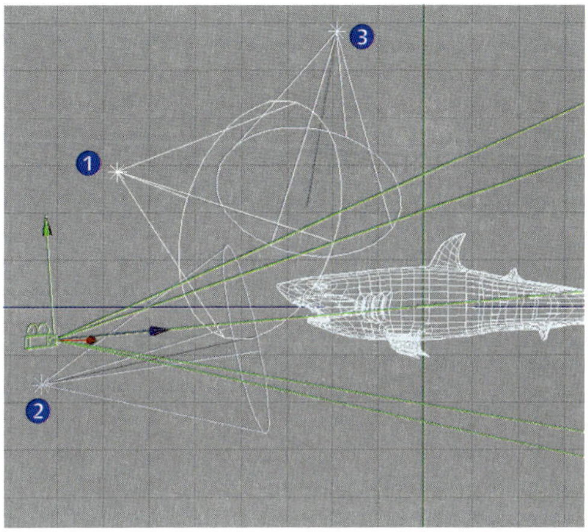


▲ **Abbildung 52**
Vertikale Positionen der Lichter

Damit Sie sich die Positionen der Lichtquellen noch einmal aus vertikaler Hinsicht zu Gemüte führen können, ist die YZ-Ansicht der Szene in Abbildung 52 festgehalten.

In Weiß ❶ von schräg oben beleuchtet das Key-Licht, in Hellblau ❷ von schräg unten das Füll-Licht und aus nahezu senkrechter Richtung in dunklerem Blau ❸ das Back-Licht.

Soweit zur Ausleuchtung Ihrer Szenen. Das Licht ist ein unglaublich vielseitiges und schönes »Werkzeug«. Je mehr Sie testen und probieren, desto schneller gewöhnen Sie sich an den Ausleuchtungs-Workflow.

Bewahren Sie Szenen bzw. Aufbauten der Lichtquellen, die Ihnen zusagen, auf. Im Idealfall brauchen Sie für das nächste Projekt nur die Objekte auszutauschen.

# Stage

*Klein, aber fein – Cinema 4D Stage-Objekt ist Ihr eingebauter Regieassistent. Mit dem Stage-Objekt wechseln Sie bei der Animation im Handumdrehen Kameras, Himmeln, Umgebungen etc.*

Das Stage-Objekt gehört eigentlich voll und ganz zur Animation. Da es aber eines von den Szeneobjekten ist und Sie seit den letzten Kapiteln alles über Szeneobjekte wissen, kümmern wir uns jetzt gleich darum.

Ein Stage-Objekt generieren Sie entweder über die Szene-Objekt-Palette (Abbildung 1) oder den Menübefehl Objekte · Szeneobjekte · Stage-Objekt. Anhand der Take-Klappe erkennen Sie das Stage-Objekt im Objekt-Manager. Nach Doppelklick auf dessen Objekt-Symbol öffnet sich der Einstellungsdialog für das Stage-Objekt (Abbildung 2).

Damit haben Sie im Prinzip schon den kompletten Steuerungsapparat des Stage-Objektes vor sich. Wenn Sie sich die Liste der Objektarten, die als Felder zur Verfügung stehen, ansehen, fällt Ihnen sicherlich auf, dass alle Einträge – bis auf das Kameraobjekt – globale Umgebungsobjekte sind. Diese Objekte könnten Sie also weder verschieben, skalieren oder rotieren.

Es ist zwar möglich, mehrere Himmel- und Umgebungsobjekte zu kreieren, gültig ist aber jeweils nur eines – das im Objekt-Manager obenstehende. Gerade bei Animationen ist es sinnvoll, zwischen Kameras und Umgebungsobjekten umschalten zu lassen.

In den Vorgängerversionen von Cinema 4D war dies noch etwas umständlich. Mit der Einführung des Stage-Objektes hat sich dieses Problem aber nun gelöst.

Werfen wir zum kleinen Vorgeschmack auf das Animations-Kapitel einen Blick auf die Zeitleiste. In Abbildung 3 sehen Sie einen Ausschnitt der Zeitleiste einer relativ komplexen Animation, in der zwei animierte Kameras ihre Dienste leisten.

In der untersten Zeile sehen Sie den Eintrag des Stage-Objektes. Die Keyframes von Kamera 2 lassen darauf schließen, dass diese Kamera im sichtbaren Zeitraum die aktive Kamera ist.

Um nun ein Umschalten zwischen Kameras, Himmeln, Vordergründen, Hintergründen und Umgebungen zu erwirken, ändern sich die Parameter in der für das Stage-Objekt zuständigen Parameter-Spur. Der Parameter-Dialog, der nach Doppelklick auf ein Keyframe aufspringt, ist selbstverständlich derselbe, wie Sie ihn aus dem Objekt-Manager kennen.
Ab dem Zeitpunkt des Keyframes stellt das

◀ **Abbildung 1**
Stage-Objekt

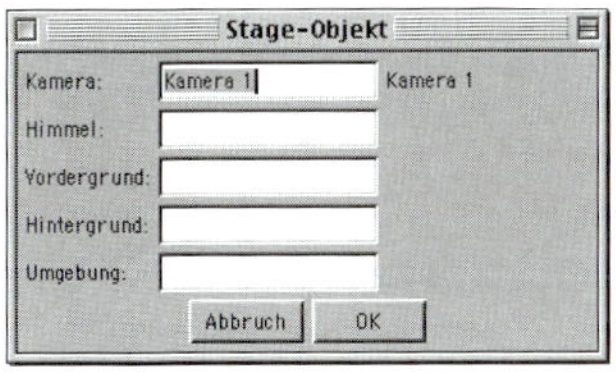


▲ **Abbildung 2**
Stage-Objekt-Parameter

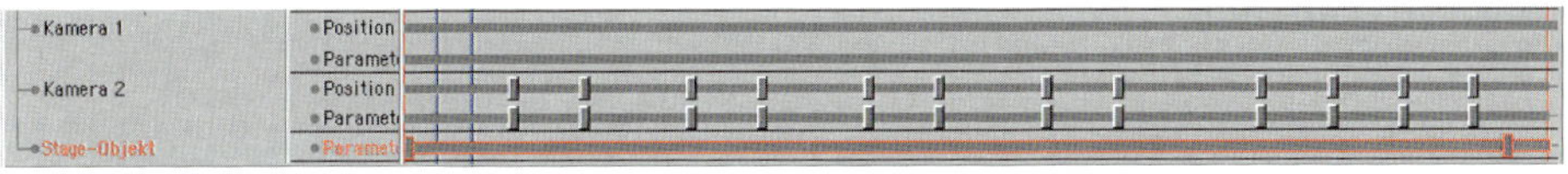


▲ **Abbildung 3**
Stage-Objekt in der Zeitleiste

Stage-Objekt alle in den Einträgen vorhandenen Parameter um. Das bedeutet folgerichtig, dass Sie im Extremfall zur gleichen Zeit die Kamera, den Himmel, die Umgebung und den Vorder- bzw. Hintergrund austauschen können.

Für diese Umstellungsaktionen benötigen Sie lediglich ein Objekt – das Stage-Objekt.

# Sound

*Seit Version 6 bietet Cinema 4D die Möglichkeit, Sounddateien einbinden und 3D-Soundeffekte zu rendern.*

DIE SOUNDFUNKTIONALITÄT VON CINEMA 4D teilt sich in zwei Bereiche auf: 2D- und 3D-Sound-Rendering.

Beim 2D-Sound-Rendering geht es um die Einbindung von Sound in erster Linie zum Zweck der Synchronisation und Zeitanpassung. Wer schon einmal einen Film oder eine Animation nachvertont hat, weiß, dass diese Arbeit auf Grund von minimalen Zeitverschiebungen und Längenunterschieden eine ziemlich nervenaufreibende Tätigkeit sein kann – speziell wenn man nicht das Budget für ein hochprofessionelles Video- und Soundpaket zur Verfügung hat.

Das 3D-Sound-Rendering geht noch einen Schritt weiter, hier können Sie über Lautsprecher und Mikrofone eine Soundszene schaffen, die eine dreidimensionale Klangerzeugung ermöglicht. Der Sound passt sich also auch Entfernungen und Bewegungen an.

Endergebnis eines 2D-Renderings ist eine geschnittene Sounddatei, Endresultat eines 3D-Renderings ist eine Animation und eine separate Sounddatei, die Sie mit jedem einfachen Video-Tool, wie es auch die QuickTime Pro-Variante ist, zu einem Ganzen zusammenfügen können. Die Berechnung der räumlichen Daten hat Cinema 4D dann bereits erledigt.

## Sound-Objekte

Die verwendbaren Sound-Objekte finden Sie in der zugehörigen Soundpalette (Abbildung 1) bzw. im Menü OBJEKTE · SOUND. Dabei sind die Lautsprecher und Mikrofone sowohl einzeln als auch in vordefinierten Gruppen aufgeführt, die den produktionsüblichen Standards entsprechen.

Mit den Lautsprechern und Mikrofonen statten Sie dann Ihren Raum bzw. Ihre Objekte mit den nötigen Sound-Objekten aus.

Alle Sound-Objekte sind als 3D-Objekte in den Ansichten dargestellt – im Rendering sind sie natürlich verschwunden. Auch im Objekt-Manager (Abbildung 2) ist jedes einzelne Soundobjekt aufgelistet und individuell bearbeitbar. Nach Doppelklick auf das Lautsprecher-Symbol öffnet sich der Parameter-Dialog für den Lautsprecher (Abbildung 4). Das Kontrollfeld KEGEL UND ABNAHME DARSTELLEN

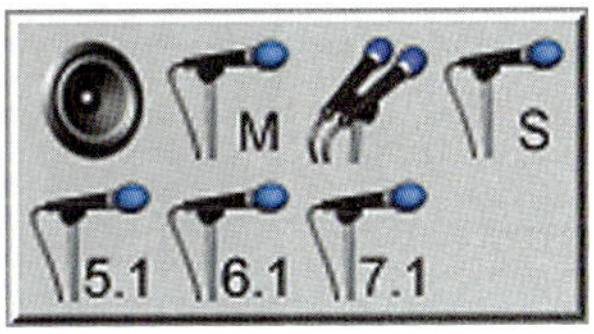


◀ **Abbildung 1**
Sound-Objekte

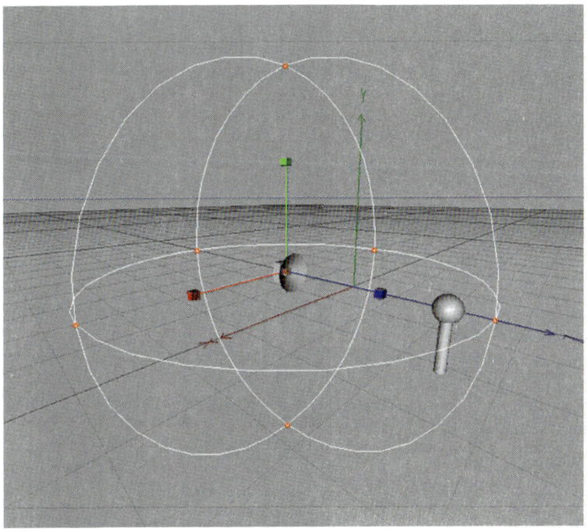

▲ **Abbildung 3**
Sound-Objekte im 3D-Editor

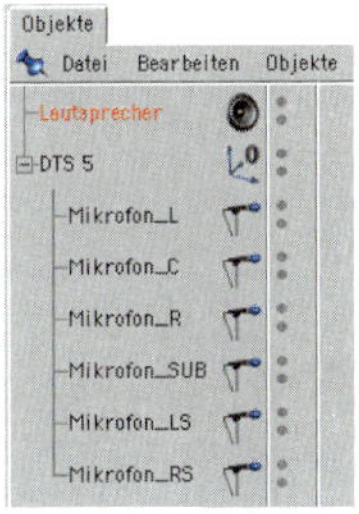


◀ **Abbildung 2**
Sound-Objekte im Objekt-Manager

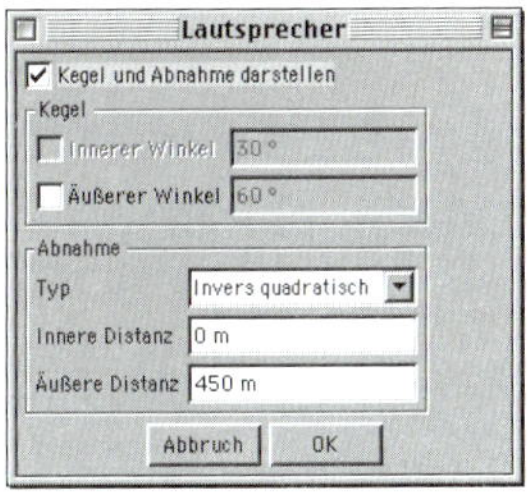


◀ **Abbildung 4**
Lautsprecher-einstellungen

◀ **Abbildung 5**
Mikrofoneinstellungen

sorgt für die Darstellung der Anfasser und Wirkungskreise im 3D-Editor. Über die weiteren Eingabefelder können Sie den inneren und äußeren Winkel des bstrahlungsbereiches, den Typ der Abnahmefunktion und dessen äußere und innere Distanz festlegen – das Prinzip kennen Sie bereits von den Lichtquellen.

Die Mikrofoneinstellungen, die Sie auf die gleiche Weise aufrufen (Abbildung 5), enthalten Optionen für die Definition des Aufnahmewinkels, den Typ der Empfindlichkeitsabnahme und dessen äußere und innere Instanz – hier nur eben nicht für die Klangwiedergabe, sondern für die Klangaufnahme.

Die Sound-Objekte aus den Standardgruppen (Stereo, DTS 5.1, DDS EX 6.1 und SDDS 7.1) enthalten räumlich positionierte Mikrofone, die den Standardspezifikationen des angegebenen Formates entsprechen.

Ein Doppelklick auf eines der enthaltenen Mikrofone zeigt, dass es sich nicht um spezielle Mikrofone, sondern nur um eine besondere Anordnung handelt.

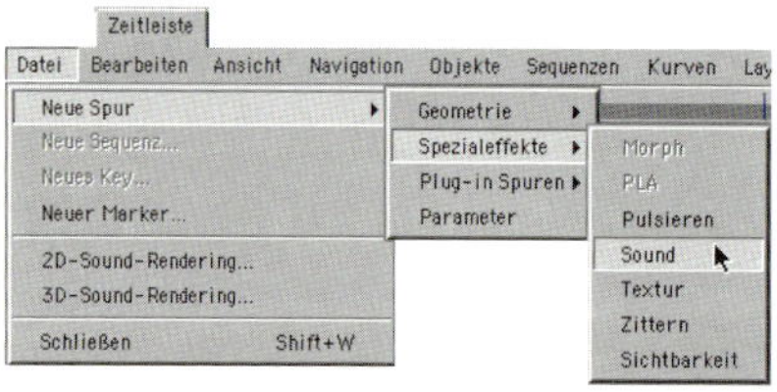


◀ **Abbildung 6**
Anlegen einer Soundspur

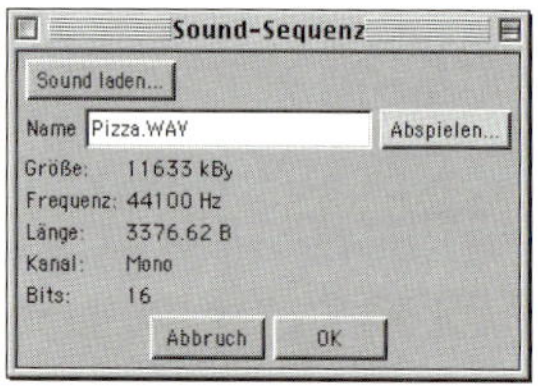


▲ **Abbildung 7**
Import des WAV-Sounds

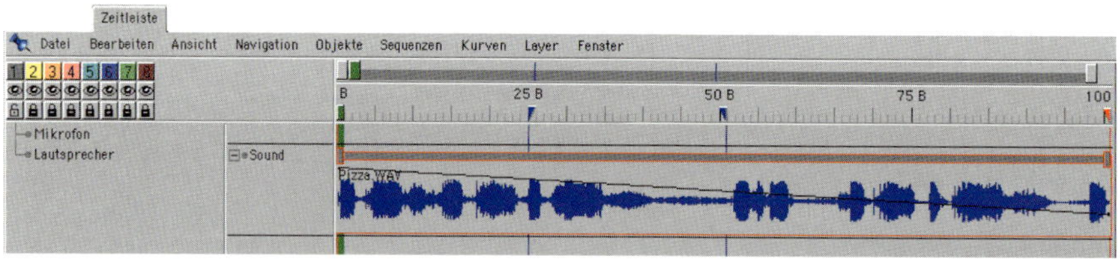


◀ **Abbildung 8**
Soundspur in der Zeitleiste

# Sound-Rendering

Welche Objekte Sie zur Verfügung haben, wissen Sie nun – wie gehen Sie aber beim Einrichten des Sounds vor?

Einen Sound weisen Sie dem Objekt über die Soundspur in der Zeitleiste zu.

Im Menü Datei · Neue Spur · Spezialeffekte · Sound der Zeitleiste (Abbildung 6) erzeugen Sie eine Soundspur für das Objekt.

Nachdem Sie die Spur über einen Klick auf das [+]-Symbol aufgeklappt haben, können Sie mit Doppelklick auf die Zeitleistenspur den Import-Dialog aufrufen (Abbildung 7).

Hier suchen Sie die benötigte Sounddatei von Ihrem Speichermedium aus. Bislang unterstützt Cinema 4Ds Soundimport nur das in der Windows-Welt übliche WAV-Datei-Format. Wandeln Sie also gegebenenfalls Ihre Sounddateien vorher um.

Zusammen mit dem Dateinamen sehen Sie nach dem Soundimport den Kanalpegel in Ihrer Zeitleiste (Abbildung 8).

Über Keyframes, die Sie an der Soundspur anbringen, haben Sie zusätzlich die Möglichkeit, die Lautstärke und Balance des Sounds über den Sound-Parameter-Dialog (Abbildung 9) auszusteuern. Und weil dies in der Zeitleiste geschieht, sind demzufolge auch weiche, animierte Überblendungen und Fadings machbar.

Die Anpassung beispielsweise einer Lippensynchronisation setzt voraus, dass Sie die importierte Datei insbesondere vom Inhalt und den Effekten her genau kennen. Es ist in diesem Arbeitsumfeld üblich, sich vor der 3D-Arbeit ein Storyboard zurechtzuschneidern, um speziellen Lauten die entsprechenden Lippenbewegungen und -Morphings zuzuordnen.

Damit Sie nicht die Übersicht verlieren, verwenden Sie besser mehr, aber dafür kleinere Dateien für den Soundimport. Die verbleibende Arbeit besteht nun darin, anhand der Ausschläge des Kanalpegels die passenden

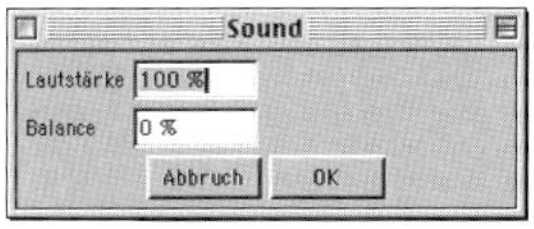


▲ **Abbildung 9**
Sound-Parameter in der Zeitleiste

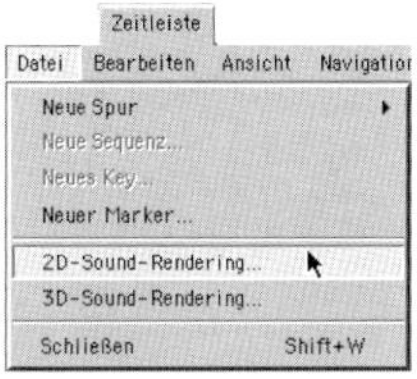


◀ **Abbildung 10**
Menübefehl Sound-Rendering

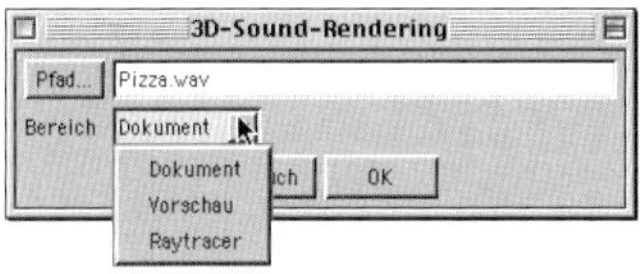


◀ **Abbildung 11**
Sound-Rendering-Dialog

Morphings an den anderen Objekten vorzunehmen.

Dies ist eine der Königsdisziplinen der 3D-Arbeit, seien Sie also froh, wenn Sie nur ein Auto vorbeifahren lassen müssen.

Wenn die Synchronisations- bzw. Effektarbeit abgeschlossen ist, geht es an das 2D- bzw. 3D-Rendering der Szene. Dies erfolgt über die Zeitleisten-Menübefehle DATEI · 2D-SOUND-RENDERING bzw. 3D-SOUND-RENDERING (Abbildung 10). Geben Sie den Speicherpfad an, und wählen Sie die bevorzugte Rendering-Methode aus. Praktischerweise müssen Sie nicht die komplette Sound-Spur oder die gesamte Szene rendern lassen, sondern können über das Feld BEREICH entscheiden, ob das ganze Dokument, nur der über die Vorschaumarkierungen festgelegte Bereich oder über die angelegten Raytracer-Render-Voreinstellungen Ihres Dokumentes gerendert wird (Abbildung 11).

Im angegebenen Pfad speichert Ihnen Cinema 4D dann beim 2D-Rendering eine fertig geschnittene Sounddatei ab. Beim 3D-Rendering sichert Cinema 4D die 3D-Animation zuzüglich einer Sounddatei für jedes im 3D-Raum installierte Mikrofon ab.

Das Zusammenfügen von Film- und Sounddatei kann dann in jedem einigermaßen fortschrittlichen Sound- oder Videoschnitt-Programm erfolgen.

# Szenen-Workshops

*Nun dürfen Sie »in Szene setzen«. Für die Armbanduhr beschränken wir uns auf die Ausleuchtung, der Hai bekommt dagegen eine richtige Unterwasserwelt.*

NACHDEM SIE NUN ALLE WERKZEUGE UND OBjekte, mit denen Sie Ihre texturierten Modelle in Szene setzen können, kennen gelernt haben, wenden wir sie doch bei unseren Workshop-Objekten an.

Die Armbanduhr war, was die Texturierung und rudimentäre Ausleuchtung betrifft, recht genügsam. Im zugehörigen Szene-Workshop verpassen wir der Uhr noch den letzten Pep. Mit Hilfe einer simulierten Jalousie verwandeln wir die eher konventionelle Produktaufnahme in eine richtige Szene.

Dem Raubfisch werden wir noch mehr Aufmerksamkeit schenken. Er benötigt nicht nur die richtige Beleuchtung, sondern die ihm zustehende Unterwasserumgebung. Trotz aller Mühe beim Modellieren und Texturieren – erst mit einer adäquaten Unterwasserszene ist unser Hai dem Realismus nahe.

Bei der Ausleuchtung von Objekten und Szenen ist der in einem Workshop festzuhaltende mögliche Anteil wesentlich geringer als in allen anderen Kapiteln.

Dies liegt in erster Linie daran, dass die eigentliche zeitraubende Arbeit im Experimentieren und Testen von Lichtquellen und Schatten liegt. Sie können freilich den Workshop Schritt für Schritt übernehmen – aber glauben Sie mir: Kein Fotograf und kein 3D-Designer stellt seine Scheinwerfer und Materialien hin und hat das perfekte Bild im Kasten.

Ich schreibe Ihnen deswegen zu jedem Schritt die vorausgegangenen Überlegungen hinzu, mit der Bitte, Sie mögen einfach Ihre eigenen Experimente anhängen.

Testen Sie abweichende Lichtpositionen, Licht- und Schattenfarben. Das macht nicht nur Spass, sondern vermittelt Ihnen einen guten Eindruck, wie die Lichtquellen auf Ihre Modifikationen reagieren.

Die benötigten texturierten Cinema 4D-Objekte finden Sie wie gewohnt auf der CD-ROM zum Buch.

**Abbildung 1** ▶
Ergebnis des Armbanduhr-Workshops

## Workshop Armbanduhr-Szene

Unsere Armbanduhr bekam bereits eine Lichtquelle spendiert, um das Ergebnis des Texturing-Workshops besser beurteilen zu können.

Die Uhr bietet sich recht gut als Versuchskaninchen an, das Objekt ist flach und kommt mit relativ wenigen Lichtquellen aus.

Licht-Objekte warten mit einer Besonderheit auf: Ihnen kann eine Textur als Licht-Map zugewiesen werden. Auf diese Weise verwandeln Sie Lichtquellen sehr schnell zu Projektoren, Kirchenfenstern und durch Jalousien oder Lampenschirme verhangenen Lichtspendern.

Vorteil dieser Methode ist, dass Sie die in der Realität benötigten Objekte (Fenster, Jalousie etc.) nicht modellieren müssen. Und auch die Berechnung geht wesentlich schneller vonstatten, da keine zusätzlichen Shadow-Maps in das Rendering einfließen.

Ziel dieses Workshops ist, die Armbanduhr von einem Fenster mit Jalousie beleuchten zu lassen, unter Rücksichtnahme auf die angezeigte Uhrzeit und ambienter Umgebungsbeleuchtung.

Wenn Sie die Cinema 4D-Dateien der vorangegangenen Workshops nicht zur Hand haben, öffnen Sie einfach das texturierte Armbanduhr-Objekt von der beiliegenden CD-ROM.

## *1. Jalousie-Lichtquelle*

*Um einer Lichtquelle ein Licht-Map vorschalten zu können, benötigen Sie eine Textur, die Sie auf das Licht legen.*

*Auf der beiliegenden CD-ROM finden Sie die Datei Jalousie.tif (Abbildung 1), die ich in diesem Workshop verwende. Selbstverständlich können Sie auch auf Eigenkompositionen zurückgreifen.*

*Erstellen Sie ein neues Material mit Namen »Jalousie«, und aktivieren Sie den Alpha-Kanal. Als Alpha-Textur definieren Sie die Jalousie-Datei. Je nachdem, wie Ihnen das Schwarzweißverhältnis der Überblendung gefällt, können Sie die Textur invertieren lassen. Da wir kein Bild projizieren wollen, ist der Farb-Kanal nicht notwendig.*

*Zur Projektion der Jalousie erzeugen Sie eine neue Lichtquelle mit rechteckigem Spot (Abbildung 4). Das Licht darf weiß bleiben, die Schatten sollen weich ausfallen ❶.*

*In Abbildung 4 sehen Sie auch den äußeren Winkel ❷ und andere Details meiner Spot-Lichtquelle, erzeugen Sie diese Parameter aber nach Bedarf und Gusto später mit den interaktiven Werkzeugen.*

**Abbildung 2 ▶**
Jalousie-Textur für die Lichtquelle

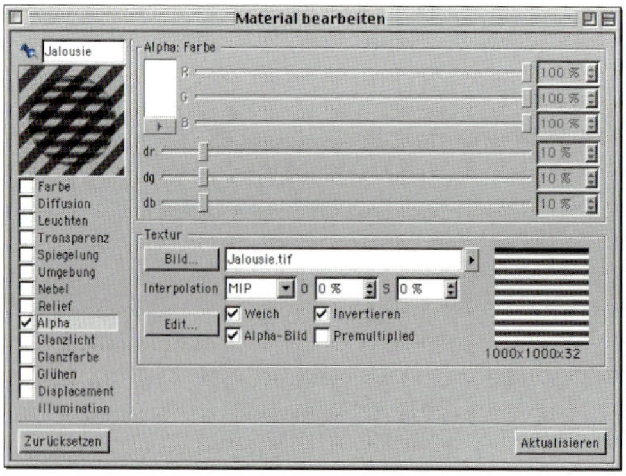


**Abbildung 3 ▶**
Jalousie-Material

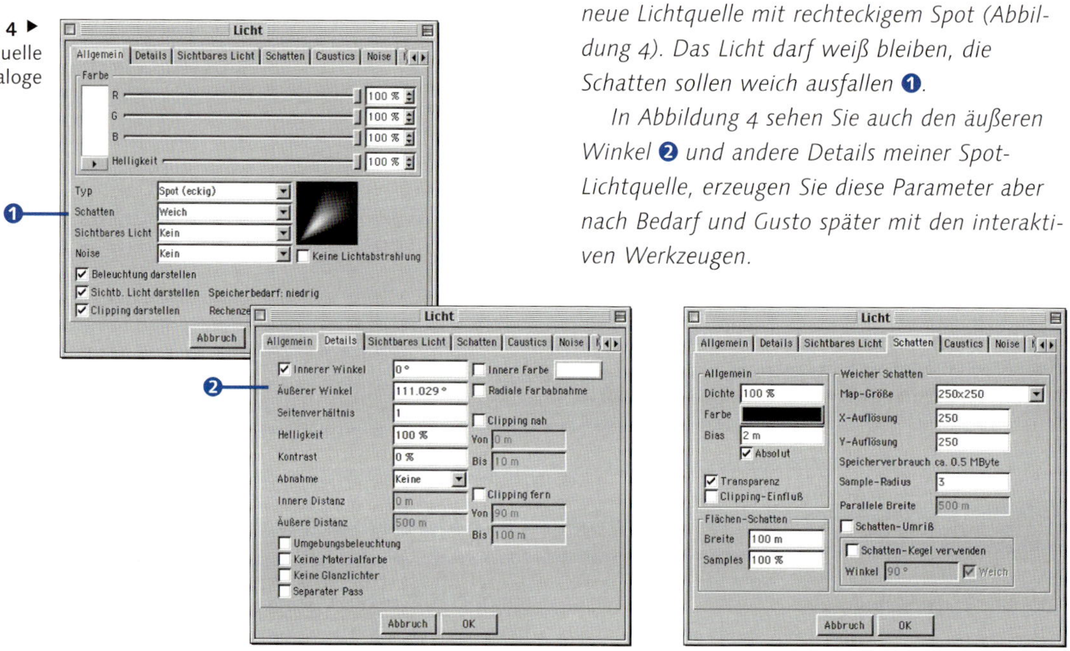


**Abbildung 4 ▶**
Jalousie-Lichtquelle
Einstellungsdialoge

*Ziehen Sie das Jalousiematerial auf die Spot-Lichtquelle. Der bekannte Textur-Geometrie-Dialog (Abbildung 5) springt auf und fragt Sie nach den Mapping-Einstellungen. Verwenden Sie das* Flächen-Mapping *ohne Kachelung. Wie Sie sehen, ist die Textur auf 600% skaliert. Diese Größe ist natürlich abhängig vom Verhältnis Uhr zu Jalousieritzen und generell vom Abstand der Lichtquelle. Meine 600% sind schon hart an der Grenze, Sie dürfen ruhig auf 800–1000% gehen.*

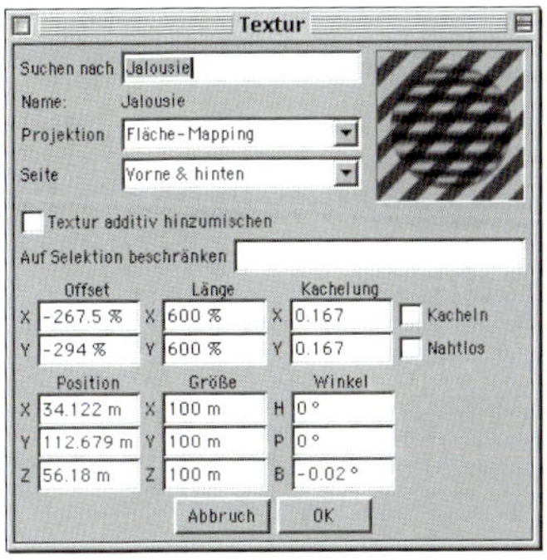


◂ **Abbildung 5**
Textur-Geometrie-Dialog der Lichtquelle

*Die Jalousie-Lichtquelle kann nun in Position gebracht werden. Orientieren Sie sich dabei an die 3D-Ansicht aus Abbildung 6. Wenn Sie die Projektion der Jalousien später aus einer anderen Richtung anbringen möchten, verwenden Sie beim Drehen und Verschieben der Lichtquelle am besten das Weltachsen-System.*

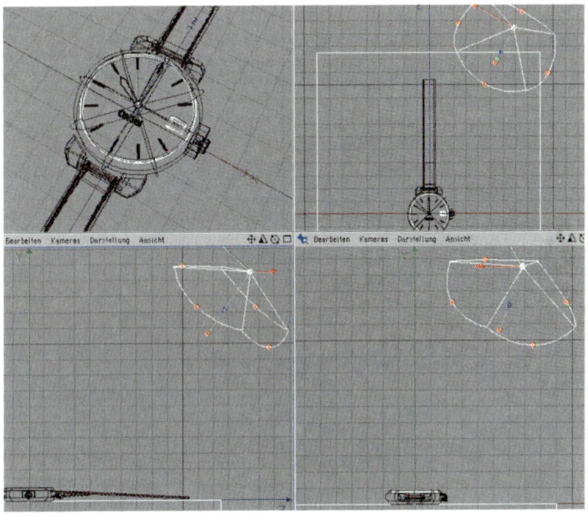

◂ **Abbildung 6**
Platzierung der Jalousie-Lichtquelle

*Für alle Fälle sehen Sie in Abbildung 7 die Koordinatenwerte meiner Jalousie-Lichtquelle.*

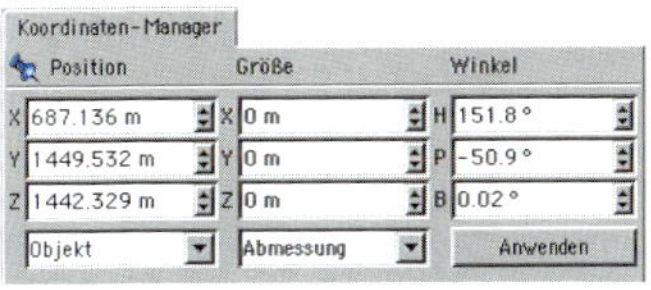


◂ **Abbildung 7**
Koordinatenwerte der Jalousie-Lichtquelle

*Damit Sie sich bei der Feinausrichtung an die Lichtquelle halten können, sollten Sie mit aktiviertem Textur-bearbeiten-Modus die Jalousie-Textur ein wenig zurechtrücken (Abbildung 8).*

*Prüfen Sie jede Modifizierung mit einem Test-Rendering. Oftmals bewirkt schon eine geringe Verschiebung einen gewaltigen Satz auf der Fläche.*

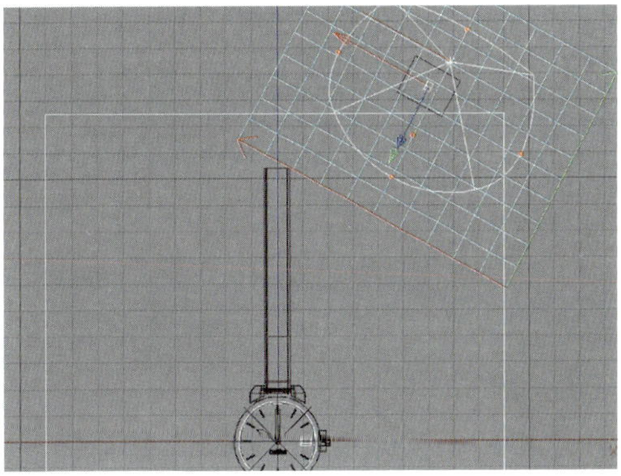

◂ **Abbildung 8**
Platzierung der Jalousie-Textur

Abbildung 9 ▶
Test-Rendering der Jalousie-Lichtquelle

## *2. Ambientes Licht*

*Ein Test-Rendering Ihrer Szene sollte in etwa der Abbildung 9 gleichkommen. Die Stimmung sieht etwas düster aus – für eine solche Wetterlage ist der Kontrast von Jalousie und Ritze zu hoch. Um die Szene etwas optimistischer zu stimmen und gleichzeitig etwas ambientes Raumlicht einzubringen, setzen wir zur Unterstützung eine Punktlichtquelle ein.*

*Verwenden Sie ein dunkles Blau als Lichtfarbe, die Helligkeit darf etwas unterhalb der Mitte stehen, der Schatten ist wiederum weich ❶.*

*Das blaue Licht soll einen vormittäglichen blauen Himmel simulieren, der auch vom Raum aufgenommen und zurückgeworfen wird. Zusätzlich verändern wir die Schattenfarbe des ambienten Lichts auf ein mittleres Blau ❷. Zum einen wirkt dies realistischer, zum anderen ergibt sich ein interessanter Neoneffekt auf der Tischoberfläche. Positionieren Sie das ambiente Licht wie in Abbildung 10 gezeigt links schräg oberhalb der Uhr. Das Renderergebnis sehen Sie in Abbildung 12.*

Abbildung 10 ▶
Einstellungsdialoge der Punktlichtquelle

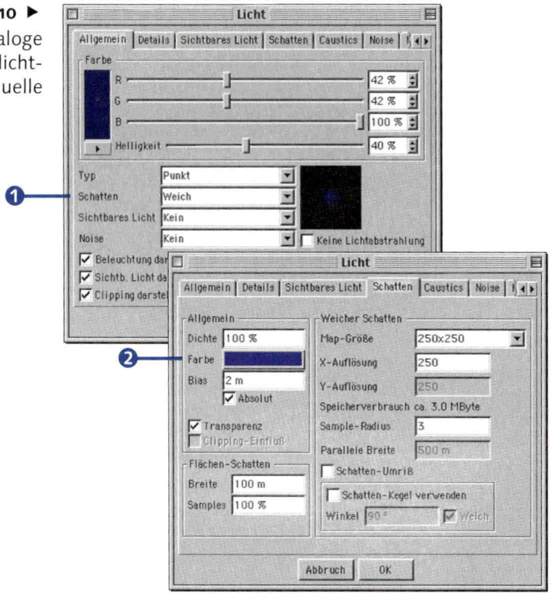


Abbildung 11 ▶
Platzierung des ambienten Lichts

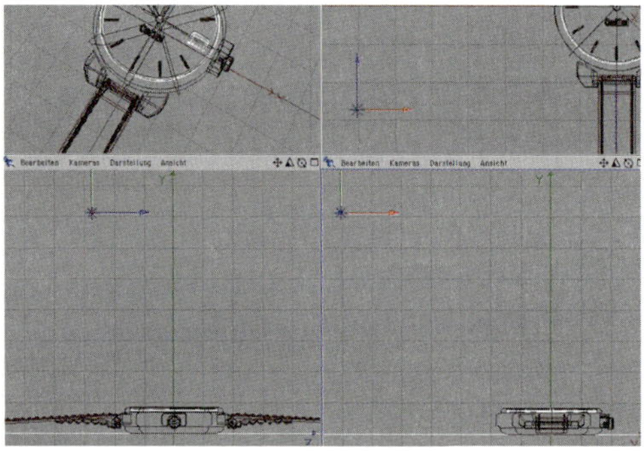

Abbildung 12 ▼
Endergebnis

**Abbildung 13** ▸
Ergebnis des Unterwasser-Workshops

## Workshop Unterwasserszene

Nun ist es endlich soweit: Der Hai darf ins Wasser.

In diesem Workshop kommen alle wichtigen Szeneobjekte zum Einsatz. Die Szene soll aus der Sicht eines mutigen Tauchers unter Wasser entstehen. Der Hai steht selbstverständlich im Mittelpunkt, zusätzlich bekommt er durch Wasseroberfläche, Unterwasserumgebung (Nomen est Omen!) und Meeresgrund eine zum Hai passende Unterwasser-Landschaft, wo er natürlich wirkt und sich hoffentlich wohl fühlt …

Wir erstellen eine »reale« Szene, daher halten wir uns auch an die in der Realität unter Wasser vorhandenen Lichtquellen. »Unter Wasser« stimmt freilich nicht – das einzige Licht, das unter Wasser für Helligkeit sorgt, ist das Sonnenlicht. Hier ist also zwingend notwendig, ambientes Licht zu simulieren. Ein weiterer schöner Effekt ist das durch die Materie des Wassers produzierte sichtbare Licht. Zwar arbeiten wir in diesem Workshop nur mit einfachem sichtbarem Licht – sollten Sie aber Ihrem Rechner einmal ein wenig Stress verschaffen wollen, ändern Sie das »sichtbare« Licht schnell in »volumetrisches« um.

Den texturierten Hai finden Sie wie gewohnt auf der CD-ROM zum Buch.

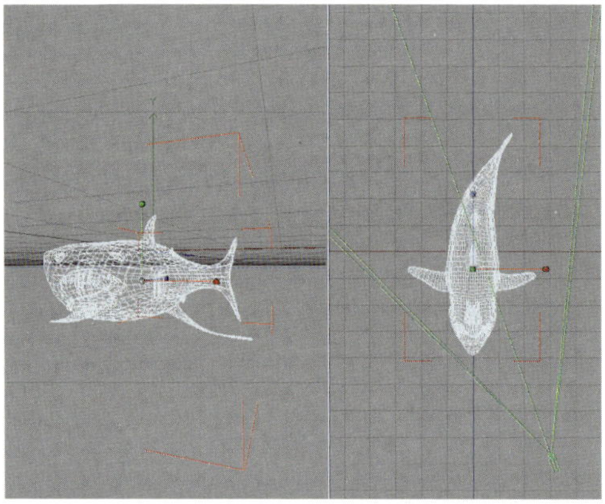

**Abbildung 14 ▶**
Positionierung der Kamera

## *1. Kamera und Unterwasserumgebung*

*Um flexibler mit der Kamera umgehen zu können, richten wir die Editor-Kamera als Kameraobjekt ein. Zuvor suchen Sie sich mit den Bedienelementen am oberen Editorrand die gewünschte Kameraposition aus.*

*Wenn Sie mit dem Standpunkt zufrieden sind, erstellen Sie über die Objekt-Palette eine neue Kamera (Abbildung 14). Übernehmen Sie diese Kamera über den Befehl* KAMERAS · SZENE-KAMERAS · KAMERA *im Ansichtsfenster als Editor-Kamera.*

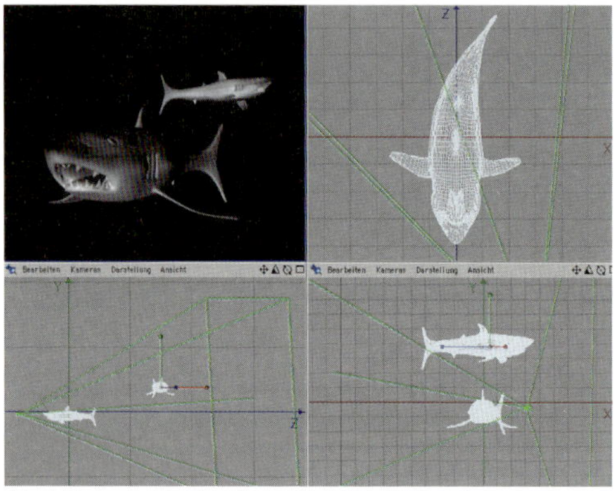

**Abbildung 15 ▶**
Positionierung des zweiten Hais

*Damit der Hai nicht so einsam umherschwimmen muss, duplizieren Sie ihm einen Kumpan. Halten Sie dazu die Befehlstaste fest und verschieben das Haiobjekt (respektive den HyperNURBS-Käfig) ein wenig nach unten. Platzieren Sie den zweiten Hai versetzt nach hinten – Abbildung 15 wäre eine Möglichkeit.*

*Der erste Schritt zum Unterwasser-Look (Abbildung 17) soll eine Umgebung sein, die Sie mit den Angaben aus Abbildung 16 versehen.*

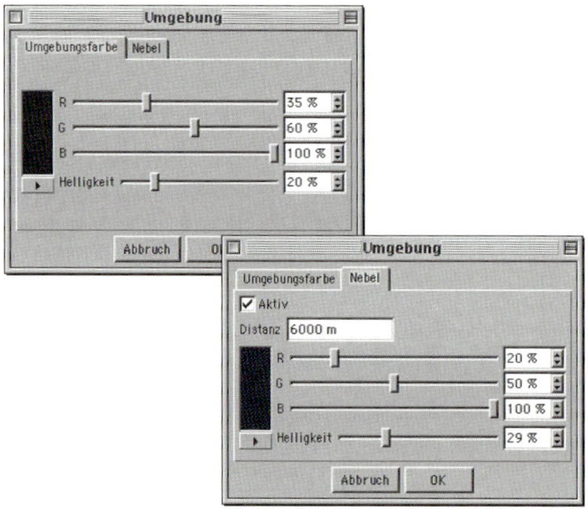


**Abbildung 16 ▶**
Einstellungsdialog der Umgebung

**Abbildung 17 ▼**
Szene mit Umgebung-Objekt

## 2. Wasseroberfläche

*Für die Wasseroberfläche brauchen wir noch ein geeignetes Material. Erzeugen Sie im Material-Manager ein neues Material »Wasser« oder ähnlich.*

*Verwenden Sie für den FARBE-Kanal (Abbildung 18) ein mittleres Blau.*

*Der TRANSPARENZ-Kanal (Abbildung 19) bekommt neben einer etwas differierenden Blaufärbung den Wasser-Shader als Textur zugewiesen.*

*Setzen Sie die Spiegelungsstärke oberhalb der Mitte an. Eine Textur wird nicht benötigt, da auch Wellen reflektieren – nur eben in eine andere Richtung (Abbildung 20).*

*Der RELIEF-Kanal (Abbildung 21) dagegen braucht den Wasser-Shader als Reliefstruktur – sonst gäbe es keine Wellen.*

*Ein spitzes, mittelhohes Glanzlicht (Abbildung 22) noch, und unser Wasseroberflächen-Material ist fertig.*

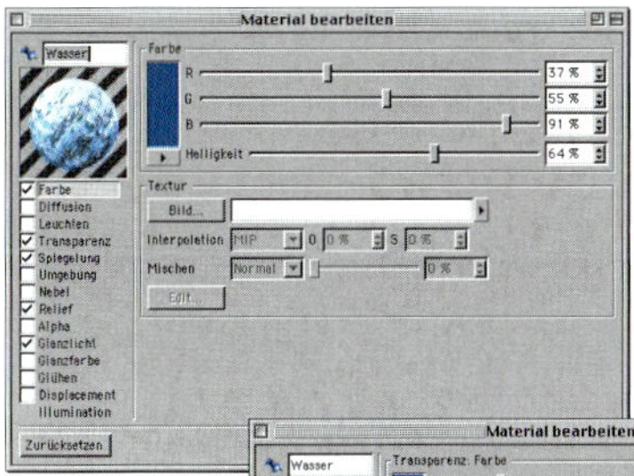


◀ **Abbildung 18**
Farbe-Kanal

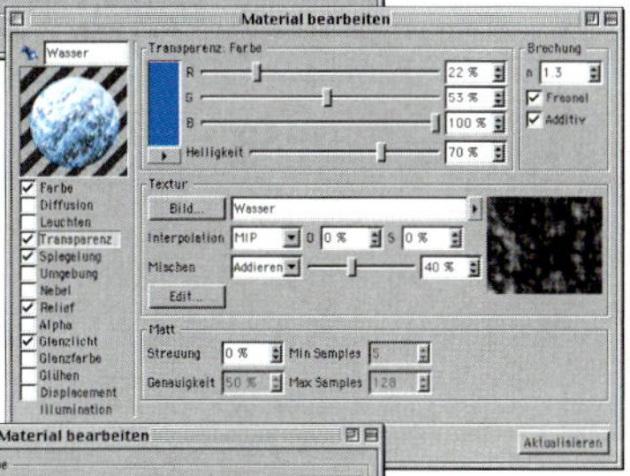


◀ **Abbildung 19**
Transparenz-Kanal

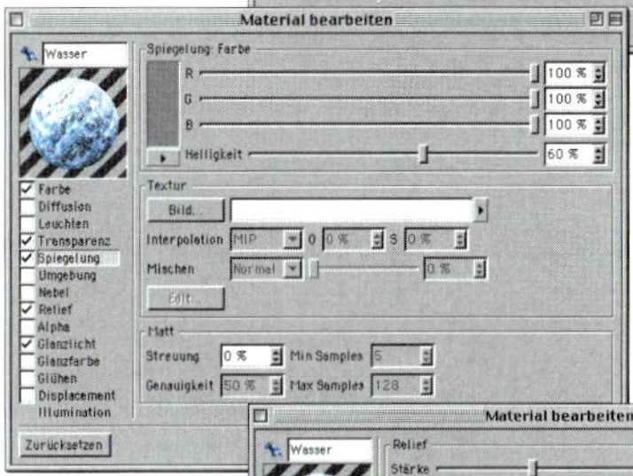


◀ **Abbildung 20**
Spiegelung-Kanal

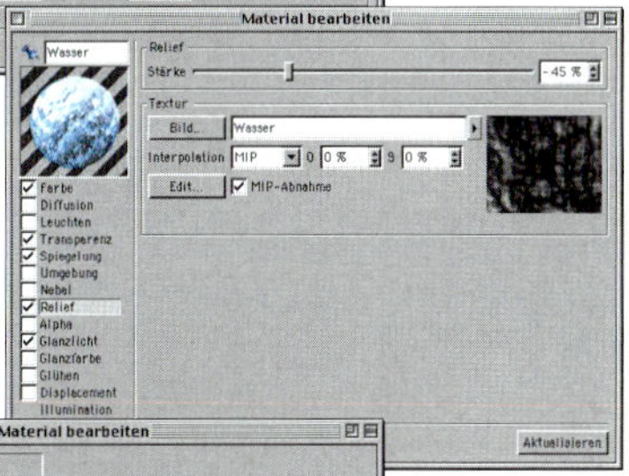


◀ **Abbildung 21**
Relief-Kanal

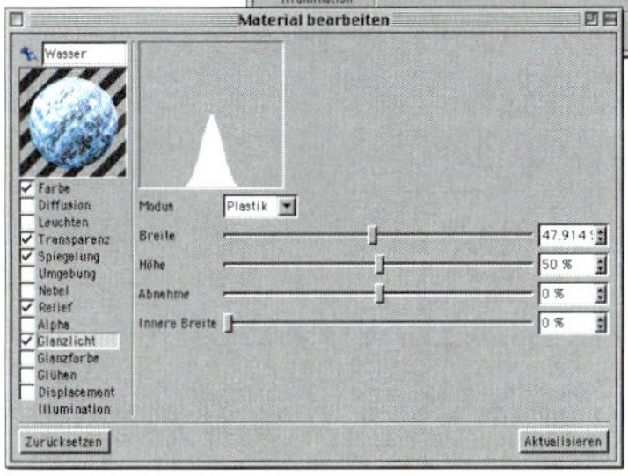


◀ **Abbildung 22**
Glanzlicht-Kanal

*Als Träger für die Wasseroberfläche fungiert ein Ebenen-Objekt aus der Grundobjektpalette. Stellen Sie nach Doppelklick auf das Ebenensymbol die Parameter aus ein (Abbildung 23).*

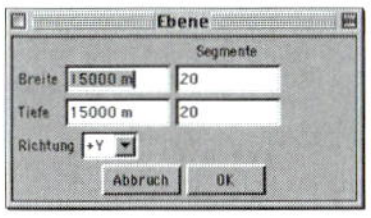


◀ **Abbildung 23**
Ebenen-Objekt

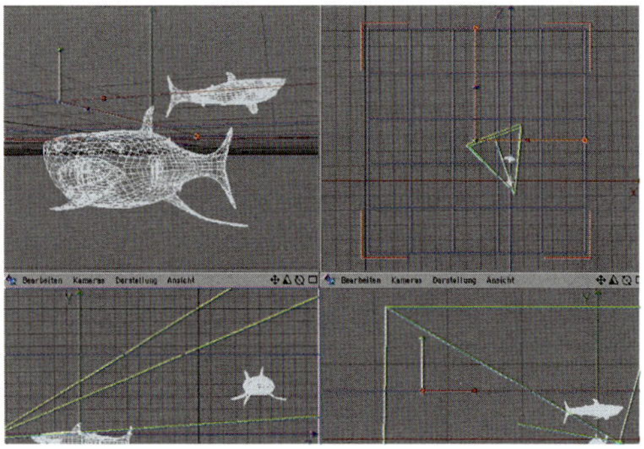

**Abbildung 24 ▶** Platzierung der Wasseroberfläche

*Dank Kameraobjekt haben Sie bei der Platzierung der Wasseroberflächen-Ebene (Abbildung 24) eine gute Übersicht über die Szenenverhältnisse.*

*Verschieben Sie die Wasseroberfläche, so dass der rechte untere Punkt der Ebene ein bisschen näher an die Kamera heranrückt.*

*In Y-Richtung sollte die Ebene ein kurzes Stück über dem hinteren Hai liegen. Dieser Hai interessiert sich mehr für das Geschehen über Wasser.*

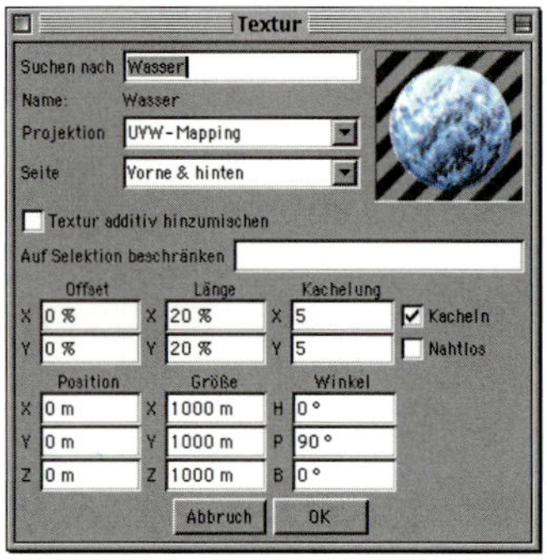


**Abbildung 25 ▶** Textur-Geometrie-Dialog des Ebenen-Objekts

*Nun können Sie das Wasser-Material auf das Ebenen-Objekt ziehen. Im Textur-Geometrie-Dialog wählen Sie die Flächenprojektion bei eingeschalteter Kachelung aus. Die restlichen Werte übernehmen Sie aus Abbildung 25 oder finden eigene passende Parameter.*

*Ein Test-Rendering (Abbildung 26) der Szene sagt noch nicht allzu viel über das Unterwasserambiente aus. Dies liegt unter anderem daran, dass immer noch Cinema 4Ds Standard-Lichtquelle zum Einsatz kommt. Das wird sich gleich ändern.*

**Abbildung 26 ▶** Szene mit Wasseroberfläche

## *3. Hauptlicht der Szene*

*Das Hauptlicht der Szene kommt von oben – gefiltert durch die Wasseroberfläche. Erzeugen wir daher eine Licht-Map, die als Textur vor dem Hauptlicht liegen soll.*

*Das zugehörige neue Material (Abbildung 27) benötigt lediglich den Wasser-Shader als Transparenztextur.*

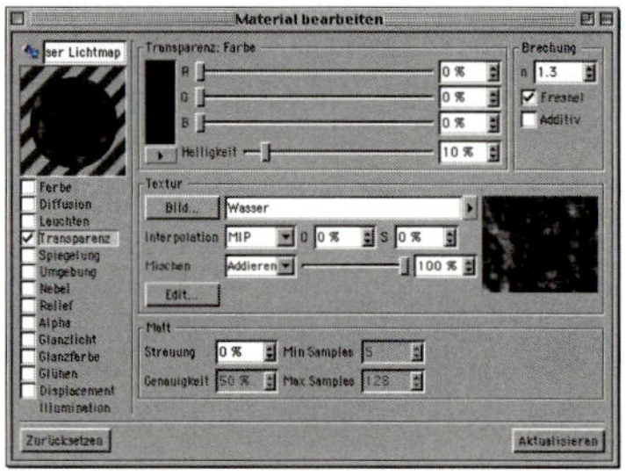


**Abbildung 27 ▶** Material der Hauptlichtquelle

*Holen Sie sich eine Lichtquelle aus der Szenen-Objekt-Palette, und erstellen Sie, wie in Abbildung 28 gezeigt, ein weißes Punktlicht mit weichem Schattenwurf und sichtbarem Lichteinfall.*

*Sollten Sie einmal viel Zeit übrig haben, die Ihr Rechner alleine verbringen soll, so stellen Sie das sichtbare Licht auf »volumetrisch« um.*

*Sie sehen meine Distanz des sichtbaren Lichtes. Dies regeln Sie aber am besten mit den interaktiven Anfassern in der Editoransicht, da hier die Abstände zur Wasseroberfläche und zu den Haien entscheidend ist.*

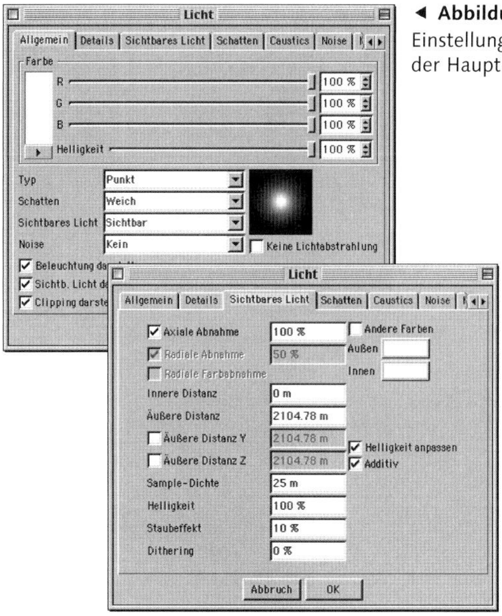


◀ **Abbildung 28**
Einstellungsdialoge der Hauptlichtquelle

*Bei der Platzierung des Hauptlichtes hilft Ihnen Abbildung 29 weiter. Das Hauptlicht sitzt oberhalb der Wasseroberfläche – weit genug, um zu viel Glanzlichter und Lichtreflexionen zu vermeiden, dennoch nahe genug, um unsere Szene zu erhellen. Der Distanzradius des sichtbaren Lichtes (orange Anfasser) verläuft bis kurz vor dem vorderen Hai.*

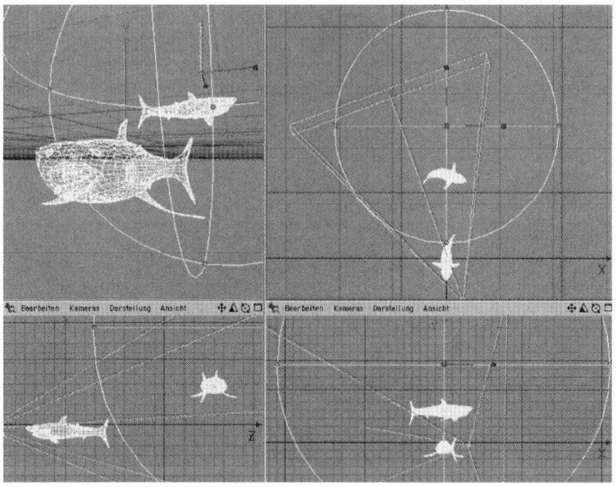

◀ **Abbildung 29**
Platzierung des Hauptlichtes

*Weisen Sie dem Hauptlicht nun das Material mit der Licht-Map zu. Dabei halten Sie sich beim Textur-Geometrie-Dialog (Abbildung 30) im Großen und Ganzen an die Werte, die Sie auch für die Wasseroberfläche verwendet haben.*

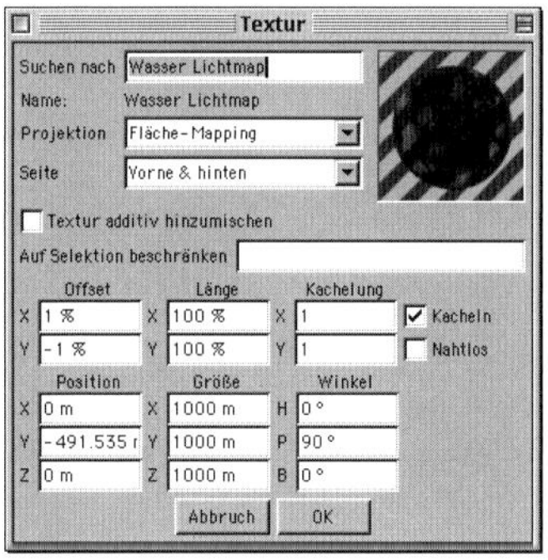


◀ **Abbildung 30**
Textur-Geometrie-Dialog des Hauptlichts

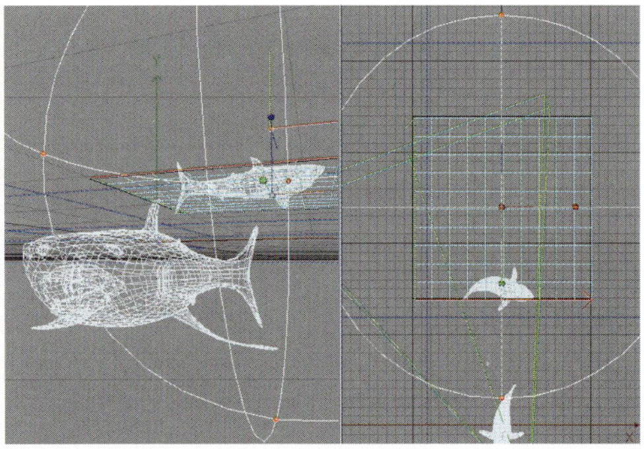

**Abbildung 31 ▶**
Platzierung der Licht-Map

*Mit aktiviertem Textur-bearbeiten-Modus können Sie besser beurteilen, ob die Licht-Map passend platziert oder eventuell zu klein ist (Abbildung 31).*

**Abbildung 32 ▶**
Szene mit Hauptlicht

*Das nächste Test-Rendering zeigt nun schon mehr Ähnlichkeit mit einem Unterwasserfoto.*

*Nun geht es ans richtige Ausleuchten der Szene, etwas Objekt- und Ambientebeleuchtung zeigt mehr von den Haien und beseitigt »flache« Stellen, wie beim Maul des vorderen Hais.*

## 4. Ausleuchten der Szene

*Fangen wir beim Key-Licht des Haies an. Nehmen Sie eine neue Lichtquelle aus der Palette, und stellen Sie ein blaugraues Spot-Licht ein. Bei den Details beschränken Sie den äußeren Winkel auf ca. 60°, die Feineinstellung erfolgt dann interaktiv im Editor.*

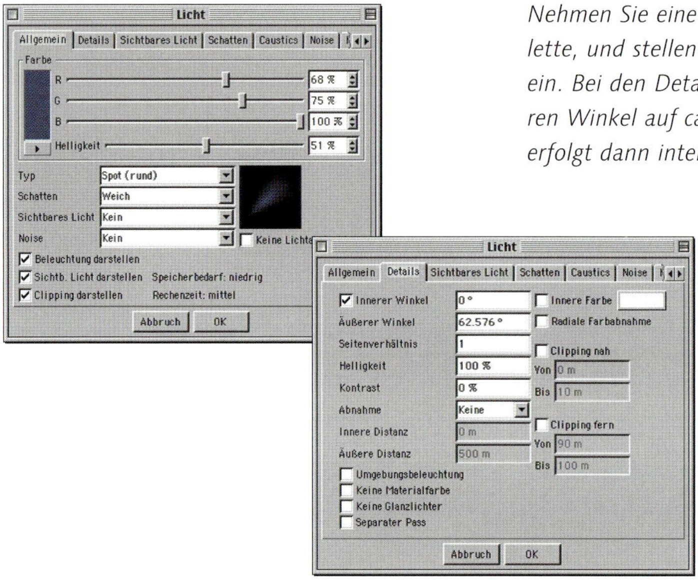


**Abbildung 33 ▶**
Einstellungsdialoge des Key-Lichts

*Positionieren Sie das Key-Licht des Hais auf die rechte Seite, und versuchen Sie, den kompletten Hai anzustrahlen. Wie Sie in Abbildung 34 sehen, geschieht die Beleuchtung meines Beispiels von rechts schräg oben.*

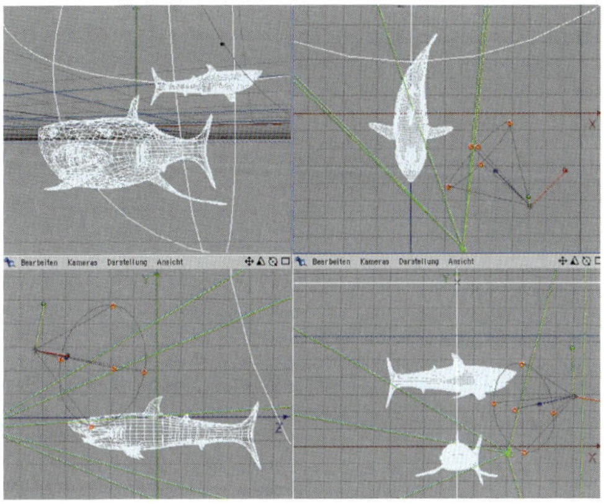

◂ **Abbildung 34**
Platzierung des Key-Lichtes

*Auf der anderen Seite des Hais soll nun ein dunkles Füll-Licht die Vorderseite und speziell das Maul etwas abdunkeln. Außerdem beseitigt dieses Füll-Licht den verwaschenen Bereich rund um das Haifischmaul.*

*Nehmen Sie ein extrem dunkles grünes oder blaues Punktlicht, ohne Schattenwurf (Abbildung 35).*

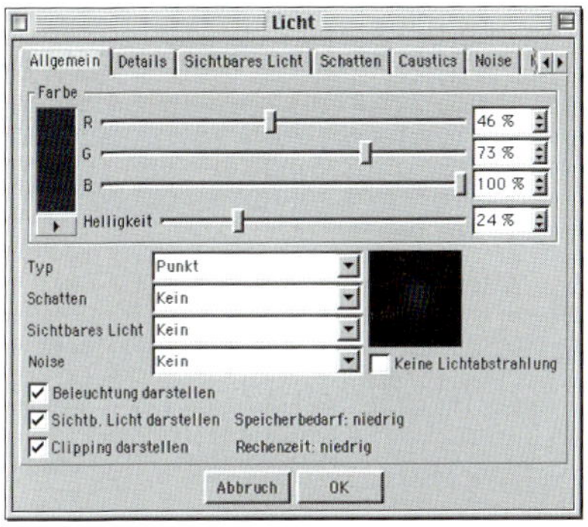


◂ **Abbildung 35**
Einstellungen des Füll-Lichts

*Die Position des Punktlichtes entnehmen Sie Abbildung 36. Wichtigster Einfluss dieses Lichtes ist die untere linke Maulseite.*

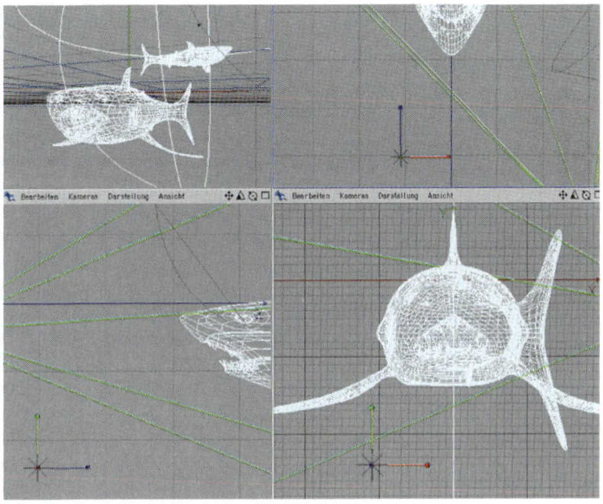

◂ **Abbildung 36**
Platzierung des Füll-Lichtes

Abbildung 37 ▶
Einstellungsdialoge des Bodenlichts

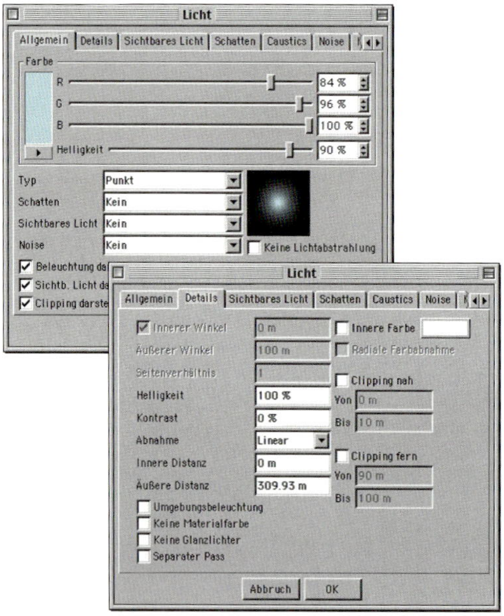


*Ein letztes Licht kümmert sich um die Beleuchtung der Bauchseite des Hais. Die Beleuchtung der Unterseite geschieht in der Realität durch die Reflexion des Hauptlichtes vom Meeresgrund – wiederum ein Fall für die Simulation von indirektem Licht. Momentan haben wir zwar noch keinen Meeresgrund, um dieses Licht kommen wir aber in keinem Fall herum.*

*Erzeugen Sie dafür eine neue Punkt-Lichtquelle, geben Sie dem Licht eine türkise Farbe, Schattenwurf benötigen Sie nicht (Abbildung 37).*

*In den Detaileinstellungen geben Sie eine äußere Distanz mit linearer Abnahme ein, das Fein-Tuning wird im Editor interaktiv erledigt.*

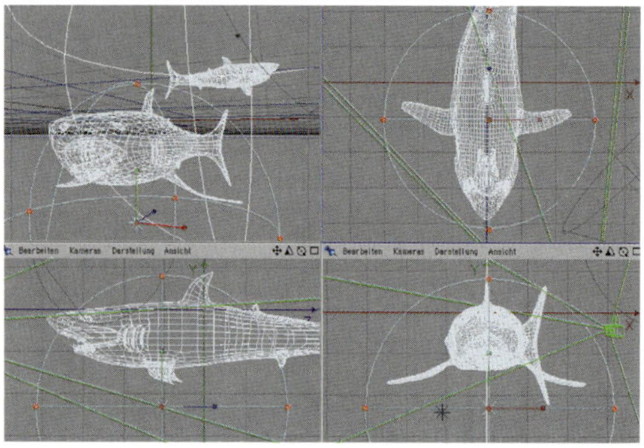

Abbildung 38 ▶
Platzierung des »indirekten« Bodenlichtes

*Der Mittelpunkt des Lichtes sollte in Y-Richtung etwa mit der unteren Spitze der Schwanzflosse abschließen, in Z-Richtung auf Höhe der Seitenflossen (Abbildung 38).*

*Wenn nötig, schieben Sie mit den Greifpunkten die äußere Distanz des Lichtes ein wenig zusammen.*

Abbildung 39 ▶
Szene mit Bodenlicht

*Ihre Szene dürfte beim Rendering nun der Abbildung 39 gleichkommen. Das Bodenlicht gibt dem Hai eine schöne Umrahmung.*

*So richtig angeben können wir mit der Szene aber noch nicht, denn unsere Licht-Map kommt nicht im vollen Ausmaß zur Geltung.*

*Geben wir der Szene noch einen Boden, dann kann das Hauptlicht seine »Flecken« werfen. Das Bodenlicht wird ebenfalls plausibler.*

*Für den Meeresgrund erstellen Sie ein neues Material (Abbildung 40), und geben Sie ihm im* FARB*-Kanal einen hellgrünen oder türkisen Ton.*

*Im* RELIEF*-Kanal suchen Sie sich eine adäquate Reliefstruktur aus, in Frage kommen beispielsweise Noise-, Wolken- und Wasser-Shader.*

*Als Boden nehmen wir ein Ebenen-Objekt in ausreichender Größe aus der Grundobjekt-Palette. Auf Grund des Umgebungsnebels reicht für den geringen sichtbaren Ausschnitt das flache Objekt. Wenn Sie möchten, können Sie auch ein Landschafts-Objekt verwenden.*

*Schieben Sie den Meeresgrund unter die Haie (Abbildung 42), und passen Sie gegebenenfalls die Abnahmedistanz des Bodenlichtes an.*

*Ziehen Sie das Material auf das Meeresgrund-Objekt, und stellen Sie im Textur-Geometrie-Dialog (Abbildung 43) Flächen-Mapping, Kachelung etc. wie gezeigt ein.*

*Im Endergebnis (Abbildung 44) ist nun auch das Hauptlicht mit Map auf dem Boden sichtbar.*

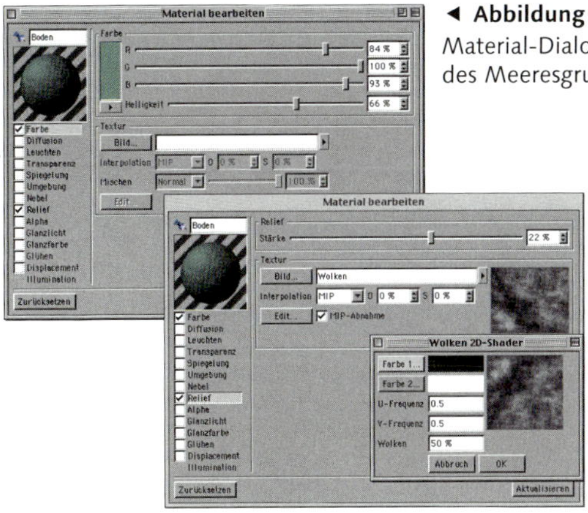


◀ **Abbildung 40**
Material-Dialoge des Meeresgrunds

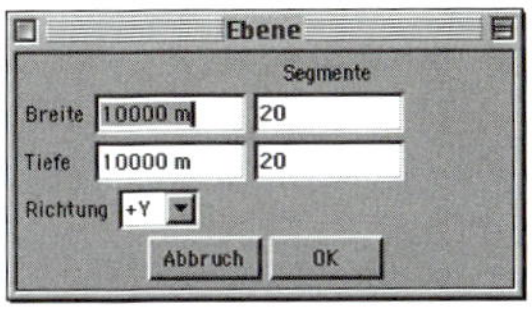


◀ **Abbildung 41**
Ebenen-Objekt für den Meeresgrund

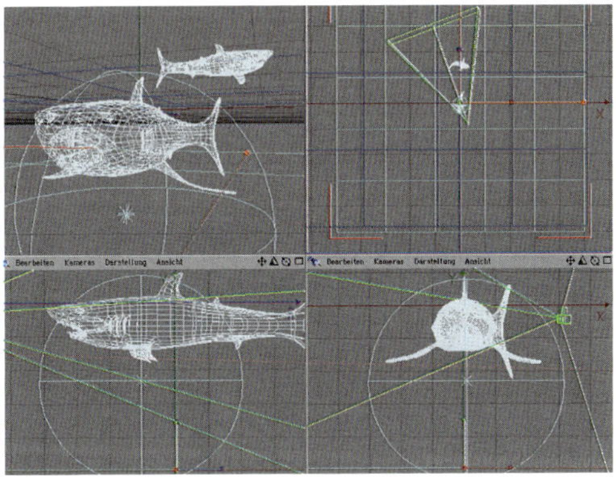

◀ **Abbildung 42**
Platzierung des Meeresgrundes

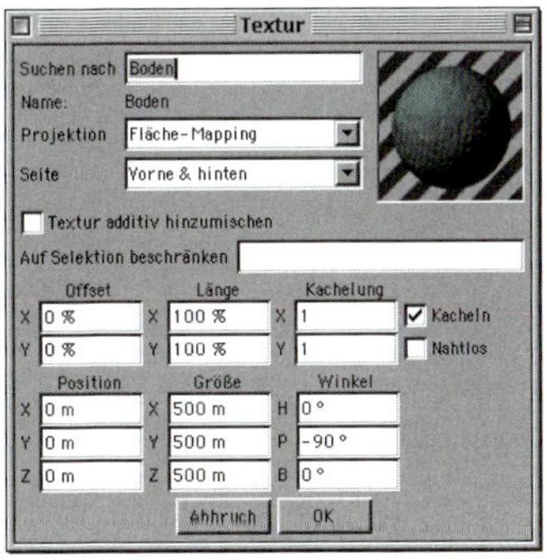


◀ **Abbildung 43**
Textur-Geometrie-Dialog des Meeresgrunds

▼ **Abbildung 44**
Endergebnis

# Animation

# Animation in Cinema 4D

*In Cinema 4D ist so gut wie alles animierbar – ob Objekt-Geometrie, Spezialeffekt, Objekt-Parameter, für alles gibt es eine Lösung bzw. Animations-Spur.*

Bräuchten Sie von Ihrer Szene nur eine hochaufgelöste Abbildung, wären Sie mit Ihrer Arbeit schon am Ziel – ein kurzer Blick in den Rendering-Teil, und Sie könnten Ihre Hände in den Schoß legen.

Aber wer will bei solch faszinierenden Möglichkeiten schon Halt machen – wenn's auch (rein aus Zeitmangel) keine Fortsetzung von »ToyStory« oder »A Bug's Life« wird, so haben Sie mit Cinema 4D doch ein mächtiges Animations-Werkzeug in der Hand.

Schon mit Version 6 von Cinema 4D hat Maxon viele Dinge eingeführt, die Ihnen das Leben beim Animieren leichter machen. Dank einer radikale Aufräumaktion und Umstrukturierung mit damaligen Neuheiten wie parametrischen Grundobjekten, Deformatoren und Point-Level-Animation läuft vieles logischer und überschaubarer ab – trotz einer wesentlich höheren Anzahl an Möglichkeiten.

Und wem die in Cinema 4D eingebauten Funktionen nicht genügen, der implementiert sie mit selbst oder von anderer Hand geschriebenen Expressions und Plug-ins. Dank Cinema 4Ds C.O.F.F.E.E.-Schnittstelle sind Ihren Ideen (fast) keine Grenzen gesetzt.

Dieses Kapitel beinhaltet alles, was im weitesten Sinne mit der Zeitleiste oder Zeit im Allgemeinen zu tun hat. Darum erfahren Sie gleich im ersten Teil alles über Spuren, Sequenzen und Keyframes und über die Arbeit mit der Zeitleiste.

Frei-Form-Deformationen (FFDs) und Boole-Objekte gehören zur Gruppe der Deformatoren. Seitdem haben sie viel von ihrem Schrecken verloren. Wie Sie mit Deformatoren als Animations-Objekte arbeiten, lesen Sie ab Seite 262.

Besonders die Character-Animation profitiert von der PLA-Fähigkeit von Cinema 4D. Mit der Point-Level-Animation können Sie Ihre Objekte auf Punktebene animieren, was früher nur über umständlicheres spezielles Morphing funktionierte. Ab Seite 268 zeige ich Ihnen, wie's geht.

Mit Bones und Inverser Kinematik verleihen Sie Ihren Geschöpfen Knochen und Gelenke, die Sie dann nach dem Vorbild der Natur animieren. Dabei spielen auch die Vertex-Maps eine Rolle, mit der Sie Punktewichtungen für die Objektverzerrung vergeben – Näheres dazu ab Seite 270.

Anschließend erfahren Sie, wie Sie Bewegungsabläufe zu Gruppen zusammenfassen (Motion-Sequencing) und exakteste Raum- und Zeitanpassungen über Kurven vornehmen.

Mit Partikelsystemen lässt sich erstaunlich viel machen, egal ob Rauch, Spezialeffekt, Flüssigkeit oder – wie im späteren Workshop – Haifischschwarm. Mehr dazu ab Seite 284 des Kapitels.

Wer Expressions selbst schreiben möchte, muss kein Programmierer sein. Ein paar Grundkenntnisse über Programmabläufe und die Informationen ab Seite 292 sollten fürs Erste genügen.

Und schließlich dürfen Sie das Gelesene wieder in einem Workshop ausprobieren – so kommt endlich Schwung in die Unterwasserwelt.

# Zeitleiste

*Animation bedeutet so gut wie immer Arbeiten in der Zeitleiste. Egal ob eine einfache Keyframe-Animation, Deformatoren oder eine komplexe Bewegung mit Bones und inverser Kinematik ansteht, die Zeitleiste setzt Ihre Wünsche in Taten um.*

Im Grundlagen-Teil dieses Buches haben Sie die Zeitleiste schon in den Grundzügen kennen gelernt.

Die Erzeugung, Kontrolle und Wiedergabe Ihrer Animation läuft innerhalb der Zeitleiste (Abbildung 1) ab. Um die große Anzahl der Funktionen übersichtlich und komfortabel bedienbar an den Anwender zu bringen, teilt sich die Zeitleiste in insgesamt acht Bereiche auf. Als zusätzliche Palette zur Abspiel- und Aufnahmesteuerung der Animation kommt die Zeit-Manager-Leiste (Abbildung 2) hinzu.

Wie Sie es von einem Manager in Cinema 4D gewohnt sind, besitzt auch die Zeitleiste eine eigene Menüleiste ❶, in der sich alle Befehle befinden, die Sie zum Erzeugen und Bearbeiten Ihrer Spuren, Sequenzen, Keys, Animationspfade etc. benötigen.

Der zweite Bereich ist für den Power-Slider reserviert ❷, der sich, wie Sie schon im Grundlagen-Kapitel erfahren haben, um die Navigation in der Zeitleiste kümmert. Je nach Bedarf lässt sich der sichtbare Ausschnitt durch Verschieben des Balkens, die Skalierung des Ausschnitts durch Ziehen an den Enden oder die Anpassung des Sliders an die Fensterbreite durch Doppelklick auf den dunklen Balken am Power-Slider erreichen. Die Arbeit mit dem Power-Slider mag anfangs etwas ungewohnt sein, bald werden Sie aber seine Vorzüge zu schätzen wissen.

Im Zeitlineal-Bereich ❸ finden Sie – je nach Programmeinstellung – die »Zeit« in Bildern, Sekunden oder SMPTE-Format aufgetragen. Mit dem grünen Zeiger verschieben Sie den momentanen Zeitpunkt der Animation. Marker, die Sie zur Orientierung in der Zeitleiste anlegen können, finden sich genauso im Zeitlineal-Bereich wie die blauen Zeiger der Vorschauauswahl.

Der Objekt-Bereich ❹ hält standardmäßig alle auch im Objekt-Manager befindlichen Objekte bereit. Damit Sie sich auf das Wesentliche konzentrieren können, gibt es die Möglichkeit, den Objekten Layer zuzuordnen, um sie unsichtbar zu machen oder vor unbeabsichtigtem Zugriff zu schützen.

Dazu stehen im Layer-Bereich ❺ acht Layer in unterschiedlichen Farben zur Verfügung, die einem ausgewählten Objekt im Objektbereich einfach per Klick auf den Farbbutton zugewiesen werden. Mehr dazu ein paar Seiten weiter.

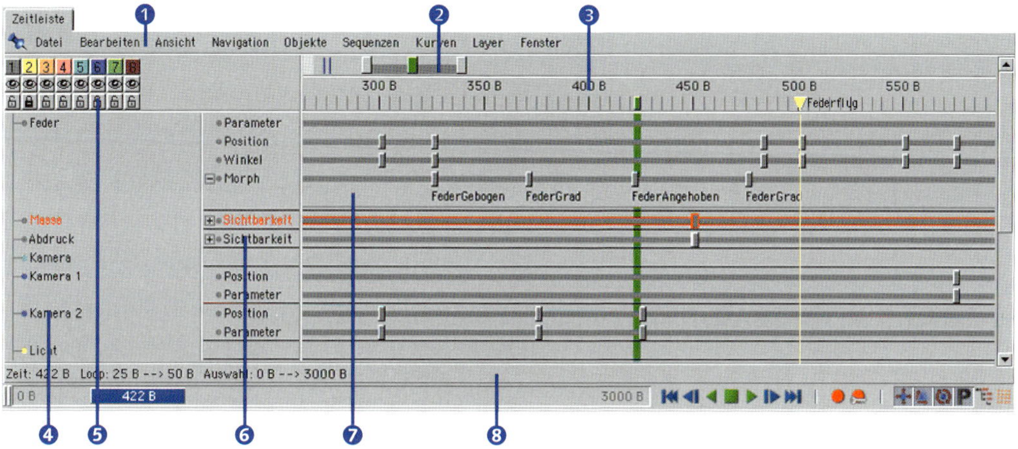


◄ **Abbildung 1**
Zeitleiste

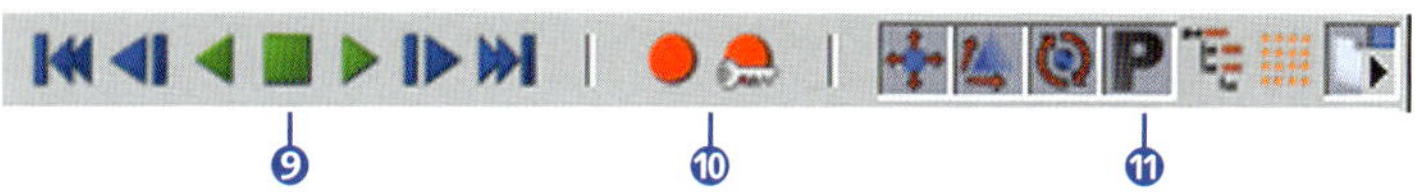


◄ **Abbildung 2**
Zeit-Manager-Leiste

Jedes über die Zeitleiste animierte Objekt hat seine Animationsspuren hierarchisch aufgelistet im Spuren-Bereich ❻ liegen. So kann ein Objekt mehrere Animationen gleichzeitig durchlaufen, im Zweifelsfall ist jedoch die hierarchisch höhere Spur bestimmend.

Der größte und wichtigste Teil ist natürlich der Sequenzen- und Key-Bereich ❼, der für jede Spur mittels Sequenzen und Keys (Schlüsselpositionen) festhält, wie lange ein Objekt über welche Parameter animiert wird.

Letzter Bestandteil der Zeitleiste ist die Statusleiste ❽, die Ihnen stets den aktuellen Zeitpunkt des grünen Zeigers, die in einer Schleife ablaufenden Bilder (Loop) der Vorschauauswahl und den Bereich der momentan getroffenen Auswahl liefert.

Statt des in Version 5.x noch vorhandenen Zeit-Managers steht als Ergänzung zur Zeitleiste eine abgespeckte Version in Form einer Palette (Abbildung 2) zur Verfügung. Abgespeckt bezieht sich aber lediglich auf den Platzbedarf – der Funktionsumfang hingegen hat zugelegt.

Laut Handbuch spreche ich eigentlich von der Zeit-Manager-Werkzeugpalette; die Funktionalität des blauen Schiebereglers ist Ihnen jedenfalls bereits aus dem Grundlagen-Teil bekannt. Konzentrieren wir uns auf den interessanteren Teil der Palette, die Positions- und Aufnahmesymbole.

Im linken Bereich ❾ finden Sie die üblichen Positionierungs-Symbole der Abspielsteuerung und in der Mitte die Aufnahme-Buttons für einfache Aufnahme und Autokeying ❿.

Mit den Optionsbuttons ⓫ im rechten Teil der Zeit-Manager-Leiste legen Sie fest, welche geometrischen Modifikationen bzw. Parameter durch Klick auf die Aufnahmebuttons als Keys gespeichert werden sollen. Darüber hinaus ist es möglich, die Aufnahme auf Unterobjekte und Punktebene (PLA) auszudehnen und die Abspielgeschwindigkeit einzustellen.

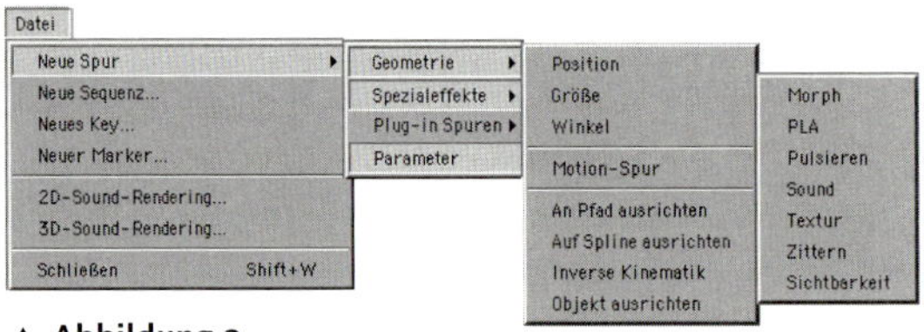


▲ **Abbildung 3**
Erzeugung von Spuren, Sequenzen und Keys

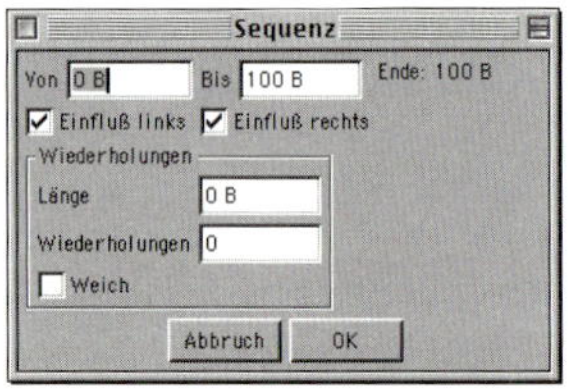


**Abbildung 5** ▲
Sequenz-Dialog

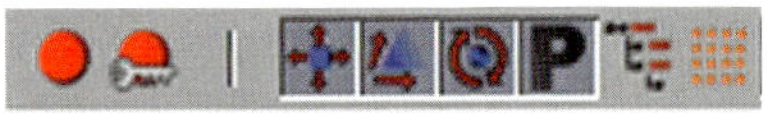

▲ **Abbildung 4**
Aufnahmeoptionen in der Zeit-Manager-Leiste

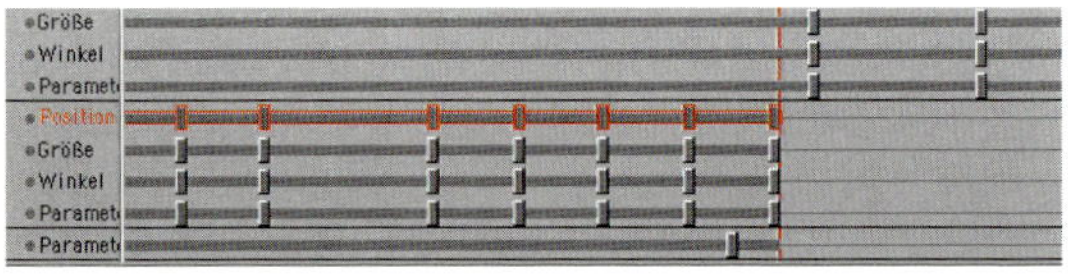


**Abbildung 6** ▶
Einflussbereiche von Sequenzen

# Spuren, Sequenzen und Keys

## Spuren

Die Animations-Spur ist das erste Glied in der Kette zur Erstellung einer Animation.

Mit der Spur legen Sie fest, welche Art von Animation das Objekt durchlaufen soll. Spuren lassen sich auf verschiedene Weisen erzeugen. Alle Spuren sind im Zeitleisten-Menü DATEI · NEUE SPUR (Abbildung 3) aufgeführt. Dabei gliedern sich die Spuren in vier unterschiedliche Bereiche – GEOMETRIE-, SPEZIALEFFEKT-, PLUG-IN- und PARAMETER-Spuren auf.

Geometrie-Spuren halten grundsätzlich die Lage eines Objektes fest bzw. richten das Objekt den Einstellungen entsprechend aus. Zu den Geometrie-Spuren gehören POSITIONS-, SKALIERUNGS- und WINKEL-Spur, mit denen Sie die räumliche Lage, Größe und Rotation eines Objektes animieren können. Sollen MOTION-GROUPS (mehr darüber ein paar Seiten später) übertragen werden, so kommt die Motion-Spur zum Einsatz. Des Weiteren lassen sich per Geometrie-Spur Objekte AN PFADEN, AUF SPLINES, mit INVERSER KINEMATIK und AUF ANDERE OBJEKTE ausrichten.

Mit Spezialeffekt-Spuren können Sie zwischen Objekten MORPHEN, auf Punktebene animieren (PLA), Objekte PULSIEREN und ZITTERN lassen, SOUNDS zuweisen, zwischen TEXTUREN (Materialien) morphen und die SICHTBARKEIT eines Objektes über die Zeit verändern.

Als Erweiterungsmöglichkeit für Drittanbieter oder programmierbegeisterte Cinema 4D-Anwender bieten sich die Plug-in-Spuren an.

Mit der Parameter-Spur animieren Sie die Definitionen fast jedes Objektes – je nach Objekt mit mehr oder weniger Optionen.

Sie können Spuren außer über den Menü-Befehl auch über das Kontextmenü mit der rechten Maustaste bzw. der `Ctrl`-Taste und Klick auf das Spuren-Feld produzieren. Einige häufig gebrauchte Spuren können auch über die Aufnahmebuttons und die dazugehörigen Key-Buttons (Abbildung 4) komplett mitsamt Sequenzen und Keys erzeugt werden.

◀ **Abbildung 7**
Aufnahmebuttons der Zeit-Manager-Leiste

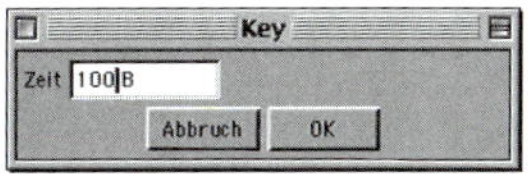


◀ **Abbildung 8**
Neues-Key-Dialog

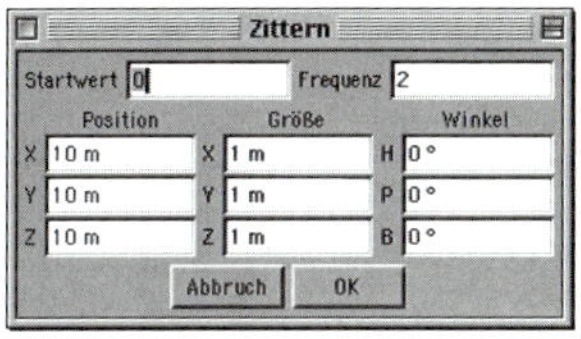


▲ **Abbildung 9**
Zittern-Key-Dialog

**Abbildung 10** ▲
Animation bearbeiten

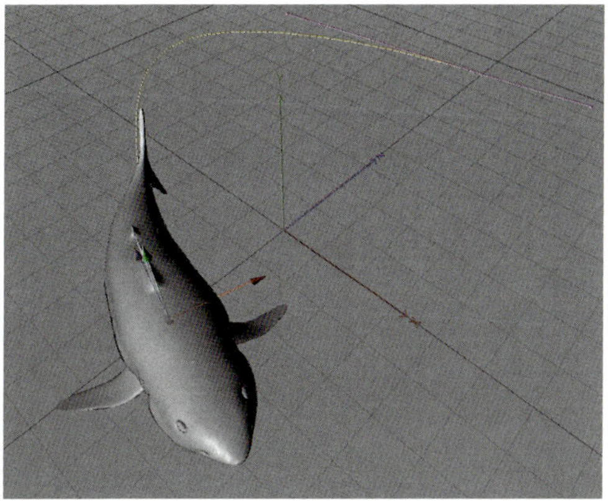

▲ **Abbildung 11**
Kontrolle des Animationspfades

### Sequenzen

Sequenzen bestimmen den zeitlichen Rahmen einer Animation.

Sie werden über den entsprechenden Befehl im Menü DATEI · NEUE SEQUENZ oder über das Kontextmenü erstellt. Mit gedrückter Befehlstaste können Sie neue Sequenzen auch in die Spuren hinein»zeichnen« – eine aktive Sequenz duplizieren Sie auf diese Weise auch.

Eine Spur kann beliebig viele Sequenzen besitzen, Überschneidungen sind aber nicht möglich. Im Sequenz-Dialog (Abbildung 5) legen Sie Anfang und Ende der Sequenz, die Art der Wiederholungen bei Loops und die Einflussbereiche fest. Graue Linien, die links bzw. rechts von der Sequenz weiterlaufen, symbolisieren diese Einflussbereiche. Besitzt ein Objekt mehrere Animationsspuren, so bedeuten Einflussbereiche stets die Weiterführung der Eigenschaften des Objekts – ein Abschalten der Einflüsse bewirkt die Lösung von der Sequenz und die Öffnung für die Animation in anderen Spuren (Abbildung 6).

### Keys

In den Keys nimmt Cinema 4D die Informationen über die Animation der Spuren auf.

Keys entstehen über die Aufnahmebuttons der Zeit-Manager-Leiste (Abbildung 7), über den obligatorischen Befehl im Menü DATEI · NEUES KEY mit Dialog (Abbildung 8), durch Duplizieren vorhandener Keys mit gedrückter Befehlstaste und durch Klick bei gedrückter Befehlstaste auf die Sequenz. Der rechte Aufnahme-Button ist für das Autokeying gedacht, erzeugt also automatisch ein Key, sobald eine Veränderung vorliegt. Nachteilig wirkt sich dies aber meist auf die Anzahl von Keys und auf erhöhtes Nachkorrigieren aus.

Für jedes Key lassen sich in den zugehörigen Dialogen (Beispiel Abbildung 9) die nötigen Parameter einstellen.

Bei räumlichen Animationen stellt der Editor die Verbindungsstrecke zwischen den Keys durch gelbe Animationspfade dar (Abbildung 11). Die Eckpunkte (Keys) und Tangenten können Sie interaktiv im Animation-bearbeiten-Modus (Abbildung 10) modifizieren.

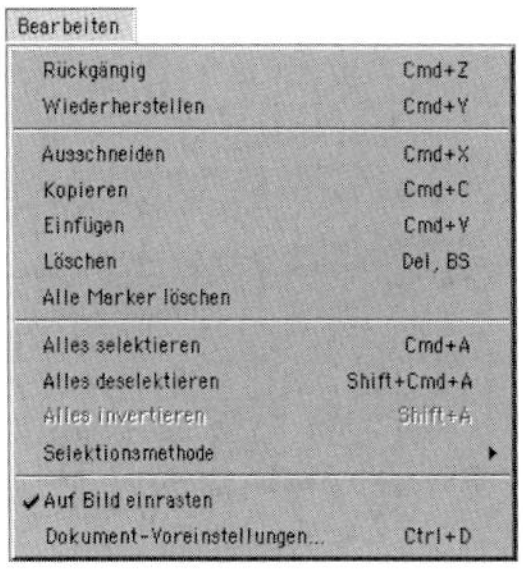


▲ **Abbildung 12**
Bearbeiten-Menü der Zeitleiste

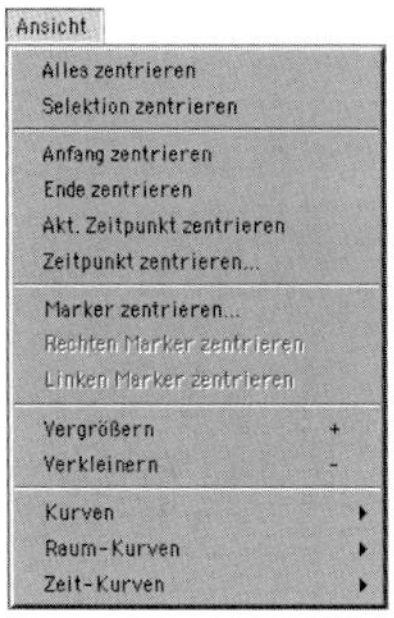


▲ **Abbildung 13**
Ansicht-Menü der Zeitleiste

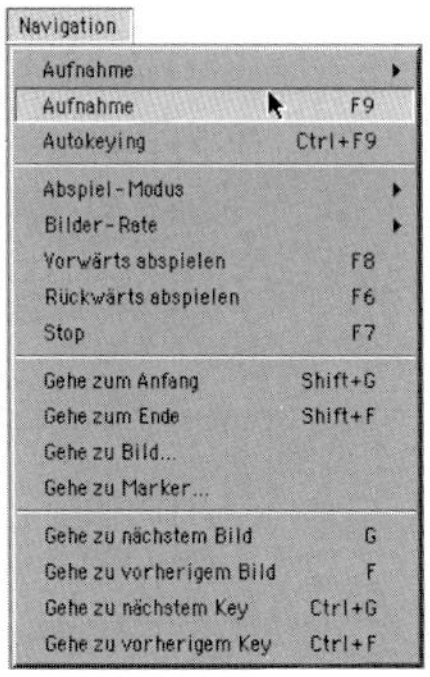


▲ **Abbildung 14**
Navigations-Menü der Zeitleiste

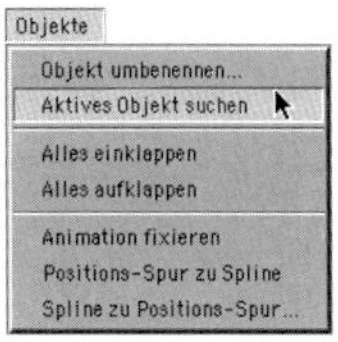


▲ **Abbildung 15**
Objekte-Menü der Zeitleiste

# Menüs der Zeitleiste

Was sich im Dateimenü verbirgt, haben Sie im vorhergehenden Abschnitt bereits kennen gelernt. Werfen wir einen Blick auf die anderen Menüs der reich ausgestatteten Zeitleiste.

### Bearbeiten

Neben den üblichen Funktionen für das Rückgängigmachen, Kopieren etc. bietet das BEARBEITEN-Menü (Abbildung 12) verschiedene Befehle für den Umgang mit Selektionen.

Über die SELEKTIONSMETHODE können Sie bestimmen, ob Sie Elemente der Zeitleiste per Rechteck-, Freihand- oder Polygon-Selektion auswählen. Außerdem geben Sie hier an, ob Keys und Sequenzen immer auf ganze Bilder einrasten sollen, und haben Zugriff auf die DOKUMENT-VOREINSTELLUNGEN, wo Sie Bilderrate, Minimum/Maximum der Zeitleiste und die Detailstufe der Objektdarstellung finden.

### Ansicht

Kurz gesagt: Über den Großteil der hier (Abbildung 13) befindlichen Befehle zentrieren Sie den sichtbaren Bereich der Zeitleiste auf das von Ihnen auszuwählende Element (SELEKTION, ANFANG, ENDE, ZEITPUNKT etc.).

Darüber hinaus verkleinern bzw. vergrößern Sie die Ansicht in der Zeitleiste auf die Hälfte bzw. das Doppelte und können die Darstellung von Kurven, Raumkurven und Zeitkurven beeinflussen.

### Navigation

Dieses Menü (Abbildung 14) hat sich ganz der Steuerung von Zeitleiste und dem Abspielverhalten verschrieben.

Viele Befehle entsprechen den Buttons der Zeit-Manager-Leiste, für die Kontrolle der Animation sind die Abspiel-Modi interessant.

### Objekte

Gemeint ist der Objekt-Bereich der Zeitleiste. Wer viel mit umfangreichen Dateien und zahlreichen Objekten arbeitet, wird sich über die Möglichkeiten zum Umbenennen, zur Suche sowie zum Auf- und Einklappen der Hierar-

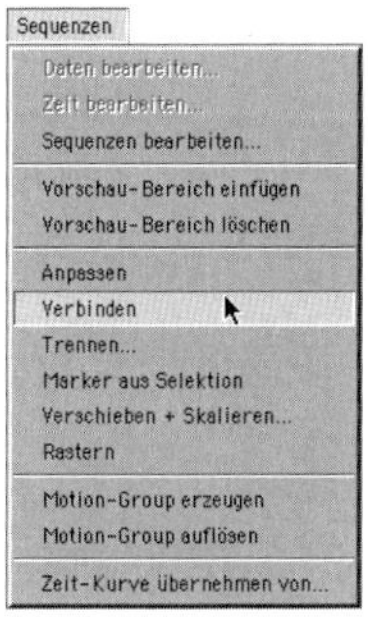


**Abbildung 16 ▲**
Sequenzen-Menü der Zeitleiste

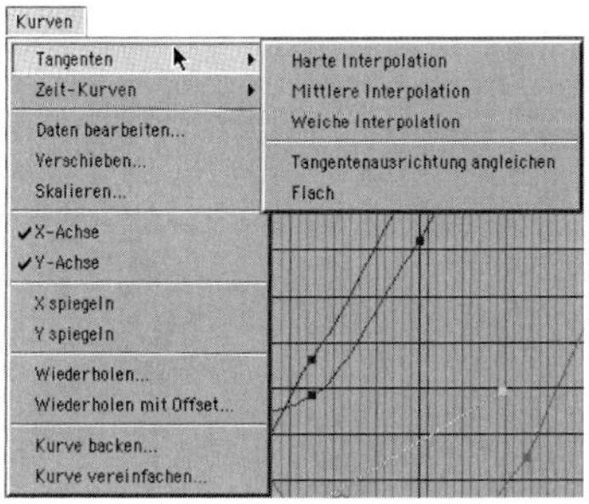


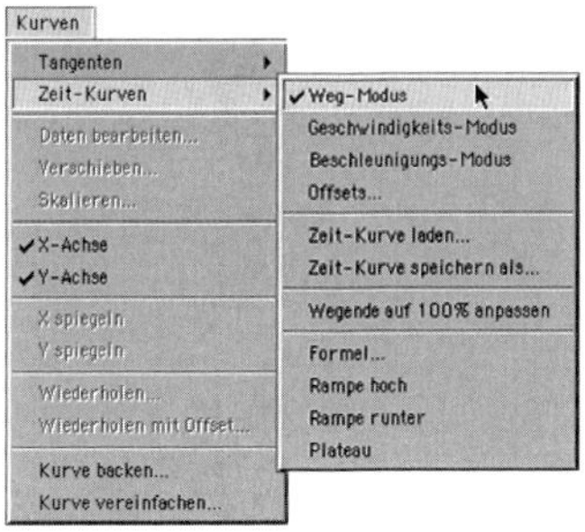


**Abbildung 17 ▲**
Kurven-Menüs der Zeitleiste
▶

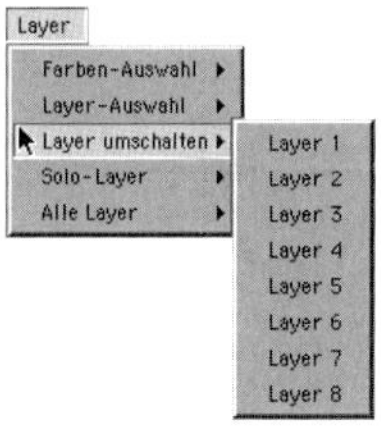


**◀ Abbildung 18**
Layer-Menü der Zeitleiste

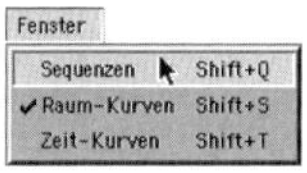


**▲ Abbildung 19**
Fenster-Menü der Zeitleiste

chien freuen. Der Befehl ANIMATION FIXIEREN ist eine Art Pendant zum AKTUELLEN ZUSTAND IN OBJEKT VERWANDELN des Funktionen-Menüs. Im Prinzip geht es darum, Objektanimationen egal welcher Art in Animationen mit geometrischem Ursprung (Position, Größe, Winkel) zu verwandeln. Dies kann beim Motion-Sequencing nötig werden. Apropos umwandeln: Mit zwei weiteren Befehlen können Sie Positions-Spuren zu Splines und umgekehrt konvertieren.

### Sequenzen

In diesem Menü (Abbildung 16) finden Sie alles, was Sie zum Bearbeiten von Sequenzen und Keys brauchen. Sie können unter anderem über den VORSCHAU-Bereich Zeit EINFÜGEN oder LÖSCHEN, Sequenzen auf Keys ANPASSEN, Sequenzen VERBINDEN, TRENNEN, VERSCHIEBEN und SKALIEREN. Mehr über MOTION-GROUPS lesen Sie ab Seite 296.

### Kurven

Hier nur ein kurzer Anriss der Kurvenmenüs (Abbildung 17), im Abschnitt Raum- und Zeitkontrolle gehe ich dann näher auf diese Menüs ein. Grundsätzlich ist in diesen Menüs alles vorhanden, um die Raum- und Zeitkurven der Animationen, die Sie sich über das Fenstermenü (Abbildung 19) anzeigen lassen können, zu bearbeiten.

### Layer

Ein paar nützliche Befehle (Abbildung 18), um Objekten LAYER ZUZUWEISEN, über Layer Objekte AUSZUWÄHLEN und um spezifische Layer EIN- und AUSZUBLENDEN.

### Fenster

Über dieses Menü (Abbildung 19) schalten Sie von der normalen ZEITLEISTEN-ANZEIGE in die RAUM- bzw. ZEIT-KONTROLLE um.

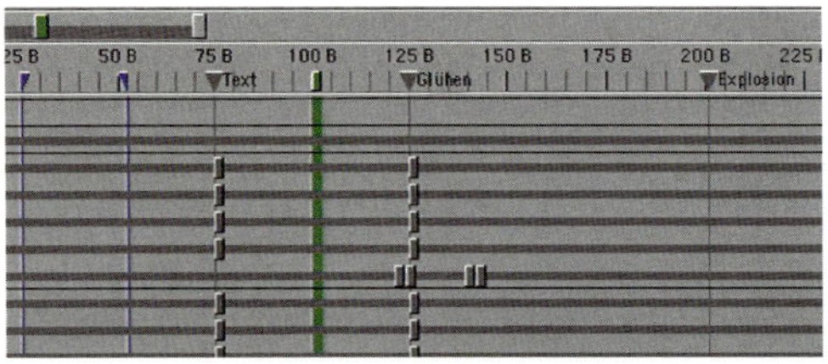


▲ **Abbildung 20**
Marker in der Zeitleiste

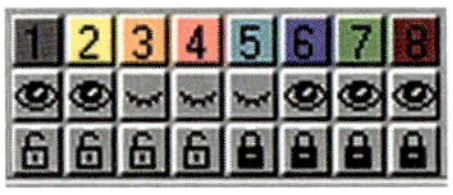


▲ **Abbildung 21**
Layer-System der Zeitleiste

# Organisation – Marker und Layer

Um die Übersicht in der Zeitleiste nicht zu verlieren und die Navigation zu erleichtern, stehen mit Markern und Layern zwei praktische Helfer zur Verfügung.

### Marker

Mit Markern (Abbildung 20) teilen Sie die Zeitleisten-Waagrechte durch senkrechte magnetische Hilfslinien in frei benennbare Abschnitte auf. Marker erzeugen Sie durch den Menübefehl Datei · Neuer Marker oder durch Klick mit gedrückter Befehlstaste auf das Zeitlineal.

Wie den Objekten können Sie auch Markern einen Layer zuordnen, sei es, um die farbliche Unterscheidung zu erleichtern oder das Ein- und Ausblenden zu kontrollieren. Zum Löschen eines Markers ziehen Sie den Marker nach oben oder unten, ein Mülleimersymbol teilt Ihnen mit, dass der Marker nach dem Loslassen der Maustaste gelöscht sein wird. Um Zeit, Name oder Layer-Farbe eines Markers zu verändern, klicken Sie den Marker doppelt an. Damit fördern Sie den Marker-Dialog zu Tage und können Ihre Modifikationen eintragen.

### Layer

Cinema 4D stellt Ihnen acht verschiedenfarbige Layer (Abbildung 21) bereit, denen Sie Elemente der Zeitleiste zuweisen können.

Dies ist nicht weiter schwierig: Wählen Sie dazu das Element aus, und klicken Sie auf den Layer-Button. Daraufhin verfärbt sich das Element in die Layer-Farbe, es gehört nun zum entsprechenden Layer.

Über die Augen- und Schlosssymbole können Sie im weiteren Verlauf die Layer (bzw. deren Elemente) ein- und ausblenden sowie den Zugriff über die Zeitleiste sperren. Dieser Schutz gilt wortwörtlich nur für die Zeitleiste – im Editor lässt sich ein Objekt natürlich weiterhin bearbeiten, auch die Buttons in der Zeit-Manager-Leiste funktionieren tadellos.

Auch Objekte mit Layern halten sich an die hierarchische Struktur. Blenden Sie also beispielsweise ein übergeordnetes Objekt über

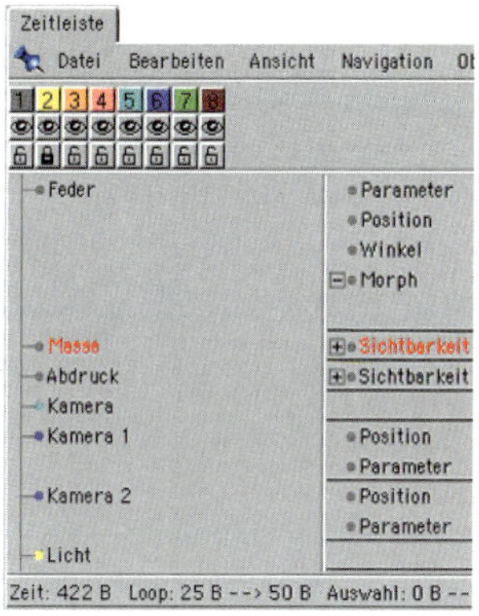


▲ **Abbildung 22**
Organisation von Objekten in der Zeitleiste durch Layer

Layer aus, werden die Layer-Einstellungen der untergeordneten Objekte übergangen und die Objekte ebenfalls ausgeblendet.

Layer eignen sich hervorragend, um Platz in der Zeitleiste zu schaffen. Viele Objekte, die zwar konsequenterweise sowohl im Objekt-Manager als auch in der Zeitleiste auftauchen, sind schlichtweg überflüssig.

Bevor Sie mit der Animation beginnen, prüfen Sie am besten, welche Objekte bei der Animation keine Rolle spielen, und blenden Sie diese über die Layer aus. Denken Sie sich ein eigenes System aus, nach dem Sie Ihre Layer vergeben.

So wäre es möglich, nach Animationsarten oder auch nach Haupt- und Nebendarstellern zu sortieren. Wenn Sie Keys und Sequenzen in Layer aufteilen, können Sie zudem nach Animationsstadien separieren.

# Animationstypen

*In diesem Kapitel möchte ich Ihnen die unterschiedlichen Animationstypen vorstellen – am Beispiel von Keyframe-, Parameter-, Deformatoren-, FFD-, Boole- und Point-Level-Animation.*

Die Arbeitsschritte bei der Animation sind im Prinzip bei jedem Animationstyp die gleichen. In der Regel haben Sie ein Ausgangsobjekt, das über eine bestimmte Zeitvorgabe in einen anderen Zustand versetzt werden soll. Welche Art von Animation Sie erstellen möchten, geben Sie durch die Auswahl der Spur an, die Zeitspannen bestimmen Sie durch die Sequenzen und die Informationen zur Modifizierung mithilfe der Keys.

Auf den folgenden Seiten habe ich die griffigsten Beispiel-Animationen herausgepickt, die Sie ohne Probleme auf alle anderen Varianten des Animationstypes übertragen können. Es ist egal, ob bei einer Deformatoren-Animation eine Biegung, Stauchung, Scherung oder gar Explosion zur Debatte steht – die Verfahrensweise ist überall dieselbe.

Die erste Animation, die wohl jeder 3D- oder Cinema-4D-Neuling ausprobiert, ist mit Sicherheit die geometrische Keyframe-Animation.

Seit Version 6 arbeitet Cinema 4D konsequent mit parametrischen Objekten. Diese Parameter, die Sie aus den Einstellungs-Dialogen von Grundobjekten, Splines, NURBS-Generatoren, Kameras, Lichtquellen etc. kennen, lassen sich allesamt über die Parameter-Spur animieren.

Die Deformatoren Ihrer Szene lassen sich ebenfalls über die Parameter-Spur ansteuern. Als klassischen Vertreter der Deformatoren habe ich die Frei-Form-Deformation (FFD) aufgrund der besonderen Animations-Art separat behandelt.

Boolesche Animationen stehen stellvertretend für die Animation mit Spezial-Objekten.

Die neu eingeführte Point-Level-Animation, also die Möglichkeit, auf Punktebene zu animieren, spricht speziell Character-Animatoren an, die vormals zwischen verschiedenen Objekten morphen mussten.

In vielen Fällen führt eine Verknüpfung bzw. Kombination mehrerer Animationstypen am elegantesten und auch schnellsten zum Ziel.

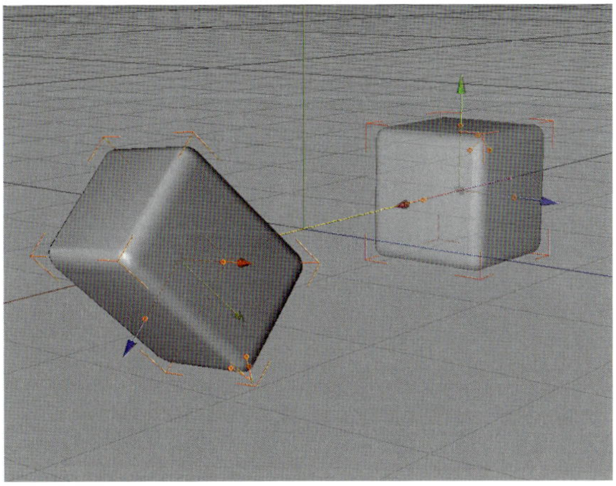

◄ **Abbildung 1**
Geometrische Animation im Editor

▼ **Abbildung 2**
Geometrische Animation in der Zeitleiste

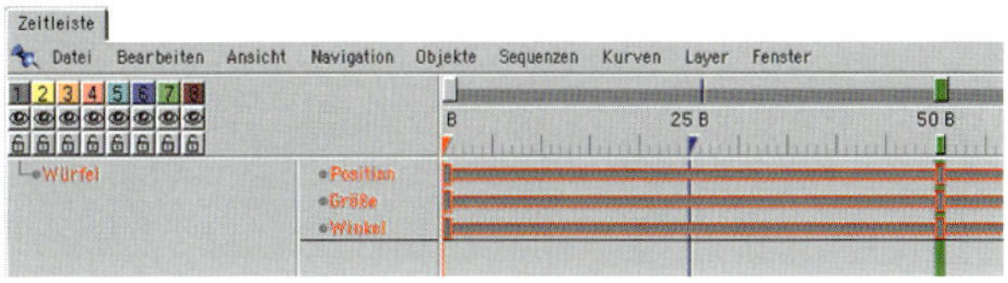


## Keyframe-Animation

Unter Keyframe-Animation ordne ich die einfachen geometrischen Animationen ein, die ohne größere Vorbereitung durch die Aufnahme zweier räumlicher Zustände im Editor entstehen. Der rechte Würfel in Abbildung 1 war die Ausgangsbasis für die einfache Keyframe-Animation, deren Zeitverlauf in Abbildung 2 abzulesen ist.

Dieser Ausgangszustand wurde durch Klick auf den Aufnahme-Button der Zeit-Manager-Palette festgehalten. Weil bei den Aufnahme-Optionen die Positions-, Größe- und Winkel-Key-Erstellung aktiv waren, entstanden für das aktuelle Bild drei Spuren mit drei Keys. In diesen Keys hat Cinema 4D alle räumlichen Informationen zu Position, Größe und Winkel des Würfels gespeichert. Um an diese Informationen zu gelangen bzw. diese per Eingabe zu verändern, genügt ein Doppelklick auf das gewünschte Key.

Für die Erzeugung des Endzustands stand zunächst die Festlegung des Endzeitpunkts bzw. der Dauer der Animation an. Der grüne Zeiger des aktuellen Zeitpunkts (Bildes) wurde dafür auf Bild 50 (Abbildung 2) verschoben.

Anschließend bekam der Würfel mehrere Modifikationen verpasst. Zum einen eine Verschiebung nach vorne, zum anderen eine Skalierung entlang zweier Objekt-Achsen und schließlich auch noch eine Rotation – Endresultat war der linke Würfel der Abbildung 1.

Nach einem erneuten Klick auf den Aufnahme-Button entstanden beim Bild 50 drei neue Keys auf den Positions-, Größe- und Winkel-Spuren. In die Keys wurden die neuen Angaben über die räumliche Lage des Objekts eingearbeitet. Eine gelbe Linie markiert die Positionsänderung des animierten Objekts. Diese Linie lässt sich im Punkt- oder auch Animation-Bearbeiten-Modus mit den Standardwerkzeugen bearbeiten.

Soweit die Vorgehensweise bei der Erstellung einer einfachen Keyframe-Animation über einen Anfangs- und einen Endpunkt. Dieser Arbeitsablauf lässt sich vom Prinzip her auf die meisten anderen Animationstypen übertragen.

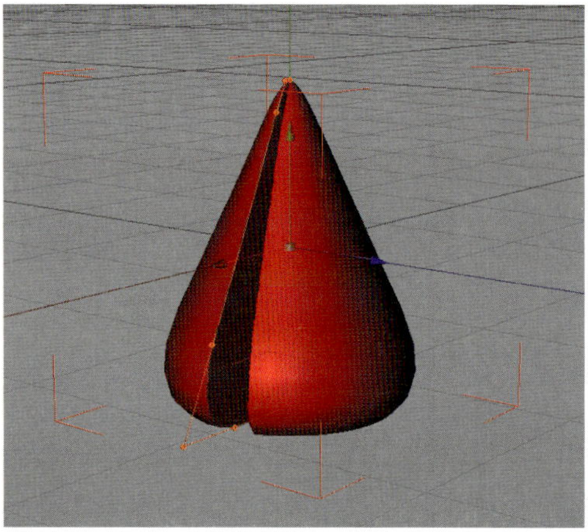

▲ **Abbildung 3**
Parametrisches Kegel-Ausgangsobjekt

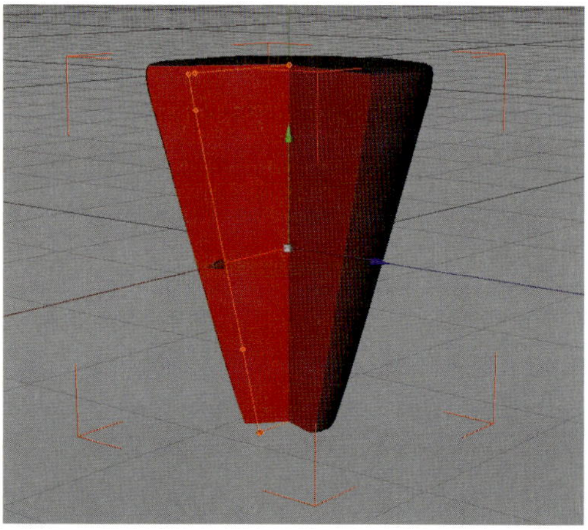

▲ **Abbildung 4**
Parametrisches Kegel-Endobjekt

**Abbildung 6** ▶
Einstellungsdialoge der Kegel-Objekte

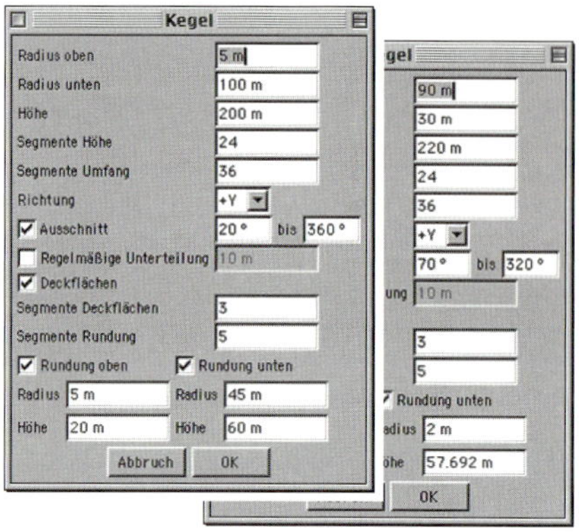


▼ **Abbildung 5**
Parameter-Animation in der Zeitleiste

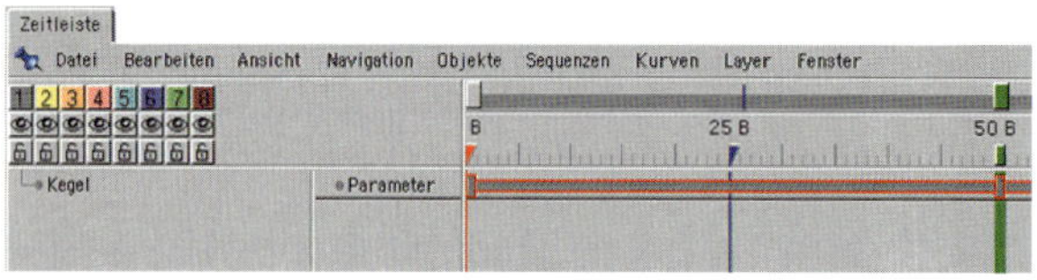


## Parameter-Animation

Über die Parameter-Spur ist es ein Leichtes, die Form von parametrischen Körpern aller Art zu animieren.

Es genügt ein Ausgangsobjekt (Abbildung 3) und eine ihm zugewiesene Parameter-Spur in der Zeitleiste (Abbildung 5). Mit zwei Keys, die jeweils die objektspezifischen Einstellungsdialoge enthalten (Abbildung 6), können Ausgangs- und Endobjekt (Abbildung 4) parametrisch exakt animiert werden. Für die Parameter-Animation ist auch ein Aufzeichnungsbutton in der Zeit-Manager-Leiste vorhanden. Die Modifikationen lassen sich also auch im Editor vornehmen.

Zwischen den beiden Keys interpoliert Cinema 4D bei der Animation zwischen den Ausgangs- und Endparametern gemäß dem Zeitfortschritt.

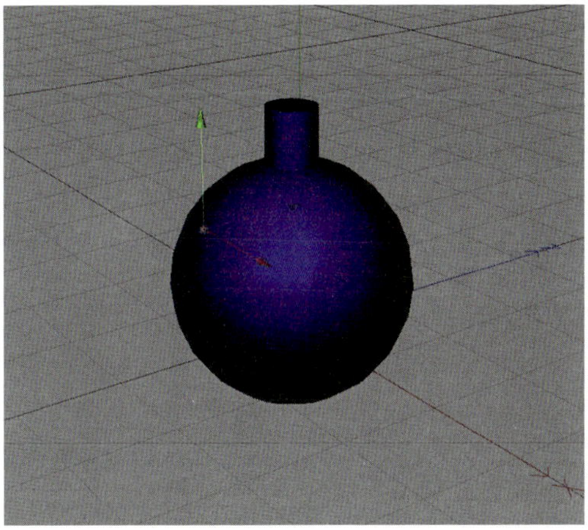

▲ **Abbildung 7**
Deformator-Ausgangsobjekt

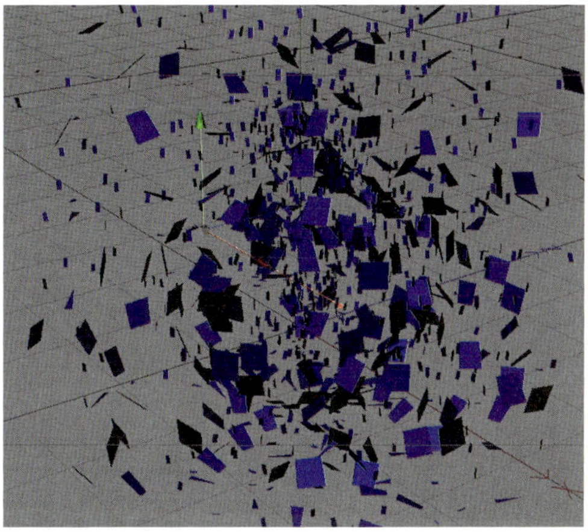

**Abbildung 8** ▲
Deformator-Endobjekt

▼ **Abbildung 9**
Deformatoren-Animation in der Zeitleiste

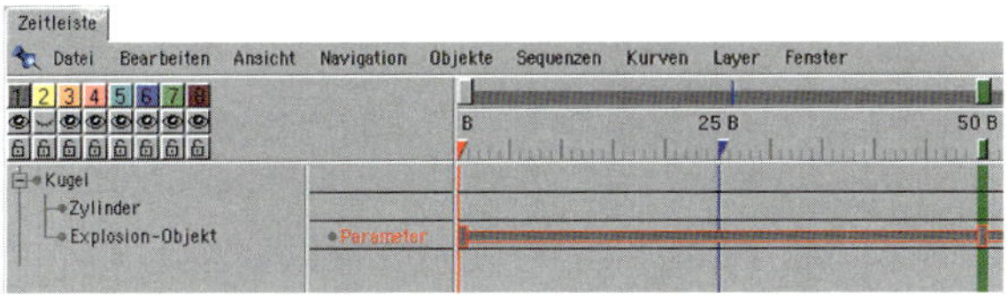


▼ **Abbildung 10**
Einstellungsdialoge des Explosions-Objekts

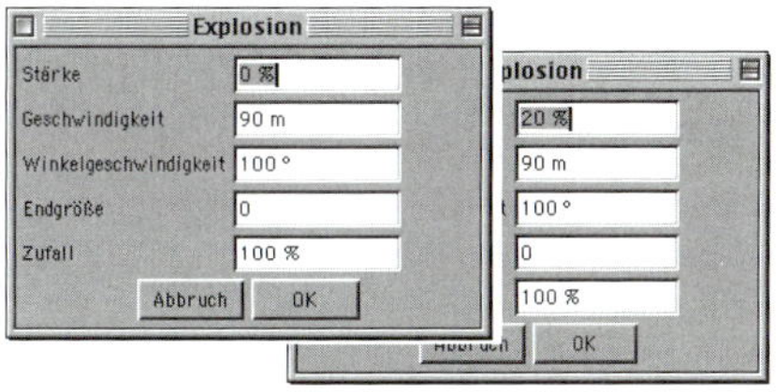


## Deformatoren-Animation

Repräsentativ für fast die komplette Riege (die Ausnahmen behandele ich extra) der Deformations-Objekte verwende ich als Beispiel das Explosions-Objekt.

Die Vorgehensweise unterscheidet sich nur marginal von der Parameter-Animation. Auch hier kommt eine Parameter-Spur zum Einsatz, die mit zwei Keys den Status des Ausgangs- (Abbildung 7) und Endobjekts (Abbildung 8) beschreiben. Die Parameter-Spur sitzt allerdings logischerweise nicht beim explodierenden Körper, sondern beim Explosions-Deformator. In den Keys der Parameter-Spur (Abbildung 9) sind die beiden Zustände festgehalten.

Hier begegnen wir abermals den üblichen Einstellungsdialogen für Deformator-Objekte (Abbildung 10).

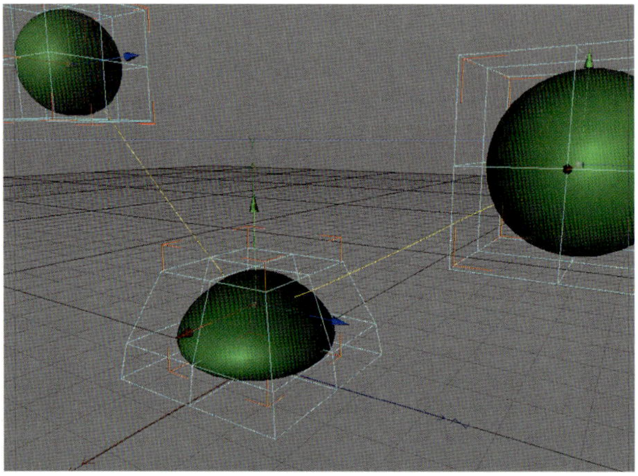

◀ **Abbildung 11**
Animation mit FFDs

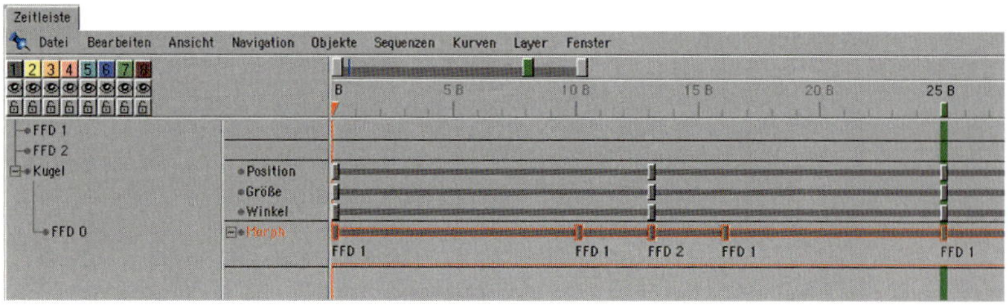


**Abbildung 12** ▶
Animation von FFDs mit Morph-Spur in der Zeitleiste

# FFD

Die FFD-Animation in Abbildung 11 ist eine Kombination aus geometrischem und Spezialeffekt-Animationstyp. Der grünen Kugel ist ein FFD-Käfig untergeordnet, beide Objekte vollziehen daher die geometrische Keyframe-Animation miteinander (Abbildung 12). Beim Aufprall der Kugel auf den Boden wird sie von einem FFD-Objekt verzerrt. Dies übernimmt die Morph-Spur, mit der das ursprüngliche FFD-Objekt in ein verzerrtes FFD-Objekt übergeht.

Da das Morphing erst dann beginnen soll, wenn die Kugel den Boden berührt, sitzt kurz vor und hinter dem verzerrten FFD-Käfig ein weiteres Ausgangs-FFD-Objekt. So bleibt die Kugelform in den Außenbereichen der Sequenz konstant. Wenn Sie genau hinsehen, bemerken Sie, dass insgesamt drei FFD-Käfige Verwendung finden. Dies ist eine Neuerung in Cinema 4D's Version 6. FFD 1 ist der unverzerrte Ausgangskäfig, FFD 2 das verzerrte Abbild. FFD 0 hat weiter keine Funktion als für die beiden anderen eine Basis zu schaffen, es ist sozusagen ein »Dummy«.

In den früheren Versionen von Cinema 4D war dieser Dummy nicht notwendig, seit Maxon aber die Programmarchitektur dank C.O.F.F.E.E.-Schnittstelle noch weiter für Plug-in-Produzenten geöffnet hat, müssen Sie dieses kleine Zugeständnis machen.

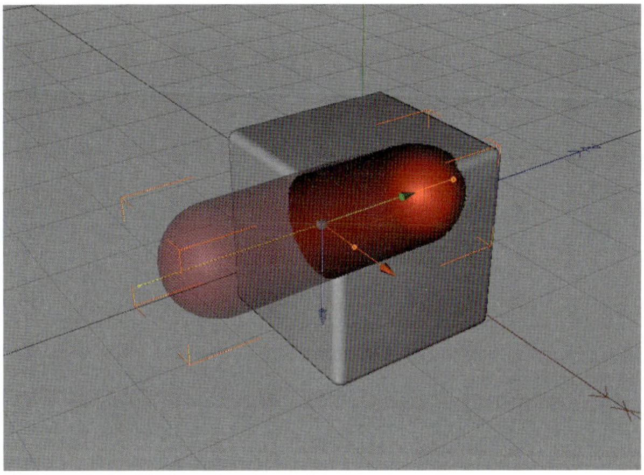

◀ **Abbildung 13**
Boole-Animation

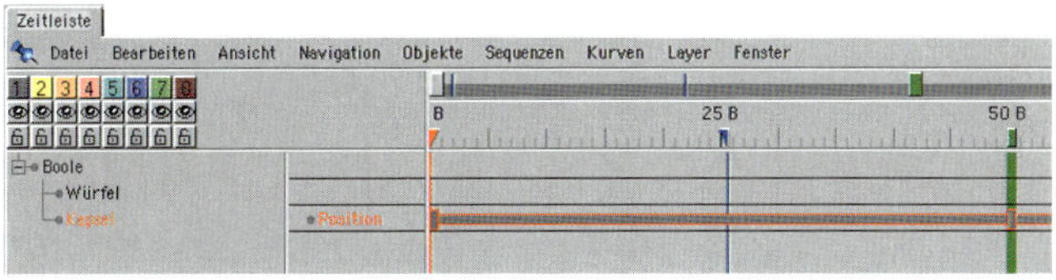


**Abbildung 14** ▶
Boole-Animation in der Zeitleiste

# Boole

Boolesche Animationen werden immer dann benötigt, wenn ein Objekt durch ein anderes vermindert, erweitert oder als eine Schnittmenge gebildet werden soll.

Einsatzzwecke gibt es genügend: animierte Flüssigkeitsstände, Bearbeitung von Gegenständen (Fräsen, Bohren etc.).

Wenn Sie die Boole-Objekte schon einmal im Editor ausprobiert haben, kennen Sie den Effekt bereits in Echtzeit – deshalb ist es seit Version 6 von Cinema 4D auch keine Hexerei mehr, eine Boolesche Animation zu verstehen und zu erstellen.

In Abbildung 13 wird die rote Kapsel im Boole-Objekt vom grauen Würfel abgezogen. Durch Verschieben der Objekte lässt sich das Animationsergebnis schon recht gut vorausahnen. Die in der Abbildung dunkelrot gefärbte Fläche zeigt das Ergebnis der Booleschen Operation.

Das ausgeklappte Boole-Objekt in der Zeitleiste (Abbildung 14) offenbart Würfel und Kapsel, die mit der Boole-Einstellung A MINUS B voneinander abgezogen werden.

Um den Effekt des Abziehens zu animieren, genügt eine Positions-Spur am Kapsel-Objekt, die mit zwei Keys die Operation vollzieht.

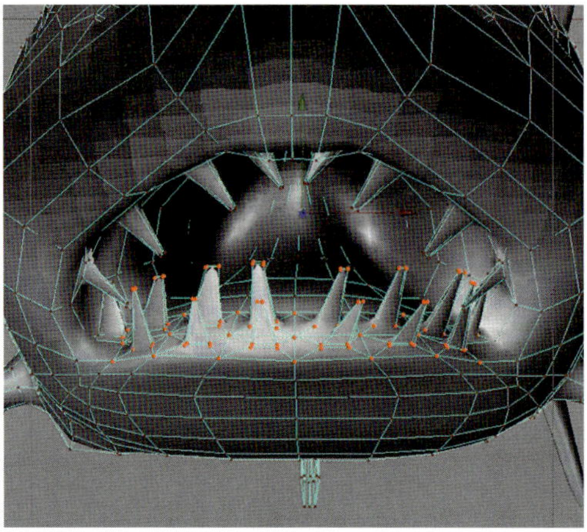

▲ **Abbildung 15**
PLA-Selektion für den Ausgangszustand

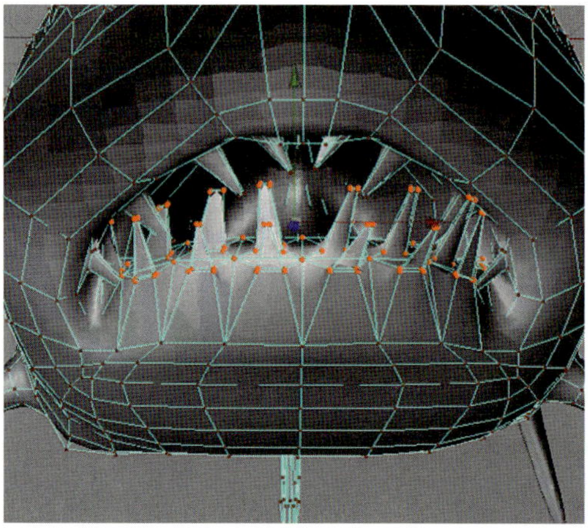

**Abbildung 16** ▲
PLA-Selektion für den Endzustand

**Abbildung 17** ▶
PLA-Animation in der Zeitleiste

**Abbildung 18** ▼
PLA-Aufzeichnungs-Funktion

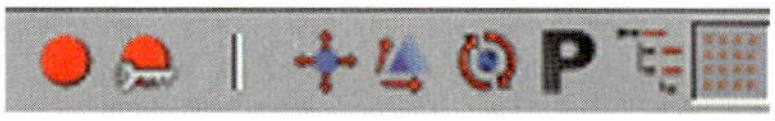

## PLA (Point-Level-Animation)

Die Animation auf Punktebene, nichts anderes bedeutet PLA, ermöglicht es Ihnen, Veränderungen an den Punkten bzw. Polygonen des Objekts in Ihren Keys aufzuzeichnen.

Dabei werden keine weiteren Objekte für ein Morphing gebraucht. Stattdessen schreibt Cinema 4D auf Knopfdruck den Zustand der kompletten Punktemenge des Objekts in die Keys.

Die selektierten Punkte des offenen Haifischmauls in Abbildung 15 wurden, wie Abbildung 16 zeigt, beim Endzustand etwas nach oben gezogen. Beide Zustände befinden sich in den zugehörigen Keys auf der Parameter-Spur (Abbildung 17). Auch die PLA-Aufzeichnung kann über die Zeit-Manager-Leiste (Abbildung 18) erfolgen.

Bei der PLA-Aufnahme gelangen die gesamten Punktedaten des Objekts in die Keys. Zwar ist die Datenmenge unseres Hais noch erträglich, dennoch bleibt zu bedenken, dass auch die absolut nicht relevanten Punkte der Schwanzflosse mit in die Key-Datenmenge einfließen. Bei Objekten mit großem Datenaufkommen wäre also ein Abwägen verschiedener Animationstechniken durchaus zu empfehlen.

# Bones und Inverse Kinematik

*Bei der Animation von komplexen organischen Objekten und Characters (Menschen, Tiere, Figuren etc.) orientiert man sich an den natürlichen Vorbildern: das Skelett entsteht aus Bones, als hierarchische Bewegungslogik fungiert die inverse Kinematik.*

Die Entscheidung, wie Ihre Objekte in Cinema 4D später animiert werden können, fällt eigentich schon beim Modelling.

Maßgebend ist in jedem Fall, welche Art von Bewegung bzw. Animation das Objekt vollziehen soll. Bei der Kinematik geht es um das Zusammenspiel der Bewegungsabläufe und der Auswirkung der Bewegung auf die anderen Objektbestandteile. Egal ob Armbanduhr, Schreibtischlampe oder menschlicher Körperbau – es handelt sich stets um ein Ganzes, und die räumliche Veränderung eines Unteobjekts (Armband, Lampenschirm, Hand) wirkt sich immer auf die mit ihm verbundenen anderen Teile aus (Gehäuse, Gelenk, Arm).

Mit Cinema 4D's inverser Kinematik teilen Sie den Objekten Ihrer Hierarchie mit, dass eine Verbindung zu anderen Objekten besteht, und bei einer Modifikation auch die angeschlossenen Unter- bzw. Über-Objekte zu berücksichtigen sind.

Objekte, die einen Charakter annehmen (auch Schreibtischlampen und Spielzeug kann erstaunlich viel Leben eingehaucht werden), durchlaufen während der Animation viele Deformationen. Muskeln spannen und entspannen sich, Gelenke knicken ein und zurück – damit Sie diese Verformungen nicht mühsam mit morphenden Einzelobjekten erstellen müssen, bietet Cinema 4D Ihnen die Bones an.

Bones habe ich Ihnen bereits bei den Deformations-Objekten kurz vorgestellt. Mit Bones verleihen Sie den Objekten ein Skelett, das Sie dann beliebig animieren können – unter Berücksichtigung von Wirkungsbereichen und Deformationen.

## Bones

Ein Bone ist allgemein gesprochen ein Deformations-Objekt, das für die Einbettung in eine hierarchische Struktur ausgelegt ist.

Bone-Objekte lassen sich auf alle Objektarten anwenden, seine Vorzüge kommen natürlich besonders dann zur Geltung, wenn das zu animierende Objekt (wie unser Hai) aus einem Guss besteht. Dann geben Sie dem Objekt eine Ihren Ansprüchen entsprechende Skelett-Struktur und animieren die Bones – um das Objekt müssen Sie sich im Idealfall dann gar nicht mehr kümmern.

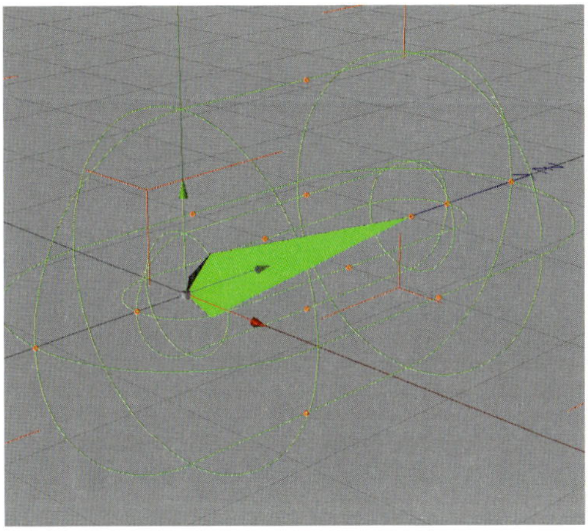

◂ **Abbildung 1**
Bone-Objekt

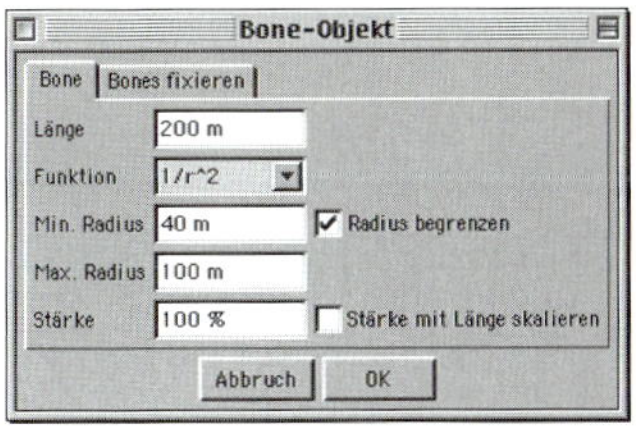


◂ **Abbildung 2**
Bone-Einstellungs-dialog 1

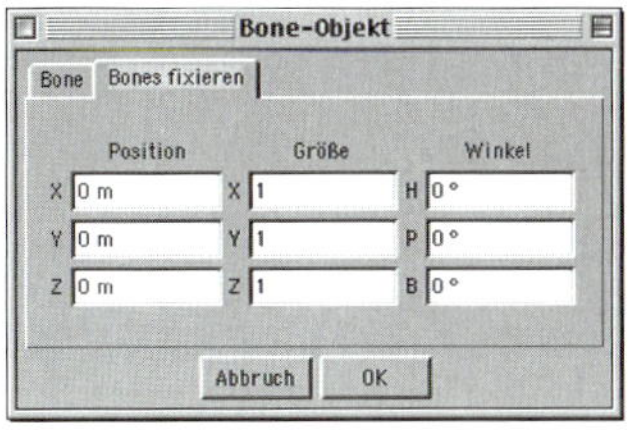


◂ **Abbildung 3**
Bone-Einstellungs-dialog 2

Ein weiterer Pluspunkt bei der Zusammenarbeit mit HyperNURBS-Objekten ist die programminterne Reihenfolge der Objekt-Formung. Als Unterobjekt des HyperNURBS-Käfigs deformiert das Bone-Objekt die Rohversion des Polygon-Objekts, dann erst setzt die Glättung und Rundung des HyperNURBS-Objekts ein. Auf diese Weise ist sichergestellt, dass keine Punkt- und Polygon-Fehler, Knicke etc. auftreten.

In Abbildung 1 sehen Sie ein einfaches Bone-Objekt. Die Erstellung eines neuen Bone-Objekts erfolgt entweder über die Palette der Deformations-Objekte oder über das Menü Objekte · Deformation · Bone.

Mit dem orangefarbenen Anfasser an der Spitze des Bones können Sie die Ausrichtung des Bone-Objekts festlegen. Bei gedrückter Befehlstaste ziehen Sie aus diesem Punkt ein weiteres Bone-Objekt, das dem ursprünglichen Bone untergeordnet ist, heraus. Auf diese Weise erstellen Sie die hierarchische Bone-Struktur interaktiv, ohne sich durch die Menüs und Manager mühen zu müssen.

Die hellgrüne, kapselförmige Umrahmung begrenzt den inneren Wirkungsradius des Bones. Die Aktivierung der Wirkungsradien erfolgt über den Bone-Einstellungsdialog (Abbildung 2), den Sie per Doppelklick auf das Bone-Symbol im Objekt-Manager aufrufen. Alles, was sich innerhalb dieser inneren Kapsel befindet, unterliegt keiner Deformation.

Die dunkelgrüne Umrahmung begrenzt demnach den äusseren Wirkungsradius des Bones – eine Verformung findet also nur im Raum zwischen den beidem Kapseln statt.

Ich weise gleich an dieser Stelle darauf hin, dass die Wirkungsradien zwar praktisch, aber in den seltensten Fällen für die Beschränkung ausreichend sind. Die anderen Methoden stelle ich Ihnen auf den weiteren Seiten vor.

Die Abnahmefunktion steuert die Kraft der Punkte, die an den Bone-Gelenken sitzen. Eine höhere Potenz von 1/r bewirkt einen stärkeren Knick.

Im Stärke-Feld ist es möglich, die Stärke eines Bones im Vergleich zu den anderen zu verändern, auf Wunsch kann sich die Stärke auch durch eine Größenänderung verringern.

Die Parameter eines fixierten Bones hält der Bone-Einstellungsdialog (Abbildung 3) unter dem Reiter Bones fixieren bereit.

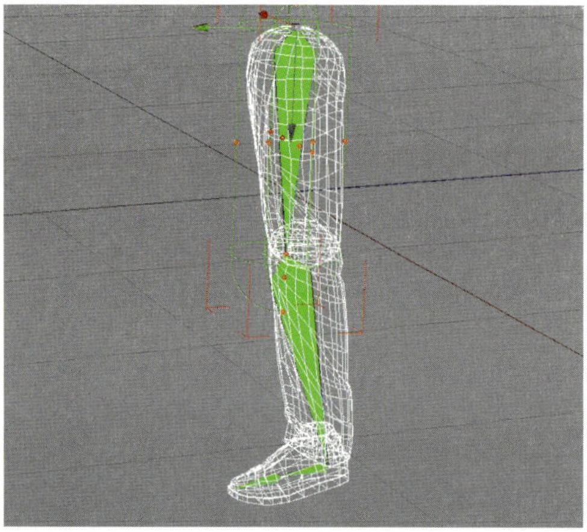

▲ **Abbildung 4**
Bein mit Bones versehen

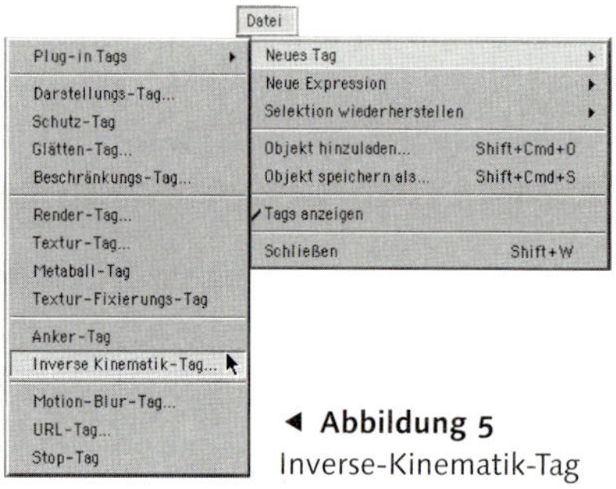


◀ **Abbildung 5**
Inverse-Kinematik-Tag

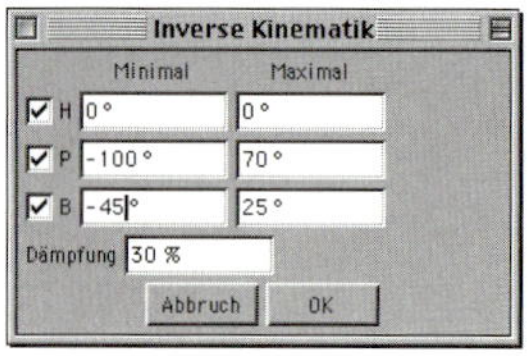


◀ **Abbildung 6**
Inverse-Kinematik-Einstellungen

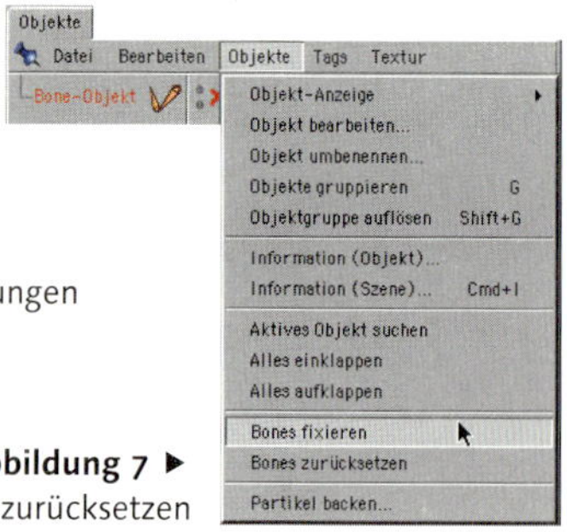


**Abbildung 7** ▶
Bones fixieren und zurücksetzen

Der erste Schritt bei der Animation mit Bones ist, die Bones in die für das Objekt richtige Stellung zu bringen. Das Bein von Abbildung 4 besteht aus einem Oberschenkel-, einem Schienbein- und zwei Fuß-Bones. Wie alle Deformations-Objekte müssen auch die Bones dem verformenden Objekt untergeordnet sein.

Um vorab sicherzustellen, dass bei der kinematischen Modifikation des Beines keine ungewollten Verdrehungen oder Zerrungen entstehen, lassen sich mit dem Inverse-Kinematik-Tag aus dem Objekt-Manager-Menü

### Mehrere Ausgangszustände

Leider bietet Cinema 4D nicht die Möglichkeit, mehrere Zustände zu speichern. Legen Sie stattdessen Ihre bevorzugten Bone-Stadien im negativen Bereich der Zeitleiste ab, können Sie die Stadien jederzeit auswechseln.

DATEI · NEUES TAG · INVERSE-KINEMATIK-TAG (Abbildung 5) Winkelbeschränkungen für die einzelnen Bones festlegen.

Im zugehörigen Einstellungsdialog (Abbildung 6) geben Sie die minimalen und maximalen Winkel für Heading, Pitch und Bank (also X-, Y- und Z-Achse) an. Die korrekten Werte ermitteln Sie in der Regeln durch Ausprobieren der benötigten Bein- bzw. Körperstellungen, wenn die Bones fixiert sind.

Damit die Bones nun auch wirklich zum Einsatz kommen, müssen sie fixiert werden. Der zuständige Befehl befindet sich im Objekt-Manager-Menü OBJEKTE · BONES FIXIEREN (Abbildung 7). Cinema 4D übernimmt daraufhin die Position und Einstellung der Bones und aktiviert sie. Zum Ausgangszustand können Sie jederzeit mit dem Befehl BONES ZURÜCKSETZEN zurückkehren.

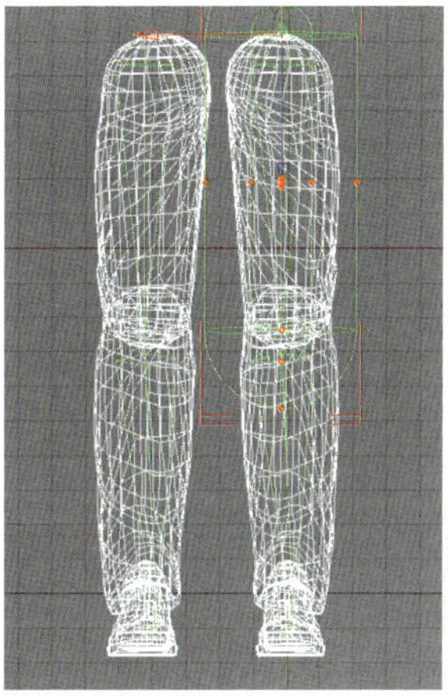

▲ **Abbildung 8**
Überlappung des Wirkungsradius

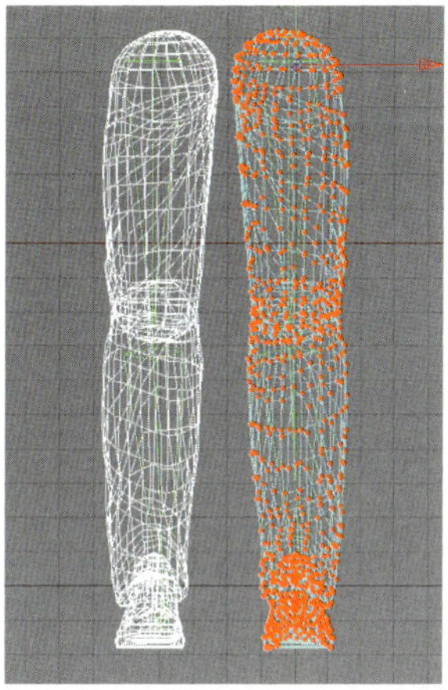

▲ **Abbildung 9**
Selektion des Wirkungsbereichs

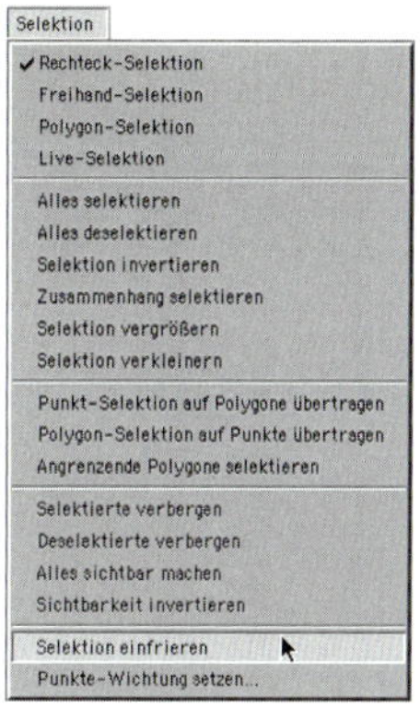


◀ **Abbildung 10**
Selektion einfrieren

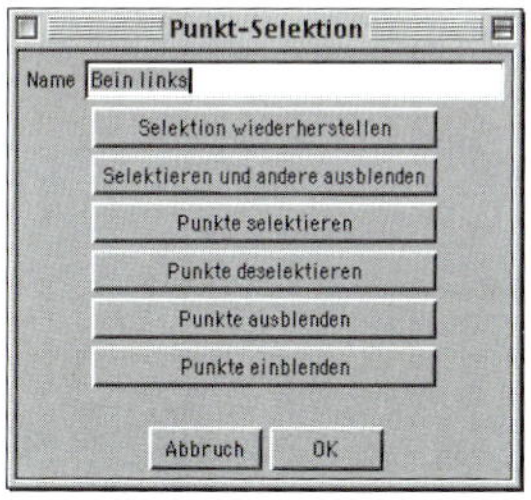


◀ **Abbildung 11**
Benennung der Selektion

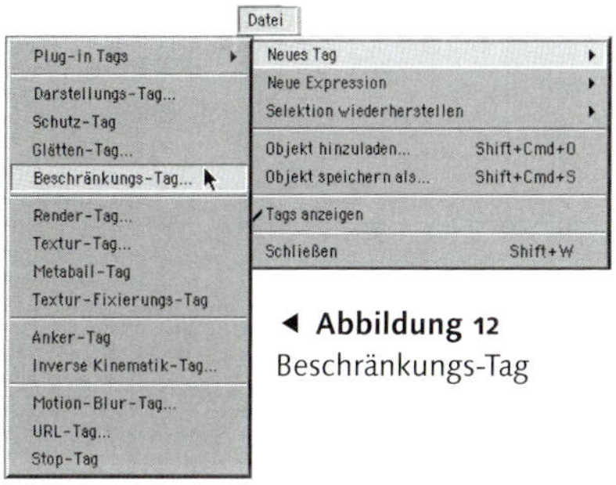


◀ **Abbildung 12**
Beschränkungs-Tag

◀ **Abbildung 13**
Beschränkungs-Tag-Dialog

Um Bones nur auf den vorgesehenen Bereich wirken zu lassen und nicht durch Überlappung (Abbildung 8) andere Teile in Mitleidenschaft zu ziehen, ist es ratsam, Wirkungsbereiche zu erstellen.

Dafür eignen sich beispielsweise Selektionen (Abbildung 9) des Verformungsbereichs, die Sie über den bekannten Selektion einfrieren-Befehl aus dem Menü Selektion festhalten (Abbildung 10). Dieser Selektion geben Sie einen adäquaten Namen (Abbildung 11) und verwenden diese gespeicherte Punkt- oder Polygon-Auswahl als Referenz für die Bone-Verformung.

Dies geschieht über das Beschränkungs-Tag, das Sie jedem Bone über das Objekt-Manager-Menü Datei · Neues Tag · Beschränkungs-Tag (Abbildung 12) anhängen können.

Der Dialog des Beschränkungs-Tags (Abbildung 13) gibt Ihnen die Möglichkeit, bis zu sechs Selektionen gleichzeitig als Limitierung zu definieren. Zusätzlich kann für jede Selektion die Stärke der Deformations-Wirkung reguliert werden.

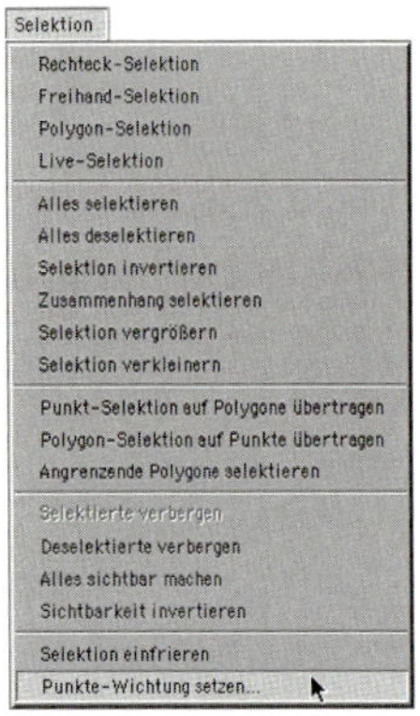


▲ **Abbildung 14**
Punkte-Wichtungs-Werkzeug

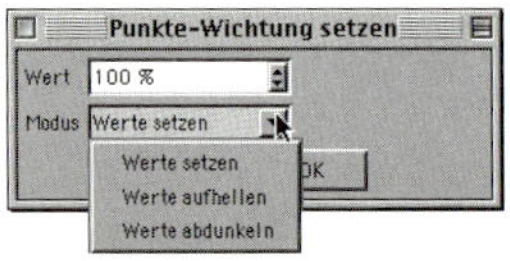


**Abbildung 15** ▼
Punkte-Wichtungs-Optionen

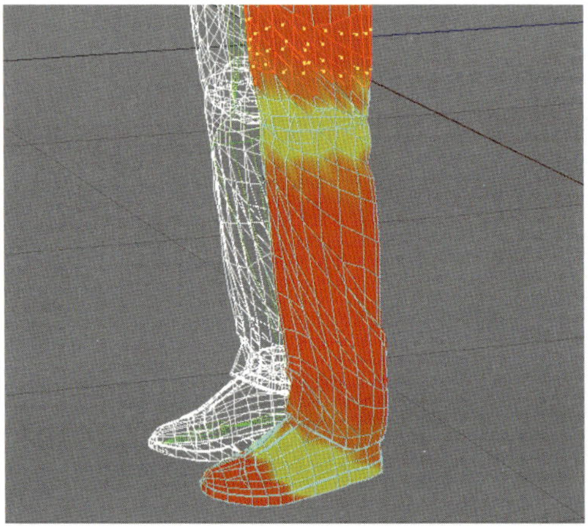

**Abbildung 17** ▶
Bein mit kompletter Wichtung

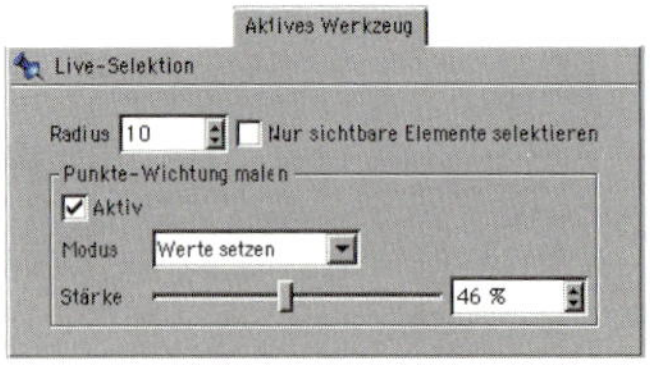


**Abbildung 16** ▶
Punkte-Wichtung malen

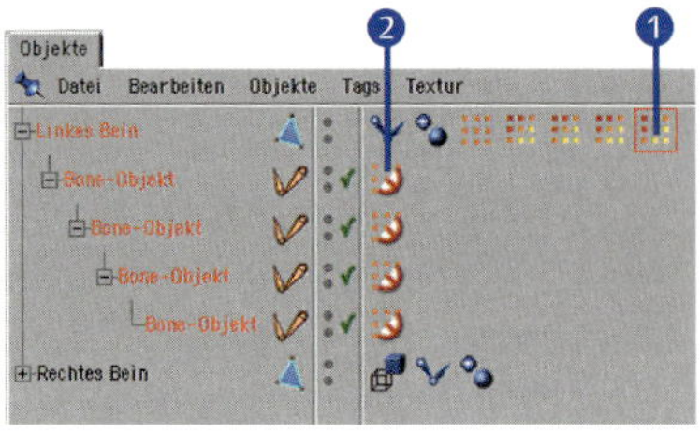


**Abbildung 18** ▶
Wichtungs- und Beschränkungs-Tags im Objekt-Manager

### Punkte-Wichtung / Vertex-Maps

Noch eleganter und wesentlich genauer können Sie die Wirkung von Bones und anderen Deformatoren durch Punkte-Wichtungen bzw. Vertex-Maps bestimmen.

Mit dem Menü-Befehl SELEKTION · PUNKTE-WICHTUNG SETZEN (Abbildung 14) weisen Sie einer Auswahl von Punkten oder Polygonen einen Prozentwert zu (Abbildung 15), mit dem die Bones auf diesen Bereich wirken sollen.

Alternativ können Sie die Punkte-Wichtung (Vertex-Map) auch interaktiv auf das Objekt malen. Dies geschieht im Punkte-bearbeiten-Modus mit der LIVE-SELEKTION. In den Einstellungen AKTIVES-WERKZEUG (Abbildung 16) aktivieren Sie PUNKTE-WICHTUNG MALEN, stellen die gewünschte Wirkungsstärke ein und malen die Vertex-Map auf das Objekt.

Wie auch bei den Punkte-Wichtungs-Optionen (Abbildung 15) können Sie entscheiden, ob die Werte gesetzt, abgedunkelt oder aufgehellt werden sollen.

Die gelben Stellen in der Vertex-Map (hohe Prozentwerte) signalisieren starken Einfluss, rote Stellen dagegen schalten den Einfluss aus. Auf dem Bein in Abbildung 17 liegen zum besseren Gesamtverständnis mehrere Vertex-Maps übereinandergeblendet – auf die einzelnen Bones verteilen sich die abschnittsweise erstellten Vertex-Maps.

Diese Vertex-Maps bekommen Namen zugewiesen und liegen als Symbole im Objekt-Manager ❶. Den einzelnen Bones weisen Sie dann wie gehabt mit dem Beschränkungs-Tag ❷ die Wirkungs-Bereiche, in diesem Fall die Vertex-Maps, zu (Abbildung 18).

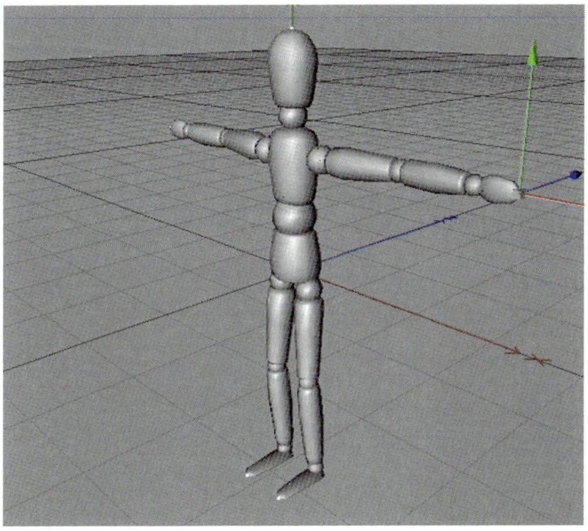

▲ **Abbildung 19**
Figur-Objekt

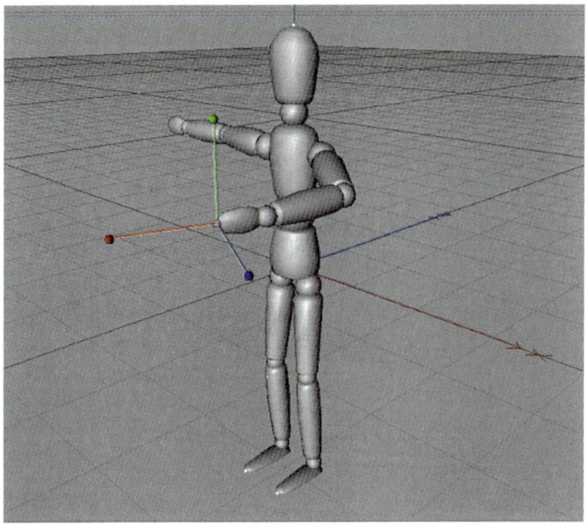

◀ **Abbildung 22**
Figur-Objekt mit modifizierter Arm-Haltung

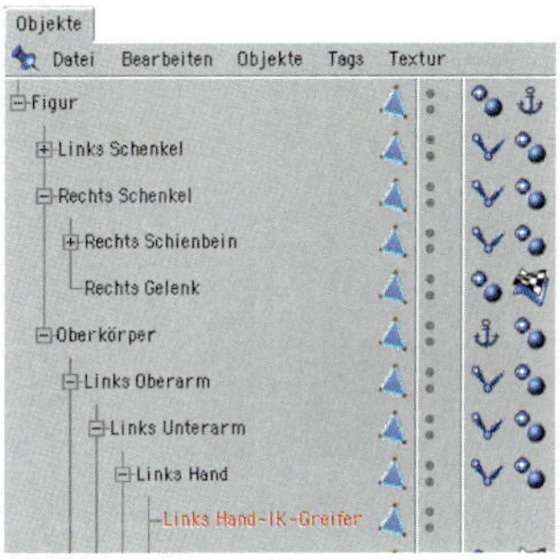


◀ **Abbildung 20**
Konvertiertes und aufgeklapptes Figur-Objekt

▲ **Abbildung 21**
Inverse-Kinematik-Werkzeug

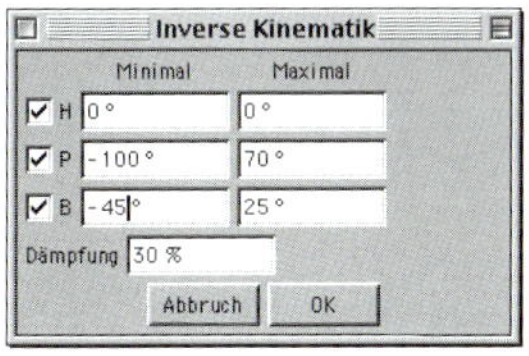


◀ **Abbildung 23**
Inverse-Kinematik-Einstellungen

# Inverse Kinematik

Für die ersten Experimente mit der Inversen Kinematik eignet sich das Figur-Objekt (Abbildung 19) hervorragend. Wandeln Sie das Figur-Objekt mit dem Befehl GRUNDOBJEKT-KONVERTIEREN bzw. Taste [C] um und klappen Sie die Hierarchie des Oberkörpers bis zur Hand auf (Abbildung 20). Unterstes Glied der Hand ist ein leeres Polygon-Objekt, das als Greifer fungiert.

Um die Modifikation der zusammenhängenden Objekt-Teile nach dem Prinzip der Inversen Kinematik ablaufen zu lassen, aktivieren Sie das Inverse-Kinematik-Werkzeug (Abbildung 21). Fassen Sie den Hand-IK-Greifer und bewegen Sie die Hand – wie Sie merken, folgt der komplette Arm Ihrem IK-Greifer (Abbildung 22). Der Grund, warum der Arm nur bis zu einer bestimmten Grenze abzuwinkeln ist, liegt in den Inverse-Kinematik-Einstellungen der Körperteile (Abbildung 23). Hier ist für jedes Unterobjekt vermerkt, wie weit es minimal bzw. maximal abgewinkelt werden kann.

Die Bewegung endet am Oberkörper der Figur, da am obersten Glied der Oberkörper-Gruppe ein Anker-Tag angebracht ist. Ein An-

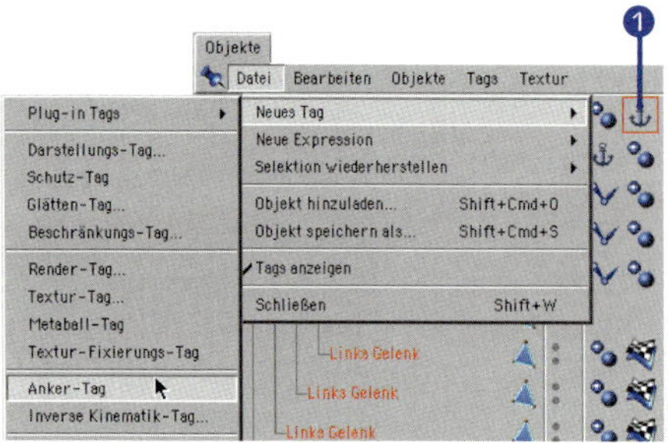


▲ **Abbildung 24**
Anker-Tag

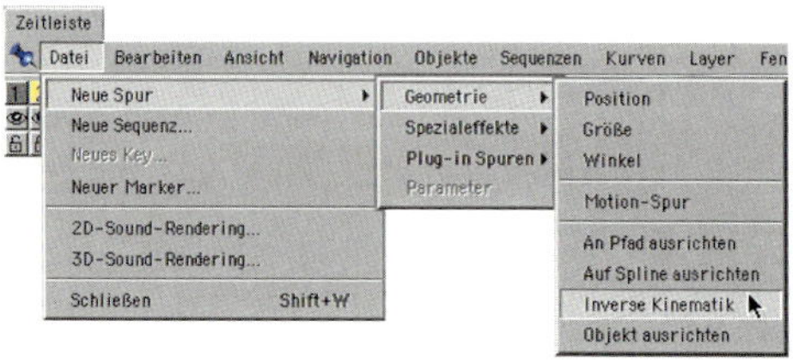


▲ **Abbildung 26**
IK-Spur

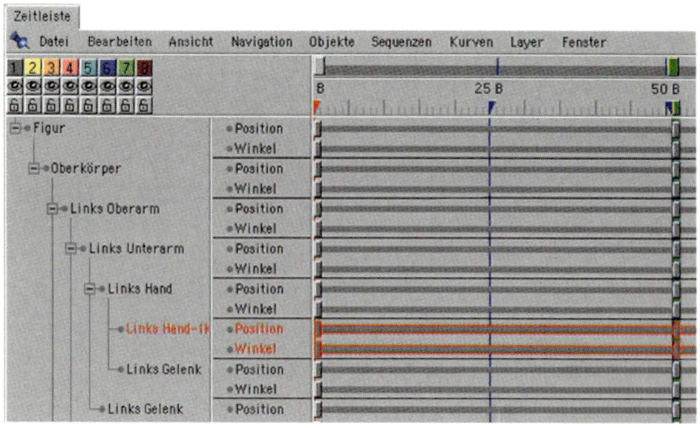


**Abbildung 25** ▶
IK-Animation
des gesamten Objekts

ker-Tag verhindert die Fortsetzung der kinematischen Funktion, mit ihm setzen Sie die starren, unbeweglichen Punkte des Objekts. Sie erzeugen ein Anker-Tag ❶ über den Objekt-Manager-Befehl DATEI · NEUES TAG · ANKER-TAG (Abbildung 24).

## Animation

Die einfachste Möglichkeit, die kinematischen Veränderungen in einer Animation festzuhalten, ist, die Anfangs- und Endstadien des gesamten Bereichs, der von der Modifikation betroffen ist, in Positions- und Winkel-Keys aufzunehmen.

Abbildung 25 zeigt die animierte Handbewegung der Figur und auch gleich eine der Schwachstellen dieser Methode: die Zeitleiste ist schnell mit Spuren überfrachtet und wird unübersichtlich.

Eine andere Möglichkeit liegt in der IK-Spur, die Ihnen über die Zeitleiste zur Verfügung steht (Abbildung 26). In deren Keys geben Sie an, an welchem Führungsobjekt sich die IK-Kette ausrichten soll, die IK-Arbeit erledigt Cinema 4D dann für Sie.

## Multi-Target-Kinematik

Eine Weiterentwicklung der Idee, die IK-Kette an einem Ziel-Objekt auszurichten, ist die Multi-Target-Kinematik. Es steht Ihnen frei, mehrere Elemente der IK-Kette durch beliebige Ziel-Objekte zu kontrollieren. Der Kontroll-Mechanismus ist in etwa vergleichbar mit einer Marionette – Sie versehen das Objekt

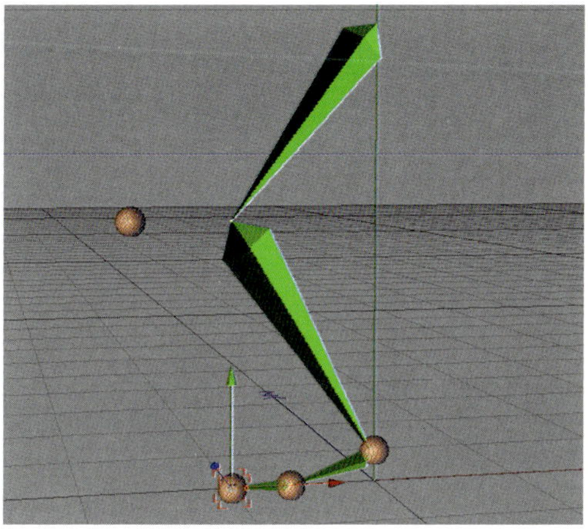

◀ **Abbildung 27**
Bein mit Multi-Target-Kinematik

◀ **Abbildung 28**
IK-Expression

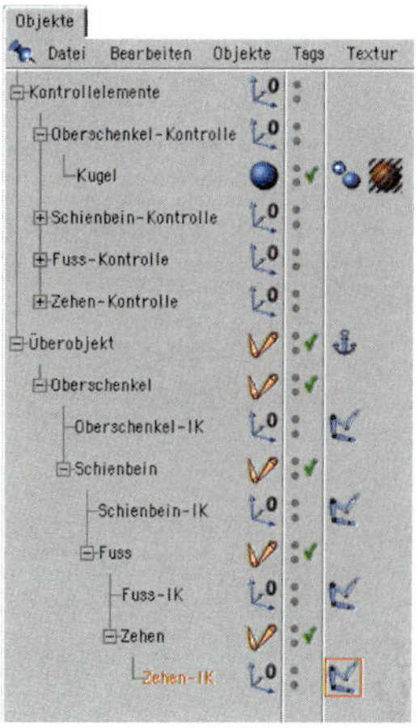


**Abbildung 29** ▶
Aufbau des Multi-Target-Beins

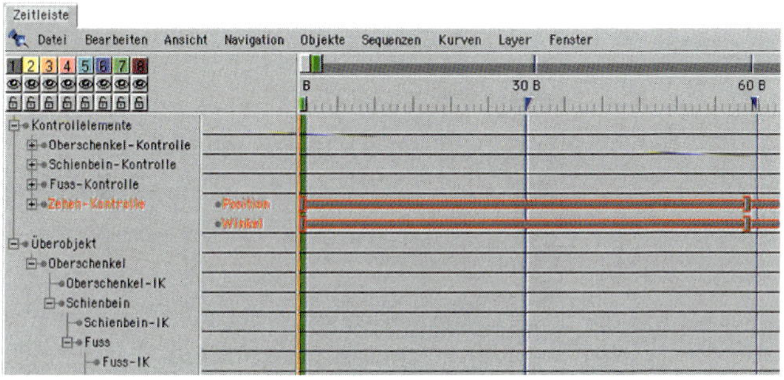


◀ **Abbildung 30**
IK-Animation mit Target-Kinematik

mit übersichtlichen Steuer-Elementen und beschränken sich dann auf die Animation der Kontroll-Elemente.

Das Bone-Skelett in Abbildung 27 besitzt insgesamt vier Steuerungs-Elemente (als Kugeln dargestellt), auf die sich die IK-Greif-Elemente an den Gelenken per IK-Expression ausrichten. Die IK-Expression finden Sie im Objekt-Manager-Menü Datei · Neue Expression · IK-Expression. Dem aktiven Objekt wird dabei ein Tag angehängt, in dem Sie bestimmen, an welchem Ziel-Objekt sich das IK-Element orientieren soll (Abbildung 28).

Die Objekt- und IK-Hierarchie des Beins sehen Sie in Abbildung 29. Im oberen Teil stehen die vier Kontroll-Elemente, denen zur besseren Übersicht je eine Kugel untergeordet ist. Zwischen jedem Bone-Gelenk sitzt ein IK-Greifer mit je einer IK-Expression. In den Expressions ist definiert, welches Steuer-Element für den IK-Greifer zuständig ist. So richtet sich das Zehen-IK an der Zehen-Kontrolle aus, das Fuss-IK an der Fuss-Kontrolle usw.

Ein Blick in die Zeitleiste (Abbildung 30) zeigt die Vorteile dieser Methode sehr deutlich. Für eine einfache animierte Bewegung des Beines genügt es, das Steuer-Element in den Ausgangs- und Endstadien der Bewegung mit Position- und Winkel-Keys aufzunehmen.

# Raum- und Zeitkontrolle

*In den Raum- und Zeitkurven der Zeitleiste sind die räumlichen und zeitlichen Veränderungen der Animation grafisch festgehalten. Zwar sind diese Kurven nicht immer leicht zu interpretieren, dennoch haben Sie mit ihnen ein mächtiges Kontrollinstrument an der Hand.*

Die Raum- und Zeitkontrolle in Cinema 4D ist seit Version 6 gänzlich in die Zeitleiste integriert. Davor standen für beide Kontrollen eigene Manager zur Verfügung.

Wenn Sie den Physikunterricht genauso genossen haben wie ich, stehen Sie der grafischen Umsetzung von Bewegungsabläufen – gelinde gesagt – eher zurückhaltend gegenüber. Daher habe ich mich bemüht, auf diesen ersten Seiten zunächst auf den Sinn und Zweck dieser Kurven einzugehen.

Wenn Sie das Animations-Kapitel bis hierher genau verfolgt haben, sind Sie auf jeden Fall in der Lage, Animationen aller Art zu erstellen. Sie kennen die Zeitleiste mit den Spuren, Sequenzen und Keys.

Was würden Sie tun, wenn Sie die Geschwindigkeit oder Beschleunigung eines animierten Objekts variieren möchten? Richtig, das einzig echte Handwerkszeug, das Sie bislang in Händen halten, sind die Keys. Nun könnten Sie sich die Mühe machen und für jede Geschwindigkeitsänderung den Abstand der Keys respektive den zurückgelegten Weg im Verhältnis zur Zeit verkürzen oder verlängern. Bitte versuchen Sie dies erst gar nicht, der Aufwand steht in keinem Verhältnis zum (meist qualitativ minderwertigen) Ergebnis.

Cinema 4D bietet Ihnen stattdessen ein wesentlich exakteres und eleganteres Instrument an, das allerdings mit etwas Einarbeitungsaufwand verbunden ist: die Raum- und Zeitkurven.

Das Arbeiten mit den Raum- und Zeitkurven wird insbesondere dann unumgänglich, wenn glaubwürdige, natürliche Bewegungen erzeugt werden sollen. Kein »echtes« Objekt besitzt vom Anfang der Bewegung an eine konstante Geschwindigkeit – ein Objekt beschleunigt, hält seine Geschwindigkeit und bremst wieder ab. Um den ruckeligen Effekt einer Animation auch ohne Raum- und Zeitkurven ein wenig abzudämpfen, interpoliert Cinema 4D die Tangenten bei der Aufnahme standardmäßig weich.

Wenn Sie sich aus Lust- oder Zeitgründen (oder beidem?) nicht mit den Kurven herumschlagen können oder möchten, versuchen Sie wenigstens, die fehlenden Beschleunigungen etc. zu kaschieren. Lassen Sie die Objekt-Bewegung beispielsweise außerhalb des Blickfelds beginnen. Machen Sie aber von die-

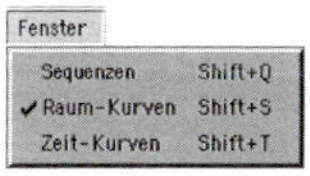


◀ **Abbildung 1**
Fenster-Menü

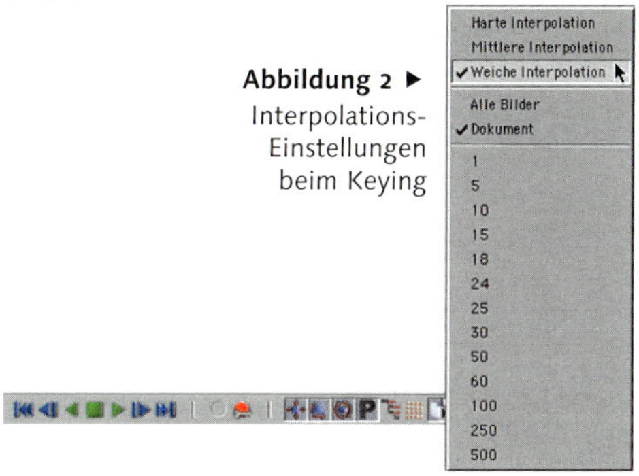


**Abbildung 2** ▶
Interpolations-Einstellungen beim Keying

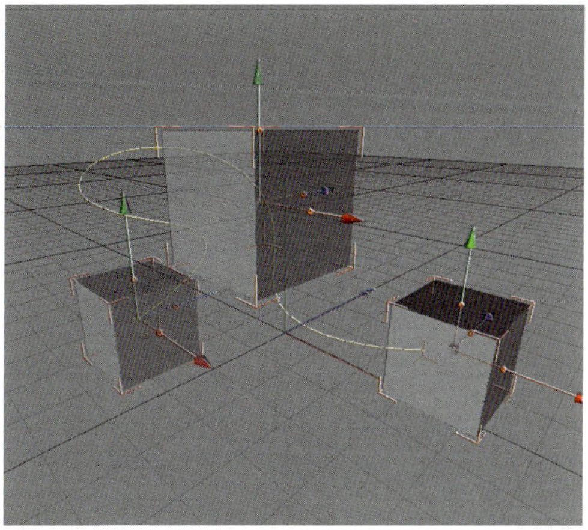

◀ **Abbildung 3**
Beispiel-Animation

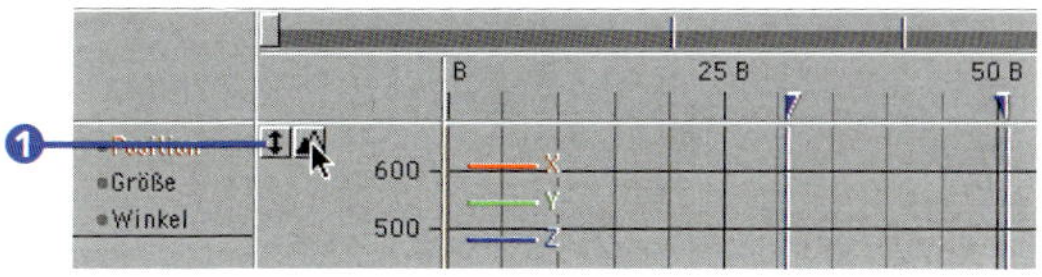


◀ **Abbildung 4**
Kurven-Ansicht

ser Möglichkeit aber nicht allzu häufig Gebrauch – sonst mutiert Ihre Szene irgendwann zu einer Ansammlung von »Running Gags«.

Sehen Sie die Kurven als filigranes Werkzeug, die Bewegungsabläufe auf das Genaueste zu definieren. Wie genau, das entscheiden Sie selbst.

Um von der gewohnten Sequenz-Darstellung in die Raum- bzw. Zeitkurven-Darstellung überzuwechseln, verwenden Sie das Menü Fenster der Zeitleiste (Abbildung 1).

In der Zeit-Manager-Leiste finden Sie im Voreinstellungs-Button (Abbildung 2) die Option, vor der Aufnahme von Keys zwischen harter, mittlerer und weicher Interpolation der Tangenten zu wählen.

Als Beispiel-Animation nehmen wir einen Würfel, der sich mit konstanter Geschwindigkeit auf einer Kurve in sämtliche Achsenrichtungen bewegt (Abbildung 3). Die gesamte Animation erstreckt sich über 50 Bilder, die Animationskurve ist in gelb sichtbar.

Die Raumkontrolle stellt die räumlichen Veränderungen (aus den Positions-, Größen- und Winkel-Keys) des animierten Objekts dar. Die Zeitkontrolle dagegen steuert den zeitlichen Ablauf jeder Spur – egal, ob es sich um eine Positionsänderung, ein Morphing oder eine Explosion handelt.

## Raumkurven

Über das Fenster-Menü der Zeitleiste und der Auswahl Raum-Kurven blenden Sie die Raumkurven Ihrer Animation ein.

Zur Navigation in der Kurven-Ansicht dienen neben dem Power Slider die Ansichts-Werkzeuge ❶ zum Verschieben und Skalieren des Ausschnitts (Abbildung 4).

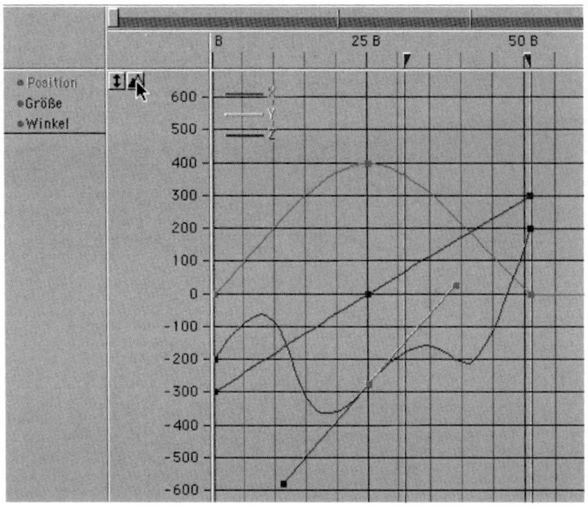


◀ **Abbildung 5**
Raumkurven

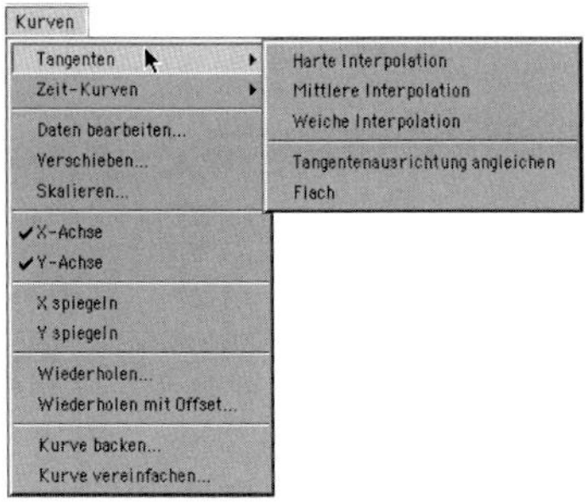


**Abbildung 6** ▶
Kurven- und Tangenten-Menü der Zeitleiste

Die in Abbildung 5 gezeigten Kurven ergeben die Animation aus Abbildung 3. Sehen wir uns die Positionskurven im einzelnen an:

Die Bewegung in X-Richtung (rote Kurve) verläuft hart linear von Position –300 nach Position +300. In Y-Richtung (grüne Kurve) ist dagegen eine weiche Kurve eingetragen, der Würfel steigt vom Nullpunkt bis auf Position +400 und sinkt wieder auf den Nullpunkt. Die Z-Kurve sieht etwas exotischer aus, sie ist mit Hilfe der Tangenten-Greifer entstanden.

Jeder Key ist auch in den Kurven-Ansichten eingetragen, dort haben Sie stets die Möglichkeit, die Kurvenverläufe durch Modifikation der Tangenten zu verändern. Sie können die Keys selbstverständlich auch verschieben oder zusätzliche, neue Keys erstellen. Die Bearbeitung der Punkte verläuft weitestgehend so wie Sie es von den Splines kennen.

Das Menü Kurven in der Zeitleiste (Abbildung 6) gibt Ihnen weitere Bearbeitungsoptionen an die Hand. Neben der Bestimmung der Interpolationsart der Tangenten können Sie eventuell verschobene Ausrichtungen wieder angleichen. Die weiteren Befehle des Menüs dienen zum Verschieben, Skalieren, Sperren, Spiegeln und Wiederholen von Kurven-Segmenten. Über die Befehle Kurven backen bzw. Kurven vereinfachen können Kurven mit Keys unterteilt bzw. optimiert werden.

## Zeitkurven

Der Aufruf der Zeitkurven erfolgt über das Menü Fenster · Zeit-Kurven. Da Ihre Animationen standardmäßig gleichförmig ablaufen, also linear, sehen Sie nach Aufruf des Zeitkurven-Fensters noch keine Kurve eingezeichnet. Das wichtigste Menü für die Zeitkurven-Bearbeitung ist das Zeitleisten-Menü Kurven · Zeit-kurven (Abbildung 7). Im oberen Bereich wählen Sie aus, ob Sie die Graphen im Weg-, Geschwindigkeits- oder Beschleunigungs-Modus angezeigt haben möchten. Entscheiden Sie sich hier frühzeitig, welche Funktion Sie definieren möchten – ein späterer Wechsel ist nicht unproblematisch. Dies rührt in erster Linie daher, dass die drei zeitlichen Größen zusammengehören, Sie erinnern sich doch bestimmt:

*Beschleunigung a = Geschwindigkeit v : Zeit t.*

Abbildung 7 ▶
Zeitkurven-Menü der Zeitleiste

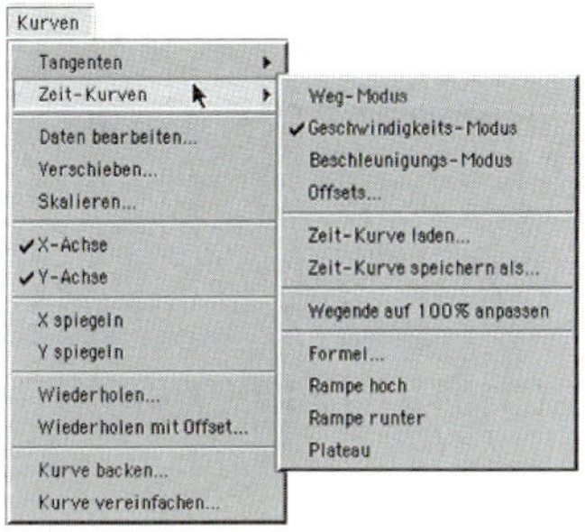


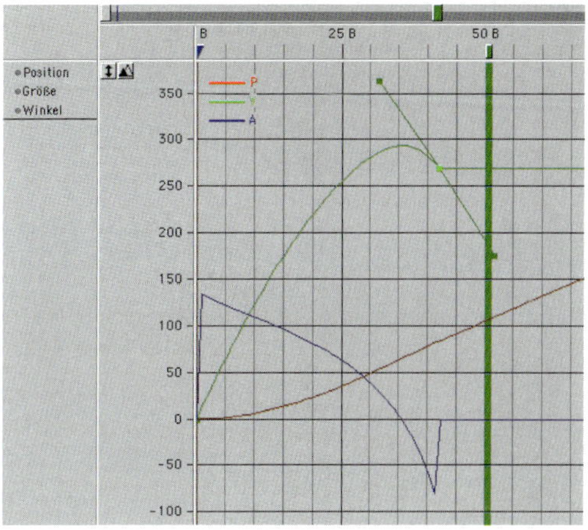


Abbildung 8 ▶
Zeitkurven

Es obliegt also Ihrem persönlichen Geschmack und den Veränderungswünschen, welchen Modus Sie einschlagen.

Mit den Befehlen aus dem Zeit-Kurven-Menü und dem Kurven-Menü selbst bestimmen Sie den Kurvenverlauf. Über OFFSETS versetzen Sie die Kurve auf einen Anfangswert, über WEGENDE AUF 100% ANPASSEN korrigieren Sie Ihre Kurve automatisch, damit der Zielpunkt bei 100% liegt. Wie Ihnen vielleicht schon aufgefallen ist, ist die vertikale Bemaßungs-Einheit nicht genau definiert – es handelt sich hier um eine prozentuale Einheit des Animations-Zustands.

Des Weiteren können Sie Kurven LADEN und SPEICHERN und auf Cinema 4D's integrierte Kurven zurückgreifen. Diese sind FORMEL, RAMPE HOCH, RAMPE RUNTER UND PLATEAU.

Selbstverständlich lassen sich auch die Zeitkurven nach Belieben bearbeiten und verschieben – dabei merken Sie gleich, wie sich eine Manipulation der Weg-Kurve auf die Geschwindigkeit auswirkt.

Um der Animation eine Zeitkurve zu verpassen, wählen Sie einfach den gewünschten Modus und weisen Sie der zeitlichen Größe entweder eine der Standard-Kurven zu (die Sie natürlich weiterbearbeiten können) oder klicken Sie mit gedrückter Befehlstaste in die Zeitleiste. Der entstandene Punkt lässt sich nun mit den Menü-Befehlen oder per Doppelklick mit Tangenten versehen und bearbeiten.

Sehen wir uns die Graphen der Beispielanimation an (Abbildung 8). Dabei sind besonders die Graphen von Geschwindigkeit (grün) und Beschleunigung (blau) interessant – die rote Wegkurve verläuft relativ linear.

Die grüne Geschwindigkeitskurve verläuft anfangs steil und wird zusehends flacher. Sie läuft in ein Maximum, sinkt ein wenig und bleibt fortan konstant.

Vergleichen wir dazu die Beschleunigungskurve. Die anfängliche Steilheit der Geschwindigkeitskurve drückt sich in einer hohen Beschleunigung aus, die zusehends abfällt. Das Maximum der grünen Kurve liegt im Durchstoßen des Nullpunkts der blauen Beschleunigungskurve. Die Geschwindigkeit fällt – das Objekt bremst also ab – hier ist die Beschleunigung im negativen Bereich. Danach bleibt die Geschwindigkeit konstant – die Beschleunigung bleibt auf dem Null-Niveau.

# Motion-Groups

*Mit zunehmender Komplexität der Animationen wird es schwieriger, Sequenzen und Keys übergreifend zu bearbeiten, zu übertragen und anzupassen. Motion-Groups, Motion Sequencing und Motion-Synthesizing machen Ihnen das Leben leichter.*

BESONDERS BEI DER CHARACTER-ANIMATION, wo sich viele Bewegungsabläufe wiederholen bzw. ineinander übergehen, kommt schnell der Wunsch nach Gruppierung und Überblendung der Sequenzen auf.

Mit Cinema 4D's Motion-Groups können Sie sämtliche Positions-, Größen- und Winkel-Spuren einer Animation mitsamt aller Unterobjekte in eine Gesamtspur zusammenfassen. Die Betonung liegt dabei auf den drei Spurenarten, andere ähnlich gelagerte Spuren wie die AN-PFAD-AUSRICHTEN- und IK-Spur werden noch nicht unterstützt.

Um mit Ihrer Inverse-Kinematik-Animation dennoch in den Genuss des Motion-Sequencing zu kommen, müssen Sie die Spuren über den Zeitleisten-Menü-Befehl OBJEKTE · ANIMATION FIXIEREN (Abbildung 1) in Positions- und Winkel-Spuren umwandeln.

Abbildung 2 zeigt ein Beispiel für eine mit vielen Positions- und Winkel-Spuren versehene Animationssequenz. Das Kopieren und Erweitern von Keys stellt sich als äußerst mühsam heraus. Das Mischen bzw. Überblenden von einzelnen Bewegungen ist mit diesen Spuren ebenfalls praktisch unmöglich.

Der Zeitleisten-Menü-Befehl SEQUENZEN · MOTION-GROUP ERZEUGEN (Abbildung 3) vereinigt alle Positions-, Winkel- und Größen-Spuren der Auswahl in der Zeitleiste in eine neue Motion-Spur (Abbildung 4). Damit sind alle Animationsinformationen (auch die der Unterobjekte) in einer Motion-Spur gespeichert und Sie können mit einer nun wesentlich übersichtlicheren Zeitleiste weiterarbeiten.

Natürlich sind damit die ehemaligen Spuren nicht gelöscht, über den Befehl MOTION-GROUP AUFLÖSEN im gleichen Menü (Abbildung 3) machen Sie die Gruppierung wieder rückgängig. Trotzdem sollten Sie die Motion-Group erst dann erzeugen, wenn Sie mit der Grund-Animation zufrieden sind.

## Motion Sequencing / Motion Synthesizing

Hinter diesen wunderbar klingenden Begriffen verbirgt sich der eigentliche Clou der Motion-Groups. Haben Sie die unterschiedlichen Be-

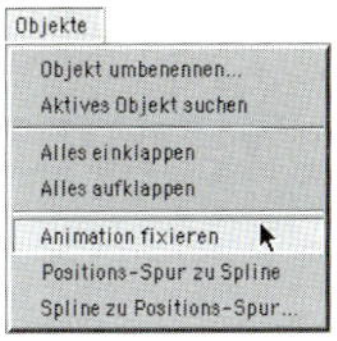


◀ **Abbildung 1**
Animation fixieren

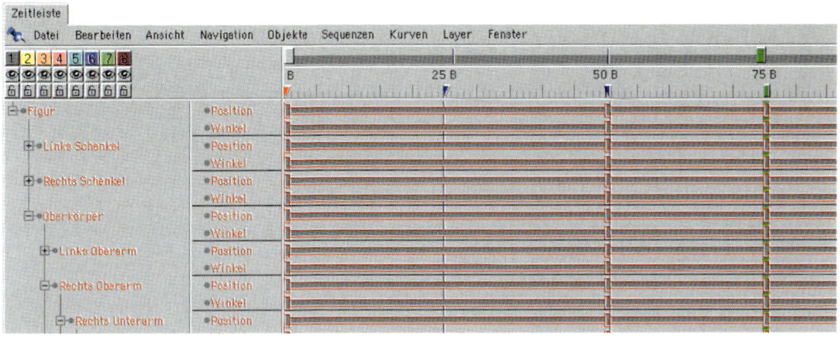


◀ **Abbildung 2**
Animation mit Positions- und Winkelspuren

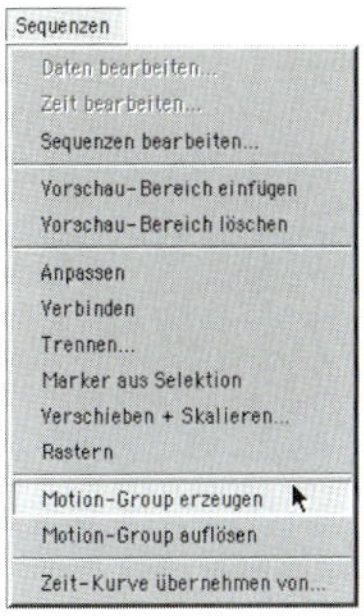


◀ **Abbildung 3**
Motion-Group erzeugen und auflösen

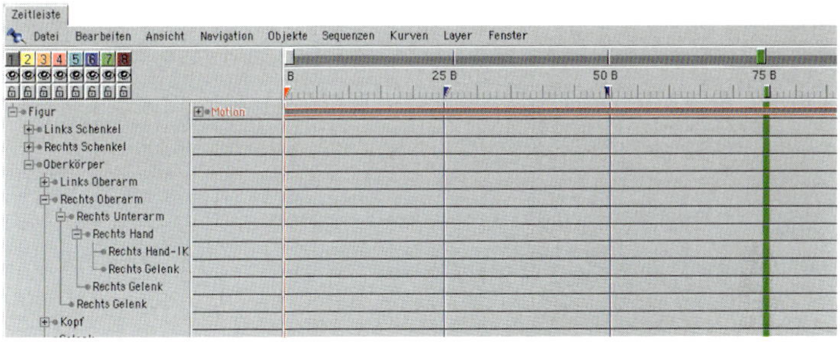


◀ **Abbildung 4**
Animation mit erzeugter Motion-Group

▲ **Abbildung 5**
Motion-Mixing-Key Dialog

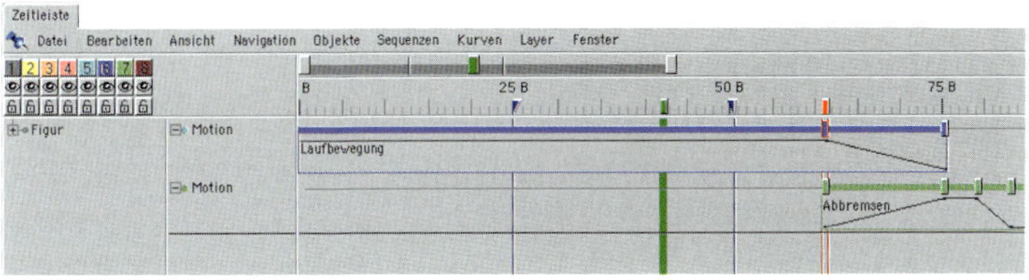


◀ **Abbildung 6**
Motion Sequencing

wegungsabläufe Ihres Characters erst einmal zu Motion-Groups zusammengefasst, können Sie diese beliebig ineinander übergehen lassen bzw. miteinander mischen.

Ein Beispiel für das Überlappen zweier Motion-Groups (Motion Sequencing) sehen Sie in Abbildung 6. Dabei ist die obere Motion-Spur (blau) für eine Laufbewegung, die untere Spur (grün) für das Abbremsen eines Characters zuständig.

Zwischen Bild 60 und Bild 75 werden beide Motion-Spuren ineinander übergeblendet. Dies erfolgt über ein Motion-Mixing-Key, das Sie entweder über den Menü-Befehl Datei · Neues Key oder per Klick mit gedrücker Befehlstaste in die Sequenz einfügen. Im Einstellungsdialog des Keys (Abbildung 5) geben Sie an, wie das Stärke-Verhältnis der gemischten Motion-Groups aussehen soll. In den aufgeklappten Motion-Spuren (Abbildung 6) erkennen Sie, dass in diesem Beispiel die obere Spur langsam ausgeblendet, die untere Spur langsam eingeblendet wird.

Je nach Aufteilung der Kräfte-Verhältnisse und der Überlappung der beliebigen Spuren können Sie die Spuren nicht nur sanft überblenden, sondern auch komplett neue Bewegungsabläufe schaffen. Diese Technik bezeichnet man als Motion-Synthesizing.

# Partikelsysteme

*Animierte Rauch- und Feuer-Effekte, Flüssigkeiten, Vögel- und Fischschwärme, Partikel-Ströme jeder Art – all das sind Aufgaben für Cinema 4D's integriertes Partikelsystem.*

PARTIKELSYSTEME BESTEHEN IMMER AUS ZWEI, meistens drei verschiedenen Teilen: einem Emitter, den Partikeln und, wenn nötig, den Modifikatoren. Der Emitter sorgt für die Emission der Partikel. Hier stellen Sie ein, wie viele Partikel in welchem Zeitraum auf welche Art ausgestoßen werden. Partikel sind die Unterobjekte des Emitters. Als Partikel können Sie jedes Objekt in Cinema 4D verwenden – auch mehrere und sogar animierte Objekte.

Um den Partikel-Strom durch Ablenkung, Verwirbelung, Abbremsen etc. zu beeinflussen, platzieren Sie so genannte Modifikatoren in die Szene.

Alle drei Objektarten finden Sie sowohl in der Partikelsystem-Palette (Abbildung 1) als auch im Menü OBJEKTE · PARTIKELSYSTEM (Abbildung 2).

Die Mindestanforderung für ein funktionierendes Partikelsystem ist ein Emitter mit einem untergeordneten Objekt, das als zu emittierendes Partikel angesehen wird (Abbildung 3). Sobald Sie in der Zeitleiste auf den Start-Button klicken, sehen Sie die Partikel aus dem Emitter strömen (Abbildung 4). In der Standardeinstellung des Emitters und auch so lange kein Objekt als Partikel definiert ist, deutet Cinema 4D den Partikel-Strom durch weiße Linienstücke an.

## Emitter

Im Einstellungsdialog des Emitter-Objekts, den Sie per Doppelklick auf das Symbol im Objekt-Manager öffnen (Abbildung 5 und 6), bestimmen Sie den Partikel-Strom.

Hier ist Ihre Experimentierfreude gefragt, denn viele der Parameter lassen sich ohne Ausprobieren einfach schlecht abschätzen.

Mit der GEBURTSRATE für den Editor bzw. das Rendern stellen Sie ein, wie viele Partikel der Emitter in der Sekunde produzieren soll. Bei hohem Partikel-Ausstoß (Rauch-Effekte) ist es ratsam, den Editor-Wert zu Gunsten der Darstellungsperformance herunterzusetzen.

Für die Steuerung des Partikel-Ausstoßes über die Zeitleiste bietet sich das SICHTBARKEITS-Feld an. Diese können Sie über die Parameter-Spur der Zeitleiste kontrollieren.

◀ **Abbildung 1**
Partikelsystem-Palette

**Abbildung 3** ▼
Emitter und Partikel

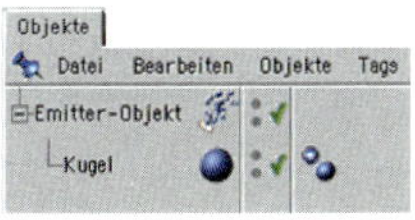


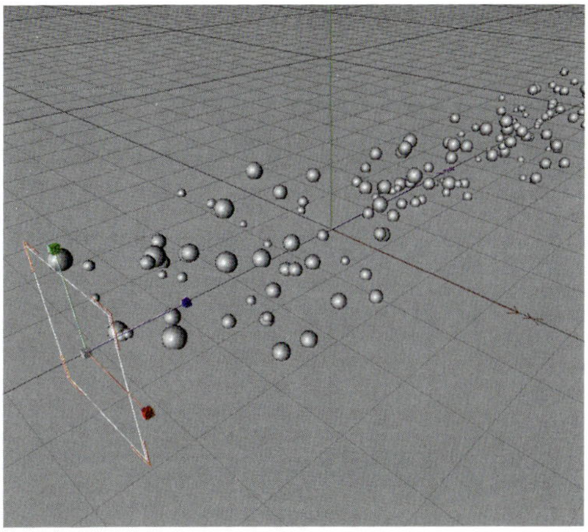

◀ **Abbildung 4**
Einfache Partikel-Emission

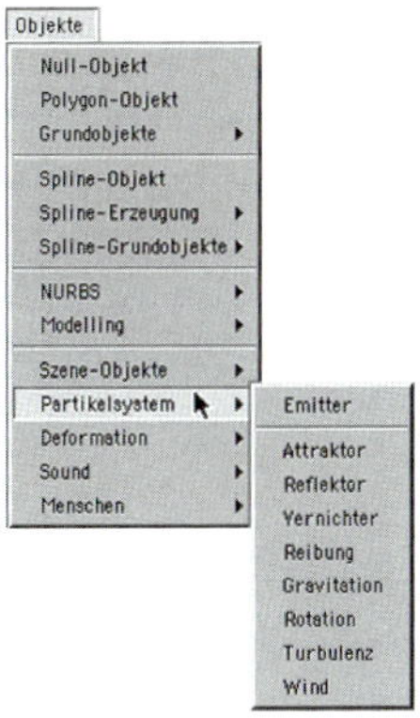


◀ **Abbildung 2**
Partikelsystem Menü

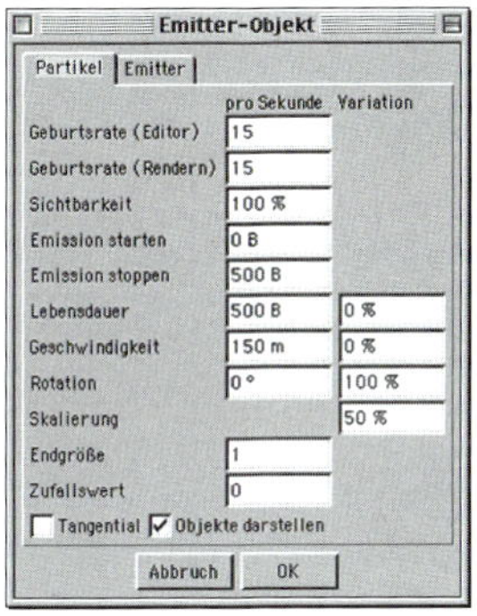


**Abbildung 5** ▶
Emitter-Einstellungsdialog Partikel-Seite

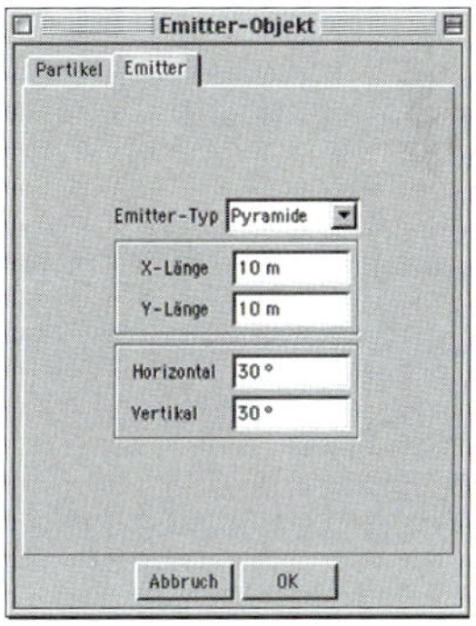


◀ **Abbildung 6**
Emitter-Einstellungsdialog Emitter-Seite

Zu welchen Zeitpunkten Partikel emittiert werden sollen, geben Sie in den EMISSION-STARTEN/STOPPEN-Feldern an. Bedenken Sie, dass ein Stopp der Emission nicht gleichzeitig alle Partikel verschwinden lässt – hinzuzurechnen ist noch die Lebensdauer der Partikel.

Jedes Partikel besitzt eine eigene LEBENSDAUER, die im Moment der Emission des Partikels beginnt, und die Sie über das Variationsfeld anteilig dem Zufall überlassen können.

In den Feldern GESCHWINDIGKEIT, ROTATION und ENDGRÖSSE legen Sie fest, wie schnell sich die Partikel bewegen, ob und um welchen Winkel sie rotiert bzw. um welchen Faktor sie vergrößert werden sollen. Zu jedem der drei Parameter können Sie einen Variationswert angeben.

Durch abweichende Werte im jeweiligen ZUFALLSWERT-Feld individualisieren Sie mehrere in einer Szene benutzte Emitter. Damit sich Objekt-Schwärme (Vögel, Fische) TANGENTIAL zur Flugbahn bewegen, schalten Sie die gleichnamige Option an. Wenn die Partikel nicht nur angedeutet, sondern als Objekte dargestellt werden sollen, aktivieren Sie OBJEKTE DARSTELLEN.

Im Emitter-Feld (Abbildung 6) definieren Sie die Abstrahlungsart, die Ausmaße und den horizontalen und vertikalen Abstrahlungswinkel des Emitters.

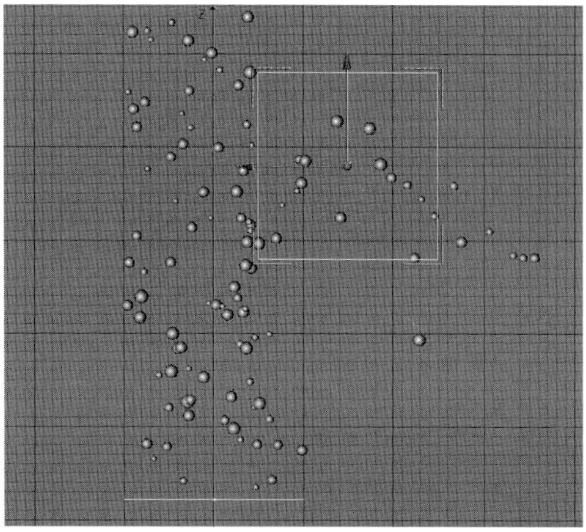

▲ **Abbildung 7**
Attraktor

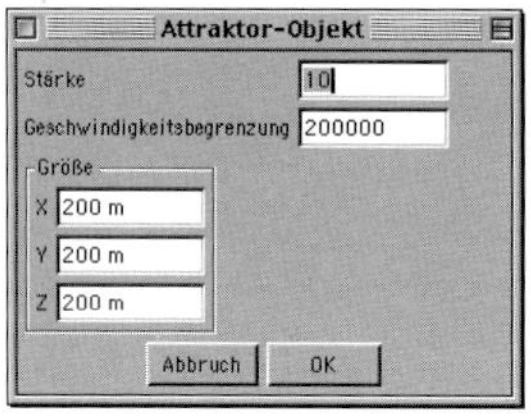


**Abbildung 8** ▶
Attraktor-Einstellungsdialog

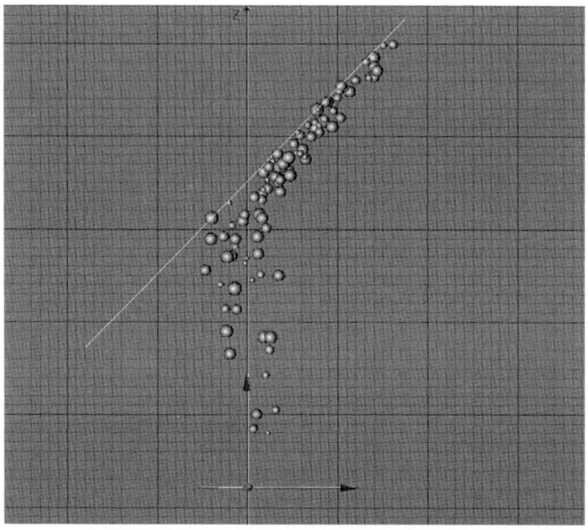

▲ **Abbildung 9**
Reflektor

**Abbildung 10** ▶
Reflektor-Einstellungsdialog

# Modifikatoren

Die Modifikatoren dienen zur Veränderung und Beeinflussung des Partikelstroms. Sie funktionieren global, müssen also nicht mit einem Emitter gruppiert oder untergeordnet werden.

### Attraktor

Ein Attraktor besitzt eine radiale Anziehungskraft, die auf die heranströmenden Partikel wirkt. Abbildung 7 zeigt einen Attraktor, der einen Teil des Partikelstroms auf die rechte Seite ablenkt. Nach Verlassen des Attraktors bewegen sich die Teilchen normal fort. Im Einstellungsdialog des Attraktors (Abbildung 8) lassen sich die Stärke der wirkenden Anziehungskraft, die Höchstgeschwindigkeit der austretenden Partikel und die Ausmaße des gelben Attraktor-Kastens festlegen.

### Reflektor

Durch das Platzieren von Reflektoren schaffen Sie mehr oder weniger elastische Wände, an denen die Partikel abprallen und weitergeleitet werden. In Abbildung 9 prallen die Partikel nur wenig ab, der Reflektor dient mehr zur Umlenkung des Teilchen-Stroms. Dazu ist im Einstellungsdialog des Reflektor-Objekts (Abbildung 10) ein geringer Elastizitätswert eingestellt. Die Option STRAHLTEILER lässt den Reflektor nur auf jedes zweite Teilchen wirken, alle anderen passieren den Reflektor. Der Reflektor ist logischerweise ein Flächen-

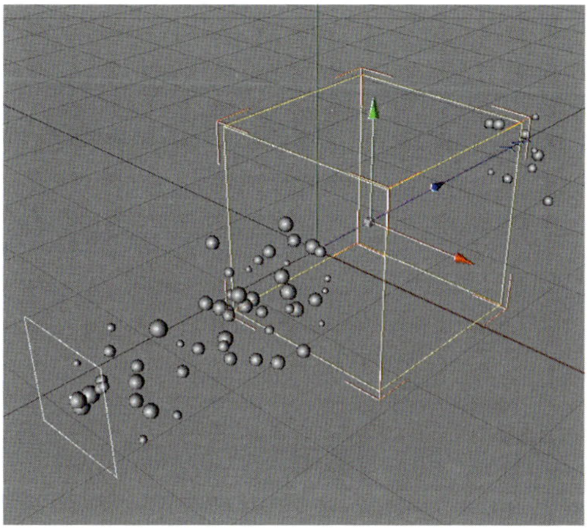

▲ **Abbildung 11**
Vernichter

**Abbildung 12** ▶
Vernichter-Einstellungsdialog

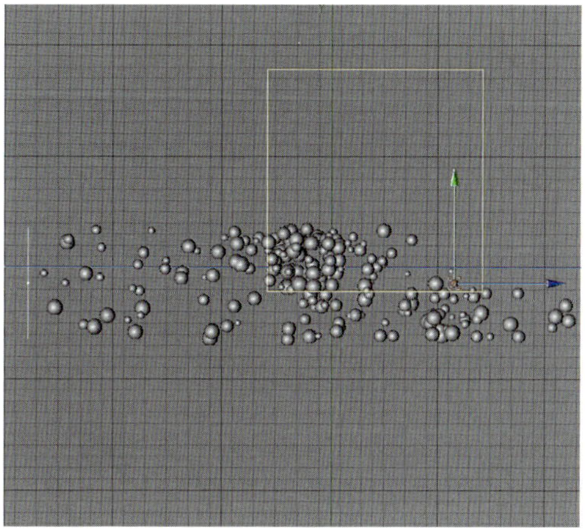

▲ **Abbildung 13**
Reibung

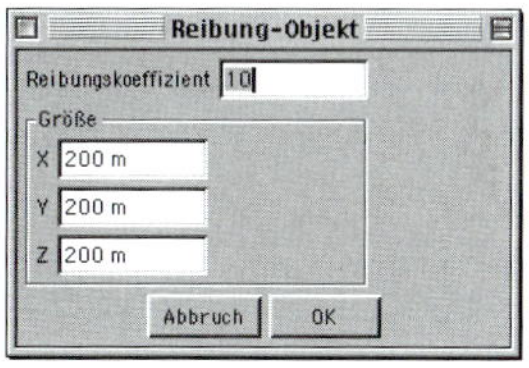


**Abbildung 14** ▶
Vernichter-Einstellungsdialog

Objekt, dessen X- und Y-Ausmaße Sie in den Feldern eintragen.

### Vernichter

Mit dem Vernichter-Objekt bekommen Sie zum einen die Anzahl der Partikel wieder in den Griff, zum anderen ist es mit ihm möglich, alle Partikel an einer bestimmten Stelle auszuschalten. Der Vernichter in Abbildung 11 lässt nur eine sehr bescheidene Anzahl von Partikeln durch. Wie viel Prozent der Partikel den Vernichter ungeschoren verlassen dürfen, stellen Sie im Einstellungsdialog (Abbildung 12) ein. Je schneller sich die Teilchen fortbewegen, desto größer sollte der Kasten gewählt sein. Um vernichtet zu werden, muss ein Partikel ein Bild lang den Vernichter-Kasten durchlaufen haben.

### Reibung

Die in der Realität stets vorherrschende Reibung steht auch für die Partikelsysteme zur Verfügung.

Die in Abbildung 13 auftretende Reibung reduziert die Geschwindigkeit der Teilchen. Wie Sie sehen, ist auch hier Ausprobieren angesagt, damit es nicht zu einem Partikel-Stau und zur Überschneidung von Teilchen kommt.

Positive Reibungskoeffizienten im Einstellungsdialog (Abbildung 14) verursachen eine Verlangsamung, negative Koeffizienten eine Beschleunigung der Partikel. Auch ein kompletter Stillstand der Teilchen ist, wenn gewünscht, möglich.

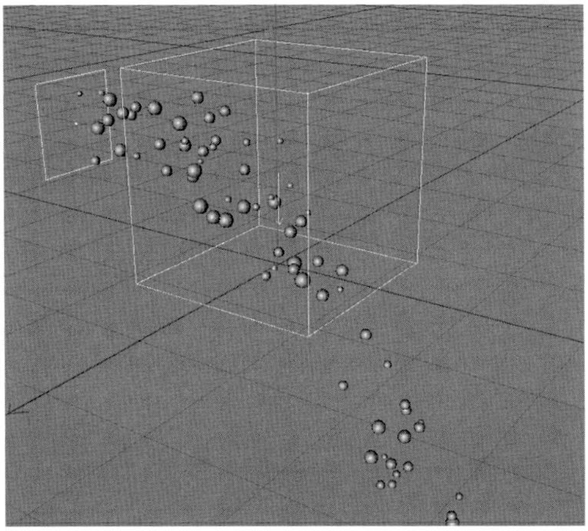

▲ **Abbildung 15**
Gravitation

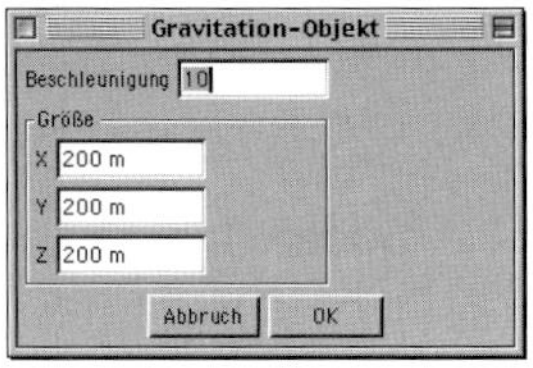


**Abbildung 16** ▶
Gravitation-Einstellungsdialog

### Gravitation

Auch die natürliche Anziehungskraft der Gravitation hat ihren Platz bei den Modifikatoren.

Sobald Ihre Partikel nicht in einer gravitationsfreien Weltraumszene herumschwirren dürfen, sondern sich den auf der Erde üblichen Gepflogenheiten der Erdanziehung unterwerfen müssen, brauchen Sie relativ häufig das Gravitations-Objekt.

Im gelben Kasten des Gravitations-Modifikators (Abbildung 15) werden die Partikel in Y-Richtung nach unten gelenkt.

Wie stark die Anziehungskraft innerhalb des Kastens wirken soll, bestimmen Sie anhand des Beschleunigungswertes im Einstellungsdialog (Abbildung 16) des Gravitations-Modifikators. Je höher der Wert, desto stärker die Anziehungs-Beschleunigung.

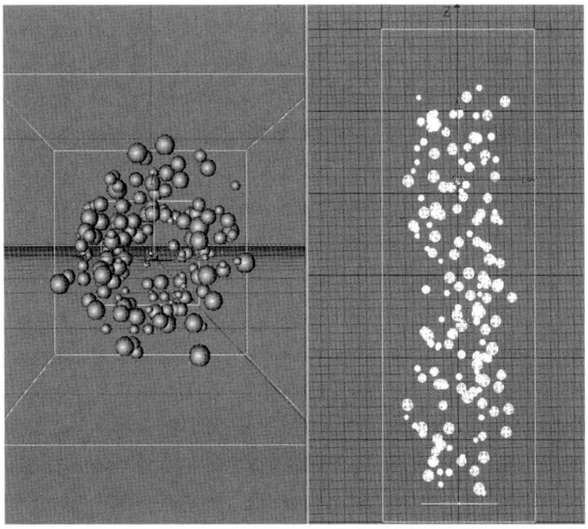

▲ **Abbildung 17**
Rotation

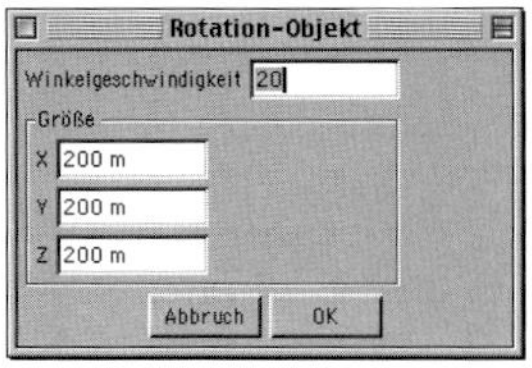


**Abbildung 18** ▶
Rotation-Einstellungsdialog

### Rotation

Innerhalb des Rotations-Modifikators werden die Partikel um die Z-Achse des Emitters gedreht.

In Abbildung 17 ist ein Rotations-Modifikator gleichgerichtet zum Emitter-Objekt aufgestellt. Die Partikel rotieren im Rotations-Kasten und wandern (linke Hälfte) in einer schraubenförmigen Spur durch das Rotations-Objekt.

Die Geschwindigkeit der Rotation geben Sie im Einstellungsdialog des Rotations-Modifikators (Abbildung 18) an.

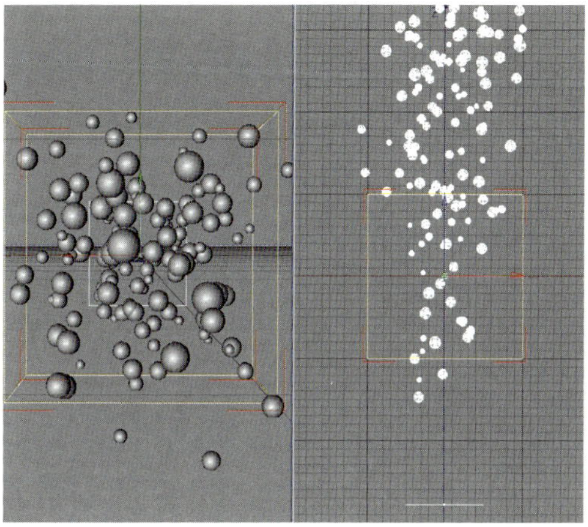

▲ **Abbildung 19**
Turbulenz

**Abbildung 20** ▶
Turbulenz-Einstellungsdialog

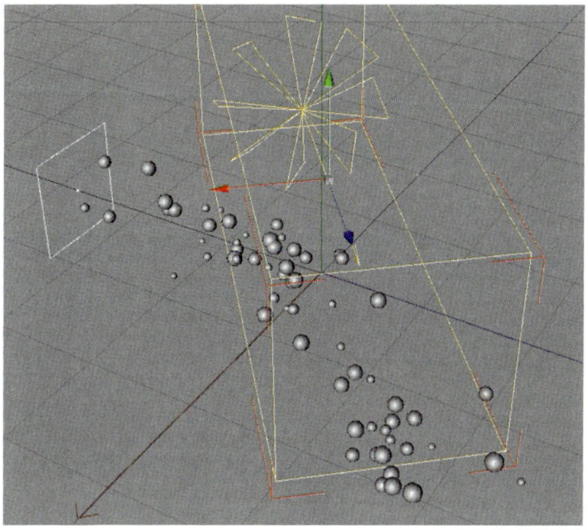

▲ **Abbildung 21**
Wind

**Abbildung 22** ▶
Wind-Einstellungsdialog

### Turbulenz

Mit dem Turbulenz-Objekt erlangen Sie eine beliebig starke Verwirbelung des Partikel-Stromes, wie sie beispielsweise zur realistischen Erzeugung von Rauch- und Feuer-Effekten notwendig wird.

Zur Verdeutlichung des Unterschieds vergleichen Sie die Verwirbelung des Turbulenz-Objekts aus Abbildung 19 mit der Rotation des Rotations-Objekts aus Abbildung 17. Je nachdem, welchen Verwirbelungs-Effekt Sie erreichen wollen, verwenden Sie das Rotations- oder Turbulenz-Objekt. Natürlich spricht auch nichts dagegen, beide Modifikatoren zu kombinieren. Im Einstellungsdialog des Turbulenz-Modifikators (Abbildung 20) legen Sie die Stärke der Verwirbelung der Teilchen fest.

### Wind

Der Wind-Modifikator sorgt wiederum für eine Umlenkung des Partikel-Stroms.

Wie Abbildung 21 zeigt, ist das Wind-Objekt nicht nur durch einen gelben Kasten, sondern auch durch ein Windrad kenntlich gemacht. Insbesondere die Größe des Modifikations-Kastens ist entscheidend für die Beeinflussung der Teilchen. Wenn Sie die Animation durch Klick auf den Start-Button ablaufen lassen, erkennen Sie an der Drehgeschwindigkeit des Windrads die Stärke des Windes.

Dieser Effekt ist zwar ganz nett, im Regelfall aber nicht sehr aussagekräftig. Mit dem Einstellungsdialog des Wind-Modifikators (Abbildung 22) bestimmen Sie genau die Windgeschwindigkeit und die Ausmaße des Wind-Objekts.

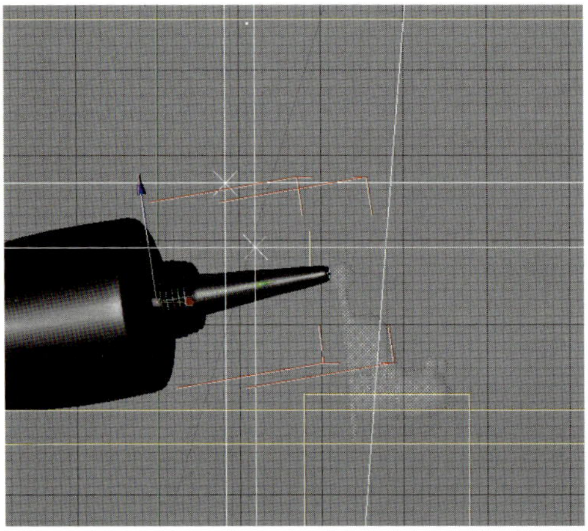

◀ **Abbildung 23**
Aufbau des Partikelsystems im Editor

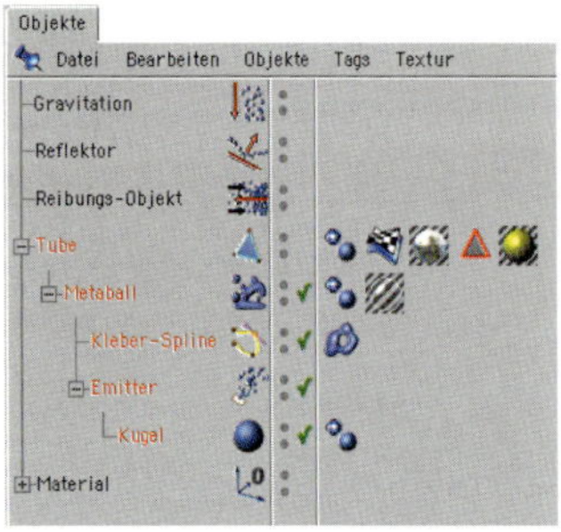


**Abbildung 24** ▲
Hierarchischer Aufbau des Partikelsystems im Objekt-Manager

# Meta-Partikel

In Verbindung mit den Metaball-Objekten können Sie Partikelsysteme zur Erzeugung von animierten Flüssigkeiten aller Art nutzen.

Am besten sehen wir uns die Verfahrensweise an einer Beispielszene an. In diesem Beispiel soll aus einer fatalerweise offen gelassenen Klebstofftube eines bekannten Herstellers Klebstoff herausquillen.

Die komplett modellierte und animierte Szene finden Sie zusammen mit einem gerenderten Beispielfilm auf der beiliegenden CD, so können Sie die Parameter sämtlicher Objekte nachvollziehen. Wenn Sie möchten, texturieren Sie die Tube noch ein wenig aus, für unsere Zwecke genügt dieses Rohmodell aber vollauf.

Abbildung 23 zeigt den Aufbau des Partikelsystems. In der Tubenspitze sitzt der Emitter, von dort ausgehend erstreckt sich zur Unterstützung der fadenähnlichen Fließweise ein Spline-Objekt bis zum Boden. Damit die Partikel durch die Erdanziehung nach unten fallen, befindet sich die Tube in einem Gravitations-Modifikator. Die auf der Platte auftreffenden Partikel prallen an einem Reflektor-Objekt ab – sonst würden Sie einfach durch die Glasplatte durchprasseln.

Den klebrigen, pfropfenden Charakter der Flüssigkeit übernimmt ein Reibungs-Objekt, dessen Kasten dort platziert ist, wo die Tropfen auftreffen. Hier sammeln sie sich und bilden eine zähe, immer größer werdende Masse.

Den hierarchischen Aufbau der Szene entnehmen Sie Abbildung 24. Wenden wir uns zuerst dem Emitter-Objekt zu. Als Partikel dient ein einfaches Kugel-Grundobjekt. Der Emitter selbst liegt innerhalb eines Metaball-Objekts – dies ist das ganze Geheimnis der Meta-Partikel. Alle Objekte, die der Emitter ausstößt, sind automatisch Metabälle, die zu einer (je nach Geschwindigkeit der Emission) dünn- oder zähflüssigen Masse verschmelzen.

Experimentieren Sie ein wenig mit der Geschwindigkeit des Teilchen-Ausstoßes. Das Tempo der Flüssigkeit im Beispielfilm ent-

◂ **Abbildung 25**
Standbild des Meta-Partikel-Beispiels

spricht in etwa dem Ausstoß, wenn Druck auf die Tube ausgeübt wird (oder vor dem Öffnen Druck ausgeübt wurde).

Die drei Modifikatoren Gravitation, Reflektor und Reibung befinden sich außerhalb des eigentlichen Systems. Auch hier bieten sich einige Variationsmöglichkeiten. Probieren Sie ruhig verschiedenste Einstellungen aus, wundern Sie sich aber nicht, wenn der Klebstoff plötzlich wild durch die Szene fliegt! Abbildung 25 zeigt ein Standbild des schon recht ansehnlich gehäuften Klebstoffs.

### Mit dem Partikelsystem in der Zeitleiste arbeiten

Veränderungen bei den Einstellungsparametern von Emittern und Modifikatoren werden bei den Partikelsystemen selbstredend erst bei der animierten Darstellung sichtbar.

Dabei ist bei den Partikelsystemen zu beachten, dass die Positionen der Partikel stets von den vorhergehenden Positionen der Partikel abhängig sind.

Beim Überspringen von Bildern oder bei Rückwärts-Schritten mit dem Zeitschieber in der Zeitleiste kann es demzufolge passieren, dass die Positionen nicht exakt berechnet werden. Dies kann zu extremen Darstellungsfehlern führen.

Springen Sie, bevor Sie den Start-Button drücken, an den Anfang der Partikel-Emission, und geben Sie dem Emitter die Möglichkeit, seine Emission ohne ungeduldiges Verschieben des Zeitreglers zu verrichten.

# Expressions

*Mit Cinema 4D's C.O.F.F.E.E.-Schnittstelle können Sie den Funktionsumfang des Programmes über Plug-ins und Expressions noch weiter Ihren Bedürfnissen anpassen.*

Ein paar der in Cinema 4D eingebauten Expressions haben Sie bereits kennengelernt und vielleicht sogar benutzt, zu ihnen gehören die IK-, Sonnen-, Fixierungs- und die Ausrichten-Expression. In diesem Kapitel geht es um die so genannten C.O.F.F.E.E.-Expressions, die Sie wie auch die anderen Expressions über den Objekt-Manager-Befehl Datei · Neue Expression (Abbildung 1) erzeugen.

C.O.F.F.E.E.-Expressions sind in Cinema 4D's integrierter Programmiersprache C.O.F.F.E.E. geschriebene Programme (Skripte), mit denen Sie Objekte bearbeiten und ihnen Abhängigkeiten zuweisen können. Dazu steht Ihnen der komplette Funktions- und Objekt-Umfang von Cinema 4D zur Verfügung. Mit C.O.F.F.E.E. werden auch die Plug-ins realisiert, eine externe Variante der Expressions, mit denen Sie Cinema 4D unter anderem im Funktions- und Shader-Umfang erweitern.

Wir konzentrieren uns auf die Expressions und bleiben innerhalb von Cinema 4D. Auf der Cinema-4D Original-CD finden Sie im Ordner Goodies · Expressions eine Vielzahl an Beispiel-Expressions, die Sie sich ansehen und durcharbeiten können, um die – nicht gerade kurze – Einarbeitungszeit zu verringern.

So mächtig die C.O.F.F.E.E.-Schnittstelle mit all ihren Möglichkeiten auch ist – gerade das riesige Potential macht es eben schwierig, den geeigneten Einstieg zu finden.

## C.O.F.F.E.E.

C.O.F.F.E.E. (»Cinema's Object oriented Fery Fast Environment Enhancer«) ist stark an die Programmiersprache C/C++ angelehnt, was die Sache für viele Anwender nicht unbedingt sympathischer erscheinen lässt. Dennoch müssen Sie die Sprache C/C++ nicht beherrschen, um Expressions schreiben zu können. Etwas Programmier-Erfahrung – egal welcher Sprache – ist aber sehr hilfreich.

Sehen Sie sich Beispiel-Expressions an und versuchen Sie, den Code nachzuvollziehen, vielleicht sogar für andere Zwecke umzuprogrammieren. Gewöhnen Sie sich langsam an die Befehlslogik und -vielfalt, prägen Sie sich wiederkehrende Strukturen ein.

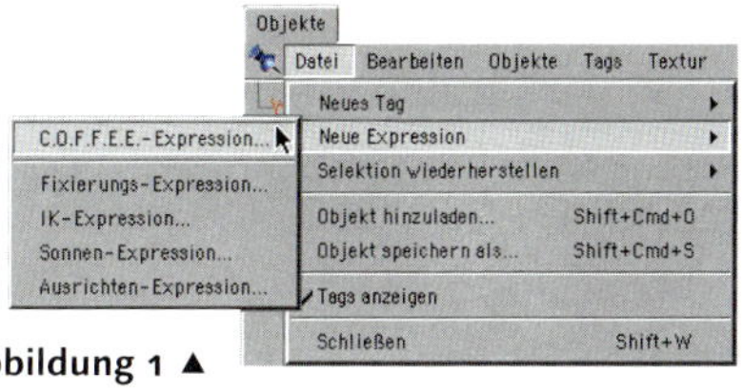


**Abbildung 1 ▲**
C.O.F.F.E.E.-Expression Menübefehl

**Abbildung 2 ▲**
C.O.F.F.E.E.-Tag

**▼ Abbildung 3**
Expression-Editor

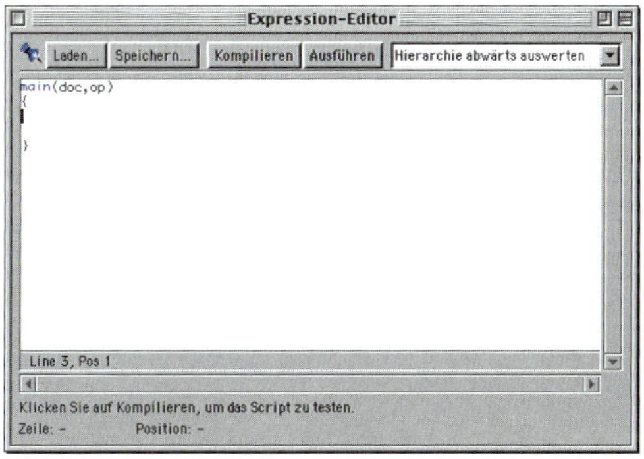


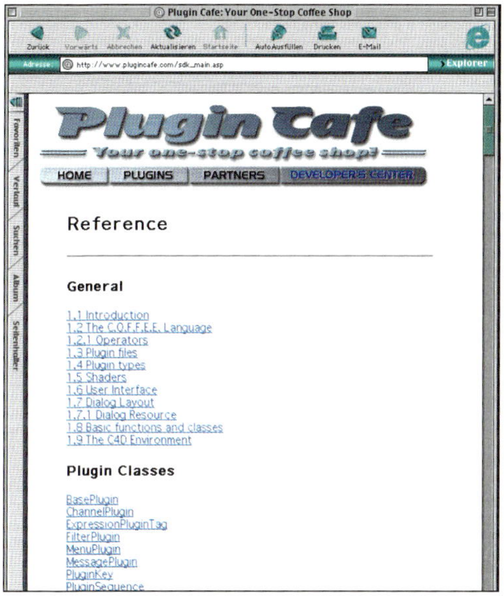


**Abbildung 5 ▲**
C.O.F.F.E.E.-SDK

**◄ Abbildung 4**
Konsole

## Handwerkszeug

Eigentlich halten Sie bereits alles in Händen, was Sie zum Programmieren von Expressions brauchen.

Sobald Sie einem Objekt eine C.O.F.F.E.E.-Expression zugewiesen haben, besitzt es das Kaffeetassen-Symbol (Abbildung 2), mit dem Sie per Doppelklick in die Programmierumgebung für die Expression gelangen (Abbildung 3). Hier schreiben, verwalten, kompilieren und testen Sie die Expression. Netterweise erzeugt Cinema 4D gleich die für alle Expressions nötige Kopfzeile `main (doc,op)`, so dass Sie sofort beginnen könnten, die auszuführenden Befehle in die geschweiften Klammern zu schreiben. Zum Debuggen des Codes kann auch die Konsole (Abbildung 4) hilfreich sein, die Sie über das Menü Fenster aufrufen.

Das C.O.F.F.E.E.-SDK (Software Developer Kit, Abbildung 5), das Sie sich im Internet herunterladen können, dokumentiert alle Funktionen bzw. Befehle, die Sie über C.O.F.F.E.E. ansprechen und verwenden können. Da C.O.F.F.E.E. natürlich stetig mit der Software Cinema 4D mitwächst, sollten Sie auch immer wieder nach Updates des SDK Ausschau halten. Das SDK und viele andere Informationen zur C.O.F.F.E.E.-Schnittstelle, Plug-ins und Expressions, Tutorials, ein reges Anwender-Forum und viele praktische Helferlein rund um Cinema 4D finden Sie im Internet unter der Adresse www.plugincafe.com.

## Skript-Elemente

Hier ein kleiner Überblick über das, was beim Schreiben von Expression unter anderem auf Sie zukommen könnte. Ich konzentriere mich wirklich auf das Nötigste. Wenn Sie schon ein wenig Programmiererfahrung haben, erkennen Sie vielleicht Bekanntes wieder oder sehen, wo Sie ein wenig umdenken müssen.

Jede Befehlszeile schließt mit einem Semikolon ; ab, jede Funktion wird von zwei geschweiften Klammern umrahmt { }.

### Konstanten, Variablen

Konstanten und Variablen deklarieren Sie am häufigsten über

```
const meineKonstante; bzw.
var meineVariable;
```

oder auch zusammen mit einer Zuweisung

```
var Variable = op->GetPosition();
```

### Berechnungen und Zuweisungen

Für Berechnungen genügt eine einfache Funktionsschreibweise

```
Variable1 = Variable2 * 2;
Variable3 = Variable1 + Variable2;
```

Zuweisungen aus Objekt- oder Dokumentinformationen erledigt die Schreibweise

```
Variable = op->GetPosition();
Variable = doc->FindObject(»Name«);
```

### Arrays / Listen

Auch wenn Sie selbst kein Array angelegt haben, kommt es vor, dass Sie auf bestimmte Werte eines Objekts oder beispielsweise einer Punkte-Liste zugreifen müssen.

Haben Sie beispielsweise die Positionskoordinaten eines Objekts in einer Variablen `ObjKoord` abgespeichert,

```
ObjKoord = op->GetPosition();
```

so gelangen Sie über

```
ObjY = ObjKoord.y;
```

an die für Sie relevante Y-Koordinate des Objekts.

Für den Zugriff auf eine bestimmte Datenposition eines Arrays (Feld) verwenden Sie

```
ObjY = ArrayName[Position].y;
```

### Konditionierungen und Schleifen

Als Beispiel für eine Konditionierung hier ein `if/then/else`-Statement in C.O.F.F.E.E.

```
if (Variable1 < Variable2)
        Variable3 = FALSE;
else
        Variable3 = TRUE;
```

... und eine `for`-Schleife:

```
for (i = 0; i < Maximum; i++)
        {
        auszuführende Operation;
        }
```

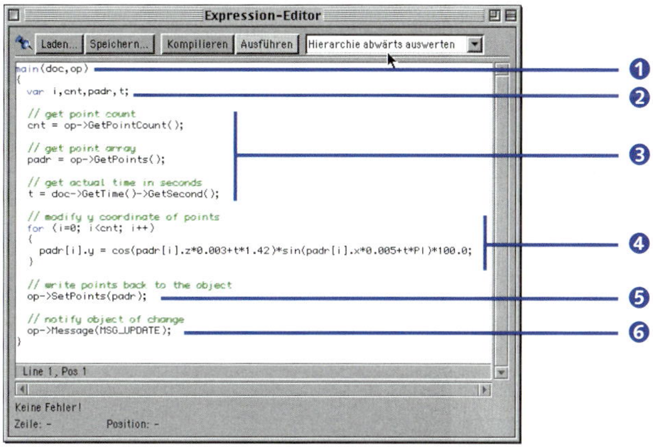


**Abbildung 6 ▲**
Beispiel-Expression

Die Schleife zählt vom Minimum (`i = 0`) hoch zum Maximum *`Maximum`* und erhöht sich bei jedem Durchlauf um den Wert 1 (`i++` eventuell auch bekannt als `i = i + 1`).

### Kommentare

Ein gut geschriebenes Programm erkennt man unter anderem an der schlüssigen Kommentierung. Kommentare können Sie innerhalb der Expression über zwei Querstriche // oder innerhalb der in C üblichen /* bzw. */-Einrahmung setzen.

Soweit unser kleiner Abstecher in die Elemente der Expression-Skripte. Mit diesem »Vokabular« sollten Sie schon einige der Beispiel-Expressions deuten können. Bevor wir uns an eine Beispiel-Expression wagen, noch ein kleiner Blick auf die Struktur der Expression-Skripte.

## Skript-Struktur

In Abbildung 6 sehen Sie eine Beispiel-Expression von der Cinema 4D-CD, die für eine Wellenbewegung der Punkt-Menge sorgt. Für uns ist jetzt in erster Linie die Struktur der Expression interessant.

Am Anfang jeder Expression steht die `main`-Funktion ❶. Diese Funktion wird als erstes ausgeführt und fehlt in keinem C-Programm. Es folgt die Variablendeklaration ❷ und gleich ein paar Zuweisungen von Variablenwerten ❸. Die Verarbeitung der Daten ❹ läuft in diesem Beispiel in einer `for`-Schleife ab, die Y-Werte der Punkte werden anhand einer Formel verschoben. Nach erfolgreicher Berechnung werden die Daten der neuen Punktemenge in das Objekt zurückgeschrieben ❺. Mit dem letzten Befehl ❻ bekommt das Objekt mitgeteilt, dass es verändert wurde und eine Neuberechnung, sprich Auffrischung nötig ist.

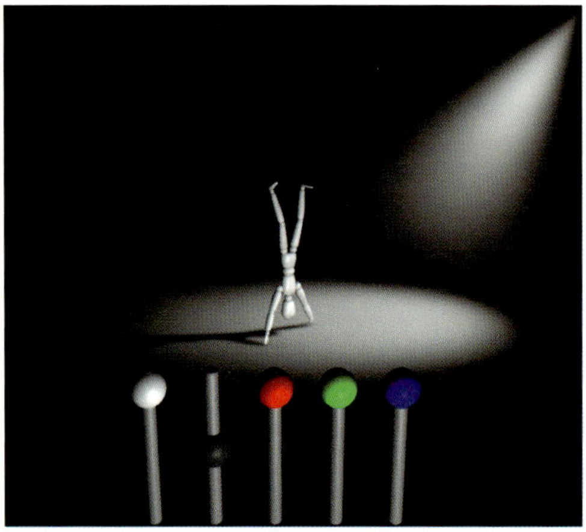

◀ **Abbildung 7**
Arbeitsbeispiel »Zirkusszene«

◀ **Abbildung 8**
Aufbau der Zirkusszene

## Beispiel-Expression

Noch mehr Theorie möchte ich Ihnen einfach nicht zumuten. Da man am »lebenden Objekt« sowieso am besten lernt, schreiben wir nun unsere erste Expression. Dabei lernen Sie auch gleich einen Anwendungszweck für Expressions kennen: dem Hinzufügen von Steuerelementen zur Arbeitserleichterung. Die Idee, die hinter diesem Arbeitsbeispiel steckt, lässt sich leicht auf andere Bereiche transferieren. So können Sie an komplexe Objekte und Szenen Anfasser anbringen, die Sie vor übermäßigem Aufrufen von Einstellungsdialogen und Zeitleistenspuren bewahren.

In unserer Beispiel-Szene dürfen Sie in die Rolle eines Beleuchters schlüpfen, der sich um das Haupt-Scheinwerferlicht in der Zirkusarena kümmert. Abbildung 7 zeigt den Aufbau der Szene – im Scheinwerferlicht zeigt unsere wohlbekannte IK-Figur ein »Kunststück«, im Vordergrund sehen Sie die Steuerknöpfe, die den Haupt-Scheinwerfer kontrollieren sollen. Durch Verschieben der weißen Kugel ändert sich die Helligkeit des Lichts, mit der schwarzen Kugel regeln Sie den Winkel des Lichtkegels, und mit den drei farbigen Knöpfen die Lichtfarbe.

Die fertig gebaute und programmierte Szene finden Sie auf der Buch-CD unter dem Namen ZIRKUSSZENE.C4D. Wenn Sie möchten, können Sie die Expressions entfernen und das Beispiel selbst von Grund auf nachbauen.

Ein Blick in den Objekt-Manager (Abbildung 8) zeigt die sechs Hauptakteure: die fünf Steuerungskugeln für Helligkeit, Winkel, Rotanteil, Grünanteil und Blauanteil sowie das Licht-Objekt, das auf die Veränderungen reagieren soll.

Die Werte, die das Licht übernehmen soll, ergeben sich aus den Y-Positionen der fünf Kugeln. Ist die Kugel ganz oben (Y = 115), liegen 100% an, ist die Kugel unten (Y = 15), liegen folgerichtig 0% an. Einzige Ausnahme ist die Winkel-Kugel, die zwischen 15° und 115° arbeitet. Wie Sie merken, habe ich glatte Werte verwendet, um die Sache nicht unnötig zu verkomplizieren. Wie sagen wir nun unserem Licht-Objekt, dass wir bestimmte Licht-Einstellungen verändern möchten?

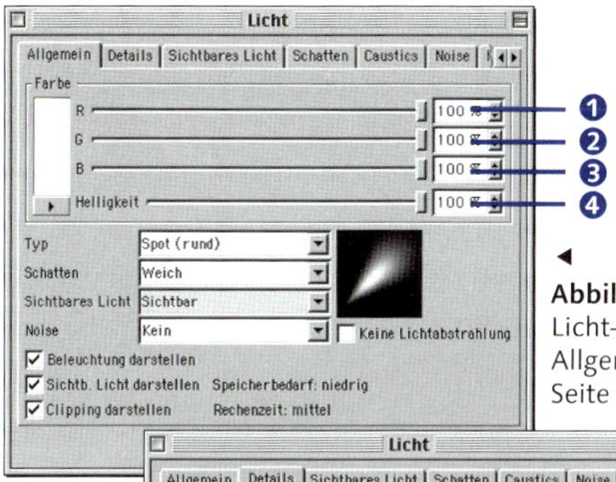


◀ **Abbildung 9**
Licht-Dialog Allgemein-Seite

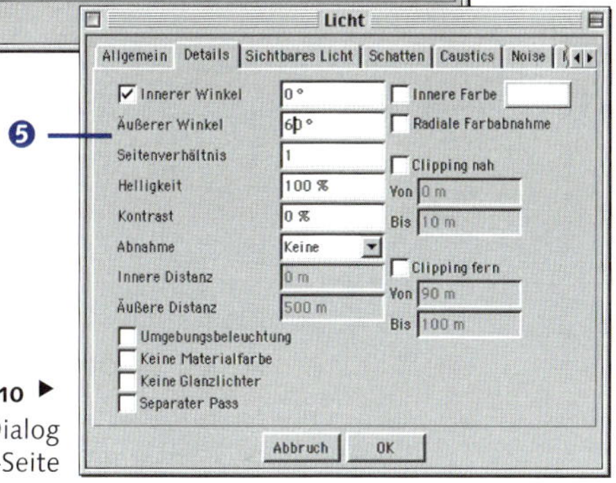


**bbildung 10** ▶
Licht-Dialog Details-Seite

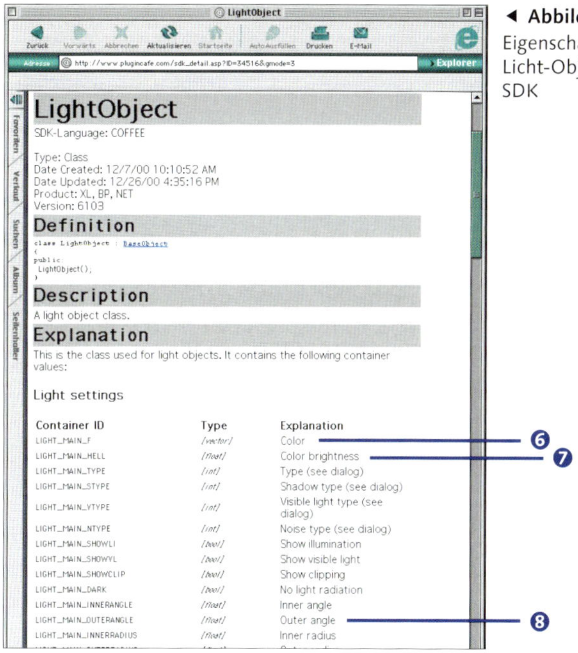


◀ **Abbildung 11**
Eigenschaften des Licht-Objekts im SDK

Die für uns relevanten Parameter befinden sich im Licht-Dialog auf der Allgemein- und der Details-Seite (Abbildung 9 und 10).

Die Lichtfarbe ergibt sich aus den Einstellungen der Felder ❶, ❷ und ❸, die Licht-Helligkeit aus Feld ❹ und der Winkel des Lichtkegels aus dem Feld ÄUSSERER WINKEL ❺.

Das C.O.F.F.E.E.-SDK soll uns nun Aufschluss darüber geben, wie wir die Licht-Einstellungen ansprechen können.

In der HTML-SDK-Datei sind unter dem Eintrag LIGHTOBJECT alle Licht-Parameter aufgelistet (Abbildung 11).

Picken wir also die für uns wichtigen Bezeichnungen und Datentypen heraus: die Lichtfarbe trägt den Namen LIGHT_MAIN_F (Schreibweise beachten!) und liegt als Vektor vor – Rot-, Grün- und Blau-Wert stehen gemeinsam in dieser Variablen ❻. Gleich in der nächsten Zeile finden Sie die Licht-Helligkeit LIGHT_MAIN_HELL ❼, der Variablen-Typ ist FLOAT, somit sind Stellen hinter dem Komma erlaubt. Als letztes brauchen wir noch den äußeren Radius, der unter LIGHT_MAIN_OUTERRADIUS ❽ verzeichnet ist. Auch diese Variable ist eine `float`, die allerdings für einen Winkel steht.

Diese und noch viel mehr Parameter sind in einem so genannten Daten-Container gespeichert, der die Licht-Parameter verwaltet. Modifikationen innerhalb eines solchen Containers laufen immer nach einem bestimmten Schema ab: zuerst werden die Container-Daten in eine Variable gelesen, dann verändert und schließlich in den Objekt-Container zurückgeschrieben.

Damit liegen uns alle für die Programmierung nötigen Informationen vor, beginnen wir am besten mit den Expressions für die Steuer-Elemente.

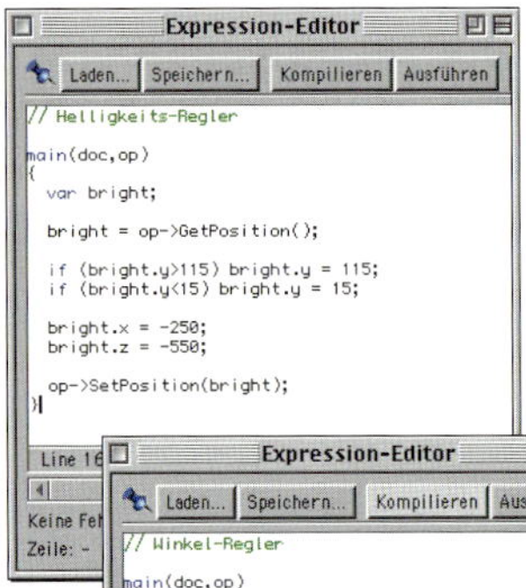


Abbildung 12 ▲
Expression
Helligkeits-Regler

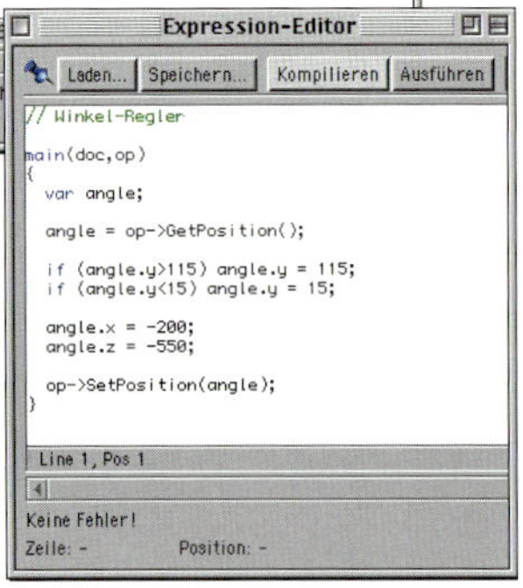


Abbildung 13 ▲
Expression
Winkel-Regler

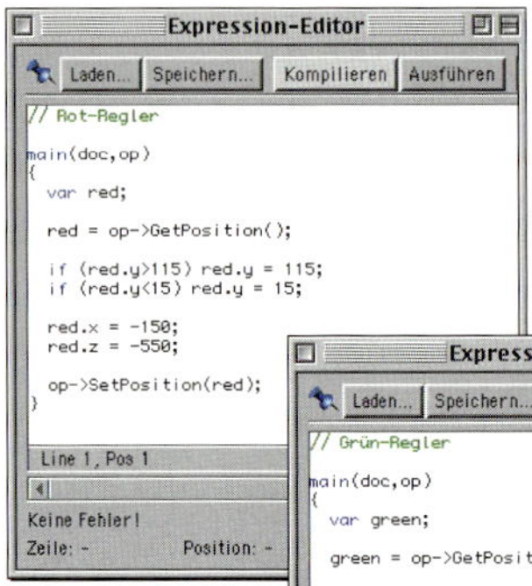


◀ Abbildung 14
Expression
Rotanteil-Regler

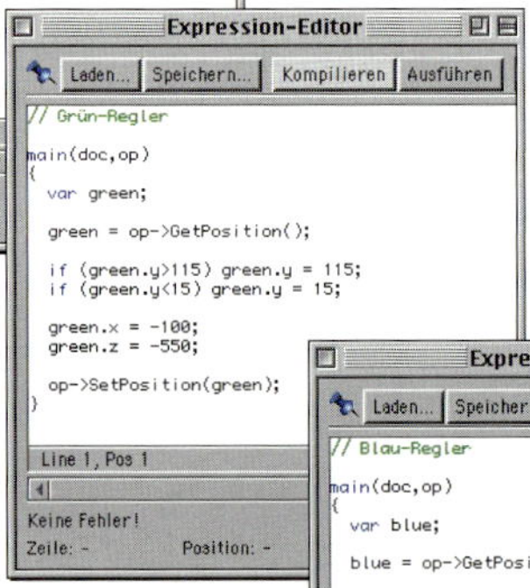


◀ Abbildung 15
Expression
Grünanteil-Regler

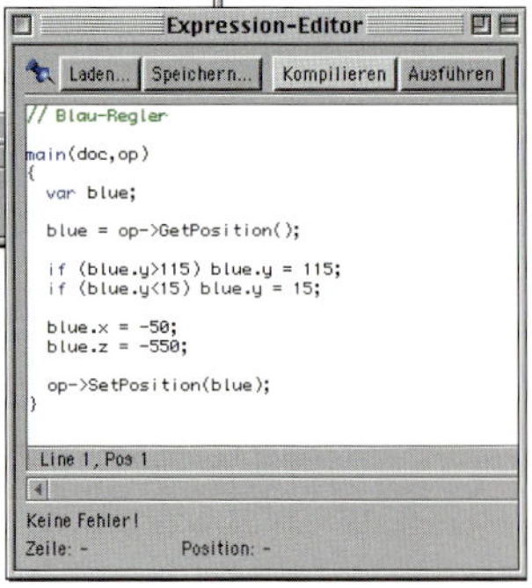


Abbildung 16 ▶
Expression
Blauanteil-Regler

Die Abbildungen 12–16 zeigen die fünf Expressions für die fünf Steuerungs-Kugeln. Bis auf die Variablenbezeichnungen sind die Expressions identisch – sehen wir uns stellvertretend den Helligkeits-Regler (Abbildung 12) an.

Den Anfang jeder Expression bildet die `Main`-Zeile mit den Verweisen auf das Dokument (`doc`) und das Objekt (`op`). Innerhalb der geschweiften Klammern liegen die Anweisungen der eigentlichen Expression.

```
main (doc,op)
```

Es folgt die Definition der Variablen, mit der die Berechnung stattfindet:

```
var bright;
```

Über die Zuweisung

```
bright = op->GetPosition();
```

werden die Positionsdaten des Objekts in die Variable `bright` geschrieben.

Um zu verhindern, dass die Kugeln in Y-Richtung in unzulässige Bereiche gelangen, setzen die `if`-Konditionierungen

```
if (bright.y > 115) bright.y = 115;
if (bright.y < 15) bright.y = 15;
```

die Werte 15 als Minimum und 115 als Maximum fest. Damit ist es nicht mehr möglich, die Kugeln außerhalb dieses Bereichs zu platzieren.

Die immer konstanten X- und Z-Werte werden durch

```
bright.x = -250;
bright.z = -550;
```

erreicht – ein Verschieben in diese Richtungen ist dadurch unmöglich.

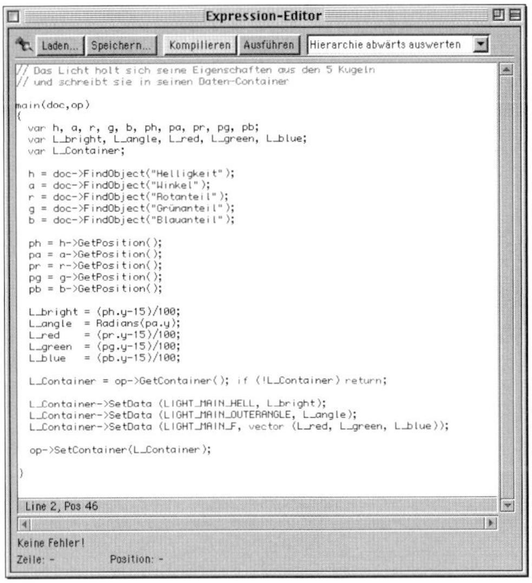


◀ **Abbildung 17**
Expression des Licht-Objekts

Die letzte Zeile der Expression

```
op->SetPosition(bright);
```

schreibt die neuen Positionsangaben der Variable `bright` in das Objekt zurück. Die Kugel übernimmt ihre neue Position.

Die Expression des Licht-Objekts (Abbildung 17) holt sich die gewünschten Parameter aus den fünf Kugel-Positionen.

Nach der üblichen `Main`-Zeile folgt die Deklaration der Variablen für die Objekte (`h, a, r, g, b`) und deren Positionen (`ph, pa, pr, pg, pb`).

Die fünf weiteren Variablen (`L_bright` etc.) sollen die errechneten Parameter-Werte aufnehmen. Mit der Variablen `L_Container` lesen und schreiben wir in den Daten-Container des Licht-Objekts.

Zuerst ermittelt die Expression über die Zuweisungen

`h = doc->FindObject("Helligkeit");` etc.

aus dem Dokument die Objekte, von denen sie ihre Informationen holt und schreibt sie in die Variablen `h, a, r, g` und `b`.

Aus diesen Objekt-Variablen ziehen die Zeilen

```
ph = h->GetPosition();
```

etc. die Positions-Daten und schreiben sie in die neuen Variablen `ph, pa, pr, pg,` und `pb`.

Jetzt findet die Berechnung der Licht-Werte statt. Die Helligkeits- und Farbwertberechnung ist dabei identisch, über

```
L_bright = (ph.y-15)/100;
```

wird vom Y-Wert die Basis-Höhe des Objekts abgezogen, und da wir Prozent-Werte benötigen, noch eine Teilung durch 100 vorgenommen.

Den Winkel-Wert darf die Expression direkt übernehmen. Da hier allerdings mit Winkeln umgegangen wird, bringt die Zeile

```
L_angle = Radians(pa.y);
```

den Wert vorher noch in das vom Objekt erwartete Format.

Nun können die Daten in den Licht-Container geschrieben werden. Nach der Anweisung

```
L_Container = op->GetContainer();
```

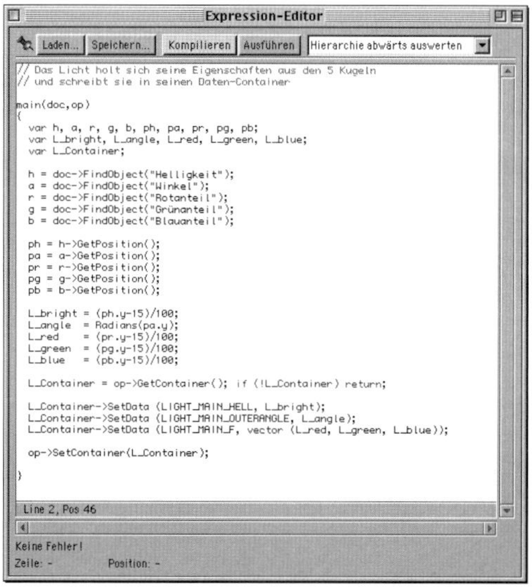


◄ **Abbildung 18**
Expression des Licht-Objekts

befinden sich alle Container-Daten in der Variablen `L_Container`.

Die Zeile

```
if (!L_Container) return;
```

kontrolliert, ob die Daten angekommen sind, andernfalls werden die Container-Daten nicht angerührt (das Ausrufezeichen dreht den Sinn der Abfrage um).

In der nächste Zeile weist der Befehl

```
SetData (LIGHT_MAIN_HELL, L_bright);
```

etc. dem Container-Eintrag `LIGHT_MAIN_HELL` den neuen Wert `L_bright` zu und schreibt ihn in die `L_Container`-Variable.

Das gleiche passiert mit dem Wert `L_angle`, der den Eintrag `LIGHT_MAIN_OUTERRANGLE` überschreibt.

In der dritten `SetData`-Zeile geht es um die Lichtfarbe, die, wie wir bereits beim Auslesen der Container-Einträge festgestellt haben, die Daten als Vektor verlangt.

Auch das ist nicht weiter problematisch, die drei Farbwerte stehen in zwei Klammern und erhalten den Vermerk `vector` davor:

```
vector (L_red, L_green, L_blue);
```

Die notwendigen Veränderungen sind damit angebracht, jetzt müssen die Daten der Container-Variablen `L_Container` nur noch in den Licht-Container zurückgeschrieben werden, dies geschieht über die Anweisung

```
op->SetContainer(L_Container);
```

Das war's. Nun können Sie Ihre Zirkusszene ausprobieren und unseren Artisten in das richtige Licht setzen (Abbildung 19).

Damit muss aber längst noch nicht Schluss sein, wenn Sie möchten, erweitern Sie Ihr »Cockpit« doch einfach um weitere Hebel, an denen Sie beispielsweise eine innere Farbe kontrollieren, das sichtbare Licht ein- und ausschalten oder durch einen Noise-Effekt spannender machen.

Mit C.O.F.F.E.E. besitzt Cinema 4D eine absolut mächtige, umfassende Skript-Sprache, mit der Sie Ihre Szenen bzw. Objekte bearbeiten und mit Abhängigkeiten versehen können.

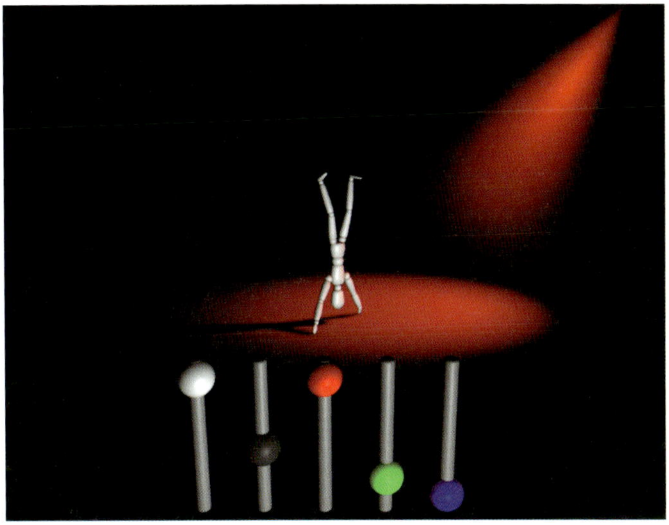

◀ **Abbildung 19**
Die Zirkusszenen-Expressions in Aktion

Auch Cinema 4D selbst wurde in der Sprache C.O.F.F.E.E. programmiert, alles, was also in Cinema 4D zur Verfügung steht, ist demzufolge auch mit C.O.F.F.E.E. ansprechbar.

Ich hoffe, ich habe Ihnen mit diesem Kapitel etwas Appetit auf die Expression-Programmierung gemacht. Ich kann Ihnen nur empfehlen, selbst zu experimentieren und zu spielen – aus solchen Experimenten ergeben sich oft erstaunliche Ideen und Lösungsansätze.

# Animations-Workshop

*Jetzt sind Sie bestens gerüstet für den Animations-Workshop. Um unsere Unterwasser-Szene mit Leben zu füllen, verwenden wir eine Vielzahl der im Animations-Kapitel angesprochenen Techniken.*

Vor jeder Animation steht natürlich die Überlegung, welche Handlung bzw. welche Aktionen ablaufen sollen.

Für kleinere Projekte genügt es dabei, den Handlungsablauf in Stichpunkten zusammenzufassen, umfangreichere Produktionen kommen aber ohne genaues Storyboard und vorskizzierten Szenenausschnitte kaum aus. In solchen Fällen arbeitet auch zumeist nicht nur eine Person am Projekt, sondern ein ganzes Team – eine exakte Absprache und minutiöses Timing sind dabei zwingend erforderlich.

Unsere Unterwasser-Szene teilt sich grob in drei Abschnitte. Als Einstieg gleitet ein einzelner Hai von links nach rechts durch die Szene, anschließend lassen wir einen Haifisch-Schwarm links von der Kamera ausgehend in die Tiefe schwimmen. Zu guter Letzt kommt der eigentliche Hauptakteur ins Spiel – ein Hai bemerkt die »Kamera«, schwimmt nah heran, mustert den virtuellen Fremdling ein wenig und nimmt einen eher abfälligen Gesichtsausdruck an, dreht dann aber glücklicherweise wieder ab.

Wieder einmal liegt es völlig bei Ihnen, ob Sie die Animation wie im Workshop gezeigt nachvollziehen oder Ihre eigenen Ideen mit einbinden wollen. Ideen zur Ausschmückung und Erweiterung der Szene fallen Ihnen bestimmt genug ein.

Verwenden Sie als Ausgangsbasis für diesen Workshop entweder die Unterwasser-Szene aus dem Szene-Ordner der beiliegenden CD oder Ihre Eigenkomposition aus den vorangegangenen Kapiteln.

Die Ausleuchtung aus dem Szenen-Workshop ist auch für diesen Workshop brauchbar. Wenn Sie Ihre Animation individueller anlegen möchten, sollten Sie eventuell ein paar zusätzliche Lichtquellen einbauen.

Bevor mit der eigentlichen Animation begonnen werden kann, müssen die im späteren Film animierten Objekte erst mit der Fähigkeit ausgerüstet werden, Bewegungen auszuführen.

In diesem Animationsbeispiel bewegen sich die Haie und, nicht zu vergessen, die Wasseroberfläche. Um die Haie müssen wir uns selbst kümmern, die animierte Wasseroberfläche erledigt der 2D-Wasser-Shader für uns, den wir bei der Erstellung des Wasser-Materials benutzt haben. Sollten Sie unruhigeres

**Abbildung 1 ▶** Animierte Unterwasserszene

Gewässer bevorzugen, beschleunigen Sie einfach die Wellenbewegungsfrequenzen im Material-Editor des Wassers.

Die Haie machen uns etwas mehr Arbeit. Damit die beweglichen (oder zumindest die für uns relevanten) Teile auch animiert werden können, statten wir Schwanzflosse, Seitenflossen und einen Bereich des Haifischmauls mit Biege- und Bone-Objekten und einer PLA-Auswahl aus.

Danach zeichnen wir für den ersten Hai und den Schwarm eine Bewegungssequenz für die Flossen auf, die jedes Objekt beliebig oft durchlaufen kann.

Ein Partikelsystem kümmert sich um den Haifisch-Schwarm, es emittiert die von uns gewünschte Anzahl an Haien unter Beibehaltung der Flossenbewegungen. Diese Technik ist zwar sehr praktisch, aber auch genauso speicherintensiv. Wer beim späteren Rendern auf Probleme stösst, sollte den Schwarm über Keyframe-Animationen realisieren.

Der kreativste Teil kommt mit dem neugierigen Hauptdarsteller auf uns zu, dem wir per Point-Level-Animation eine andere Mimik verleihen und nebenbei auch ein wenig mit den Zeitkurven experimentieren.

## *1. Vorbereitung der Szene*

*Nachdem Sie die Unterwasser-Szene geöffnet haben, schalten Sie alle Objekte, die Sie während der Animation nicht benötigen bzw. nicht verändern, in der Editor-Darstellung (Abbildung 2) auf unsichtbar. So können Sie sich besser auf das Wesentliche konzentrieren.*

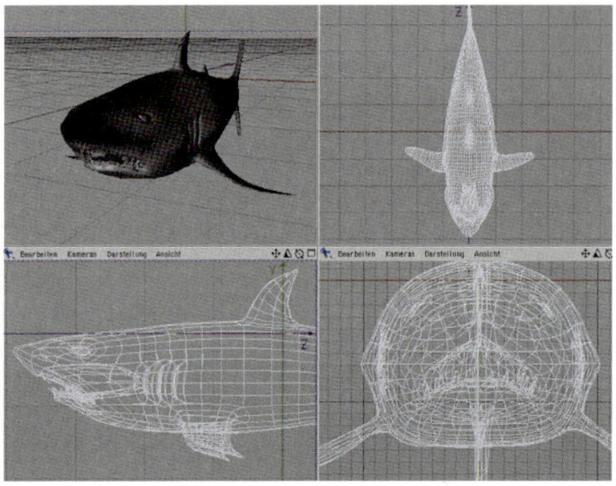

**Abbildung 2 ▶**
Vorbereitung der Szene

*Damit etwas mehr Ordnung herrscht, können Sie die nicht relevanten Objekte auch in einer neuen Gruppe zusammenfassen (Abbildung 3).*

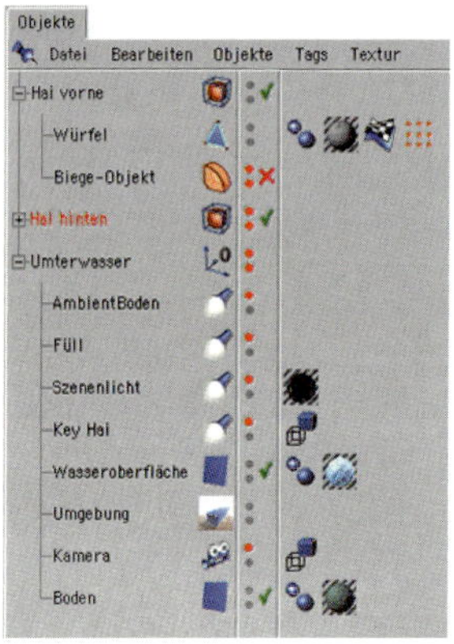


**Abbildung 3 ▶**
Organisation im Objekt-Manager

*Für das weitere Vorgehen empfiehlt sich außerdem, mit mehreren Hai-Objekten zu arbeiten. Einen bereits gut positionierten Hai duplizieren Sie im Objekt-Manager und schalten das Ausgangs-Objekt auf unsichtbar.*

## *2. Vorbereitung der Hai-Schwanzflosse*

*Beginnen wir mit der Schwanzflosse – hier haben wir bereits ein Biege-Objekt integriert. Testen Sie den Ausschlag der Schwanzflosse und merken Sie sich der natürlichen Bewegung entsprechende Parameter.*

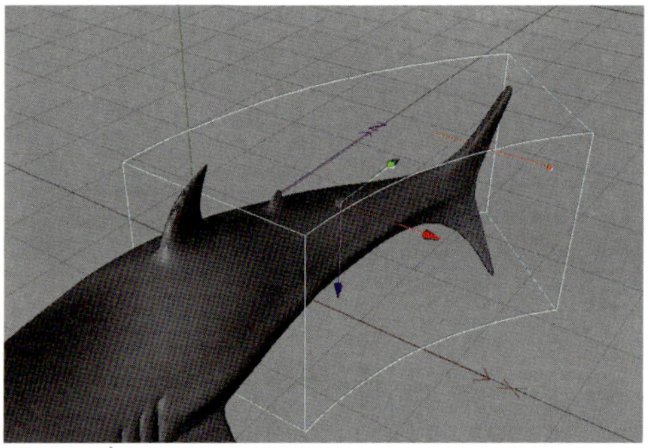

**Abbildung 4 ▶**
Schwanzflosse mit Biege-Objekt

## 3. Vorbereitung der Seitenflossen mit Bone-Objekten

*Für die Animation der Seitenflossen verwenden wir Bone-Objekte. Holen Sie aus der Palette der Deformations-Objekte ein Bone-Objekt und positionieren Sie es wie in Abbildung 5 gezeigt. Passen Sie den Bone an den oberen Teil der Seitenflosse an.*

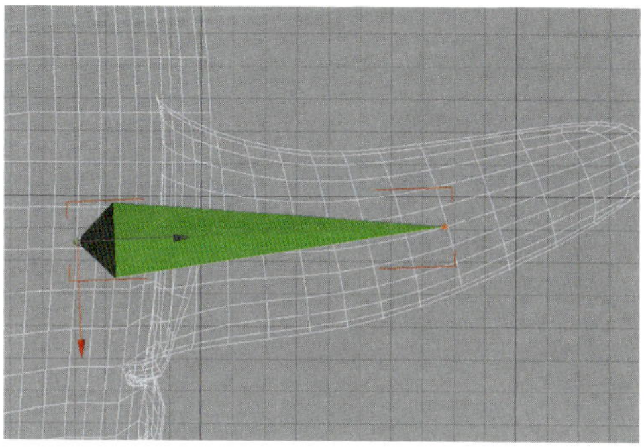

◀ **Abbildung 5**
Bone für den Flossen-Ansatz

*Halten Sie die Befehlstaste gedrückt und ziehen Sie aus dem orangefarbenen Anfasser-Punkt des Bone-Objekts einen zweiten Bone. Winkeln Sie den neuen Bone so an, dass er sich gut in die Flossen-Spitze einfügt (Abbildung 6).*

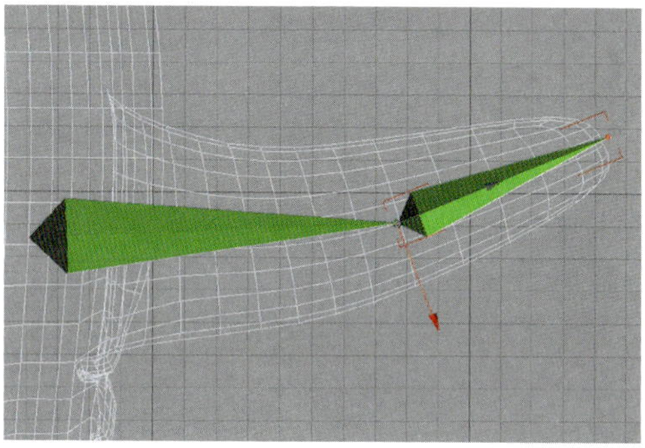

◀ **Abbildung 6**
Zweiter Bone für die Flossen-Spitze

*Durch das interaktive Erstellen des zweiten Bones müssen wir uns nicht um die hierarchische Gliederung der Bones kümmern. Abbildung 7 zeigt, dass der zweite Bone automatisch als Unterobjekt angelegt wurde.*

◀ **Abbildung 7**
Hierarchie der Bones

*Wechseln Sie in die XY-Ansicht und passen Sie auch hier die Winkelung und Größe der Bones an die Seitenflosse an (Abbildung 8).*

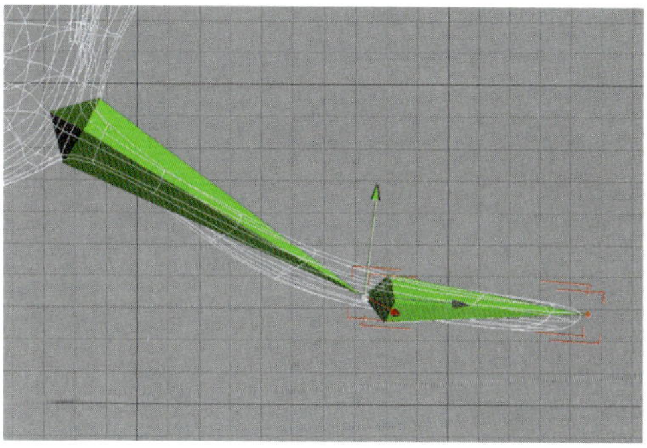

◀ **Abbildung 8**
Positionierung der Bones in XY-Ansicht

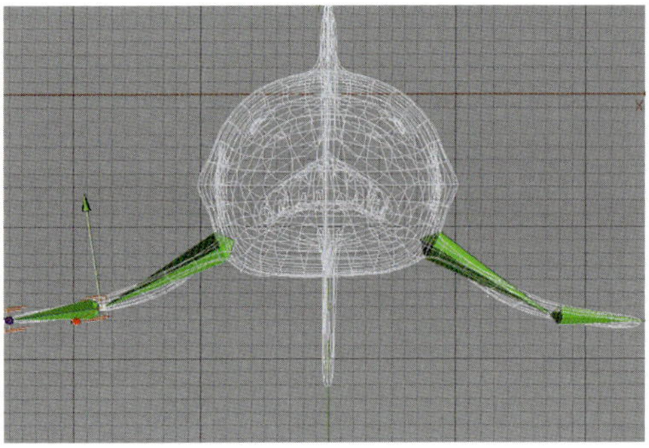

**Abbildung 9 ▶**
Rechte Seitenflosse mit Bone-Gelenk

*Die gleiche Prozedur wiederholen Sie für die rechte Seitenflosse.*

*Wenn Sie zur Arbeitsersparnis den Ausgangs-Bone duplizieren und drehen, müssen Sie bei der späteren Animation eventuell ein paar kleinere Probleme bei der Winkelung beheben – der Bone rotiert in solch einem Fall einmal um die eigene Achse.*

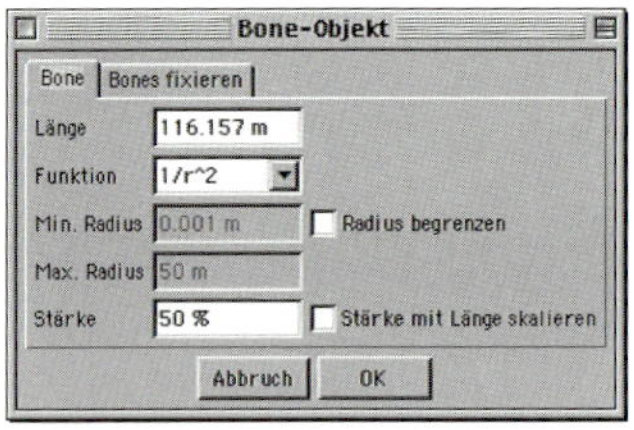


**Abbildung 10 ▶**
Bone-Einstellungen für oberen Bone

*In Abbildung 10 und 11 sehen Sie die Parameter für die Bone-Einstellungsdialoge.*

*Die Stärke der Bones wurde in beiden Fällen auf 50% reduziert, die Abnahmefunktion ist im unteren Bone niedriger – eine Verzerrung verläuft hier also etwas gröber.*

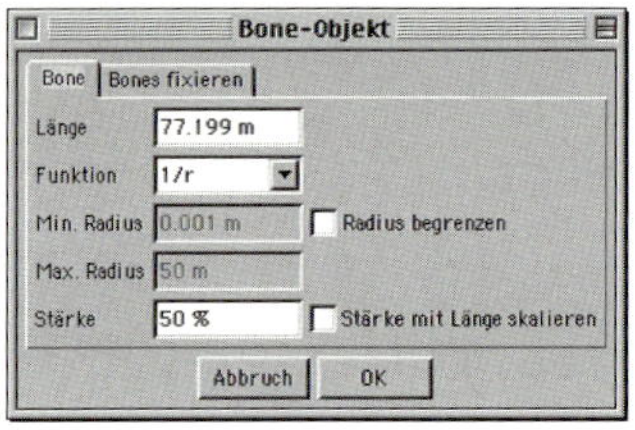


**Abbildung 11 ▶**
Bone-Einstellungen für unteren Bone

## 4. Punkte-Wichtungen für die Seitenflossen

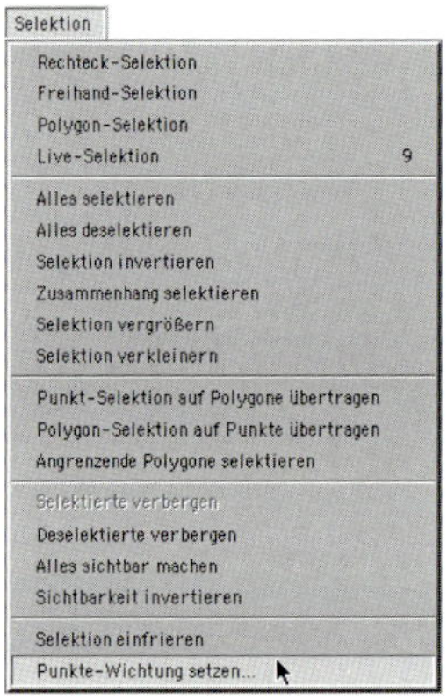


**Abbildung 12 ▶**
Menü-Befehl Punkte-Wichtung setzen

*Damit wir uns nicht mit Wirkungsradien herumplagen müssen, verwenden wir zur Beschränkung der Bone-Wirkung Punkte-Wichtungen.*

*Aktivieren Sie das Polygon-Objekt des Hais und den Punkte-Bearbeiten-Modus und wählen Sie im Menü SELEKTION den Befehl PUNKTE-WICHTUNG SETZEN (Abbildung 12).*

Im Punkte-Wichtungs-Dialog wählen Sie WERTE SETZEN aus und stellen die Prozent-Angabe auf 0%. Der Hai sollte nach diesem Schritt komplett in rot eingefärbt sein – also nicht beeinflussbar (Abbildung 13). Dies ist auch sinnvoll, da lediglich die Seitenflossen mit den Bones animiert werden, der Rest bleibt – was die Bones anbelangt – starr.

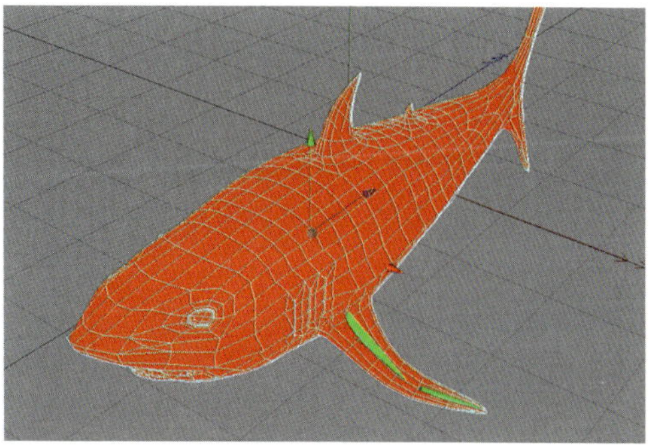

◀ **Abbildung 13**
Punkte-Wichtung des Hai-Körpers

Die Wichtung der Seitenflossen bringen wir mit der Live-Selektion auf. Stellen Sie im Manager AKTIVES-WERKZEUG (Abbildung 14) die Punkte-Wichtung auf AKTIV und setzen Sie die Wichtungs-Stärke auf 100%.

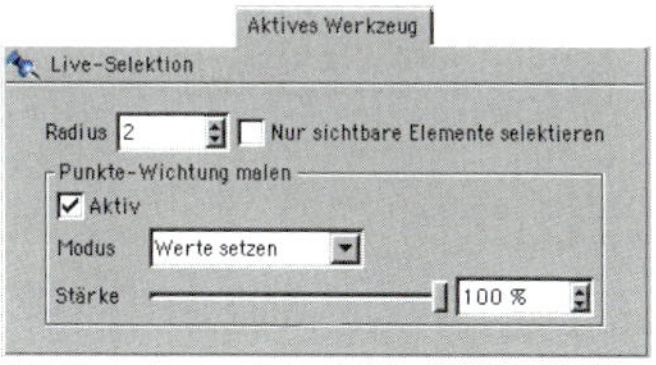


◀ **Abbildung 14**
Punkte-Wichtungs-Einstellungen des Aktives-Werkzeug-Managers

Tragen Sie die neue Punkte-Wichtung nun mit dem Live-Selektions-Werkzeug auf die Seitenflossen auf. Achten Sie darauf, dass auch die verdeckten Punkte berücksichtigt werden. Am Flossenansatz des Haikörpers setzen Sie die Wichtung etwas herab – etwa auf 30% (Abbildung 15).

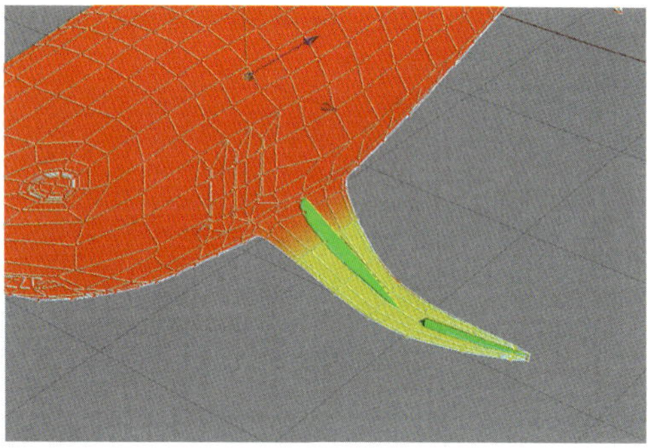

◀ **Abbildung 15**
Punkte-Wichtung der Seitenflossen

Die Punkte-Wichtung ist im Objekt-Manager durch ein rot-gelbes Punkte-Symbol hinterlegt. Damit wir diese Punkte-Wichtung auch ansprechen können, geben wir Ihr einen Namen (Abbildung 16).

◀ **Abbildung 16**
Punkte-Wichtungs-Tag im Objekt-Manager

Klicken Sie dazu das Punkte-Wichtungs-Tag doppelt und benennen Sie die Punkte-Wichtung »Flossen« oder ähnlich (Abbildung 17). Wichtig ist nur, dass Sie sich den Namen für das Beschränkungs-Tag merken.

◀ **Abbildung 17**
Dialog des Punkte-Wichtungs-Tags

## *5. Zuweisen und Fixieren der Bones*

*Wenden wir uns nun wieder den Bones zu. Als Deformations-Objekte werden Sie dem zu verformenden Objekt untergeordnet. Wir ordnen Sie dem Polygon-Objekt des Hais unter, damit das HyperNURBS-Überobjekt automatisch eine Glättung vornimmt. Aktivieren Sie beide Bone-Paare und wenden Sie jeweils den Menü-Befehl des Objekt-Managers* BONES FIXIEREN *an. Dies ist nun der Ausgangszustand der Bone-Objekte.*

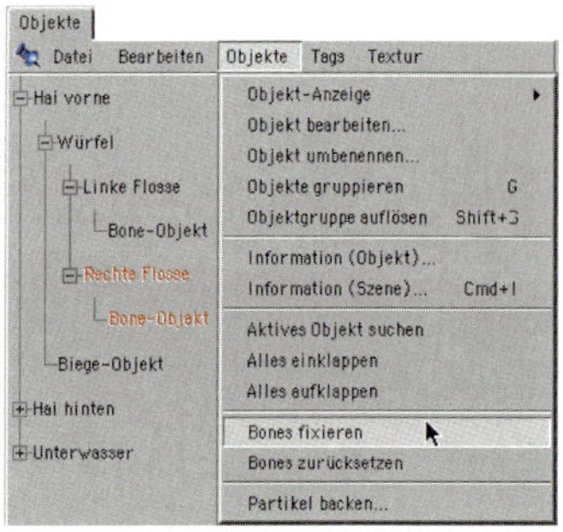


**Abbildung 18 ▶**
Menü-Befehl
Bones fixieren

## *6. Beschränken der Bones*

*Damit unsere Bones nur den Bereich erfassen, der ihnen zusteht, versehen wir die Bones mit einem Beschränkungs-Tag (Abbildung 19).*

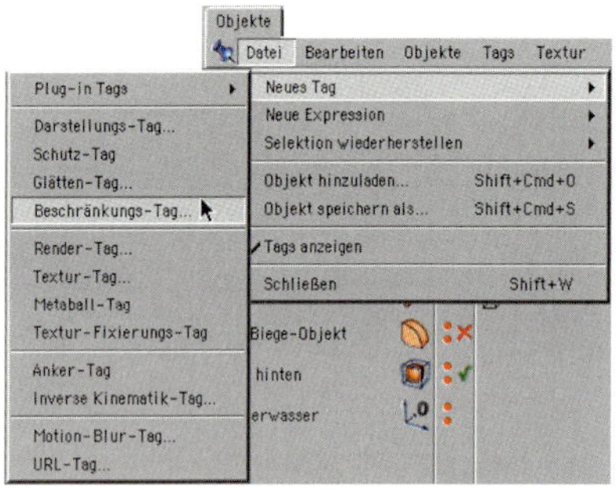


**Abbildung 19 ▶**
Menü-Befehl
Beschränkungs-Tag

*Nach einem Doppelklick auf das Tag öffnet sich der Einstellungsdialog für die Beschränkung. Tragen Sie den Namen der Punkte-Wichtung (»Flossen« oder ähnlich) hier ein (Abbildung 20).*

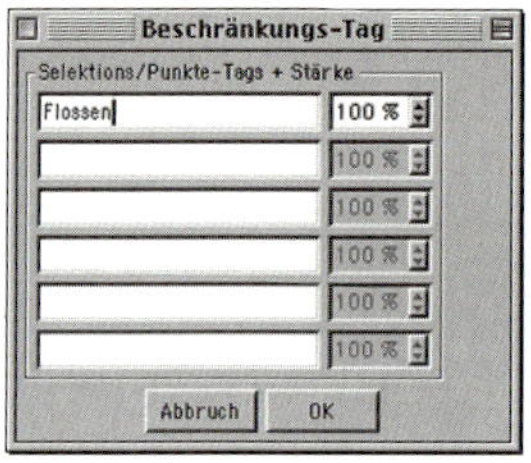


**Abbildung 20 ▶**
Beschränkungs-Tag
Einstellungs-Dialog

*Der Einflussbereich des Bones ist somit auf die von uns erstellte Punkte-Wichtung reduziert. Kopieren Sie das Beschränkungs-Tags auf die anderen Bone-Objekte (Abbildung 21). Jetzt sind die Haifisch-Flossen animationsbereit.*

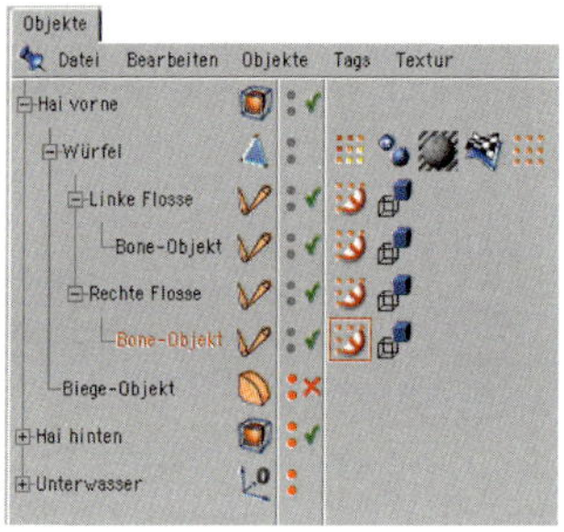


**Abbildung 21 ▶**
Bones mit
Beschränkungs-Tags

## *6. Haifischmaul-Selektion für die PLA*

*Im Unterwasser-Szene-Dokument auf der CD und in Abbildung 22 haben Sie bereits eine angelegte Selektion für die spätere Point-Level-Animation.*

*Wenn Sie mit Ihrer eigenen Szene arbeiten, wählen Sie die wichtigsten Punkte des unteren Mauls aus und frieren Sie die Auswahl über den Menü-Befehl* SELEKTION · SELEKTION EINFRIEREN *ein.*

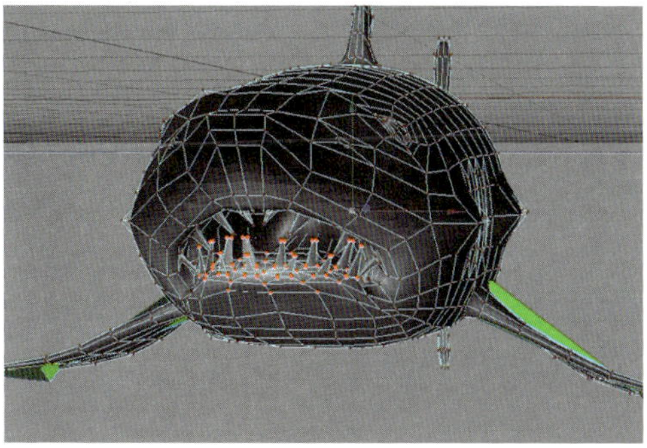

◀ **Abbildung 22**
Eingefrorene Selektion für die Point-Level-Animation

## *7. Erstellen der Flossenbewegung*

*Wie bereits anfangs erwähnt, verwende ich für die Sequenzen der Flossenbewegung ein Duplikat des Hai-Objekts (Abbildung 23).*

◀ **Abbildung 23**
Dupliziertes Hai-Objekt für die Erstellung der Flossenbewegung

*Als Aufnahme-Optionen aktivieren Sie die Winkel-Keys und lassen die Unterobjekte mit einschließen (Abbildung 24).*

◀ **Abbildung 24**
Aufnahme-Einstellungen

*Aktivieren Sie eines der beiden Bone-Paare und nehmen Sie die Ausgangsstellung in die ersten Keys auf (Abbildung 25). Stellen Sie den grünen Zeitregler auf die Position 50.*

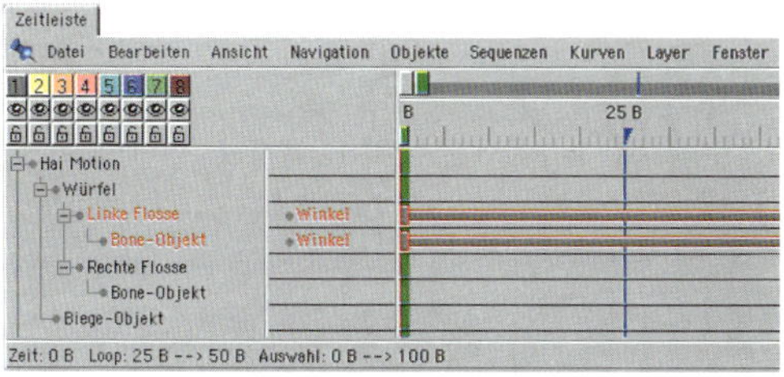


◀ **Abbildung 25**
Erste Keyframes für das Ausgangs-Stadium der linken Flosse

*Nun bringen Sie die Seitenflosse durch Verschieben der Bone-Spitzen in das zweite Stadium der Flossenbewegung (Abbildung 26). Nehmen Sie auch diese Winkel-Position als Keys auf.*

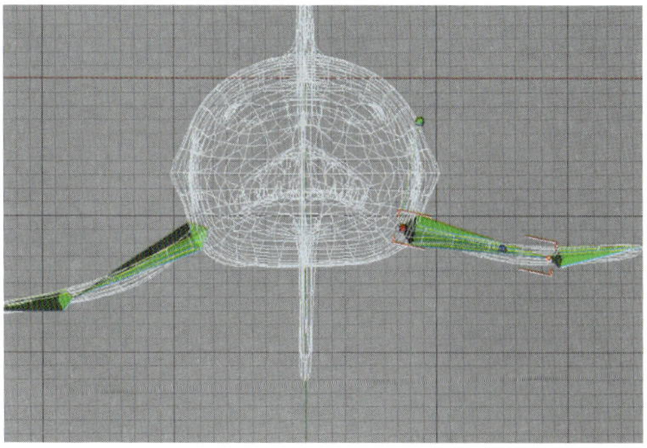

◀ **Abbildung 26**
Zweites Stadium der Flossenbewegung

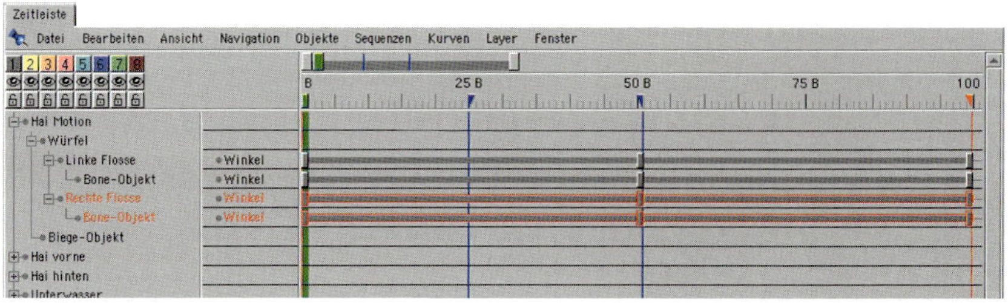


**Abbildung 27 ▲**
Komplette Seitenflossen-Bewegung

*Danach soll die Flosse wieder in ihren Ausgangszustand zurückkehren. Kopieren Sie dazu die Keys von Bild 0 durch Ziehen mit gedrückter Befehlstaste auf Bild 99 bzw. 100.*

*Wiederholen Sie die Erstellung der Flossenbewegung auch für die rechte Flosse. Ihre Zeitleiste sollte danach der Abbildung 27 entsprechen.*

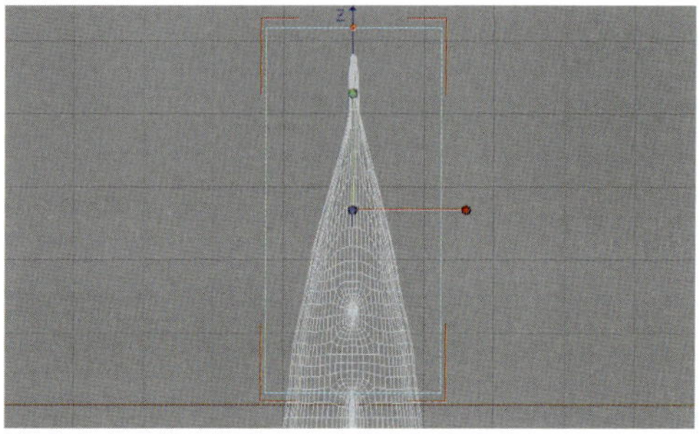

**Abbildung 28 ▶**
Zwischen-Stadium der Schwanzflosse

*Die Bewegung der Schwanzflosse steuern wir über den Parameter-Dialog des Biege-Objekts. Als Ausgangsstadium beträgt die Biegung 30°, stellt sich dann auf 0°, schwingt in die andere Richtung auf –30°, kehrt in die 0°-Position zurück (Abbildung 28) und schlägt schließlich nach 30° aus. Auch diese Bewegungssequenz läuft wiederholt ab.*

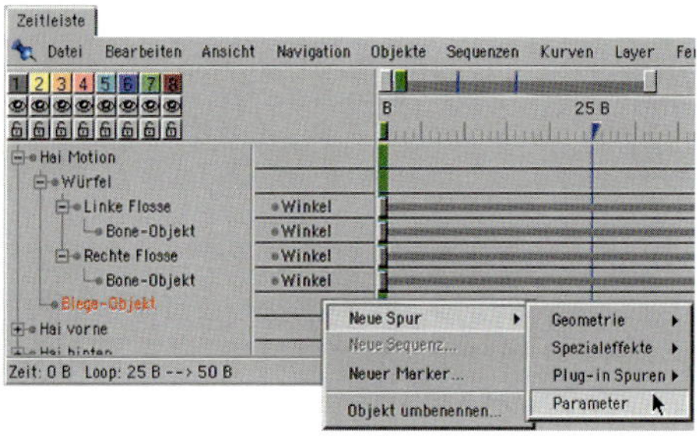


**Abbildung 29 ▶**
Parameter-Spur für die Schwanzflosse

*Diese Bewegung halten wir in einer Parameter-Spur fest. Weisen Sie dem Biege-Objekt über das Zeitleisten-Menü oder das Kontext-Menü des Spuren-Feldes (Abbildung 29) nach Klick mit gedrückter* `Ctrl`/`Strg`*-Taste eine Parameter-Spur zu.*

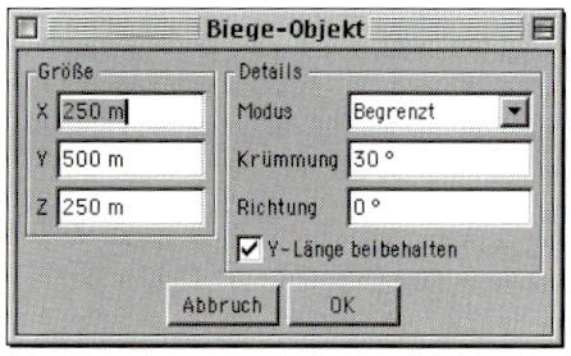


**Abbildung 30 ▶**
Parameter für die Schwanzflossen-Bewegung

*Erstellen Sie insgesamt fünf Keys, jeweils im Abstand von 25 Bildern, und tragen Sie in das Biegungs-Feld des Parameter-Dialogs (Abbildung 30) die Werte 30°, 0°, –30°, 0° und schließlich 30° ein. Damit ist die Schwanzflosse wieder am Ausgangspunkt angelangt.*

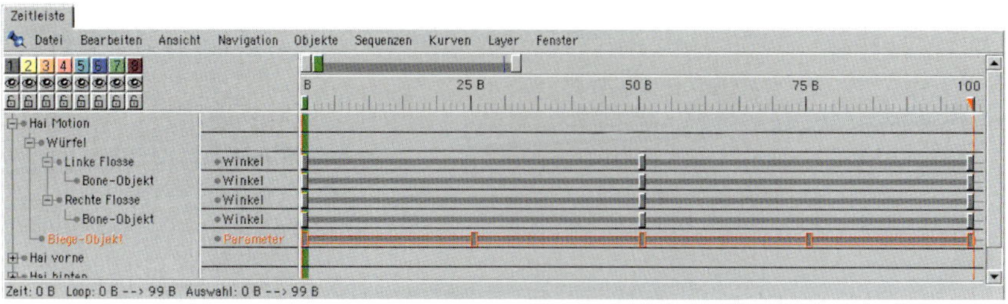


▲ **Abbildung 31**
Bewegungssequenzen des Hais

*Damit sind die Grundbewegungen des Hais fertiggestellt (Abbildung 31).*

*Die Bewegungssequenzen sollen sich ständig wiederholen. Um uns eine Menge Kopierarbeit mit den Keys zu ersparen, stellen Sie im Sequenz-Dialog (Abbildung 32) nach Doppelklick auf jede der fünf Spurensequenzen eine Wiederholrate von 3 oder höher ein.*

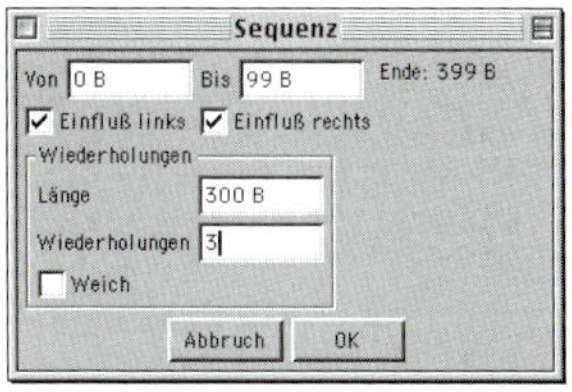


◀ **Abbildung 32**
Automatische Wiederholung der Sequenz

## 8. Animation des ersten Hais

*Zum Einstieg lassen wir den ersten Hai relativ unspektakulär vom linken zum rechten Bildrand schwimmen. Platzieren Sie den Hai, wie in Abbildung 33 gezeigt, außerhalb des Kamera-Blickwinkels auf der linken Seite.*

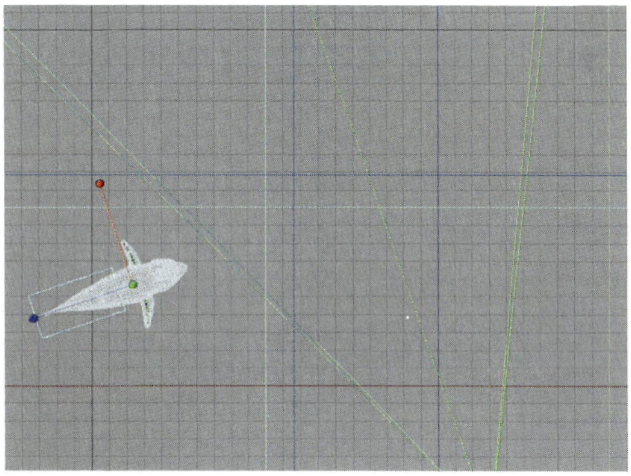

◀ **Abbildung 33**
Startposition des ersten Hais

*Als Key-Aufnahmeoptionen verwenden Sie Positions- und Winkel-Aufnahme (Abbildung 34). Die Unterobjekte müssen nicht berücksichtigt werden – das ergäbe viele unnötige Keys.*

◀ **Abbildung 34**
Aufnahmeoptionen

*Nehmen Sie den Startpunkt bei Bild 25 auf, verschieben Sie den grünen Zeitregler anschließend auf Bild 100 und platzieren Sie den Hai auf die rechte Seite des Kamera-Blickwinkels.*

*Nach der Aufnahme dieser Position sehen Sie die gelbe Animationslinie eingezeichnet, die Sie auf Wunsch noch mit den Tangenten-Anfassern verändern können (Abbildung 35).*

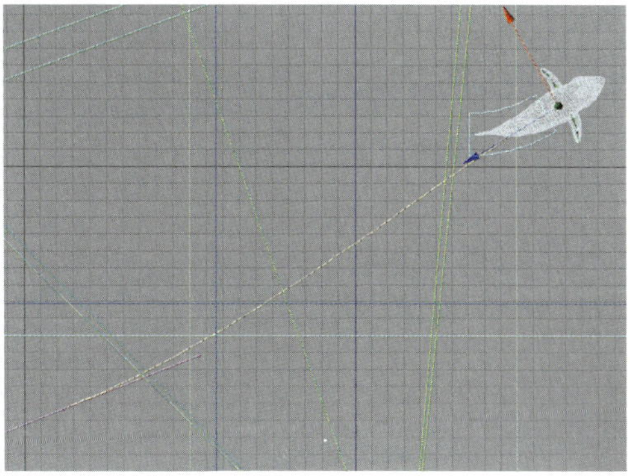

◀ **Abbildung 35**
Zielposition des ersten Hais

## *9. Animation des Haifisch-Schwarms*

*Den Haifisch-Schwarm können wir mit einem Partikelsystem realisieren. Holen Sie ein Emitter-Objekt aus der Partikelsystem-Palette und positionieren Sie es linkerhand der Kamera (Abbildung 36).*

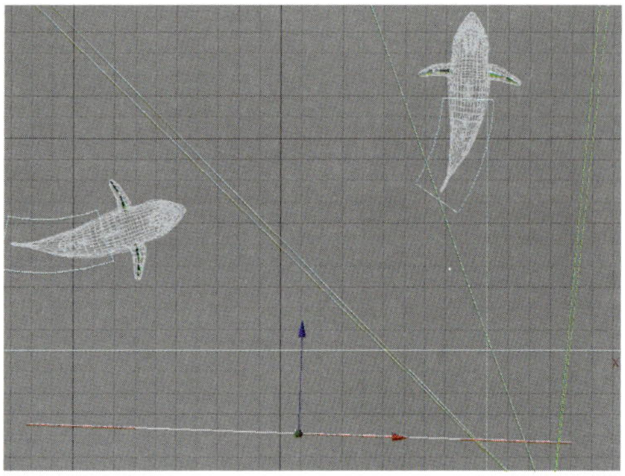

**Abbildung 36 ▶** Positionierung des Partikel-Emitters

*Erzeugen Sie wiederum ein Duplikat des Ursprungs-Hais, das als Partikel verwendet werden kann.*

*Abbildung 37 zeigt das Partikelsystem des Haifisch-Schwarms im Objekt-Manager. Der Hai ist Unterobjekt des Emitters. Die Animationen des Hais aus der Zeitleiste gelten weiterhin – als Startzeitpunkt wird allerdings der Zeitpunkt des Partikel-Ausstoßes hergenommen.*

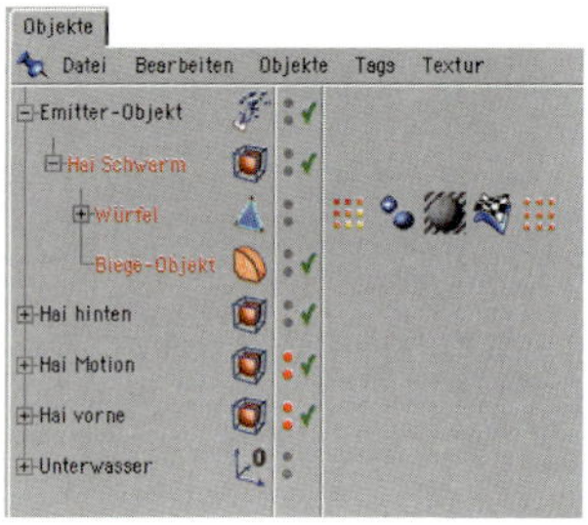


**Abbildung 37 ▶** Der Haifisch-Schwarm im Objekt-Manager

*Die Einstellungen für den Partikel-Emitter entnehmen Sie einfach den Abbildungen 38 und 39. Der Emitter fängt bei Bild 100 an, einen Hai pro Sekunde auszustoßen. Auch wenn es etwas makaber klingt: die Lebensdauer der Haie beträgt 200 Bilder, zu diesem Zeitpunkt sind Sie bereits aus der Bildfläche verschwunden, da ihre Geschwindigkeit 600 Meter pro Sekunde beträgt. Bei Bild 150 stößt der Emitter den letzten Partikel (Hai) aus.*

*Damit die Haie, einem Schwarm ähnelnd, eher nebeneinander als übereinander emittiert werden, ist die X-Länge (Breite) des Emitters wesentlich größer als die Y-Länge (Höhe).*

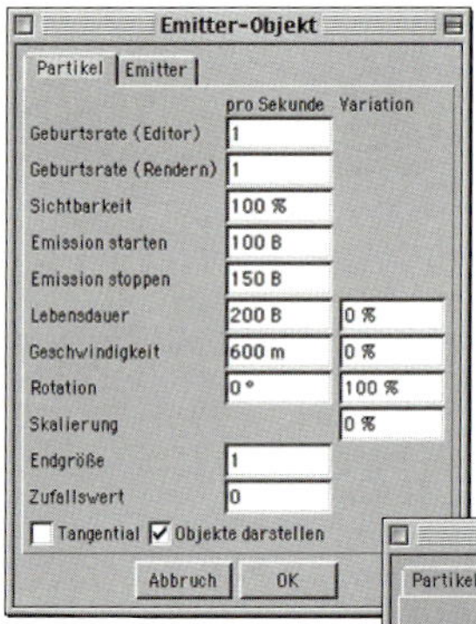


**Abbildung 38 ▶** Partikel-Seite des Partikel-Emitters

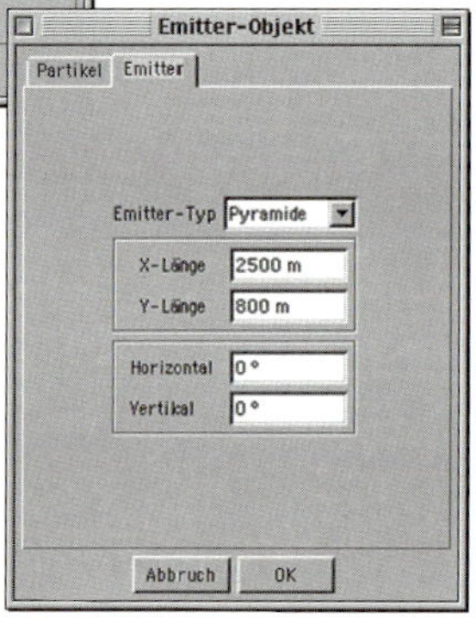


**Abbildung 39 ▶** Emitter-Seite des Partikel-Emitters

*An dieser Stelle gleich eine Warnung: Wer nur über eine mittelmässige Arbeitsspeicherausstattung verfügt, möge mit der Haianzahl sehr sparsam sein oder auf die Keyframe-Animation umsteigen – der Speicherbedarf ist wirklich enorm!*

## *10. Animation des Hauptdarstellers*

*Als letztes kommt nun unser Hauptdarsteller zu seinem Auftritt. Hier können Sie entweder wieder ein Duplikat oder diesmal den originalen, animierten Hai verwenden. Der Startpunkt für diesen Hai liegt, wie in Abbildung 40 gezeigt, rechts außerhalb des Kamera-Blickwinkels, als Zeitpunkt eignet sich Bild 300 sehr gut, da sich der letzte Hai des Schwarms schon etwas weiter entfernt hat.*

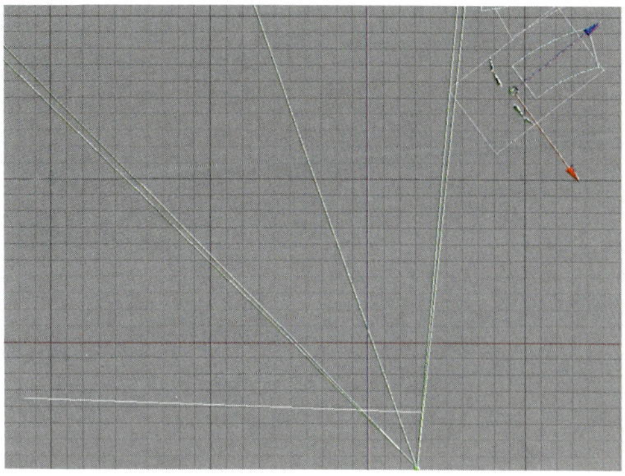

◀ **Abbildung 40**
Startposition des Hauptdarstellers

*Bei der Aufnahme werden Positions- und Winkel-Keys berücksichtigt, Unterobjekte sind nicht relevant (Abbildung 41).*

◀ **Abbildung 41**
Aufnahmeoptionen

*Beim nächsten Keyframe (Bild 375) ist der Hai bei der Kamera angelangt. Ziehen Sie den Tangenten-Anfasser des zweiten Keyframes nach oben, sodass die gelbe Animationslinie die Form einer Kurve annimmt. Eine gerade Animationslinie würde unnatürlich wirken (Abbildung 42).*

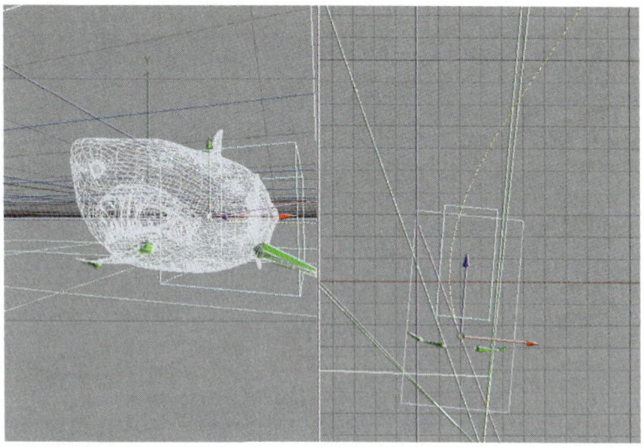

◀ **Abbildung 42**
Erster Haltepunkt des Hauptdarstellers

*Für die nächsten zwei Sekunden (50 Bilder), in denen der Hai die Kamera mustert, erstellen Sie eine neue Sequenz von Bild 376 bis 425. Ich persönlich bevorzuge es in solchen Fällen, mit mehreren Sequenzen zu arbeiten, da man so unabhängig von den Interpolationen zwischen den Keyframes ist (Abbildung 43).*

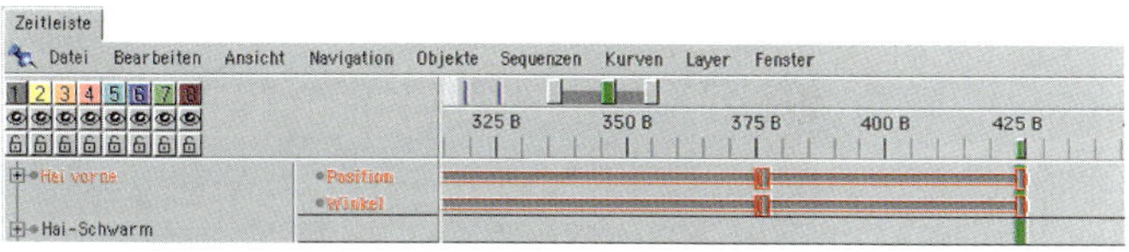


▲ **Abbildung 43**
Sequenz für das Mustern der Kamera

*Kopieren Sie die Keys von Bild 375 auf den Anfang der neuen Sequenz und stellen Sie den grünen Zeitregler auf Bild 425. Verschieben und drehen Sie den Hai wie etwa in Abbildung 44 gezeigt und nehmen Sie Position und Winkel in die Keys von Bild 425 auf.*

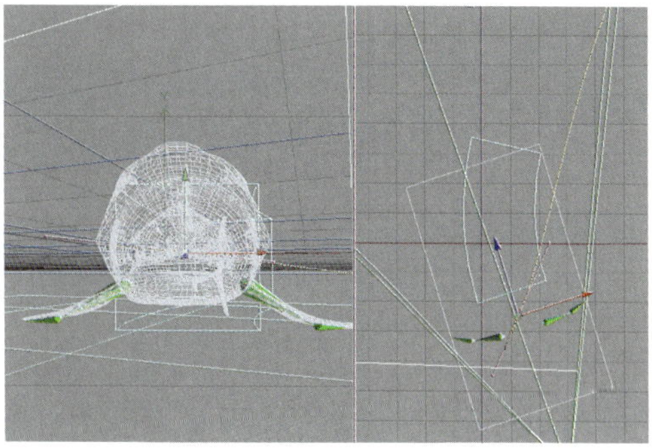

◀ **Abbildung 44**
Zweiter Haltepunkt des Hauptdarstellers

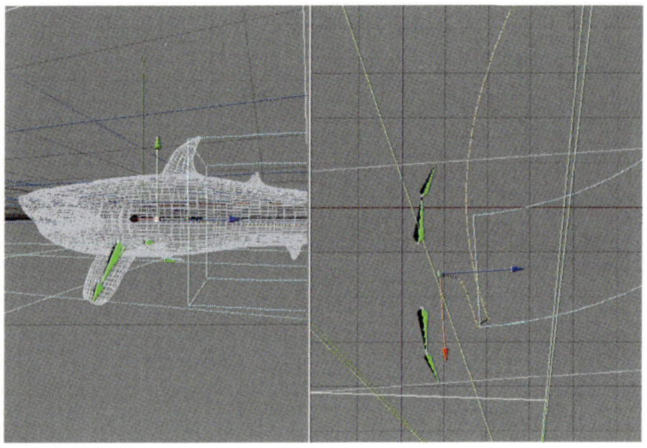

**Abbildung 45 ▶**
Abdrehen des Hais

*Nachdem der Hai die Kamera gemustert hat – den Gesichtsausdruck nehmen wir uns für den Schluss vor – lässt er sich kurz zurücktreiben, dreht sich nach links (Abbildung 45) und schwimmt schließlich weg.*

*Dafür nehmen wir insgesamt zwei neue Sequenzen, eine für das Abdrehen von Bild 426 bis 450 (Abbildung 46) und die zweite (Bild 451 bis 500) für das Wegschwimmen.*

*Geben Sie dem Hai innerhalb der Sequenz des Abdrehens einen Key für das Zurücktreiben (ca. Bild 433).*

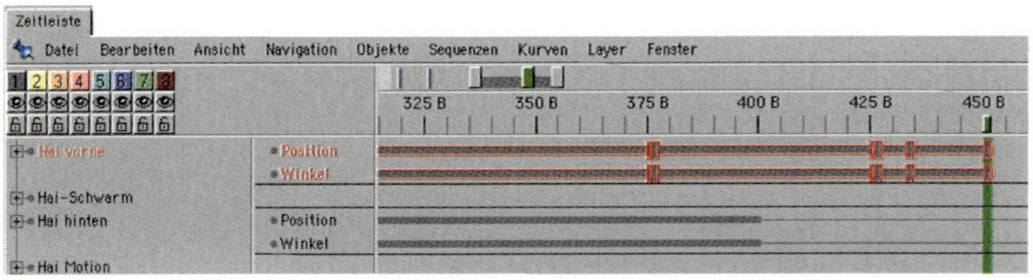


**Abbildung 46 ▲**
Sequenz für das Abdrehen des Hais

*Nachdem er seine Drehung ausgeführt hat, darf er aus dem Kamera-Blickwinkel schwimmen (Abbildung 47).*

*Nun folgt noch etwas Feinarbeit. Während des Musterns der Kamera brauchen sich die Flossen nicht allzusehr zu bewegen. Übertragen Sie die Keys von Schwanz- und Seitenflossen im Bild 375 auf die Keys von Bild 425. Die Wiederholung der Sequenzen darf ebenfalls entfallen (Abbildung 48).*

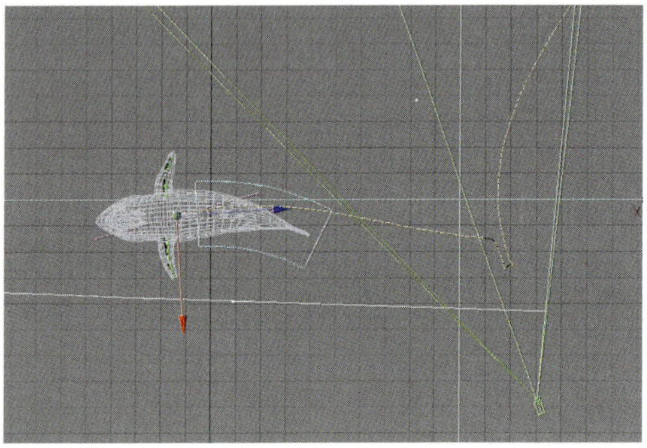

**Abbildung 47 ▶**
Hauptdarsteller schwimmt aus dem Bild

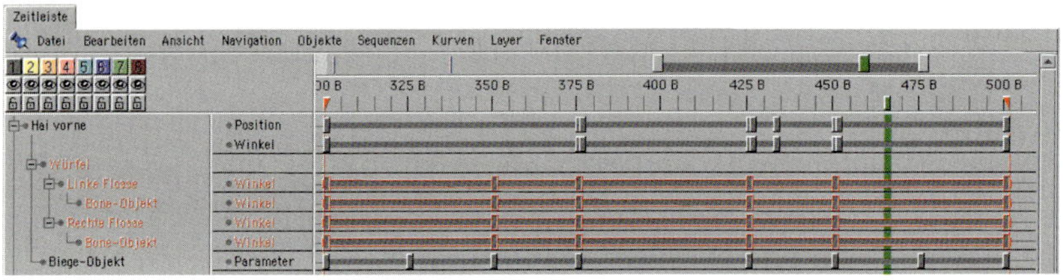


**Abbildung 48 ▲**
Anpassen der Bewegungen

**Abbildung 49 ▶**
Ausholbewegung der Schwanzflosse

*Für den Moment des Schwungholens beim Wegschwimmen (Bild 475) können Sie dem Biege-Objekt der Schwanzflosse einen etwas größeren Wert zuweisen (Abbildung 49).*

## *11. Feintuning der Bewegung durch Zeitkurven*

*Zwar erstellt Cinema 4D mit seine Standard-Einstellungen weiche Bewegungen, beim Abbremsen des Hais wollen wir aber noch ein wenig mit den Zeitkurven nachhelfen, hier soll der Hai ohne Ruckeln abbremsen können.*

*Wählen Sie, wie in Abbildung 50 zu sehen, die Positionssequenz des Heranschwimmens aus (Bild 300 bis 375). Sie könnten auch beiden Spuren gleichzeitig eine Zeitkurve zuweisen, oft ergeben sich aber aus unterschiedlichen Kurvenkombinationen interessante Positionen – und ein wenig Übung schadet ja auch nicht.*

*Im Zeitleisten-Menü* FENSTER *aktivieren Sie die Anzeige der Zeitkurven. Vergewissern Sie sich, dass im Menü* KURVEN · ZEITKURVEN *der Menüpunkt* WEG-MODUS *angewählt ist (Abbildung 51).*

*Im gleichen Menü erstellen Sie durch den Befehl* RAMPE HOCH *eine Gerade für die Weg-Kurve der Sequenz.*

*Damit Sie die Tangenten anfassen und, wie in Abbildung 52 gezeigt, eine Kurve gestalten können, wählen Sie im Menü* KURVEN · TANGENTEN *eine mittlere oder weiche Interpolation aus. Mit dieser Kurve bestimmen Sie, dass der Hai schnell heranschwimmt und bis zum Stillstand stets langsamer wird. Dies wird besonders deutlich, wenn Sie sich die grüne Kurve der Geschwindigkeit ansehen.*

*Die gleiche Vorgehensweise wenden Sie nun auch bei der Winkel-Sequenz an (Abbildung 53), schließlich sollen beide Spuren im Einklang ausgeführt werden.*

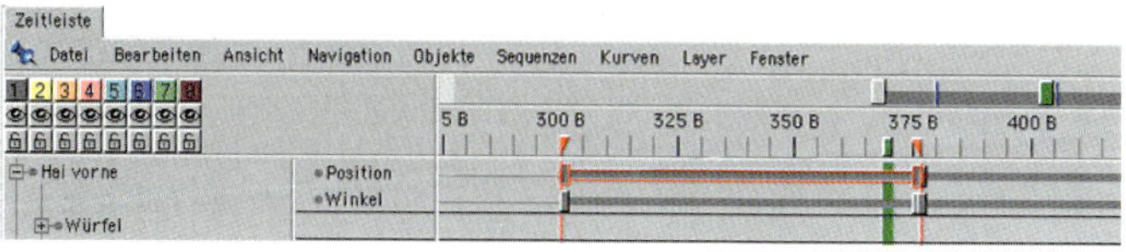


▲ **Abbildung 50**
Auswahl der Sequenz des Heranschwimmens

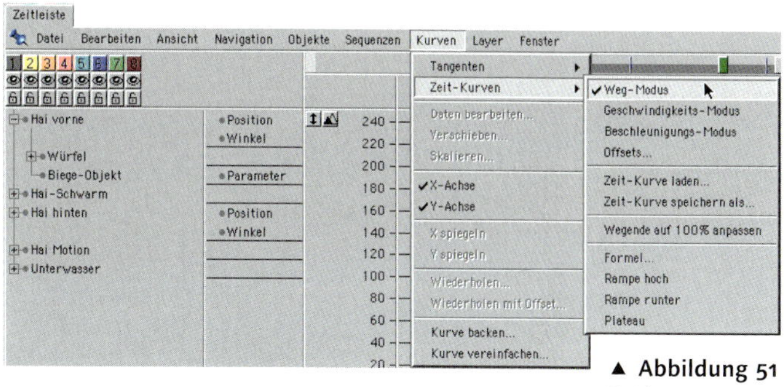


▲ **Abbildung 51**
Zeitkurven-Menü

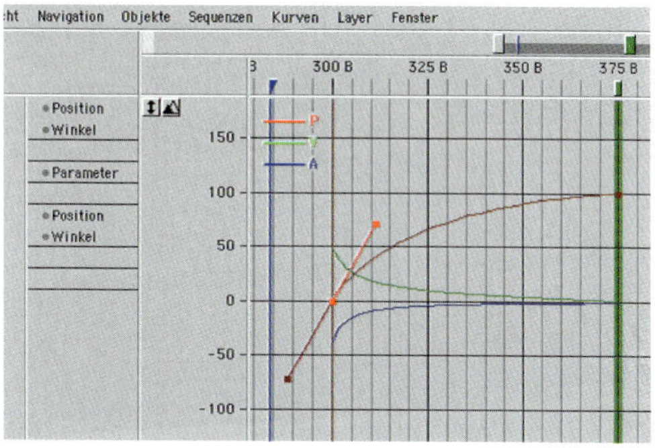


◀ **Abbildung 52**
Weg-Kurve der Positions-Sequenz

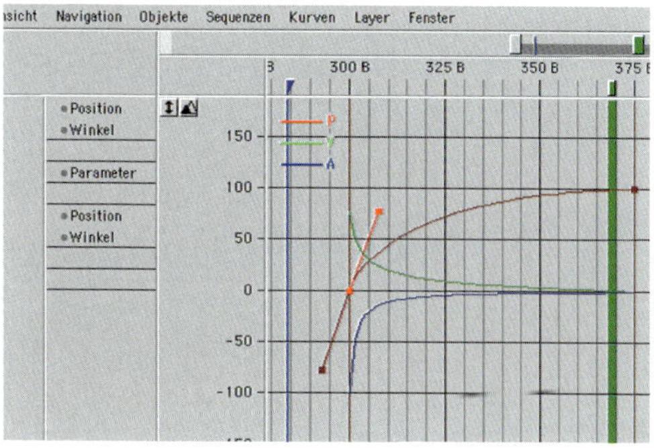


◀ **Abbildung 53**
Weg-Kurve der Winkel-Sequenz

## 12. Animation des Gesichtsausdrucks durch Point-Level-Animation

*Zwischen Bild 375 und 425 soll sich der Gesichtsausdruck des Hais etwas verändern. Dafür eignet sich die Point-Level-Animation hervorragend.*

*Erstellen Sie für das Polygon-Modell des Hais eine Spezial-Effekt-Spur PLA (Abbildung 54). Stellen Sie die Punkte der eingefrorenen Selektion im Objekt-Manager wieder her und nehmen Sie die Auswahl in zwei Keys für Anfangs- und Endbild der Sequenz auf.*

*Gehen Sie zum Zeitpunkt 400 – hier soll das Maul des Hais weiter geöffnet sein.*

*Verändern Sie das Haifischmaul wie in Abbildung 55 gezeigt und nehmen Sie diese Punkte mit der PLA-Aufnahme-Option (Abbildung 56) auf.*

*Nach dieser letzten Sequenz (Abbildung 57) ist die Animation fertiggestellt.*

**Abbildung 54 ▶**
Erstellen der PLA-Spur

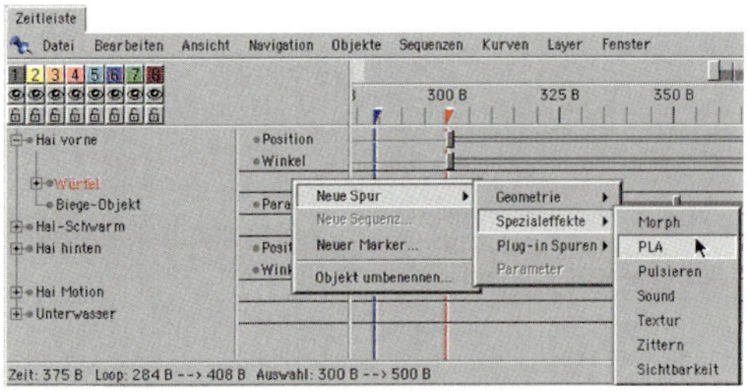


**Abbildung 55 ▶**
Verändertes Haifischmaul

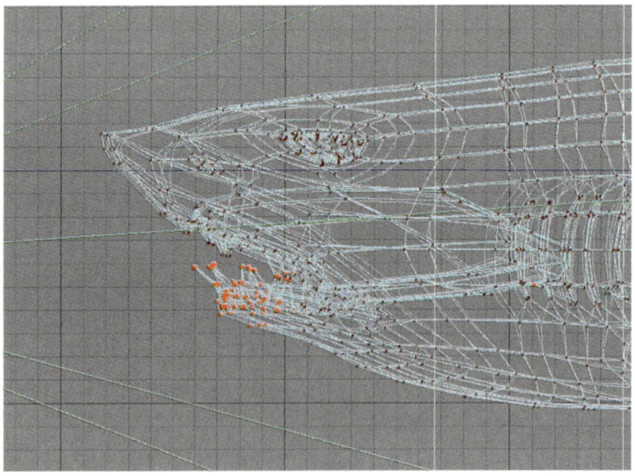

**Abbildung 56 ▶**
Aufnahmeoptionen für die PLA

**Abbildung 57 ▶**
Fertige PLA-Sequenz

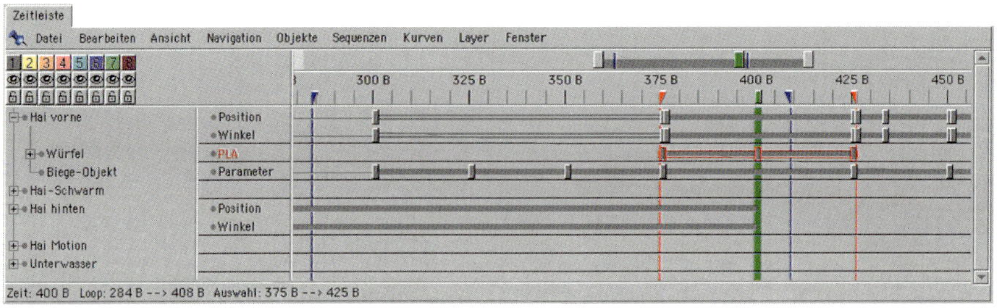

### *13. Rendern der Animation*

*Nun folgt der schönste Moment der 3D-Arbeit: das Rendern der Animation.*

*Sie dürfen sich gleich zurücklehnen und Ihren Rechner arbeiten lassen. Stellen wir aber vorher noch die nötigsten Rendering-Parameter ein. Mehr Informationen zu den Render-Einstellungen erhalten Sie im folgenden Kapitel.*

*Auf der Allgemein-Seite (Abbildung 58) stellen Sie für das Antialiasing »Bestes« und als Filter »Animation« ein. Prüfen Sie im Reiter Antialiasing nach, ob die Standard-Einstellungen (Min. 1 x 1 und Max. 4 x 4) eingetragen sind.*

*Natürlich können Sie den Film auch größer anlegen als die vorgeschlagenen 320 x 240 Pixel, die Renderzeit steigt aber dramatisch an. Gerendert werden soll von Bild 1 bis 600, bei einer Bildrate von 25 Bildern in der Sekunde (Abbildung 59).*

*Als Speicherformat wählen Sie auf der Speichern-Seite des Dialogs (Abbildung 60) den QuickTime-Film aus und suchen sich per Klick auf den Pfad-Button einen geeigneten Platz zum Speichern aus. Wer auf Probleme mit nicht ausreichendem Arbeitsspeicher stossen sollte, kann sich durch das Rendern einer TIF-Bildsequenz aushelfen. Die Bildsequenz wandeln Sie dann in einem Programm wie QuickTime Pro zu einem Film um.*

*Jetzt lassen Sie die Animation im Bild-Manager rendern (Abbildung 61). Ungeduldige können sich den gerenderten Film auf der CD-ROM zu Gemüte führen.*

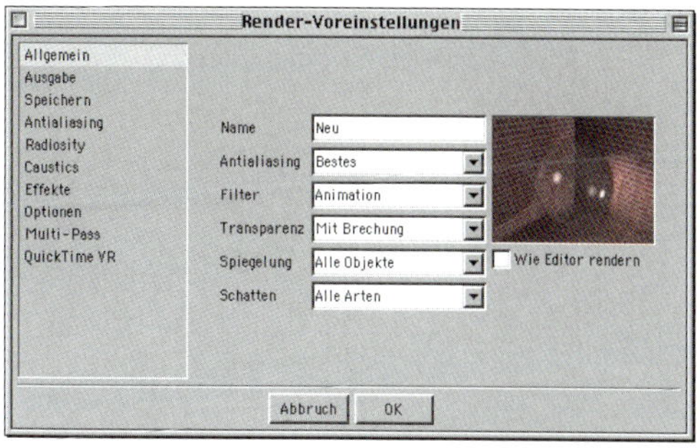


◀ **Abbildung 58**
Allgemein-Seite der Render-Einstellungen

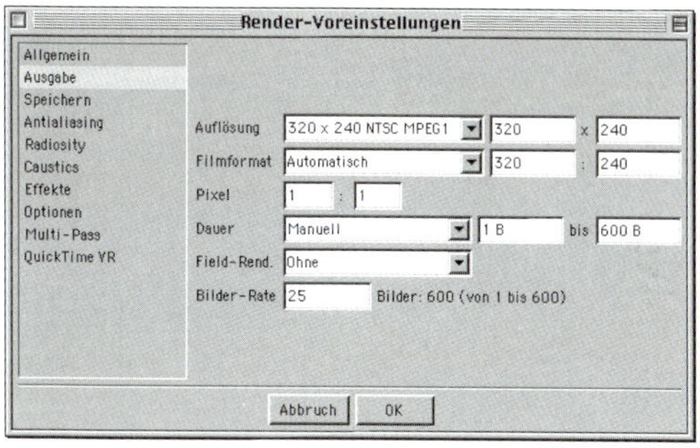


◀ **Abbildung 59**
Ausgabe-Seite der Render-Einstellungen

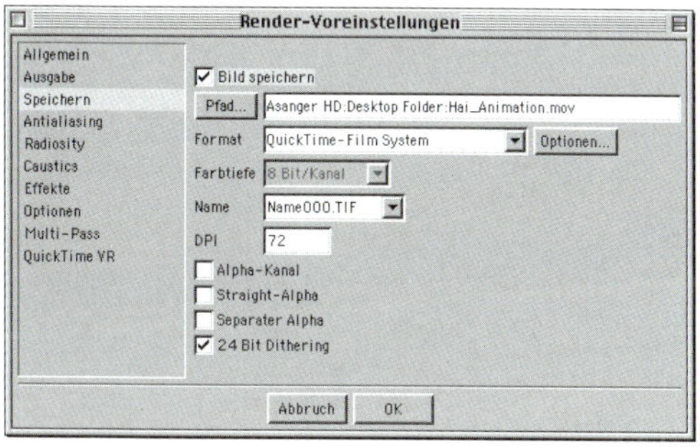


◀ **Abbildung 60**
Speichern-Seite der Render-Einstellungen

◀ **Abbildung 61**
Rendern im Bild-Manager

# Rendering

342 Multi-Pass-Rendering

346 NET-Rendering

# Rendering in Cinema 4D

*Glanzstück der neuen Version 7 von Cinema 4D ist der Renderer. Mit Radiosity, Caustics und dem Multi-Pass-Rendering wartet Cinema 4D nun mit absoluten High-End-Features auf.*

Die Bild- und Filmqualität des Renderers ist ein Indiz für die Güte des 3D-Programms.

Mit der jüngsten Überarbeitung der Render-Engine und den neuen Radiosity- und Caustics-Funktionen stößt Cinema 4D nun ins Segment der professionellen Elite vor. Nicht nur die Qualität der Ergebnisse, auch die Ausführungsgeschwindigkeit überzeugt in jeder Hinsicht.

Das Rendering – die digitale Berechnung von Bildern – ist eine der Aufgaben, welche die Prozessorleistung eines Rechners am meisten beansprucht. Cinema 4D's Renderer ist in das Programm implementiert, dabei aber multitaskingfähig, was bedeutet, dass die Berechnung des Renderauftrags im Bild-Manager abläuft und Sie getrost weiterarbeiten können.

Wer für die Berechnung seiner Bilder und Filme auf die Kraft mehrerer Rechner setzen möchte, bekommt mit Version 7 eine wertvolle Zugabe in Form einer Dreierlizenz des Netzwerkrenderers Cinema 4D NET spendiert. Die wichtigsten Informationen darüber erhalten Sie ein paar Seiten weiter im Kapitel NET-Rendering.

◂ 346
NET-Rendering

Ein paar Dinge sind vor jedem Rendern stets zu beachten: Zum einen braucht Cinema 4D alle in der Szene verwendeten Texturen. Sind die Texturen weder direkt bei der Szene, im Verzeichnis »tex« des Programms, im Verzeichnis »tex« der Szene noch in den voreingestellten Pfaden auffindbar, erscheint eine Fehlermeldung. Zwar kann die Berechnung fortgesetzt werden, es wird aber lediglich eine angepasste Materialfarbe als Textur verwendet.

Große Szenen mit vielen – eventuell sichtbaren – Lichtquellen, Transparenzen und rechenintensiven Schatteneinstellungen sind immens arbeitsspeicherhungrig. In solchen Fällen sollten Sie Cinema 4D so viel Arbeitsspeicher wie möglich zugestehen. Erhöhen Sie beim Macintosh die Speicherzuteilung bzw. beenden Sie unter Windows unnötige Programme. Je mehr physikalischen Speicher Sie Ihrem Rechner gönnen, desto weniger nervt er Sie mit Arbeitsspeichermangel-Meldungen.

Der nächste Ansatzpunkt sind die Render-Voreinstellungen, die im nächsten Kapitel näher betrachtet werden. Manche Einstellungen sind extrem rechenintensiv, können aber vermieden werden.

▲ **Abbildung 1**
Render-Palette

◀ **Abbildung 3**
Render-Auswahl

**Abbildung 2** ▶
Rendern-Menü

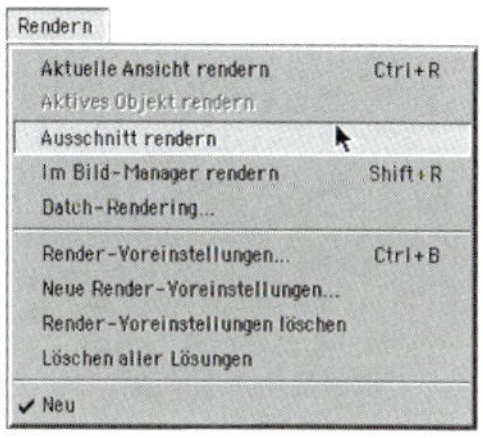


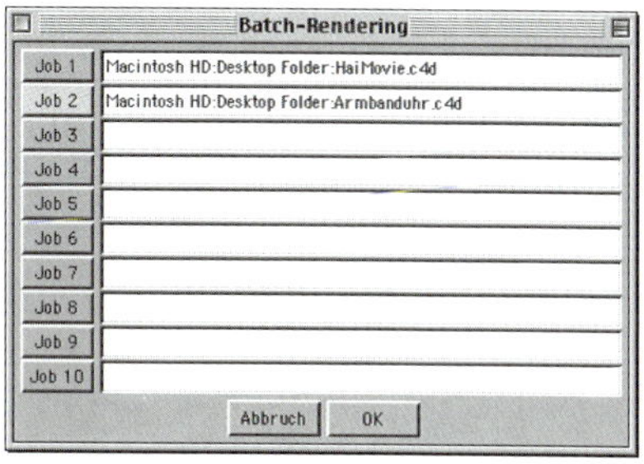


◀ **Abbildung 4**
Batch-Rendering

Hilft auch das alles nichts, ist ein zweiter Blick auf die erstellte Szene zu empfehlen. Sind wirklich alle Lichtquellen notwendig? Müssen alle Lichter Schatten werfen? Reicht statt eines Flächen-Schattens nicht auch ein weicher Schatten? Ist volumetrisches Licht unbedingt notwendig oder genügt vielleicht einfaches, sichtbares Licht? Sind die Texturen unnötig hoch aufgelöst und groß?

Die Befehle zum Rendern sind sowohl in der Render-Palette (Abbildung 1) als auch – mit etwas mehr Optionen – im Rendern-Menü (Abbildung 2) vorhanden.

Durch Klick auf den mittleren Render-Paletten-Button entscheiden Sie, ob ein bestimmter Bildbereich, das ausgewählte Objekt, extern im Bild-Manager oder die gerade aktuelle Ansicht gerendert werden soll (Abbildung 3).

Vorher sollten Sie natürlich die Render-Voreinstellungen festgelegt haben, die Sie selbstverständlich für den weiteren Gebrauch abspeichern können.

Als Arbeitstier benutzt zu werden, ist für die Rechner eigentlich ein ziemlich undankbarer Job. Tagsüber arbeitet der Mensch mit, abends lässt er die Maschine alleine werkeln. Hierfür ist das Batch-Rendering im Rendern-Menü gedacht (Abbildung 2). Nach Aufruf des Batch-Rendering-Befehls öffnet sich das Job-Fenster (Abbildung 4) mit Platz für bis zu zehn Renderjobs.

Da Cinema 4D beim Batch-Rendering die eingestellten Render-Parameter verwendet, sollten Sie natürlich vorher alle Einstellungen, Pfade und Texturen überprüfen, um unliebsame Überraschungen zu vermeiden. Schließlich sind Sie während der Stapelverarbeitung in den seltensten Fällen anwesend.

Auf Wunsch können Sie eine Protokoll-Datei des Rendering-Prozesses anlegen lassen, um aufgetretene Fehler nachzuvollziehen. Mehr dazu erfahren Sie im nächsten Kapitel.

# Render-Einstellungen

*In den Render-Einstellungen geben Sie an, wie Cinema 4D den Inhalt Ihrer Szene berechnen soll. In diesen Momenten sind Sie nur ein paar Mausklicks vom zufriedenen Zurücklehnen entfernt…*

Im Dialog-Feld der Render-Voreinstellungen definieren Sie Aussehen, Qualität und Art des Render-Ergebnisses.

Trotz der vielen Einstellungsmöglichkeiten ist die Gefahr von fehlerhaften Eingaben gering: Cinema 4D ist so intelligent und berechnet beispielsweise volumetrisches Licht nur dann, wenn auch wirklich volumetrisches Licht in der Szene verwendet wird.

## Allgemein

In Abbildung 1 sehen Sie die für die Zwischen-Renderings wichtigste Seite des Dialogs: die Allgemein-Seite.

Um die Render-Voreinstellungen für spätere Zwecke aufzuheben oder zwischen verschiedenen Voreinstellungen je nach Render-Zweck zu wechseln, können Sie im Name-Feld die Render-Einstellungen benennen.

Der Begriff Antialiasing spielt nicht nur im 2D-Grafikbereich, sondern auch beim 3D-Design eine große Rolle. Hinter dem Antialiasing steht immer die Glättung eines so genannten »Treppcheneffekts«, der durch die Bitmap-bedingte Auflösung des Bildes in Pixel entsteht. Im Antialiasing-Feld des Dialogs bestimmen Sie, welche Bereiche beim Antialiasing berücksichtigt werden. Der Eintrag Geometrie entspricht dem, was Sie in der Vorgängerversion als Kante kennengelernt haben. Da Version 7 das so genannte adaptive Antialiasing beherrscht, steht zur Feinregelung der Antialiasing-Eigenschaften ein eigener Reiter zur Verfügung. Zusätzlich bietet das Feld Filter die Möglichkeit, das Antialiasing in puncto Schärfe individuell für das Endergebnis vorzubereiten. Je nach gewünschtem Endprodukt wählen Sie hier Standbild, Animation oder eine der anderen Optionen aus.

In den nächsten drei Feldern Transparenz, Spiegelung und Schatten geben Sie an, mit welcher Exaktheit diese Objekteigenschaften beim Rendern Berücksichtigung finden. Bei transparenten Materialien spielt hier die Brechung eine Rolle, die Sie im Material-Editor als Brechungsindex definiert haben. Die Brechung kostet zusätzliche Rechenzeit, fließt aber, dank Cinema 4D's Intelligenz, nur dann mit ein, wenn transparente, lichtbrechende Materialien auch in der Szene auftauchen.

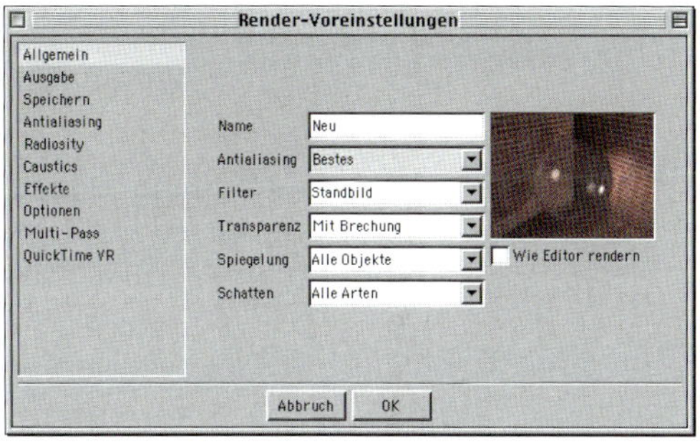


**Abbildung 1 ▲**
Render-Voreinstellungen
Allgemein-Seite

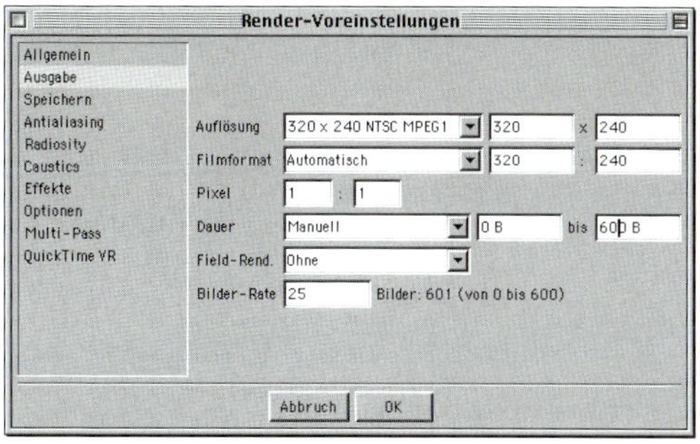


**Abbildung 2 ▲**
Render-Voreinstellungen
Ausgabe-Seite

Ähnlich verhält es sich mit den spiegelnden Objekten. Über die Option Nur Boden und Himmel erreichen Sie, dass sich der Renderer auf die in den meisten Fällen ausreichenden Boden- und Himmelsspiegelungen beschränkt.

Auch die Schatten lassen sich im Renderer unabhängig von den Einstellungen in den Lichtquellen an- bzw. ausschalten. Nur Weich legt dabei die schnellste Rechenzeit vor, die Berechnung aller Schattenarten kann deutlich höhere Zeiten verursachen.

## Ausgabe

Die Ausgabe-Seite (Abbildung 2) beinhaltet unter anderem die Grösse, Dauer und Bilder-Rate des Filmes.

Dabei haben Sie in den Feldern Auflösung und Filmformat bereits einige beliebte Standardgrößen zur Hand. Für bestimmte Ausgabegeräte lässt sich sogar das Seitenverhältnis der Pixel regulieren.

Bei Render-Tests von Animationen ist die Dauer-Option wichtig. Hier stellen Sie ein, welcher Bereich der Zeitleiste gerendert wird.

Die Option Field-Rendering orientiert sich an der in der Video- und Fernsehwelt üblichen Bildauffrischung der »Halbbilder«.

Wie viele Bilder Cinema 4D für eine Sekunde Film rendert, geben Sie als Bilder-Rate an. Mindestens 24 Bilder in der Sekunde ergeben ein sicher ruckelfreies Bild, schlagen sich aber dementsprechend in der Dateigröße nieder.

## Speichern

Auf der Speichern-Seite (Abbildung 3) legen Sie Speicher-Pfad und Dateiformat des Bildes oder des Films fest.

In Version 7 sind hier die Formate RLA und RPF hinzugekommen, die speziell in Video- bzw. Compositing-Programmen wie Adobe After Effects Verwendung finden. Die Namenskonventionen, wie sie einige Programme für den Import von Bildsequenzen verlangen, können Sie ebenfalls vorab einstellen.

Neben der Speicherung des gerenderten Bildes stehen Ihnen außerdem noch Optionen für die Erstellung von Alpha- und Tiefen-Kanälen zur Verfügung. Alpha-Kanäle kennen

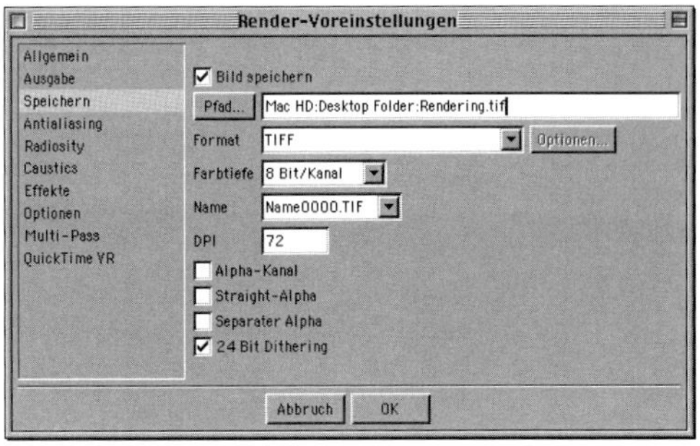


▲ **Abbildung 3**
Render-Voreinstellungen
Speichern-Seite

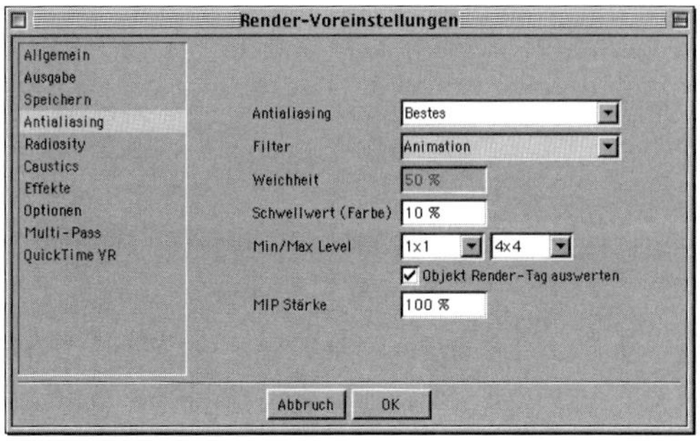


▲ **Abbildung 4**
Render-Voreinstellungen
Antialiasing-Seite

Sie als Maske für die Abdeckung von Bildbereichen. Cinema 4D's Alpha-Kanäle finden beispielsweise Verwendung bei der Montage von Bildern und Filmen beim Videoschnitt. Tiefen-Kanäle drücken die dreidimensionale Tiefe eines Objekts in Grauwerten aus.

## Antialiasing

Die bereits getätigten Antialiasing-Einstellungen können Sie im Reiter ANTIALIASING (Abbildung 4) noch verfeinern.

Der SCHWELLWERT drückt aus, ab welcher Farbdifferenz zweier Pixel ein Antialiasing stattfinden soll, das MINIMALE und MAXIMALE LEVEL steht für das OVERSAMPLING, also den Antialiasing-Bereich. Experimentieren Sie mit den Filtern, verwenden Sie aber im Zweifelsfall die Standardeinstellungen.

## Radiosity

In diesem Feld (Abbildung 5) steuern Sie global die Radiosity-Eigenschaften beim Rendern.

Im Szenen-Kapitel haben Sie bereits erfahren, wo Sie Radiosity material- und objektorientiert beeinflussen können – im ILLUMINATIONS-Kanal des Material-Editors und mittels Render-Tag. Sehen wir uns nun die renderspezifischen Optionen an.

Möchten Sie für Ihr Rendering RADIOSITY nutzen, so schalten Sie hier das Radiosity-Rendering an. Bei deaktiviertem STOCHASTISCHEM MODUS, der einen schnellen, aber körnigen Render-Modus simuliert (Arnold), ergibt sich eine Fülle an Parametern, die sowohl Qualität als auch Renderzeit maßgeblich beeinflussen.

STÄRKE reguliert den globalen Radiosity-Effekt. Sie können diesen Parameter übertreiben, um spezielle Überbelichtungseffekte zu erzielen.

Einerseits ist es wünschenswert, Radiosity möglichst genau zu berechnen, andererseits ergeben sich oft viel zu hohe Rechenzeiten, ohne dass ein Plus an Qualität gewonnen würde. Im Feld GENAUIGKEIT steuern Sie diesen Wert, der sich zum Beispiel durch die Menge an Shading-Punkten beim Prepass bemerkbar macht. Mit der MINIMALEN und

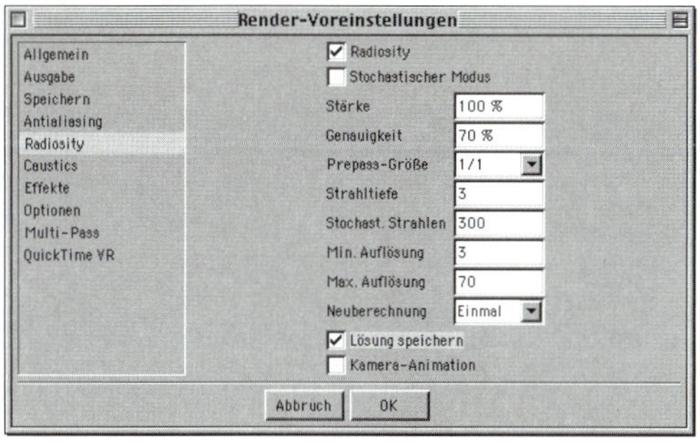


**Abbildung 5 ▲**
Render-Voreinstellungen Radiosity-Seite

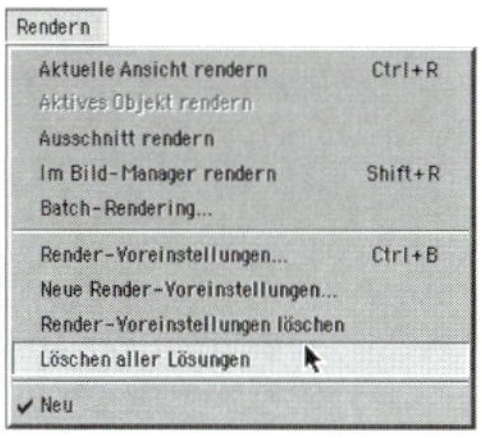


**Abbildung 7 ▶**
Lösungen löschen

**▲ Abbildung 6**
Shading-Punkte mit hohen (links) und niedrigen (rechts) Minimal- und Maximalwerten

MAXIMALEN AUFLÖSUNG haben Sie zusätzlich noch die Möglichkeit, diese Genauigkeit für kritische bzw. unkritische Bereiche anzupassen. Wenn Sie also beim Prepass-Rendering feststellen, dass diffizile Bereiche zu wenige Shading-Punkte erhalten, so erhöhen Sie den Maximal-Wert (Abbildung 6). Sind unkritische Bereiche wie Wandflächen zu großzügig mit Shading-Punkten belegt, verringern Sie den Minimal-Wert.

Die PREPASS-GRÖSSE sollten Sie nur für kleine Zwischen-Renderings von der Standard-Einstellung 1/1 abweichen lassen, da das Renderergebnis sehr von einer hohen Prepassgröße profitiert.

Die STRAHLTIEFE sagt aus, wie oft ein Radiosity-Strahl weiterreflektiert wird. Bei einer stark verwinkelten Szenerie empfiehlt es sich, auch höhere Strahltiefen auszuprobieren. In der Regel reichen Werte von 3 bis 5 aber vollkommen aus.

Mit der Anzahl der Sammelstrahlen (STOCHAST. STRAHLEN) decken Sie die Bereiche ab, die einen Radiosity-Strahl umgeben. Je weniger Sammelstrahlen verfügbar sind, desto ungenauer kann Cinema 4D die Szene bestimmen. Auch hier können Sie sich in den meisten Fällen auf den Standardwert verlassen.

Da die Berechnung des Radiosity-Algorithmus eine sehr zeitintensive Sache ist, bietet es sich an, eine einmal berechnete Lösung abzuspeichern. Dies geschieht über die Option LÖSUNG SPEICHERN. Beim Rendern legt Cinema 4D eine entsprechende Datei in den Ordner »Illum« im Cinema-4D-Verzeichnis. Im Feld NEUBERECHNUNG geben Sie an, ob eine Neuberechnung stattfinden soll. EINMAL kommt dabei bei der Erstberechnung zum Einsatz, NIE dagegen verlässt sich immer auf eine adäquate Datei im »Illum«-Ordner. Mit der Option IMMER teilen Sie Cinema 4D mit, dass in jedem Fall eine Neuberechnung stattfinden soll.

Diese Lösungen sind natürlich nur korrekt, so lange Sie die Szene nicht maßgeblich verändern. Je nach Komplexität der Szene ver-

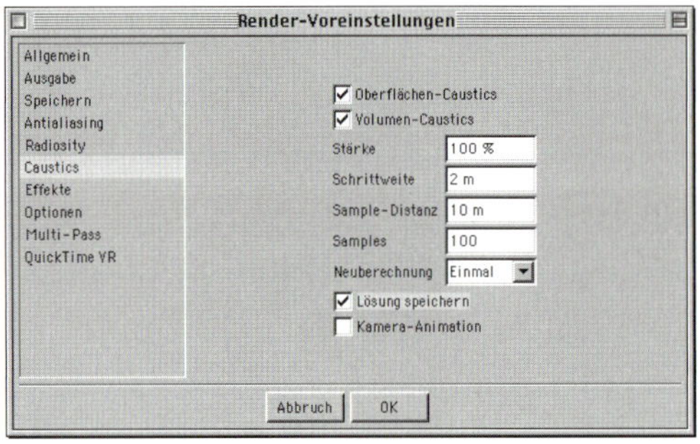


**Abbildung 8 ▲**
Render-Voreinstellungen
Caustics-Seite

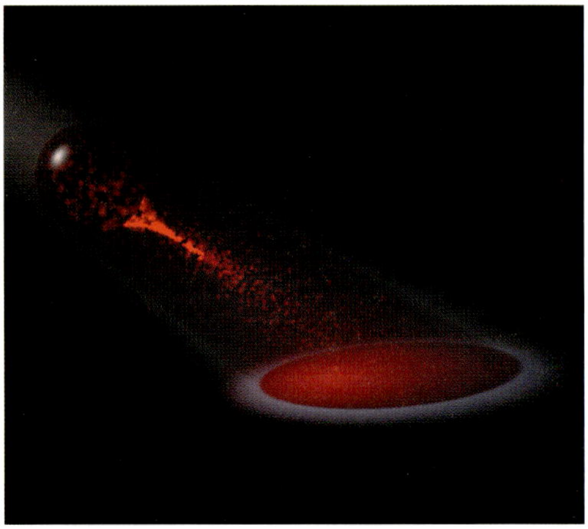

**Abbildung 9 ▶**
Photonen-Flecken

brauchen die Lösungen kostbaren Speicherplatz. Mit dem Befehl Lösungen löschen im Menü Rendern (Abbildung 7) entledigen Sie sich bei Bedarf von diesem Datenballast.

Kamera-Animation kommt Ihnen bei der Berechnung von Animationen sehr entgegen. Hier erfolgt die Lösungsberechnung nur einmal für die komplette Szene, ein wiederholtes, zeitraubendes Neuberechnen entfällt.

## Caustics

Was Caustics sind und wie Sie die Lichtspiele mit den Licht- und Material-Parametern beeinflussen können, wissen Sie bereits aus dem Szenen-Kapitel.

Analog zu Radiosity gibt es auch für die Caustics globale Parameter in den Render-Voreinstellungen. Allen voran legen Sie hier die Aktivierung der Oberflächen- und Volumen-Caustics für das Rendering fest.

Die Stärke bzw. Helligkeit der Caustics lässt sich durch den Stärke-Wert einstellen. Fällt der Caustics-Effekt nach Ihrem Geschmack zu schwach aus, können Sie hier eine globale Aufhellung erreichen. Die Optionen Schrittweite, Sample-Distanz und die Sample-Anzahl beziehen sich ausschließlich auf die Volumen-Caustics.

Anhand der Schrittweite definieren Sie die Auflösung des Volumen-Caustics entlang der Caustic-Achse. Niedrigere Schrittweiten lösen das Caustic feiner auf, benötigen aber auch höhere Renderzeiten.

Sample-Distanz und Sample-Anzahl sind stark voneinander abhängig. Die Sample-Distanz gibt an, in welchem Umkreis Cinema 4D bei der Caustic-Berechnung nach benachbarten Photonen sucht. Ist die Distanz zu klein oder auch die Photonen-Anzahl zu gering, entstehen beim Rendering kleine Flecken bis hin zu Photonen-Punkten (Abbildung 9).

## Effekte

Viele Effekte, die Sie in Kameras, Lichtquellen und anderen Objekten definiert haben, können Sie auf der Effekte-Seite (Abbildung 10) auf Wunsch nochmals global aktivieren oder deaktivieren.

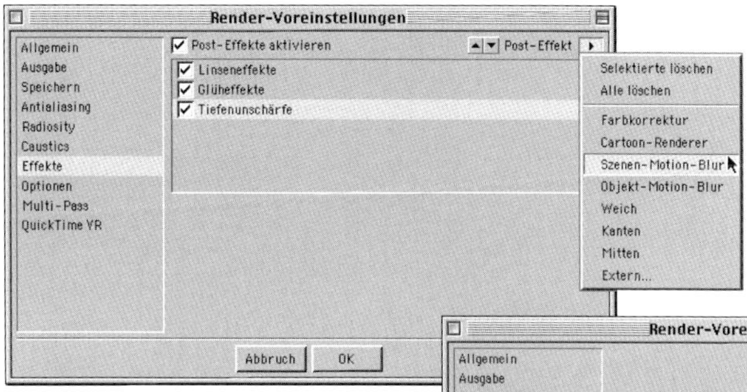


▲ **Abbildung 10**
Render-Voreinstellungen Effekte-Seite

**Abbildung 11** ▲
Render-Voreinstellungen Optionen-Seite

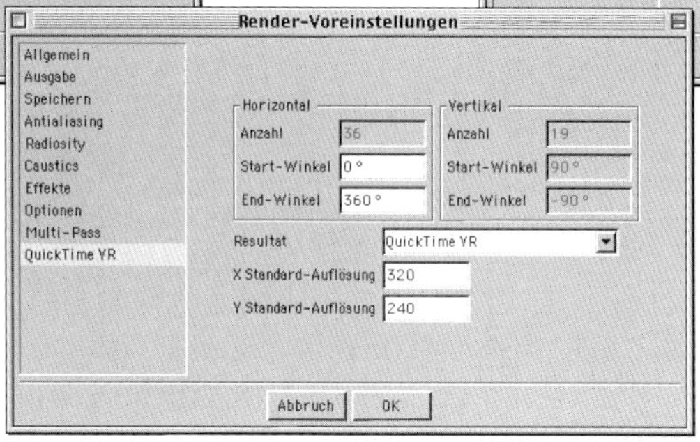


**Abbildung 12** ▶
Render-Voreinstellungen QTVR-Seite

So lässt sich neben Tiefenunschärfe, Glüh- und Linsen-Effekten sowie volumetrischem Licht auch die Render-Detailstufe, die unter anderem bei Metaballs eine Rolle spielt, kontrollieren. Mit Motion-Blur verleihen Sie animierten Objekten eine natürliche Unschärfe. Szenen-Motion-Blur können Sie auf der Effekte-Seite definieren, Objekt-Motion-Blur weisen Sie dem Objekt per Motion-Blur-Tag zu.

## Optionen

Die Optionen-Seite (Abbildung 11) beherbergt allerlei Nützliches, um die allgemeinen Render-Einstellungen detaillierter zu definieren. So geben Sie hier unter anderem an, ob eine Protokoll-Datei erstellt und ob bei Textur-Fehlern das Rendern abgebrochen werden soll.

Ein Extra-Feld kümmert sich um die Einstellungen für den Cartoon-Rendering-Modus. Strahl-, Reflektions- und Schatten-Tiefe teilen dem Renderer mit, wie exakt Strahlen, Reflektionen und Schatten berechnet werden. Die Standard-Parameter sind meist adäquat, in Ausnahmefällen (beispielsweise bei komplizierten transparenten Objekten mit Luft- und Flüssigkeits-Einschluss) können Sie die Werte auch höher ansetzen – wie üblich auf Kosten der Rechenzeit.

## Multi-Pass

Dem Multi-Pass-Rendering ist ein eigenes Kapitel reserviert – blättern Sie einfach weiter.

## QTVR

In der QTVR-Seite geben Sie die horizontalen und vertikalen Parameter für QuickTime-VR-Panoramas und -Objekte an. Cinema 4D ist in der Lage, diese Filme fertig auszugeben.

# Multi-Pass-Rendering

*Neu in Cinema 4D 7 ist die Möglichkeit des Multi-Pass-Renderings. Dabei wird die Szene in unterschiedliche Bildkanäle aufgespaltet, die dann problemlos in der Postproduktion weiterbearbeitet werden können.*

Der grosse Nutzen des Multi-pass-Rendering wird dem unbedarften Anwender meist erst auf den zweiten Blick klar.

Beim Multi-Pass-Rendering wird das Bild in einem speziellen Bitmap-Format abgespeichert (RLA/RPF, Photoshop (.psd) oder BodyPaint 3D (.b3d), damit die Aufgliederung in verschiedene Bildkanäle stattfinden kann.

Hintergrund der Formate ist die Weitergabe des Render-Resultats an die Postproduktion und Bildbearbeitung. Einer Multi-Pass-Szene kann dann ohne erneutes Rendering eine neue Färbung, ein stärkerer Schatten, spitzere Glanzlichter, eine andere Ausleuchtung und vieles mehr verpasst werden, von den Möglichkeiten für das Compositing im Videobereich mit Programmen wie Combustion und After Effects ganz zu schweigen.

Womit wir auch schon bei der Software wären, die, um das Multi-Kanal-Format verarbeiten zu können, dieses Format natürlich auch unterstützen muss. Außer den bereits genannten Compositing-Programmen eignen sich in der Bildverarbeitung Adobes Photoshop ab Version 6 und Maxons 3D-Painting-Software BodyPaint 3D.

Das Multi-Pass-Rendering benötigt keinen Extra-Renderdurchgang, sondern geschieht innerhalb des eigentlichen Render-Vorgangs.

Die Einstellungen für das Multi-Pass-Rendering finden Sie unter den Render-Voreinstellungen im Unterpunkt Multi-Pass. Über die Option Multi-Pass-Rendering aktivieren schalten Sie die Mehr-Kanal-Berechnung an bzw. ab. Im Feld Format wählen Sie das gewünschte Bild-Format aus (Abbildung 1). Beachten Sie, dass nur die Formate RLA, RPF, Photoshop und BodyPaint 3D multiple Kanäle verarbeiten.

Alle Kanäle, die im Endergebnis separiert vorliegen sollen, wählen Sie im Kanal-Menü (Abbildung 2) aus. Zu den Bildkanälen zählen Transparenz, Spiegelung, Diffusion, Umgebung, Glanzlicht, Schatten, Radiosity, Caustics, Atmosphere und Atmosphere (Multiplizieren). Außerdem stehen die Material-Kanäle sowie Illumination und Tiefe zur Verfügung. Über den Menüpunkt Gemischte Kanäle ist es möglich, mehrere zusammengehörige Kanäle als Set zusammenzufassen, die auch in Photoshop 6 als Set erkannt werden. Ein Set erstellen Sie auch über die Op-

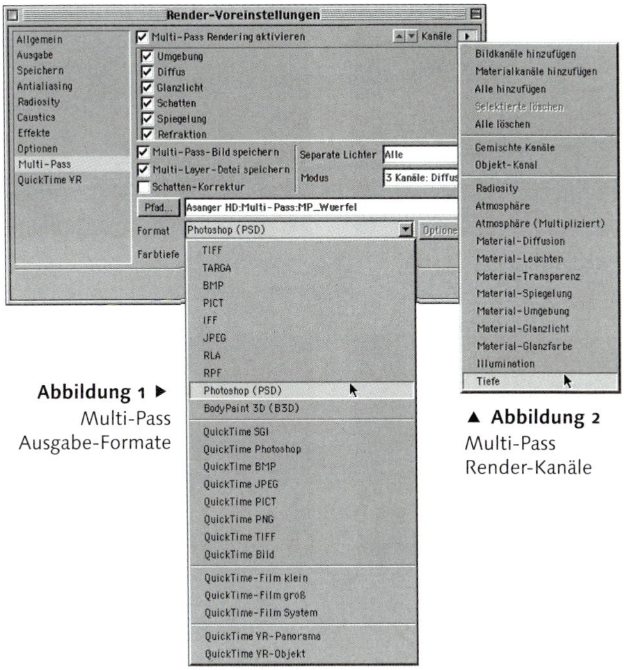


**Abbildung 1 ▶**
Multi-Pass Ausgabe-Formate

**▲ Abbildung 2**
Multi-Pass Render-Kanäle

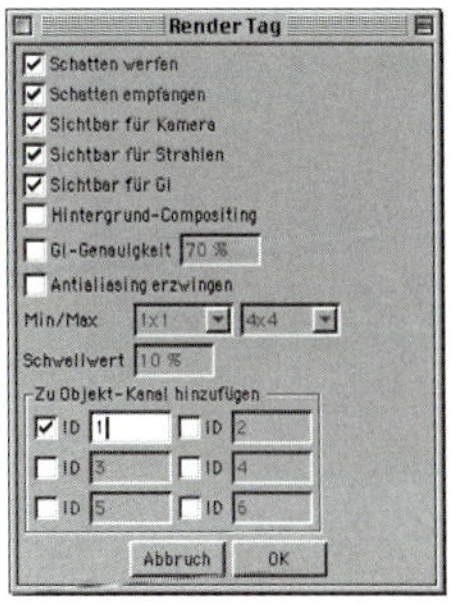


**◀ Abbildung 3**
Objekt-Kanäle im Render-Tag

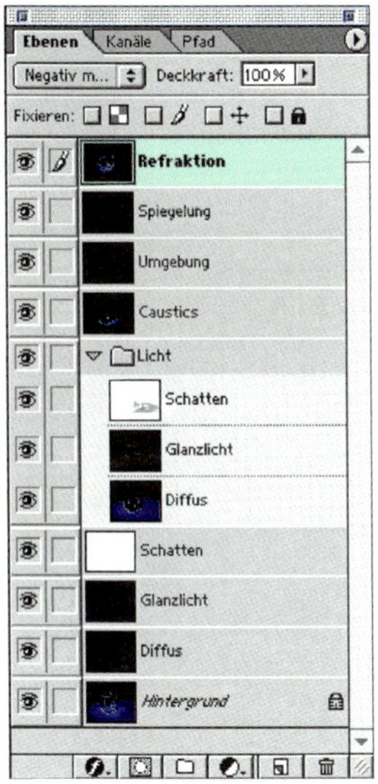


**Abbildung 4 ▶**
Multi-Pass-Kanäle als Ebenen in Photoshop 6

tion SEPARATE LICHTER. Dabei legt Cinema 4D für alle oder nur speziell gewählte Lichter separate Sets mit eigenem Schatten-, Diffusions- und Glanzlicht-Kanal an. Auf diese Weise können Sie auch bei der Bearbeitung in Photoshop noch zwischen verschiedenen Lichtquellen wechseln. Die Selektion der Lichter erfolgt über den Lichtquellen-Dialog auf der Allgemein-Seite.

Ein weiterer Sonderfall sind die Objekt-Kanäle. Wenn Sie die Separation nicht nur auf Bildkanäle, sondern auch auf Objekte ausweiten wollen, weisen Sie diesen Objekten per Render-Tag (Abbildung 3) eine Objekt-ID zu. Beim Multi-Pass-Rendering exportiert Cinema 4D dann für jede Objekt-ID (mit den darin befindlichen Objekten) eine eigene Ebene mit Alpha-Kanal. Einfacher können Sie wirklich keine Objekte freistellen.

Für die Speicherung der Datei(en) wählen Sie einen Pfad und ein Format Ihrer Wahl aus. Eine gesammelte MULTI-LAYER-DATEI benötigt zur Weiterbearbeitung zwingend die Multi-Layer-Formate. Alternativ können über die Option MULTI-PASS BILD SPEICHERN in Verbindung mit einem anderen Bildformat auch für jeden Kanal einzelne Dateien angelegt werden.

Wie kommt unsere Multi-Layer-Datei nun in Photoshop an? Abbildung 4 zeigt die offene Ebenen-Palette mit den separierten Bildkanälen. Jeder gewählte Kanal hat eine eigene Ebene mit adäquater Benennung zugewiesen bekommen. Für die Lichtquelle LICHT liegt ein eigenes Set mit Schatten-, Glanzlicht- und Diffusions-Kanal vor. Sowohl die Multi-Pass-Datei als auch die Photoshop 6-Datei finden Sie auf der beiliegenden CD-ROM.

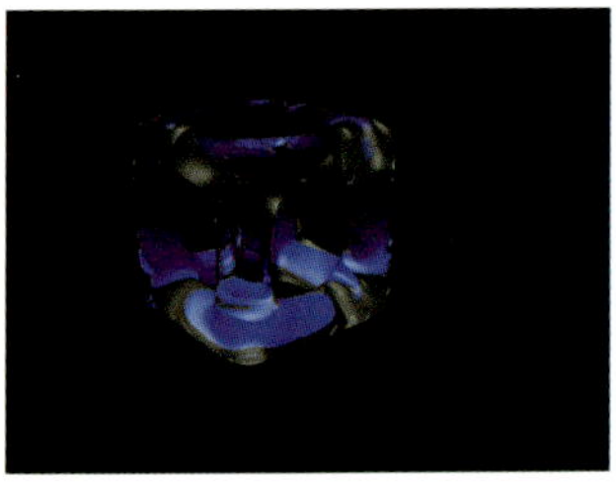

▲ **Abbildung 5**
Refraktion-Kanal

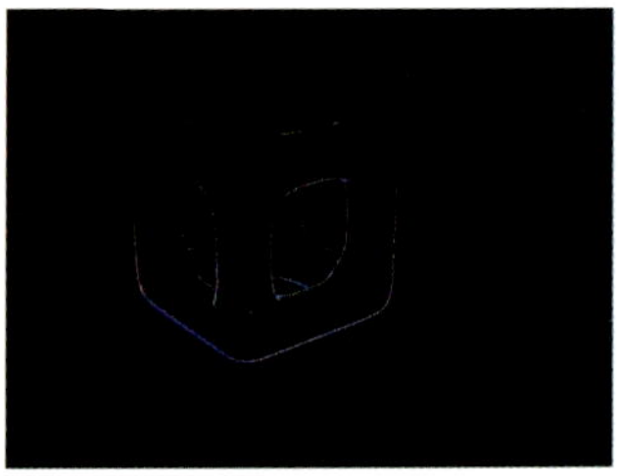

▲ **Abbildung 6**
Spiegelung-Kanal

▲ **Abbildung 7**
Caustics-Kanal

▲ **Abbildung 8**
Schatten-Kanal

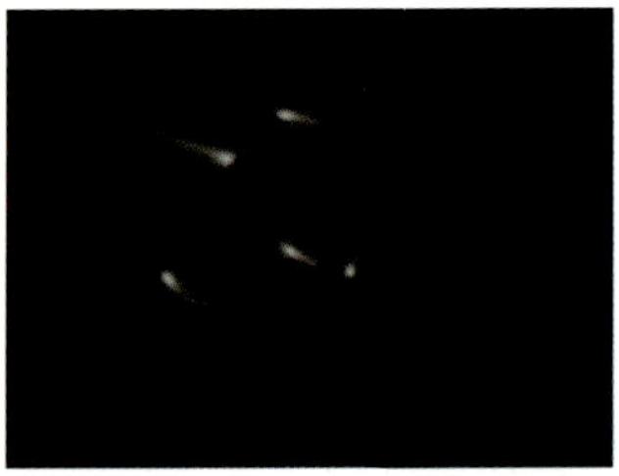

▲ **Abbildung 9**
Glanzlicht-Kanal

▲ **Abbildung 10**
Diffusions-Kanal

Die Abbildungen 5 bis 10 zeigen eine Auswahl der einzeln vorliegenden Kanäle der Würfel-Szene aus Abbildung 11.

Der REFRAKTION-Kanal zeigt alle transparenten Objekte der Szene, die eine Brechung (Refraktion) verursachen, mitsamt den dahinter liegenden, gebrochenen Bereichen. Im SPIEGELUNG-Kanal sind alle Stellen des Würfels enthalten, die eine Spiegelung hervorrufen. Der CAUSTICS-Kanal beschränkt sich auf alle Bildteile, die Caustics-Effekte, also Lichtbrechungen durch transparente oder spiegelnde Objekte, enthalten.

In den Abbildungen 8 bis 10 sind die Bild-Kanäle der separaten Lichtquelle LICHT abgebildet (vgl. Abbildung 4).

Alle Objekt-Schatten, die unsere Lichtquelle wirft, stehen im Schatten-Kanal zur Verfügung. Im Glanzlicht-Kanal sehen Sie die Glanzlichter, die durch unser Licht hervorgerufen werden und der Diffusions-Kanal zeigt alle diffusen Stellen, die in der Szene auftreten.

Die einzelnen Photoshop-Ebenen unterscheiden sich da etwas im Ebenen-Kopiermodus. So arbeitet der Schatten-Kanal (Abbildung 8) beispielsweise im MULTIPLIZIEREN-, Glanzlicht- und Diffusions-Kanal dagegen im NEGATIV-MULTIPLIZIEREN-Modus. Berücksichtigen Sie dies bei der Bearbeitung der Ebenen, damit Sie das zu erwartende Ergebnis etwas besser abschätzen können.

Was lässt sich mit den separierten Bildkanälen nun alles anstellen? Im Folgenden finden Sie in den Abbildungen 12 bis 14 nur eine kleine Auswahl der Möglichkeiten, die Ihnen allein Photoshop bietet, jede Veränderung bedurfte nur ein paar Mausklicks und – am wichtigsten – keines erneuten, langwierigen Renderdurchgangs.

▲ **Abbildung 11**
Original-Rendering

▲ **Abbildung 12**
Geänderte Caustics

▲ **Abbildung 13**
Verstärkte Schattenzeichnung

▲ **Abbildung 14**
Modifikation mehrerer Kanäle

Eine Modifikation des Caustics-Effektes (Abbildung 12) lässt sich leicht über eine Änderung der Ebenen-Deckkraft oder über eine Vergrößerung der hellen Bildbereiche oder auch über den FARBTON/SÄTTIGUNG-Dialog erreichen.

In der Abbildung 13 kommt der Schatten des Würfels prägnanter zum Ausdruck. Für diese Modifikation genügte die Anpassung der Gradationskurve dieser Ebene.

Für die komplette Farbänderung der Würfelszene (Abbildung 14) kamen mehrere Ebenen zum Einsatz. Alle farbgebenden Ebenen wurden über FARBTON/SÄTTIGUNG an die neue Farbsituation angepasst und mit passenden Gradationskurven angeglichen.

Für jede der gezeigten Änderungen – egal wie leicht sie in Cinema 4D vorzunehmen gewesen wäre – wäre ein komplettes Neurendering der Szene nötig gewesen.

# NET-Rendering

*Als besondere Zugabe der Version 7 ist im Lieferumfang eine Dreierlizenz des Netzrenderers Cinema 4D NET enthalten.*

Auch der schnellste Rechner ist für knifflige Aufgaben wie Radiosity und Caustics nie schnell genug.

Was liegt also näher, als die Render-Belastung auf mehrere Rechner aufzuteilen? Dank des im Cinema 4D 7-Paketes enthaltenen, vormals kostenpflichtigen Netzrenders NET können Sie Ihre eigene kleine Renderfarm aus bis zu drei Client-Rendermaschinen aufbauen.

Einzige Vorraussetzung – neben dem Vorhandensein der nötigen Rechneranzahl – ist die Verbindung der Rechner via TCP/IP. Dabei sollte der Server eine feste IP-Adresse zugewiesen bekommen, die Sie in den Client-Präferenzen eintragen.

Fangen wir aber bei der Installation der nötigen Software an. Auf dem Rechner, den Sie als Server benutzen möchten, installieren Sie die Cinema 4D NET-Server-Version (Abbildung 1) sowie zur Verwaltung der Jobs einen Webbrowser wie Netscape Navigator oder den Internet Explorer. Für den Client-Rechner genügt die NET-Client-Version.

Nachdem Sie die Client-Version gestartet und die IP-Adresse des Servers in die Client-Präferenzen eingetragen haben, sollte die Konsole des NET-Servers auf dem Server-Rechner in etwa wie in Abbildung 2 gezeigt aussehen. Sie sehen die IP-Adressen des Servers und der Clients – die Verbindung steht. Sollten Sie in diesem Stadium bereits auf Probleme gestossen sein, überprüfen Sie die Netzwerkverbindungen und die Einträge der IP-Adressen.

Die Kontrolle und Verwaltung der Render-Jobs geschieht über einen Browser. Dies gewährt zum einen Plattformunabhängigkeit und zum anderen die Steuerung von jedem beliebigen Rechner aus. In die Adresszeile tragen Sie die IP-Adresse des Servers ein.

Als User sind Sie vorerst als Administrator unter dem Passwort Maxon bekannt, dies können Sie natürlich in den NET-Präferenzen ändern bzw. anpassen. Sie befinden sich nun auf der Start-Seite des NET-Browsers (Abbildung 3). Nach Klick auf Enter gelangen Sie auf die zentrale Steuerungs-Seite des NET-Renderers (Abbildung 4).

Auf dieser Seite sehen Sie generell alle momentan anstehenden Render-Jobs (Render Queue) mit den aktuellen Zwischenständen sowie die momentan inaktiven Projekte

◀ **Abbildung 1**
Installation des NET-Servers und des NET-Clients

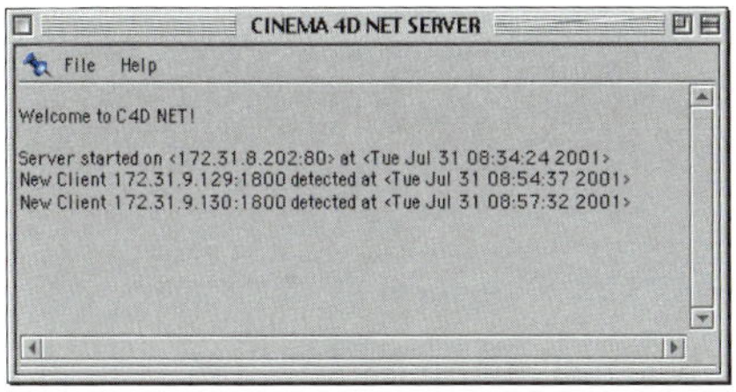


◀ **Abbildung 2**
Server-Konsole

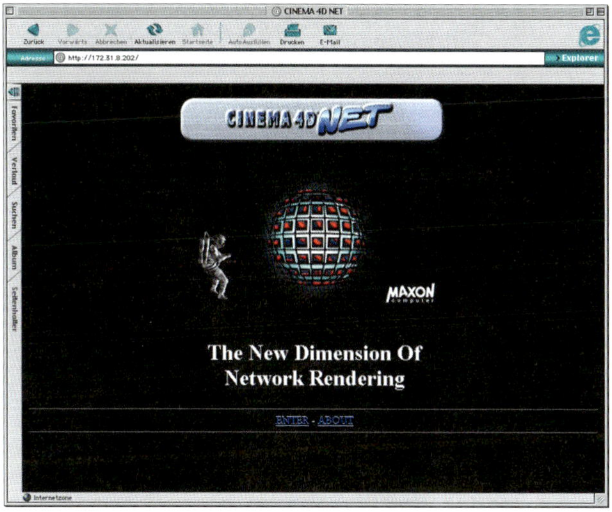


**Abbildung 3** ▲
Start-Screen des NET-Browsers

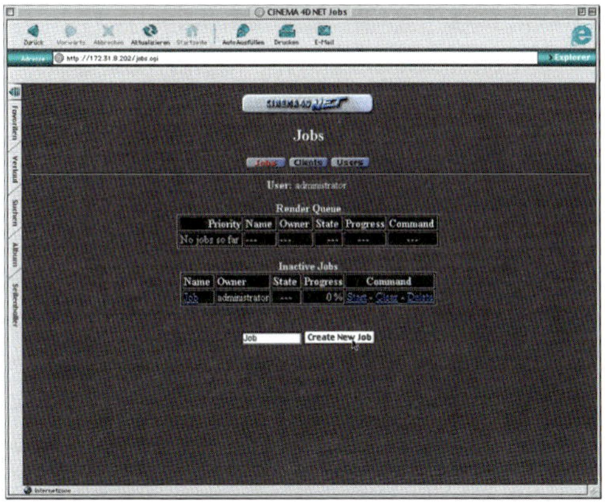


▲ **Abbildung 4**
Jobs-Seite des NET-Renderers

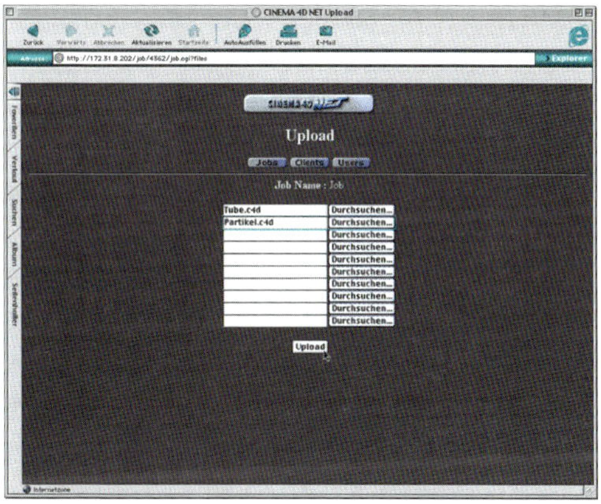


▲ **Abbildung 5**
Jobs-Upload

(Inactive Jobs). Über diese Seite können Sie Ihre Jobs jederzeit anhalten, starten, löschen und in der Priorität verändern.

Über den Button CREATE NEW JOB erstellen wir nun ein neues Projekt und weisen ihm neben einem Job-Namen (hier der Einfachheit halber: Job) auch gleich die zu verarbeitenden Render-Aufträge zu. Selbstverständlich sollten, wie Sie es auch vom Batch-Rendering her kennen, alle Cinema 4D-Dateien mit den gewünschten Render-Voreinstellungen ausgestattet sein. Prüfen Sie diese, wenn Sie sich unsicher sind. Über die DURCHSUCHEN-Buttons auf der Jobs-Upload-Seite weisen Sie dem Projekt die zu berechnenden Aufgaben zu (Abbildung 5). Nach Klick auf den UPLOAD-

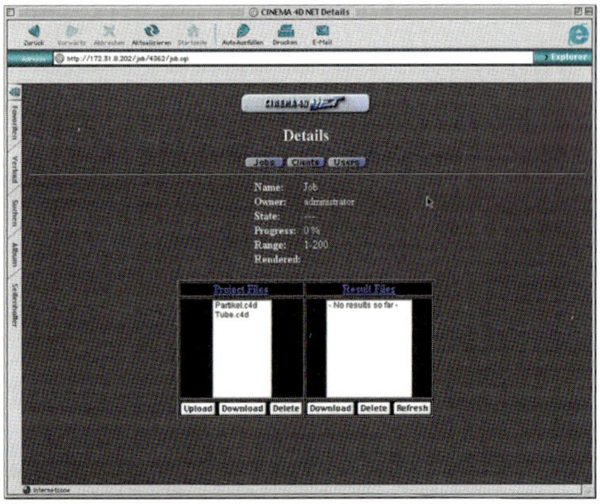

▲ **Abbildung 6**
Upload der Cinema 4D-Daten

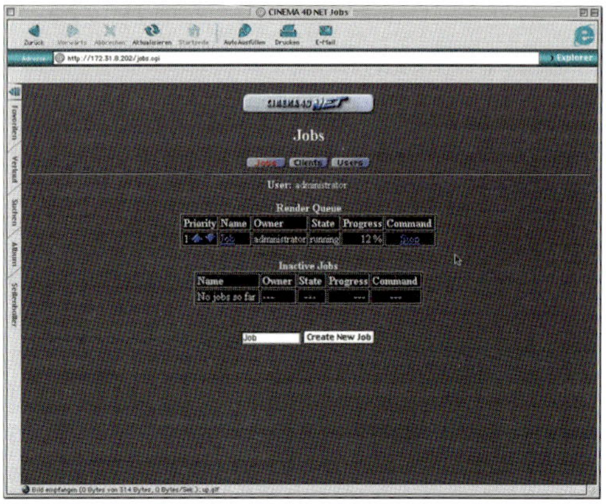

▲ **Abbildung 7**
Kontrolle der Jobs

Button befinden Sie sich auf der Details-Seite des Render-Jobs (Abbildung 6). Wenn alle zum Projekt gehörigen Dateien und Texturen geladen sind, haben Sie hier alle Projektdaten in der linken Spalte im Überblick. Über die Upload- und Delete-Buttons können Sie beispielsweise nachträglich Texturen hinzufügen oder zwischenzeitlich geänderte Dateien herausnehmen und neu ins Projekt integrieren. In der rechten Spalte finden sich die bereits fertig gerenderten Daten.

Damit sich diese Spalte nun endlich füllen kann, springen wir im Browser zurück zur Jobs-Seite und geben dem inaktiven Projekt »Job« das Start-Signal in der Tabellenspalte »Command«.

Unser Projekt befindet sich nun in der Render Queue (Abbildung 7) und wird selbstständig abgearbeitet. Die Job-Tabelle zeigt Ihnen stets den aktuellen Status und den noch zu berechnenden Anteil an. Wenn Ihnen nun nachträglich ein anderes Projekt wichtiger erscheint, ändern Sie die Reihenfolge der Prioritäten einfach mit den blauen Pfeil-Buttons. Cinema 4D hält daraufhin den Job an und verschiebt die Projekte an die neuen Positionen. Sollte bei einem Ihrer Render-Projekte ein Fehler auftreten, sehen Sie diesen unter den inaktiven Jobs mit dem Vermerk »error«. Ursachen dafür könnten Netzwerkprobleme oder Arbeitsspeichermangel auf Seiten der Clients sein.

Auch die Clients lassen sich über den NET-Browser bestens kontrollieren. Mit Klick auf den Clients-Button springen Sie zur Clients-Seite (Abbildung 8), wo Sie alle momentan verfügbaren Clients aufgelistet sehen. In unserem Fall arbeiten gerade zwei Client-Rechner das Projekt ab, in den Spalten To Do, Frame und Image können Sie jederzeit ablesen, welcher Rechner noch an welchen Aufgaben zu beißen hat und welches Frame er gerade bearbeitet.

Für den Fall, dass Sie einen Client-Rechner nach einer gewissen Zeit für andere Zwecke verwenden möchten, beenden Sie einfach den NET-Client auf dem Rechner. Die noch ausstehenden Aufgaben werden dann von den restlichen zur Verfügung stehenden Rechnern übernommen.

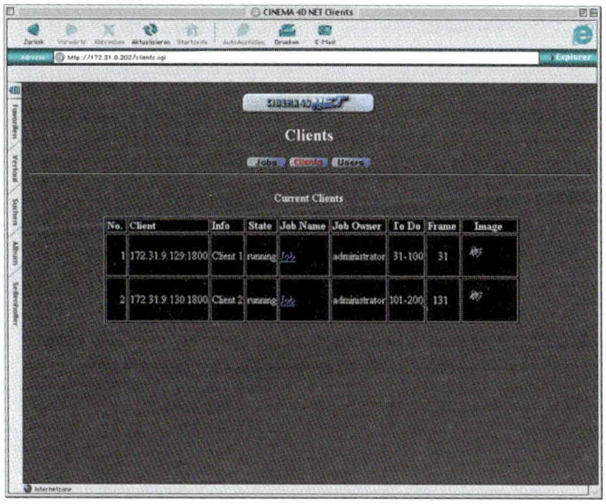


◀ **Abbildung 8**
Kontrolle der Clients

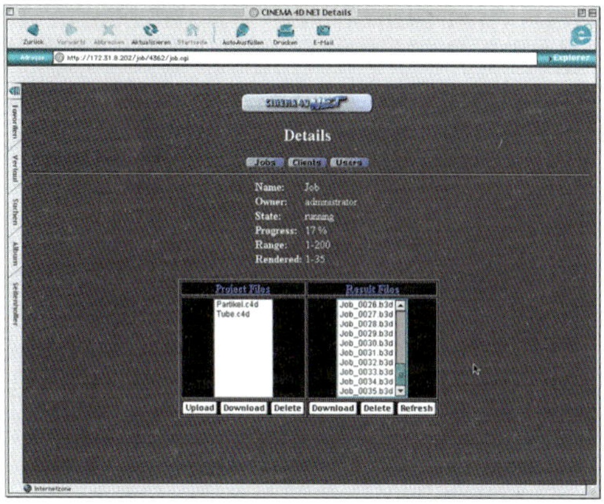


◀ **Abbildung 9**
Kontrolle der Render-Ergebnisse

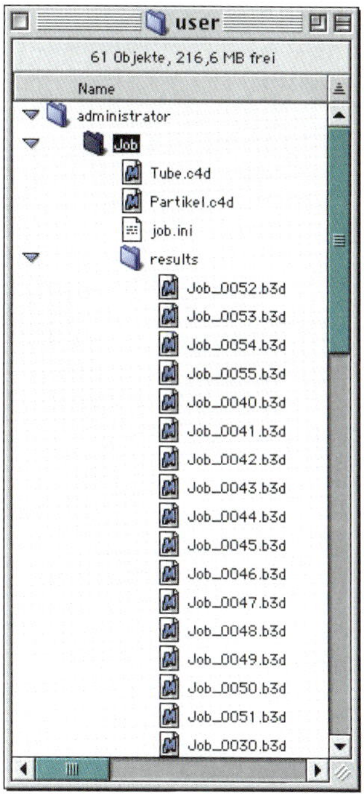


**Abbildung 10** ▲
Render-Ergebnisse im Results-Ordner

Die Ergebnisse des Netzrenderers können Sie jederzeit auf der Details-Seite (Abbildung 9) des NET-Browsers beobachten. Mit den Download-Buttons haben Sie stets Zugriff auf die aktuellen Resultate.

Außerdem finden Sie die Ergebnisse Ihrer Render-Jobs natürlich auf Ihrer Festplatte. Im Cinema 4D-Ordner, wo sich auch Ihre NET-Version befindet, liegt ein Ordner user mit allen bis dato angelegten Benutzern (Abbildung 10). Die Render-Projekte sind dort als Ordner unter ihrem Job-Namen abgespeichert, inklusive der für das Rendering nötigen Dateien. Im Ordner results finden Sie schließlich Ihre Render-Ergebnisse.

Filme werden übrigens stets als Einzelbild-Sequenzen gerendert. Dadurch werden Probleme mit Alphakanälen, Kompressionsverluste und Datenverluste bei eventuellem Rechnerabsturz vermieden.

# Teamwork mit Cinema 4D

# Import und Export

*Für die Zusammenarbeit mit anderen 2D- oder 3D-Programmen bietet Cinema 4D eine Vielzahl an Import- und Export-Formaten an.*

Jedes Grafikprogramm und jede 3D-Software arbeitet anders.

Dabei unterscheiden sich die Programme nicht nur durch unterschiedliche Menüs und Paletten, sondern oft auch durch gänzlich andere Arbeitsphilosophien.

Dadurch wird klar, dass beim Import- und Export von Dateien zwischen verschiedenen Programmen stets Zugeständnisse gemacht werden müssen. Im Idealfall genügt eine Prüfung und Nachbearbeitung der Materialien und Lichtquellen. Es kann aber auch passieren, dass – je nach Weiterbearbeitungswunsch – ein kompletter Neuaufbau im Zielprogramm die sinnvollere Lösung ist.

## Import

Vor dem Import von Dateien in Cinema 4D sind grundsätzlich zwei Dinge sicherzustellen:

Zum einen sollte die Fremddatei im bestmöglichen Zustand (Unterteilung, Qualitätsstufe) abgespeichert sein. Viele Programme bieten diese Möglichkeit etwas versteckt beim Export an.

Zum anderen sollten Sie vor dem Import auch die Import-/Export-Einstellungen von Cinema 4D (Abbildung 1) kontrollieren. Hier sehen Sie aufgelistet, welche Dateiformate Cinema 4D importieren kann. Neben einigen programmspezifischen Formaten wie 3D Studio R4, Illustrator, Lightwave 3D, Monzoom und Wavefront unterstützt Cinema 4D Standard-3D-Formate wie DXF und VRML 1 + 2 sowie Direct3D, QuickDraw 3D, DEM und schließlich per Plug-in das Bewegungsdatenformat Biovision BVH.

Die Import-Optionen zu jedem dieser Formate stellen Sie in den Einstellungsdialogen der Dateiformate ein (Beispiele: Abbildungen 3–5). Dabei ist es möglich, während des Imports unter anderem den Skalierungsfaktor, den Umgang mit den enthaltenen Texturen, Lichtquellen und Polygonstrukturen festzulegen.

Trotzdem sind Sie auch auf die Exportqualitäten des anderen Programmes angewiesen, um einen gemeinsamen Nenner zu finden. Auch exotischere Formate, die beispielsweise von CAD-Software geschrieben werden, bieten zumindest DXF oder VRML an.

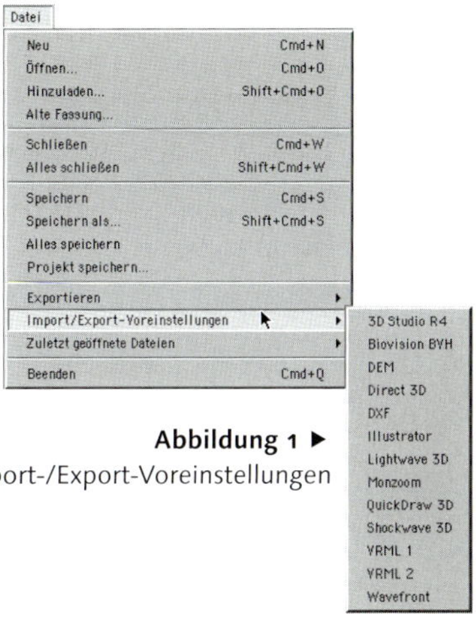


**Abbildung 1 ▸**
Import-/Export-Voreinstellungen

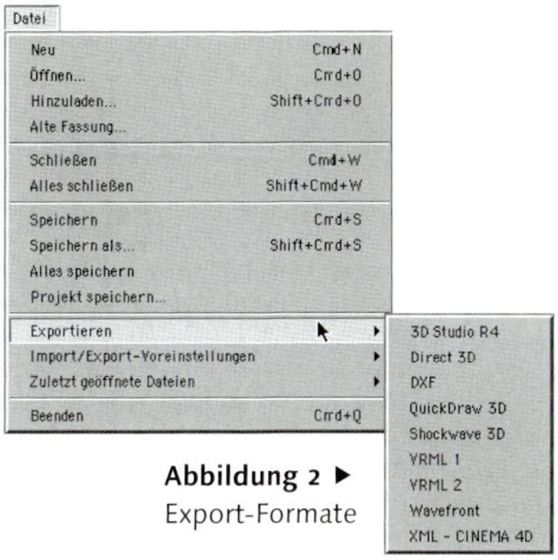


**Abbildung 2 ▸**
Export-Formate

**Abbildung 3 ▸**
DXF-Voreinstellungen

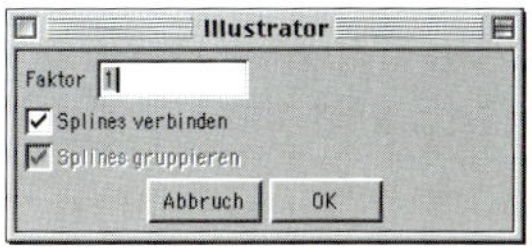


**Abbildung 4 ▸**
Illustrator-Voreinstellungen

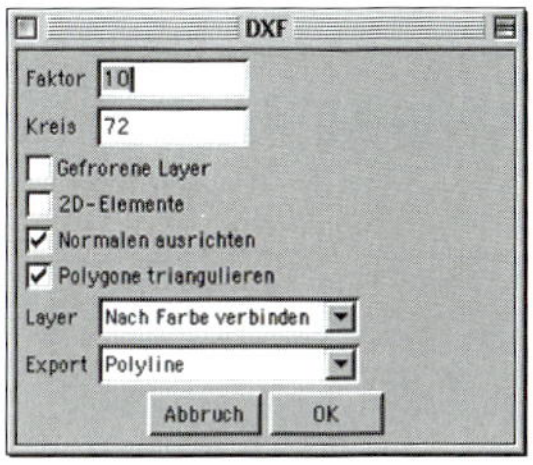


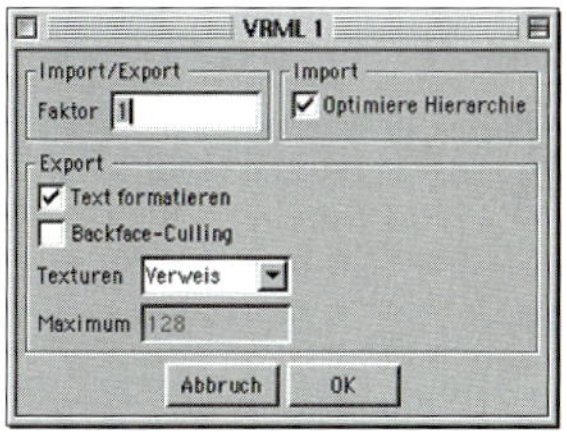


**◂ Abbildung 5**
VRML-1-Voreinstellungen

Sollten Sie das Glück haben, mehrere Format-Überschneidungen zu entdecken, testen Sie die Qualität der ankommenden Dateien unbedingt durch.

## Export

Viele der angebotenen Import-Formate kann Cinema 4D ebenso exportieren (Abbildung 2).

Ein möglicher Grund für den Export in ein anderes Format besteht zum Beispiel in der Weiterverarbeitung zur Flash-Datei. So benötigt Swift 3D als Austauschformat das 3D-Studio-Format.

Mehr zum Thema Cinema 4D und Flash erfahren Sie im nächsten Kapitel.

Ganz neu mit dem Update auf Version 7.1 bekam Cinema 4D die Exportfähigkeit für das Shockwave 3D-Format verliehen. Dieses junge Format ermöglicht die hochkomprimierte Verarbeitung von 3D-Inhalten in Zusammenarbeit mit Macromedia Director 8.5 für Internet und CD-ROM. Mehr darüber lesen Sie im Kapitel »Cinema 4D und Shockwave 3D«.

358 ▸
Cinema 4D und Shockwave 3D

Seit Cinema 4D's Version 6.1 ist das XML-Format als zusätzliches Export-Format hinzugekommen.

XML ähnelt dem Internet-Standard HTML (Hypertext Markup Language) und ist ein Hoffnungsträger für den Dokumentenaustausch jeder Art. Zur Unterstützung für Plug-ins von Drittanbietern hat Maxon das XML-Format mit in die Export-Liste aufgenommen.

# Cinema 4D und Flash

*Viele Anwender hegen den Wunsch, ihre 3D-Animationen auch ins Internet zu bringen. Da das Medium Internet allerdings andere Ansprüche an Dateigröße und -format stellt, müssen 3D-Anwender Kompromisse schließen – und sich vielleicht das Flash-Format etwas genauer ansehen.*

Gut optimierte und komprimierte 3D-Animationen im QuickTime- oder AVI-Format sind zwar in ihrer Qualität brilliant, dennoch ist die Bandbreite des Internets ein arger Flaschenhals für solche animierten Webinhalte.

Als Standard für bewegte Internet-Seiten hat sich das vektororientierte Flash-Format fest etabliert. Die Animation beschränkt sich dabei auf zwei Dimensionen und besticht dank des Vektorformats durch äußerst kleine Dateigrößen.

Nun wäre der logische nächste Schritt, das Flash-Format auch 3D-Applikationen als Ausgabeformat zugänglich zu machen. Leider gibt es für Cinema 4D definitiv (noch) keine zufriedenstellende Lösung.

Was können Sie tun, wenn Sie trotzdem aus Ihren 3D-Modellen und -Animationen aus Cinema 4D Flash-Animationen erstellen möchten?

Wenn Ihre Animation bereits fertig vorliegt, wäre es unsinnig, das 3D-Modell zu exportieren und in einem anderen Programm wie Swift 3D oder E-Picture Pro nochmals zu animieren. Zumal die Animationsmöglichkeiten in beiden Programmen gelinde gesagt – äußerst beschränkt sind. Hier ist es sinnvoller, die Animation in Cinema 4D zu belassen und zu versuchen, durch die Überarbeitung von exportierten Bildsequenzen eine Konvertierung in das Flash-Format zu erreichen.

Für einfachere Modelle wie beispielsweise Firmenlogos, die sich um die eigene Achse drehen sollen, ist ein Versuch mit den genannten Programmen aber allemal wert.

Ich möchte im Folgenden beide Vorgehensweisen kurz anschneiden, damit Sie selbst entscheiden können, ob und welche Variante sich lohnt.

## Vektor-Sequenzen

Cinema 4D kann Bildsequenzen in vielen Dateiformaten ausgeben, ein echtes Vektorformat ist allerdings nicht dabei.

Es ist also notwendig, die Bitmap-Dateien bzw. Sequenzen in Vektor-Dateien umzuwandeln. Neben den Standard-Grafikprogrammen wie FreeHand und Illustrator sowie Flash's eingebauter Nachzeichnungsfunktion gibt es mit Adobe's Streamline (Abbildung 1) eine

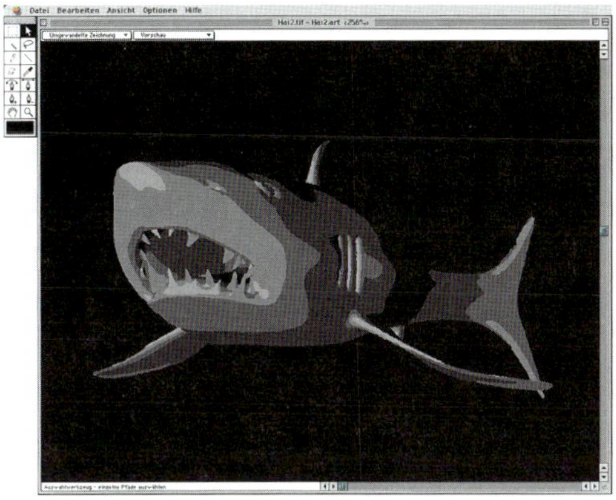

▲ **Abbildung 1**
In Adobe Streamline getracetes Bild

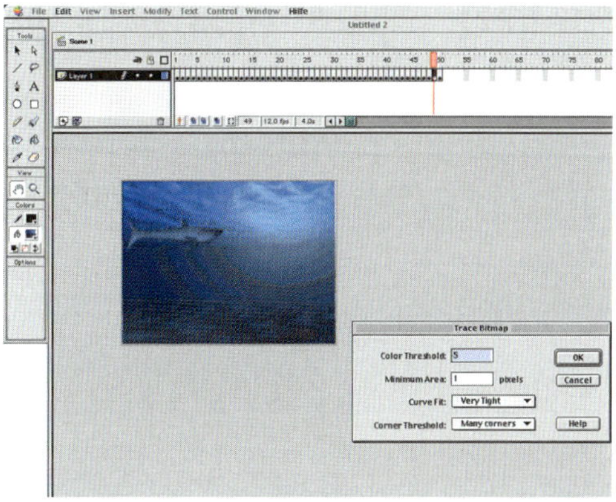


**Abbildung 3** ▲
Import und Nachzeichnen in Flash

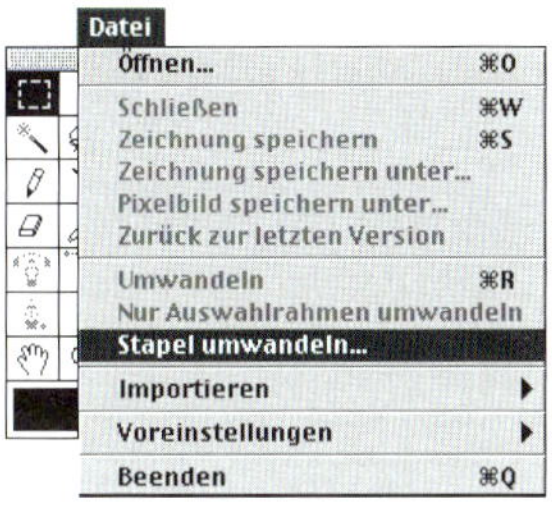


◄ **Abbildung 2**
Streamline's Stapelverarbeitung

Software, die sich ausschließlich der Vektorisierung von Bitmap-Bildern verschrieben hat. So können Sie die in Cinema 4D gerenderten Bildsequenzen nervenschonend automatisch über die Stapelverarbeitungs-Funktion von Streamline (Abbildung 2) in Vektor-Bilder umwandeln.

Beim Import der Sequenzen erkennt Flash aufgrund der Nummerierung am Ende des Dateinamens (»Bild001.jpg«, »Bild002.jpg«), dass eine Sequenz vorliegt und importiert nach Bestätigung die komplette Bildsequenz.

Allerdings hat auch diese Sache einen Haken: jedes Bild der Sequenz wird in einem eigenen Keyframe als separates Bild gespeichert (Abbildung 3), was sich in einer entsprechend großen Flash-Datei niederschlägt. Immerhin ist diese Lösung ressourcenschonender als der Import von Bitmap-Bildern.

Mit der in Flash eingebauten Nachzeichnungs-Funktion lassen sich importierte Bitmap-Bilder auch nachträglich in das Vektorformat konvertieren (Abbildung 3), teilweise sogar mit recht ansprechenden Ergebnissen.

Der größte Nachteil an diesem Lösungsweg: sobald eine kleine Änderung in der Animation ansteht, dürfen Sie den kompletten Weg von der Ausgabe aus Cinema 4D ein weiteres Mal gehen.

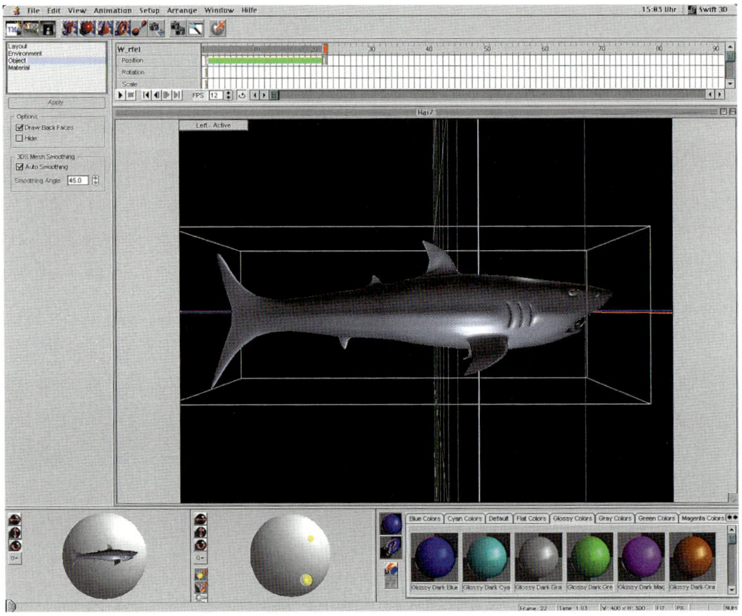


**Abbildung 4 ▶**
Der Hai in Swift 3D

## Swift 3D / E-Picture Pro

Einen unkomplizierteren Weg für die Verarbeitung von 3D-Daten in das Flash-Format versprechen Programme wie Swift 3D und E-Picture Pro.

Dazu speichern Sie Ihre in Cinema 4D erstellten Modelle in den Formaten 3D-Studio (.3ds) oder DXF (.dxf) ab und importieren sie in die Flash-Animatoren.

Dort haben Sie dann die Möglichkeit, Ihre Modelle mit rudimentären Animationswerkzeugen zu animieren. Auch hier erfolgt die Animation über eine Zeitleiste, wo Sie die Eigenschaften der importierten Objekte keyframe-basiert verändern und steuern. Wie bereits erwähnt sind die Animations-Funktionen relativ einfach gestrickt – für komplexe Animationen ist keines der Programme ausgelegt, erwarten Sie also nicht zu viel.

Zudem sollten auch die Modelle nicht allzu aufwändig sein – Polygon-Modelle lassen sich über spezielle Optimierungssoftware wie Hexasuper vorher überarbeiten.

Die Oberfläche (Abbildung 4) ist recht übersichtlich gestaltet, Texturen können Sie wie gewohnt per Drag and Drop vergeben und auch den Lichteinfall bestimmen. Das Arbeiten in beiden Programmen erfolgt weitgehend intuitiv. Die fertige Animation lässt sich anschließend ins Flash-Format (Abbildung 5) exportieren.

Insbesondere bei der Arbeitsgeschwindigkeit merkt man beiden Programmen an, dass Ihnen eigentlich lieber wäre, Objekte der hauseigenen Palette zu verarbeiten.

Swift 3D und E-Picture Pro sind gute Lösungen, um simple 3D-Modelle mit einfachen

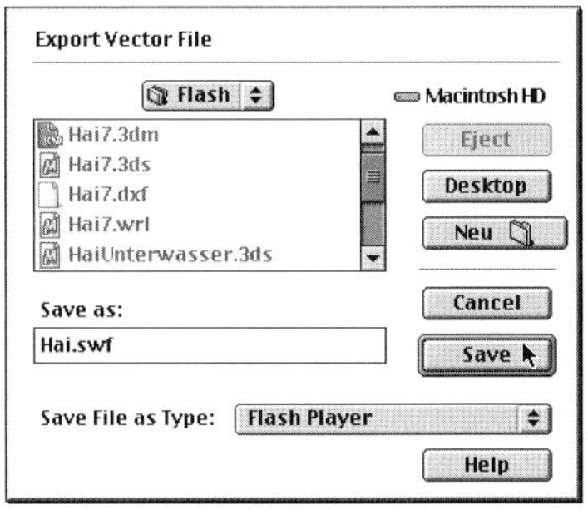


◂ **Abbildung 5**
Export der Animation ins Flash-Format

Animationen zu versehen und in das Flash-Format zu bringen. Allerdings dürfte als Zielgruppe wohl eher der 3D-interessierte 2D-Grafiker als der ambitionierte 3D-Designer, der Flash-Animationen erstellen will, angesehen werden.

Auf der beiliegenden CD finden Sie Demo-Versionen beider Programme, damit Sie sich ein eigenes Urteil bilden können.

# Ausblick

Für Cinema 4D-Anwender ist die momentane Unterstützung des Flash-Formats alles andere als befriedigend.

Es bleibt abzuwarten, ob der Export durch Lösungen, wie sie für 3D Studio Max angeboten werden (Vecta 3D, www.vecta3d.com), auch aus Cinema 4D bald möglich sein wird.

Als Alternative zu Flash bietet sich das neue Shockwave 3D-Format an. Diese Lösung ist aber zum einen aufgrund des Preisunterschiedes zwischen Flash und Director, zum anderen wegen der im Vergleich zu Flash noch sehr geringen Verbreitung von Shockwave 3D gut zu überdenken.

Die derzeit vorhandenen Möglichkeiten für den Flash-Export müssen ausnahmslos als Notlösungen angesehen werden.

# Cinema 4D und Shockwave 3D

*Das von Macromedia und Intel ins Leben gerufene Shockwave 3D-Format ermöglicht, 3D-Inhalte vom einfachen 3D-Panorama bis hin zur komplexen Spieleprogrammierung bandbreitenschonend ins Internet zu bringen. Cinema 4D 7.1 beinhaltet den nötigen Shockwave-3D-Exporter.*

Beim Thema Shockwave 3D spielt Cinema 4D eine etwas anders gelagerte Rolle – diesmal als Zubringerprogramm für die Verarbeitung in Director 8.5.

Director 8.5 ist Macromedias Schritt in Richtung 3D-Multimedia-Tool. Zwar ist es auch in Director möglich, einfache Modelle in die Szene zu bauen und mit Texturen zu belegen, sobald es aber ein wenig aufwändigere Modelle sein sollen, ist der Griff zur 3D-Software unumgänglich.

Leider ist die Programmierung von interaktiven 3D-Elementen nicht ganz ohne Tücken. Director 8.5 beinhaltet zwar eine große Menge dreidimensionaler Funktionalitäten – ebenso unüberschaubar ist aber auch die Anzahl der neuen Lingo-Befehle, die auf den Anwender hereinbricht. Allein das 3D-Lingo-Dictionary umfasst knapp 300 Seiten und ebensoviele neue Lingo-Begriffe.

In diesem Kapitel möchte ich auf die Grundlagen eingehen: wie bringen Sie Ihre 3D-Inhalte wohlbehalten zu Director 8.5 hinüber. Für das weitere Vorgehen in Director lege ich Ihnen das Buch »3D mit Director« aus dem Galileo-Verlag ans Herz. Dort ist für dieses interessante Thema der angemessene Platz vorhanden. Wir beschränken uns auf die Cinema 4D-Seite.

Leider ist es nicht so, dass Sie Ihre Szenen und Animationen eins zu eins in das Shockwave 3D-Format umwandeln könnten. Um den Umfang der 3D-Daten möglichst gering zu halten, werden speicherintensive Elemente wie volumetrisches Licht oder Nebel nicht implementiert. Auf der anderen Seite finden sich in Director 8.5 Funktionen, die bis dato noch nicht einmal in Cinema 4D integriert sind, wie zum Beispiel Kollisionen.

Wenn Sie also frühzeitig wissen, dass Sie Ihre Szene in das Shockwave-Format bringen müssen, berücksichtigen Sie dies bereits beim Modelling.

## Export

Der Export einer Cinema 4D-Szene für Shockwave 3D ist nicht weiter schwierig.

Mit den Export-Einstellungen für Shockwave 3D im Menü Datei (Abbildung 1) rufen Sie den Exportdialog für Shockwave auf (Ab-

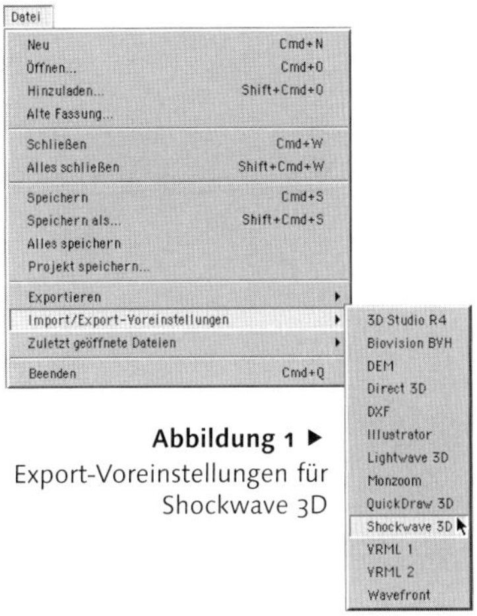


**Abbildung 1** ▶
Export-Voreinstellungen für Shockwave 3D

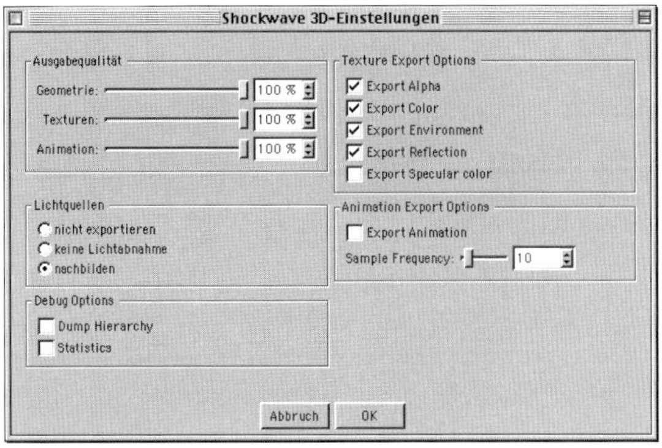


▲ **Abbildung 2**
Shockwave 3D Exportdialog

bildung 2), wo Sie definieren, welche Bestandteile der Cinema 4D-Szene Berücksichtigung finden. Da es sich bei Shockwave 3D um ein Kompressionsverfahren handelt, müssen Sie im Feld AUSGABEQUALITÄT die Stärke der Kompression für GEOMETRIEN, TEXTUREN und ANIMATIONEN angeben. Außerdem legen Sie hier fest, welche Textur- und Animations-Eigenschaften sowie Lichtquellen beim Export erhalten bleiben oder nachgebildet werden. Je komplexer die Modelle sind, desto höher sollten Sie den Geometrie-Wert ansetzen, bei den Texturen reicht ein Wert zwischen 40 und 60%.

Damit haben Sie auch schon einen ersten Eindruck, mit welchen Einschränkungen Sie beim Shockwave 3D-Format leben müssen.

## Modelling

In Shockwave 3D herrscht ausschließlich polygonale Geometrie.

Director kennt weder NURBS noch parametrische Objekte. Wandeln Sie diese Modelle daher vor dem Export mit dem Befehl GRUNDOBJEKT KONVERTIEREN (Taste [C]) um. Das Prinzip von HyperNURBS (Subdivision Surfaces) ist Shockwave 3D zwar auch ein Begriff, nicht jedoch in Cinema 4D's Arbeitsweise. Nehmen Sie diese Polygon-Modelle aus dem HyperNURBS-Käfig und regeln Sie die Kantenrundung in Director.

Achten Sie auf die Polygonanzahl Ihrer Objekte, verwenden Sie zur Reduzierung doch das neue Polygonreduktions-Objekt.

## Texturing

Wie Sie am Shockwave 3D-Exportdialog schon erkennen konnten, sind die Mittel für die Texturierung eher eingeschränkt.

Shockwave 3D kennt keine Relief-Kanäle (Bump Maps) und unterstützt lediglich das Gouraud-Shading-Modell.

Als Texturen eignen sich entweder Bitmaps oder zweidimensionale prozedurale Shader. Alle Texturen werden bei der Konvertierung in 24-Bit-JPEG-Bilder umgewandelt. Verwenden

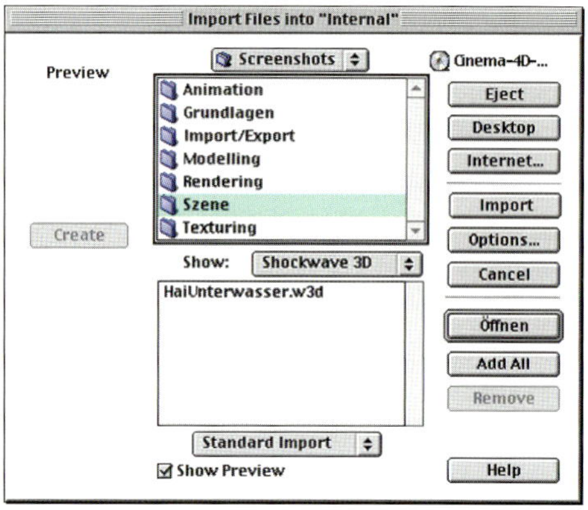


▲ **Abbildung 3**
Import der .w3d-Datei in Director 8.5

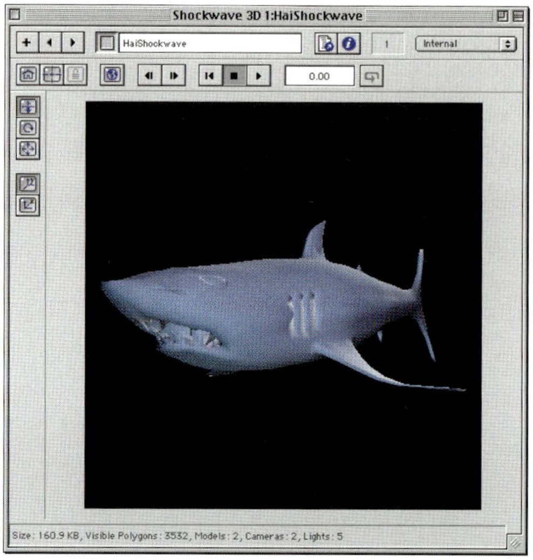


**Abbildung 4** ▶
Director Shockwave 3D-Fenster des Hai-Modells

Sie bei der Texturierung besser TIFF-Bilder statt JPEG, da Sie nur eine JPEG-Konvertierung durchlaufen.

Es ist möglich, die Texturierung in Director feinabzustimmen, insbesondere was Transparenz und Spiegelung anbelangt. Transparenzen werden in Shockwave 3D lediglich simuliert.

## Kamera und Licht

Besondere Einschränkungen gelten für Kameras und Lichter. Hier sollten Sie sich gleich beim Ausleuchten der Szene mit den Shockwave-Bedingungen vertraut machen.

Als Standard-Kamera wird in Shockwave 3D die in Cinema 4D aktive Kamera verwendet. Zusätzliche Kameras sollten über Director oder über unterschiedliche Shockwave-Dateien integriert werden.

Shockwave 3D kennt nur vier verschiedene Lichtquellen: Ambientes Licht, Punktlichter, runde Spotlichter und Richtungslichter (also Punktlichter, die ähnlich den Distanzlichtern nur in eine Richtung strahlen). Eckige und parallele Spotlichter wandelt der Konverter in runde Spotlichter um, Distanz- und Parallellicht wird zum Richtungslicht, alle anderen unbekannten Lichttypen werden in ambientes Licht umgewandelt.

Lichteffekte wie volumetrisches Licht oder Noise fallen beim Export heraus.

## Animation

Ein Knackpunkt am Shockwave 3D-Export sind die Animationen.

Einfache Keyframe-Animationen werden problemlos in das Shockwave-Format übernommen, komplexere Animationstypen wie Bone-Animationen behalten (vorerst) nicht Ihren Bone-Charakter, sondern enden bestenfalls als Keyframe-Animation. Die Shockwave-Technologie wirkt in dieser Hinsicht noch etwas rudimentär, zwar kennt und verarbeitet

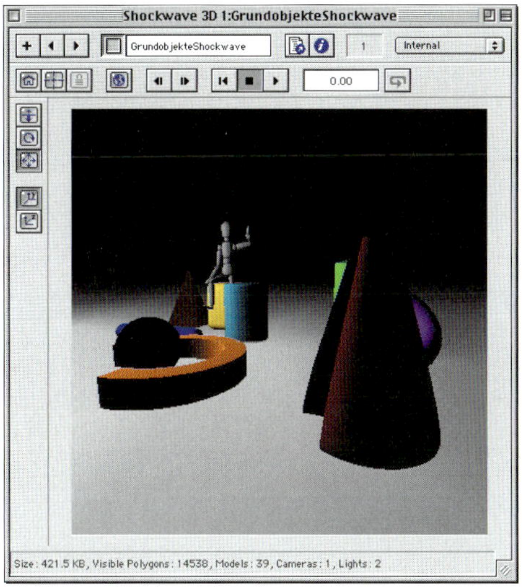


▲ **Abbildung 5**
Shockwave 3D-Fenster der Szene aus dem Grundlagen-Teil

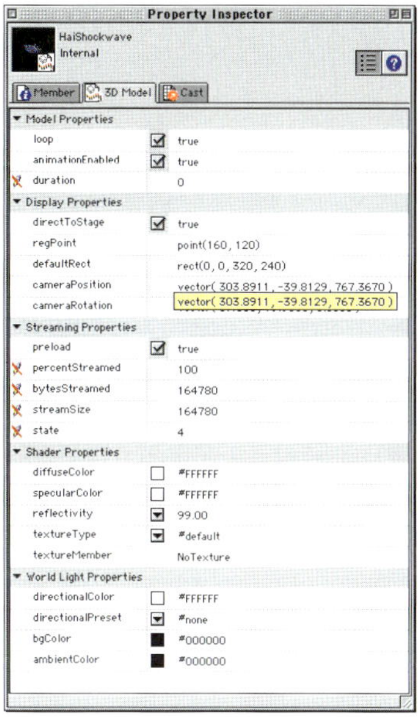


◀ **Abbildung 6**
Property-Inspektor in Director 8.5

Director Bones, jedoch scheint ihm die Eigenherstellung und -verarbeitung besser zu schmecken.

## Import

Der Import der Shockwave 3D-Daten in Director 8.5 stellt Sie vor keine allzu großen Hürden.

Über den IMPORTIEREN-Befehl in Director gelangen Sie in den Auswahl-Dialog (Abbildung 3), mit dem Sie alle gewünschten Shockwave-Dateien in die Multimedia-Anwendung einbinden.

Im Shockwave 3D-Fenster (Abbildung 4 und 5), das Sie durch Doppelklick auf das Asset-Icon in der Besetzung aufrufen, sehen Sie das Resultat Ihres Exports. In diesem Fenster finden Sie Informationen über die Szene und einfache Navigations-Werkzeuge.

Noch mehr Informationen und viele Einstellungsmöglichkeiten zu Texturen und Licht finden Sie im Property- bzw. Eigenschafts-Inspektor (Abbildung 6).

Die in Director 8.5 mitgelieferten 3D-Behaviors ermöglichen es auch dem relativ ungeübten Anwender, per Maus oder Tastendruck durch die Szene zu navigieren. Für kompliziertere Aufgaben ist die ausgiebige Lektüre des relativ furchterregenden 3D-Lingo-Handbuchs oder spezieller Fachliteratur unumgänglich.

Dort werden Sie auch über die weiteren Einschränkungen und Probleme aufgeklärt. Das Shockwave 3D-Format ist noch relativ jung, die installierte Basis an aktuellen Shockwave-Playern gering und die Dokumentation des Formates dürftig.

Shockwave 3D hat jedoch großes Potenzial und die Unterstützung durch den Export aus Maxon's Cinema 4D ist sehr erfreulich.

# Smells Like Almonds 2.5

*Smells Like Almonds 2.5 ist ein Paket von prozeduralen 2D- und 3D-Shadern. Die Fülle an Funktionen und Einstellungsmöglichkeiten lässt für längere Zeit keine Langeweile aufkommen.*

Die Vorteile der prozeduralen Shader haben Sie bereits im Texturing-Kapitel kennengelernt. Sie basieren nicht auf Bitmap-Texturen, sondern rein auf der mathematischen Definition der Oberflächeneigenschaften.

Zur Freude der Cinema 4D-Anwender hat Maxon die Rechte an der vormals separat erhältlichen Shader-Sammlung erworben und legt sie dem Cinema 4D-7-Paket als Zugabe bei. Smells Like Almonds (SLA) ist eine Sammlung von 2D- und 3D-Shadern, mit denen Sie Ihre Shader-Menüs um eine Vielzahl interessanter Materialien für die realistische Simulation von Glas, Metall, Holz, Stein, Plastik und vielem mehr erweitern können. Auf der Internet-Seite von Maxon stehen außerdem hunderte vorgefertigte Materialien zur sofortigen Verwendung zum Download bereit. Die SLA-Shader sind in Cinema 4D 7 nahtlos integriert und stehen auf diese Weise gleich an Ort und Stelle zur Verfügung.

Ich möchte Ihnen an dieser Stelle die SLA-Kollektion etwas näherbringen. Wer jetzt seine ersten Erfahrungen (Ausprobieren!) sammelt, wird sich fragen, wie er so lange ohne das Shading-Paket ausgekommen ist.

Die Smells Like Almonds-Shader der Firma bhodiNUT hat Maxon zusammen mit dem Update auf die Version 7.1 für alle registrierten Anwender im Internet bereitgestellt, eine Update-CD ist ebenfalls erhältlich.

Der Versionssprung von SLA auf Version 2.5 erklärt sich zum einen durch etliche Detailverbesserungen und Erweiterungen, zum anderen durch die optimale Anpassung an die neue Renderqualität von Cinema 4D in Sachen Radiosity und Caustics.

## 2D-Shader

Die zweidimensionalen Shader von SLA erweitern Cinema 4D innerhalb des Material-Editors. Dort können Sie den Material-Kanälen über den gewohnten Pfeil-Button durch ein neues Menü (Abbildung 1) mit verschiedensten Noise-, Filtering-, Layering- und Mischungs-Shadern mehr Leben einhauchen.

Mit dem Fusion-Shader (Abbildung 2) beispielsweise haben Sie die Möglichkeit, mit einem Mischungs-, Masken- und Basis-Kanal beliebige Shader-Kombinationen zu mischen.

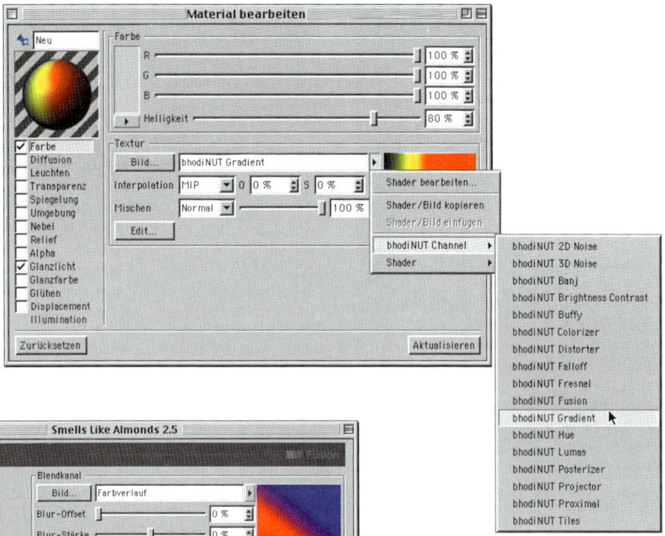


◄ **Abbildung 1**
SLA 2D-Shader

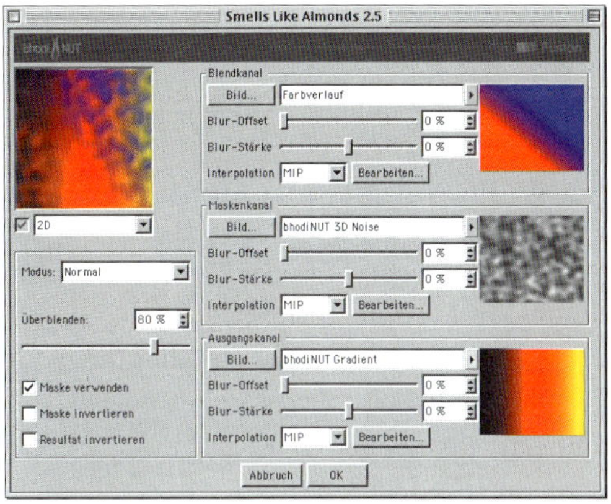


◄ **Abbildung 2**
SLA Fusion Channel-Shader

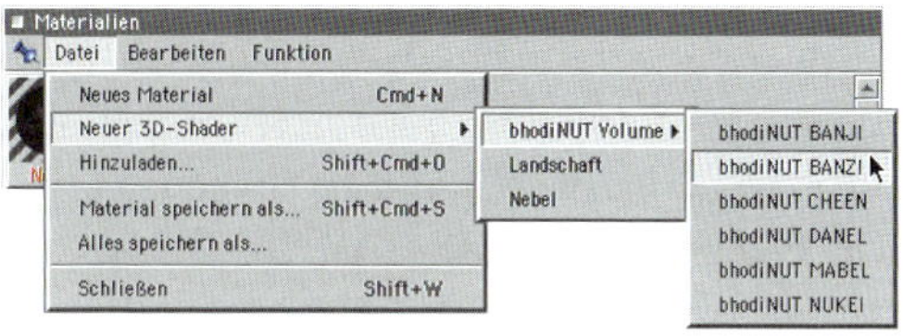


◄ **Abbildung 3**
SLA 3D-Shader

Diese Shader-Zuweisungen betreffen wohlgemerkt nur den gerade ausgewählten Material-Kanal und lassen sich für die anderen editierbaren Material-Kanäle jeweils separat definieren.

## 3D-Shader

Glanzstück der SLA-Kollektion sind selbstredend die prozeduralen Volumen-Shader.

Wie für 3D-Shader üblich, entstehen sie nicht im Material-Editor, sondern über den Befehl NEUER 3D-SHADER des Material-Managers (Abbildung 3).

Die dreidimensionalen Shader teilen sich in insgesamt sechs Kategorien mit etwas exotisch klingenden Namen auf: BANJI, BANZI, CHEEN, DANEL, MABEL und NUKEI – jeder für einen anderen Einsatzbereich.

Ihnen allen gemeinsam ist die Fülle an Einstellungsmöglichkeiten mit bis zu drei Glanzlichtern, anisothropischen Materialeigenschaften, Rauhheit und vielem mehr.

Für einen ersten Eindruck der Kontroll-Möglichkeiten und Ergebnisse finden Sie auf den nächsten Seiten einige Abbildungen von Menüs und Beispiel-Materialien.

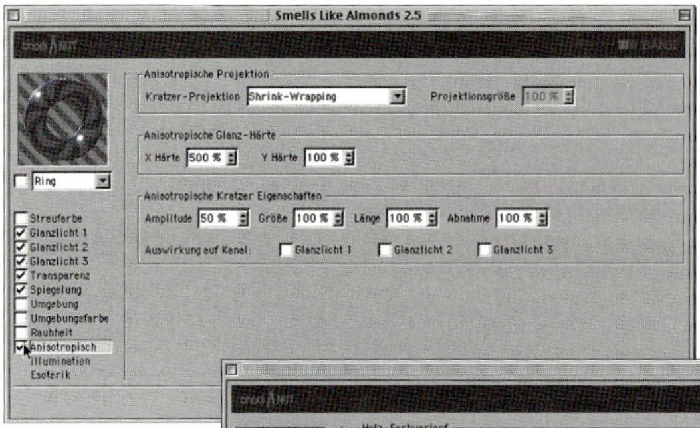


**Abbildung 4 ▶**
Menü Banji-Shader

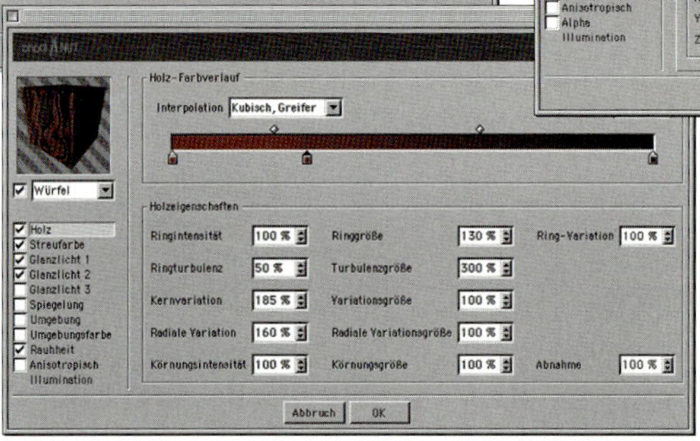


**Abbildung 5 ▶**
Menü Banzi-Shader

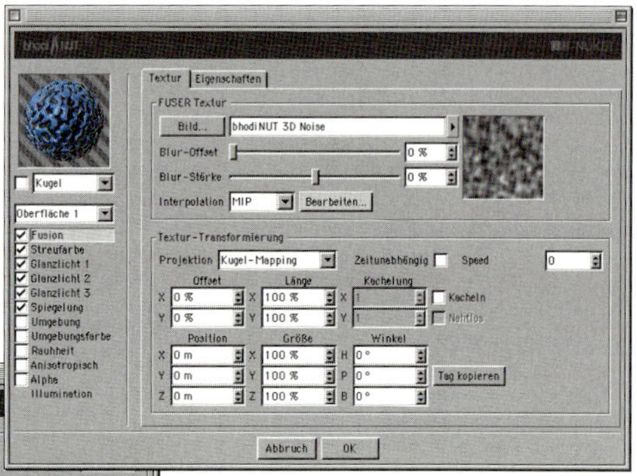


**Abbildung 6 ▲**
Menü Nukei-Shader

### Banji

Dieser 3D-Shader ist dafür ausgelegt, spezielle Transparenz-Eigenschaften von Materialien wie Glas nachzuahmen (Abbildung 4).

### Banzi

Mit diesem Shader (Abbildung 5 + 9) erzeugen Sie holzartige Materialien.

### Cheen

Der Cheen-Shader erlaubt Ihnen, Materialien im Stile von wissenschaftlichen, mikroskopischen Aufnahmen zu erstellen (linke Kugel, Abbildung 8).

### Danel

Für metallische und lackierte Materialien aller Art eignet sich der Danel-Shader hervorragend. Einige Beispiele finden Sie in den Kugeln in Abbildung 7 und den Würfeln in Abbildung 8.

### Mabel

Marmorierte Steinoberflächen sind die Spezialität des Mabel-Shaders (Würfel in Abbildung 7).

### Nukei

Bei der Verschmelzung zweier Oberflächenarten wie bei rostigen Metallen oder allgemein bei verbrauchten sowie strukturierten Materialien bietet sich der Nukei-Shader an.

Am besten sehen Sie sich einfach die Beispiel-Abbildungen an oder probieren Sie noch besser selbst die Smells Like Almonds-Kollektion aus.

◂ **Abbildung 7**
Würfel: Mabel- und Nukei-Shader
Kugeln: Danel-Shader

◂ **Abbildung 8**
Würfel: Danel-Shader
Kugeln: Cheen-Shader

◂ **Abbildung 9**
Würfel: Banji- und Banzi-Shader (Mitte)
Kugeln: Banji-Shader

# Pyrocluster

*Mit dem Plug-in Pyrocluster von Cebas können Sie Ihre Szenen mit realistischen Wolken, Atmosphären, Rauch-, Feuer- und Explosions-Effekten versehen.*

Pyrocluster ist der 3D-Gemeinde bereits seit längerem ein Begriff. Nun ist die Erweiterung für Rauch-, Feuer- und Explosionseffekte auch für Cinema 4D erhältlich.

Die Pyrocluster-Shader werden über Cinema 4D's Plug-in-Schnittstelle integriert und stehen auf diese Weise gleich an Ort und Stelle zur Verfügung.

Bei den Pyrocluster-Effekten handelt es sich um animierbare Shader, die ihre atmosphärischen Effekte über Cinema 4D's Partikelsystem realisieren. Sehen wir uns die Funktionsweise von Pyrocluster etwas genauer an.

Nach der Installation des Pyrocluster-Pakets finden Sie in Ihrem 3D-Shader-Menü des Material-Managers einen neuen Eintrag Pyrocluster (Abbildung 1) mit zwei Shadern.

Der so genannte VolumeTracer-Shader ist für die realistische Darstellung von volumetrischen Effekten zuständig. Er wird einem Umgebungs-Objekt zugewiesen (Abbildung 2). Der Pyrocluster-Shader ist das Material für den Emitter des Partikelsystems. Hier definieren Sie die Art des Effekts wie Rauch, Dampf, Feuer etc. Beide Objekte zusammen ergeben das Grundgerüst für den Pyrocluster. Nun geht es an die Definition und Modifikation der Materialien und Partikel. Bleiben wir dafür noch einmal kurz innerhalb von Cinema 4D.

Ein wichtiges Werkzeug zur Steuerung des Partikel-Ausstoßes ist selbstredend der Einstellungsdialog des Emitter-Objektes (Abbildung 3). Hier regeln Sie unter anderem die Geburtsrate, die Lebensdauer und die Geschwindigkeit der Emission – wichtig für das spätere Aussehen des Pyrocluster-Effektes. Wie Sie schon im Animations-Teil bei den Partikel-Systemen erfahren haben, steht Ihnen eine große Auswahl an Modifikatoren zur Verfügung, um die Partikel wunschgemäß zu verwirbeln, abzulenken, aufzulösen etc. Damit haben Sie auch bei Pyrocluster eine weitere Methode in der Hand, die Rauch-, Feuer- und Wolken-Effekte noch genauer an Ihre Vorstellungen anzupassen.

Die Vielfalt der Parameter in den Pyrocluster-Shadern wirkt, wie so oft, ziemlich einschüchternd. Es ist aber sehr schnell möglich, ansehnliche Ergebnisse zu erzielen – der Spaß am Probieren und Experimentieren lässt die Parameter-Flut schnell übersichtlich erscheinen. Ich möchte im Folgenden auf die

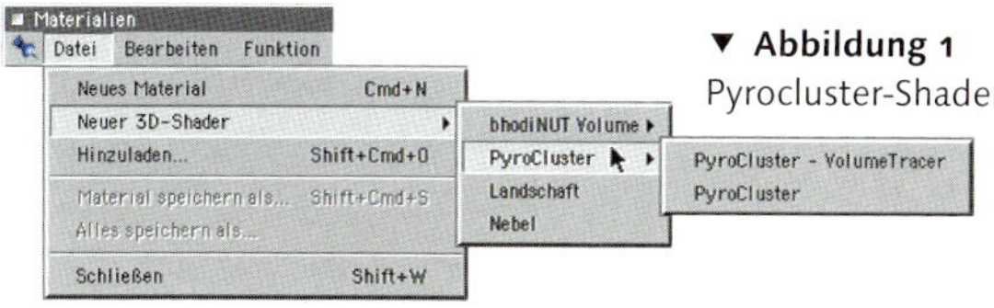


▼ **Abbildung 1**
Pyrocluster-Shader

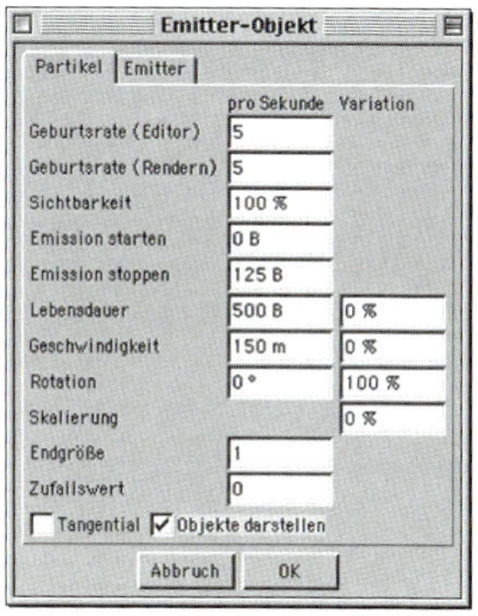


◀ **Abbildung 3**
Emitter-Einstellungsdialog

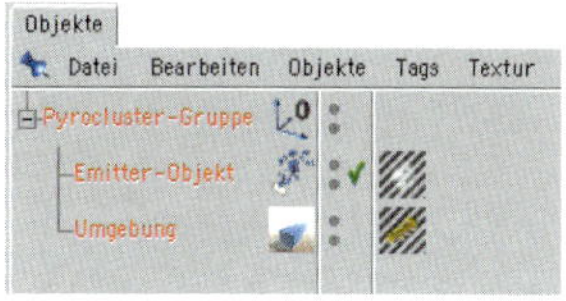


▲ **Abbildung 2**
Pyrocluster-Gruppe

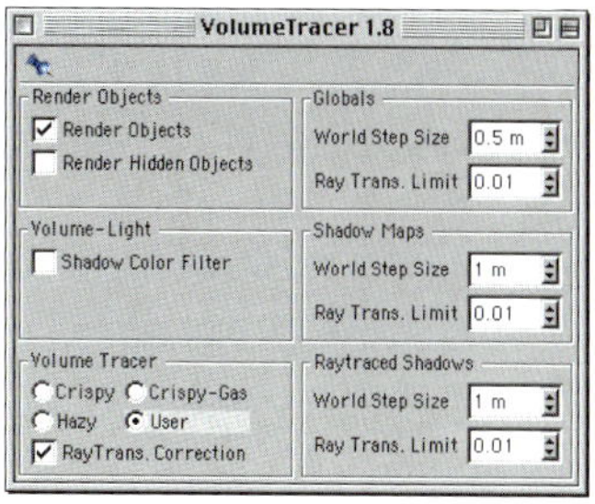


◀ **Abbildung 4**
VolumeTracer-Dialog

wichtigsten Einstellungen hinweisen, damit Sie so schnell wie möglich die ersten Erfahrungen sammeln können. Die Bearbeitung der Shader erfolgt – wie das bei den Materialien so üblich ist – per Doppelklick auf das Material-Symbol im Material-Manager.

Im VolumeTracer-Dialog (Abbildung 4) deklarieren Sie die volumetrischen Eigenschaften Ihres Pyrocluster-Effektes. Die World-Step Size reguliert grundsätzlich die Genauigkeit, mit der Pyrocluster im dreidimensionalen Raum nach Pyrocluster-Objekten sucht. Je niedriger Sie den Wert ansetzen, desto höher liegen die Render-Zeiten. Diese World-Step-Werte lassen sich auch gezielt für die Schatten und Schatten-Maps festlegen. Desweiteren definieren Sie hier, ob die Objekte vom volumetrischen Licht von Cinema 4D beeinflusst werden und können im Feld Volume Tracer auf ein paar voreingestellte Tracer-Werte für unterschiedliche atmosphärische Effekte zugreifen.

Die Pyrocluster-Partikel bestimmen Sie über den Pyrocluster-Shader Pyrocluster (Abbildung 1), den Sie dem Emitter (Abbildung 2) zugewiesen haben.

Dreh- und Angelpunkt des Shaders ist dabei die Settings-Seite (Abbildung 5), wo Sie die globalen Parameter für die Pyrocluster-Partikel finden. Damit Sie nicht jede Änderung der Parameter neu rendern müssen, besitzt die Settings-Seite eine Preview-Option, in der Sie Ihre Modifikationen beurteilen können. Außerdem lassen sich in den weiteren Feldern Volumen, Luminanz, Dichte und Farbe der Partikel definieren. Für die unerfahrenen Anwender stehen bereits vorgefertigte Settings mit Standard-Werten für Feuer-, Vulkan-, Wolken-, Dampf-, Feuerball- (Explosionen) und Rauch-Effekte bereit. Diese sind ein guter Ausgangspunkt für die ersten eigenen Schritte. Wenn Sie schließlich mit Ihrem Pyrocluster-Effekt zufrieden sind und diesen für spätere Zwecke aufheben möchten, können

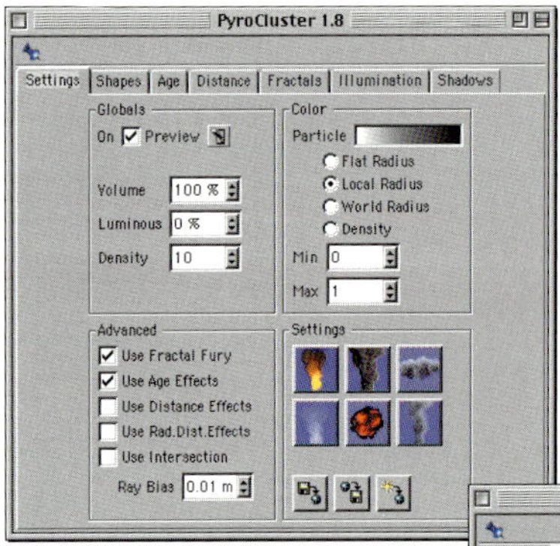


◀ **Abbildung 5**
Pyrocluster-Dialog Settings-Seite

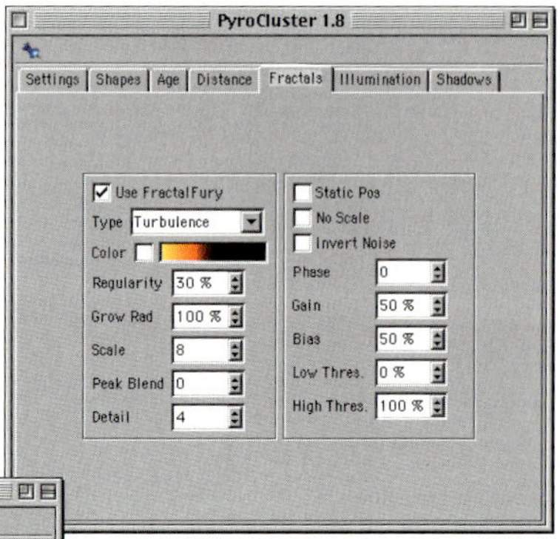


**Abbildung 7** ▲
Pyrocluster-Dialog Fractals-Seite

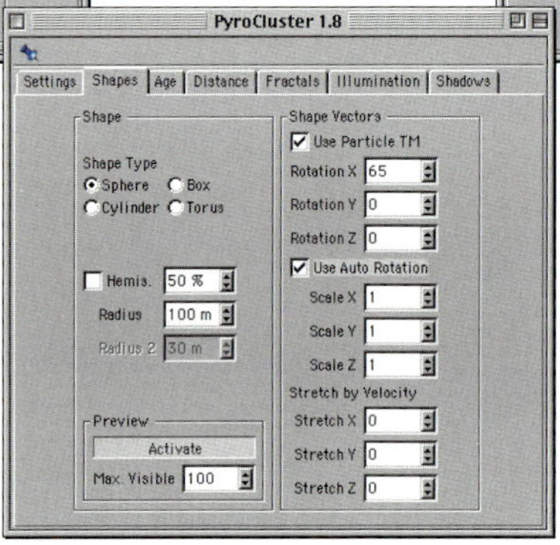


**Abbildung 6** ▶
Pyrocluster-Dialog Shapes-Seite

Sie dies über die entsprechenden Symbole im Settings-Fenster tun.

Wie Ihnen vielleicht schon aufgefallen ist, benutzt der Emitter des Partikelsystem gar kein Objekt, das ausgesendet wird. Dieses zu emittierende Objekt definieren Sie dafür auf der SHAPES-Seite (Abbildung 6) des Pyrocluster-Shaders. Die Ausdehnung und Art des volumetrischen Effektes richtet sich nach dem Typus und der Größe der ausgestoßenen Form (Shape). Neben diesen üblichen Parametern können Sie den Shapes auch schon eine Rotation, Skalierung und Dehnung mit auf den Weg geben.

Auf der AGE-Seite beeinflussen Sie die Änderungen der Pyrocluster-Partikel, die diese während ihrer Lebenszeit durchlaufen. Der rechte Pyrocluster-Effekt in Abbildung 8 beispielsweise färbt sich ausgehend vom satten Gelb kurzzeitig Rot und nimmt schließlich ein rußiges Schwarz an.

Die DISTANCE-Seite kümmert sich um das Verhalten der Wolken- und Rauch-Effekte über die Distanz zum Emitter hin. Hier können Sie genau bestimmen, wie sich die Partikel über die Distanz hin verhalten.

Um die Anzahl der verwendeten Partikel in Grenzen zu halten, gibt es die FRACTAL-FURY-Option auf der FRACTALS-Seite (Abbildung 7). Die Fraktale basieren auf einem prozeduralen volumetrischen Algorithmus, mit dem Sie den Pyrocluster-Effekt statt mit einer Vielzahl kleinerer Partikel mit einer relativ geringen Anzahl größerer Partikel berechnen können.

Wie jedes normale Objekt haben auch volumetrische Effekte wie Pyrocluster-Partikel

◀ **Abbildung 8**
Pyrocluster-Beispiele

die Eigenschaft, Licht zu empfangen und Schatten zu werfen. Die Einstellungen dafür finden Sie auf der ILLUMINATIONS- bzw. SHADOW-Seite.

Ich hoffe, ich habe Sie ein wenig neugierig auf die Pyrocluster-Effekte gemacht und kann Ihnen nur empfehlen, selbst mit diesem faszinierenden Werkzeug zu spielen – es macht einfach Spaß..

Das Pyrocluster-Plug-In von Cebas können Sie übrigens über den Cinema 4D-Hersteller Maxon beziehen.

# Anhang

# Wo finde ich mehr?

*Hier eine Zusammenstellung der wichtigsten Informationsquellen zu Cinema 4D und allem, was damit zu tun hat.*

## Maxon

Auf der Internet-Seite des Cinema 4D-Herstellers finden Sie neben aktuellen Produktinformationen zu Cinema 4D, BodyPaint 3D, Smells Like Almonds, Pyrocluster, etc. eine Menge interessanter Links, eine FAQ-Liste, Support zu Anwender-Problemen und vieles mehr.
*www.maxon.net · support@maxon.de*

## Zeitschriften

Eine Auswahl an deutschen und internationalen Zeitschriften mit Informationen und Workshops zu Cinema 4D – auch die Internet-Seiten der Magazine sind meist einen Besuch wert.

- **DigitalProduction**
  *www.digitalproduction.com*
- **3D World**
  *www.3dworldmag.com*
- **Computer Arts**
  *www.computerarts.co.uk*

## Software

Einige wichtige Web-Adressen zu Software-Firmen, mit denen Cinema 4D direkt oder auch indirekt zusammenarbeitet.

- **QuickTime**
  *www.apple.com/quicktime*
- **Flash/Shockwave 3D**
  Ein paar Adressen zu diesen Themen:
  *www.macromedia.com (Flash/Shockwave)*
  *www.erain.com (Swift 3D)*
  *www.beatware.com (E-Picture Pro)*
  *www.vecta3d.com (Vecta 3D)*
- **Poser**
  3D-Software für die Character-Animation, neuerdings auch mit Flash-Export.
  *www.curiouslabs.com*
- **Realflow/Realwave**
  Simulation von Flüssigkeiten, Wasseroberflächen und schwimmenden Objekten.
  *www.nextlimit.com*
- **MatchMover**
  Kamera-Tracking-Software zur Verschmelzung von 3D-Material und Realfilm.
  *www.realviz.com*

- **Tree Professional**
  Software zur Erzeugung von Baum- und Pflanzen-3D-Modellen:
  *www.onyxtree.com*

## Plug-ins und Expressions

Hier einige Web-Adressen, wo Sie neben kostenlosen und kommerziellen Plug-ins und Expressions auch Rat und Tat finden:

- **Plugincafe**
  Erste Anlaufstelle für C.O.F.F.E.E.-Interessierte. Außer dem aktuellen C.O.F.F.E.E.-Software-Development-KIT gibt es hier Plug-ins, Expressions, Tutorials und ein reges Anwenderforum.
  *www.plugincafe.com*
- **Gotchagraphics**
  Expressions und Tutorials für Cinema 4D.
  *www.gotchagraphics.com*

- **Smells Like Almonds**
  Prozedurale Shader für Cinema 4D.
  *www.bhodinut.com*
- **Pyrocluster**
  Simulation von Explosions-, Feuer- und Rauch-Effekten.
  *www.cebas.de*

- **XLentPlugs**
  Temporäre Site von Mikael Sterner für Plug-ins wie Multiple Spline Attach, Helix und anderen.
  *www.users.wineasy.se/cst/xlentplugs*
- **SoftRadiosity/RealCaustics**
  Plug-ins zur Simulation von Radiosity und Caustics.
  *www.medienbunker.de*

## 3D-Modelle, Texturen, Tutorials, Links

- **C4D-Treff**
  Aktuelles, Tutorials, Galerie und vieles mehr zu Cinema 4D.
  *www.c4d-treff.de*
- **Cinema 4D Tutorial Ring**
  *nav.webring.yahoo.com/hub?ring=c4dtut&index*
- **3D-Cafe**
  Standard-Anlaufstelle rund um das Thema 3D mit Modellen, Texturen, Tutorials etc.
  *www.3dcafe.com*
- **Deepshade**
  Viele Shader sowie Tipps und Tricks zu deren Programmierung.
  *www.maxon-computer.com/deepshade*
- **Dosch Design**
  Hersteller von Zusatzprodukten rund um das Thema 3D, speziell auch Texturen.
  *www.doschdesign.de*

## Mailing-Listen und -Foren

Mailing-Foren sind unter 3D-Anwendern beliebter, in den Listen tut sich meist nicht viel …

- **Macnews Cinema-4D-Liste**
  Natürlich auch für PC-Anwender!
  *www.macnews.de*
- **C4D-Forum**
  Sehr lebendiges Cinema-4D-Userforum.
  *www.c4d-forum.de*
- **Postforum**
  Englischsprachiges, großes Cinema 4D-Anwenderforum.
  *www.postforum.com*

# Die CD-ROM zum Buch

Damit Sie die Beispiele und Workshops in diesem Buch selbst nachvollziehen können, finden Sie auf der beiliegenden CD alle benötigten Programme und Beispiel-Dateien aus den Kapiteln.

**Programme**
In diesem Ordner liegen die Demo-Versionen der behandelten Programme:

- Cinema 4D
- BodyPaint 3D
- Adobe Photoshop 6.0
- Macromedia Director 8.5
- Swift 3D
- E-Picture Pro
- GraphicConverter

**Beispiele**
In diesem Ordner haben Sie kapitelweise strukturiert alle Ausgangs- und Zwischenstadien der Beispiele und Workshops zur Verfügung. So können Sie sich bei eventuellen Problemen stets an der fertigen Cinema-4D-Datei orientieren oder selbst entscheiden, wo Sie einsteigen möchten.
Zu den Animations-Dateien sind außerdem fertig gerenderte QuickTime-Filme beigelegt.

- 1_Modelling
- 2_Texturing
- 3_Szenen
- 4_Animation
- 5_Rendering
- 6_Teamwork

**Utilities**
Hier sind noch ein paar nützliche Hilfsprogramme zusammengestellt:

- QuickTime
- Adobe Acrobat

An dieser Stelle herzlichen Dank an alle Firmen für die freundliche Bereitstellung der Demo-Versionen ihrer Software.

# Glossar

*Einige Fachwörter des 3D-Umfelds kurz und prägnant erklärt…*

**Alpha-Kanal**
Kanal, um Teile der Textur durch eine Maske abzudecken. Schwarze Bereiche sind unsichtbar, weiße sichtbar.

**Antialiasing**
Kantenglättung zur Vermeidung des »Treppcheneffekts«. In Cinema 4D arbeitet das Antialiasing adaptiv, d. h. problematische Stellen, die Artefakte oder Moire-Effekte erzeugen könnten werden erkannt und mit den vom Anwender festgelegten Voreinstellungen behandelt.

**Batch-Processing/Batch-Rendering**
Neudeutsches Wort für »Stapelverarbeitung«, in Cinema 4D die automatische Bearbeitung von Renderjobs.

**Backface Culling**
Programminterne Nichtberechnung von verdeckten Objektflächen – erhöht die Darstellungsgeschwindigkeit.

**Bitmap-Bild**
Aus Pixeln aufgebautes Bild – beliebte Bitmap-Dateiformate sind TIFF, JPG, PCX, BMP etc. Vergleiche »Vektor-Bild«.

**Boole**
3D-Mengenlehre. Durch boolesche Operationen werden Objekte miteinander verbunden, geschnitten oder voneinander abgezogen.

**Bump-Map**
Textur zur Erzeugung eines Reliefs. Anhand der Graustufenwerte der Bump-Map wird die Objekt-Oberfläche eingedrückt. Weniger für Nahaufnahmen geeignet, da kein echtes Relief entsteht. Vergleiche »Alpha-Kanal« und »Displacement«.

**Brechungsindex**
Mit dem Brechungsindex bestimmen Sie, wie stark transparente Materialien wie Wasser oder Glas die dahinter liegenden Objekte verzerren. Eine Liste der meistbenutzten Materia-

lien und deren Brechungsindizes finden Sie im Cinema 4D-Handbuch.

**Caustics**
Lichtspiele, die durch Brechung des Lichtes an transparenten oder spiegelnden Materialien entstehen. Seit Version 7 kann Cinema 4D Caustic-Effekte berechnen.

**C.O.F.F.E.E.**
Cinema 4D's Programmiersprache, die für die Erstellung von Expressions und Plug-ins verwendet wird.

**Decal**
Etikett, einseitiges Mapping einer Textur.

**Displacement**
Kanal, um die Objekt-Oberfläche durch ein Graustufenbild einzudrücken. Im Gegensatz zum Relief-Kanal (vergleiche »Bump-Map«) ist eine Verformung vorhanden. Je dunkler der Grauwert, desto tiefer die Oberfläche.

**Expression**
C.O.F.F.E.E.-Skript, um Abhängigkeiten zwischen Objekten herzustellen.

**Extrusion**
Erzeugung eines Körpers durch In-die-Tiefe-ziehen eines Kontur-Splines.

**FFD**
Frei-Form-Deformation. Deformation eines Objekts anhand eines Punkte-Käfigs.

**Gouraud Shading**
Hochwertiger Darstellungsmodus in Cinema 4D. Dabei wird auch der Lichteinfall berücksichtigt.

**HyperNURBS**
Cinema 4D's Antwort auf die »Subdivision Surfaces«, die Glättung bzw. Verfeinerung von Polygon-Objekten durch wiederholte Unterteilung.

**Inverse Kinematik**
Bewegungsprinzip, nach dem die Folge-Glieder eines hierarchisch strukturierten Objekts dem Anfasser-Objekt folgen. Eine Bewegung der Hand überträgt sich beispielsweise auf den Unterarm usw. In Cinema 4D weisen Sie den Objekten Inverse Kinematik durch ein Tag zu und bewegen sie mit dem IK-Werkzeug. Im Inverse-Kinematik-Dialog definieren Sie außerdem Winkelbeschränkungen für die kinematische »Gelenkigkeit«.

**Kachelung**
Aneinandergesetzte, sich wiederholende Texturen.

**Key, Keyframe**
»Schlüsselbilder« der Sequenzen in der Zeitleiste, in denen die relevanten Informationen der Animation liegen. Die Veränderungen, die zwischen zwei Keyframes durchlaufen werden, berechnet Cinema 4D selbst.

**Lathe**
Erzeugung eines Körpers durch Rotation eines Splines um die Objekt-Achse.

**Loft**
Erzeugung eines Körpers durch Verbindung verschiedener Kontur-Splines.

**Marker**
Markierungen in der Zeitleiste zur besseren Orientierung und Navigation in der Zeitleiste.

**Mapping**
Das Aufbringen der Textur auf ein Objekt. Dabei kommen verschiedene Mapping-Methoden zum Einsatz (Zylinder-, Quader-Mapping, UVW-Mapping etc.).

**Metaballs**
Objekte, die sich durch gegenseitige Anziehung oder Abstoßung verschmelzen oder verformen. Besonders in Verbindung mit Partikelsystemen zur Animation von Flüssigkeiten geeignet (Meta-Partikel).

**Motion Groups**
Zu einer einzelnen Motion-Spur zusammengefasste Positions-, Winkel- und Größen-Spuren zum Zweck der leichteren Übertragbarkeit und für das Motion Sequencing und Motion Synthesizing.

**Motion Sequencing/Motion Synthesizing**
Überblenden und Mischen von Bewegungsabläufen durch Motion Groups.

**Multibrush**
Spezieller Pinsel in BodyPaint 3D, mit dem es möglich ist, in mehreren Material-Kanälen gleichzeitig zu arbeiten.

**Multi-Pass-Rendering**
Beim Multi-Pass-Rendering splittet Cinema 4D das Ergebnis in verschiedene Bildkanäle auf, die Sie dann separat in Bild- bzw. Videobearbeitungsprogrammen kontrollieren und animieren können.

**Multi-Target-Kinematik**
Kontrolle einer kinematischen Animation mittels mehrerer Ziel-Objekte (Targets) und Anfasser.

**NET-Rendering**
Das Berechnen einer Szene bzw. eines Filmes durch eine (möglichst grosse) Anzahl vernetzter Rechner. Mit dem Cinema 4D 7 beiliegenden Cinema 4D NET können Sie bis zu drei Client-Rechner zum Rendern ansteuern.

**NURBS**
Non-Uniformal Rational B-Splines. Auf Spline-Extrusion, -Lathing, Lofting- oder -Sweeping basierende Erzeugung von Körpern.

**Parametrische Objekte**
Neu in Version 6 eingeführte, auf mathematischer Beschreibung beruhende Grundobjekte wie Splines und 3D-Grundkörper. Sie werden durch den Befehl GRUNDOBJEKT KONVERTIEREN in ein Punkte-Objekt umgewandelt.

**Pixel**
Bildpunkt, z. B. eines Bitmap-Bildes.

**PLA/Point-Level-Animation**
Animation auf Punkt-Ebene. Besonders geeignet für das Morphing von Gesichtszügen etc. bei der Character-Animation.

**Plug-ins**
Erweiterung, um die Fähigkeiten einer Software auszuweiten. Cinema 4D's Plug-ins sind in der C.O.F.F.E.E.-Programmiersprache geschrieben.

**Prozedurale Texturen, Shader**
Texturen, die auf einer mathematischen Beschreibung beruhen.

**QuickTime**
Grafik-Erweiterung von Apple für die Wiedergabe von Multimedia-Inhalten.

**Radiosity**
Aufwändige Berechnung des Lichts, das von den Objekten als Reflektion wiedergegeben wird. Cinema 4D 7 ist in der Lage, Radiosity sehr schnell zu berechnen. Radiosity kann man aber auch durch geschickte Positionierung von Lichtquellen nachahmen.

**Raytracing**
Auf dem Verlauf eines Lichtstrahls (Ray) basierendes Rendering einer Szene.

**Rendering**
Digitales Berechnen eines Bilds oder Films.

**Sound-Rendering**
Seit Version 6 beherrscht Cinema 4D die Einbindung von Sound-Dateien im WAV-Format zur Synchronisation (2D-Rendering) und zur dreidimensionalen Klang-Erzeugung (3D-Rendering). Beim Sound-Rendering werden die entstandenen Sound-Dateien separat abgespeichert.

**Spline**
Kurve, Pfad in 3D-Programmen.

**Sweep**
Erzeugung eines Körpers durch Pfadverschiebung eines Kontur-Splines.

**Tags**
Symbole im Objekt-Manager, mit denen Sie einem Objekt bestimmte Zusatz-Eigenschaften zuweisen können (Textur-Geometrie-Tag, IK-Tag, Darstellungs-Tag etc.).

**Textur**
Das »Material« eines Objekts. Texuren können Bitmap-Bilder, 2D- oder auch 3D-Shader sein.

**Vertex-Map**
Punkte-Wichtung, welche die Verformung von Deformations-Objekten (meist Bones) an den Objekten sehr exakt kontrollieren lässt.

# Index

## N



## O



## P



## Q



## R



## S

## T



## U



## V



## W



## Z

edition PAGE
Thomas Biedorf
Regina Müller
3D mit Director
Galileo Design
macromedia

# Dies ist nicht die letzte Seite ...

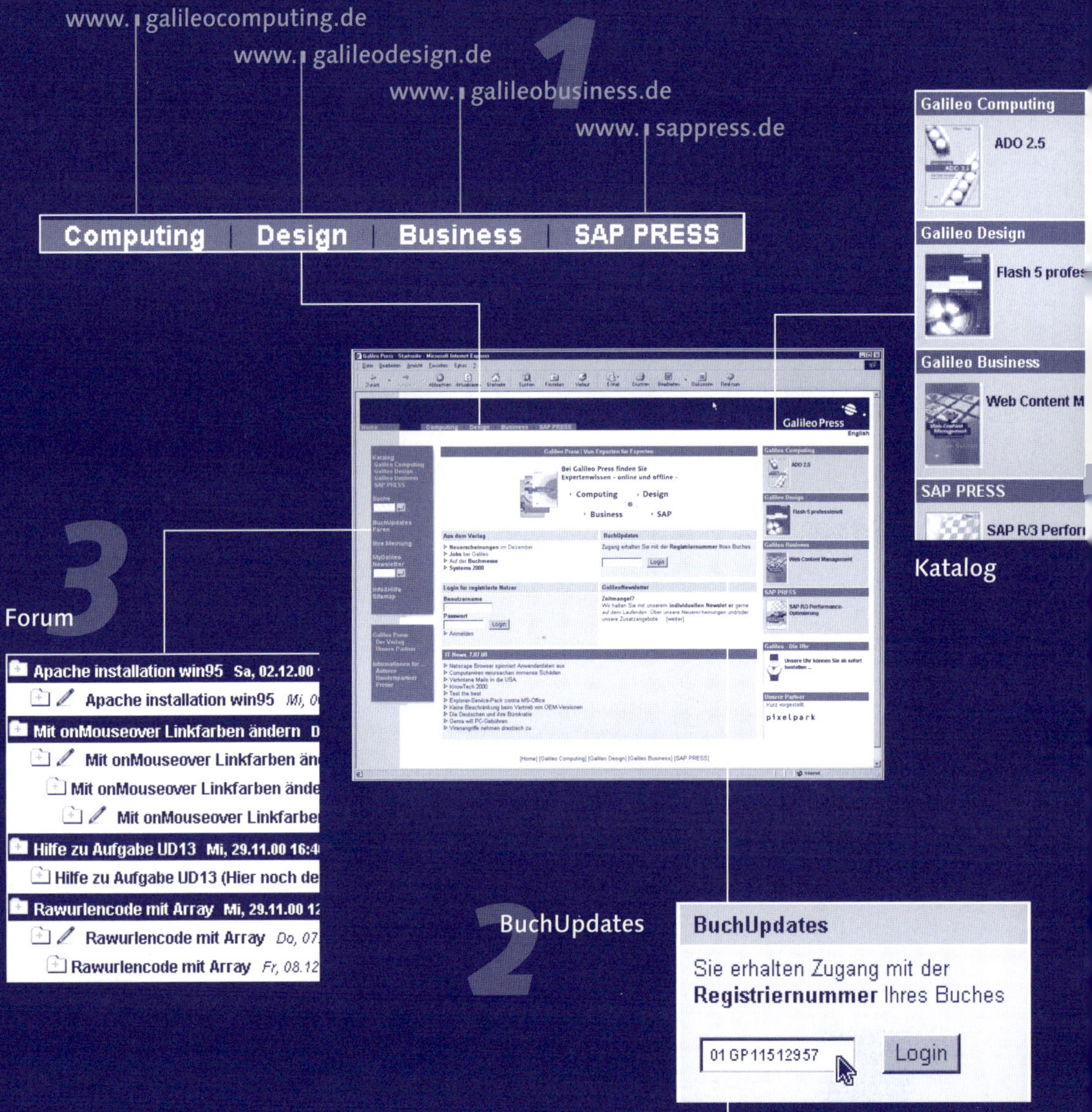


Mit der Online-Registrierung Ihres Buches stehen Ihnen weitere Informationen und Services zur Verfügung.

Ihre persönliche Registriernummer

01GP16711522